Uni-Taschenbücher 18

Eine Arbeitsgemeinschaft der Verlage

Wilhelm Fink Verlag München
Gustav Fischer Verlag Jena und Stuttgart
Francke Verlag Tübingen
Paul Haupt Verlag Bern · Stuttgart · Wien
Hüthig Verlagsgemeinschaft
Decker & Müller GmbH Heidelberg
Leske Verlag + Budrich GmbH Opladen
J. C. B. Mohr (Paul Siebeck) Tübingen
Quelle & Meyer Heidelberg · Wiesbaden
Ernst Reinhardt Verlag München und Basel
F. K. Schattauer Verlag Stuttgart · New York
Ferdinand Schöningh Verlag Paderborn · München · Wien · Zürich
Eugen Ulmer Verlag Stuttgart
Vandenhoeck & Ruprecht in Göttingen und Zürich

Kord Baeumer

Allgemeiner Pflanzenbau

3., überarbeitete
und erweiterte Auflage
124 Abbildungen
87 Tabellen

Verlag Eugen Ulmer Stuttgart

Die Deutsche Bibliothek – CIP-Einheitsaufnahme

Baeumer, Kord:
Allgemeiner Pflanzenbau : 87 Tabellen / Kord Baeumer. –
3., überarb. und erw. Aufl. – Stuttgart : Ulmer, 1992
 (UTB für Wissenschaft : Uni-Taschenbücher ; 18)
 ISBN 3-8252-0018-3 (UTB)
 ISBN 3-8001-2555-2 (Ulmer)
NE: UTB für Wissenschaft / Uni-Taschenbücher

Das Werk einschließlich aller seiner Teile ist urheberrechtlich geschützt. Jede Verwertung außerhalb der engen Grenzen des Urheberrechtsgesetzes ist ohne Zustimmung des Verlages unzulässig und strafbar. Das gilt insbesondere für Vervielfältigungen, Übersetzungen, Mikroverfilmungen und die Einspeicherung und Verarbeitung in elektronischen Systemen.

© 1992 Eugen Ulmer GmbH & Co.
Wollgrasweg 41, 7000 Stuttgart 70 (Hohenheim)
Printed in Germany
Einbandgestaltung : Alfred Krugmann, Freiberg/Neckar
Satz Gulde-Druck GmbH, Tübingen
Druck und Bindung: Friedr. Pustet, Regensburg

ISBN 3-8252-0018-3 (UTB-Bestellnummer)

Vorwort

Seit dem Erscheinen der ersten Auflage dieses Taschenbuches hat sich in den Industrieländern der nördlichen Hemisphäre der landwirtschaftliche Pflanzenbau weiter in die Richtung einer industriemäßigen Produktion entwickelt: Mit zunehmendem Einsatz von ertragssteigernden und ertragssichernden Betriebsmitteln und mit verfeinerten Produktionsmethoden wird eine immer vollkommenere Beherrschung des Produktionssystems angestrebt. Der Erfolg dieser Verfahrensweise zeigt sich in einer anhaltenden Steigerung der Feldfruchterträge. Gleichzeitig wird aber auch deutlich, daß diese intensive Form der Landwirtschaft den Naturhaushalt belastet. Die Grenzen einer nur auf Produktion von marktfähigen Gütern gerichteten Landwirtschaft sind sichtbar geworden. Das Bewußtsein, daß Landbau auch „Umwelt" produziert, wächst und zwingt zu mehr umweltorientierten Verfahrensweisen. Diesem Wandel muß auch die Neuauflage dieses Taschenbuches Rechnung tragen. Sie wurde deshalb vollständig überarbeitet und in Teilen auch erweitert. Hinzu kommt, daß in den gebotenen Grenzen auch der Zuwachs an Wissen berücksichtigt werden mußte.

Die Kenntnis von den vielfältig verknüpften Ursachen und Wirkungen im landwirtschaftlichen Pflanzenbau nehmen in einem Umfang zu, daß sie ein einzelner nicht mehr überblicken kann. Folgerichtig wird auch bei Lehrbüchern immer häufiger der Weg beschritten, Teilgebiete der Pflanzenbauwissenschaft von Spezialisten beschreiben zu lassen. Das allerdings birgt die Gefahr, daß mit der Vertiefung des Einzelwissens der Blick auf das Ganze verlorengeht. Eine solche Zusammenschau hält der Verfasser aber für nötiger denn je, wenn Studierende in die Aufgaben, Verfahrensweisen und Grenzen der Eingriffsmöglichkeiten des Pflanzenbaues eingeführt werden sollen. Nicht nur die Wissenschaft, auch das Handeln im Pflanzenbau ist von den Zielen und Sachverhalten her immer die Sache von Generalisten.

Der vorliegende Text stellt deshalb den Versuch dar, den Gesamtzusammenhang zu verdeutlichen und ihn im Lichte der sich wandelnden gesellschaftlichen Bedürfnisse zu sehen. Dabei ist sich der Verfasser der Grenzen seiner Möglichkeiten bewußt: Welche Sachverhalte er als wesentliche Bausteine einer allgemeinen Pflanzenbaulehre angesehen hat, wie treffend und eingehend diese Sachverhalte von ihm beschrieben wurden, muß Gegenstand der Kritik durch Fachkollegen und -kolleginnen bleiben. Die Studierenden, die diese Einführung lesen, sollten sich bewußt sein, daß allein schon mit der Auswahl der dargestellten Sachverhalte und Beispiele ein subjektives Bild der Pflanzenbaulehre gezeichnet wurde. Andere Auffassungen sind möglich und berechtigt. Deshalb möge diese Einführung den Leser zu intensivem Studium anderer Lehrbücher und, besser noch, von Originalbeiträgen in wissenschaftlichen Zeitschriften anregen. Nur so kann er zu einer eigenen, begründeten Auffassung gelangen.

Der Text wurde bewußt nicht so abgefaßt, daß er kurz vor einer Prüfung zur Auffrischung des Wissens dienen kann. Vielmehr kam es dem Verfasser darauf an, Argumente breiteren Raum zu geben. Deshalb hat er sich auch nicht davor gescheut, schon an anderer Stelle genannte Sachverhalte zu wiederholen. Ausflüge in bestimmte Einzelfragen, die mehr das Interesse wecken sollen als daß sie ein unverzichtbarer Bestandteil des Textes sind, wurden durch besonderen Druck kenntlich gemacht. Auf einen ausgiebigen Quellennachweis wurde verzichtet, um den ohnehin schon umfangreichen Text nicht noch mehr zu verlängern. Ob auch diese erweiterte Neufassung den Anforderungen an einen immer noch knappen, doch umfassenden und verständigen Text einer Allgemeinen Pflanzenbaulehre genügt, muß sich bei seiner Benutzung erweisen. Der Verfasser ist auch heute noch für jeden Verbesserungsvorschlag und für jeden Hinweis, der zur Beseitigung von unvermeidlichen Fehlern und Unklarheiten führt, dankbar.

Ohne die Hilfe anderer wäre dieses Buch nicht zustande gekommen. Der Verfasser dankt den Herren Prof. Dr. W. Böhm, Dr. W. Claupein, Prof. Dr. W. Ehlers, Dr. P. Roskothen und Dr. W. Wahenhoff für manche Anregung und für kritische Durchsicht des Textes; Prof. Dr. W. Böhm und Dr. W. Claupein für die Hilfe bei der Korrektur; ferner den vielen Mitarbeiterinnen des Instituts für Pflanzenbau und Pflanzenzüchtung für das Zeichnen der Abbildungen und das Schreiben des Textes.

Göttingen, Frühjahr 1992   Kord Baeumer

Inhaltsverzeichnis

Vorwort 5

Einführung 11
Aufgaben des Pflanzenbaues 11
Pflanzenbauwissenschaft und landwirtschaftliche Praxis 13

1 Ertragsbildende Prozesse und ertragsbegrenzende Faktoren 20
1.1 Methoden der Ertragsanalyse 20
1.2 CO_2-Assimilation 26
1.2.1 Energiehaushalt eines Wuchsortes 26
1.2.2 Assimilatgewinn eines einzelnen Blattes 30
1.2.3 Blattanordnung und Lichtgenuß im Pflanzenbestand ... 35
1.2.4 Assimilatgewinn eines Pflanzenbestandes 37
1.2.5 Maximale Trockenmasseproduktion eines Pflanzenbestandes 42
1.3 Transpiration 45
1.3.1 Der Pflanzenbestand im Wasserstrom vom Boden zur Atmosphäre 46
1.3.2 Wasserabgabe 48
1.3.3 Wasseraufnahme 50
1.3.4 Wasserverbrauch und Trockenmasseproduktion 55
1.4 Durchwurzelung des Bodens 59
1.4.1 Standortfaktoren im Wurzelraum 60
1.4.2 Bau, Funktion und Lebensdauer von Wurzeln 66
1.4.3 Verteilung der Wurzeln im Bodenraum 72
1.5 Nährstoffangebot, Nährstoffaufnahme und Trockenmasseproduktion 75
1.5.1 Ionen in der Bodenlösung 75
1.5.2 Rhizosphäreneffekte und symbiotische Stickstoffbindung 80
1.6 Entwicklung und Ertragsbildung 83
1.6.1 Verlauf und Phasen der Entwicklung 83
1.6.2 Steuerung der Assimilatverteilung 87
1.6.3 Wiederbeginn des Wachstums nach Ruhepausen oder Entblätterung 94
1.6.4 Entwicklung in Abhängigkeit von Licht und Temperatur. 100

8 Inhaltsverzeichnis

1.7	Überdauerung lebensfeindlicher Bedingungen.........	105
1.7.1	Sauerstoff- und Wassermangel....................	106
1.7.2	Kälte...	107
1.8	Gegenseitige Beeinflussung von Pflanzen im Bestand ...	109
2	**Möglichkeiten und Grenzen der Gestaltung des Pflanzenbaues**............................	**120**
2.1	Witterung, Klima und Pflanzenproduktion	121
2.2	Anpassung an den Standort.......................	127
2.3	Eingriffe in das Wachstum der Pflanzen und in den Standort	131
3	**Regelung der Ertragsbildung von Pflanzenbeständen durch Anbau- und Nutzungsverfahren**	**134**
3.1	Verfahren der Bestandesgründung.................	134
3.1.1	Saatgutwert	135
3.1.2	Saatdichte und Standraumzuteilung................	138
3.1.3	Struktur des Saatbettes und Saattiefe	143
3.1.4	Aussaatverfahren...............................	149
3.2	Unkrautbekämpfung	151
3.2.1	Biologie und Verbreitung der Ackerwildpflanzen	152
3.2.2	Grundsätze und Ziele der Unkrautbekämpfung........	158
3.2.3	Vorbeugende Maßnahmen	165
3.2.4	Mechanische und besondere physikalische Bekämpfungsmaßnahmen	169
3.2.5	Chemische Unkrautbekämpfung....................	173
3.3	Mineraldüngung................................	178
3.3.1	Notwendigkeit, Ziele und Probleme der Düngung	179
3.3.2	Pflanzennährstoffe im Boden	190
3.3.3	Mineralische Düngemittel einschließlich flüssiger Wirtschaftsdünger	197
3.3.4	Verfahren.....................................	203
3.4	Pflanzenschutz.................................	218
3.4.1	Grundlagen und Ziele	219
3.4.2	Verfahren.....................................	222
3.5	Be- und Entwässerung	227
3.5.1	Trockenlandwirtschaft...........................	227
3.5.2	Bewässerungsbedürftigkeit und Bewässerungswürdigkeit...	229
3.5.3	Bewässerungsverfahren..........................	232
3.6	Nutzungsverfahren..............................	234
3.6.1	Erntezeitpunkt und Ertragsverluste	235
3.6.2	Nutzung mehrschnittiger Futterpflanzenbestände	241
3.6.3	Konservierung, Lagerung und Konditionierung der Ernteprodukte	244

Inhaltsverzeichnis

4	**Gestaltung von Bodennutzungssystemen**	249
4.1	Elemente eines Bodennutzungssystems	249
4.2	Bodenbearbeitung	257
4.2.1	Notwendigkeit und Ziele	257
4.2.2	Zustand und Dynamik des Bodengefüges	262
4.2.3	Bearbeitbarkeit des Bodens und Bearbeitungserfolg	270
4.2.4	Störungen des Bodengefüges	278
4.2.5	Geräte für die Bodenbearbeitung	284
4.2.6	Bodenbearbeitungssysteme	293
4.2.7	Besondere Bearbeitungsmaßnahmen	308
4.2.8	Wirkung der Bodenbearbeitung auf einige im Boden ablaufende Prozesse und die Ertragsbildung	309
4.3	Gestaltung der Fruchtfolge, des Nutz- und Fruchtartenverhältnisses	326
4.3.1	Bestimmungsgründe für die Wahl eines Bodennutzungssystems	326
4.3.2	Biologische Grenzen der Anbaukonzentration	334
4.3.3	Vorfruchtwirkung, Vorfruchtwert, Vorfruchtanspruch	344
4.3.4	Zwischenfruchtbau in der Fruchtfolge	361
4.3.5	Fruchtfolgesysteme und ihre Leistungen	371
4.4	Bodenfruchtbarkeit	385
4.4.1	Formen und Funktionen des Bodenlebens	388
4.4.2	Reproduktion der organischen Bodensubstanz	397
4.4.3	Organische Wirtschaftsdünger	410
4.4.4	Stickstoff in Boden und Pflanze	420
4.4.5	Basensättigung und Bodenacidität	429
4.5	Maßnahmen zur Stabilisierung von Agrarökosystemen und zur Vermeidung von Umweltbelastungen	432
4.5.1	Minderung der Erosionsrisiken	433
4.5.2	Minderung des Nährstoffaustrages	445
4.5.3	Chemische Pflanzenbehandlungsmittel im Agrarökosystem	457
4.5.4	Nutzung natürlicher und systemeigener Regelmechanismen im Agrarökosystem mit dem Ziel der Zurücknahme chemischer Pflanzenschutzmaßnahmen	467
4.5.5	Gestaltung der Agrarlandschaft	478
5	**Landwirtschaftliche Bodennutzung im Widerstreit ökologischer und ökonomischer Forderungen**	482
5.1	Grundsätze des Integrierten Landbaues	487
5.2	Grundsätze und Methoden des Ökologischen Landbaues	493
5.3	Bewertung von Systemen	499
Ausblick		511

Literaturverzeichnis 516
Maßeinheiten, Symbole, Abkürzung und Umrechnungs-
faktoren 535
Sachregister...................................... 536

Einführung

Aufgaben des Pflanzenbaues

Seit jeher dient der Anbau von landwirtschaftlichen Nutzpflanzen dazu, Nahrungsmittel für den Menschen, Futter für die Nutztiere und Rohstoffe für industrielle Produkte zu erzeugen. Angesichts des raschen Wachstums der Weltbevölkerung wird diesen Aufgaben des Pflanzenbaues immer größere Bedeutung zukommen. Das gilt besonders für diejenigen Länder der Erde, in denen die heutige Pflanzenproduktion nicht ausreicht, die einheimische Bevölkerung in angemessener Weise zu ernähren und mit den notwendigen pflanzlichen Rohstoffen zu versorgen. Hier müssen alle Anstrengungen unternommen werden, um Menge und Qualität der Pflanzenerträge zu steigern. In Ländern mit überschüssiger landwirtschaftlicher Produktion dagegen besteht dieses gesamtwirtschaftliche Ziel nicht. Doch wird auch hier der einzelne Landwirt danach streben, im Verhältnis zu den eingesetzten Produktionsmitteln einen möglichst hohen Pflanzenertrag zu erzielen.

Pflanzenbau ist an den Boden und die Witterung eines jeden Ortes gebunden. Damit ist jeweils eine bestimmte Produktivität des Standortes gegeben, die der Landwirt entweder nur ausnutzen oder mit mehr oder weniger großen Aufwendungen auch steigern kann. Von den am Wuchsort gebotenen Standortfaktoren lassen sich einige gar nicht, andere nur in beschränktem Maße günstiger für die Pflanzenproduktion gestalten. Voraussetzung für hohe Pflanzenerträge ist daher, daß alle nicht regelbaren, begrenzenden Standortfaktoren möglichst weitgehend für die Ertragsbildung der Pflanzen genutzt werden. Licht und Temperatur sind solche Faktoren, die weder vermehrt noch gespeichert werden können. Ihre maximale Ausnutzung ist nur möglich, wenn der Pflanzenbau an die gegebenen Verhältnisse angepaßt wird, indem standortgerechte Anbauverfahren und geeignete leistungsfähige Arten und Sorten verwendet werden.

Auch an die Bodenverhältnisse muß der Landwirt sich durch die Wahl seiner Anbauverfahren anpassen. Allerdings hat er hier viel mehr als bei der Witterung die Möglichkeit, in den Komplex der Standortfaktoren einzugreifen und die Wachstumsbedingungen für die Pflanzen günstiger zu gestalten. Reichliche Ernährung der Pflanzen durch mineralische und organische Düngung des Bodens, zusätzliche Bewässerung, wo die Notwendigkeit und die Möglichkeiten gegeben sind, zweckmäßige Bodenbearbeitung sowie Unkrautbekämpfung und Pflanzenschutz vermögen die Pflanzenerträge außerordentlich zu steigern.

Hohe Erträge können, aber müssen nicht auf Kosten der nachhaltigen Leistungsfähigkeit des Bodens erzielt werden. Unter einer ganzjährigen Vegetationsdecke, wie z. B. einer Grasnarbe, wird der Boden weitgehend vor Erosion geschützt, entfaltet sich ungestört das Bodenleben und erfolgt der Aufbau eines relativ stabilen Bodengefüges, das meist günstige Voraussetzungen für das Pflanzenwachstum und die notwendigen Nutzungsmaßnahmen bietet. Im Ackerbau ist das nicht der Fall. Nur kurze Zeiten während eines Jahres liegt der Boden unter einer geschlossenen Vegetationsdecke. Häufige, tiefgreifende Bodenbearbeitung stört die Tätigkeit der Bodentiere und fördert den Abbau von organischer Substanz. Das alles führt zu einer vermehrten Anfälligkeit des Bodens gegenüber den erodierenden Kräften von Wind und Wasser, so daß nicht selten ein Verlust an Bodenfruchtbarkeit eintritt.

Hohe Erträge zu produzieren und gleichzeitig die Leistungsfähigkeit des Bodens zu erhalten und zu vermehren, sind und bleiben die immer wieder zu lösenden Aufgaben des Pflanzenbaues. Nicht immer läßt sich beides vereinen, doch muß auf lange Sicht, sowohl aus privatwirtschaftlichem wie allgemeinem Interesse, den bodenerhaltenden Maßnahmen des Pflanzenbaues gebührende Beachtung geschenkt werden.

Vereinfachte Wirtschafts- und Bodennutzungssysteme, in denen nur wenige ökonomisch vorteilhafte Feldfrüchte angebaut werden, und unerwünschte Nebenwirkungen der vollmechanisierten Feldwirtschaft zwingen den Landwirt zu besonderen Aufwendungen für die Erhaltung der Bodenfruchtbarkeit. Gerade dabei kann er aber die Möglichkeiten, die die Mechanisierung des Ackerbaus und der technische Fortschritt bieten, zugunsten der Bodenfruchtbarkeit nutzen. Immer mehr erlaubt die Schlagkraft der Betriebe, den Boden zum günstigsten Zeitpunkt zu bearbeiten und ihn in kürzester Frist mit dem Anbau raschwüchsiger Zwischenfrüchte wieder zu begrünen. Immer mehr ermöglichen es neue Geräte und Verfahren der Bodenbearbeitung, Bodenverdichtungen und Erosionsschäden zu vermeiden und die Voraussetzungen für besseres Pflanzenwachstum und ein reicheres, vielfältigeres Bodenleben zu schaffen, d.h. den positiven Rückkopplungseffekt einer sich selbst aufbauenden und sich selbst regenerierenden Bodenstruktur wirksam werden zu lassen. Ein solches Verfahren ermöglicht im landwirtschaftlichen Pflanzenbau den von der Öffentlichkeit geforderten Bodenschutz.

Die Pflege des Bodens und der Bodenfruchtbarkeit liegt im ureigensten Interesse des Landwirts. Pflege der Umwelt, Erhaltung der Artenvielfalt in Feld und Flur, kurz Natur-, Landschafts- und Umweltschutz, liegen jedoch mehr im Interesse der Allgemeinheit. Dem muß der Landwirt seine auf Produktion gerichtete Tätigkeit zunehmend unterordnen. Landwirtschaft nicht nur unter ökonomischer, sondern auch unter ökologischer Zielsetzung zu betreiben, ist eine Forderung, die nicht leicht zu erfüllen ist. Die Kopplung dieser nicht immer widerspruchsfreien Ziele zu einem umweltgerechten Landbau bedarf noch erheblicher Anstrengungen. Das wird umso leichter gelingen, je mehr der einzelne Landwirt bereit ist, Pflegeaufgaben wahrzunehmen, auch wenn sie mit einer Einschränkung seiner wirtschaftlichen Tätigkeit verbunden sind.

Pflanzenbauwissenschaft und landwirtschaftliche Praxis

Die Wissenschaft vom landwirtschaftlichen Pflanzenbau ist einerseits eine Naturwissenschaft. Als solche strebt sie nach Einsicht in die grundlegenden Zusammenhänge zwischen Wachstum, Entwicklung und Ertragsbildung der Nutz- und Kulturpflanzen und erforscht die Wechselwirkungen zwischen Umwelt und Pflanzenbeständen in landwirtschaftlich geprägten Ökosystemen. Aufbauend auf den Methoden und Erkenntnissen der Physik, Chemie, Biologie und anderer Wissenschaften sollen, soweit möglich, die kausalen Gesetzmäßigkeiten, mindestens aber stochastische Zusammenhänge, zwischen Ursache und Wirkung oder zwischen Eingriff in das System und seinen Folgen quantitativ beschrieben werden. In diesem systematisch betriebenen und auf Vollständigkeit gerichteten Erwerb von Wissen unterscheidet sich die Pflanzenbauwissenschaft nicht von anderen Wissenschaften, es sei denn im Gegenstand ihrer Forschung, dem landwirtschaftlichen Pflanzenbau.

Andererseits bedingt die Eigenart dieses Gegenstandes eine zweite Zielsetzung der Pflanzenbauwissenschaft. Erfolgreicher Pflanzenbau stützt sich auf bestimmte Verfahrensweisen. Also müssen bekannte Verfahren vervollkommnet und neue Verfahren entwickelt werden. Als Ingenieurswissenschaft beschäftigt sich die Pflanzenbauwissenschaft deshalb überwiegend mit der Erforschung von Verfahren. Eine solche Aufgabe verlangt von dem Pflanzenbauwissenschaftler nicht nur naturwissenschaftliche Grundkenntnisse, sondern auch praktische Erfahrungen in der Landwirtschaft. Ohne die Kenntnis und Beachtung aller Sachverhalte, die in der Praxis der Pflanzenproduktion von Bedeutung sind, wird seine Vorstellungskraft nicht ausreichen, um zur Lösung praktischer Probleme beizutragen. Mit den Produktionsverfahren, die die Pflanzenbauforschung gemeinsam mit der Praxis entwickelt, überschreitet die Pflanzenbauwissenschaft den Bereich der naturwissenschaftlichen Erkenntnisse und wirkt mit ihren Ergebnissen weit in die gesellschaftliche Entwicklung hinein. Sie dient nicht nur den Bedürfnissen einzelner Landwirte und Verbraucher, sondern auch der Allgemeinheit und übernimmt damit eine weitreichende Verantwortung. Das beweist allein schon die gegenwärtige Diskussion um eine umweltgerechte Landwirtschaft.

Der einzelne Landwirt erwartet von der Pflanzenbauwissenschaft vor allem Anweisungen zu zweckmäßigem Handeln. Das setzt Übereinstimmung bei den Zielvorstellungen voraus, die aber in einer pluralistischen Gesellschaft nicht gegeben ist. Deshalb beschränkt sich die Hilfe der Pflanzenbauwissenschaft nur auf Teilbereiche der Entscheidungsfindung.

Die Ziele des Handelns werden vom Wollen, Sollen und Dürfen, d.h. von den persönlichen Bedürfnissen und Vorlieben des Einzelnen, den ökonomischen Anreizen und Zwängen sowie den gesellschaftlichen Rahmenbedingungen (z.B. Gesetze) bestimmt. Nächst der Zielvorgabe sind Wissen und Können des Landwirts, die ihm zu Gebote stehenden Mittel und Techniken und auch seine Beurteilung des möglichen Risikos, auf das er sich bei der Verwirklichung des Vorhabens einläßt, ausschlaggebend für die Entscheidungsfindung.

Diese Bestimmungsgründe gelten auch für jede Einzelentscheidung im Ablauf eines Produktionsverfahrens. Abb. 1 stellt den immer wieder ablaufenden, dem Handelnden selbst kaum mehr bewußten Entscheidungsprozeß schematisch dar. Abgesehen von der grundsätzlichen Entscheidung, ein bestimmtes Produktionsverfahren möglichst erfolgreich zu verwirklichen, stammen die wesentlichen Vorgaben für die Wahl eines Teilzieles oder für die Entscheidung über die Verwirklichung eines Verfahrensschrittes aus dem Bereich der Erfahrung, besser noch dem Bereich der systematisch betriebenen Erfahrung, der Wissenschaft. Das gilt vor allem für die folgenden Elemente des Entscheidungsprozesses:

1. Die mit der Zielvorstellung gekoppelte untere Schwelle des Erfolgs, die, wenn sie nicht deutlich überschritten wird, zur Nachbesserung, Wiederholung oder Aufgabe der Maßnahme zwingt (z.B. Mindestkeimdichte bei der Begründung eines Pflanzenbestandes);
2. die Kenntnis der z.B. von Standort und genotypischer Reaktionsnorm gezogenen Grenze für das Gelingen einer Maßnahme (z.B.

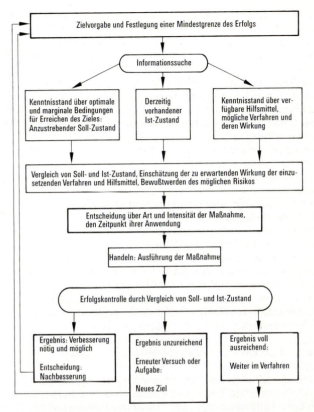

Abb. 1. Entscheidungsprozeß in einem Produktionsverfahren.

Mindesttemperatur des Bodens für die Keimung einer bestimmten Feldfrucht, des spätest möglichen Aussaattermins vor Einsetzen einer wachstumsfeindlichen Jahreszeit);
3. die Kenntnis über die Wirkung der verfügbaren Betriebsmittel und Verfahren (z. B. Keimfähigkeit des Saatgutes, Effekt der Saattiefe auf den Feldaufgang in Abhängigkeit von Bodentemperatur und -feuchte, die Saattiefe, die mit einem bestimmten Sägerät in dem vorgegebenen Bodenzustand erreicht werden kann).

Diese von der Wissenschaft erarbeiteten Normen oder Kentnnisse über ursächliche Zusammenhänge gelten nicht allgemein, sondern nur unter bestimmten Voraussetzungen, die z.B. in Regionen mit ähnlichen Boden- und Klimabedingungen mehr oder weniger gleichförmig gegeben sein können. Unter diesen Bedingungen beschreiben die Normen oder funktionalen Zusammenhänge auch nur die durchschnittlichen Werte oder Beziehungen und deren Schwankungsbereich. Für die jeweilige Entscheidung liefert die wissenschaftliche Erkenntnis also nur einen Erwartungswert, der mit einer bestimmten Wahrscheinlichkeit eintritt.

Dieser zufallsbedingte Anteil einer Ursache-Wirkungs-Beziehung bedingt, daß der Erfolg jeder Maßnahme mit einem gewissen Risiko behaftet ist. Im günstigsten Fall kennt der Landwirt die Größe dieses Risikos und kann seine Entscheidung allein von seiner Risikobereitschaft abhängig machen. Im ungünstigsten Fall kennt er das Risiko überhaupt nicht und muß unter den Bedingungen der Unsicherheit entscheiden.

Durch Aufdecken von Kausalzusammenhängen und Quantifizierung dieser funktionalen Beziehungen unter möglichst vielen variierenden Randbedingungen (z.B. Boden- und Klimaregionen, Witterungsabläufen) versucht die Pflanzenbauwissenschaft, die Voraussetzung der Unsicherheit bei Entscheidungen soweit wie möglich zu beseitigen. Angesichts der Fülle der Faktorkombinationen in den Bedingungen und der bisher fehlenden Voraussagbarkeit des Witterungsverlaufes über längere Zeitabschnitte kann die Pflanzenbauwissenschaft dieses Ziel immer nur näherungsweise, nie vollständig erreichen. Daraus folgt, daß Entscheidungen unter Unsicherheit eine Bedingung in der Pflanzenbauproduktion ist, die nicht nur kennzeichnend ist, sondern wohl auch nie ausgeschlossen werden kann. Das folgende Beispiel möge verdeutlichen, welchen Aufgaben sich die Pflanzenbauwissenschaft bei der Beseitigung von Unsicherheit, die ja immer nur ein Ausdruck für Nichtwissen ist, zu stellen hat. Bei Mais kann Spätfrost oder Hagel zu völligem Blattverlust führen. Für junge Pflanzen, deren Vegetationspunkt sich noch unter der Erdoberfläche befindet und die über genügend Reservestoffe zum Wiederaustrieb verfügen, bedeutet das nicht immer den Tod, mindestens aber einen Wachstumsstillstand während der Zeit ohne CO_2-Assimilation. Deshalb ist zu erwarten, daß der Blattverlust zu Mindererträgen führt.

Abweichend von dieser Regel beobachteten Hicks und Crookston (1976), daß im Fünfblatt-Stadium geköpfter und damit vollständig entblätterter Mais im Mittel von drei aufeinanderfolgenden Jahren (1973–1975) einen um 48% höheren Kornertrag brachte als unbeschädigter, nicht geköpfter Mais. Dieser unerwartete positive Köpfeffekt war mit einer Irrtumswahrscheinlichkeit von 5% signifikant (Tab. 1). Das veranlaßte die Versuchsansteller zu einer fortgesetzten Prüfung des Sachverhaltes. Und die ergab für die Jahre 1976–1980

Tab. 1. Einfluß einer vollständigen Entblätterung von Maispflanzen im Fünfblattstadium auf den Kornertrag einer frühreifen Maishybridsorte in Minnesota, USA (Hicks und Crookston 1976, Crookston und Hicks 1981) Kornertrag [dt · ha^{-1}]

Behandlung	Jahr							
	1973	1974	1975	1976	1977	1978	1979	1980
geköpft	65,2	32,9	73,3	65,8	75,6	92,9	58,9	78,5
nicht geköpft	41,0	18,5	56,6	67,5	83,1	95,0	69,2	89,2
Signifikanz der Differenz								
$\alpha = 5\%$	*	*	*		(keine Angabe)			

einen Minderertrag durch das Köpfen von durchschnittlich 8%. Somit erwies sich die in der ersten Mitteilung getroffene Feststellung, daß Köpfen im Fünfblattstadium den Kornertrag von Mais steigert, trotz der Signifikanz der positiven Ertragsdifferenzen als eine unzulässige Verallgemeinerung. Sie galt nur für Jahre, in denen die nicht geköpften Maisbestände weniger als 60 dt·ha^{-1} Kornertrag produzierten, offenbar also in Jahren mit einem Witterungsverlauf, der ungünstig auf das Maiswachstum wirkte.

Wie ist dieser Sachverhalt zu bewerten, kann der Landwirt ihn überhaupt als Entscheidungsgrundlage nutzen? Als erstes stellt sich die Frage nach der Übertragbarkeit der Ergebnisse auf andere Situationen. Ein nur auf stochastischen Beziehungen (z. B. Korrelationen) beruhender Befund, der keinen Rückschluß auf die funktionalen Zusammenhänge zwischen Ursache und Wirkung erlaubt, ist auf abweichende Bedingungen nicht übertragbar, da man ja nicht abschätzen kann, welche Faktorkombination gegeben sein muß, um die gleiche Wirkung des Köpfens hervorzubringen. Deshalb besteht und bestand die erste Aufgabe der Pflanzenbauwissenschaft in der Suche nach den eigentlich wirksamen Standortfaktoren und, wie in diesem Falle, in der Aufklärung des Reaktionsmechanismus bei geköpften Maispflanzen.

Das Ergebnis der Analyse wurde in Form eines Flußdiagramms dargestellt (Abb. 2). Die Entblätterung bewirkt über höhere Bodentemperaturen und einen veränderten Wuchsstoffhaushalt einen früheren Übergang der Maispflanzen von der vegetativen zur generativen Phase. Das führt vor allem dann zu einer relativ höheren Kornproduktion im Vergleich zu ungeköpften Pflanzen, wenn während der späteren Wachstumsphasen (Blüte, Kornproduktion) Wassermangel herrscht. Tritt dieser Wassermangel nicht ein, so wird nur der zeitweilig verminderte Assimilatgewinn nachteilig wirksam. Diese Wachstumshemmung wirkt dann negativ auf die Kornproduktion der geköpften Pflanzen.

18 Einführung

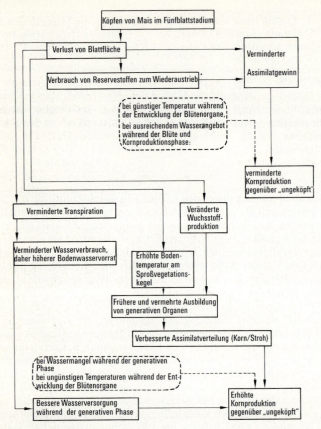

Abb. 2. Folgewirkung der Entblätterung von jungen Maispflanzen (CROOKSTON und HICKS 1981).

Was bedeutet diese Einsicht in die Wirkungsweise der Blattverluste im Fünf-Blatt-Stadium des Maises für die Entscheidung des Landwirtes, ob er köpfen soll oder nicht? Ohne die Kenntnis, wie häufig, in welchem Ausmaß und während welcher Vegetationsabschnitte Wassermangel herrschen kann, ist das Wissen kaum zu nutzen. Die zweite Aufgabe der Pflanzenbauwissenschaft besteht deshalb darin, die Aussage zu treffen, mit welcher Wahrscheinlichkeit welche Wasserdefizite für das Maiswachstum in den jeweiligen Regionen und ihren unterschiedlichen Böden zu erwarten sind. Diese Daten stehen für dieses Beispiel nicht zur Verfügung. Bekannt ist nur, daß in 32,5%

der untersuchten Fälle Köpfen einen positiven Effekt erzielt hat. In Ermangelung eines fundierten Datenmaterials zur Beschreibung der Mittel- und Extremwerte der Witterung an dem Versuchsort (einschließlich der Häufigkeit bestimmter Witterungskonstellationen) wird dieser Erfahrungswert zum Erwartungswert für das Eintreffen eines positiven Köpfeffektes. Trotz des sehr hohen Mehrertrages in den Jahren, in denen die Produktion der ungeköpften Maisbestände durch Wassermangel gehemmt war und trotz des vergleichsweise geringen Ertragsverlustes der geköpften Maisbestände in den „Normaljahren", ist die Trefferwahrscheinlichkeit von 32,5% für einen Erfolg des Köpfens zu gering, als daß der Landwirt sich generell für das Köpfen entscheiden könnte.

Bei welcher Wahrscheinlichkeit des Eintreffens von positiven Köpfeffekten ein Landwirt sich für diese Maßnahme entscheidet, hängt auch von seiner Risikobereitschaft ab. Bei hoher Eintreffwahrscheinlichkeit und geringer Risikobereitschaft kann der Landwirt einen Mittelweg einschlagen und das Risiko verteilen, indem er nur einen Teil seiner Flächen behandelt.

Die Meisterung eines Risikos muß nicht unbedingt mittels eines aktiven Eingriffs in das Wachstum der Pflanze oder in die Standortbedingungen erfolgen. Der Landwirt kann auch die Möglichkeiten der Anpassung an die gegebenen mittleren Verhältnisse, d.h. an den Erwartungswert, wählen. In diesem Beispiel könnte der Anbau einer frühreiferen Maissorte den Eingriff des Köpfens ersetzen, der Anbau von Sorten mit unterschiedlicher Frühreife das Gesamtrisiko vermindern. Welcher Weg der vorteilhaftere und sicherer ist, muß er aus dem Kenntnisstand der Wissenschaft ableiten.

Dieser Kenntnisstand wird dem Landwirt als Grundlage für seine auf Wissen beruhende Entscheidung in der Regel in zwei Formen vermittelt. Die erste ist eine sogenannte Produktionsfunktion. Sie quantifiziert die Beziehungen zwischen der variablen Intensität eines Eingriffs in den Standort und dessen Wirkung z.B. auf den Pflanzenertrag, den Krankheits- und Schädlingsbefall oder die Dichte von Ackerwildpflanzen. Das in Abb. 67 dargestellte Beispiel beschreibt in Form von Gleichungen die Abhängigkeit des Getreideertrags von der Menge des angewendeten N-Düngers.

Fehlt es an einer geeigneten und ausreichenden Datengrundlage oder läßt die Struktur des Zusammenhanges zwischen Ursache und Wirkung keine formal mathematische Beschreibung zu, so bedient man sich einer Produktionsregel. Sie enthält Beziehungen, die mit dem Ausdruck: „wenn – dann" beschrieben werden können. Die Entscheidung fällt zwischen Alternativen entlang eines dichotomen „Entscheidungsbaumes". Als Beispiel möge die Abb. 63 auf Seite 163 dienen: Herbizidanwendung im Vor- oder im Nachauflaufverfahren?

1 Ertragsbildende Prozesse und ertragsbegrenzende Faktoren

1.1 Methoden der Ertragsanalyse

Unter Ertrag versteht der Landwirt denjenigen Teil der Erntemasse, der aufgrund seiner Beschaffenheit für die menschliche Ernährung, als Futter in der tierischen Veredelungswirtschaft oder als Rohstoff für industrielle Produkte verwendet werden kann. Menge und Qualität des Ertrages hängen von der genetisch fixierten Reaktionsnorm der Pflanzen gegenüber den wechselnden Umweltbedingungen ab. Ertragsbestimmend sind:

1. der Gehalt an spezifischen, wertbestimmenden Inhaltsstoffen im Ernteprodukt,
2. der Anteil der Ernteprodukte an der insgesamt erzeugten Pflanzenmasse und
3. die Menge dieser Gesamtpflanzenmasse selbst.

Während bestimmte Pflanzenprodukte in speziellen Produktionsverfahren erzeugt werden, die Gegenstand der speziellen Pflanzenbaulehre sind, sollen hier die allgemeinen Aspekte der Substanzproduktion landwirtschaftlich genutzter Pflanzenbestände behandelt werden. Deshalb ist es zweckmäßig, den Begriff der Ertragsbildung auf alle wesentlichen Lebensvorgänge auszudehnen, die zur Entstehung eines bestimmten, ökonomisch verwertbaren Pflanzenproduktes beitragen. Im Mittelpunkt des folgenden Abschnittes steht daher die Substanzproduktion der Nutzpflanzen als Ganzes.

Diese Größe ist als Endergebnis einer Kette von vielfach ineinander greifenden und sich wechselseitig bedingenden Prozessen in Umwelt und Pflanze zu sehen. Die in den pflanzenphysiologischen Prozessen auftretenden Mengen und Raten (Abb. 3) sind art- und sorteneigentümlich und werden von den am Wuchsort wirksamen Standortfaktoren (Standort: Gesamtheit aller in der Vergangenheit und Gegenwart verwirklichten Umweltbedingungen) begrenzt.

Der Assimilathaushalt der Pflanzen mit seinen Teilprozessen der CO_2-Assimilation (Photosynthese), Veratmung, Transport, Speicherung und Umbau von Assimilaten in Zellsubstanz hängt von der Qualität und Quantität der eingestrahlten Energie, der CO_2-Konzentration in der Atmosphäre und der Temperatur ab. Desgleichen werden die Teilprozesse des Wasserhaushaltes (Transpiration, Leitung

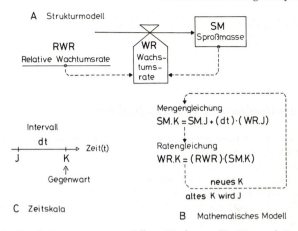

Abb. 3. Simulation von exponentiellem Wachstum (DE WIT und BROUWER 1968).

und Wasseraufnahme) von der Energiezufuhr, dem Sättigungsdefizit der Atmosphäre sowie der Menge, Zugänglichkeit und Beweglichkeit des Bodenwassers gesteuert. Entsprechendes gilt für den Mineralstoffhaushalt, der eng mit dem Wasser- und Assimilathaushalt verknüpft ist. Letztere haben eine gemeinsame Regelgröße in dem jeweiligen Öffnungszustand der Stomata.

Diese und andere Prozesse führen in ihrem Zusammenwirken zur Vermehrung von Pflanzenmasse (-größe, -volumen), d. h. zum Wachstum der Pflanzen. Gleichzeitig erfolgt eine Differenzierung der Pflanze in bestimmte Organe (Blätter, Stengel, Wurzeln und generative Organe). Der zeitliche Verlauf des Wachstums führt auch zur Entwicklung der Pflanzen (z. B. vegetative – generative Phase). Vom Wachstum abhängig und dieses wiederum bestimmend, werden die Entwicklungsprozesse ebenfalls von Standortfaktoren, wie z. B. Tageslänge und Temperatur, gesteuert.

Wachstum und Entwicklung der Pflanzen sind nicht nur von den Standortfaktoren abhängig, sondern wirken auch auf diese zurück. Ein Pflanzenbestand schafft sich beim Heranwachsen eine eigene, von den Ausgangsbedingungen stark veränderte Umwelt. Kurzfristig trifft das für das Mikroklima und für alle Organismen zu, die auf den Pflanzen parasitieren, von den Bestandesabfällen leben oder den Schutz der Pflanzendecke benötigen. Langfristige Folgewirkungen, die zu einer dauerhaften Veränderung des Standortes führen können, zeigen sich z. B. beim Humusgehalt und der Bodenstruktur.

Ertragsbildende Prozesse und ertragsbegrenzende Faktoren sind daher als Komponenten eines dynamischen, durch vielfältige Wechselbeziehungen vernetzten ökologischen Systems zu sehen.

Die Kenntnis der Beziehungen zwischen Standort und Ertragsbildung ist daher eine elementare Voraussetzung für die erfolgreiche Gestaltung der Pflanzenproduktion. Diese Beziehungen lassen sich auf einfache Weise mit Hilfe von Korrelationen zwischen Ertrag und variiertem Standortfaktor oder mit Produktionsfunktionen quantifizieren. Nicht in jedem Fall ist aber der Zusammenhang sehr eng und aussagekräftig, da der Endertrag wegen anderer, nicht kontrollierbarer Effekte, die im Verlauf der Ertragsbildung auf den Pflanzenbestand einwirken können, nur in Grenzen zur Erklärung der Kausalkette: Standortfaktor → Ertrag beitragen kann.

Eine wesentliche Eigentümlichkeit dieser Kausalkette bleibt bei einer solchen „statistischen" Analyse unberücksichtigt, nämlich, daß die Ertragsbildung einen in der Zeit ablaufenden Prozeß darstellt, der durch nicht mehr umkehrbare Entwicklungen gekennzeichnet ist. Die Erklärung der Kausalbeziehungen muß sich daher auf die für Wachstum und Entwicklung wesentlichen Kenngrößen dieses dynamischen Prozesses stützen. Mit diesem Ziel wurden Methoden der Ertrags- und der Wachstumsanalyse entwickelt.

Die Ertragsanalyse fußt auf der Einsicht, daß die Komponenten des Endertrages das Ergebnis von Wachstum und Entwicklung in bestimmten Abschnitten der Vegetationszeit sind. Bei Getreide z.B. spiegeln die Ertragskomponenten Anzahl Ähren je Flächeneinheit, Anzahl Körner je Ähre, mittlere Masse je Korn die Standortbedingungen wider, die während der Dauer des jeweiligen Vegetationsabschnittes zur Anlage, Ausbildung und möglicherweise auch zur Reduktion von Ähren und Korn geführt haben. Dieser Ansatz ist dann brauchbar und angemessen, wenn die Wirkung bestimmter ertragsfördernder oder ertragsstabilisierender Maßnahmen in bestimmten Vegetationsabschnitten (nach Zeitpunkt und Menge unterschiedliche N-Düngung, Beregnung, Pflanzenschutz) erklärt werden soll, d.h. Rückschlüsse auf differenzierte Maßnahmen möglich sind. Effekte von Witterungsbedingungen lassen sich mit dieser Methode nur an einem sehr umfangreichen Beobachtungsmaterial erkennen.

Wie im einzelnen die jeweilige Witterung auf die Ertragsbildung wirkt, kann nur mit Hilfe der sogenannten Wachstumsanalyse (GREGORY 1917, WATSON 1952) erkannt werden. Ihr Grundgerüst beruht auf dem durch periodische Probenahme ermittelten Verlauf des Wachstums (Anzahl, Masse, Oberfläche, Volumen von Pflanzenorganen, Einzelpflanzen oder Pflanzenbeständen) und dem daraus abgeleiteten **Ertragszuwachs je Zeiteinheit** (Tab. 2). Bezieht man diesen Ertragszuwachs auf die jeweils vorhandene Pflanzensubstanz, so

Tab. 2. Kenngrößen in der Wachstumsanalyse (RADFORD 1967)

Definition	Formel für den Zeitpunkt t	Formel für den Mittelwert über den Zeitabschnitt t_2-t_1
1. Zuwachs von Pflanzenmasse je Zeiteinheit (crop growth rate), W: Pflanzenmasse	$CGR = \dfrac{dW}{dt}$	$\overline{CGR} = \dfrac{(W_2-W_1)}{(t_2-t_1)}$
2. Relativer Zuwachs von Pflanzenmasse je Zeiteinheit bezogen auf die anfänglich vorhandene Pflanzenmasse (relative growth rate)	$RGR = \dfrac{1}{W} \cdot \dfrac{dW}{dt}$	$\overline{RGR} = \dfrac{(\log_e W_2 - \log_e W_1)}{(t_2 - t_1)}$
3. Netto-Assimilationsrate: Zuwachs von Pflanzenmasse je Zeiteinheit bezogen auf die Einheit assimilierender Pflanzensubstanz (A)	$NAR = \dfrac{1}{A} \cdot \dfrac{dW}{dt}$	$\overline{NAR} = \dfrac{(W_2-W_1)}{(A_2-A_1)} \cdot \dfrac{(\log_e A_2-\log_e A_1)}{(t_2-t_1)}$
4. Blattflächenverhältnis: Verhältnis der Menge assimilierender Pflanzensubstanz je Einheit insgesamt vorhandener Pflanzenmasse (leaf area ratio)	$LAR = \dfrac{A}{W}$	Durch Erweitern von 3. mit 4. ergibt sich die Beziehung zwischen 2 und 3: $$\frac{1}{W} \cdot \frac{dW}{dt} = \frac{1}{A} \cdot \frac{dW}{dt} \cdot \frac{A}{W}$$ $RGR = NAR \cdot LAR$

erhält man eine relative Wachstumsrate, die z. B. die Leistungsfähigkeit der Sproßmasse beschreibt, neue Sproßmasse zu produzieren (Abb. 3). Da der Sproß vor allem während späterer Entwicklungsabschnitte nicht nur aus assimilationsfähigem Material besteht, führt der ·Bezug auf die tatsächlich zur CO_2-Assimilation beitragende Pflanzenmasse oder -fläche (in erster Annäherung die Blattmasse

24 Ertragsbildende Prozesse und ertragsbegrenzende Faktoren

oder Blattfläche) noch näher an die Grundlage jeder Substanzproduktion der Pflanzen heran, nämlich an Photosynthese, Veratmung und die daraus resultierende Substanzproduktion. In erster Annäherung wird die Intensität dieses Prozesses mit der **Netto-Assimilationsrate** (NAR) beschrieben. Über das Verhältnis von Blattmasse zu Gesamtmasse der Pflanzen (Blattflächenverhältnis, Tab. 2), das die Assimilatverteilung beschreibt, ist die Netto-Assimilationsrate mit der relativen Wachstumsrate verbunden.

Seit es elektronische Rechenmaschinen mit großer Speicherkapazität gibt, ist es möglich, das Prinzip der Wachstumsanalyse zur Grundlage einer Methode weiterzuentwickeln, die es gestattet, nicht nur die Ertragsbildung umfassender zu erklären, sondern auch in bestimmten Grenzen vorauszusagend zu beschreiben. Dies geschieht mit Hilfe mathematischer Simulationsmodelle. Diese Methode soll anhand eines Modells von DE WIT und BROUWER (1968) dargestellt werden, das sich auf eine Methode von FORRESTER (1962) zur Untersuchung zeitabhängiger Vorgänge in der Betriebswirtschaft stützt.

Abb. 3 zeigt die Grundelemente des Simulationsprozesses, nämlich das Strukturmodell (A), das mathematische Modell (B) und die Zeitskala (C). Die Sproßmasse einer Pflanze (SM) wird als Menge mit einem Rechteck dargestellt. Diese Quantität ist auch dann noch vorhanden, wenn das ganze System stillsteht, also kein Wachstum er-

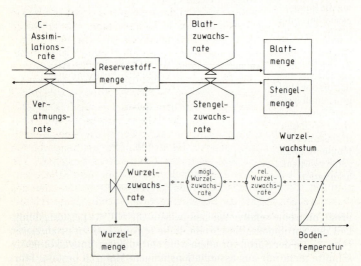

Abb. 4. Strukturmodell des zentralen Teiles des Simulationsprogrammes ELCROS (elementary crop simulator; DE WIT und BROUWER 1968).

folgt. Der voll ausgezogene Pfeil soll andeuten, daß die Sproßmasse infolge eines Zustroms von Trockenmasse zunimmt. Die Wachstumsrate (WR), die diesen Zustrom regelt, ist mit einem ventilähnlichen Symbol dargestellt worden. Die gestrichelten Linien repräsentieren Informationsströme und zeigen hier, daß die Wachstumsrate von der schon vorhandenen Sproßmenge (Prinzip der Rückkopplung) und von einer relativen Wachstumsrate (RWR) abhängt, die hier als konstant angenommen wird, sich in Wirklichkeit aber mit den Standortfaktoren und dem Entwicklungszustand der Pflanzen ändert.

Dieses Modell verkörpert Beziehungen, die in einem System mit exponentiellem Wachstum gegeben sind. Das in dem Strukturmodell dargestellte Beziehungsgefüge muß nun noch quantifiziert werden (Abb. 3B). Das mathematische Modell besteht aus einem Satz von Mengen- und Ratengleichungen, die miteinander verknüpft werden. Gegeben seien zwei Zeitpunkte, die Vergangenheit J und eine Gegenwart K, die durch das kurze Zeitintervall Delta t (dt) getrennt sind. Die Mengengleichung besagt, daß die Sproßmasse zur Zeit K (SM.K) gleich der Sproßmasse zur Zeit J (SM.J) ist, zuzüglich dem Produkt aus dem Zeitintervall (dt) und der Wachstumsrate zur Zeit J (WR.J). Die Ratengleichung sagt aus, daß die Wachstumsrate zur Zeit K (WR.K) gleich dem Produkt aus der Relativen Wachstumsrate (RWR) und der Sproßmasse zur Zeit K (SM.K) ist. WR.K wird zu WR.J und geht erneut in die Mengengleichung ein.

Jede Pflanze – und damit jeder Pflanzenbestand – enthält Vorräte an Reservestoffen in Form von Kohlenhydraten, Aminosäuren u.a.m. Die einzige Quelle für Kohlenhydrate (z.B. Glucose) ist die Photosynthese, in Abb. 4 durch die C-Assimilationsrate dargestellt. Die vorhandene Reservestoffmenge wird für die Veratmung (Veratmungsrate) und für die Bildung von Blättern, Stengeln und Wurzeln benutzt. Die Reservestoffe werden in Pflanzenorganen strukturell festgelegt. Das Flußdiagramm stellt am Beispiel der Bodentemperatur dar, wie die Wirkung der Standortfaktoren in das System eingeführt wird. Die Bodentemperatur entstammt entweder einer Meßreihe oder wird in einem anderen Teil des Modells aus beobachteten Daten der Lufttemperatur oder der Einstrahlung berechnet. Die Werte für die relative Wurzelzuwachsrate werden einer Tabelle entnommen, die empirische Daten für die artspezifische Reaktion des Wurzelwachstums auf die Bodentemperatur enthält. Diese relative Wurzelzuwachsrate ist keine Rate, mit der unmittelbar eine Menge berechnet wird, sondern eine Hilfsgröße, mit der eine andere Größe bestimmt wird. Deshalb ist sie in dem Flußdiagramm mit einem Kreis dargestellt worden.

Mit dieser Methode lassen sich Modelle der Ertragsbildung entwerfen, die alle wachstumsbegrenzenden Faktoren enthalten. Der

Vorteil der Simulationsmethode besteht darin, daß das in Klimakammern-, Gewächshaus- und Feldversuchen gewonnene Einzelwissen in einem Modell simultan genutzt werden kann und der Effekt der Änderung eines Standortfaktors auf die Ausnutzung der anderen Faktoren überprüft werden kann, ohne den fast grenzenlosen Aufwand komplexer Versuchsanstellung treiben zu müssen. Jede mangelnde Übereinstimmung der berechneten Ergebnisse mit den tatsächlichen Beobachtungen weist nicht nur auf Mängel im Modell, sondern auch auf Wissenslücken hin. Somit kann diese Methode als sehr wirksames Instrument für die Planung der Forschung, für Zukunftsprognosen, gutachterliche Aussagen und bei fortschreitender Anwendung von Computern auch als didaktische Hilfe im Unterricht genutzt werden.

1.2 CO_2-Assimilation

1.2.1 Energiehaushalt eines Wuchsortes

Ohne die von der Sonne eingestrahlte Energie gibt es keine Substanzproduktion der höheren Pflanzen. Licht ist für die Photosynthese notwendig, Wärme für die Transpiration und für den Ablauf aller physiologischen Prozesse in der Pflanze. Beim Eintritt in die Erdatmosphäre beträgt der Energiefluß der Sonnenstrahlung konstant $2\,\text{cal} \cdot \text{cm}^{-2} \cdot \text{min}^{-1}$ (sog. Solarkonstante). Da die Sonne eine Oberflächentemperatur von rund 6000 K hat, ist ihre Strahlung kurzwellig, d.h. 98% der ausgestrahlten Energie ist im Bereich der Wellenlängen von 200 bis 4500 nm enthalten. Die Erde dagegen mit einer durchschnittlichen Oberflächentemperatur von 300 K strahlt im langwelligen Bereich zwischen 500 und 80000 nm.

Wie Abb. 5 zeigt, wird die Sonnenstrahlung beim Durchgang durch die Erdatmosphäre qualitativ und quantitativ verändert (Kurve A und B). Nur ein Teil ihrer Energie wird von der Atmosphäre durchgelassen (Transmissionskoeffizient t), ein anderer Teil wird von den Gasmolekülen und Staubteilchen absorbiert (a) – im infraroten Strahlungsbereich besonders von Kohlendioxid und Wasserdampf (Kurve B) – oder reflektiert (r) und diffus gestreut ($t + a + r = 1$). Je länger der Weg der Strahlen durch die Atmosphäre ist, desto mehr Energie wird absorbiert und desto weniger erreicht die Erdoberfläche. Mit steigender Sonnenhöhe β wird der Weg durch die Atmosphäre kürzer und die auf einer ebenen Fläche eingestrahlte Energie größer (Abb. 6A). Der Einfallwinkel der Sonnenstrahlen ist von der geographischen Breite eines Ortes sowie von der Tages- und Jahreszeit abhängig. Daraus läßt sich für jeden Ort und jeden Tag die

CO$_2$-Assimilation 27

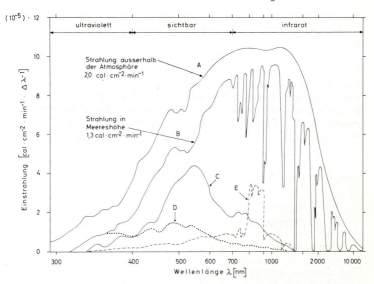

Abb. 5. Energieverteilung der Einstrahlung in Abhängigkeit von der Wellenlänge (GATES 1965). A: Gesamtstrahlung außerhalb der Erdatmosphäre; B: Direkte Sonnenstrahlung, RS; C: Gesamtstrahlung bei bedecktem Himmel, RT bewölkt; D: Diffuse Himmelsstrahlung bei bedecktem Himmel, RT bewölkt; D: Diffuse Himmelsstrahlung, RD; E: Strahlung nach Passieren eines Pflanzenbestandes.

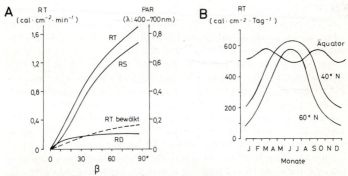

Abb. 6. Einstrahlung auf einer horizontalen Fläche
A: In Abhängigkeit von der Sonnenhöhe β (DE WIT 1965). RT: Gesamtstrahlung bei klarem Himmel; RS: Direkte Sonnenstrahlung; RD: Diffuses Himmelslicht. PAR: Photosynthetisch nutzbarer Teil der Einstrahlung.
B: In Abhängigkeit von der geographischen Breite des Wuchsortes und der Jahreszeit (GARDNER et al. 1985).

potentielle Einstrahlung berechnen (Abb. 6). Deren jahreszeitliche Variation wird außer von der Sonnenhöhe auch von der Tageslänge bestimmt. Bei einer Sonnenhöhe von 60° wird bei sehr klarem Himmel auf eine ebene Fläche die Energiemenge von 1,3 cal·cm^{-2}·min^{-1} eingestrahlt. Wenn sich mehr Wasserdampf und Staub in der Atmosphäre befinden, kann dieser Wert bis zu 15% geringer sein. In der Gesamtstrahlung (RT) sind durchschnittlich etwa 15% diffuse Himmelsstrahlung (RD) enthalten. Der Rest ist direkte Sonnenstrahlung (RS). Die potentielle Einstrahlung auf eine horizontale Fläche eines Wuchsortes setzt sich daher zusammen aus

$$RT = RD + (RS \cdot \sin\beta).$$

Mit abnehmender Sonnenhöhe nimmt der Anteil des diffusen Himmelslichtes an der Gesamtstrahlung zu. Das ist deshalb von Bedeutung, weil sich das diffuse Licht hauptsächlich aus kurzwelliger, für die Photosynthese nutzbarer Strahlung zusammensetzt (Kurve D in Abb. 5).

Die aktuelle Einstrahlung hängt von dem Grad und der Dauer der Bewölkung ab. In erster Annäherung läßt sich daher die aktuelle tägliche Einstrahlung mit Hilfe der gemessenen Sonnenscheindauer als Fraktion der potentiellen Einstrahlung berechnen. Bei vollkommen bedecktem Himmel werden nur etwa 20% der Energiemenge eines sehr klaren Tages eingestrahlt (Kurve C in Abb. 5). Für den Energiegewinn eines Körpers ist schließlich auch der Winkel, mit dem das direkte Sonnenlicht auf den Körper strahlt, von Bedeutung. Bei senkrechter Stellung der Oberfläche zu den Strahlen wird die größte Energiemenge je Flächeneinheit empfangen.

Ein Teil der kurzwelligen Strahlung wird von der Erdoberfläche oder der Vegetationsdecke reflektiert (Abb. 7A). Die Größe des Reflektionskoeffizienten r (Albedo), der das Verhältnis von reflektierter zu eingestrahlter Energiemenge darstellt, hängt von dem Einstrahlungswinkel und der Oberflächenbeschaffenheit eines Körpers, z.B. von seiner Farbe, ab. Für grüne Pflanzenoberflächen variiert r zwischen 0,1 und 0,3.

Die nicht reflektierte Strahlung wird vom Boden oder von den Pflanzen absorbiert und in Wärme umgewandelt. Ein Teil dieser Wärme wird als langwellige Strahlung wieder an die Atmosphäre zurückgestrahlt. Für den Energiegewinn eines Körpers bleibt dann die Netto-Einstrahlung (RN), deren Größe sich aus der Differenz zwischen der nichtreflektierten Gesamtstrahlung (RT [1−r]) und der langwelligen Rückstrahlung (RL) ergibt:

$$RN = RT(1-r) - RL$$

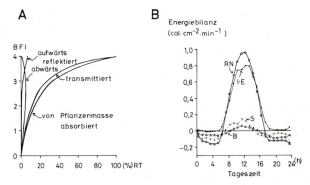

Abb. 7. Verbleib und Umwandlung der eingestrahlten Energie
A: Energiefluß in einem Pflanzenbestand (COWAN 1968). BFI: Blattflächenindex; RT: Gesamteinstrahlung.
B: Energieumwandlung in einer Grasnarbe während eines Tages (TANNER 1960). RN: Netto-Energiegewinn aus Einstrahlung; l.E: Energieverlust durch Wasserverdunstung; S: Energieverlust durch Abfluß spürbarer Wärme; B: Energieableitung in den Boden.

Mit der Erwärmung eines Körpers entsteht ein Temperaturgefälle zum Inneren des Körpers. Dabei wird Wärme, z. B. in den Boden (B) hinein, abgeleitet. Wegen der geringen Masse und niedrigen Wärmekapazität krautiger Pflanzen ist die innerhalb einer Vegetationsdecke abgeleitete Wärmemenge kaum meßbar. Für den Wärmehaushalt des Bodens spielt die Wärmeleitung aber eine wichtige Rolle.

Ist der Boden oder ein Pflanzenorgan wärmer als die Luft, so wird auch Wärme an die Atmosphäre abgegeben. Die erwärmte Luft wird dann im Austausch gegen kühlere Luftmassen fortgeführt. Derjenige Teil der Energie, der aus dem Boden oder aus den Pflanzen durch Leitung oder Austausch an die Atmosphäre abgegeben wird, sei mit S bezeichnet (sensible oder spürbare Wärme).

Enthält der sich erwärmende Körper tropfbares Wasser, so kann ein Teil der absorbierten Energie auch zur Evaporation benutzt werden. Bei einer Temperatur von 20 °C werden zur Verdunstung von 1 g Wasser rund 600 cal verbraucht und dem verdunstenden Körper entzogen. Diese Wärmemenge (latente Energie) wird bei der Kondensation von Wasser wieder frei. Die Menge des verdampften Wassers sei mit E bezeichnet.

Schließlich wird in photosynthetisch aktiven Pflanzen ein Teil der eingestrahlten Energie als chemisch gebundene Energie in den Assimilaten (A) festgelegt. Die Energiebilanz an einem Wuchsort lautet dann:

$$RN = S + (l \cdot E) + B + A$$

Abb. 7B zeigt die tägliche Variation dieser Kenngrößen. Von der täglichen Nettoeinstrahlung werden 75 bis 85% zur Verdunstung von Wasser verbraucht. 5 bis 15% werden als Wärme ausgetauscht (S) oder in den Boden geleitet (B). Nur 1 bis 2% werden durchschnittlich photosynthetisch genutzt (A), eine relativ geringe Menge, die in Abb. 7B nicht dargestellt wurde.

Wenn eine Pflanze die gesamte eingestrahlte Energie absorbieren muß, ohne einen sehr großen Teil wieder abführen zu können, dann steigt ihre Temperatur in kürzester Frist weit über die physiologisch erträgliche Grenze an. Deshalb sind langwellige Rückstrahlung, Wärmeabgabe durch Austausch und Verdampfung von Transpirationswasser unbedingt notwendige und in der Regel auch ausreichende Prozesse, um die Blattemperatur nicht wesentlich über die Temperatur der umgebenden Luft ansteigen zu lassen und innerhalb physiologisch zuträglicher Grenzen zu halten.

1.2.2 Assimilatgewinn eines einzelnen Blattes

Etwa 90% der Trockenmasse einer Pflanze sind Kohlenstoffverbindungen, die im Photosyntheseprozeß nach der bekannten Bruttoreaktionsgleichung entstehen:

$$6\,CO_2 + 12\,H_2O \xrightarrow{\text{Strahlungsenergie}} C_6H_{12}O_6 + 6\,O_2 + 6\,H_2O$$

Die Rate, mit der von einem Pflanzenbestand Kohlendioxid assimiliert wird, hängt ab von

1. der eingestrahlten und absorbierten Energiemenge,
2. der Assimilationsrate der einzelnen Blätter oder anderer zur Photosynthese befähigten Pflanzenorgane und
3. vom Umfang und der räumlichen Anordnung der photosynthetisch aktiven Pflanzenoberfläche eines Pflanzenbestandes.

Da umgekehrt zur obigen Photosynthesegleichung in den Pflanzen ständig Kohlenhydrate zu Wasser und Kohlendioxid veratmet werden, ergibt sich der Kohlenhydratgewinn aus der Differenz zwischen der insgesamt aufgenommenen CO_2-Menge und der bei der Veratmung freigesetzten CO_2-Menge, also

Netto-CO_2-Assimilationsrate = Brutto-CO_2-Assimilationsrate − Respirationsrate.

Die zur Photosynthese notwendige Lichtenergie wird vom Chlorophyll im kurzwelligen Strahlungsbereich zwischen 400 und 700 nm mit je einem Absorptionsmaximum im blauen und roten Licht absorbiert. In diesem Wellenlängenbereich werden zwischen 40 und 50%

der gesamten Energie eingestrahlt (R photosynthetisch nutzbar ≈ 0,45 RT, auch PAR genannt). Da in einem Blatt gleichzeitig CO_2 gebunden (Photosynthese) und entbunden (Veratmung) wird, kann die Photosyntheserate nur näherungsweise als „apparente" Photosyntheserate gemessen werden, nämlich als Differenz zwischen der CO_2-Konzentration von einströmender und ausströmender Luft einer geschlossenen Kammer, die ein Blatt oder eine ganze Pflanze enthält. Bei dieser Versuchsanordnung kann die durch Atmung freigesetzte CO_2-Menge nicht gemessen werden, weil sie unmittelbar wieder zur Photosynthese benutzt wird.

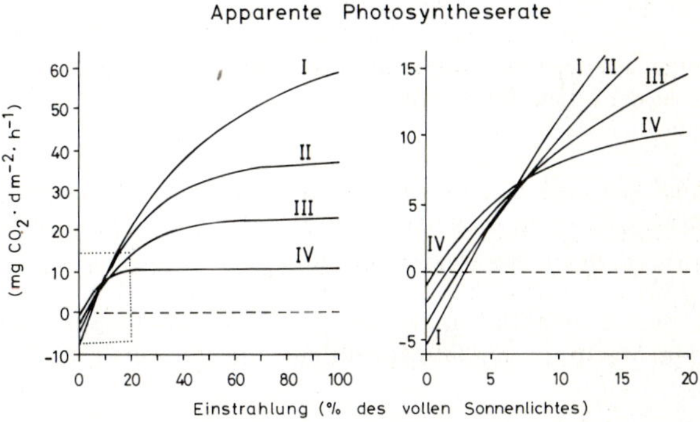

Abb. 8. Reaktionsmuster der Photosynthese je Einheit Blattfläche in Abhängigkeit von der Einstrahlung bei 4 Artengruppen (GARDNER et al. 1985). I: Mais, Sorghum (C_4-Arten); II: Luzerne, Sojabohne (C_3-Arten, an volles Sonnenlicht angepaßt); III: Rotklee, Knaulgras (C_3-Arten, weniger lichtbedürftig); IV: C_3-Arten, an Schatten angepaßt (keine Feldfrüchte).

Abb. 8 zeigt, wie die Photosyntheserate von der Einstrahlung abhängt. Ohne oder mit sehr geringer Einstrahlung wird mehr CO_2 veratmet (Dunkelatmung) als gebunden. Die Bilanz ist negativ bis zum Lichtkompensationspunkt. Das ist die eingestrahlte Lichtmenge, bei der der CO_2-Veratmungsverlust gleich dem CO_2-Gewinn durch Photosynthese ist. Mit steigender Einstrahlung nimmt die Photosyntheserate erst stark, dann immer weniger zu, bis der Lichtsättigungspunkt erreicht ist. Diese in Form einer Sättigungskurve sich darstellende Beziehung wird dadurch bedingt, daß mit zunehmender Einstrahlung die CO_2-Konzentration in den Chloroplasten, dem Ort der Photosynthese, immer mehr zum begrenzenden Faktor für die Photosynthese wird. Abb. 9 zeigt, wie mit steigendem CO_2-Angebot die Photosyntheserate ansteigt. Auch oberhalb von 330 ppm CO_2,

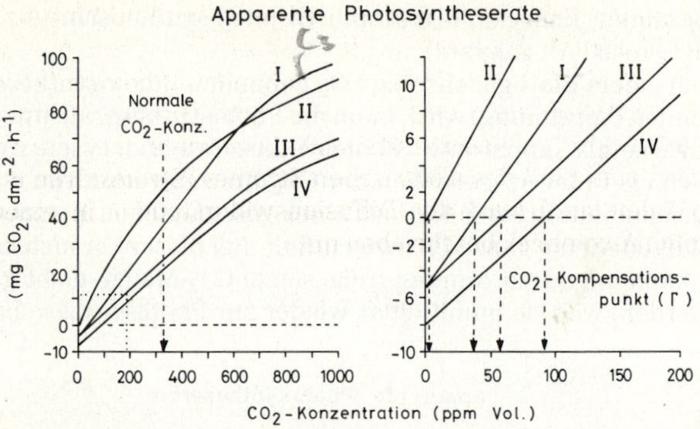

Abb. 9. Reaktionsmuster der Photosynthese je Einheit Blattfläche in Abhängigkeit von der CO_2-Konzentration in der Atmosphäre (HESKETH 1963). I: Sonnenblume; II: Mais; III: Tabak; IV: Rizinus.

der durchschnittlichen CO_2-Konzentration in der Atmosphäre, ist das der Fall. Deshalb wird bei vollem Sonnenlicht die Photosyntheserate in der Regel durch CO_2-Mangel begrenzt.

Der CO_2-Transport in die Pflanzenzellen erfolgt durch Diffusion, bis zu den Zellwänden im gasförmigen, innerhalb der Zellen im flüssigen Medium. Die Transportgleichung, die auch für Wasserdampf gilt, lautet

$$Q = -D \cdot A \frac{\Delta P}{\Delta z}$$

Das diffundierende Gas strömt immer vom Ort der höheren zum Ort der geringeren Konzentration, d. h. in diesem Falle zu der CO_2-verbrauchenden Senke in den Chloroplasten. Je größer die Konzentrationsdifferenz ΔP des Gases ist, desto größer ist auch der Gasfluß Q in einem bestimmten Augenblick. Mit zunehmendem Diffusionskoeffizienten D und zunehmender Querschnittsfläche A, durch die das Gas hindurchdiffundiert (z. B. Spaltöffnungen), nimmt Q zu, mit zunehmender Länge des Diffusionsweges Δz dagegen ab. Der Diffusionskoeffizient ist eine materialabhängige Konstante für den diffusen

Tab. 3. Diffusionskoeffizienten ($cm^2 \cdot sec^{-1}$) von Gasen in Luft und Wasser (Wasserdampf nur in Luft) bei 25 °C (nach GRABLE 1966)

	CO_2	H_2O	O_2
Luft	$1{,}81 \times 10^{-1}$	$2{,}57 \times 10^{-1}$	$2{,}66 \times 10^{-1}$
Wasser	$2{,}04 \times 10^{-5}$	–	$2{,}60 \times 10^{-5}$

Transport eines Stoffes durch ein Medium. Tab. 3 enthält die Diffusionskoeffizienten für Gase in Luft und Wasser. Daraus geht hervor, daß die je Einheit Zeit, Weg, Konzentrationsgradient und Querschnittsfläche durch Luft diffundierende Gasmenge 10000mal größer ist als die durch Wasser diffundierende Menge.

Analog zum Fluß des elektrischen Stromes (Stromstärke = Spannung/Widerstand) wird der Diffusionswiderstand r in einem bestimmten Augenblick beschrieben mit

$$r = \frac{\Delta P}{Q} = \frac{\Delta z}{-D \cdot A}$$

Wenn A gleich 1 gesetzt ist, wird Q zu q, d. h. zum Gasfluß je Einheitsfläche. Mit zunehmender Länge des Diffusionsweges und abnehmendem Diffusionskoeffizienten steigt r. Zunehmende Konzentrationsdifferenz wirkt wie abnehmende Weglänge.

Da der Widerstand in der Cuticula sehr groß ist, erfolgt die CO_2-Diffusion fast ausschließlich durch Spaltöffnungen. Deshalb sind die Anzahl Stomata je Einheit Blattfläche und ihr jeweiliger Öffnungszustand (Spaltbreite) wichtige pflanzeneigentümliche Regelgrößen. Die Spaltöffnungen schließen bei Turgor-Verlust (Druckverlust) der Zellen, also bei Wassermangel, und bei hohem CO_2-Angebot, das photosynthetisch nicht genutzt werden kann, also bei Dunkelheit.

Die Lage des Lichtkompensations- und Lichtsättigungspunktes ist vom Stoffwechseltyp der Pflanzen abhängig. C_4-Pflanzen fehlt die Lichtatmung. Sie können deshalb das in der Atmosphäre enthaltene CO_2 bis auf einen Rest von 5 bis 10 ppm ausschöpfen. Diese CO_2-Konzentration wird der CO_2-Kompensationspunkt (CO_2-Gewinn gleich CO_2-Verlust) genannt (Abb. 9). Für C_3-Pflanzen mit Lichtatmung liegt der CO_2-Kompensationspunkt bei 40 bis 100 ppm CO_2. Da die C_4-Pflanzen das CO_2-Angebot besser nutzen können, erreichen sie den Lichtsättigungspunkt erst bei einer höheren Einstrahlung als C_3-Pflanzen. Die aus tropischen und subtropischen Gebieten kommenden C_4-Pflanzen sind daher produktiver als die an das gemäßigte Klima angepaßten C_3-Pflanzen. Unter den klimatischen Bedingungen Nordwesteuropas können aber die C_4-Pflanzen ihre volle Leistungsfähigkeit kaum nutzen, da sie erst bei höheren Temperaturen (30 bis 35 °C) das Maxium der Photosynthese erreichen.

Der Assimilatgewinn hängt auch von der Gestalt der Blätter ab. In vollem Licht ausgebildete „Sonnenblätter" besitzen je Einheit Blattmasse eine kleinere Blattoberfläche als „Schattenblätter", die bei geringem Lichtgenuß entstehen. Sonnenblätter mit vielen Lagen von Mesophyllzellen benötigen zur Lichtsättigung eine stärkere Einstrahlung, haben aber auch eine höhere Veratmungsrate als Schattenblätter. Deshalb unterscheiden sich Sonnen- und Schattenblätter in der Lage des Lichtkompensations- und Lichtsättigungspunktes in ähnlicher Weise wie C_4- und C_3-Pflanzen (Abb. 8: Kurve I im Vergleich zu II bis IV).

Der Assimilatgewinn der zur Photosynthese befähigten Pflanzenteile – außer Blattspreiten und Blattscheiden auch Spelzen, Hülsen-, Schoten- und Stengeloberflächen – hängt auch vom Entwicklungszustand des Organs ab (Abb. 10A). Bis zur vollständigen Ausbildung eines Blattes steigt die Photosyntheserate an. Dann fällt sie durch alterungsbedingten Leistungsverlust ab. Die Veratmungsrate ist während des Blattwachstums (Umwandlung z. B. von Glukose und Nitrat in Aminosäuren und Protein, Zellteilung und Zellstreckung: Wachstumsatmung) höher als nach abgeschlossener Ausbildung des Blattes, wenn der Stoffwechsel wesentlich nur noch der Erhaltung der Strukturen dient (Erhaltungsatmung, Übersicht bei PENNING DE VRIES 1974). Deshalb sinkt der Assimilatgewinn eines Blattes nicht in

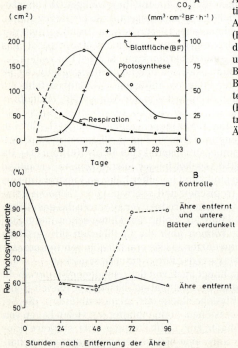

Abb. 10. CO_2-Assimilation in Abhängigkeit von
A: Alter eines Blattes (HOPKINSON 1964); Raten der Bruttophotosynthese und Respiration je Einheit Blattfläche.
B: der Senkenkapazitäten einer Weizenpflanze (KING et al. 1967) (Kontrolle: Intakte Pflanze mit Ähre).

gleichem Maße wie die Photosyntheserate. Wasser- und Nährstoffmangel beschleunigen das Altern des Blattes.

Die Leistungsfähigkeit des Photosyntheseapparates hängt aber auch von dem möglichen Export von Assimilaten ab. In dem in Abb. 10B dargestellten Beispiel wurde bei Weizen die Ähre entfernt. Daraufhin verminderte sich die Photosyntheserate des Fahnenblattes, das seine Assimilate überwiegend an die Ähre geliefert hatte, auf 60% eines Fahnenblattes einer intakten Weizenpflanze. Wurden zusätzlich noch die unteren Blätter, die die Stengelbasis und die Wurzeln mit Assimilaten versorgten, an der CO_2-Assimilation gehindert, stieg die Photosyntheserate des Fahnenblattes wieder an. Daraus folgt, daß auch die Senkenkapazität der Assimilat-aufnehmenden Pflanzenorgane (Samen, Wurzeln, Stengel) die Höhe der Photosyntheserate bestimmt.

1.2.3 Blattanordnung und Lichtgenuß im Pflanzenbestand

Beide Größen hängen von der eingestrahlten Energie und vom Umfang und der räumlichen Anordnung der photosynthetisch aktiven Pflanzenoberfläche ab. In erster Annäherung wird diese Pflanzenoberfläche mit dem Blattflächenindex beschrieben. Das ist die einseitige Blattoberfläche eines Pflanzenbestandes je Einheit Bodenfläche (BFI, leaf area index, LAI). Soll die Blattoberfläche aus der vorhandenen Blattmasse berechnet werden, so muß das Verhältnis von Blattfläche zu Blattmasse bekannt sein (specific leaf area). Mit einem Blattflächenindex zwischen 3 und 5 wird von den meisten Feldfrüchten mehr als 95% der Einstrahlung absorbiert. Futterpflanzenbestände erreichen nicht selten Blattflächenindices von 8 bis 10.

Mißt man den Blattflächenindex in horizontalen Schichten des Pflanzenbestandes (Abb. 11A), so entsteht in erster Annäherung ein Abbild von der räumlichen Anordnung der Blattfläche. In einem frühen Entwicklungsstadium nimmt die Blattfläche von der Bestandesobergrenze bis zur Bodenoberfläche zu. In späteren Stadien rückt die Schicht mit der jeweils größten Blattfläche immer weiter nach oben. Die in den tiefsten Schichten ausgebildeten Blätter sind nicht nur die ältesten, sondern auch die mit dem relativ geringsten Lichtgenuß. Dadurch kann ihr Assimilatgewinn so gering werden, daß sie vorzeitig altern und sterben. Das führt zu einer Abnahme der Blattfläche in den bodennahen Schichten des Pflanzenbestandes.

In Abb. 11A ist auch die mittlere Neigung der Blätter zur Horizontalen, der Blattwinkel α angebenen. Die Blätter des Weidelgrases stehen aufrechter ($α > 45°$) als die des Klees ($α < 45°$). Besser als mit dem mittleren Blattwinkel läßt sich die Variation der Blattstellung mit einer Summenkurve der Häufigkeit des Vorkommens von Blatt-

36 Ertragsbildende Prozesse und ertragsbegrenzende Faktoren

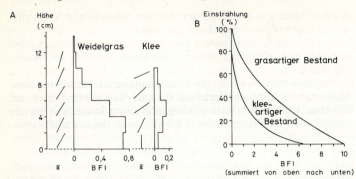

Abb. 11. Lichtverteilung und Lichtgenuß in einem Gras- und Kleebestand (Warren Wilson 1959)
A: Höhenschichtung der Blattfläche und deren Winkel α zur Horizontalen.
B: Abnahme des eingestrahlten Sonnenlichtes mit dessen Eindringen in die Tiefe des Pflanzenbestandes, d. h. in Abhängigkeit vom zunehmenden Blattflächenindex (BFI).

winkeln beschreiben. Extreme Verteilungsmuster von Blattwinkeln variieren zwischen horizontaler (planophiler) und vertikaler (erectophiler) Blattstellung. Mit der Insertionshöhe und dem Alter der Blätter ändert sich auch der Blattwinkel. Junge, meist noch kürzere Blattspreiten von Gräsern stehen mehr aufrecht (erectophile Blattstellung), ältere und längere Blattspreiten neigen sich mehr zur Horizontalen (planophile Blattstellung).

Blätter können ihre Stellung auch kurzfristig verändern. Eine Verminderung der Oberfläche bei starker Einstrahlung schützt vor Überhitzung und schränkt die Transpiration ein. Als Beispiel dafür seien das Zusammenfalten der Fiederblätter (Weißklee) oder der Blattspreite (Wiesenrispe), das Aufrollen der Blattspreite (Mais) und das Abwenden der Breitseite der Blätter von der Einstrahlung (Kompaß-Lattich) genannt.

Alle genannten Merkmale wirken auf die Lichtverteilung im Bestand und auf den Lichtgenuß der einzelnen Blätter oder einer einzelnen Blattschicht. Die obersten Blätter stehen im vollen Licht. Etwa 10 bis 20% der Einstrahlung werden teils reflektiert (r), teils durchgelassen (transmittiert: t, Abb. 7A) d. h. 80 bis 90% der Einstrahlung werden von einer Blattschicht mit der Schichtdicke eines einzelnen Blattes absorbiert (a). Die nächste, darunter liegende Blattschicht empfängt daher nur noch 10 bis 20% der Einstrahlung, die dann folgende nur 1 bis 2%. Daraus folgt, daß der Lichtgenuß in einem Pflanzenbestand exponentiell mit der Höhe der Blattschichten abnimmt. In einem Bestand mit mehr horizontaler Blattstellung nimmt der Lichtgenuß stärker ab als bei mehr vertikaler Blattstellung (Abb. 11B). Der dadurch verminderte Lichtgenuß der unteren Blätter führt dann zu früherem Absterben (Vergleich von Klee mit Gras in Abb. 11A).

Bezeichnet man die photosynthetisch nutzbare Einstrahlung oberhalb einer Blattflächenschicht mit R_o, unterhalb dieser Schicht mit R_u, dann läßt sich der relative Lichtgenuß dieser Schicht mit dem ihr zugehörigen Blattflächenindex BFI durch die Beziehung beschreiben

$$\frac{R_u}{R_o} = e^{-k \cdot BFI}$$

Der Lichtextinktionskoeffizient k enthält die kombinierte Wirkung von drei Koeffizienten, nämlich des Reflektionskoeffizienten r, des Transmissionskoeffizienten t und einer Komponente K, die von der Blattstellung abhängt. Der Lichtgenuß der jeweiligen Blattschicht ist nicht nur von dem Blattwinkel und der Sonnenhöhe β, sondern auch von dem Schatten, den die darüber liegende Blattschicht in Abhängigkeit von α und β auf sie wirft. Dieser „geometrische" Effekt der Blattstellung wird mit K beschrieben (ausführliche Darstellung bei MONTEITH 1969).

Eine solche modellhafte Quantifizierung der Lichtverteilung im Pflanzenbestand weicht mehr oder weniger von der Wirklichkeit ab. Selten sind Pflanzenbestände an allen Orten und zu allen Zeitpunkten vollständig geschlossen. Lücken durch weite Reihenabstände vor dem Schließen des Bestandes und ungleiche Verteilung der Pflanzen innerhalb der Reihe verursachen Unregelmäßigkeiten, die auch die Lichtverteilung im Bestand unregelmäßig machen. „Sonnenflecken" auf der Bodenoberfläche oder auf bodennahen Blattschichten wechseln in enger räumlicher Nachbarschaft und in rascher Zeitfolge mit vollständiger Beschattung ab. Nur die diffuse Einstrahlung ist gleichmäßig im Pflanzenbestand verteilt.

1.2.4 Assimilatgewinn eines Pflanzenbestandes

Kurz nach dem Aufgang einer Feldfrucht ist der Blattflächenindex noch so klein, daß jedes Blatt mit Licht gesättigt ist. In diesem Zustand erreicht der Assimilatgewinn je Einheit Blattfläche (NAR, Abb. 12) den jeweils maximalen Wert. Die TM-Zuwachsrate je Einheit Bodenfläche (CGR) steigt linear mit dem BFI an. Ist der BFI so groß, daß die Blätter sich gegenseitig beschatten, nimmt mit steigendem BFI die NAR ab und die CGR nur noch in abnehmendem Maße zu. Die maximale CGR wurde bei dem in Abb. 12 dargestellten Bei-

38 Ertragsbildende Prozesse und ertragsbegrenzende Faktoren

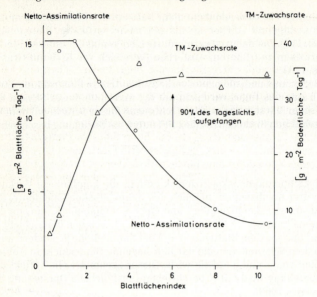

Abb. 12. Beziehungen zwischen der Netto-Assimilationsrate und der Trockenmasse-Zuwachsrate von Maisbeständen in Abhängigkeit von dem Blattflächenindex (WILLIAMS et al. 1965).

spiel mit einem BFI von 6 erreicht. Mehr als 90% des eingetrahlten Lichts wurden von dem nunmehr „geschlossenen" Pflanzenbestand aufgefangen und zur Substanzproduktion genutzt. Der BFI, der zu nahezu vollständiger Lichtabsorption führt, wird auch als „kritischer" BFI bezeichnet.

Der Assimilatgewinn eines Pflanzenbestandes entsteht als Differenz zwischen Brutto-Assimilation und Veratmung. Der Engergiebedarf für die Veratmung wird entweder aus der laufenden CO_2-Assimilation oder aus Reservestoffen, d. h. schon gespeicherten Assimilaten gedeckt. Wie die Ergebnisse eines Modellversuches von MCCLOUD (1965) mit Hirse zeigen (Abb. 13), nahm mit zunehmendem BFI die Dunkelatmungsrate zu. Bei gleichbleibender Einstrahlung, z. B. von 0,13 cal·cm^{-2}·min^{-1}, nahm mit steigendem BFI der Assimilatgewinn je Einheit Bodenoberfläche (CGR) bis zum BFI von 4 zu und dann ab. Nur für die obersten Blattschichten reichte der Lichtgenuß für einen Assimilatgewinn aus. Bei sehr hohem BFI war der Beitrag der untersten Blattschichten schon negativ. Erst bei stärkerer Einstrahlung (0,26 bis 0,79 cal·cm^{-2}·min^{-1}) drang das Licht tiefer in den Pflanzenbestand ein, so daß sukzessiv mehr Blattschichten eine positive CO_2-Bilanz aufwiesen. Wenn alles eingestrahlte Licht absorbiert wurde und alle Blattschichten einen positiven Beitrag zum Assimilatgewinn leisteten, dann wurde jeweils die maximale Produktionsrate des Pflanzenbestandes erreicht. Daraus folgt, daß es einen optimalen BFI gibt, dessen Größe von der eingestrahlten Lichtmenge abhängt. Im Laufe des Tages wird deshalb der Wert für den optimalen BFI zwischen 0 während der Nacht und einem Maximalwert bei höchster Einstrahlung während der Tagesstunden variieren.

Unter Feldbedingungen ist eine überschüssige Blattproduktion, die zum Phänomen eines „optimalen" BFI führt, meist nur eine vorübergehende Erscheinung. In dem Modellversuch von McCloud wurden einzeln angezogene Pflanzen zu Beständen mit unterschiedlichem BFI zusammengestellt. Die CO_2-Assimilationsrate wurde dann in Klimakammern gemessen, ehe die untersten Blattschichten bei geringer Einstrahlung vergilbt und abgestorben waren. Solange noch neue Blätter gebildet werden können, erfolgt im Felde eine

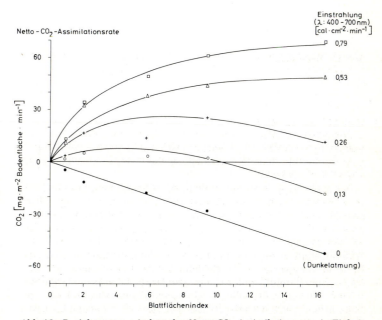

Abb. 13. Beziehungen zwischen der Netto-CO_2-Assimilationsrate je Einheit Bodenfläche und dem Blattflächenindex von Hirsebeständen (*Pennisetum typhoides*) in Abhängigkeit von der Einstrahlung (McCloud 1965).

40 Ertragsbildende Prozesse und ertragsbegrenzende Faktoren

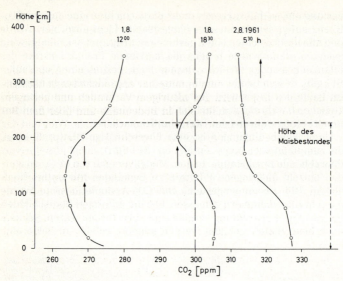

Abb. 14. Profil der CO_2-Konzentration über und in einem Maisbestand an einem sonnigen Augusttag im Staate New York, USA (WRIGHT und LEMON 1966). Die Pfeile geben die Richtung des CO_2-Transportes an.

Anpassung an die mittlere Einstrahlungsmenge durch Verlust oder Zuwachs von Blättern mit unterschiedlicher Gestalt (Sonnen-, Schattenblätter, siehe Seite 33).

Eine derartige Anpassung kann die Ursache dafür sein, daß in dem in Abb. 13 dargestellten Beispiel die NAR nicht linear, sondern kurvilinear abnahm. Dadurch wurde eine maximale CGR in einem relativ weiten Bereich von BFI verwirklicht.

Die tägliche Variation des Assimilatgewinns als Folge unterschiedlicher Einstrahlung und unterschiedlicher Beiträge der Blattschichten zur CO_2-Assimilation hat auch Rückwirkungen auf die CO_2-Konzentration im Luftraum eines Pflanzenbestandes. Abb. 14 zeigt am Beispiel eines Maisbestandes, daß der CO_2-Gehalt der bodennahen Luftschichten während einer Periode maximaler Einstrahlung und Assimilationsintensität (12.00 Uhr) weit unter den Normalwert absinkt. Das Minimum von 265 ppm wurde am Ort des höchsten Verbrauchs, in der dichten Blätterschicht zwischen 70 und 170 cm über dem Erdboden gemessen. In einem Zuckerrübenbestand, dessen Blätter noch stärker im Raum konzentriert sind, wurde sogar ein Minimum von 210 ppm gemessen (TAMM und KRZYSCH 1961). Bei starker Assimilation reicht also der CO_2-Transport vom Boden oder aus den höheren Luftschichten nicht aus, um eine hohe CO_2-Assimilationsrate zu gewährleisten. Jede Luftbewegung, die die CO_2-Transportrate erhöht, wird daher von einem Anstieg der CO_2-Assimilationsrate begleitet (Wright und Lemon 1966).

Gegen Abend (18.30 Uhr) wurde nur noch von den obersten Blättern CO_2 fixiert und aus dem unmittelbar angrenzenden Luftschichten dorthin transportiert. Bei niedrigem Verbrauch und geringem Konzentrationsgefälle stellte sich in Bodennähe und über dem Bestand ungefähr die normale Konzentration wieder ein. Während der Nacht reicherte sich das Atmungskohlendioxid im Pflanzenbestand besonders in Bodennähe an und wurde von dort in Luftschichten oberhalb des Pflanzenbestandes abgeführt. Da mit dem Beginn der Einstrahlung am Morgen durch turbulente Luftbewegung sehr rasch ein Ausgleich zwischen der CO_2-Konzentration in und über dem Pflanzenbestand erfolgt, hat die während der Nacht eingetretene Anreicherung der Atmosphäre mit CO_2 in der Regel nur einen sehr geringen Einfluß auf die Stoffproduktion eines Pflanzenbestandes.

Der jeweilige Assimilatgewinn hängt auch von der Temperatur ab. Während sich die Photosyntheserate bei den an das gemäßigte Klima angepaßten Pflanzenarten mit der Temperatur nur geringfügig ändert und zwischen 20 und 25 °C ihr Maximum erreicht, steigt die Veratmungsrate mit zunehmender Temperatur immer stärker an, und zwar bis zu einem art- und sortenspezifischen Maximum zwischen 40 und 50 °C. Daraus ergibt sich für den Substanzgewinn ein optimaler Temperaturbereich. Er verschiebt sich zu höheren Temperaturen, wenn die Einstrahlung zunimmt, sei es über eine Verlängerung der Photoperiode oder durch Zunahme der Lichtintensität. Der Assimilatgewinn wird umso größer sein, je mehr der Pflanzenbestand tagsüber assimilieren kann und je weniger er nachts veratmen muß. Daher spielen nicht nur die tägliche Einstrahlung, sondern auch die Nachttemperaturen eine Rolle: Höchste Einstrahlung mit niedrigen Nachttemperaturen ermöglicht einen maximalen Assimilatgewinn.

Die während einer Vegetationszeit produzierte Pflanzenmasse wird wesentlich von der Menge des absorbierten Lichts bestimmt, das zur Photosynthese genutzt werden kann. Der Lichtgenuß eines Pflanzenbestandes hängt nicht nur vom Umfang der ausgebildeten Blattfläche ab, sondern auch von der Zeitspanne, während der die Blattfläche funktionsfähig ist. Diese Kombination aus jeweils vorhandener Blattfläche und Dauer ihrer Existenz wird mit der Blattflächendauer (BFD) beschrieben. Sie ist das Integral der Zeitfunktion des BFI, d. h. die Fläche unter der Kurve, die die zeitliche Veränderung des BFI beschreibt (Blattflächen-Wochen oder -Tage).

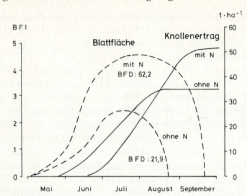

Abb. 15. Blattflächenindex, Blattflächendauer (BFD: Wochen) und Knollenertrag von Kartoffeln in Abhängigkeit von der N-Düngung (IVINS und BREMHER 1964).

In dem in Abb. 15 dargestellten Beispiel hatte der ungedüngte Kartoffelbestand eine BFD von nur 22 Blattflächen-Wochen, der gedüngte Bestand dagegen eine BFD von 62 Blattflächen-Wochen. Ein Vergleich der Kurven des Knollenertrages zeigt, daß der Mehrertrag, der durch die N-Düngung bewirkt wurde, hauptsächlich eine Folge des größeren BFI und der verlängerten Vegetationszeit, also der größeren Blattflächendauer war. Bei Getreide steigt der Kornertrag mit steigender Blattflächendauer, vom Zeitpunkt des Ährenschiebens an gerechnet, linear an.

Die Verlängerung der Periode, während der noch Blätter ausgebildet werden können, und die Erhaltung der Funktionsfähigkeit der Blätter sind wesentlich für eine möglichst vollständige Ausnutzung der Einstrahlung. Düngung, vor allem Stickstoffdüngung, Bekämpfung von Blattkrankheiten und Schädlingen, die an Blättern parasitieren, und Beregnung sind Maßnahmen, mit denen der Blattapparat auf längere Zeit funktionsfähig erhalten werden kann.

1.2.5 Maximale Trockenmasseproduktion eines Pflanzenbestandes

Wenn ein Pflanzenbestand ausreichend mit Wasser und Nährstoffen versorgt ist, ein geschlossenes Blätterdach ausgebildet hat und im Wachstum nicht von Pflanzenkrankheiten und Schädlingen beeinträchtigt wird, dann hängt die Trockenmasseproduktion nur noch von der eingestrahlten Energie, der CO_2-Konzentration in der Atmosphäre und der Temperatur ab (Tab. 4). Unter solchen Vorausset-

Tab. 4. Einfluß der Einstrahlung auf den mittleren täglichen Ertragszuwachs von Mais (Sproßmasse; Daten außer Göttingen: VERVELDE 1973)

Ort	Meßperiode	mittlere Einstrahlung (cal·cm^{-2}·Tag^{-1})	mittlerer Ertragszuwachs (TM kg·ha^{-1}·Tag^{-1})
Wageningen (NL)	24. 6.–17. 9. 1969	352	166
Göttingen (D)	8. 7.– 6. 8. 1968	372	202
Ames (USA)	27. 6.–11. 9. 1962	475	218
Ames (USA)	19. 6.–17. 9. 1963	482	240
Davis (USA)	27. 6.– 8. 8. 1968	717	327
Davis (USA)	27. 6.–23. 7. 1962	765	399

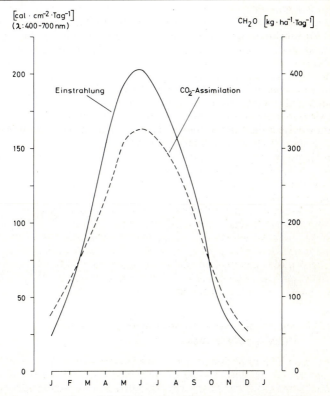

Abb. 16. Potentielle tägliche Brutto-Assimilationsrate eines Pflanzenbestandes unter den mittleren Einstrahlungsbedingungen des Ortes Wageningen in den Niederlanden (Ergebnis einer mathematischen Simulation, DE WIT 1965).

zungen läßt sich berechnen, wieviel und mit welcher Rate ein Pflanzenbestand Trockensubstanz produziert. DE WIT (1965) hat ein dafür geeignetes Rechenprogramm entworfen. Ausgehend von der Beziehung zwischen Strahlungsstärke und CO_2-Assimilation einzelner unbeschatteter Blätter wird die Brutto-Assimilationsrate des ganzen Pflanzenbestandes unter Berücksichtigung der Lichtverteilung im Bestand (direktes Sonnenlicht – diffuses Himmelslicht, Blattstellung und Blattfläche je Bodenfläche) und der Einstrahlung (geographische Breite eines Ortes, Tages- und Jahreszeit sowie Bewölkungsgrad) für jeden Tag berechnet.

Abb. 16 zeigt das Ergebnis einer solchen Berechnung für einen getreideähnlichen Pflanzenbestand mit einem Blattflächenindex von 5 unter den mittleren Einstrahlungsbedingungen des Ortes Wageningen in den Niederlanden. Die tägliche photosynthetisch nutzbare Einstrahlungsmenge variiert dort im Mittel zwischen 205 und 25 $cal \cdot cm^{-2}$, die potentielle tägliche Brutto-Kohlenhydratproduktion zwischen 325 und 60 $kg \cdot ha^{-1}$ im Juni bzw. im Dezember. Nimmt man die Verbrennungswärme von 1 g Pflanzentrockenmasse mit 4 kcal an, so werden im Juni 6,3% der photosynthetisch nutzbaren Energie durch die Pflanzen fixiert.

Geht man davon aus, daß etwa 30% der assimilierten Kohlenhydrate wieder veratmet werden, so könnten unter den Einstrahlungs-

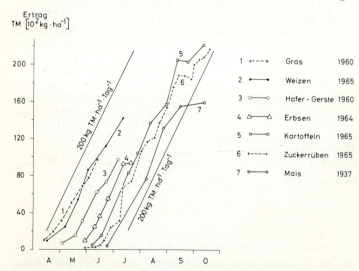

Abb. 17. Zeitertragskurven für einige Pflanzenbestände in den Niederlanden bei nahezu optimaler Wasser- und Nährstoffversorgung (SIBMA 1968).

bedingungen von Wageningen im Monat Juni potentiell 227,5 kg Kohlenhydrate ha^{-1}·Tag^{-1} produziert werden. Zuzüglich etwa 10% Gewichtszuwachs durch Mineralstoffaufnahme der Pflanzen ergibt das eine potentielle Trockenmasse-Zuwachsrate von rund 250 kg·ha^{-1}·Tag^{-1}. Daß dieser Wert unter den Klimabedingungen der Niederlande erreichbar ist, zeigen die Zeitertragskurven einiger Feldfrüchte die unter optimalen Wasser- und Nährstoffverhältnissen angebaut wurden (Abb. 17). Den Kurven liegen die Daten für die erntbare Pflanzensubstanz zugrunde, d. h. es fehlen beim Getreide und Gras die Stoppeln und Wurzelrückstände und bei den Wurzelfrüchten die Feinwurzelmenge.

Im Jahre 1965 produzierte ein Kartoffelbestand in der Zeit vom 14. 6. bis zum 6. 9., also in 84 Tagen, eine Menge von 19 150 kg·ha^{-1} TM (ohne Wurzeln). Daraus ergibt sich eine mittlere Zuwachsrate von 228 kg·ha^{-1} TM, was der potentiellen Zuwachsrate sehr nahe kommt. Bei den übrigen Kulturpflanzenarten, deren Zeitertragskurven in Abb. 17 wiedergegeben wurden, variierte die tägliche Zuwachsrate zwischen 162 (Gras) und 206 kg · ha^{-1}·Tag^{-1} (Zuckerrüben). Im Durchschnitt kann man unter den dortigen Verhältnissen mit einer potentiellen Trockenmasseproduktion von 200 kg · ha^{-1}·Tag^{-1} rechnen, wenn die nicht erntbaren Pflanzenteile unberücksichtigt bleiben.

Abb. 17 zeigt auch, daß die Unterschiede im Gesamttrockenmasse-Ertrag weniger durch die arteigentümliche Wachstumsrate als durch die Dauer der Vegetationszeit, in der ein Pflanzenbestand mit geschlossenem Blätterdach assimilieren kann, bestimmt werden. Diese Vegetationszeit betrug in den Versuchen für Erbsen nur 43 Tage, für Sommergetreide 51 Tage, Winterweizen 69 Tage, Kartoffeln, Zuckerrüben und Mais 84 bis 88 Tage. Die insgesamt produzierte Trockenmasse stieg in ungefähr der gleichen Reihenfolge. Der höchste Gesamtertrag kann von der Feldfrucht produziert werden, deren volle Blattentfaltung in die Zeit der stärksten Einstrahlung fällt und die die Vegetationszeit voll ausnutzt. Die Getreidearten nutzen die Einstrahlung im Spätsommer nicht mehr. Mais, Zuckerrüben und Kartoffeln haben im April und Mai dagegen noch keine geschlossene Pflanzendecke.

1.3 Transpiration

Der optimale Ablauf aller Lebensprozesse in der Pflanze ist an einen bestimmten Quellungszustand des Protoplasmas und an die Turgeszenz der Zellen gebunden. Die Erhaltung dieses Zustandes setzt den steten Ausgleich der Wasserverluste voraus, die durch Transpiration zwangsläufig entstehen. Wasserabgabe und damit auch Wasseraufnahme ist aber auch aus anderen Gründen lebensnotwendig für die Pflanze: Wasser dient dem Transport von Nährstoffen und Stoffwechselprodukten, dem Erhalt einer stützenden, gestaltbildenden Gewebespannung in den krautigen Teilen, der Temperaturregulierung bei Extremtemperaturen und als Substrat für die Kohlenhydratassimilation. Letztere setzt ungehinderte CO_2-Diffusion, also Öffnung der Stomata und damit Transpiration voraus. Wassermangel schafft daher nicht nur das Problem, wie die Lebensfunktionen aufrechterhalten werden können, sondern auch, welche Substanzproduktion noch möglich ist.

1.3.1 Der Pflanzenbestand im Wasserstrom vom Boden zur Atmosphäre

Die Hydratur der Pflanzenzellen hängt einerseits von den in der Pflanze wirksamen osmotischen, kolloidialen und Oberflächenkräften ab, andererseits aber auch von den physikalischen Kräften, die aus der Umwelt auf ein Blatt oder einen Pflanzenbestand wirken und die Wasserbewegung durch die Pflanze erzwingen. Der Wasserstrom aus dem Boden durch die Pflanze in die Atmosphäre läßt sich mit einer ähnlichen Transportgleichung beschreiben wie die für die Gasdiffusion (siehe Seite 32). Da Wasser sowohl im flüssigen wie im gasförmigen Zustand transportiert wird, ist eine einheitliche Kenngröße für den Energiezustand des Wassers an verschiedenen Orten des Transportweges zweckmäßig. Das ist das Wasserpotential ψ (Psi, gemessen in bar oder in cm Wassersäule (WS) bzw. pF = log cm WS). Mit ihm wird im Vergleich zu einem Referenzzustand die spezifische Energie des Wassers beschrieben, und zwar als Summe von Teilpotentialen, die das Matrixpotential, das osmotische Potential, das Turgordruckpotential und das Gravitationspotential umfassen.

Aufgrund der Unterschiede im Gesamtwasserpotential kann das Wasser durch Bewegung Arbeit leisten. Es bewegt sich stets vom Ort mit höherem Potential zu einem Ort mit niedrigerem Potential. Begrenzend für den Wasserstrom im jeweiligen Augenblick wirkt auch hier der Gesamtwiderstand r, so daß die Transportgleichung für Wasser lautet

$$q_{H_2O} = \frac{\Delta\psi}{r}$$

Die Wasserpotentialdifferenz $\Delta\psi$ entsteht in der Regel durch Verdunsten von Wasser. Eine freie Wasseroberfläche, feuchter Boden oder Pflanzen müssen Wasserdampf an die Atmosphäre abgeben, wenn zwei Bedingungen erfüllt sind:

1. Zum Verdunsten des Wassers wird Wärmeenergie benötigt. Sie wird aus dem Wärmevorrat des evaporierenden Körpers entnommen (Abkühlung der Pflanzenorgane durch Verdunsten) oder durch Strahlung, Leitung, oder Wärmeaustausch zugeführt (Abb. 7B).
2. Der Dampfdruck des Wassers in der Atmosphäre muß kleiner als der jeweilige Sättigungsdampfdruck sein.

In einer Luftschicht über einer Wasseroberfläche ist der Sättigungsdampfdruck dann gegeben, wenn der Austausch von Wassermolekülen zwischen der Wasseroberfläche und der angrenzenden Atmosphäre in beiden Richtungen gleich groß ist. Unter diesen Bedingungen erreicht der Dampfdruck des Wassers den jeweils größten Wert (Sättigungsdampfdruck e_s). Mit steigender Lufttemperatur steigt e_s exponentiell an. Bleibt der Wassergehalt der Atmosphäre und damit der aktuelle Dampfdruck e unverändert, so nimmt die Differenz zwischen e_s und e, das Sättigungsdefizit Δe zu. Mit steigender Temperatur der Atmosphäre steigt daher in der Regel auch das Sättigungsdefizit.

Je größer das Sättigungsdefizit in der Umgebung eines einzelnen Blattes oder eines Pflanzenbestandes ist, desto mehr Wasser kann verdunstet werden. Mit zunehmender Entfernung von der verdunstenden Oberfläche nimmt auch das Sättigungsdefizit zu. Dieser Gradient wird noch größer, wenn durch Luftbewegung (Massenaustausch) Wasserdampf aus der Umgebung der verdunstenden Oberfläche fortgeführt wird. Mit zunehmender Windgeschwindigkeit steigt daher die Evaporation.

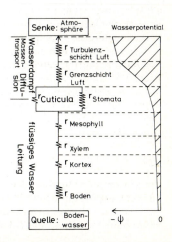

Abb. 18. Wassertransport im Kontinuum Boden → Pflanze → Atmosphäre.

Abb. 18 beschreibt schematisch den Weg des Wassers vom Boden durch die Pflanze in die Atmosphäre. Bis zu den Grenzflächen der Pflanze (Cuticula, Spaltöffnungshöhle) wird es flüssig geleitet, dann diffundiert es als Wasserdampf – nach Aufnahme von Energie (590 cal·g^{-1} H_2O bei 15 °C) – in die angrenzende, nur millimeterdicke Luft-Grenzschicht. In den weiter entfernt liegenden Luftschichten wird zusätzlich noch Massenaustausch wirksam, wenn die Luft durch Wind oder Erwärmung bewegt wird.

Die Wasserpotentialdifferenz zwischen der verdunstenden Pflanzenoberfläche und der aufnehmenden Atmosphäre kann während der Einstrahlungsphase um mehrere Zehnerpotenzen größer sein als die Potentialdifferenzen, die zwischen Sproß und Wurzel und zwischen Wurzeloberfläche und Boden bestehen. Diese maximale Potentialdifferenz ist es, die den Wasserstrom durch das Kontinuum Boden → Pflanzen → Atmosphäre treibt.

1.3.2 Wasserabgabe

Wird den an die Atmosphäre grenzenden Pflanzenzellen Wasser durch Transpiration entzogen, sinkt deren Gesamtwasserpotential. Dadurch entsteht ein Gefälle im Gesamtwasserpotential, das sich auf die Nachbarzellen, von dort zu den Gefäßen (Xylem) bis hin zu den Zellen der Wurzelrinde fortpflanzt. Die Größe der Transportströme von Wasser und CO_2 kann die Pflanze dadurch regeln, daß sie die Spaltöffnungen mehr oder weniger weit öffnet, sei es, um Welken zu verhindern (Regelgröße Wasserpotential) oder um die CO_2-Aufnahme zu begrenzen (Regelgröße CO_2-Konzentration in den Chloroplasten: Spaltöffnungsschluß bei Dunkelheit). Gänzlich unterbinden kann sie die Wasserabgabe nicht, weil ein Teil des Wassers durch die Cuticula hindurch verdunstet wird.

Abb. 19 zeigt an einem Beispiel, wie zwei Feldfrüchte ihre Wasserabgabe regeln. Dargestellt ist der Tagesgang der Einstrahlung (PAR ≈ 0,45 RT, PAR: Photosynthetisch nutzbare Strahlung, siehe Seite 30), des Sättigungsdefizits (SD), der stomatären Leitfähigkeit für Wasserdampf und des Gesamtwasserpotentials der jüngsten Blätter von Hafer und Ackerbohne. Mit Beginn des Tageslichtes öffnen sich bei beiden Feldfrüchten die Stomata. Die Wasserleitfähigkeit und mit ihr die Wasserabgabe folgte bei Hafer dem Tagesgang der Einstrahlung. Der Hafer war in der Lage, trotz eines auf 2 MPa gesunkenen Wasserpotentials, ohne wesentliche Begrenzung durch die Öffnungsweite der Stomata Wasser zu transportieren. Durch verminderte Transpiration während des Nachmittags – eine Folge des abnehmenden Verdunstungsanspruchs der Atmosphäre – und durch die weitgehend unveränderte Wasseraufnahme aus dem Boden wur-

Abb. 19. Regelung der Spaltöffnungsweite von Hafer und Ackerbohnen (C) im Zusammenhang mit dem Wasserpotential der Blätter (B), der photosynthetisch wirksamen Einstrahlung PAR und dem Sättigungsdefizit SD der Atmosphäre (A) (EHLERS et al. 1986).

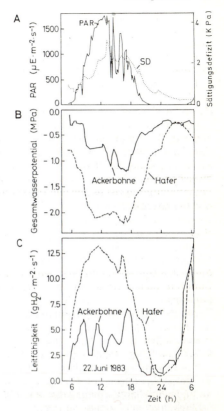

de das Wasserdefizit in den Haferblättern allmählich wieder ausgeglichen, so daß das Wasserpotential schließlich wieder den Ausgangswert erreichte.

Die Ackerbohne verhielt sich grundsätzlich ähnlich, doch begann sie schon bei einem Wasserpotential von −0,8 MPa die Wasserabgabe aktiv, d. h. durch Schließen der Spaltöffnungen zu drosseln. Der weitere Verlauf der Leitfähigkeitskurve zeigt, daß die Öffnungsweite der Stomata mehrfach wechselte. Mit dieser Feinregulierung vermied die Ackerbohne einen zu großen Turgorverlust, der zu einer lebensbedrohenden Funktionsstörung ihrer Zellen hätte führen können.

Im Vergleich zum Hafer kann die Ackerbohne deutlich weniger „Wasserstreß" ertragen. Sie vermeidet ihn durch frühzeitigeres und stärkeres Schließen der Stomata, allerdings mit der Folge, daß der erhöhte Diffusionswiderstand $r_{Stomata}$ auch nur einen geringeren CO_2-Transport zu den Chloroplasten erlaubt. Das bedingt in einer solchen Situation einen geringeren, aber zum Überleben doch wohl noch ausreichenden Assimilatgewinn der Ackerbohne.

1.3.3 Wasseraufnahme

Sie erfolgt bei den hier heimischen Kulturpflanzen fast ausschließlich durch die Wurzeln. Der Saugspannungsgradient zwischen Boden und Wurzeln, der mit zunehmender Annäherung an die Wurzel exponentiell ansteigt, bewirkt den Wassertransport zur Wurzel hin. Beim Eintritt in die Wurzelrinde fließt das Wasser zunächst noch im „freien Raum", d. h. entlang der Zellwände in den Interzellularen. In der Endodermis versperrt eine wasserundurchlässige Schicht, der Casparysche Streifen, den Weg zu den wasserleitenden Gefäßen. Das Wasser muß spätestens an dieser Stelle den Protoplasten im Zellinneren passieren. Das ist ein Energie-verbrauchender Prozeß, der vermehrte Atmung und somit eine Mindestmenge an Sauerstoffzufuhr verlangt. Bei längerem Sauerstoffmangel welken daher die Pflanzen, auch wenn ihre Wurzeln von ungespanntem Wasser umgeben sind.

Wie groß die jeweilige Wasseraufnahme ist, wird durch die Höhe der Transpirationsrate bestimmt. Diese wiederum hängt von dem Wasserdefizit in der Pflanze, dem Umfang der Wurzeloberfläche sowie der Menge und Beweglichkeit des Bodenwassers ab.

Das Wasserangebot im Boden variiert mit der Größe des durchwurzelten Bodenraumes, der Speicherkapazität der Böden, der Höhe und zeitlichen Verteilung der in den Boden gelangenden Niederschläge und der Menge unproduktiv verdunsteten Wassers. Der pflanzenaufnehmbare Wasservorrat je Einheit Bodenvolumen ist die Differenz zwischen den bodenspezifischen Grenzwerten der Feldkapazität und des permanenten Welkepunktes. Die obere Grenze kann man näherungsweise durch die Fähigkeit der Böden kennzeichnen, Wasser „entgegen der Schwerkraft" festzuhalten. Wenige Tage nach länger andauernden Niederschlägen verlangsamt sich die Tiefenbewegung des Infiltrationswassers so stark, daß annähernd ein Gleichgewichtszustand erreicht wird. Der Wassergehalt in diesem Zustand wird als Feldkapazität bezeichnet. Die Wasserspannung variiert dann zwischen pF 1,7 und 2,5 (konventionell: pF 2,2).

Die untere Grenze des Wassergehaltes, bis zu der Pflanzen dem Boden Wasser entziehen können, ohne irreversibel zu welken, der permanente Welkepunkt, liegt im Wasserspannungsbereich zwischen pF 4,0 und 4,5 (konventionell: pF 4,2). Samen können auch noch bei höheren pF-Werten, wenn auch nur sehr langsam, Wasser aufnehmen.

Die pflanzenverfügbare Wassermenge je Einheit Bodenvolumen beträgt bei Grobsand 6, Feinsand 11, lehmigem Schluff 20, schluffigem Lehm 19 und bei lehmigem Ton 14 mm je dm Bodenschicht (SCHACHTSCHABEL et al. 1982). Die nutzbare Feldkapazität ist das Produkt aus dieser Größe und der mittleren Durchwurzelungstiefe, also bei einem schluffigem Lehm, der von Getreide auf 150 cm durchwurzelt werden kann, 285 mm. Eine derart hohe nutzbare Feldkapazität wird dann besonders günstig wirken, wenn während der Vegeta-

Boden-bearbeitung	Lockerboden-wirtschaft		Festboden-Mulch-wirtschaft	
Boden-schicht	a Gesamt-Porenvolumen %(V/V)			
	b Porenvolumen>60 μ % (V/V)			
(cm)	a	b	a	b
0-10	52,7	15,0	44,9	4,8
10-20	48,0	10,2	45,3	6,7
	Wurzeldichte (g/10 cm Schicht/m²)			
0-10	28		29	
10-20	8		8	

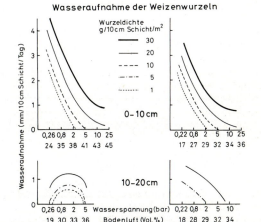

Abb. 20. Wasseraufnahme von Winterweizen in Abhängigkeit von der Wurzeldichte, der Bodenwassersaugspannung und dem luftgefüllten Porenraum in einem unterschiedlich bearbeiteten Lößlehmboden (Mittelwerte für Porenvolumen und Wurzeldichte der beiden Bearbeitungsvarianten in der Tabelle; EHLERS 1975a).

tionszeit häufiger lange Perioden ohne Niederschläge zu erwarten sind.

In diesen Perioden erschöpfen die Pflanzen den nutzbaren Wasservorrat. Die Wurzeln müssen das Wasser bei einem Zustand zunehmender Wasserspannung aus dem Boden entnehmen (Abb. 20). Unter sonst gleichen Bedingungen resultieren daraus abnehmende Wasseraufnahmeraten je Einheit Bodenvolumen. In dieser Situation wird hemmend wirksam, daß die Wasserleitfähigkeit der Böden mit zunehmender Wasserspannung erst langsam, dann rasch abnimmt. Der Wassertransport aus dem Boden zu den Wurzeln hin ist deshalb um so geringer, je mehr Wasser je Zeiteinheit aus der unmittelbaren Wurzelumgebung dem Boden entzogen wird.

Diesen Nachteil kann die Pflanze durch vermehrtes Wurzelwachstum in Richtung auf Bodenräume mit höherem Wassergehalt ausgleichen. Durch intensivere Durchwurzelung wird der Transportweg des Wassers zu den Wurzeln verkürzt und die Wasseraufnahme gesteigert (Abb. 20). Intensität und Tiefe der Durchwurzelung sind daher wesentliche Bestimmungsgründe für die Höhe der Wasseraufnahme. Das gilt nur bei ausreichender Durchlüftung der jeweiligen Bodenschicht. Wie der Kurvenverlauf der Wasserentnahmerate in

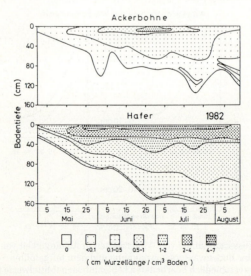

Abb. 21. Durchwurzelung des Bodens von Hafer und Ackerbohnen im Verlauf der Vegetationszeit (MÜLLER und EHLERS 1986).

der Schicht 10 bis 20 cm des Lockerbodens zeigt, wurde durch Wasserstau (Wasserspannung < 1 bar) und dem mit ihm verbundenen Sauerstoffmangel oberhalb einer Krumenbasisverdichtung trotz hoher Wasserverfügbarkeit die Wasseraufnahme herabgesetzt.

Hafer und Ackerbohne unterscheiden sich deutlich in der Dichte und Tiefe der Durchwurzelung (Abb. 21). Obwohl allgemein gilt, daß unter gleichen Voraussetzungen, wie ausreichend verfügbares Bodenwasser, gleiche Witterungsbedingungen und geschlossener Pflanzenbestand, bei steigendem Verdunstungsanspruch diejenige Feldfrucht mehr und nachhaltiger Wasser aufnehmen kann, die den Boden tiefer und intensiver durchwurzelt, gibt es im Einzelfall Abweichungen von dieser Regel (Abb. 22). In diesem Beispiel entnahm der Hafer bis zu einer Tiefe von 170 cm mit einer Gesamtwurzellänge von annähernd 18 km·m^{-2} nicht mehr Wasser aus dem durchwurzelten Bodenraum auf als die Ackerbohne mit einer Gesamtwurzellänge von nur 2 km·m^{-2} in 90 cm Bodentiefe.

Die Ursache hierfür lag nicht darin, daß der Hafer den Bodenwasservorrat zuvor stärker erschöpft hatte als die Ackerbohne. Er war durch häufige und ergiebige Niederschläge während der vorangegangenen Tage immer wieder ergänzt worden. Auch wird nicht ausschlaggebend gewesen sein, daß der Hafer sein Maximum der Blattflächenentwicklung schon überschritten, während die Ackerbohne

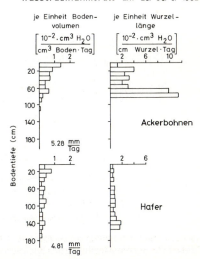

Abb. 22. Wasseraufnahmerate je Einheit Bodenvolumen und je Einheit Wurzellänge von Hafer und Ackerbohnen (MÜLLER und EHLERS 1986).

es eben erreicht hatte (Hafer: 3,2; Ackerbohne 5,0 BFI). Ein wesentlicher Unterschied zwischen den beiden Feldfrüchten bestand in der Wasseraufnahmerate je Einheit Wurzellänge. Sie betrug bei der Akkerbohne ein Mehrfaches von der des Hafers. Die höhere Wasseraufnahmerate der Ackerbohnenwurzel ist vermutlich die Folge eines geringeren Transportwiderstandes für das Wasser an der Grenze Boden-Wurzel und eines größeren Wurzeldurchmessers als beim Hafer. Bei gleichem Verdunstungsanspruch und gleichem Bodenwassergehalt nahm die Wasseraufnahmerate mit steigendem Wurzeldurchmesser, d. h. größerer Wurzeloberfläche zu (HAINSWORTH und AYLMORE 1986).

Als letzter Bestimmungsgrund für die Höhe der Wasseraufnahmerate soll die Variation der Transpirationsrate (ET) an einem exemplarischen Beispiel erläutert werden (Abb. 23). In einem Modellversuch mit Mais in Australien standen den Pflanzen in einem begrenzten Wurzelraum unterschiedliche Wasservorräte zur Verfügung, so daß das Wasser bei unterschiedlicher Spannung aufgenommen werden mußte. Die durch Wasserzufuhr bei Feldkapazität gehaltene Variante konnte entsprechend der eingestrahlten Energie jeweils maximal, also potentiell evapotranspirieren (ETP). An Tagen mit unterschiedlichem Verdunstungsanspruch (Einstrahlung und Sättigungsdefizit) wurden die Evapotranspirationsraten ET gemessen und in Beziehung zur jeweiligen ETP-Rate gesetzt.

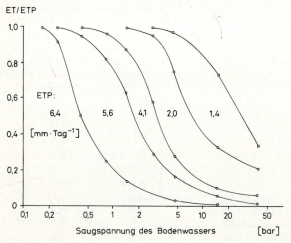

Abb. 23. Relative Transpirationsrate ($ET \cdot ETP^{-1}$) von Maispflanzen in Abhängigkeit von der Saugspannung des Bodenwassers (DENMEAD und SHAW 1962).

Betrug der Wert für ETP 6,4 mm Wasser je Tag, sank die ET-Rate schon unter die maximal mögliche, wenn die Wasserspannung im Boden 0,3 bar überschritt. Erreichte die ETP-Rate dagegen nur 1,4 mm je Tag, dann konnte die maximal mögliche ET-Rate bis etwa 3 bar Wasserspannung im Boden aufrecht erhalten werden. Bis zu welcher Saugspannung des Bodenwassers die Pflanzen voll transpirieren können, hängt also wesentlich von der Höhe des Verdunstungsanspruchs der Atmosphäre (= ETP) ab. Bei niedriger ETP reicht auch eine geringe Wasserleitfähigkeit des Bodens noch aus, um Wasserabgabe und Wasseraufnahme in einem physiologisch erträglichen Gleichgewicht zu halten. Die „Pflanzenverfügbarkeit" von Bodenwasser ist demnach abhängig von der Höhe der Wasseraufnahmerate der Pflanzen und dem sie bedingenden Sättigungsdefizit der Atmosphäre. Dieser Sachverhalt relativiert die auf Seite 51 gemachten Angaben zum pflanzenverfügbaren Wasservorrat der Böden.

1.3.4 Wasserverbrauch und Trockenmasseproduktion

Die Evaporationsrate einer Wasseroberfläche wird primär von der Energiemenge bestimmt, die diese täglich absorbiert. Mit der eingestrahlten Energie ist in der Regel auch das Sättigungsdefizit der Atmosphäre über der verdampfenden Oberfläche eng und positiv korreliert. Die Wasserabgabe eines Pflanzenbestandes setzt sich aus der Evaporation des Bodens (E) und der Transpiration der Pflanzen (T) zusammen. Da diese beiden Prozesse sich meßtechnisch nicht leicht voneinander trennen lassen, werden sie häufig unter dem Begriff Evapotranspiration (ET) zusammengefaßt. Evaporiert wird auch das an den Pflanzen haftende Interzeptionswasser (I: Tau, Niederschlagswasser) und das Wasser, das die nicht mit Pflanzen bedeckte Bodenoberfläche verdunstet. Mit zunehmender Flächendeckung (BFI) des Pflanzenbestandes nimmt der Anteil von E an ET ab.

Bei unbegrenzter Wasserzufuhr, maximal geöffneten Stomata und vollständiger Bedeckung des Bodens durch den Pflanzenbestand wird die potentielle Evapotranspirationsrate (ETP) erreicht. Sie ist mit der Evaporationsrate einer Wasseroberfläche durch einen Faktor verbunden, der zwischen 0,65 bei einem kurz geschorenen Rasen und 1,2 bei einem blattreichen, massenwüchsigen Bestand variiert (Penman 1956).

Die Transpirationsrate T eines geschlossenen Pflanzenbestandes und dessen Trockenmasseproduktionsrate P – zu etwa 90% aus dem Assimilationsgewinn durch Photosynthese stammend – werden in unterschiedlicher Weise von der Einstrahlung bestimmt. Während

ET mit der eingestrahlten Energiemenge linear ansteigt, nimmt P mit steigender Strahlung nur bis zum Lichtsättigungspunkt zu. Dieser Maximalwert entspricht bei unbegrenzter Wasser- und Nährstoffversorgung, Abwesenheit von Krankheiten und Schädlingen der potentiellen Produktionsrate eines Pflanzenbestandes (siehe Seite 45).

Für eine rationale Gestaltung des Pflanzenbaues muß der Zusammenhang zwischen Wasserverbrauch und Ertragsbildung bekannt sein, sei es, um den potentiell möglichen Ertrag in Abhängigkeit von einem begrenzten Wasserangebot zu schätzen, oder um die Wirkung einer Anbaumaßnahme im Hinblick auf die wirkungsvollste Ausnutzung des verfügbaren Wassers zu bewerten. Gleiches gilt für die effizienteste Nutzung von Zusatzwasser (Beregnung).

Die Beziehung zwischen P und T wird mit zwei Kenngrößen beschrieben, dem Transpirationskoeffizienten T/P (l Wasser je Einheit produzierter TM) oder dessen Kehrwert P/T (kg TM je Einheit transpirierten Wassers), der die Produktivität der Transpiration beschreibt. Wenn die Evaporation des Bodens E nicht gesondert gemessen werden kann, wird näherungsweise auch die Evapotranspiration ET benutzt.

Beide Kenngrößen der Produktivität in bezug auf das verbrauchte Wasser variieren mit den klimatischen Bedingungen und der genotypischen Reaktionsnorm der Feldfrüchte in einem weiten Bereich: der Transpirationskoeffizient z.B. zwischen 180 und 1000 l je kg TM. Diese große Spanne weist darauf hin, daß der Zusammenhang zwischen Substanzproduktion und Wasserbrauch mit den Quotienten T/P oder P/T nicht sehr exakt beschrieben werden kann. Die Beziehung wird straffer, wenn das jeweils herrschende Wasserdampfsättigungsdefizit der Atmosphäre (Δe) berücksichtigt wird.

Abb. 24A zeigt, daß mit steigendem Δe die Produktivität der Transpiration sinkt. Mit steigender Einstrahlung bleibt – nur im Bereich der Lichtsättigung und bei unbegrenzter Wasseraufnahme der Pflanzen – die Produktionsrate (Photosynthese) nahezu konstant. Die Transpirationsrate dagegen nimmt weiter zu, weil mit steigender Einstrahlung der Verdunstungsanspruch der Atmosphäre – gekennzeichnet durch Δe – größer wird. Aus diesem Grunde wird in einer solchen Situation weniger TM je Einheit transpirierten Wassers erzeugt.

C_4-Pflanzen mit niedrigem CO_2-Kompensationspunkt können mit der Einheit transpirierten Wassers mehr TM produzieren als C_3-Pflanzen, die den höchsten Grad ihrer photosynthetischen Leistung bei geringerer Einstrahlung erreichen (siehe Seite 31). In der Reihenfolge zunehmender Transpirationskoeffizienten bestehen etwa folgende Abstufungen zwischen den Feldfrüchten: Hirse < Mais < Zuckerrüben < Gerste, Roggen, Durum-Weizen < Sonnenblume,

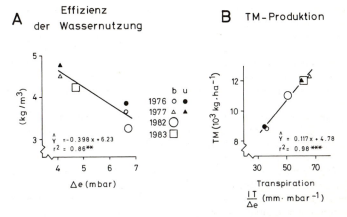

Abb. 24. Beziehungen zwischen Wasserverbrauch und Substanzproduktion von Hafer (EHLERS 1989)
A: Einfluß des Sättigungsdefizites der Atmosphäre auf die Effizienz der Wassernutzung.
B: Beziehungen zwischen Trockenmasseproduktion und der auf das Sättigungsdefizit normierten Transpiration (einschließlich der Interzeption).
b: Lockerbodenwirtschaft; u: Festbodenmulchwirtschaft

Kartoffel, Aestivum-Weizen, Kohl < Körnerraps, Körnererbse, Hafer, Ackerbohne, Rotklee < Luzerne, Kohlrübe, Lein (GEISLER 1980).

Bessere Nährstoffversorgung, insbesondere durch Stickstoffdüngung, steigert die Effizienz der Wassernutzung eines Pflanzenbestandes. Im Dauerdüngungsversuch Dikopshof (Rheinland) produzierten ungedüngte Zuckerrüben nur $18 \, kg \cdot ha^{-1}$ TM je mm Wasser, gedüngte dagegen $34 \, kg \cdot ha^{-1}$ mm (KLAPP 1967).

Da gedüngte Bestände früher schließen und später absterben als ungedüngte, verlängert sich die Zeitspanne, während der eine Feldfrucht transpiriert. Alle ertragssteigernden und ertragssichernden Maßnahmen, die die Vegetationsdauer eines Pflanzenbestandes verlängern, wie Düngung, Pflanzenschutz und Bewässerung, senken zwar den relativen Wasserverbrauch (l je kg TM), erhöhen aber den absoluten, über die Vegetationszeit summierten Wasserverbrauch.

Abb. 24B zeigt eine sehr enge, lineare Abhängigkeit der TM-Produktion von der auf das mittlere tägliche Sättigungsdefizit normierten Transpiration. Daraus folgt, daß es möglich sein muß, mit Hilfe von

$$P = A \cdot \frac{T}{\Delta e}$$

die Höhe des Ertrages als Funktion des Wasserverbrauchs durch Transpiration und umgekehrt diesen Wasserverbrauch in Abhängigkeit vom angestrebten Ertrag zu schätzen. Die Konstante A in der oben genannten Gleichung (Dimension: kg·ha^{-1} · mm^{-1}·mbar) beschreibt das Wasserausnutzungsvermögen der jeweiligen Feldfrucht. Diese Größe muß für jede Feldfrucht (Art, Sorte) und für jede Situation (Standort, Anbauverfahren) experimentell bestimmt werden.

Mit dieser Gleichung haben RENGER und STREBEL (1980) die Beziehung zwischen dem TM-Ertrag von Grasland und dem Quotienten aus Transpiration und Sättigungsdefizit in Abhängigkeit von der pflanzenverfügbaren Bodenwassermenge quantifiziert. Wie gut eine solche Schätzung gelingt, hängt von der Verläßlichkeit der Daten für T, Δe und A ab. Während sich Δe aus vorhandenen Witterungsdaten exakt bestimmen läßt, ist T meist nur anhand einer Berechnung der potentiellen Evapotranspiration zu schätzen. Die bisher benutzten Ansätze für die Schätzung der Transpiration genügen noch nicht den zu stellenden Ansprüchen. Noch größer sind die Informationslücken bezüglich der fruchtarten- und anbauspezifischen Konstante A. Deshalb muß hier der Hinweis genügen, daß es bisher nur prinzipiell möglich ist, die Feldfruchterträge in Abhängigkeit vom Wasserverbrauch zu prognostizieren.

Wenn Wasser der ertragsbegrenzende Faktor ist, muß der Pflanzenbau so gestaltet werden, daß mit der verfügbaren Wassermenge auch das jeweilige Produktionsziel erreicht wird. Das ist häufig nicht eine insgesamt hohe TM-Produktion, sondern ein bestimmtes Produkt, z. B. reife Samen oder vegetative Masse mit bestimmter Qualität (Größe, Form, Inhaltsstoffe des zu verwertenden Pflanzenorgans). Um dieses Ziel zu erreichen, sind Maßnahmen zu ergreifen, die bewirken, daß ein möglichst großer Anteil des zugeführten Wassers zur Transpiration und nicht zur Evaporation genutzt wird. Bei jahreszeitlich bestimmten Verteilungsmustern des Niederschlags sollte die Zeitspanne höchsten Wasserverbrauchs mit der höchsten Zufuhr zusammenfallen. Dies kann mit der Wahl der anzubauenden Feldfrucht und des Aussaattermins erreicht werden. Schließlich muß mit der Art- und Sortenwahl und anderen Anbaumaßnahmen dafür gesorgt werden, daß einerseits die Produktionsrate je Einheit Transpirationswasser maximiert wird, andererseits die Pflanzen aber auch Dürre überleben können und bei zeitweiliger Trockenheit noch einen hohen Assimilatgewinn erzielen. Diese relative Produktionssicherheit kann durch rechtzeitige Ausbildung eines entsprechend dimensionierten Wurzelsystems, d. h. über eine Steuerung der Assimilatverteilung zugunsten der Wurzeln erreicht werden.

1.4 Durchwurzelung des Bodens

Die Standortfaktoren Energie (Licht, Temperatur) und Wasser, in Abb. 25 unter dem Begriff „Wetter" zusammengefaßt, bestimmen auch das Wachstum und die Funktion der Wurzeln. Indirekt wirkt das Wetter auf die Wurzel über den Assimilatgewinn des Sprosses, aus dem Zuwachs und Veratmung der Wurzeln bestritten wird; direkt beeinflußt es die Umwelt der Wurzeln, nämlich Bodenwasser, Bodenluft und Bodentemperatur. Der direkte Effekt des Wetters wird auf zwei Weisen modifiziert. Zum einen müssen Energie- und Wasserflüsse von und zur Bodenoberfläche den Pflanzenbestand passieren. Dabei ist es die geschlossene Vegetationsdecke (grüne Pflanzen, Streuschicht aus Ernteresten), die als effektive Grenzfläche für Ein- und Ausstrahlung, bzw. für Verdunstung und Interzeption wirksam wird. Zum anderen wirken Energie und Wasser im Wurzelraum über

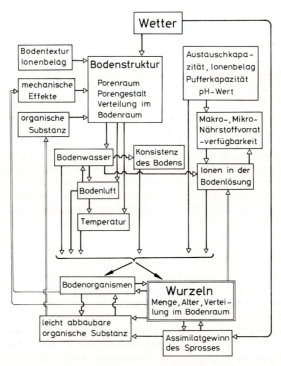

Abb. 25. Zusammenwirken der Standortfaktoren auf das Wurzelwachstum.

das Medium Boden, das in Abhängigkeit vom Ausgangsgestein, seiner Entwicklung und dem jeweiligen Gefügezustand sehr unterschiedlich und variabel beschaffen sein kann.

Schließlich ist von Bedeutung, daß der Boden im Wurzelraum Teil eines umfassenden Systems ist, das durch Vernetzung der Komponenten, also Wechselwirkungen und Rückwirkungen, gekennzeichnet ist. Zum Beispiel verändern Wasser- und Nährstoffentnahme, Rückführung von organischen Reststoffen und ihr Ab- und Umbau durch die Bodenorganismen, sowie mechanische Einwirkungen der Wurzeln auf das Bodengefüge auch ihrerseits die Standortfaktoren im Wurzelraum und damit die Bedingungen für Entwicklung und Wachstum der Feldfrüchte. Eine Übersicht dieser Zusammenhänge bringt in vereinfachter Form Abb. 25.

1.4.1 Standortfaktoren im Wurzelraum

Viele dieser Faktoren werden über die Bodenstruktur (Abb. 25) wirksam. Sie ergibt sich aus der räumlichen Anordnung der festen Bodenteilchen, den Mineralkörpern oder organischen Körpern verschiedener Größe und Form. Zwischen ihnen bleiben selbst bei dichtester Packung noch Hohlräume, Poren, die entweder mit Luft oder Wasser gefüllt sind. Der Anteil des Bodenvolumens, der nicht von festen Bodenteilchen ausgefüllt ist, wird als Gesamtporenvolumen (GPV, %vol) bezeichnet. Ein indirektes Maß für den Porenanteil im Boden ist die Dichte des Bodens in natürlicher Lagerung (Lagerungsdichte, $g \cdot cm^{-3}$).

Das Gesamtporenvolumen setzt sich aus zahlreichen Einzelporen zusammen, deren Größe und Form im einzelnen (Mikrogefüge) nur an Dünnschliffen des jeweiligen Bodens bestimmt werden kann. Röhrenförmige Poren sind relativ selten und entstehen nur durch das Wurzelwachstum oder als Gänge von Bodentieren. Durchweg herrschen unregelmäßige Porenformen mit konkaven oder eckigen Wänden und zahlreichen Engpässen an den Berührungsstellen der festen Bodenteilchen vor.

Eine quantitative Beschreibung der Poren erfolgt üblicherweise mittels der Beziehungen zwischen dem Durchmesser einer gleichbleibenden runden Kapillare und der Aufstiegshöhe von Wasser in dieser Kapillare. Diese Höhe wird durch den Druck gemessen, der aufgewendet werden müßte, um Wasser aus der Kapillare herauszudrücken (Maßeinheit: bar oder cm Wassersäule, pF-Wert). Den Durchmesser dieser idealen Kapillare, die bei einem bestimmten Druck noch geleert wird, ordnet man als Äquivalentdurchmesser denjenigen Poren in einer Bodenprobe zu, die mit gleichem Druck noch eben entwässert werden.

Größe, Gestalt und Kontinuität der Poren bestimmen den Wasser- und Lufthaushalt und damit auch den Wärmehaushalt eines Bodens. In den weiten Grobporen (Äquivalentdurchmesser > 50 µm) bewegt sich das Wasser (pF 0 bis 1,8) schnell in die Tiefe. Sie sind in der Regel mit Luft gefüllt. In engen Grobporen (50 bis 10 µm, pF 1,8 bis 2,5) bewegt sich das Wasser schon langsamer. In Mittelporen (10 bis 0,2 µm, pF 2,5 bis 4,2) wird das Wasser von Saugkräften gehalten und bewegt sich nur noch durch Wasserspannungsdifferenzen. Dieser Porengrößenbereich speichert den größten Teil des pflanzenverfügbaren Bodenwassers. Die Feinporen dagegen (< 0,2 µm, pF > 4,2) enthalten sogenanntes Totwasser, das kaum – und wenn, dann nur sehr langsam – von den Pflanzen aufgenommen werden kann.

Die Porenraumgliederung beeinflußt die Wasserbewegung im Boden. Ist der Boden nicht vollständig mit Wasser gesättigt, so gilt: Je höher der Anteil der Feinporen am GPV einer Bodenschicht ist, desto langsamer wird das Wasser durch diese Bodenschicht transportiert. Eine verschlämmte Bodenoberfläche, die sich aus Schluff in dichtester Packung zusammensetzt, hemmt das Eindringen von Starkregen in den Boden, auch wenn diese Schicht weniger als 1 mm dick ist, da ihr Porenraum fast nur aus Feinporen besteht.

Entsprechend staute sich auch das Infiltrationswasser an einer verdichteten Bodenschicht eines gepflügten Bodens (Lockerbodenwirtschaft) (siehe Abb. 26, 25 bis 30 cm Tiefe des Lockerbodens). Dieses Beispiel macht zugleich deutlich, daß die Transportrate des Wassers in einem inhomogenen Boden stets von der jeweils geringsten Rate in einer Bodenschicht auf dem Wege des Wassers in die Tiefe bestimmt wird.

Der seit Jahren unbearbeitete, mit Mulch bedeckte Boden (Abb. 26, Festbodenmulchwirtschaft) dagegen führte das Niederschlagswasser sofort in größere Bodentiefe ab, ohne daß der Oberboden nennenswerte Wassermengen aufgenommen hatte. Das wurde durch die kontinuierlichen Grobporen bewirkt, die in diesem Boden als Regenwurmröhren und verlassene Wurzelgänge ohne Unterbrechung von der Bodenoberfläche bis tief in den Unterboden hinein reichten. In diesen Grobporen, aber auch in Schrumpfrissen, fließt bei Starkregen das Wasser ungespannt, nur der Schwerkraft folgend, in die Tiefe. Dort erst infiltriert es und mindert die Wasserspannung des an die Bodenmatrix gebundenen Wassers. Gleichzeitig kommt das bisher ungespannte Regenwasser durch die Oberflächenkräfte der Bodenmatrix unter Spannung.

Da bei ungesättigtem Fließen das Bodenwasser immer mehr oder weniger gespannt ist, dringt es in große Bodenhohlräume nur ein, wenn der Boden mit Wasser gesättigt ist (Matrixpotential: ψ = Null). Deshalb fließt das Wasser zunächst um nach oben geschlossene

62 Ertragsbildende Prozesse und ertragsbegrenzende Faktoren

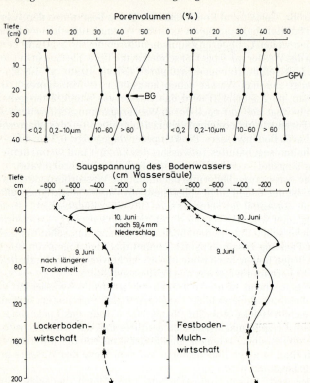

Abb. 26. Infiltration eines Starkregens in unterschiedlich bearbeiteten Lößlehmböden (EHLERS und BAEUMER 1974). BG: Bearbeitungsgrenze; GPV: Gesamtporenvolumen.

Regenwurmröhren, Maulwurfgänge oder Sperrschichten aus Strohresten herum oder staut sich an deren Oberfläche. Aus diesen Beispielen wird deutlich, daß neben der Größe der Poren auch deren Kontinuität und Verbindung zur Bodenoberfläche entscheidend die Wasserbewegung im Boden beeinflußt.

Wasserfüllung der Poren schließt Luft aus, deshalb bedingen sich Wasser- und Lufthaushalt eines Bodens gegenseitig. Wenn der Gesamtporenraum sich nur wenig verändert, sind es vor allem die Mittel- und Grobporen, die in wechselndem Umfang von Wasser und Luft gefüllt sind. Für die Respiration der Bodenorganismen und der Wurzeln ist nicht nur die Gesamtmenge an Luft im jeweils luftgefüllten Porenraum (bei Feldkapazität: Sand-: 30 bis 40%, Schluff- oder Lehm-: 10 bis 25%, Tonböden: 5 bis 10%, SCHACHTSCHABEL et al. 1982) von Bedeutung, sondern auch die Zusammensetzung der Bodenluft und die Geschwindigkeit des Gasaustausches.

Der Sauerstoffgehalt in der Bodenluft liegt meist deutlich unter dem der Atmosphäre (20,95%vol). Erheblich höher als in der Atmosphäre ist die Kohlendioxidkonzentration im Oberboden, in der Regel bis zu 3%vol. Unter anaeroben Bedingungen tritt auch Methan, Ethylen und Schwefelwasserstoff auf. Je höher die Bodentemperaturen und die Stoffwechselaktivität der Bodenorganismen sind, desto mehr O_2 wird veratmet und CO_2 ausgeschieden. Dementsprechend ändert sich die Zusammensetzung der Bodenluft. Die dadurch bedingten Konzentrationsunterschiede zur Umgebung bewirken einen Gasaustausch. Dieser erfolgt nur in geringerem Maße durch konvektiven Transport (druck- oder temperaturbedingte Volumenänderung) oder durch Massenfluß von in Wasser gelösten Gasen (Absorptionskoeffizienten bei 20°C: O_2: 0,031; CO_2: 0,878). Überwiegend bewirkt Diffusion (Molekularbewegung zum Ort geringerer Konzentration bzw. geringeren Partialdruckes) den Gastransport im Boden. Die Diffusionsrate ist hauptsächlich von dem Diffusionskoeffizienten (Gase in Wasser etwa 10000mal geringer als in Luft, siehe Tab. 3) abhängig, vom Konzentrationsgefälle und von der Länge und Weite des Diffusionsweges.

Abb. 27 zeigt an einem Beispiel, wie mit zunehmendem Abstand von der Oberfläche der beiden Bodenaggregate die O_2-Konzentration

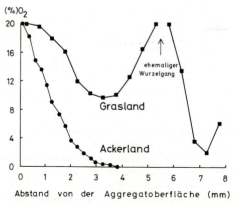

Abb. 27. Einfluß des Abstandes von der Aggregatoberfläche auf die Sauerstoffkonzentration im Inneren von Bodenaggregaten (TIEDJE et al. 1984).

in der Bodenluft abnahm. In dem relativ dichtgelagerten, schwach durchporten Aggregat aus dem Ackerboden war der Kern sauerstofffrei. Hier herrschten anaerobe Bedingungen. In dem stark durchporten, aus Krümelgefüge bestehenden Grasland-Aggregat dagegen nahm die O_2-Konzentration nicht so stark ab und stieg in der Umgebung einer kontinuierlichen Grobpore sogar auf den Gehalt der Atmosphäre wieder an.

Solche Unterschiede in der Durchporung des Bodens können die Versorgung der Bodenorganismen und der Wurzeln mit Sauerstoff entscheidend beeinflussen. Ist die Durchgängigkeit der Poren auch nur teilweise durch einen Wasserfilm an den Berührungsstellen der festen Bodenteilchen unterbrochen, so unterbleibt praktisch jeder Gasaustausch. In den abgeschlossenen Lufträumen steht den Bodenorganismen und den Pflanzenwurzeln nur ein begrenzter Sauerstoffvorrat zur Verfügung. Nach Brown et al. (1965) wurden in Lysimeterversuchen in Abhängigkeit von der Temperatur rund 5 bis 15 l O_2 je m^2 und Tag im Boden verbraucht. Unterstellt man die für bearbeitete Ackerböden geltende Regel, daß bei einem Luftvolumen von weniger als 10% der Gasaustausch im Boden nahezu zum Stillstand kommt und nur der Sauerstoff in diesen 10%vol zur Verfügung steht, so sind das bis 1 m Bodentiefe rund 20 l O_2 je m^2. Je nach der Größe des Verbrauches reicht dieser Vorrat für 1 bis 4 Tage. Eine Unterbrechung des Gasaustausches infolge Wassersättigung des Bodens kann die normale Funktion der Wurzeln rasch einschränken oder gar beenden. Diese Gefahr besteht nicht, solange die Sauerstoffdiffusion durch kontinuierliche Grobporen, wie im Grasland und in der Festboden-Mulchwirtschaft, ungehindert erfolgen kann.

Die Bodentemperatur (Abb. 28) folgt dem Tages- und Jahresgang der eingestrahlten Energie. Der Wärmetransport zu den Orten geringerer Temperatur, hier also in die Tiefe, führt zu einer zeitlichen Verschiebung der Temperaturmaxima und zu einer Verminderung der Temperaturamplitude (Differenz zwischen Minima und Maxima). In Perioden überwiegender Energiezufuhr werden die höchsten Temperaturen und die größten Temperaturschwankungen an der Bodenoberfläche gefunden. Unter einer schützenden Vegetations- oder Mulchdecke ist das weniger stark ausgeprägt als in einem unbedeckten Boden (Schwarzbrache). In Perioden mit überwiegenden Energieverlusten, also bei Nacht oder im Winter, kehrt sich die Transportrichtung der Wärme um. dann hat der Unterboden höhere Temperaturen als die Bodenoberfläche.

Bei gleicher Einstrahlung ergeben sich Unterschiede im Wärmehaushalt der Böden durch deren Bodengefüge und den davon abhängigen Anteilen wasser- und luftgefüllter Poren. Aus Tab. 5 ist zu entnehmen, daß sich Luft bei der Zufuhr der gleichen Wärmemenge

Abb. 28. Tagesgang der Bodentemperatur in unterschiedlich bearbeiteten Lößlehmböden (STÜLPNAGEL 1979).

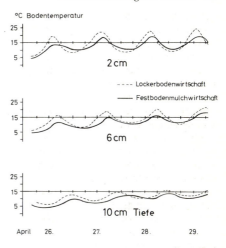

Tab. 5. Thermische Eigenschaften von Bodenbestandteilen (BOLT et al. 1965)

Bodenkomponente	Wärmekapazität (cal·cm^{-3}·°C^{-1})	Wärmeleitfähigkeit (cal·cm^{-1}·s^{-1}·°C^{-1})
Wasser	1,00	0,0014
Eis	0,45	0,0053
Luft	0,00031	0,00006
Quarz	0,50	0,021
Tonminerale	0,58	0,007
organische Substanz	0,66	0,0006

rascher und stärker erwärmt als Wasser. Dagegen leitet Wasser die aufgenommene Wärme besser als Luft. Je höher die Wärmekapazität und die Wärmeleitfähigkeit eines Körpers sind, desto langsamer erwärmt er sich und desto kleiner sind die Temperaturamplituden bei einem Wechsel von Einstrahlung und Ausstrahlung.

Stark gelockerte Böden mit vermehrtem Luftvolumen werden sich daher an der Oberfläche tagsüber stärker erwärmen und nachts stärker abkühlen als dicht lagernde Böden mit vermehrtem Wasservolumen (Abb. 28). Die Temperaturunterschiede an der Oberfläche von Böden mit unterschiedlichem Wassergehalt können zum Zeitpunkt der maximalen Einstrahlung bis zu 6 °C betragen. Da in stärker wasserhaltenden Böden die Wärme rascher in die Tiefe abgeleitet wird, können diese Temperaturunterschiede in wenigen cm Bodentiefe schon verschwunden sein. In noch größerer Bodentiefe kehren sie sich u. U. auch um.

Von Bedeutung für den Wärmehaushalt eines Bodens, der nicht von einem Pflanzenbestand oder von Ernteresten bedeckt ist und viele wasserführende Poren bis zur Oberfläche besitzt, ist auch die Wärmeabgabe durch Verdunstung. Ein nasser, evaporierender Boden ist kälter als ein trockener, von einer verdunstungshemmenden Lockerungsschicht bedeckter Boden. Helle Strohdecken auf der Bodenoberfläche reflektieren vermehrt die eingestrahlte Energie. Deshalb erwärmt sich ein mulchbedeckter, dichtgelagerter und feuchter Boden im Frühjahr langsamer, kühlt aber im Herbst auch langsamer aus (Wärmetransport aus der Tiefe zur Bodenoberfläche hin) als ein gelockerter, mulchfreier Boden.

Als weiterer Faktor, der über die Variation von Bodengefüge und Wassergehalt auf das Wurzelwachstum einwirken kann, ist der mechanische Widerstand zu nennen, den die Wurzeln, aber auch Bodentiere beim Eindringen in den Boden überwinden müssen. Die Konsistenz der festen Bodenmasse beruht auf der Wirksamkeit der Oberflächenkräfte (Kohäsion, Adhäsion), ist also abhängig von der Korngröße der Bodenteilchen und dem Wassergehalt.

Die Verschiebbarkeit von Tonteilchen nimmt mit zunehmender Trockenheit ab. Steigendes Porenvolumen schwächt diesen Effekt ab. Sandpartikel weisen je Volumeneinheit Boden geringere Berührungsflächen auf, sind deshalb in ihrer Verschiebbarkeit weniger von der Bodenfeuchte abhängig.

1.4.2 Bau, Funktion und Lebensdauer von Wurzeln

Als erstes Organ entwickelt sich die an der Achse des Embryos angelegte Primärwurzel (eine bei Mais, Reis und zweikeimblättrigen Arten, mehrere bei Gräsern). Sie dringt auch von einem auf der Bodenoberfläche liegenden Samen in den Boden ein und versorgt die Keimpflanze mit Wasser. Das primäre Wurzelsystem kann später durch Sekundärwurzeln ergänzt werden, die sproßbürtig aus Knospen oder Sproßknoten – bei Mais auch oberirdisch – entstehen (Adventivwurzeln).

Die Wurzel wächst in die Länge und Breite zunächst nur aus einem apikalen Meristem. Das bleibt bei fast allen einkeimblättrigen Arten so, während bei zweikeimblättrigen Arten meristematische Schichten zwischen den Gefäßen (Kambium) zum sekundären Dickenwachstum der Wurzeln befähigt sind (Betarüben, Möhren). Das apikale Meristem wird von einer Wurzelhaube geschützt. Sie sondert

Mucigel, schleimiges, zellfreies Material ab. Es erleichtert das Eindringen der Wurzelspitze in den Boden. Einige Zellen der Wurzelhaube enthalten einen Schwerkraftsensor, an dem sich die Richtung des Wurzelwachstums – meist geotrop – orientiert.

Kurz hinter dem Meristem, in einer Zone der Zellstreckung, differenziert sich die Wurzel in Rinde und Zentralzylinder nebst Gefäßen (Phloem und Xylem). Das Rindenparenchym wird von vielen Interzellularen durchzogen, die als Transportwege für Gase dienen können. In alternden Wurzeln können durch Zusammenbruch ganzer Gewebepartien auch größere gasführende Hohlräume entstehen (Aerenchyme). Wenige mm von der Wurzelspitze entfernt bilden sich aus der Rindenepidermis Ausstülpungen, die Wurzelhaare (20 bis 400 je mm^2 Wurzeloberfläche, Durchmesser 10 bis 15 µm, Länge bis 1 mm). Sie dienen der zusätzlichen Verankerung der Wurzeln im Boden und vergrößern die Wurzeloberfläche für Wasser- und Nährstoffaufnahme. Wurzelhaare leben meistens nur wenige Tage. Die Wurzelhaarzone verjüngt sich deshalb unter geeigneten Umweltbedingungen (Dunkelheit, ausreichendes O_2-Angebot, keine volle Wassersättigung des Bodens) fortwährend zur Wurzelspitze hin.

Etwa 10 bis 20 cm hinter der Wurzelspitze beginnt die Wurzelepidermis zu verkorken. In dieser Zone entstehen die ersten Seitenwurzeln am äußersten Rand des Zentralzylinders, dem Perizykel, und durchstoßen die Rindenschicht. Aus den Seitenwurzeln erster Ordnung können sich Seitenwurzeln höherer Ordnung entwickeln. Ihr Durchmesser wird aber mit fortschreitendem Verzweigungsgrad geringer, von 500 µm der Hauptachse bis zu 100 µm der Seitenachsen höherer Ordnung. Ebenso wie die Primärwurzeln verzweigen sich auch die sproßbürtigen Sekundärwurzeln.

Primär- und Sekundärwurzeln können sich zu Speicherorganen entwickeln und Reservestoffe einlagern, z.B. Rüben, Pfahlwurzeln des Rapses und der ausdauernden Futterleguminosen. Der Durchmesser der Speicherwurzeln kann mehrere dm erreichen. Über die Lebensdauer einzelner Wurzeln ist bei ein- oder mehrjährigen Feldfrüchten nur wenig bekannt. Hauptwurzeln mit Speicherfunktion für Reservestoffe überdauern in der Regel die ganze Lebenszeit der Pflanze. Seitenwurzeln höherer Ordnung sind wesentlich kurzlebiger. Wurzeln unserer Feldfrüchte sind nicht in der Lage, bei Vernichtung des Sproßmeristems Sproßorgane zu regenerieren. Das können nur einige Wildpflanzen, z.B. die als lästiges Unkraut verbreitete Ackerdistel und die großen Ampferarten.

Die Funktion der Wurzeln kann ohne die der Sproßteile nicht verstanden werden. Ohne Wasser- und Nährstoffaufnahme der Wurzeln ist kein Sproßwachstum möglich, ohne Assimilatgewinn des Sprosses kein Wurzelwachstum. Zusätzliche gegenseitige Steuerung in diesem funktionalen Gleichgewicht erfolgt über Phytohormone aus Sproß und Wurzel (siehe Seite 83). Mit fortschreitender Entwicklung und Alterung der Wurzel verändern sich auch ihre physiologischen Aktivitäten. Die Respirationsrate, aber auch die Wasser- und Nährstoffaufnahme ist in dem jüngsten, noch nicht verkorkten Wurzelabschnitt am höchsten (gilt nicht für die P-Aufnahme). In Mangelsituationen kann aber die Leistungsfähigkeit der älteren Wurzelabschnitte wieder erheblich gesteigert werden.

Die im Wurzelraum herrschenden Standortbedingungen modifizieren die physiologische Aktivität der Wurzeln nicht nur indirekt über die jeweils möglichen Wachstumsraten (Erschließung des Wurzelraumes) und die Gestalt der Wurzeln (z. B. Ausbildung von Gefäßen und Aerenchymen), sondern direkt auch über die jeweilige Aufnahme- und Transportrate für Wasser und Nährstoffe.

Abb. 29 zeigt am Beispiel eines Wasserkulturversuchs mit konstant gehaltener Lufttemperatur, wie die Wurzeltemperatur auf Transpiration und Wasseraufnahme von 3 Feldfrüchten wirkte. Mit

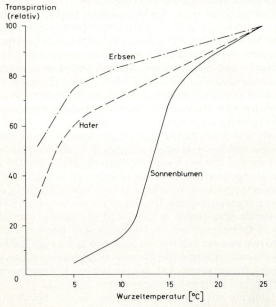

Abb. 29. Einfluß der Temperatur in der Wurzelumgebung auf die relative Intensität der Transpiration von Erbsen, Hafer und Sonnenblumen (BROUWER in ALBERDA 1966).

sinkender Wurzeltemperatur wurde die Wasseraufnahme erst geringfügig, dann stark gesenkt. Bei der wärmebedürftigen Sonnenblume trat diese Hemmung schon bei höheren Temperaturen ein als bei den an niedere Temperaturen angepaßten Arten Erbse und Hafer. Dieser Sachverhalt beruht auf dem Energiebedarf, der mit der Passage des Wassers durch die Protoplasten verbunden ist.

Mit steigender Bodentemperatur nimmt die Stoffwechselaktivität und die Wachstumsrate der Wurzeln bis zum Optimumbereich zu und fällt dann wieder ab. Entsprechend variiert der Sauerstoffverbrauch der Wurzeln. Deshalb steigt mit zunehmender Temperatur auch die kritische O_2-Konzentration an der Wurzeloberfläche, bei der sich die O_2-Konzentration im Wurzelinneren dem Werte Null nähert, die Atmung also eingestellt wird (LEMON und WIEGAND 1962). Der Transport des Sauerstoffs in das Innere der Wurzel, aber auch der Sauerstoffverbrauch sind eine Funktion des Wurzeldurchmessers. Mit zunehmender Temperatur, jedoch gleichbleibender O_2-Konzentration an der Wurzeloberfläche, muß daher der Wurzeldurchmesser abnehmen, wenn auch das Wurzelinnere noch ausreichend mit Sauerstoff versorgt sein soll.

Mit abnehmendem O_2-Partialdruck an der Wurzeloberfläche nehmen die Wachstumsraten ab (Abb. 30). Wurde in einem anderen Experiment mit Sojabohnen (HUCK 1970) eine kritische Konzentration unterschritten, so reagierte die Wurzelspitze innerhalb weniger Minuten mit vollständigem Wachstumsstillstand. Endete die Anaerobiose nach maximal 30 Minuten, setzten die Wurzelspitzen das Wachstum fort. Dauerte sie dagegen 3 bis 5 Stunden, so war das teilungsfähige Gewebe tot, während schon ausdifferenzierte Wurzel-

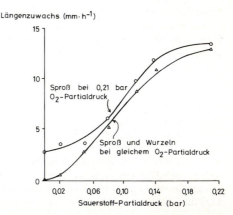

Abb. 30. Längenwachstum von Erbsenwurzeln in Abhängigkeit vom Sauerstoff-Partialdruck an der Wurzeloberfläche (EAVIS et al. 1971).

abschnitte noch überlebten. Sind Aerenchyme für den Gastransport ausgebildet, so kann die geringe Sauerstoffzufuhr noch für minimales Wachstum und das Überleben der Wurzel ausreichen (Abb. 30, Sproß in Atmosphäre mit normaler O_2-Konzentration). Solche kurzfristigen Anpassungen an O_2-Mangel im Wurzelbereich sind nicht die Regel, da Aerenchyme erst ausgebildet sein müssen. Das erfolgt in vermehrtem Maße, wenn Wurzeln von Anfang an in sauerstoffarmer Umgebung wachsen. Häufiger reagieren die Pflanzen mit vermehrtem Wurzelwachstum in oberflächennahen, gut durchlüfteten Bodenschichten.

Starker Sauerstoffverbrauch ist mit hoher CO_2-Abgabe gekoppelt. Ob unabhängig von der O_2-Konzentration auch hohe CO_2-Konzentrationen die Wurzelfunktionen beeinträchtigen, ist nur ungenügend bekannt. In den Interzellularen kann CO_2 auch zum Sproß transportiert werden und dort für die Photosynthese benutzt werden, also positiv auf Sproß- und Wurzelwachstum wirken. Oberhalb von den bisher experimentell ermittelten Grenzwerten, die zwischen 5 und 30%vol CO_2 variieren, sind negative Effekte zu erwarten. Doch sind selbst unter anaeroben Feldbedingungen derart hohe CO_2-Konzentrationen in der Bodenluft relativ selten verwirklicht.

Beim Tiefenwachstum verfolgen die Wurzeln stets den Weg des geringsten Widerstandes. Bevorzugt werden deshalb Zwischenräume von Aggregaten, Wurmgänge und Poren mit Durchmessern, die größer sind als die der Wurzeln. Bei kleinerem Porendurchmesser müssen die Wurzeln feste Bodenteilchen verdrängen, d.h. mechanischen Widerstand überwinden. In Modellversuchen mit Gerstenwurzeln (RUSSEL und GOSS 1974) bewirkte schon eine geringfügige Steigerung des Widerstandes (0,1 bar) eine Minderung des Längenwachstums um etwa 10%. Bei 1 bar erhöhte sich die Hemmung auf 90% der Kontrolle. Trifft eine Wurzelspitze auf einen Widerstand, dem sie nicht ausweichen kann, tritt an die Stelle des Längenwachstums ein vermehrtes Wachstum in die Breite. Die Wurzelspitze verdickt sich keulenförmig bei gleichzeitig stark vermehrter Ausbildung von Wurzelhaaren. Damit ist ein erhöhter Reibungswiderstand verbunden, der die Pflanzenwurzel befähigt, vermehrten Druck auf das Hindernis auszuüben und es zur Seite zu drücken. Diese Arbeit kann wiederum nur mit gesteigerter Atmung verrichtet werden, ist also an ausreichende Sauerstoffaufnahme der Wurzelspitze gekoppelt.

Abb. 31 veranschaulicht diesen Sachverhalt an den Ergebnissen eines Modellversuchs mit Erbsen. Variiert wurde die Lagerungsdichte und die Wasserspannung des Bodens. Mit steigender Lagerungsdichte und Wasserspannung nahm auch der Penetrometer-Eindringwiderstand zu (Abb. 31B). Umgekehrt nahm die Eindringtiefe der Wurzeln mit steigendem Penetrometer-Widerstand ab (abfallen-

Durchwurzelung des Bodens 71

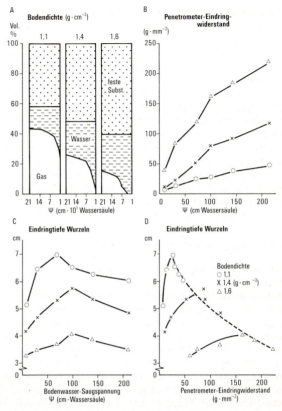

Abb. 31. Wurzelwachstum von Erbsen in Abhängigkeit von der Lagerungsdichte des Bodens, dem mit Luft und Wasser gefüllten Porenraum (A), dem Eindringwiderstand (B und D) und der Bodenwasser-Saugspannung (C). (Eavis und Payne 1969).

der Ast der Regression von Eindringtiefe auf Penetrometer-Widerstand (Abb. 31D). Innerhalb jeder Lagerungsdichte gab es auch einen ansteigenden Kurvenverlauf. Er korrespondierte mit dem ansteigenden Ast der Beziehung zwischen Eindringtiefe der Wurzeln und Wasserspannung im Boden (Abb. 31C). Diese Beziehung war durch Optimumkurven gekennzeichnet. In den drei Lagerungsdichten des Bodens verschoben sich die Maxima der Wurzel-Eindringtiefe mit zunehmender Dichte zu größeren Wasserspannungen, die geringeren

Bodenwassergehalten entsprechen. Unterhalb jedes Optimums verminderte die abnehmende Durchlüftung das Eindringen der Wurzeln in den Boden, oberhalb der mit abnehmendem Wassergehalt steigende Eindringwiderstand.

Aus den dargestellten Sachverhalten wird deutlich, wie komplex die Zusammenhänge sind. Sie werden noch unübersichtlicher, wenn man die Variation des Wetters und die räumliche Mannigfaltigkeit der Bodenbedingungen in Betracht zieht. Im Hinblick auf die Funktion eines Wurzelsystems als Ganzem wird aber ausgleichend wirksam, daß Mängel an einem Ort, die zu verminderter Wurzelfunktion führen, durch vermehrte Wurzelaktivität an einem anderen Ort (Wachstum, physiologische Leistungen je Einheit Wurzelvolumen) kompensiert werden können. Solche kompensatorischen Leistungen der Wurzeln bei unterschiedlicher Temperatur oder unterschiedlichem Wasser- und Nährstoffangebot in den jeweiligen Bodenkompartimenten wurden von CROSSET et al. (1975) beschrieben.

1.4.3 Verteilung der Wurzeln im Bodenraum

Eine vollständige Beschreibung des Wurzelwachstums im Hinblick auf morphogenetische Gliederung, Masse, Oberfläche und Volumen des Wurzelsystems ist nur in einer Wasserkultur möglich. Hier weichen aber die Standortbedingungen von denen des Bodens weit ab. So muß man bei der Untersuchung eines Wurzelsystems im Felde in Kauf nehmen, daß die Entnahme von Wurzeln aus dem Boden mit hohen Verlusten an Wurzelmasse verbunden sein kann.

Die genaueste und treffsicherste Untersuchungsmethode ist auch die aufwendigste. Von einem Schürfgraben aus werden ziegelartige Bodenblöcke entnommen, aus denen über einem Sieb die Wurzeln ausgewaschen werden. Wurzelhaare und feinste Wurzelteile können dabei verloren gehen. Unsicherheiten entstehen auch bei der Trennung von lebenden und toten Wurzeln bzw. toten makroorganischen Pflanzenresten. Die so gewonnenen Wurzeln können auf ihre Wurzellänge, ihren Durchmesser, ihre Oberfläche, ihr Volumen und ihre aschefreie Trockenmasse untersucht werden (Einzelheiten bei BÖHM 1979). Eine weniger aufwendige Methode ist das Auszählen von Wurzeln an einer geglätteten und abgewaschenen Profilwand. Unter Berücksichtigung der Dicke der abgewaschenen Bodenschicht läßt sich die Wurzellänge je Einheit Bodenvolumen schätzen.

Mit Glas bedeckte, vor Licht geschützte Profilwände oder in den Boden eingesenkte Glasröhren erlauben die Beobachtung des Wurzelwachstums und der Wurzelverteilung in situ. Allerdings wachsen an der Grenze Glaswand – Boden die Wurzeln in größerer Konzentration als im Boden.

Welcher Kennwert der Wurzeln gemessen wird, richtet sich nach der Funktion, die quantifiziert werden soll. Obwohl Wurzeloberfläche und Wurzelvolumen die physiologisch bedeutendsten Parameter sind, begnügt man sich in der Regel mit der Wurzellänge je Einheit Bodenvolumen bzw. je Einheit Bodenoberfläche über dem durchwurzelten Bodenraum.

Die Durchwurzelung des Bodens beginnt in der Schicht, in die der Same abgelegt wurde. Wenn nicht durch spätere Adventivwurzelbildung oberflächennähere Bodenschichten noch intensiver durchwurzelt werden, ist diese Schicht diejenige, die die höchsten Wurzeldichten während der ganzen Vegetationszeit aufweist (Abb. 21). Tiefere Bodenschichten werden später und meist für kürzere Zeitspannen von den Wurzeln erschlossen. Die maximale Wurzeltiefe des Getreides liegt in der Regel zwischen 100 und 150 cm. Zuckerrüben erreichen 200 cm, ausdauernde Futterleguminosen, wie z. B. Luzerne, können mit einigen Wurzeln bis in die Tiefe von 3 und mehr Meter gelangen. Kartoffeln und einige Körnerleguminosen (Ackerbohne, Erbse) wurzeln deutlich flacher als Getreide. Die Hauptmenge der Wurzeln unserer Feldfrüchte befindet sich in der Regel oberhalb von 40 cm Bodentiefe.

Die Ausbildung des Wurzelsystems in Raum und Zeit ist arttypisch. Einzelpflanzen von Getreide und Gräsern entwickeln ein feinverzweigtes, glockenförmig in die Tiefe strebendes Wurzelsystem. Wegen der großen Wurzeldichte vor allem im Oberboden werden dort die Wasser- und Nährstoffvorräte intensiv ausgeschöpft. Deshalb spricht man von einem „intensiven" Wurzelsystem. Leguminosen dagegen, z. B. die Ackerbohne und mehr noch die Luzerne, entwikkeln eine Pfahlwurzel mit weniger Seitenwurzeln als das Getreide. Der Wurzelraum – bei Luzerne auch ein größerer Wurzelraum – wird daher relativ „extensiv" durchwurzelt. Die in Abb. 22 dargestellten Befunde lassen aber bezweifeln, ob mit der extensiven Durchwurzelung stets auch eine „extensive" Wasser- und Nährstoffaufnahme verbunden ist.

Dort, wo sich die größte Wurzelmenge im Boden befindet, ist nicht immer die Zone, in der anhand der Wasser- und Nährstoffaufnahme die größte Wurzelaktivität gemessen werden kann. Nur bei jungen Pflanzen weisen die Orte mit größter Wurzeldichte auch die höchste Wurzelaktivität auf. Später ist die Wurzelaktivität an der Peripherie des durchwurzelten Raumes höher, denn bei gealterten Wurzeln erfolgt die Wasseraufnahme überwiegend nur passiv.

Im Einzelfall spiegelt die Wurzelverteilung die Veränderungen im Bodengefüge auf das feinste wider. In dem in Abb. 32 dargestellten Beispiel reagierte der Hafer auf die Verminderung der Grobporen und die abrupte Erhöhung des Sonden-Eindringwiderstandes in der

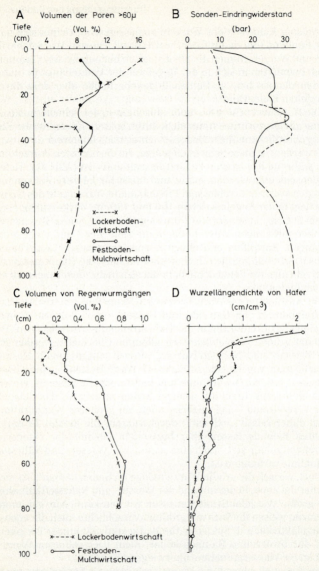

Abb. 32. Wurzelwachstum von Hafer (D) in Zusammenhang mit dem Volumen von Grobporen im Boden (A), dem Eindringwiderstand (B) und den kontinuierlichen Bioporen (C) in zwei unterschiedlich bearbeiteten Lößlehmböden (zusammengestellt aus EHLERS 1975b, EHLERS et al. 1980/81 und EHLERS 1982).

Krumenbasisverdichtung des Lockerbodens mit einer deutlichen Zunahme der Wurzeldichte und einer Abnahme in der verdichteten Schicht. Im Boden der Festboden-Mulchwirtschaft, der nahe der Bodenoberfläche weniger Grobporen, aber eine schwächer ausgeprägte Krumenbasisverdichtung besaß, nahm die Wurzeldichte gleichmäßiger zur Tiefe hin ab. Da weniger Assimilate für den „Wurzelstau" verbraucht und mehr durchgängige Grobporen (Regenwurmgänge) vorhanden waren, konnte der Unterboden in der Festboden-Mulchwirtschaft intensiver durchwurzelt werden.

Bei dieser Aussage ist zu bedenken, daß im Unterboden stets nur die größeren Hohlräume dichter durchwurzelt sind und dazwischen große Bodenabschnitte frei von Wurzeln sind. Ohnehin geht aus vielen Befunden hervor, daß selbst bei dichtester Durchwurzelung weniger als 5% des Bodenvolumens von den Wurzeln besiedelt wird (WIERSUM 1961). Nur unter einer Grasnarbe wird der Boden nahe der Bodenoberfläche sehr viel intensiver durchwurzelt.

Das gilt auch für den Boden der Festboden-Mulchwirtschaft, in den die Pflanzennährstoffe durch Bearbeitung nicht mehr eingemischt und der Ort des intensivsten Stickstoff-Umsatzes dicht unter der Bodenoberfläche liegt. Daraus ist zu schließen, daß auch das örtliche Nährstoffangebot die Wurzelverteilung beeinflußt. Besonders stark regt Nitrat in der Bodenlösung die Pflanzenwurzeln zur Verzweigung an, in schwächerem Maße Phosphat und in noch geringerem Maße Kalium, Calcium und Magnesium (WIERSUM 1957). Wird ausschließlich der Unterboden mit Nährstoffen versorgt, so kann sich die normale Verteilung der Wurzeln im Bodenraum – von der Oberfläche zur Tiefe hin abnehmend – umkehren (GLIEMEROTH 1955).

1.5 Nährstoffangebot, Nährstoffaufnahme und Trockenmasseproduktion

1.5.1 Ionen in der Bodenlösung

Zu den lebensnotwendigen Elementen gehören neben Kohlenstoff, Wasserstoff und Sauerstoff, die mit der Photosynthese assimiliert werden, Stickstoff, Phosphor, Kalium, Magnesium und Schwefel als Makronährstoffe, Chlor, Bor, Eisen, Mangan, Zink, Kupfer, Molybdän als Mikronährstoffe. Silicium, Natrium, Selen und Kobalt werden nur von einigen Pflanzenarten unbedingt benötigt, doch wie viele andere, hier nicht genannte Elemente auch von allen Pflanzen aufgenommen, wenn sie in der Bodenlösung vorhanden sind. Wirkstoffe können als Stoffwechselprodukte von Pflanzen und Bodenorganismen, wie z.B. Antibiotika, Phytohormone, sekundäre Inhaltsstoffe mit toxischen Eigenschaften, in die Bodenlösung gelangen und dort neben Kohlenhydraten, N-Verbindungen und organischen Säuren pflanzlicher Herkunft ebenfalls, z. T. in relativ großen Molekülen von den Wurzeln aufgenommen werden.

Die Nähr- und Wirkstoffe nehmen die Pflanzen überwiegend mit den Wurzeln, in geringem Umfang auch mit den Blättern über die Spaltöffnungen oder über sehr feine Zellkanäle in der Epidermis (Ektodesmen) auf. Im Boden werden die Stoffe der Bodenlösung hauptsächlich als Ionen, in einigen Fällen auch als Gase entnommen, in der Atmosphäre als Gase oder Stoffablagerung auf den Pflanzen (Blattdüngung, Luftstäube).

Der Boden enthält Pflanzennährstoffe in unterschiedlich fester Bindungsform. Nicht unmittelbar pflanzenverfügbar sind Anionen und Kationen, die an inneren Oberflächen (Zwischenschichten) von Tonmineralien oder an organischer Substanz sorbiert sind, und Nährstoffe in immobiler Form als Bestandteil lebender und toter organischer Substanz. Die als Ionen adsorbierten Pflanzennährstoffe werden entsprechend ihrer Konzentration in der Bodenlösung und ihrer elektrischen Ladung an den Oberflächen der festen Bodensubstanz ausgetauscht. Diese austauschbaren Ionen sind nicht so leicht und vollständig verfügbar, wie die in der Bodenlösung, können aber bei Verarmung der Bodenlösung durch Austausch verfügbar werden.

Die Pflanzenverfügbarkeit der Nährstoffe im Boden hängt zum einen von der Gesamtmenge und der Bindungsform jedes einzelnen Nährstoffes ab, zum anderen von der Intensität der Prozesse, die zu einer Änderung der Bindungsform führen, so z. B. von pH-abhängigen Reaktionen, Lösungsvorgängen oder biologischem Abbau komplexer organischer Substanz durch Bodenlebewesen (Mineralisierung). An diesen Vorgängen sind auch Wurzeln aktiv beteiligt. Abgabe von Protonen aus energieliefernden Prozessen in den Wurzeln ist eine Voraussetzung für die Kationenaufnahme. Daraus folgt eine Zunahme der H^+-Ionenkonzentration an der Wurzeloberfläche, die z. B. die Löslichkeit von Ca-Phosphaten erhöht. Von Wurzeln ausgeschiedene organische Säuren und Polyphenole können mit Fe, Mn, Cu, Zn u. a. metallorganische Komplexe bilden und damit die Löslichkeit und Aufnehmbarkeit dieser Stoffe erhöhen. Abgesonderter Wurzelschleim und ähnliche Exsudate sowie abgestorbene Wurzelteile dienen den Mikroorganismen in der Rhizosphäre als Substrat für Umsetzungsprozesse, die ebenfalls die Bindungsform und Aufnehmbarkeit von Pflanzennährstoffen beeinflussen.

Eine zweite Komponente der Nährstoffverfügbarkeit ist die räumliche Zugänglichkeit der Stoffe. Durch aktives Wurzelwachstum werden Bodenräume mit höherem Nährstoffgehalt erschlossen. Auf diese Weise können relativ unbewegliche Nährstoffe, wie Phosphat, durch gerichtetes Wachstum (Chemotaxis) in Kontakt mit Wurzeln kommen. Mehr passiv werden Nährstoffe durch Transport zur Wurzel verfügbar, sowohl im Nahbereich des durchwurzelten, wie im Fernbereich des nicht durchwurzelten Bodenraumes.

Die Nährstoffe werden in wässriger Lösung zur Wurzeloberfläche entweder mit dem Wasserstrom vom Boden zur Atmosphäre durch Massenfluß oder entlang eines Konzentrationsgefälles in der Bodenlösung durch Diffusion befördert. Direkter Kontakt zwischen Oberfläche der Wurzel und nährstoffbeladenen festen Bodenteilchen (Interzeption) spielt für die Nährstoffaufnahme nur eine untergeordnete Rolle. Die Transportform variiert mit dem Nährstoff und den Bodenbedingungen. Stickstoff (NH_4^+, NO_3^-) wird durch Massenfluß und Diffusion, Phosphor fast ausschließlich über wenige mm Abstand durch Diffusion zur Wurzeloberfläche transportiert.

Ist die Nährstoffkonzentration in der Wurzelrinde und den Gefäßen geringer als in der Bodenlösung, kann der Nährstofftransport passiv entlang des Konzentrationsgefälles vor sich gehen. Dies ist nicht die Regel. Vielmehr herrscht die aktive Nährstoffaufnahme vor, ein energieverzehrender Prozeß, der an Veratmung und daher aerobe Bedingungen geknüpft ist. Immer, also auch bei passiver Aufnahme, müssen die Nährstoffionen auf ihrem Wege zum Ort ihrer Assimilation in der Pflanze einmal das Cytoplasma passieren. Bei der Passage durch das Plasmalemma und den Cytoplasten wird ein zusätzlicher, ebenfalls energieverbrauchender Vorgang wirksam. Diese sogenannte „Ionenpumpe" ermöglicht es der Pflanze Ionen entgegen dem Konzentrationsgefälle aufzunehmen. Selbst bei relativ hoher Nährstoffkonzentration im Wurzelrindenparenchym und in den Gefäßen kann mit Hilfe dieses Mechanismus der Nährstoff in der Bodenlösung nahezu vollständig erschöpft werden.

Die aktive Ionenpassage durch das Cytoplasma ermöglicht es der Pflanze, selektiv einige Nährstoffe bei der Aufnahme zu bevorzugen. Die Aufnahmerate der Ionen ist daher verschieden, z. B. die von Ca^{2+}, Mg^{2+} und SO_4^{2-} kleiner als die von K^+, NO_3^-, $H_2PO_4^{2-}$ oder HPO_4^{2-}. Die Erhaltung des Gleichgewichts zwischen Anionen- und Kationensumme in der Pflanze verlangt, daß entsprechend der jeweiligen Aufnahme Anionen oder Kationen aus der Pflanzenwurzel wieder ausgeschieden werden. Wenn die negative Ladung von NO_3^- nicht über zusätzlich aufgenommenes K^+ ausbalanciert wird, muß z. B. HCO_3^- als Ladungsausgleich abgegeben werden. Entsprechend gilt für überschüssige Kationenaufnahme, daß H^+ an die Bodenlösung abgegeben wird. Diese Rückwirkungen der Nährstoffaufnahme auf die Zusammensetzung der Bodenlösung verändern nicht nur die Aufnahme der einzelnen Nährstoffe in die Pflanze, sondern auch die

Tab. 6. Einfluß der vorangegangenen Nährstoffversorgung und der Höhe der Transpirationsrate auf die Kaliumaufnahme von 12-Tage alten Gerstenpflanzen aus einer Nährlösung gleicher Zusammensetzung (Broyer und Hoagland 1943)

Kalium-versorgung vor Versuchsbeginn	Bedingungen während des Versuchs		Transpirationsrate $ml\,H_2O \cdot 48\,h^{-1}$	Kalium absorbiert $10^2\,mequiv \cdot 48\,h^{-1}$
	Belichtung	rel. Luftfeuchte		
hoch	Licht	niedrig	13,0	11,2
	Licht	hoch	4,2	7,0
	Dunkelheit	hoch	2,4	3,0
gering	Licht	niedrig	10,2	19,2
	Licht	hoch	3,8	18,4
	Dunkelheit	hoch	2,7	15,5

Austauschvorgänge zwischen Bodenlösung und festen Bodenteilchen.

Die Nährstoffaufnahme der Pflanzen wird nicht nur vom äußeren Nährstoffangebot reguliert, sondern auch von der Konzentration eines in Lösung befindlichen Nährstoffes innerhalb der Pflanze. Ein weiterer Faktor ist die Höhe der Transpirationsrate. Das zeigt ein Beispiel in Tab. 6. Beide Größen wurden durch unterschiedliche Versuchsbehandlung variiert. Die junge Gerstenpflanzen wurden in Nährlösungen mit unterschiedlich hoher K-Konzentration angezogen und dann in eine Nährlösung mit gleicher Konzentration umgesetzt. Während des Versuches bedingten Unterschiede in der Belichtung und der relativen Luftfeuchte unterschiedliche Transpirationsraten. Die reichlich mit K ernährten Pflanzen waren um 20% größer als die schwach ernährten. Trotzdem nahmen sie weniger K auf als die K-Mangel-Pflanzen, und zwar sowohl absolut als auch im Verhältnis zur transpirierten Wassermenge. Eine Senkung der Transpirationsrate führte bei beiden Pflanzengruppen zu verminderter K-Aufnahme. Bei den reichlich mit K-ernährten Pflanzen entsprach diese Verminderung annähernd der Reduktion der Transpiration, nicht dagegen bei den K-Mangel-Pflanzen. Trotz einer auf 26% verminderten Transpirationsrate sank die K-Aufnahmerate nur auf 81%.

Aus diesen und anderen Befunden läßt sich ableiten, daß die Nährstoffaufnahme der Pflanzen überwiegend von Wachstums- und Stoffwechselprozessen geregelt wird, dann erst von der Konzentration

Abb. 33. Kaliumtransport in den Gerstensproß in Abhängigkeit von der Sproß-Wachstumsrate (PITMAN 1972).

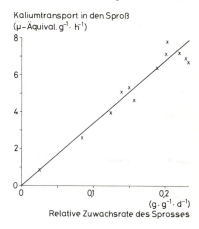

des Nährstoffs in der Bodenlösung und der Transpirationsrate. Abb. 33 zeigt diesen Sachverhalt an einem Beispiel, in dem der metabolisch gesteuerte Nährstoffbedarf der Gerstenpflanzen dadurch variiert wurde, daß sie zuvor bei unterschiedlicher Länge der Photoperiode angezogen worden waren. Bedingt durch die Unterschiede im Entwicklungszustand variierte ihre relative Wachstumsrate. Die Transportrate des K aus den Wurzeln zum Sproß, damit auch die K-Aufnahmerate der Wurzeln, war eine lineare Funktion der relativen Wachstumsrate.

Daraus folgt, daß ein Rückkopplungsprozeß zwischen Nährstoffaufnahme und Wachstum einerseits und Wachstum und Nährstoffaufnahme andererseits bestehen muß. Die Nähreelemente wirken auf das Wachstum und damit auf die Trockenmasseproduktion über ihre Konzentration in der Pflanze, wie in Abb. 34 schematisch dargestellt wurde.

Erst über einem bestimmten unteren Schwellenwert der Nährstoffkonzentration in der Pflanze ist eine Substanzproduktion möglich. Eine gesteigerte Substanzzunahme bewirkt zunächst einmal, daß die Konzentration in der Pflanze verdünnt wird. Mit zunehmender Konzentration wirkt die Nähreelementkonzentration immer weniger begrenzend auf die Trockenmasseproduktion. Jenseits der optimalen Konzentration reichert die Pflanze Nährstoffe ohne Wirkung auf die Stoffproduktion an. Von einem bestimmten oberen Schwellenwert an wirken hohe Konzentrationen toxisch.

Für die Regelung des Nährstoffangebotes ist es wichtig, die Grenzkonzentrationen für maximales Wachstum nicht nur der einzelnen

80 Ertragsbildende Prozesse und ertragsbegrenzende Faktoren

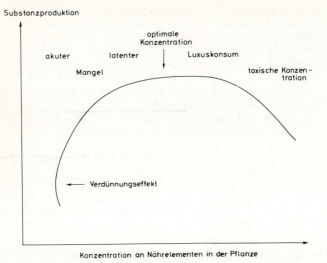

Abb. 34. Beziehungen zwischen Nährstoffkonzentration in der Pflanze und Substanzproduktion (schematisch nach PREVOT et OLLAGNIER 1957).

Nährelemente für sich allein, sondern auch in ihrer gegenseitigen Abhängigkeit zu erkennen. Da in den einzelnen Organen der Pflanze, in ihren unterschiedlichen Entwicklungsstadien und in Abhängigkeit von den übrigen Standortfaktoren die Werte für die optimalen Konzentrationen variieren, kann man nicht von einheitlichen Grenzwerten ausgehen.

1.5.2 Rhizosphäreneffekte und symbiotische Stickstoffbindung

Wurzeln sondern zahlreiche organische Verbindungen in ihre nächste Umgebung ab. Direkt ausgeschieden werden Kohlenhydrate, Aminosäuren, organische Säuren und sekundäre Inhaltsstoffe. Die Wurzelspitze ist von gelatinösem Mucigel umgeben. Indirekt werden organische Substanzen mit dem Verlust ganzer Gewebepartien aus der Wurzel entlassen, etwa mit abgeschabten Zellen der Wurzelhaube, abgestorbenen Wurzelhaaren und mit Epidermisteilen. Damit erfolgt eine Anreicherung der nächsten Wurzelumgebung mit leicht abbaubarer organischer Substanz. Sie bietet vor allem Bakterien und Actinomyceten, weniger Pilzen die Möglichkeit zu starker Vermehrung. Deshalb ist die Rhizosphäre, eine wenige mm starke Bodenschicht rund um die Wurzel, um ein Vielfaches dichter von Mikroorganismen besiedelt als entferntere Bodenabschnitte.

Hinsichtlich der Nährstoffaufnahme der Pflanzen bewirken die Rhizosphären-Mikroorganismen zweierlei. Zum einen mineralisieren sie die abgesonderte organische Substanz und machen die in ihr enthaltenen Nährelemente wieder pflanzenaufnehmbar. Zum anderen legen sie diese und andere Nährstoffe, die auf dem Weg von entfernteren Bodenabschnitten zur Wurzel erst die Rhizosphäre passieren müssen, fest, immobilisieren sie mindestens zeitweilig. Wurzeln und Mikroorganismen konkurrieren um Nährstoffe in der Bodenlösung, besonders dann, wenn es sich, wie bei Phosphat, um einen wenig beweglichen und deshalb leicht in mangelnder Menge angebotenen Nährstoff handelt.

Im Gegensatz dazu können aber Mikroorganismen in der Rhizosphäre auch die Pflanzenaufnehmbarkeit mancher Mikronährstoffe über die Bildung von Chelatkomplexen positiv beeinflussen. Welche quantitative Bedeutung die Rhizosphäre für die Pflanzenernährung hat, ist nicht genügend bekannt.

Bei den meisten Feldfrüchten kann man auch engere Verbindungen zwischen Rhizosphären-Mikroorganismen und den Wurzeln finden. Bei Vorliegen einer endotrophen Mykorrhiza dringen Pilzhyphen, die die Wurzeloberfläche mantelartig umspinnen, bis in die Zellen der Wurzelrinde vor. Dort bilden sie Bläschen und büschelartige Verzweigungen für den Stoffaustausch zwischen Pilz und Pflanze aus (vesikuläre-arbusculäre Mykorrhiza). Die Wurzel versorgt den Pilz mit Kohlenhydraten, Aminosäuren und anderen lebensnotwendigen Stoffen. Der Pilz, der mit seinen dünnen Hyphen in Bodenporen eindringen kann, die den Wurzelhaaren verschlossen sind, erweitert den Einzugsbereich der Wurzeln, z.B. für P. Die damit verbundene Steigerung der P-Aufnahme funktioniert aber nur in phosphatarmen Böden.

Mykorrhiza fördert bei Leguminosen die Knöllchenbildung und deren symbiotische N-Bindung. Der oben beschriebene Stoffaustausch zwischen den Symbionten, den Bakterien der Gattung *Rhizobium* und den Leguminosenpflanzen, ist noch inniger und obligater gestaltet als bei den Mykorrhiza-Pilzen.

Außer den Rhizobien verfügen auch zahlreiche andere Mikroorganismen über die Fähigkeit, mittels des Enzymkomplexes Nitrogenase N_2 aus der Atmosphäre zu NH_3 zu reduzieren. Die dazu benötigte Energie gewinnen die in unseren Ackerböden heimischen, freilebenden Stickstoff-Fixierer, z.B. *Azotobacter*, aus dem Abbau leicht mineralisierbarer organischer Substanz. Die symbiotisch lebenden Rhizobien dagegen werden von der Wirtspflanze mit allen lebensnotwendigen Stoffen, insbesondere mit Kohlenhydraten als Substrat für die Energiegewinnung versorgt. Die Kosten für die Erschließung der nahezu unerschöpflichen N-Quelle in der Atmosphäre mit Hilfe der Knöllchen-Symbiose muß die Leguminosenpflanze aus dem Assimilatgewinn bestreiten. Im Vergleich zu anderen Pflanzenarten, die den Stickstoff direkt aus der Bodenlösung aufnehmen, steht deshalb nur ein geringerer Teil des Assimilatgewinns für die Substanzproduktion zur Verfügung.

Nach Eindringen von Rhizobien in ein Wurzelhaar gelangen sie über einen Infektionsschlauch bis in die Rindenzellen. Dort entsteht ein Meristem. Die neugebildeten Rindenzellen wachsen zu einem Knöllchen aus. Dessen Gefäße versorgen die stark vergrößerten Rindenzellen und die in ihnen enthaltenen Rhizobien mit Wasser und Nährstoffen und leiten den fixierten Stickstoff in Form von Aminosäuren, Amiden und Ureiden ab. Darüber hinaus schützt das Knöllchengewebe die sehr sauerstoffempfindliche Nitrogenase in den großen, unbeweglichen Bakterioiden vor Zerstörung, d.h. sorgt für ein anaerobes Milieu in den Rhizobienzellen.

Nicht jede Rhizobien-Infektion führt zu einer effektiven Knöllchensymbiose. Sowohl bei den Wirtspflanzen wie bei den Rhizobien verhindern besondere genotypische Reaktionsnormen, daß ein Zustand erreicht wird, in dem N symbiotisch gebunden werden kann. Den einzelnen Leguminosen-Taxa werden folgende Rhizobien-Gruppen zugeordnet: *Rhizobium leguminosarum* bei *Pisum*- und *Vicia*-Arten. *Rh. trifolii* bei *Trifolium*-, *Rh. meliloti* bei Luzerne, *Rh. lupini* bei Lupinen-, Hornklee- und Serradella-Arten. Soja und *Phaseolus*-Bohnen benötigen Rhizobien der Gruppe *Rh. japonicum* bzw. *Rh. phaseoli*. Bei erstmaligem Anbau empfiehlt sich eine Inokulation des Saatgutes mit geeigneten Rhizobien.

Die Menge des symbiotisch gebundenen Stickstoffs ist hauptsächlich eine Funktion der Stoffproduktion der Wirtspflanze. Je größer der Assimilatstrom zu den Knöllchen ist, je länger er anhält, desto größer ist in der Regel auch die N-Bindung. Auf lößbürtigen Böden Niedersachsens wurden die folgenden N-Mengen symbiotisch fixiert: Stoppelsaat-Wicken etwa 60, Körnererbsen und Ackerbohnen zwischen 200 und 250, Luzerne (4 Schnitte) über 400 kg, ha^{-1} N. Beschattung, Verlust von Blattfläche durch Nutzung, mangelndes Wachstum durch begrenzende Standortfaktoren vermindern die symbiotisch gebundene N-Menge. Reichliches Nitrat-Angebot in der Bodenlösung hemmt die symbiotische N-Bindung in dem Maße, wie die Leguminosenpflanze ihren N-Bedarf aus dem bodenbürtigen N bestreiten kann. Nur bei starkem N-Mangel im Boden kann eine geringe Startdüngung mit mineralischem N das Wachstum der Pflanzen während der Jugendphase fördern, bis die symbiotische N-Bindung einsetzt.

1.6 Entwicklung und Ertragsbildung

Die Substanzproduktion der Feldfrüchte, insbesondere die Produktion bestimmter Pflanzenteile wie Samen oder Knollen, sind das Ergebnis von zwei sich wechselseitig bedingenden Prozessen. Der eine vollzieht sich im Wachstum, der irreversiblen Zunahme von Masse oder Volumen der Pflanzensubstanz. Diese Zunahme erfolgt durch Zellteilung, Zellvergrößerung und Einlagerung von Stoffen in die Zelle. Mit diesen Prozessen geht stets auch eine Differenzierung der Zellen nach Form und Funktion einher. Sie führt schließlich zur Ausbildung spezialisierter Gewebe und Organe der Pflanze.

Entwicklung, der andere ertragsbestimmende Prozeß, setzt sowohl Wachstum als auch Differenzierung voraus. Am augenfälligsten wird die Entwicklung im Wandel der Pflanzengestalt während der Vegetationszeit. Da die Dauer der Entwicklungsphasen und die Intensität der in ihnen ablaufenden Entwicklungsprozesse über die Höhe und Qualität des Pflanzenertrages entscheiden, ergibt sich für den Pflanzenbau die Aufgabe, diese Prozesse im Einklang mit der Variation der Standortfaktoren auf ein bestimmtes Produktionsziel hin zu steuern.

1.6.1 Verlauf und Phasen der Entwicklung

Bei sommer- oder winterjährigen Feldfrüchten beginnt die Entwicklung der einzelnen Pflanze mit dem Wachstum des Embryos im Samen auf der Mutterpflanze (Abb. 35, Beispiel Kartoffel, äußerer Kreislauf). Nach einer Phase der Keimruhe (Dormanz) beginnt mit der Keimung des Samens die vegetative Entwicklungsphase. In ihr werden nur Wurzeln, Blätter und Stengel ausgebildet. Mit der Anlage von Blütenblättern am Sproßvegetationspunkt wird die generative Phase eingeleitet. Sie führt über Blüte, Befruchtung und Samenbildung zur Samenreife und danach zum Absterben der einjährigen Pflanze. Bei mehrjährigen, krautigen Pflanzen stirbt nur der fruchtende Trieb.

Die Kartoffel wird nur in besonderen Fällen über Samen (generativ), in der Regel über Knollen (vegetativ) vermehrt. Die Knollen sind unterirdische Sprosse mit Niederblättern, aus deren Achseln ruhende Knospen austreiben. Während der Phase der Knollenbildung (Abb. 35, innerer Kreislauf) ist der Austrieb der Knospen durch hohe Wuchsstoffkonzentration gehemmt. Die Wuchsstoffe, z.B. Auxin, entstehen in den rasch wachsenden oberirdischen Sproß-Vegetationspunkten und werden in die Knollen transportiert, wo sie bei entsprechender Konzentration eine unterirdische Seitentriebbildung unterdrücken (apikale Dominanz). Vermindert sich mit der

84 Ertragsbildende Prozesse und ertragsbegrenzende Faktoren

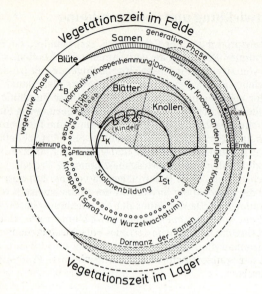

Abb. 35. Vegetative und generative Entwicklungsphasen der Kartoffel.
I: Induktion von Stolonen, Knollen und Blüten.

oberirdischen Sproßproduktion auch die Auxin-Konzentration in der Knolle, z. B. bei hohen Temperaturen, Wasser- und Stickstoffmangel, so treiben die Knospen bei Beendigung der Mangelsituation aus, bilden Stolonen und Tochterknollen (Kindel) aus den Reservestoffen der schon vorhandenen Knolle.

Mit dem Absterben der oberirdischen Sproßmasse erlischt die korrelative Knospenhemmung und geht über in eine endogene Knospenruhe (Dormanz). Diese klingt erst einige Wochen nach der Ernte ab. In der folgenden aktiven Phase der Knospen entstehen an der Knospenachse Blätter, Wurzeln und Stolonen. Letztere sind zunächst horizontal wachsende Sproß-Seitentriebe. Die apikalen Stolonenabschnitte können zu Speicherorganen, d. h. zu Knollen ausgebildet werden.

Mit der Anlage von neuen Knospen an den zu Knollen entwickelten Sproß-Seitentrieben und mit dem Absterben der vorangegangenen Triebgeneration schließt sich der vegetative Lebenszyklus. Er gleicht dem Lebenszyklus mehrjähriger Pflanzen, z. B. dem der Futtergräser. Wie bei der Kartoffel laufen auch hier an den einzelnen Trieben oder Triebgenerationen generative und vegetative Lebenszyklen nebeneinander, aber nicht unabhängig voneinander ab. Diese Wechselwirkungen wurden in Abb. 35 nicht dargestellt. Sie zeigt nur andeutungsweise, wie komplex die Entwicklung sein kann.

Die Entwicklungsphasen eines einzelnen Pflanzenorgans lassen sich durch Unterschiede in den Wachstumsraten abgrenzen. Die Entwicklung z.B. eines Blattes am Sproßvegetationspunkt wird in der Induktionsphase mit einer Steigerung der Stoffwechselrate eingeleitet. Mit darauf folgendem Meristemwachstum beginnt dann die Organbildung. Während dieser Phase ist die Zuwachsrate, bezogen auf das Gesamtsystem (Same, Knolle), wegen fehlenden Stoffgewinns und erhöhter Atmung negativ. Das junge Blatt lebt heterotroph von zuvor gespeicherten Reservestoffen.

Mit Beginn der eigenen CO_2-Assimilation (autotrophe Lebensweise) wird die Zuwachsrate positiv und steigt erst langsam, dann immer stärker an. In dieser Phase exponentiellen Wachstums wird der Assimilatgewinn ausschließlich in den Aufbau des assimilierenden Organs investiert. Dadurch wiederum wird es zu steigendem Assimilatgewinn befähigt.

Ist das Blatt ausgewachsen und voll funktionsfähig, werden die überschüssigen, nicht zur eigenen Atmung benötigten Assimilate exportiert. In diesem Zustand bleibt unter konstanten Bedingungen auch die Zuwachsrate gleich, d.h. die Phase linearen Wachstums ist erreicht. Tritt durch Alterung ein Funktionsverlust ein, werden womöglich Inhaltsstoffe sterbender Zellen exportiert. Dann tritt das Organ in die Phase abnehmender Zuwachsraten, ja sogar negativer Zuwachsraten ein.

Die bei den einzelnen Organen verwirklichten Entwicklungsphasen gelten auch für die ganze Pflanze und in noch weiteren zeitlichen Grenzen auch für den Pflanzenbestand. In Abb. 36 lassen sich die drei großen Phasen des exponentiellen, linearen und degressiven Zuwachses sowohl in den Wachstumskurven der einzelnen Organgruppen als auch in der Kurve für den Weizensproß insgesamt erkennen. Es wird deutlich, daß diese Kurve eine zusammengesetzte Kurve ist, die sich zu den drei bezeichneten Zeitpunkten nicht in der bisherigen Richtung – angedeutet durch den gestrichelten Kurvenzug – fortsetzt.

Zum Zeitpunkt A wurde in diesem Beispiel ein Teil der überschüssigen Assimilate zur Ausbildung von Adventivwurzeln und zum beginnenden Streckungswachstum des Sprosses verwendet. Bei B endet das Wachstum der Blattspreiten. Gleichzeitig begann mit dem Ährenschieben das rasche Wachstum der generativen Organe. Bei C schließlich war das Wachstum der Halme zu Ende. Einige der vorhandenen Seitentriebe starben ab, so daß die gesamte oberirdische Masse trotz des Zuwachses an Ähren und Körnern abnahm.

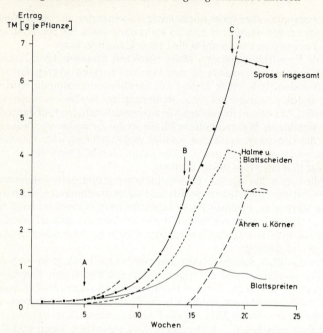

Abb. 36. Verlauf der Trockenmasseproduktion und Entwicklung von Weizenpflanzen (WILLIAMS 1966).

Dieses Beispiel macht deutlich, daß die Höhe des Endertrages davon abhängt, wie lange und mit welchen Zuwachsraten die einzelnen Organe einer Pflanze wachsen. Ein weiteres Beispiel in Abb. 37 soll diesen Sachverhalt noch einmal verdeutlichen. Die Erbsenpflanzen wurden bei konstanten Temperaturen zwischen 10 und 24 °C angezogen. Wachstums- und Entwicklungsgeschwindigkeiten wurden durch die Temperaturerhöhung in unterschiedlicher Weise beeinflußt. Der anfängliche Trockenmassezuwachs war bei 17 und 24 °C gleich, jedoch höher als bei 10 °C. Bis zu einem bestimmten Temperaturbereich nahm die Zuwachsrate mit steigender Temperatur also zu. Die Entwicklung der Erbsenpflanzen wurde dagegen mit jeder Temperaturerhöhung beschleunigt, d. h. die Pflanzen blühten eher und reiften schneller ab, je höher die Temperatur war. Diese Verkürzung der Vegetationszeit und nicht die Höhe der anfänglichen Zuwachsraten war ausschlaggebend für den Gesamtertrag.

Nicht alle Kulturpflanzen reagieren so wie die Erbsen. Bei Arten, die an warme Klimate angepaßt sind, wie z. B. der Mais, ist unter

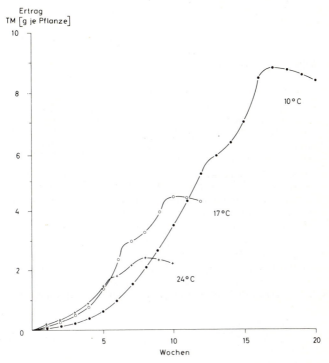

Abb. 37. Trockenmasseproduktion und Entwicklung von Erbsenpflanzen in Abhängigkeit von der Temperatur (Brouwer in Alberda 1966).

unseren Bedingungen der Einfluß einer Temperaturerhöhung auf die Substanzproduktion stärker als die Entwicklungsbeschleunigung. Bei entsprechend starker Einstrahlung wird daher eine Maispflanze trotz verkürzter Lebensdauer einen höheren Gesamtertrag erzeugen.

1.6.2 Steuerung der Assimilatverteilung

Die Entwicklung der Pflanzen wird durch innere, pflanzeneigene Faktoren und durch die von außen einwirkenden Standortfaktoren gesteuert. In der Pflanze geschieht das sowohl durch die Produktion und den Transport von Wachstumsregulatoren (Phytohormone, Wuchsstoffe) als auch durch die Art und Weise, wie die Assimilate verteilt und für das Wachstum der einzelnen Organe verwendet werden.

Den Einfluß der Standortfaktoren auf die Assimilatverteilung in der Pflanze soll anhand der Beziehungen zwischen Sproß- und Wurzelmasse dargestellt werden. Zunächst ist zu berücksichtigen, daß das Sproß-Wurzel-Verhältnis primär durch die Entwicklung der Pflanzen bestimmt wird. Bei kurzlebigen Kulturpflanzen lassen sich daher, wie beim Sproßwachstum, deutliche Entwicklungsphasen erkennen, in denen das Verhältnis von Sproß- zu Wurzelmasse annähernd konstant ist.

Bei der Keimung eilt das Wurzelwachstum dem Sproßwachstum voraus (Sproß-Wurzel-Verhältnis < 1), danach wird immer mehr Sproß- als Wurzelmasse produziert (Sproß-Wurzel-Verhältnis > 1). Aus Abb. 38 wird deutlich, daß beim Weizen die Wurzelmasse bis etwa zum Ährenschieben noch zunahm. Dann blieb sie annähernd gleich, bis schließlich mit Beginn der Kornfüllungsphase der Abbau von Wurzelmasse die Neubildung überwog. Am Ende der Vegetationszeit liegen die Werte für das Sproß-Wurzel-Verhältnis bei Getreide und Körnerleguminosen zwischen 8 und 14 zu 1, bei ausdauernden Futtergräsern und -leguminosen zwischen 4 und 10 zu 1.

Für jede Kulturpflanzenart und Sorte, für jedes Entwicklungsstadium und für jede Kombination von Standortbedingungen ist das

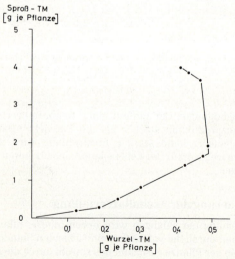

Abb. 38. Beziehungen zwischen Sproß- und Wurzelmasse von Weizenpflanzen im Ablauf einer Vegetationszeit (JONKER 1958).

Sproß-Wurzel-Verhältnis eine nahezu konstante Größe. Das läßt auf eine spezifische wechselseitige Regelung der Zuwachsraten von Sproß und Wurzel schließen. Worauf dieser Regelungsmechanismus beruht, wird deutlich, wenn unter sonst konstanten Bedingungen ein Standortfaktor variiert wird. Im ersten Beispiel in Tab. 7 nahm mit vermindertem Lichtgenuß sowohl die Sproß- als auch die Wurzelmasse des Roggens ab, da der Assimilatgewinn durch die niedrigere Photosyntheserate begrenzt wurde. Mit dem geringeren Assimilatgewinn des Sprosses nahm auch der Assimilattransport zu den Wurzeln ab und zwar sowohl absolut als auch relativ. Daher stieg mit schwächerer Einstrahlung das Sproß-Wurzel-Verhältnis an.

Dieser Sachverhalt beruht darauf, daß die photosynthetisch aktiven Sproßorgane als Quelle, die Wurzeln als Senke für die assimilierten Kohlenstoffverbindungen dienen. Die Wurzeln sind aber nicht die einzige Senke. Am Sproß entstehen auch junge, noch nicht zu eigener CO_2-Assimilation befähigten Organe, wie z.B. Blatt- und Stengelknospen. Sie ziehen ebenfalls Assimilate an und zwar umso mehr je höher ihre Zuwachsrate, d.h. ihre Attraktivität ist. Ihre Nähe zur Quelle begünstigt sie im Vergleich zu den am Ende des Assimilatstroms liegenden Wurzeln, obwohl die Assimilatverteilung zwischen Sproß und Wurzel so funktioniert, daß der Energiebedarf für die Erhaltung und Leistung der Wurzeln vorrangig gedeckt wird. Deshalb verbleiben bei abnehmender Einstrahlung mehr Assimilate im Sproß. Der Zuwachs der Wurzeln wird gebremst, weil die näher an den Quellen gelegenen Senken eher und stärker die überschüssigen Assimilate an sich ziehen.

Tab. 7. Einfluß der Einstrahlung, der Stickstoff- und Wasserversorgung auf die Produktion von Sproß- und Wurzelmasse sowie auf das Sproß-Wurzel-Verhältnis unter konstanten Bedingungen (Brouwer et al. 1961, Brouwer in Alberda et al. 1966)

Art	Roggen		Deutsches Weidelgras			Erbsen			
Variierter Faktor	Einstrahlung $(cal \cdot cm^{-2} \cdot min^{-1})$		relatives N-Angebot			Wasserspannung in der Wurzelumgebung (atm)			
(g TM)	0,11	0,04	0,33	0,66	1,0	4,35	3,10	1,85	0,60
Sproß	4,28	1,55	11,30	25,00	40,60	2,26	3,12	3,70	3,80
Wurzel	1,59	0,47	8,60	14,70	14,00	1,24	1,11	0,96	0,68
Sproß / Wurzel	2,69	3,30	1,31	1,70	2,90	1,82	2,81	3,85	5,58

90 Ertragsbildende Prozesse und ertragsbegrenzende Faktoren

Mangelnder Lichtgenuß der Einzelpflanze und die dadurch bedingte Verteilung der Assimilate auf Sproß und Wurzel, Blätter und basale Stengelabschnitte können bei einigen Feldfrüchten die Voraussetzung für frühes und starkes Lagern schaffen. Dem Verlust der Standfestigkeit gehen Veränderungen in der Wuchsform und damit auch in den vorangegangenen gestaltbildenden Prozessen (Morphogenese) der Pflanze voraus, wie das die anfängliche Zunahme und spätere Abnahme der Sproßlänge bei Mais mit steigender Bestandesdichte zeigt (Abb. 47).

Welche Faktoren und Prozesse die Standfestigkeit von Getreidepflanzen beeinflussen, zeigt schematisch vereinfacht Abb. 39. Reichliches Wasser- und Nährstoffangebot sowie optimale Temperatur fördern das Blattwachstum und steigern die gegenseitige Beschattung der Pflanzen im Bestand. Hohe Aussaatmengen, starke Bestockung verstärken diesen Effekt. Verminderter Lichtgenuß des einzelnen Triebes verschiebt bei gleichzeitig abnehmendem Assimilatgewinn die Assimilatverteilung zugunsten der Blattbildung. Deshalb entstehen weniger Adventivwurzeln, weniger Gefäßbündel und Sklerenchymfasern im basalen Halmteil. Auch

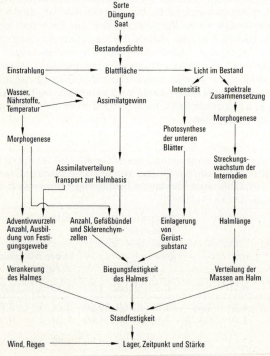

Abb. 39. Faktoren, die die Standfestigkeit von Getreide bestimmen.

für die Einlagerung von Gerüstsubstanz (Lignin) in die basalen Halmwände stehen weniger Assimilate zur Verfügung.

Durch vermehrtes Blattwachstum verringert sich die Lichtintensität innerhalb des Getreidebestandes. Deshalb sinkt der Assimilatgewinn der unteren Blätter. Sie leisten nur noch geringe oder keine Beiträge zur Ausbildung von Festigungsgewebe in den bodennahen Halmabschnitten. Die Lichtabsorption im Bestand ändert auch die spektrale Zusammensetzung des Lichtes. Je stärker die gegenseitige Beschattung, desto mehr verschiebt sich die Energieverteilung der Einstrahlung zum langwelligen Bereich. Minderung des kurzwelligen UV- und Blaulichtanteils und Steigerung des Rotlichtanteils fördern das Streckungswachstum der Internodien, wie es von den langen Kartoffelkeimen bei Lagerung der Knollen im Dunkeln her bekannt ist. Über die Verlängerung der Halme erhöht sich die Hebelwirkung der am Halmende befindlichen Massen in Ähre und Fahnenblatt.

Erhöhte Lageranfälligkeit ist demnach das Ergebnis des Zusammenwirkens von direkten gestaltbildenden Effekten der Lichtqualität und der indirekten Wirkungen der vom Assimilatgewinn abhängigen Assimilatverteilung. Beides wird innerhalb der Pflanze durch Phytohormone gesteuert. Deshalb werden zur Verhinderung von Lager Wachstumsregulatoren eingesetzt, die das Streckungswachstum von Halm und Blättern hemmen.

Im ersten Beispiel der Tab. 7 wurde nur eine einfache Quellen-Senken-Beziehung betrachtet. Der Umfang der Quellenkapazität, die Kohlenstoffassimilation der ausgewachsenen Blätter, bestimmte allein die Assimilatverteilung auf Sproß und Wurzel. Umgekehrt fungieren die Wurzeln aber auch als Wasser- und Nährstoffquelle für die Sproßorgane. Beim Roggen reichte in diesem besonderen Fall die Quellenkapazität der Wurzeln, nämlich ihre Wasser- und Nährstoffaufnahme aus, um das Wachstum des Sprosses nicht zu begrenzen. Im nächsten Beispiel (Tab. 7) dagegen wurde mit abnehmendem N-Angebot im Wurzelraum die Produktion der Sproßmasse von Weidelgras stark vermindert. Die Wurzelmasse nahm dagegen erst in der niedrigsten N-Stufe deutlich ab. So verengte sich das Sproß-Wurzel-Verhältnis mit sinkender N-Zufuhr, d. h. bei Stickstoffmangel wurde relativ mehr Wurzel- als Sproßmasse gebildet.

Dieser Sachverhalt läßt sich in erster Annäherung wie folgt erklären. Junge, noch wachsende Gewebe mit hohem Proteingehalt haben einen sehr großen Stickstoffbedarf. Stickstoffmangel kann deshalb das Wachstum neuer Blätter oder Triebe verhindern. Vollständig ausgewachsene Organe haben nur einen geringen Stickstoffbedarf. Ihre Funktion, wie z. B. die der Photosynthese, wird durch zu geringe N-Zufuhr zunächst nicht beeinträchtigt. In einer N-Mangellage produzieren daher die vorhandenen Blätter weiter Kohlenstoffassimilate. Wegen fehlender Senke im Sproß – Blatt- und Seitentriebknospen treiben wegen N-Mangels nicht aus – gelangen mehr Kohlenstoffassimilate in die Wurzeln und bewirken dort vermehrtes Wurzelwachstum. Durch Zunahme der Wurzeloberfläche und Erschließen neuer Bodenräume steigt die N-Aufnahme. Mit dem Wasserstrom in den Sproß gelangt dann wieder mehr Stickstoff zu den Sproßknospen. Neue Sproßorgane können sich entwickeln, weil durch das vermehrte Wurzelwachstum der N-Mangel im Sproß aufgehoben wurde.

Diese wechselseitige Abhängigkeit wird dazu genutzt, den Ertrag an Rüben und Kartoffelknollen zu steigern. Durch Drosselung der Stickstoffzufuhr nach dem Schließen der Bestände muß dafür gesorgt werden, daß nicht mehr Blattfläche produziert wird als für eine maximale Zuwachsrate notwendig ist, und daß die Assimilate nicht zum Blatt- und Stengelwachstum benutzt, sondern in Form von Zucker und Stärke in den Rüben und Knollen gespeichert werden.

Im dritten Beispiel (Tab. 7) wurde bei gleichbleibendem Verdunstungsanspruch die Verfügbarkeit des Bodenwassers und damit die Wasseraufnahme der Erbsen variiert. Wie die Daten zeigen, wurde mit stärkerem Wasserstreß insgesamt weniger Pflanzenmasse produziert. Während mit steigendem Wassermangel die Sproßmasse vermindert wurde, nahm die Wurzelmasse zu. Daraus ergab sich ein zunehmend engeres Sproß-Wurzel-Verhältnis. Die Rückkopplung zwischen den beiden hauptsächlich wirksamen Quellen-Senken-Systemen wurde schematisch in Abb. 40 dargestellt.

Mit abnehmender Wasseraufnahmerate, aber zunächst unveränderter Transpirationsrate vermindert sich das Wasserpotential ($\psi_{Pflanze}$) in Sproßmeristemen. Das führt zu einem Absinken der relativen Zellteilungsrate bis auf Null. Es werden keine neuen Blätter mehr gebildet und die Senke I (Blattmenge neu) wird unwirksam. Die relative Spaltöffnungsweite in den schon vorhandenen, ausgewachsenen Blättern reagiert dagegen erst bei sehr viel niedrigerem Wasserpotential auf den Wassermangel. Deshalb bleibt die Photosyntheserate in dem Bereich des Wasserpotentials, in dem die Zellteilung verlangsamt oder gar schon unterbunden ist, weiterhin noch auf einem relativ hohen Niveau. Daher fließt nun der Assimilatgewinn vermehrt in die Senke II (Wurzelmenge neu).

Auch bei Wasserstreß ist das Wasserpotential in den Wurzelmeristemen immer höher als in den Sproßmeristemen. Deshalb sind die Wurzelmeristeme noch zu Zellteilung und Wachstum befähigt, wenn die Sproßmeristeme schon die Grenze überschritten haben, bei der das Wasserpotential noch Zellteilung zuläßt. Deshalb können die Wurzeln die ihnen vermehrt zufließenden Assimilate zum Wachstum benutzen. Mit der neugebildeten Wurzelmasse wird die Wasseraufnahmerate so lange gesteigert, bis Wasseraufnahme und Wasserab-

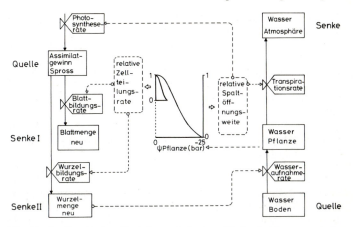

Abb. 40. Quellen-Senken-Beziehung bei der Wechselwirkung zwischen Sproß- und Wurzelwachstum in Abhängigkeit vom Wasserpotential in Blättern und Wurzeln.

gabe im Gleichgewicht sind und das wieder gestiegene Wasserpotential im Sproß erneutes Blattwachstum erlaubt.

An den geschilderten Beispielen soll deutlich werden, daß die Verteilung der Assimilate entsprechend einem funktionalen Gleichgewicht zwischen Sproß und Wurzel erfolgt. Dies ist aber nur ein Wirkungsmechanismus. Ein anderer besteht in der Ausbildung gänzlich neuer Senken. So entstehen zum Überdauern lebensfeindlicher Umweltbedingungen Speicherorgane wie Rüben und Knollen. Diese neuen Senken werden als solche nur wirksam, wenn ihre Zuwachsraten genügend groß sind im Vergleich zu anderen, schon bestehenden Senken. Bei der Ackerbohne z.B. werden in den Blattachseln schon Blüten und junge Hülsen ausgebildet, wenn am Sproßwipfel immer noch weitere Blätter, Nodien und Internodien entstehen. Das Sproßwachstum ist „indeterminiert" im Vergleich zu Getreide, bei dem vor dem Ährenschieben das letzte Blatt erschienen ist (determiniertes Wachstum). Neue Blätter und junge Hülsen konkurrieren also bei der Ackerbohne um den Assimilatgewinn. Nicht selten führt Assimilatmangel nicht nur zum Abwurf eines Teils der eben befruchteten Samenanlagen (Blüten), sondern auch von Samen in mehrere Millimeter langen Hülsen.

In diesem Beispiel wirkt nicht die Senkenkapazität der Hülsen begrenzend für den Kornertrag, sondern die Quellenkapazität der photosynthetisch aktiven Organe, die für die volle Bedarfsdeckung der beiden konkurrierenden Senken – junge Blätter und junge Hülsen – nicht ausreicht. Auf den umgekehrten Fall, daß die Senkenkapazität den Zuwachs begrenzt, wurde schon auf Seite 35 – Rückgang der Photosyntheserate des Fahnenblattes nach Entfernen der Ähre – und auf Seite 87 – Verkürzung der vegetativen Phase bei Erbsen durch höhere Temperaturen – hingewiesen. Auf die entwicklungsbedingte Entstehung von Senken wird in Abschnitt 1.6.4 eingegangen.

1.6.3 Wiederbeginn des Wachstums nach Ruhepausen oder Entblätterung

Mit der Alterung eines fruchtbaren Triebes und dem Beginn der Samenreife endet der Zustrom von Assimilaten aus der Mutterpflanze in den Embryo oder in die Speicherorgane des Samens. Da auch die Wasserzufuhr versiegt, nimmt das Wasserpotential im Keimling so weit ab, daß jede Zellteilung unterbunden und die Atmung auf ein Mindestmaß gedrosselt wird. Verharrt der Samen in dieser Trockenstarre, so kann er Jahre oder Jahrzehnte mit nur geringfügig abnehmender Vitalität überdauern.

Erst mit erneuter Wasseraufnahme (Quellung) über einen Schwellenwert hinaus, bei ausreichender Sauerstoffzufuhr und in einem Bereich physiologisch erträglicher Temperaturen steigert der Keimling seine Stoffwechselaktivität, produziert wachstumsfördernde Phytohormone, reservestofflösende Enzyme und beginnt schließlich mit dem Wachstum zunächst der Wurzel, dann des Sprosses. Solange die Samenschale von der herausbrechenden Keimwurzel noch nicht gesprengt ist, kann der Sauerstofftransport in den gequollenen Samen so gering sein, daß, wie z. B. bei Körnerleguminosen, zeitweilig anaerobe Stoffwechselprozesse (Gärung) vorherrschen. Mit dem Beginn der Wasser- und Mineralstoffaufnahme und der autotrophen Aneignung von Kohlenstoff (CO_2-Assimilation) endet die Keimphase.

Die Keimfähigkeit wird mit dem relativen Anteil der gekeimten Samen an der Gesamtmenge der geprüften Samen nach einer konventionell bestimmten Zeitspanne gemessen. Die Keimrate ergibt sich aus der mittleren Anzahl gekeimter Samen je Zeiteinheit über die gesamte Keimphase. In dem in Abb. 41A dargestellten Beispiel wurde die Keimrate je Stunde auf die Zeit bezogen, die vergeht, bis 50% (A/2) der jeweils maximalen Menge gekeimter Samen (A) gekeimt sind. Um die lineare Beziehung zwischen Temperatur und Keimrate unterhalb des Optimums darstellen zu können, wurde auf der Ordinate der reziproke Wert der Zeitdauer bis A/2 abgetragen. Die Abb. 41A zeigt, daß bis zum Temperaturoptimum mit jeder Temperaturerhöhung die Keimungsrate proportional ansteigt. Die Extrapolation der Funktion auf Null sowohl unterhalb wie oberhalb des Temperaturoptimums ermöglicht die annähernde Bestimmung der minimalen und maximalen Keimtemperatur.

Dieser Temperaturbereich ist art- und sortenspezifisch und liegt bei unseren einheimischen Kulturpflanzen zwischen 3 bis 5 und 30 bis 40 °C mit einem Optimum bei 15 bis 30 °C; bei Kulturpflanzen tropischer und subtropischer Herkunft wie Mais, Hirse, Sonnenblume und Tabak zwischen 9 bis 12 und 35 bis 44 °C mit einem Optimum bei 25 bis 35 °C.

Für unsere Betrachtung ist vor allem die minimale Keimtemperatur von Bedeutung. Sie muß berücksichtigt werden, wenn die Zeitspanne bis zum Erreichen von A/2 (Abb. 41B) vorausgesagt werden soll. Diese Schätzung erfolgt mit Hilfe der Wärmesumme, d. h. dem Integral der Differenzen zwischen den Tagesmitteltemperaturen und der minimalen Keimtemperatur über die Zeit zwischen Beginn der Samenquellung und dem Termin der maximalen Keimung (bzw. A/2). Unterhalb der optimalen Keimtemperatur ist die Wärmesumme für die Keimung konstant (Abb. 41B), eine korrekte Schätzung des Keimungstermins also möglich, wenn eine verläßliche Voraussage über den Verlauf der Temperaturen während der Keimphase gemacht werden kann. Das Prinzip der Wärmesumme wird auch für die Quantifizierung anderer wärmeabhängiger Entwicklungsphasen bei unseren Feldfrüchten benutzt, z. B. für die Kornfüllungsphase.

Fehlen die drei obengenannten Voraussetzungen für die Keimung – Wasseraufnahme, ausreichende Sauerstoffzufuhr und passender Temperaturbereich, bei Licht- und Dunkelkeimern auch eine bestimmte spektrale Zusammensetzung des Lichtes –, verharrt der

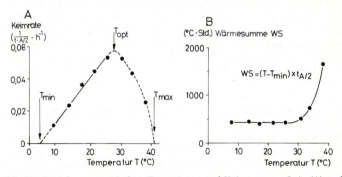

Abb. 41. Beziehungen zwischen Temperatur und Keimrate von Lein (A) und zwischen Temperatur und Wärmesumme im Zeitabschnitt „Aussaat bis 50% Feldaufgang" (B) (EHLERS 1980 nach Daten von VEERHOFF 1940).

Same in einer von den Standortbedingungen erzwungenen Keimruhe (Quieszenz). Keimt er aber trotz günstiger Standortbedingungen nicht oder nur sehr zögernd, so liegt eine im Zustand des Samens begründete Keimruhe vor (Dormanz).

Schon während der Samenbildung wird in der Regel der Embryo, wenn die ersten Wurzel- und Blattanlagen ausgebildet sind, in seiner weiteren Entwicklung gehemmt. Wäre das nicht der Fall, so würde er auf der Mutterpflanze zu einer voll funktionsfähigen Pflanze mit grünen Blättern auswachsen (Viviparie), würden nur unzureichend Reservestoffe in die Keimpflanze und den Samen eingelagert und wäre die junge, noch nicht an ihrem Wuchsort etablierte Pflanze allen Risiken einer zeitweilig lebensfeindlichen Umwelt (z.B. Dürre, Hitze oder Kälte) ausgeliefert. Dormanz steuert also den Beginn des Lebenszyklus und ist deshalb ein Mittel zur Überdauerung von regelmäßig wiederkehrenden Phasen mit ungünstigen Lebensbedingungen. Sie ist bei Wildpflanzen weit verbreitet, trotz andauernder züchterischer Selektion aber auch noch bei unseren Kulturpflanzen vorhanden. Zur Verhinderung von vorzeitigem Auswuchs der Samen auf dem Halm ist ein Mindestmaß an Dormanz auch bei unseren Feldfrüchten notwendig.

Dormanz hat unterschiedliche Ursachen. Bei Leguminosen z.B. ist es die sogenannte Hartschaligkeit, die die Samenschale wasserundurchlässig macht und die Quellung des Samens verhindert. Erst nach mechanischer Verletzung oder mikrobiellem Abbau der hemmenden Gewebestrukturen ist der Wassertransport – in manchen Fällen auch der Sauerstofftransport – in den Samen möglich.

Bei Getreide dagegen bewirkt ein noch nicht vollständig bekanntes System von pflanzeneigenen Wachstumsregulatoren, daß die Keimung nach der Reife für Tage, Wochen oder Monate gehemmt wird. Hohe Temperaturen während der Abreife und während der Nachreifephase trockener Samen im Speicher verkürzen die Dauer der Dormanz, niedrige Temperaturen während Abreife und mindestens eintägiges Einwirken von hohen Temperaturen auf gequollene, frisch gereifte Samen verlängern und vertiefen die Dormanz. Erst durch das Erlebnis tiefer Temperaturen (< 10 °C), die den Keimpflanzen winteranueller Arten den Beginn der kühlen Jahreszeit signalisieren, wird die Dormanz gebrochen. Das Wintergetreide kann keimen und aufgrund dieser Verhaltensweise Frosttemperaturen im Rosettenstadium überdauern.

Während dormante Getreidesamen selten länger als zwei Jahre im Boden überdauern können, bleiben fettreiche Samen, z.B. von Raps, mehr als 10 Jahre lebensfähig. Bei Raps kann eine sekundäre Dormanz durch Einwirken von Stressoren während des Beginns der Quellung durch Wasser- und Sauerstoffmangel ausgelöst werden.

Der Ausprägungsgrad dieser Dormanz variiert mit der Jahreszeit, also in Abhängigkeit von den Bodentemperaturen. Dadurch entsteht ein „Keimfenster", das sich zur rechten Zeit für einige Samen öffnet. Gefördert wird die Keimbereitschaft des sekundär dormanten Rapses durch Einwirkung von Licht bestimmter Qualität (Hellrot- Dunkelrot-Mechanismus). Das betrifft Samen, die durch Bodenbearbeitung wieder in die Nähe der Bodenoberfläche gelangt sind.

Ähnlich wie Samen können auch voll ausgebildete vegetative Knospen dormant werden. Das ist z. B. der Fall bei Kartoffeln in den ersten Wochen nach der Ernte (Abb. 35) oder bei sehr winterharten Futterpflanzen, wie Esparsette und bestimmten Luzerneformen. Bei den letzteren Arten wird die Knospendormanz durch das Erlebnis abnehmender Temperaturen und Tageslängen bewirkt. Dieser Zustand unterscheidet sich daher von dem einer korrelativen Knospenhemmung. Auf den zugrunde liegenden Mechanismus der apikalen Dominanz wurde schon bei der Kartoffel (siehe Seite 83) hingewiesen. Bei Getreide endet die apikale Dominanz mit dem Ährenschieben. Dann können noch ruhende Knospen an der Halmbasis austreiben. Dieser sogenannte Zwiewuchs tritt vor allem nach frühem Lagern von Hafer und Gerste auf.

Zeitweiliger Stillstand des Sproßwachstums wird bei Futterpflanzen durch Nutzung des oberirdischen Aufwuchses (Entblätterung bei Schnitt und Weidegang) oder während der Überwinterung durch Zurückfrieren der Bestände verursacht. Je nach Zeitpunkt und Höhe des Schnittes (Länge der verbleibenden Stoppel) oder Intensität und Dauer der wachstumshemmenden Wirkungen während des Winters verbleiben den Pflanzen unterschiedliche Mengen an

1. meristematischem Gewebe, d. h. in Entwicklung begriffenen Vegetationspunkten und ruhenden Knospen;
2. zur CO_2-Assimilation befähigten Blättern, die sogenannte Restblattfläche, und
3. Reservesubstanzen für die Neubildung von Pflanzenorganen.

Wie Abb. 42 am Beispiel von Luzerne und Hornklee zeigt, haben die Pflanzen mit Hilfe der gespeicherten Reservekohlenhydrate die vegetationsfeindliche Zeit überdauert und treiben im Frühjahr unter Inanspruchnahme aller verfügbaren Reservesubstanzen aus. Zuerst wird durch Aktivierung und Neubildung von meristematischem Gewebe assimilationsfähige Sproßmasse gebildet. Während der Phase des exponentiellen Wachstums werden alle gewonnenen Assimilate sofort zum Austrieb und Wachstum weiterer Knospen benutzt und nicht in den Speicherorganen (basale Sproßteile, Wurzeln) eingelagert. Eine Nutzung zu diesem Zeitpunkt, da die Pflanzen nur über minimale Reservestoffmengen verfügen, würde sie empfindlich treffen, da sie durch einen tiefen Schnitt fast der gesamten Blätter und eines großen Teiles der in Entwicklung begriffenen Vegetationspunkte beraubt werden.

Die Neubildung von oberirdischen Sproßorganen (Seitentriebe) wird mit dem Schließen der Bestände (apikale Dominanz und Lichtkonkurrenz) zunehmend gebremst und u.U. zur Zeit des Blühbeginns vollständig beendet. Damit beginnt die Phase, in der überschüssige Assimilate mehr und mehr in die Speicherorgane der

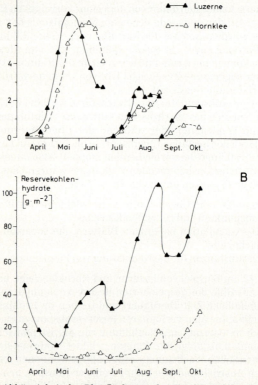

Abb. 42. Abhängigkeit des Blattflächenwachstums (A) und der Reservekohlenhydratspeicherung in den Wurzeln (B) von der Schnittnutzung bei Luzerne und Hornklee (NELSON und SMITH 1968).

Pflanze eingelagert werden. Wird der Bestand nicht rechtzeitig geschnitten und geht das Wachstum des Sprosses in die degressive Phase über (Abnahme des BFI im ersten Aufwuchs, Abb. 42A), so beginnt der Austrieb einer neuen Knospenserie. Bei einer verspäteten Nutzung läuft man daher Gefahr, daß mit einem tiefen Schnitt auch die jungen Triebe entfernt werden, mit denen die Blattfläche des nächsten Aufwuchses produziert werden soll.

Im Hinblick auf einen raschen Wiederauftrieb muß man daher bei der Wahl des Nutzungstermins den art- und sortenspezifischen Rhythmus von Sproß- und Wurzelwachstum, die Speicherung von Reservestoffen und die Aktivierung ruhender Knospen berücksichtigen. Wie Abb. 42B zeigt, verschiebt sich die Assimilatverteilung von ausdauernden Pflanzen mit dem Fortschreiten der Vegetationszeit zugunsten der Reservestoffspeicherung. Dies ist eine artspezifische Reaktion auf die Abnahme von Temperatur und Tageslänge.

Häufigkeit und Intensität der Nutzung entscheiden über die Menge der zum Wiederaustrieb befähigten Knospen, über die Restblattflä-

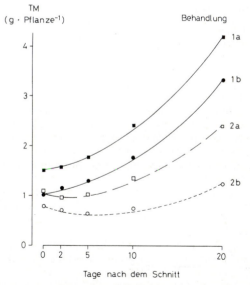

Abb. 43. Wiederaustrieb von Rohrschwingel nach einer Schnittnutzung in Abhängigkeit von der Restblattfläche und der Menge der gespeicherten Reservestoffe (BOOYSEN und NELSON 1975). 1: mit; 2: ohne Restblattfläche; a: höhere; b: geringere Mengen Reservestoffe.

che und die gespeicherten Reservestoffe. Welche Bedeutung die beiden zuletzt genannten Faktoren für die beim Wiederaustrieb neu produzierte Sproßmasse haben, ist an einem Beispiel in Abb. 43 dargestellt. Kurz vor der Entblätterung des Rohrschwingels wurde in zwei Varianten die Nachttemperatur und damit die Veratmung erhöht. Dadurch wurde die Menge der leicht verfügbaren Reservestoffe gesenkt. Die Restblattfläche wurde durch unterschiedlich intensive Entblätterung variiert. Der Verlauf der Kurven zeigt deutlich, daß der Umfang der verbliebenen Restblattfläche das Wachstum neuer Sproßorgane stärker bestimmt als die Konzentration der Reservestoffe (Kurve 1a annähernd parallel zur Kurve 1b). Ohne eine Restblattfläche allerdings entschied der Vorrat an Reservestoffen darüber, wie lange die Phase ohne Assimilatgewinn (Kurvenabschnitt mit sinkenden TM-Mengen 2a, 2b) andauerte. Eine vollständige Entblätterung verzögert in jedem Falle die Regeneration der Pflanzen und führt damit zu einer geringeren Ertragsbildung während der Wiederaustriebsphase.

1.6.4 Entwicklung in Abhängigkeit von Licht und Temperatur

Die Morphogenese, d. h. die Entstehung und Veränderung von spezifischen Organen und Funktionen der Pflanze, und das Erreichen bestimmter Entwicklungszustände werden u. a. von der spektralen Zusammensetzung des Lichtes und der Dauer der Licht- und Dunkelphase (Photoperiode) sowie von der Höhe und den periodischen Schwankungen der Temperatur (Thermoperiode) gesteuert.

Die Veränderung der spektralen Zusammenhänge des Lichtes beim Passieren eines dichten Pflanzenbestandes (Abb. 5) trägt mit dazu bei, daß das Streckungswachstum der Stengel gefördert wird (Abb. 39: Lager bei Getreide, Abb. 47: Einfluß der Bestandesdichte auf die Gestalt von Maispflanzen). Steigende Temperaturen bis hin zum Optimum verstärken ebenfalls das Längenwachtum von Blättern und Stengeln, so daß es vor allem im Verein mit geringer Lichtintensität zum Vergeilen (Etiolement) der Pflanzen kommt. Diese Beispiele stehen für die allgemeinen gestaltbildenden Effekte von Licht und Temperatur.

Sie steuern aber auch in spezifischer Weise den Übergang der Pflanze von der vegetativen zur generativen Phase. Die Bereitschaft zu diesem Übergang ist in der Regel erst nach einer obligaten Jugendphase gegeben. Während der vegetativen Phase werden z. B. bei Getreide am Sproßvegetationskegel fortlaufend Struktureinheiten ausgebildet, die aus einem Knoten (Nodium) nebst Internodium, einem Blatt und einer blattachselständigen Knospe bestehen. Die erste sichtbare Entwicklung dieses sogenannten Phytomers beginnt mit einem Wulst am Vegetationskegel, dem Blattprimordium. Die Blattbildung am Vegetationskegel endet mit der Entstehung des ersten Blütenprimordiums (Determination), bei Getreide mit dem Erscheinen eines Doppelwulstes. Die Anzahl der Blattprimordien, die vor Beginn der generativen Phase ausgebildet werden, ist variabel. Bei Roggen z.B. sind es mindestens 7, höchstens 21. Bis zum Erscheinen des 7. Blattprimordiums ist der Vegetationskegel, bzw. die jeweilige Sproßachse der Roggenpflanze obligat vegetativ, nach dem 21. Blattprimordium obligat generativ. In der fakultativen Zwischenphase dagegen (8. bis 21. Blattprimordium) können Umwelteffekte, wie Temperaturen nahe 0 °C oder zunehmende Tageslänge die Induktion von Blütenorganen beschleunigen.

Der Winterroggen steht als Beispiel für eine Feldfrucht, die quantitativ auf Temperatur und Tageslänge reagiert, d.h. die Entwicklungsschritte werden lediglich verlangsamt oder beschleunigt. Andere Feldfrüchte, wie z.B. einige Zuckerrübensorten, reagieren qualitativ. Sie verlangen, daß eine bestimmte Temperaturschwelle unterschritten wird, ehe die Blühinduktion eintritt.

Kurzlebige Feldfrüchte, die im Laufe eines Sommers keimen und wieder fruchten, schossen und blühen um so rascher, je höher die Temperatur ist (Abb. 37). Überwinternde Feldfrüchte dagegen werden erst nach Einwirken tiefer Temperaturen generativ. Sie ertragen lebensfeindliche Frosttemperaturen am sichersten im Rosettenstadium, dürfen also vor Winter das für das Überdauern wichtigste Organ, den Vegetationskegel, nicht durch Schossen exponieren, wie günstig die herbstlichen Wachstumsbedingungen auch seien. Deshalb besitzen sie einen starken Vernalisationsbedarf, d.h. benötigen zur Einleitung der Blütenbildung eine mehrwöchige Phase mit Temperaturen zwischen 0 und 10 °C. Bei Getreide gelingt die Vernalisation schon, wenn der gequollene, zu stärkerer Lebenstätigkeit angeregte Embryo der kühlen Temperatur ausgesetzt wird. Bei Zuckerrüben, die zur Samenproduktion angebaut werden, können in der Regel nur Pflanzen vernalisiert werden, die schon mehrere Blätter ausgebildet haben. Der Vernalisationsbedarf ist genotypisch allerdings sehr variabel, wie aus dem Auftreten von schossenden Rüben im ersten Anbaujahr und den daraus möglicherweise entstehenden Unkrautrüben zu erkennen ist. Der Unterschied zwischen Winter- und Sommerformen von Getreide und Körnerraps besteht darin, daß die Winterformen einen ausgeprägteren Vernalisationsbedarf haben.

Einige ausdauernde oder winterannuelle Arten benötigen zusätzlich zur Vernalisation auch noch die Einwirkung kurzer Photoperioden, um Blütenprimordien anzulegen. Mit der Vernalisation werden lediglich biochemische Veränderungen im Vegetationspunkt eingeleitet, die sich nachfolgend erst unter bestimmten Tageslängen- und Temperaturbedingungen in Blütenprimordien und der weiteren Blütenentwicklung realisieren.

Der entwicklungssteuernde Impuls der Photoperiode wird von Phytochrompigmenten in den Blättern empfangen. Die physiologisch inaktive Form des Phytochroms wird durch die Einwirkung von hellrotem Licht (λ: 600 bis 680 nm) in die aktive Form und diese wiederum durch dunkelrotes Licht (λ: 720 bis 750 nm) in die inaktive Form umgewandelt. Für die Geschwindigkeit und den Umfang der Rückumwandlung ist die Dauer der Dunkelphase und die Temperatur entscheidend. Die physiologisch aktive Form des Phytochroms bewirkt, daß die genotypisch festgelegte photoperiodische Reaktion eintritt, d. h. ob generative oder auch bestimmte vegetative Organe (z. B. Knollen bei der Kartoffel) angelegt werden oder nicht.

Nach der photoperiodischen Reaktionsnorm unterscheidet man Kurztagpflanzen, die eine Dunkelperiode benötigen, und Langtagpflanzen, die auch im Dauerlicht zum Blühen kommen. Tagneutrale Pflanzen reagieren in dem Tageslängenbereich, der unter natürlichen Bedingungen vorkommt, nicht auf die Dauer der Photoperiode. Ihre Entwicklung wird allein durch die Temperatur gesteuert.

Die in den mittleren Breiten angebauten Kulturpflanzenarten reagieren überwiegend quantitativ, d. h. kürzere oder längere Photoperioden beschleunigen oder verzögern je nach genotypischer Reaktionsnorm die Entwicklung in unterschiedlicher Intensität. Bei stark reagierenden Genotypen wird innerhalb eines eng begrenzten, „kritischen" Tageslängenbereichs die Entwicklungsbeschleunigung besonders wirksam (Abb. 44). Innerhalb der Gruppe der Langtag- und der Kurztagpflanzen gibt es alle möglichen Übergänge zur tagneutralen Reaktion. Diese Abschwächung ist in der Regel das Ergebnis züchterischer Bearbeitung und ermöglicht eine weitere Verbreitung der jeweiligen Kulturpflanzenart.

Das gilt in besonderem Maße für die aus den niederen Breiten stammenden Arten wie Mais, Hirse, Sojabohnen und Tabak, die als Kurztagpflanzen erst nach Auslese auf schwache photoperiodische Reaktion in höheren Breiten angebaut werden können. Die in den mittleren Breiten heimischen Kulturpflanzen, wie z. B. die vier Getreidearten, Futtergräser, Hülsenfrüchte, Futterleguminosen, Kreuzblütler und Beta-Rüben, reagieren als Langtagpflanzen. Nur wenige Arten verhalten sich tagneutral, z. B. Sonnenblumen, Buchweizen, Buschbohnen und Gelblupine. Bei Kartoffeln fördert Langtag die Blütenbildung, Kurztag die Induktion von Knollen an den Stolonen. Wie Abb. 45 zeigt, wird das Erreichen bestimmter Entwicklungszustände in unterschiedlicher Weise von der Dauer der Photo-

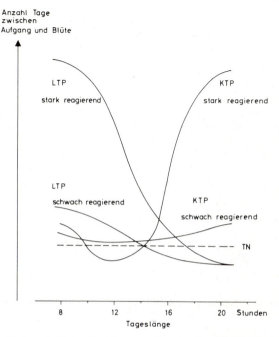

Abb. 44. Photoperiodische Reaktion von Kurztagpflanzen (KTP), Langtagpflanzen (LTP) und tagneutralen Pflanzen (TN) (Schematisch nach BEST 1960).

periode beeinflußt. Bei der hier geprüften Weizensorte war der Übergang zur generativen Phase (Determination) nahezu unabhängig von der Tageslänge. Ährchenbildung und Ährenschieben dagegen wurden durch zunehmende Tageslänge stark, durch höhere Temperaturen schwächer beschleunigt. Außer der Dauer der Tageslänge ist bei einigen Arten auch die Anzahl der erlebten Zyklen von Tag und Nacht wirksam. Erst nach Erfüllung eines obligaten Bedarfs an photoinduzierenden Zyklen (minimale Zyklenzahl zum Erreichen z.B. der Blütenbildung) beschleunigen weitere Zyklen bis hin zu einem Sättigungswert die generative Entwicklung der Pflanzen. Der Minimumbedarf ist bei einigen Genotypen sehr niedrig. Für die Sojabohnensorte „Biloxi" und für Gelbsenf reicht ein photoinduzierender Zyklus aus, um die generative Phase einzuleiten.

Auf die entwicklungsbeschleunigende Wirkung steigender Temperaturen wurde schon hingewiesen. Jenseits eines Temperaturoptimums kann die generative Entwicklung wieder verzögert werden.

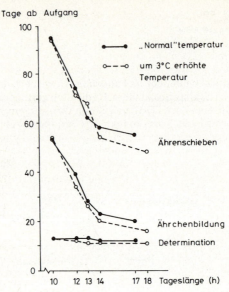

Abb. 45. Entwicklungsbeschleunigung bei Weizen durch zunehmende Tageslänge und Temperatur (ALLEWELDT 1956).

Tab. 8. Wirkung der Dauer der Langtagsbehandlung auf die Ertragskomponenten von Sommerweizen (vor und nach der Langtagsbehandlung: 12 h Tageslänge, RAWSON 1971)

Merkmal	Anzahl der gegebenen Langtagszyklen			
	2	5	8	12
Größe des Fahnenblattes (cm^2)	48	61	86	91
Ährchen je Ähre	23	22	19	17
Körner je Ähre	39	38	31	28
Kornmasse (mg)	52	49	55	53
Kornertrag je Ähre (mg)	2028	1862	1705	1484

Bei Getreide ist diese Reaktion im Kurztag stärker ausgeprägt als im Langtag. Die Knolleninduktion der Kartoffel wird durch tiefe Nachttemperaturen gefördert. Dieser Sachverhalt deutet darauf hin, daß Thermo- und Photoperiode auch auf den Assimilatgewinn und damit auf die Assimilatverteilung einwirken. Die Daten in Tab. 8 geben dafür ein Beispiel.

Die Weizenpflanzen wurden unter sonst gleichen Bedingungen einer unterschiedlichen Anzahl von Langtagszyklen ausgesetzt. Steigende Anzahl Zyklen verkürzte die Phase der Ährchenbildung und begrenzte dadurch die Ausbildung von Ährchen je Ähre und Blütchen (Körner) je Ähre. Nicht für die Blütenproduktion benötigte Assimilate wurden offenbar im Fahnenblatt investiert, dessen Größe mit steigender Zyklenzahl zunahm. Da die Einlagerung von Assimilaten in das einzelne Korn (TKG) von diesen Vorbedingungen unbeeinflußt blieb, wurde die Kornproduktion je Ähre ausschließlich durch die verminderte Senkenkapazität (Anzahl Kornanlagen) als Folge der Entwicklungsbeschleunigung begrenzt.

Abschließend sei nochmals darauf hingewiesen, daß neben Photo- und Thermoperiode auch die übrigen Wachstumsbedingungen auf die Dauer von Entwicklungsphasen einwirken. Wasser- und Nährstoffmangel verkürzen die vegetative und generative Phase. Über die Umsteuerung der Assimilatverteilung durch Stickstoffmangel setzt die Knolleninduktion bei Kartoffeln früher ein als bei reichlichem Stickstoffangebot (siehe Abb. 15). Dieser Sachverhalt könnte für die Produktion von Frühkartoffeln von Bedeutung sein, ist es aber in der Praxis nicht, weil Stickstoffmangel die Ertragsbildung insgesamt hemmt. Die Wahl von Genotypen, die im Hinblick auf das jeweilige Produktionsziel die beste Anpassung an die photo- und thermoperiodischen Bedingungen eines Anbaugebietes besitzen, ist deshalb das wirkungsvollste Mittel, um sowohl die Quellen- als auch die Senkenkapazität einer Feldfrucht zu maximieren.

1.7 Überdauerung lebensfeindlicher Bedingungen

Grenzen der Pflanzenproduktion werden erreicht oder überschritten, wenn einzelne Pflanzen und ganze Pflanzenbestände über mehr oder minder lange Zeitspannen Belastungen unterworfen werden, die nicht nur Wachstum und Entwicklung, d.h. die Ertragsbildung beeinträchtigen, sondern darüber hinaus die Existenz der Pflanzen bedrohen. Das sind Hitze und Kälte, Dürre und Sauerstoffmangel bei Wasserüberschuß. Aluminiumtoxizität bei niederem Boden-pH-Wert und Salzschäden sind in tropischen und subtropischen Regionen ein weit verbreitetes Problem, nicht so sehr dagegen in den gemäßigten Breiten mit hoher Bodenfruchtbarkeit. Deshalb bleiben diese Phänomene hier unberücksichtigt. In gewissem Umfang können sich die Pflanzen durch Morphogenese und Änderung physiologischer Funktionen der Belastung anpassen und damit die Grenzen der Belastbarkeit hinausschieben.

1.7.1 Sauerstoff- und Wassermangel

Sauerstoffmangel (Anaerobiose) tritt im Wurzelbereich durch Unterbrechung des O_2-Transports zum Ort des Sauerstoffverbrauchs auf, also bei vollständiger Füllung der Bodenporen mit Wasser und damit extrem verminderter Diffusion und bei gleichzeitig starkem Verbrauch von O_2 durch Respiration von Wurzeln und Mikroorganismen. Steigende Bodentemperaturen mindern die Menge des im Wasser gelösten Sauerstoffs und erhöhen überproportional die Veratmung. Deshalb können Staunässe und Überschwemmungen während des Winters länger ohne Schaden ertragen werden als im Sommer.

Wird der Stoffwechsel der Wurzeln durch Sauerstoffmangel gestört, so wird als erstes die Wasseraufnahme vermindert. Trotz überschüssigen Wasserangebots kann der Sproß welken. Entsprechendes gilt für die Nährstoffaufnahme. Eine Anaerobiose von wenigen Stunden Dauer läßt nicht nur das Wurzelwachstum zum Stillstand kommen, sondern kann darüber hinaus zum Absterben der Wurzelspitzen führen. Nach Wiedereinsetzen der O_2-Zufuhr ist eine Regeneration des Wurzelsystems nur durch Seitenwurzelbildung an älteren, intakten Wurzelabschnitten möglich. Diese neuen Wurzeln können besser an Sauerstoffmangel im Wurzelraum angepaßt sein, wenn sie luftführende Gewebe ausgebildet haben, in denen Sauerstoff aus der Atmosphäre durch den Sproß in die Wurzeln diffundiert. Diese Anpassung erfordert relativ viel Zeit, so daß eine große Toleranz gegenüber Sauerstoffmangel im Wurzelbereich wirkungsvoll nur im Jugendstadium induziert werden kann. In jedem Fall ist der Anpassungsprozeß mit einer Minderung der Wachstumsraten verbunden.

An Wassermangel können Pflanzen sich in unterschiedlicher Weise anpassen. Dürreverträglichkeit bei Getreidesorten beruht häufig auf Frühreife. Durch die Fähigkeit, Wachstum und Entwicklung beschleunigt abzuschließen, bevor eine langanhaltende Trockenheit eintritt, weichen die Pflanzen der Dürre aus. Eine solche Anpassung ist immer, auch bei ausreichender Wasserversorgung mit Mindererträgen verbunden. Deshalb hat der Anbau einer so reagierenden Sorte nur dort Sinn, wo regelmäßig länger dauernde Trockenperioden zu erwarten sind.

Kurzfristig erhöhter Wasserabgabe begegnet die Pflanze zuerst durch Steigerung der Wasseraufnahme, d.h. durch vermehrtes Wurzelwachstum, dann, ohne das Wasserpotential des Sprosses wesentlich zu erniedrigen, durch artspezifisch unterschiedliche Einschränkung der Wasserabgabe. Dies wird vor allem durch Erhöhung des Diffusionswiderstandes, in sofortiger Reaktion durch Spaltöffnungsschluß erreicht. Morphogenetische Anpassungen entwickeln sich in

Form von Behaarung oder Wachsschichten auf Sproßoberflächen, aber auch durch größere Flächendichte der Spaltöffnungen zur feineren Regelung der Wasserabgabe. Weitere Anpassungen bestehen in der Fähigkeit, hohe Energiezufuhr aus der Einstrahlung zu vermeiden, etwa durch Zusammenklappen oder Einrollen der Blattspreiten (Gräser, „Schlaf"stellung bei Weißklee), durch weißfilzige reflektierende Behaarung oder mehr kugelförmige Blattgestalt (Sonnenblätter).

Ein letzter Anpassungsschritt liegt in der Dürreresistenz bei stark erniedrigtem Wasserpotential des Sprosses, aber voller Turgeszenz der Zellen. Dazu gehört die Fähigkeit, das osmotische Potential zu senken, elastischere Zellwände auszubilden und das Cytoplasma „abzuhärten", d. h. zu befähigen, auch unter Wasserstreß alle physiologischen Prozesse unbeeinträchtigt ablaufen zu lassen. Diese Abhärtung dauert in der Regel nur so lange, wie der extreme Wassermangel herrscht. Zwar bewirkt sie eine höhere physiologische Leistungsfähigkeit der Pflanzen, aber keine Ertragssteigerung im Vergleich zu nicht abgehärteten Pflanzen. Die Abhärtung dient lediglich dem Überleben der vegetativen Sproßorgane bei kurzfristigem, aber extremem Wassermangel während der Vegetationszeit. Während der Vegetationsruhe dagegen können einzelne Pflanzenorgane sehr unempfindlich gegenüber Wassermangel sein. Das gilt z. B. für Queckenrhizome mit dormanten Knospen, blattlose Stengel und vor allem für ungekeimte Samen.

1.7.2 Kälte

Auswintern, d. h. Pflanzenverluste in überwinternden Feldfruchtbeständen, kann durch Temperaturen unterhalb physiologisch erträglicher Grenzen (Kältetod), mangelnde Wasseraufnahme (Frosttrocknis), Verlust des Wurzel-Boden-Kontaktes (Auffrieren), Erschöpfung der Reservestoffvorräte bei fehlendem Assimilatgewinn (Lichtmangel unter Schneedecken) oder durch Befall mit Schädlingen und Pflanzenkrankheiten (z.B. Schneeschimmel) verursacht werden. Treten die Ursachen gemeinsam auf, steigert sich ihre negative Wirkung. Welche Schäden den Ausschlag geben, hängt eng mit dem Aussaattermin zusammen. Sehr frühe Saaten, z. B. von Wintergetreide, werden meist stärker von Fußkrankheiten befallen, sehr späte Saaten verfügen bei früh einsetzendem Frost nicht über ausreichende Reservestoffvorräte und genügende Abhärtung.

Direkte Frostschäden entstehen durch Eisbildung im wasserreichen Pflanzengewebe. Während des Gefrierens wird dem Gewebe Wasser entzogen, die Konzentration löslicher Stoffe in den Zellen erhöht und das Zellvolumen vermindert. Ändern sich diese Zustände nicht langsam und graduell, sondern plötzlich, so daß innerhalb der Zellen große Eiskristalle entstehen, wird die Struktur des Cytoplasmas und der Zellmembranen mechanisch zerstört. Verlust der Semipermeabilität und Zelltod sind die Folge. Eine größere Frosthärte bildet sich aus, wenn überwinternde Feldfrüchte vor Eintritt lebensbedrohender Kälte eine mehrwöchige Wachstumsphase mit niedrigen, die Stoffwechselfunktionen noch nicht gefährdenden Temperaturen (−2 bis +8 °C) erlebt haben. Die erreichte Strukturänderung des Cytoplasmas ist das Ergebnis eines energieverbrauchenden Prozesses. Die dazu benötigte Energie stammt aus aktuellem Assimilatgewinn (Photosynthese) oder aus zuvor gespeicherten Reservestoffen. Ausreichend lange Vegetationszeit vor Winter zur Einlagerung genügend großer Reservestoffmengen oder nicht zu tiefe Aussaat großkörniger Samen, wenn voraussichtlich die Zeit für eigenen Assimilatgewinn der Pflanzen nicht mehr reicht, sind deshalb wesentliche Voraussetzungen für erfolgreiche Abhärtung der überwinternden Feldfrüchte.

Nicht abgehärteter Winterroggen übersteht Frosttemperaturen während einer längeren Zeit nur bis etwa −5 °C, abgehärteter Winterroggen dagegen bis etwa −25 °C. Mit dem Einsetzen der ersten längeren Frostperiode wird in der Regel auch die größte Frosthärte erreicht, bleibt dann aber, selbst bei anhaltendem Frost, nur für wenige Wochen in dieser Ausprägung erhalten. Jeder zwischenzeitliche Temperaturanstieg fördert die Enthärtung. Ihre stärkste Belastungsprobe erleben die wintergrünen Pflanzen im zeitigen Frühjahr, wenn nach der Schneeschmelze und bei weit vorangeschrittener Enthärtung mehrfach der Wechsel zwischen starken Nachtfrösten und hohen Tagestemperaturen ausgehalten werden muß. Die Belastung steigt, wenn bei hoher Einstrahlung am Tage der Transpirationsverlust nicht durch entsprechende Wasseraufnahme aus dem gefrorenen Boden ersetzt werden kann.

Wesentlich für die Regeneration frostgeschädigter Pflanzen ist, daß die Sproßknospen überleben. Sie sind am besten im Boden oder wenigstens nahe an der Bodenoberfläche (temperaturdämmender Effekt des Bodens und einer Schneedecke) vor letal wirkenden Temperaturen geschützt. Deshalb überwintern einigermaßen sicher nur Pflanzen im Rosettenstadium. Wird durch Streckung der Sproßachse der Vegetationspunkt in eine exponierte Lage gebracht, z. B. bei Raps oder Wintergerste durch zu starke Entwicklung vor Winter, müssen stärkere Frostbelastungen überstanden werden als in geschützter Lage. Die Steuerung der Entwicklung von überwinternden Feldfrüchten erfolgt über die Wahl des Aussaattermins.

Die Kälteverträglichkeit ist bei den einzelnen Feldfruchtarten und deren Sorten sehr unterschiedlich ausgeprägt. Sie nimmt in der

Reihenfolge Winterroggen, Winterweizen, Luzerne, Wintergerste, Winterraps, Winterackerbohnen und Winterhafer ab. Die beiden zuletzt genannten Arten überwintern sicher nur in Westfrankreich, England und Irland. Unter den sommerannuellen Feldfrüchten leiden die Arten aus den Tropen und Subtropen, wie z.B. der Mais, schon bei länger anhaltenden Temperaturen unter 10 °C an Unterkühlung und physiologischen Störungen.

1.8 Gegenseitige Beeinflussung von Pflanzen im Bestand

Außer den abiotischen Standortfaktoren wirken auch die biotischen Elemente eines Ökosystems auf das Wachstum und die Entwicklung der Pflanzen. Neben den schon genannten Symbionten, tierischen und pflanzlichen Parasiten oder anderen Lebendfressern sind es vor allem die höheren Pflanzen selbst, die sich über Nachbarschaftseffekte gegenseitig in ihrer Substanzproduktion beeinflussen. Die dabei wirksamen Prozesse kann man zwei Reaktionsweisen zuordnen.

Als Allelopathie werden unmittelbare stoffliche Wirkungen bezeichnet. Sie können z. B. von ätherischen Ölen oder Phenolderivaten ausgehen, Stoffen, die aus Pflanzen bestimmter Arten verdampfen, ausgewaschen oder aus den Wurzeln ausgeschieden werden. Ist ihre Konzentration hoch genug und treffen sie auf Pflanzen anderer Arten, die auf diese Stoffe reagieren und sich in einem empfindlichen Stadium, etwa der Keim- und Jugendphase befinden, so wird das Wachstum dieser Pflanzen mehr oder minder gehemmt, nur selten gefördert. Indirekte allelopathische Effekte können auch durch mikrobiellen Abbau von Pflanzensubstanz verursacht werden. Bei anaerobem Abbau von Getreidestroh z.B. entsteht u. a. Essigsäure, die von bestimmter Konzentration an toxisch auf das Wurzelwachstum der Nachfrucht wirkt. Auch einige Inhaltsstoffe der Mikroorganismen selbst, wie z.B. das Patulin, können das Wachstum der höheren Pflanzen beeinträchtigen.

Unter Konkurrenz versteht man die gegenseitige Beeinflussung benachbarter Pflanzen durch Wettbewerb um knappe, wachstumsbegrenzende Mengen von Licht, Wasser und Nährstoffen. Wenn auch in der Regel beide Konkurrenzpartner negativ betroffen sind, so ist doch das augenfälligste Ergebnis meist, daß sich ein Individuum auf Kosten eines anderen durchsetzt. Kooperation zwischen benachbarten Pflanzen, also gegenseitige Förderung, gibt es nur in seltenen Ausnahmefällen. Die negative Wirkung der Konkurrenz auf den ersten Nachbarn kann sich für den zweiten, folgenden Nachbarn in einen positiven Effekt umkehren. Er profitiert von der Unterdrük-

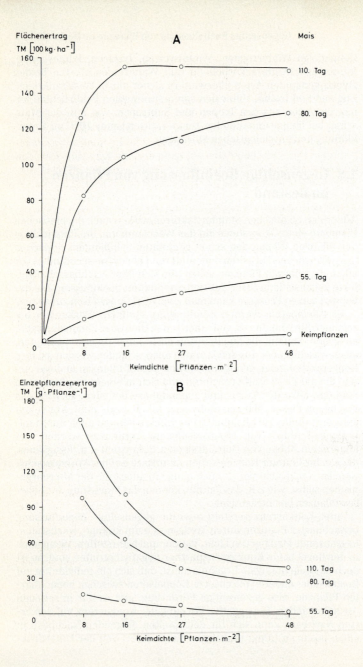

kung des ersten. So setzt sich die gegenseitige Beeinflussung im Bestand direkt und indirekt von Pflanze zu Pflanze fort. Es ist üblich, die Konkurrenzbeziehungen nach ihren Auswirkungen auf die Existenz und Verbreitung der Arten zu unterscheiden. Intraspezifische Konkurrenz wirkt nur innerhalb einer Art, gefährdet also nicht das Vorkommen dieser Art, wohl aber einiger Genotypen in der jeweiligen Population. Interspezifische Konkurrenz dagegen spielt sich zwischen Arten ab, kann also mit dem Verschwinden der einen Art enden. Zwischen diesen beiden Formen bestehen Unterschiede nur vom Ergebnis her, nicht aber im Wirkungsmechanismus. Deshalb soll der Konkurrenzprozeß an einem einfachen, überschaubaren Beispiel der dichteabhängigen Konkurrenz zwischen Individuen eines Genotyps besprochen werden.

Abb. 46A zeigt den Einfluß der Bestandesdichte auf den Flächenertrag von Mais im Verlauf einer Vegetationszeit. Kurz nach dem Auflaufen waren die Keimpflanzen noch so klein und standen so weit voneinander entfernt, daß kein Wettbewerb zwischen den Pflanzen wirksam werden konnte. Deshalb ist die je Flächeneinheit produzierte Pflanzenmasse eine lineare Funktion der Keimdichte. Mit dem Heranwachsen der Maispflanzen schlossen sich die Bestände zuerst bei der höchsten, später bei immer geringeren Bestandesdichten. Dementsprechend nahm auch der Wettbewerb um Standortfaktoren mit der Zeit zu und zwar von den höheren hin zu den niederen Bestandesdichten. Der zunehmende Konkurrenzdruck wird an der immer stärker werdenden Krümmung der Ertragskurven sichtbar. Am 110. Tag ähnelt die Ertragskurve in ihrem Verlauf einer Sättigungskurve. In dem Bestandesdichtebereich, der dem horizontalen Verlauf der Kurve zugeordnet ist, nutzen die Pflanzen alle verfügbaren Quanten der Standortfaktoren nahezu vollständig aus.

An diesem Beispiel wird deutlich, daß Konkurrenz ein in der Zeit ablaufender Prozeß ist, dessen Intensität mit dem Größerwerden der Pflanzen zunimmt. Die einzelnen Pflanzen reagieren „plastisch", d.h. mit einer Verkleinerung (Abb. 46B) und mit einer Veränderung der Wuchsform, wie Abb. 47 zeigt. Anzahl, Fläche und räumliche Anordnung der Maisblätter, Länge der Sproßachse, Blatt-Stengel-, Sproß-Wurzel-Verhältnis und Bildung von Seitentrieben sind nur einige der morphologischen Merkmale, die mit der Bestandesdichte variieren. Ihnen liegen die früher besprochenen physiologischen Prozesse zugrunde.

◁ Abb. 46. Beziehungen zwischen Bestandesdichte und Ertrag von Mais im Verlauf der Vegetationszeit (zusammengestellt aus CRÖSSMANN 1967) A: Flächenertrag; B: Einzelpflanzenertrag.

112 Ertragsbildende Prozesse und ertragsbegrenzende Faktoren

Die Daten in Tab. 9 sollen am Beispiel des Weizens noch einmal zeigen, daß auch die Ausbildung der generativen Organe dichte-, d.h. konkurrenzabhängig ist. Bei der Anzahl Körner je Ähre und der mittleren Einzelkornmasse wurden die höchsten Werte nicht bei der geringsten, sondern der nächsthöheren Bestandesdichte gefunden. Das ist teilweise die Folge der Entwicklungsbeschleunigung, die bei spät angelegten Seitentrieben zu einer Verminderung der Kornanla-

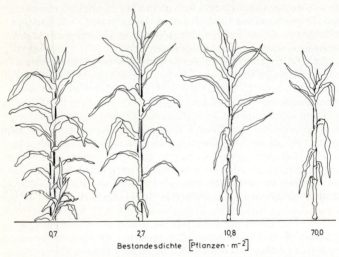

Abb. 47. Einfluß der Bestandesdichte auf die Gestalt von Maispflanzen (nach einem Photo von Williams et al. 1965).

Tab. 9. Ertragsstruktur von Sommerweizen in Abhängigkeit von der Bestandesdichte: Ergebnisse eines Versuchs in Adelaide, Australien (Puckridge und Donald 1967)

Anzahl Pflanzen je m^2					
nach dem Aufgang	1,4	7	35	184	1078
bei der Reife	1,4	7	35	154	447
Bestockungstriebe je Pflanze	40,5	29,5	10,6	3,0	1,2
Anzahl Ähren je Pflanze	29,4	18,6	7,2	2,2	0,7
Anzahl Körner je Ähre	32,9	37,8	29,9	21,5	18,8
Trockenmasse je Korn (mg)	34,2	35,0	32,7	33,2	33,1
Kornertrag je Fläche (g·m^{-2})	46	173	247	234	185

gen führt, teilweise aber auch eine Folge der Konkurrenz der Senken um Assimilate innerhalb einer Pflanze. Trotz des weiten Abstandes zwischen den Pflanzen bei extremer Dünnsaat ist die örtliche Dichte der Seitentriebe zeitweilig so hoch, daß durch Lichtkonkurrenz die Quellenkapazität für die Kornproduktion begrenzend wirken kann.

Die zeitliche Abfolge von vegetativem und generativem Wachstum ist die Ursache dafür, daß bei einem begrenzten Angebot von Quanten einzelner Standortfaktoren – z. B. dem Bodenwasservorrat während einer längeren Trockenperiode- die später sich entwickelnden Organe, wie z. B. die Samen, stärker unter der konkurrenzbedingten Wachstumsbegrenzung zu leiden haben als früher angelegte Pflanzenorgane, wie z. B. Blätter und Stengel. Unter solchen Bedingungen gleicht die Kurve des Kornertrages je Flächeneinheit in der Regel nicht einer Sättigungskurve, wie im Falle der Gesamttrockenmasse, sondern einer Optimumkurve. In unserem Beispiel wurde der maximale Kornertrag bei einer Bestandesdichte von rund 250 ährentragenden Halmen je m^2 erzielt.

Um Verständnis für die heutigen Methoden einer quantitativen Behandlung von Konkurrenzprozessen zu wecken, soll in den nachfolgenden Absätzen ein Modell etwas ausführlicher behandelt werden. Für den Fall einer Sättigungsfunktion hat DE WIT (1960) die Abhängigkeit des Ertrages von der Bestandesdichte mit der in Abb. 48 dargestellten Beziehung beschrieben. In ihr wird der von einer bestimmten Saatdichte Z zum Zeitpunkt t erzeugte Flächenertrag O_t, als Fraktion des zu diesem Zeitpunkt

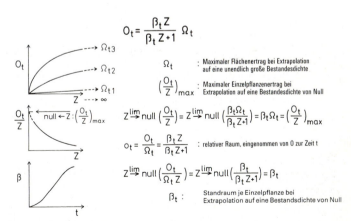

Abb. 48. Beziehungen zwischen Bestandesdichte (Z), Flächenertrag (O) und Einzelpflanzenertrag ($O_t \cdot Z^{-1}$) mit Bezug auf den jeweils möglichen Maximalertrag (Ω) zum Zeitpunkt t (DE WIT 1960).

maximal möglichen Ertrages Ω_t bestimmt. Dem Kennwert Ω liegt die Vorstellung zugrunde, daß eine fast unendlich große Bestandesdichte alle am Wuchsort verfügbaren Mengen der Standortfaktoren vollständig zum Wachstum ausschöpft. Der Wert von Ω verkörpert daher die Gesamtheit aller seit Begründung des Pflanzenbestandes und in der Gegenwart verfügbaren Quanten der Wachstumsfaktoren oder den nicht geometrisch gemeinten, insgesamt verfügbaren „Raum". Mit Fortschreiten der Vegetationszeit steigt Ω, nimmt also auch der insgesamt verfügbare „Raum" infolge der zuvor vom Pflanzenbestand in Masse umgesetzten Wachstumsfaktoren ebenfalls zu.

Der Kennwert β_t, der die Krümmung der Ertragskurve zu einem bestimmten Zeitpunkt bestimmt, beschreibt die Größe des Standraumes, z.B. cm^2 je Pflanze, den eine einzelne Pflanze ohne jegliche Konkurrenz maximal einnehmen kann. β steigt mit Fortschreiten der Vegetationszeit an, verkörpert also die sich ändernde Größe und die von Wuchsform, Licht-, Wasser- und Nährstoff-Aneignungsvermögen abhängige „Raum" ausnutzende Füllkraft der konkurrenzfrei wachsenden Einzelpflanze.

Bisher wurde nur die plastische Reaktion der Pflanze auf die Konkurrenz beschrieben. Die „Plastizität" hat aber Grenzen. Werden sie überschritten, so wird mit zunehmender Bestandesdichte eine immer größere Anzahl Pflanzen ausgemerzt (Tab. 9, Vergleich der Bestandesdichte bei Aufgang und Reife). Zwischen den Individuen besteht weder in genetischer noch in ökologischer Hinsicht Chancengleichheit. Auch bei Annahme einer genetischen Einheitlichkeit gibt es unter Feldbedingungen Unterschiede in der Samenmasse und in der Tiefenlage der Samen. Das führt zu unterschiedlichem Verbrauch von Reservestoffen für den Feldaufgang, früherem oder späterem Beginn des autotrophen Wachstums und zu Unterschieden in der Verteilung der Assimilate auf Sproß und Wurzeln. Noch stärker wirkt die örtlich verschiedene Standortgunst, sei es durch edaphische oder mikroklimatische Unterschiede an den Wuchsorten der einzelnen Pflanzen oder durch Ungleichmäßigkeiten bei pflanzenbaulichen Maßnahmen.

Alle diese Faktoren führen zu abweichenden Wachstums- und Entwicklungsraten mit der Folge, daß sich die Individuen einer

Abb. 49. Konkurrenzbedingte Auslichtungseffekte in Pflanzenbeständen ▷
A: Wirkung der Saatdichte auf die Häufigkeit des Vorkommens von kleinen und großen Leinpflanzen während der Vegetationszeit (OBEID et al. 1967) I: 2 Wochen nach dem Feldaufgang; II: 6 Wochen nach dem Aufgang; III: Zur Zeit der Samenreife.
B: Unterschiedliche Abnahme der Bestandesdichte von Rotklee in Abhängigkeit von der Anfangsdichte und der Stärke der inner- (Blanksaat = Reinsaat) und zwischenartlichen Konkurrenz (Untersaat in Winterroggen = Mengsaat) (BAEUMER 1966).

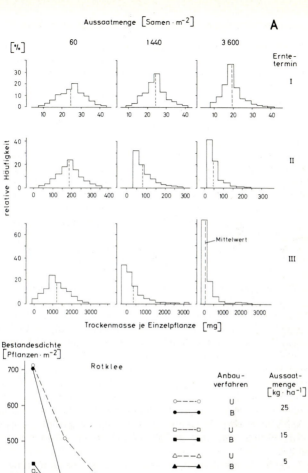

Pflanzengemeinschaft nach Größe und Wuchsform unterscheiden. Aufgrund dieser Unterschiede dominieren einige wenige begünstigte und deshalb kampfkräftigere Pflanzen im Bestand, während die vielen benachteiligten Pflanzen mehr und mehr unterdrückt werden.

Wie dieser Prozeß verläuft, zeigt Abb. 49A am Beispiel von unterschiedlich dichten Leinbeständen. Bei schwachem Konkurrenzdruck (60 Samen je m^2) blieb die anfänglich vorhandene symmetrische Verteilung der Einzelpflanzenmasse in der Population bis zum Zeitpunkt der Samenreife nahezu erhalten. Bei einer Verstärkung des Konkurrenzdruckes dagegen (Bestandesdichte, fortschreitende Vegetationszeit) verschoben sich die Häufigkeitsverteilungen immer mehr in Richtung der Pflanzen, die eine unterdurchschnittliche Menge an Trockenmasse produziert hatten. Der Bestand setzte sich dann aus vielen kümmernden und wenigen kräftigen, dominierenden Individuen zusammen.

In sehr dichten Beständen bleibt den zurückgebliebenen Pflanzen ein immer geringerer Anteil an Licht, Wasser und Nährstoffen, bis schließlich ihre minimalen Lebensansprüche nicht mehr erfüllt sind. Diese Pflanzen werden im Verlauf des Konkurrenzgeschehens ausgemerzt, wie das die Daten in Abb. 49B am Beispiel eines Versuches mit Rotklee in Reinsaat (d.h. Blanksaat ohne Deckfrucht) und als Untersaat in Winterroggen zeigen. Der Auslichtungsprozeß verläuft umso rascher, je schärfer sich der Wettbewerb zwischen den Pflanzen vollzieht, d.h. je höher in diesem Falle die anfängliche Bestandesdichte war. Wenn die im Bestand vereinten Rotkleepflanzen eine Dichte (hier 180 Pflanzen je m^2) erreicht hatten, die ihrer „Füllkraft" und den Standortbedingungen angemessen war, dann war der überwiegend konkurrenzbedingte Auslichtungsprozeß beendet. Die weitere Ausdünnung der Rotkleebestände wurde dann wohl hauptsächlich durch alters-, standort- und parasitärbedingte Belastungen verursacht.

Die Geschwindigkeit des Auslichtungsprozesses ist von großer Bedeutung für die Ertragsfähigkeit von mehrjährig genutzten Futterpflanzenbeständen, insbesondere im Hinblick auf die Erhaltung von ausreichenden Bestandesdichten während der letzten Nutzungsperioden. Jede Bedingung, die dazu beträgt, eine hohe Bestandesdichte über einen längeren Zeitraum zu erhalten, ist für die späteren Leistungen von positivem Wert. Wenn also eine relativ hohe Ausdauer der Bestände gewünscht wird, muß der anfängliche Konkurrenzdruck zwischen den Pflanzen gemildert werden. Das kann dadurch geschehen, daß die Pflanzen „miniaturisiert" werden, sei es durch eine frühe Unterbrechung des Wachstums mit einer Schnittnutzung oder durch Ausnutzung der Konkurrenz einer Deckfrucht. Wie Abb. 49B zeigt, wurde die Sterblichkeit der Rotkleepflanzen in den

Untersaaten über den Effekt der „Miniaturisierung" gesenkt. Die hier beschriebene Differenzierung der Pflanzen eines Reinbestandes in dominierende und mehr und mehr unterdrückte, schließlich sogar ausgemerzte Individuen ist eine Erscheinung, die dann besonders auffällig ist, wenn verschiedenartige Pflanzen miteinander im Wettbewerb stehen.

Das Ergebnis der Konkurrenz zwischen zwei oder mehr Arten läßt sich ebenfalls mit dem Konkurrenzmodell von DE WIT (1960) quantifizieren und zwar mit Hilfe von Verdrängungsserien. Bei gleichem Standraum je

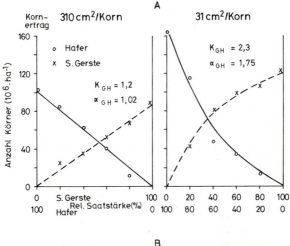

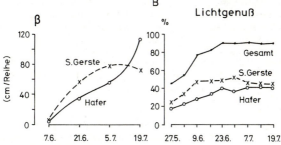

Abb. 50. Wettbewerb zwischen zwei Pflanzenarten
A: Hafer und Gerste in Abhängigkeit von der Größe des Einzelpflanzenstandraumes in einer Verdrängungsserie (DE WIT 1960);
B: Veränderung der „Füllkraft" (β) und des relativen Lichtgenusses von Hafer und Gerste während der Vegetationszeit (BAEUMER und DE WIT 1968).

118 Ertragsbildende Prozesse und ertragsbegrenzende Faktoren

Einzelpflanze werden analog zu einem Bestandesdichtenversuch die vorhandenen Standraumeinheiten in zunehmendem Umfang mit den Samen einer Art belegt, d. h. die relative Saatstärke z variiert zwischen 0 und 1. Die jeweils nicht in Anspruch genommenen Standraumeinheiten werden mit der anderen konkurrierenden Art belegt, so daß deren relative Saatstärke ebenfalls zwischen 0 und 1 variiert. Die relative Saatstärke z ergibt sich aus dem Verhältnis der Einzelsaatstärke zur Gesamtsaatstärke

$$z_G = \frac{Z_G}{Z_G + Z_H}$$

Wie Abb. 50A zeigt, gibt es in einer Verdrängungsserie jeweils einen Reinbestand für jede Art, hier je einen für Hafer und Gerste sowie mehrere Mischbestände von Hafer und Gerste mit variierenden, aber sich zu 1 relativer Gesamtstärke ergänzenden Anteilen.

Der Ertrag des Hafers in Mengsaat ME_H wie auch der von Gerste ME_G wird nun als Fraktion des jeweiligen Reinsaatertrages RE_H bzw. RE_G ausgedrückt, nämlich

$$\frac{ME_H}{RE_H} + \frac{ME_G}{Re_G} = o_H + o_G = RYT$$

Die beiden Fraktionen o_H bzw. o_G stellen den jeweiligen Anteil am insgesamt verfügbaren „Raum" dar. Konkurrieren die beiden Arten um den gleichen „Raum", d. h. das gleiche Angebot von Quanten der Wachstumsfaktoren, dann muß der relative Gesamtertrag RYT (relative yield total) als Summe der relativen „Räume" von Hafer und Gerste $o_H + o_G = 1$ sein. Das ist in den beiden in Abb. 50A dargestellten Verdrängungsserien annähernd der Fall. Dieses Beispiel zeigt, daß bei großem Einzelpflanzenstandraum (310 cm² je Korn) die Ertragskurven beider Arten im Gemenge linear verlaufen. Eine gegenseitige Verdrängung trat nicht ein, weil die Gesamtbestandesdichte von 32,2 Pflanzen je m² zu gering war, um Wettbewerb wirksam werden zu lassen. Erst bei geringerem Einzelpflanzenstandraum (31 cm² je Korn) krümmen sich die Kurven, d. h. herrschen Wettbewerbsbedingungen. Obwohl der Hafer in Reinsaat einen höheren Ertrag produzierte als die Gerste, beweist die konvexe Krümmung der Gersten-Ertragskurve, daß die Gerste dem Hafer im Wettbewerb überlegen war und ihn verdrängt hat.

Das Ausmaß der Verdrängung läßt sich mittels eines Verdrängungskoeffizienten beschreiben, der durch den Quotienten der beiden Verhältnisse von relativem Raum zu relativer Saatstärke jeder Art bestimmt wird, nämlich

$$k_{GH} = \frac{o_G/z_G}{o_H/z_H} \qquad z_G = \frac{Z_G}{Z_G + Z_H} \qquad z_H = \frac{Z_H}{Z_G + Z_H}$$

Ist der Verdrängungskoeffizient annähernd gleich 1 (z. B. bei 310 cm² je Korn), findet keine Verdrängung statt. Mit k = 2,3 ist der Verdrängungseffekt der Gerste deutlich (31 cm² je Korn). Die Ursache für die verdrängende Wirkung der Gerste liegt in ihrem vergleichsweise rascherem Jugendwachstum (β Gerste > β Hafer) und im höheren relativen Lichtgenuß.

Abb. 50B zeigt, daß in diesem Falle der einmal eingenommene Raum nicht mehr zurückverteilt wurde. Das später vermehrte Wachstum des Hafers war für das Ergebnis des Wettbewerbsgeschehens ohne Wirkung.

Wenn Mischungen immer wieder aus neue ausgesät werden, das Mischungsverhältnis der beiden Arten sich aber am Ergebnis des vorangegangenen Wettbewerbs orientiert, dann findet ein langfristiger Verdrängungsprozeß statt. Das Durchsetzungsvermögen der einen Art im Verhältnis zur anderen wird mit der relativen Reproduktionsrate α gemessen. Sie ist der Quotient der beiden absoluten Reproduktionsraten der beiden Arten, nämlich

$$\alpha_{GH} = \frac{a_G}{a_H} \qquad a_G = \frac{ME_G}{Z_G} \qquad a_H = \frac{ME_H}{Z_H}$$

Ist die relative Reproduktionsrate annähernd gleich 1, so findet keine langfristige Verdrängung statt. In unserem Beispiel ist $\alpha_{GH} = 1,75$, also deutlich größer als 1. Trotz des geringeren Reinsaatertrages der Gerste würde bei wiederholter Aussaat eines sich von Mal zu Mal verändernden Artengemisches die Gerste den Hafer verdrängen.

Nicht immer sind die Wettbewerbsbedingungen so, daß die miteinander vergesellschafteten Arten um den gleichen „Raum" konkurrieren und sich gegenseitig in der Besiedlung eines eng begrenzten Wuchsortes ausschließen. Es ist möglich, daß die Arten zeitlich, räumlich oder aufgrund besonderer Fähigkeiten nicht den gleichen „Raum" ausbeuten, also gewissermaßen am gleichen Wuchsort unterschiedliche Standorte besiedeln. Diese komplementäre Vergesellschaftung führt zu einer größeren Ausnutzung der Wachstumsfaktoren an einem Wuchsort.

Als Beispiel sei der Faktor Stickstoff genannt, den die Gräser in einer Kleegrasmischung nur aus dem begrenzten pflanzenverfügbaren Bodenvorrat oder aus der zugeführten Düngung aufnehmen können. Die Kleearten dagegen assimilieren mit Hilfe der Knöllchensymbiose Stickstoff aus der Atmosphäre. Die Kleearten besiedeln also eine ökologische Nische, die den Gräsern erst zugänglich wird, wenn die Kleearten absterben und der in ihnen gebundene Stickstoff mineralisiert wird. Durch die Aussaat eines Kleegrasgemenges wird also der den Pflanzen zur Verfügung stehende „Raum" vergrößert (RYT > 1). Damit besteht auch die Möglichkeit, daß ein im Vergleich zu beiden Reinsaaten höherer Ertrag produziert wird. An diesem Kriterium allein sollte die Anbauwürdigkeit eines Gemenges gemessen werden, es sei denn, daß andere Vorteile, wie z. B. verzögerter und geringerer Befall mit Pflanzenkrankheiten oder geringere Lageranfälligkeit in Sortenmischungen bei Getreide, realisiert werden sollen.

2 Möglichkeiten und Grenzen der Gestaltung des Pflanzenbaues

Als Endzustand einer vom Menschen ungestörten Vegetationsentwicklung entsteht in Mitteleuropa in der Regel ein Wald. Allein die jeweiligen Klima- und Bodenbedingungen begrenzen den Stoffumsatz und die mögliche Biomasseproduktion dieser Klimaxvegetation. In einem solchen Ökosystem werden so alle natürlich gegebenen Quanten der Wachstumsfaktoren nahezu vollständig ausgeschöpft.

Eine derart vollständige Nutzung der natürlichen Ressourcen strebt auch der Landwirt an, wenn er an die Stelle der ursprünglichen Klimaxvegetation eine auf die Produktion bestimmter Stoffe gerichtete Pflanzengemeinschaft setzt. In der Graslandwirtschaft ist das eine ausdauernde, sich nach jeder Nutzung selbst regenerierende „Ersatz"vegetation aus Gräsern und Kräutern der Wildpflanzenflora. Eine Grasnarbe nutzt die zum Wachstum geeignete Zeit so vollständig wie ein Wald, kommt also in ihrer Produktivität der Klimaxvegetation noch am nächsten und kann sie darin noch übertreffen, wenn der Landwirt durch Düngung die Ertragsfähigkeit des Bodens steigert.

Im Ackerbau dagegen werden kurzlebige Kulturpflanzenbestände angebaut, die nach mehr oder minder langen Brachezeiten immer wieder neu begründet werden müssen. Die Vegetation der Ackerfluren verharrt daher stets im Pionierstadium, nutzt zwar die im Boden durch Schwarzbrache vermehrt freigesetzten Nährstoffe zu kurzfristig höherer Produktivität, kann aber wegen der Zeiten ohne Bewuchs und der verlängerten Phase bis zum vollständigen Schließen der Pflanzendecke die zum Wachstum verfügbaren Quanten der Standortfaktoren, z.B. die Einstrahlung, nur teilweise nutzen. Um diesen Nachteil auszugleichen, verwendet der Landwirt Arten und Sorten von Feldfrüchten, die nicht nur die gewünschten Produkte liefern, sondern im Vergleich zu den einheimischen Wildpflanzen höhere Produktionsraten aufweisen und, wie z.B. der Mais, die Einstrahlung besser ausnutzen können.

Das beherrschende Merkmal eines Agrarökosystems ist demnach der ständig wiederholte, massive Eingriff in den Naturhaushalt. Ohne Mahd und Weidegang oder Beseitigung der Wildpflanzen mit den Mitteln des Ackerbaues würden sich Gras- und Ackerfluren allmählich wieder in Wald zurückverwandeln, wie die Wüstungen des Mittelalters und die Sozialbrachen unserer Zeit zeigen. Mit seinen Eingriffen verfolgt der Landwirt in der Regel aber auch noch ein weiter gestecktes Ziel, nämlich die Grenzen der Leistungsfähigkeit seines Produktionssystems immer weiter hinauszuschieben. Bodenbedingte Produktionsgrenzen sollen durch Entwässerung, Nährstoffzufuhr und Gefügeverbesserung, klimabedingte Grenzen durch Bewässerung und Schutz vor niedrigen Temperaturen überwunden werden. Das ermöglicht den Anbau immer anspruchsvollerer und leistungsfähigerer Kulturpflanzen, deren Produktivität wiederum den Anreiz schafft, die Standortbedingungen noch stärker umzugestalten und die Produktionstechnik immer weiter zu vervollkommnen.

Wo aber die Möglichkeiten zur Veränderung der abiotischen Standortfaktoren aus physischen, technischen und ökonomischen Gründen erschöpft sind, muß sich der Landwirt den natürlichen Gegebenheiten anpassen. Er tut dies mit der Wahl der Bodennutzungsart (Grasland, Ackerland), der anzubauenden Feldfrucht (Art und Sorte) und der Verfahrensweise beim Anbau der Feldfrüchte. Bei der Gestaltung eines Produktionsverfahrens wird die Intensität des Eingriffs (spezielle Anbauintensität) vor allem durch die Art und Menge der eingesetzten Produktionsmittel (Dünger, Pflanzenschutzmittel, Bodenbearbeitungsgeräte) bestimmt. Mit der Wahl des Zeitpunkts eines Eingriffs dagegen paßt sich der Landwirt z. B. den von ihm nicht beeinflußbaren Wetterbedingungen an.

Höhere und sichere Feldfruchterträge verlangen zwar in der Regel größere Aufwendungen an Produktionsmitteln, mehr aber eine immer vollkommenere Beherrschung der Produktionsverfahren. Eine bessere Wirksamkeit der Anbaumaßnahmen wird durch gezielten und rechtzeitigen Einsatz der Produktionsmittel erreicht. Zu diesem Zweck sollte vor jedem Eingriff der jeweilige Ist-Zustand beobachtet oder gemessen werden, damit es möglich wird, Art und Intensität des Eingriffs so zu wählen, daß mit dem geringsten Einsatz des Produktionsmittels gerade eben der angestrebte Soll-Zustand erreicht wird. Diese Vorgehensweise dient nicht nur ökonomischen, sondern auch ökologischen Zielen. Mehr und mehr setzt die Gesellschaft Grenzen für die Art und Intensität derjenigen Bewirtschaftungseingriffe, mit denen Grund- oder Oberflächenwasser verschmutzt oder angrenzende naturnahe Biotope beeinträchtigt werden könnten.

2.1 Witterung, Klima und Pflanzenproduktion

In Abschnitt 1 wurde die Wirkung einzelner Wetterelemente wie Einstrahlung, Temperatur oder Sättigungsdefizit der Atmosphäre auf die Ertragsbildung beschrieben. Hier sollen nun noch einige allgemeine Sachverhalte behandelt werden.

Die jeweils verwirklichte Kombination der Wetterelemente variiert von Ort zu Ort und von Augenblick zu Augenblick. Diese Variation ist teils zufällig, wie z.b. die wechselnde Bewölkung und ihr Einfluß auf die Intensität der Einstrahlung, teils systematisch, wie z.b. die Abhängigkeit des Tages- und Jahresganges der Einstrahlung von der geographischen Lage eines Wuchsortes. Wetterbeobachtungen oder -messungen erfassen Augenblickszustände, z.B. der Lufttemperatur, oder die Summe der Einwirkungen über eine Zeitspanne, z.B. die Niederschlagsmenge je Tag. Ferner werden Extremwerte – z.B. Temperaturmaximum und -minimum – und Häufigkeit – z.B. Anzahl Frost- oder Eistage während eines bestimmten Zeitabschnitts – angegeben.

Unter Witterung versteht man den Verlauf oder mittleren Zustand des Wetters über längere Zeitabschnitte. Immer handelt es sich dabei um die zusammenfassende Beschreibung einer Abfolge von singulären Ereignissen, auch wenn ihr Eintreffen mit einer gewissen Regelmäßigkeit zu erwarten ist. Eine solche gleichartige Wetterkonstellation ist z.B. eine im Frühherbst häufige Periode mit sonnigwarmen Tagen und nebelig-kühlen Nächten („Altweibersommer").

Im Gegensatz zur Witterung wird unter dem Begriff Klima der aus der Menge der Einzelergebnisse vieler Jahre errechnete mittlere Zustand oder Verlauf des Wetters an einem Ort beschrieben. Diese mittleren Temperaturen, Niederschlagssummen oder Tage ohne Niederschläge werden durch den tatsächlichen Verlauf der Witterung in der Regel nie verwirklicht. Sie stellen lediglich die Erwartungswerte der Witterung dar. Da die Mittelwerte, Summen und Häufigkeiten vergangener Jahre auch die wahrscheinlichsten Werte für den unbekannten zukünftigen Witterungsverlauf sind, muß sich der Landwirt auf sie stützen, wenn er pflanzenbauliche Maßnahmen für die nächsten Wochen, Monate und Jahre plant. Für kürzere Zeitabschnitte, wie z.B. die nächsten 1 bis 3 Tage, kann er eigene Beobachtungen und Wetterregeln oder die schon sehr verläßlichen Voraussagen des Wetterdienstes benutzen.

Das Klima wird auf Räume mit unterschiedlicher Ausdehnung bezogen. Als Klein- oder Mikroklima bezeichnet man das Klima von Grenzflächen, z.B. in oder unmittelbar über einem Pflanzenbestand. Ein Lokal- oder Mesoklima ist in Landschaftsausschnitten verwirklicht, deren Lage oder Geländegestalt ein besonderes Klima bedingen, z.B. in einem Talgrund oder auf einer Kuppe. Das Großraum- oder Makroklima gehört zu einem bestimmten Naturraum, z.B. der Hildesheimer Börde oder einer noch größeren geographischen Einheit.

In den einzelnen Regionen sind bestimmte Klimatypen verwirklicht, die sich vor allem in der Höhe und dem Verlauf der Temperaturen, in der Menge und Verteilung der Niederschläge und im Verhältnis von Niederschlag zu Verdunstung unterscheiden.

Nahe der Küste herrscht ein maritimes Klima. Aufgrund der ausgleichenden Wirkung großer Wassermassen sind die Temperaturdifferenzen zwischen Tag und Nacht, Sommer und Winter vergleichsweise gering. Auf eine langsame Erwärmung im Frühjahr folgt ein relativ kühler Sommer, ein langanhaltender milder Herbst und ein Winter ohne lange und starke Frostperioden. Früh- und Spätfröste sind selten. Die Niederschlagsmenge je Jahr ist hoch, die Verteilung der Niederschläge weitgehend ausgeglichen. Durch häufige und starke Bewölkung sind die Einstrahlung und demzufolge auch die Verdunstung gering. Diesen Klimatyp bezeichnet man wegen der überschüssigen Feuchte auch als humid bzw. semihumid.

Im Binnenland herrscht kontinentales Klima, das vom thermischen Verhalten der Landmasse bestimmt wird. Starker Erwärmung bei Tage und im Sommer steht eine starke Abkühlung bei Nacht und im Winter gegenüber. Früh- oder Spätfröste treten häufiger ein. Die jährliche Niederschlagsmenge ist geringer, die Dauer von Trockenperioden länger als im maritimen Klima. Im Sommer gibt es häufiger Starkregenereignisse mit erodierender Wirkung (Gewitter). Wegen der stärkeren Einstrahlung ist die relative Luftfeuchte geringer und die potentielle Verdunstung höher. Dieser Klimatyp wird wegen der vorherrschenden Trockenheit auch als arid bzw. semiarid bezeichnet.

Mit zunehmender Höhenlage nehmen die Jahresmitteltemperaturen ab und verkürzt sich die Vegetationszeit. An der Luvseite der Gebirge herrschen maritime Klimazüge vor. Mit der Höhenlage steigen Menge und Häufigkeit der Niederschläge und nimmt die Verdunstung ab. Dagegen steht das Klima der leerseitigen Hänge und Täler unter kontinentalem Einfluß.

Das Klima Mitteleuropas ist ein Klima des Übergangs zwischen den geschilderten Extremen. Es wird stark von den wandernden großen Luftwirbeln (Zyklonen) geprägt, also von dem ständigen Wechsel zwischen heranströmenden Warm- und Kaltluftmassen.

Die Ertragsbildung ist das Ergebnis des Zusammenwirkens zahlreicher physiologischer Prozesse, deren Intensität und Richtung u. a. von der jeweiligen Kombination der Wetterelemente gesteuert wird. In welcher Weise in jedem Einzelfall die Witterung auf die Ertragsbildung einwirkt, ist bei der kaum zu übersehenden Anzahl von variablen Faktoren und deren Kombinationen allenfalls mit einem vereinfachenden dynamischen Simulationsmodell zu erkennen. Vorerst begnügt man sich meist noch damit, Beziehungen zwischen einigen Kenngrößen der Witterung und dem Ernteertrag herzustellen.

Zuerst stellt sich die Frage, in welchem Umfang Witterungsunterschiede ertragswirksam werden. Verfolgt man die Ernteerträge von Jahr zu Jahr am gleichen Ort, so repräsentieren die Differenzen zum langjährigen Mittel überwiegend den Effekt der Witterungsunterschiede zwischen den Jahren, vorausgesetzt, daß Anbauintensität und Leistungsfähigkeit der angebauten Sorten über den betrachteten Zeitraum annähernd gleich geblieben sind. Werden einer solchen Untersuchung die Daten von mehreren Orten einer Region zugrunde gelegt, so ist zu beachten, daß im Faktor „Ort" eine Kombination von Boden- und Witterungseffekten wirksam ist.

Diese Kombination verursacht starke Wechselwirkungen, die sich mit zunehmender Entfernung der Orte voneinander und bei abweichender Geländelage verstärken. So wird z. B. eine anhaltende Frühjahrstrockenheit auf einem Boden mit großer Speicherkapazität für die Winterniederschläge kaum zu Ertragseinbußen führen, auf einem Boden mit geringer Speicherkapazität dagegen zu erheblichen Mindererträgen. Die Feldfruchterträge variieren daher häufig mehr von Ort zu Ort als von Jahr zu Jahr.

Die untere Grenze für ausschließlich witterungsbedingte Ertragsschwankungen sind in Nordwesteuropa bei einer relativen Standardabweichung (Variationskoeffizient bezogen auf den Mittelwert: s% von $\bar{x}$) des Ertrages von etwa 15% anzusetzen. Ein solcher Wert wurde z. B. für Winterweizen mit hohem Produktionsniveau sowohl in England als auch in Mitteldeutschland gefunden. Sind besondere fruchtartenspezifische Ernterisiken oder geringes Ausgleichsvermögen einer Feldfrucht gegenüber parasitären oder witterungsbedingten Belastungen gegeben, so können die Variationskoeffizienten Werte von 30% übersteigen.

Die zweite Frage gilt den ursächlich vorherrschenden Witterungsfaktoren. Auf Seite 42 wurde dargelegt, daß ein mit Wasser und Nährstoffen optimal versorgter, gesunder Pflanzenbestand in seiner Ertragsbildung letztlich nur durch die eingestrahlte Energie begrenzt wird. Diese Auffassung bestätigt sich, wenn man die parallele Variation von Einstrahlung und Kartoffelertrag in Abb. 51A betrachtet. Für den Faserlein (Abb. 51B) gilt das offenbar nicht, da in den strahlungsreicheren Vegetationszeiten stets geringere Flachserträge produziert wurden. Vermutlich wurden in den strahlungsreichen, warmen Jahren mit großem Sättigungsdefizit der Atmosphäre die hohen Ansprüche des Faserleins an die Wasserversorgung nicht gedeckt, so daß also nicht die Einstrahlung, sondern der Wassermangel zum ertragsbegrenzenden Faktor wurde. Bei Faserlein ist deshalb zu erwarten, daß die Niederschlagsmenge ein vorherrschender Faktor für die Ertragsbildung ist.

Tiefere Einsicht in die Beziehungen zwischen Witterung und Ertrag ergibt nur eine Analyse, in der die Variation bestimmter Wetter-

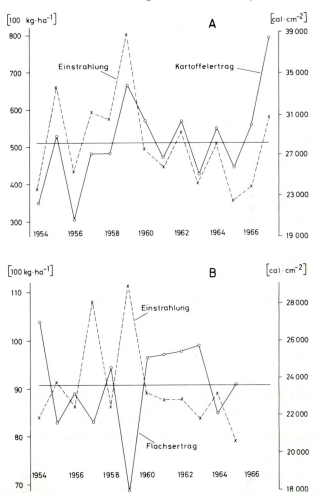

Abb. 51. Beziehungen zwischen der Einstrahlung während der Vegetationszeit (3 Wochen nach Feldaufgang bis zur Ernte) und den Ernteerträgen von Kartoffeln (A) und Faserlein (B) (Sibma 1970).

elemente während einzelner Entwicklungsabschnitte in multiple Produktionsfunktionen eingeht.

Nicht nur direkte, sondern auch indirekte Witterungseinflüsse begrenzen die Höhe des Pflanzenertrages. Vor allem die Ausbreitung von Pflanzenkrankheiten und Schädlingen ist witterungsbedingt. Unter den vielen möglichen Beispielen sei nur die Krautfäule der Kartoffel genannt, deren Schadwirkung (Verlust an Blattfläche) an feuchtwarme Witterung gebunden ist. Witterungsbedingt sind auch die Veränderungen im Luft-, Wasser- und Wärmehaushalt der Ackerböden, die immer durch Variation von Einstrahlung, Niederschlag und Verdunstung ausgelöst werden. Diese Veränderungen wirken auf das Bodenleben und damit z. B. auf die Freisetzung von organisch gebundenem Stickstoff im Boden, also auf das N-Angebot für die Pflanzen. Daneben ändern sich aber auch die Gefügezustände des Bodens mit ihren Folgen für Wurzelwachstum und Befahrbarkeit des Ackers.

Schließlich gehören zu den indirekten Wirkungen der Witterung auf den Pflanzenertrag die Anforderungen, die bestimmte Nutzungs- und Ernteverfahren an die Witterung und den Bodenzustand stellen. Ein Futterpflanzenbestand, dessen Aufwuchs durch Bodentrocknung zu Heu geworben werden soll, kann erst dann geschnitten werden, wenn Aussicht auf eine Zeitspanne mit günstigen Bedingungen für die Trocknung besteht. Sind diese Bedingungen im Mittel der Jahre nur unzureichend erfüllt, muß ein anderes Werbungsverfahren, z.B. Silierung von angewelktem Futter oder Trocknung unter Dach mit Kalt- oder Warmluft gewählt werden. Ein anderes Beispiel ist die Wahl des Zeitpunktes für die Zuckerrübenernte. Obwohl die Witterung für ein weiteres Wachstum noch günstig wäre, wird unter Umständen mit der Ernte schon früher begonnen, weil der Boden trocken ist und nach zu erwartenden Niederschlägen im Spätherbst der nasse Boden ein vollmechanisiertes Roden der Rüben nicht mehr erlaubt.

In beiden Beispielen ist die Witterung nicht nur für die Ertragsbildung der begrenzende Faktor, sondern auch für die Qualität der Ernteprodukte und für die Anwendung bestimmter Ernteverfahren. Duckham (1963) unterscheidet daher zwischen einem Bio- und einem Ergoklima eines Ortes. Vom Bioklima werden Wachstum und Entwicklung der Kulturpflanzen gesteuert. Das Ergoklima, d. h. der Witterungsablauf in seiner Wirkung auf die notwendigen Feldarbeiten, setzt die Bedingungen für die Möglichkeit und den Erfolg von Anbaumaßnahmen, wie ein bestimmtes Verfahren der Bodenbearbeitung, der Unkrautbekämpfung, des Pflanzenschutzes, der Ernte und des Transports von Erntegut. Die optimalen Witterungsbedingungen für die Ertragsbildung der Pflanzen und für manche der notwendigen Feldarbeiten sind nicht gleich. Feuchtwarme Witterung nach der Aussaat fördert Feldaufgang und Wachstum der Kulturpflanzen, aber auch des Unkrauts. Der Bodenzustand bei dieser Witterung macht obendrein eine mechanische Unkrautbekämpfung praktisch wirkungslos, wenn nicht sogar unmöglich.

Dies ist nur eines von vielen Beispielen dafür, wie komplex der Zusammenhang zwischen Witterung und Pflanzenertrag ist. Die Organisation des Pflanzenbaues wird letztlich durch die Witterung bestimmt. Die Anbaumaßnahmen so durchzuführen, daß sie im Einklang mit der augenblicklichen und der zu erwartenden Witterung stehen, verlangt nicht nur Kenntnisse und Erfahrung, sondern auch viel Glück.

2.2 Anpassung an den Standort

Die Standortfaktoren am Wuchsort setzen dem Landwirt Grenzen, an die er sich bei der Gestaltung seiner Produktionsverfahren anpassen muß.

Jeder Landwirt ist bemüht, die in seinem Betrieb gegebene Faktorausstattung so zu nutzen, daß der gesamte Produktionsprozeß unter den jeweiligen gesellschaftlichen oder selbst gesetzten Rahmenbedingungen, z. B. Verzicht auf den Einsatz von Agrochemikalien, wenn nicht den höchstmöglichen, so doch einen befriedigenden Gewinn abwirft. Welches pflanzenbauliche Bodennutzungssystem er im Zusammenhang mit den übrigen Produktionszweigen wählt, hängt in erster Linie von Klima, Boden, Geländegestalt und den unter diesen Bedingungen ökonomisch vorteilhaftesten Nutzpflanzen ab, die der Landwirt auf seinen Betriebsflächen mit Aussicht auf Erfolg anbauen kann.

Innerhalb eines Bodennutzungssystems erfolgt der nächste Anpassungsschritt mit der Wahl der anzubauenden Kulturpflanzenart und deren Sorte. Auch hier geben sowohl die Anpassung der Feldfrucht an die gegebenen Standortbedingungen als auch der mit dieser Feldfrucht erzielbare ökonomische Erfolg den Ausschlag. Wesentliche ökonomische Kriterien sind der Deckungsbeitrag, d. h. der Wert der verkaufsfähigen Ware abzüglich der variablen Spezialkosten, die nicht in Geld zu bewertenden innerbetrieblichen Leistungen, z. B. die Produktion von Rauh- und Saftfutter für Wiederkäuer und die mit der Viehhaltung erzeugten organischen Wirtschaftsdünger, und die Ansprüche an die Faktorausstattung eines Betriebes, z. B. der Anspruch an Arbeit und Maschinenkapital.

Unter pflanzenbaulichen Gesichtspunkten verdient der Anbau derjenigen Feldfrucht den Vorzug, die die höchste Ertragsfähigkeit hat und am besten an die durchschnittlichen und extremen Wachstumsbedingungen eines Wuchsortes angepaßt ist, d. h. in dieser Umwelt ihr ökologisches Optimum verwirklicht findet. Das zeigt sich darin, ob eine Kulturpflanzenart ihre höchsten Erträge mit den geringsten Ertragsschwankungen produziert. Ein Beispiel mit den Er-

Tab. 10. Relative Vorzüglichkeit von Ackerbohnen und Körnererbsen und deren Sorten in Abhängigkeit von den Standortbedingungen des Wuchsortes (EBMEYER 1984)

Ort, Boden und Klima Kornertrag (dt·ha^{-1}), x̄, 3 Jahre

1 beste Sorte 2 Sortenmittel 3 schlechteste Sorte	Ackerbohnen			Körnererbsen			s % für beide Arten
	1	2	3	1	2	3	
NO-Polder, Niederlande Junge Seemarsch im maritimen Klima	73,2	58,6	48,3	61,6	53,9	47,6	12,6
Göttingen, BR Deutschland Lößbecken im Mittelgebirge, Übergangsklima	57,1	41,4	32,6	48,7	40,7	36,2	14,2
Marchfeld, Österreich kalkreicher Auenboden im kontinentalen Klima	26,5	25,1	23,6	48,1	46,3	44,3	28,7

gebnissen eines Anbauvergleichs von Körnerleguminosen soll diesen Sachverhalt verdeutlichen (Tab. 10).

Zunächst ist anhand der durchschnittlichen Kornerträge und der mittleren Ertragsschwankungen (s% von x̄) festzustellen, daß der Anbauort in den Niederlanden besser für die Produktion von Ackerbohnen und Erbsen geeignet ist als die beiden anderen im Binnenland liegenden Orte. Entscheidend dafür sind die Klima- und nicht die Bodenbedingungen, denn alle 3 Böden zeichnen sich durch eine hohe nutzbare Speicherkapazität für Wasser und eine hohe Ertragsfähigkeit aus. Vielmehr sind es die Höhe und Verteilung der Niederschläge während der Vegetationszeit und die geringe potentielle Evapotranspiration, die im Nordost-Polder die höchste und risikoärmste Kornproduktion von Erbsen und Ackerbohnen ermöglichen.

Zwischen Orten und Kulturpflanzenarten besteht eine deutliche Wechselwirkung. Während im maritimen Klima die Ackerbohne mit ihrer etwa um 20 bis 30 Tage längeren Vegetationszeit die leistungsfähigere Feldfrucht war, erwies sich im kontinentalen Klima die Körnererbse als die überlegenere Feldfrucht. Bevor im Marchfeld die Spätsommer-Trockenheit einsetzte, hatte sie ihre Kornproduktionsphase schon weitgehend beendet. Deshalb ist sie für Orte mit häufigerem Wassermangel und Böden mit geringerer Wasserspeicherung die vorzüglichere Feldfrucht.

Dieses Verhalten ist aber nicht der einzige Entscheidungsgrund für die Artenwahl. Körnererbsen lagern in der Regel zur Erntezeit so stark, daß sie bei feuchter Witterung häufig nur mit Verlusten von mehr als 20% geerntet werden können. Ackerbohnen reifen in nassen Jahren erst Ende September, lagern aber nur in geringerem Maße. Hier ist das Ernterisiko weniger von der Wuchsform und mehr vom Erntetermin bestimmt. Die zeitigere Ernte der Körnererbse erweitert das Spektrum der möglichen Nachfrüchte, erlaubt u. U. noch den Anbau von Körnerraps als Folgefrucht und damit eine höhere Effektivität in der Nutzung der im Boden verfügbaren Stickstoff-Rückstände der Erbsenvorfrucht. Dieses Beispiel soll zeigen, daß neben hoher möglicher Produktivität die Erntbarkeit und die Einordnung in die Fruchtfolge weitere Gesichtspunkte für die Wahl der anzubauenden Feldfrucht sind.

Die Ertragsdifferenzen zwischen der besten und schlechtesten Sorte waren im NO-Polder und in Göttingen (Tab. 10) größer als die Unterschiede zwischen den Mittelwerten der beiden Arten. Dieser Sachverhalt unterstreicht die Bedeutung der Sortenwahl. Der Landwirt muß den züchterischen Fortschritt in der Steigerung der Ertragsleistung und Ertragssicherheit der Feldfrüchte nutzen. Dieser Fortschritt besteht zu einem nicht geringen Teil auch in der Anpassung der Kulturpflanzenarten an bestimmte Standortbedingungen durch Neukombination und Selektion geeigneter Genotypen. Die immer noch nicht beendete Ausbreitung des Maises in kühlere Klimabereiche ist dafür ein eindrucksvolles Beispiel.

Die zur Wahl stehenden Sorteneigenschaften betreffen außer den Ertragsleistungen auch die folgenden Merkmale:

1. Produktqualität, gemessen am Gehalt und der Ausbeutbarkeit spezifischer Inhaltsstoffe wie Zucker, Stärke, Fettsäuren und Proteine, oder an der Eignung zur Herstellung besonderer Produkte, wie z. B. Back- und Teigwaren. Bei der Nutzung als Futter für Wiederkäuer ist die Energiekonzentration und die Verdaulichkeit, insbesondere der Abfall der Verdaulichkeit im Verlauf der Zeit (Nutzungselastizität) von Bedeutung.
2. Reifetermin, d. h. Ansprüche der Sorten an die Dauer der Vegetationszeit.
3. Belastbarkeit gegenüber abiotischen Faktoren wie Dürre, Kälte, Hitze, Bodenversauerung, Versalzung und stauende Nässe.
4. Erntbarkeit, Vor- und Nachernteverluste, verursacht bei Körnerfrüchten durch Unterschiede in der Keimruhe (Auswuchs auf dem Halm), Lagerneigung, Ähren- und Kolbenknicken, Platzfe-

stigkeit von Schoten und Hülsen, bei Knollen- und Wurzelfrüchten durch Gestalt und Position der Speicherorgane im Boden sowie der Schalenfestigkeit bei Kartoffeln.
5. Fähigkeit zur Unkrautunterdrückung, der Toleranz und Resistenz gegen Schädlinge und Pflanzenkrankheiten. Ersteres ist eng verknüpft mit Hoch- und Massenwüchsigkeit sowie mit Standfestigkeit, z. B. von Getreidesorten. Alle diese Eigenschaften nehmen in dem Maße an Bedeutung für die Sortenwahl zu, wie sich die Produktionskosten, z. B. für Pflanzenschutz, im Vergleich zu den Produktpreisen erhöhen und wie die Anforderungen der Gesellschaft steigen, daß keine Pestizide in das Grund- und Trinkwasser eingetragen werden.

Sortenvergleiche nicht nur über Jahre und Orte, sondern auch über Intensitätsstufen zeigen mit allen Übergängen zwei extreme Verhaltensweisen. Hochleistungssorten schöpfen ihre Ertragsfähigkeit nicht selten nur unter sehr günstigen Standortbedingungen und unter Einsatz aller ertragssichernden Pflanzenschutzmaßnahmen aus, weisen also einen engen Optimumbereich des Standorts und der Anbauintensität auf. Andere Sorten dagegen kommen unter diesen Bedingungen nicht an die Hochleistungssorten heran, sind diesen aber unter ungünstigeren Bedingungen überlegen. Solche Sorten mit einem breiteren Optimumbereich eignen sich insbesondere für Produktionsverfahren, in denen die Anbauintensität bewußt zurückgenommen wird.

Die Sorteneignung für ein bestimmtes Produktionsziel kann aus den Angaben der „Beschreibenden Sortenliste" abgeleitet werden. Nachteil dieser in der Regel nur relativen Bewertung der Sorten ist die fehlende Differenzierung dieser Einstufung für einzelne Natur- und Produktionsräume. Außerdem enthalten die amtlichen Sortenbeschreibungen keine sortenspezifischen Anbaurichtlinien. Die örtliche Anbaueignung der Sorten und das für den Wuchsort geeignetste Anbauverfahren für jede Sorte können nur in Versuchen an jedem Ort geprüft werden. Da solche Versuche aus Kostengründen auf wenige Orte und Jahre beschränkt bleiben müssen, ist der einzelne Landwirt zur eigenen Erprobung von Sorten und der dazu passenden Anbauverfahren aufgerufen.

Die letzte und vielleicht wichtigste Möglichkeit zur Anpassung der Pflanzenproduktion an die wechselnden Standortbedingungen liegt in der Gestaltung der einzelnen Schritte von Produktionsverfahren. Hier spielt die Rechtzeitigkeit einer jeden Maßnahme eine hervorragende Rolle. Die Terminabhängigkeit der Eingriffe ist unterschiedlich groß und variiert mit den Standortbedingungen, der anzubauenden Feldfrucht und deren entwicklungsabhängigen Reaktion auf den

Eingriff. Zum Beispiel nimmt die Zeitspanne, innerhalb derer die Bodenbearbeitung ohne negativen Einfluß auf die Ertragsbildung von Rüben erfolgen kann, in der Reihenfolge ab: Grundbodenbearbeitung im Herbst, Saatbettbereitung im Frühjahr und Hackpflege zur Unkrautbekämpfung im Pflanzenbestand.

Spezielle Maßnahmen zur Ertragssteigerung oder Ertragssicherung, die an bestimmte Entwicklungszustände der Feldfrucht gebunden sind, wie Anwendung geteilter N-Düngergaben zu Getreide, Bekämpfung von Pflanzenkrankheiten und Schädlingen oder Wasserzufuhr in sogenannten kritischen Phasen, z.B. während der Blüte und frühen Kornentwicklung von Mais, sind deutlich stärker termingebunden als allgemein vorbereitende Maßnahmen wie Stoppel- oder Grundbodenbearbeitung. Dabei ist der Erfolg auch dieser Eingriffe, soweit es das Erreichen bestimmter Teilziele betrifft, wie maximale Bröckelung des bearbeiteten Bodens, ebenfalls wieder an bestimmte Voraussetzungen, also auch an Termine gebunden.

Innerhalb der gesamten Feldwirtschaft können die Probleme der Rechtzeitigkeit einzelner Maßnahmen nur im Zusammenhang mit den Ansprüchen aller angebauten Feldfrüchte gelöst werden. Dabei ist eine Rangfolge in den Ansprüchen der einzelnen Feldfrüchte und der Wetterempfindlichkeit der Arbeitsqualität der zu erledigenden Maßnahmen in täglich erneuerter Abwägung herzustellen. Diese Entscheidung wird umso schwieriger, je geringer die Arbeitsmacht eines Betriebes und je knapper die Anzahl der verfügbaren Feldarbeitstage bei andauernder Witterungsungunst ist. Ein „Feldarbeitstag" wird durch seine Eignung bestimmt, die jeweilige Arbeit mit ausreichendem Erfolg zu erledigen. Werbung von Heu stellt andere Ansprüche an Witterung und Bodenzustand als Ausbringung von Gülle. Für ersteres muß es möglichst trocken sein, für letzteres ist im Hinblick auf die Ammoniakverluste ein Regentag günstiger.

2.3 Eingriffe in das Wachstum der Pflanzen und in den Standort

Pflanzenbau an sich ist schon ein tiefgreifender Eingriff in den Standort und in die dort heimische Lebensgemeinschaft, mit weitreichenden Folgen für Produktion und Umwelt. Doch wirken die einzelnen Maßnahmen unterschiedlich stark und nachhaltig auf den Zustand des Agrarökosystems. Deshalb soll die nachfolgende Übersicht der möglichen Eingriffe nach diesem Gesichtspunkt gegliedert werden.

Die erste Gruppe von Maßnahmen betrifft unmittelbar nur die Vitalität und das Wuchsverhalten der einzelnen Pflanzen, wenn man davon absieht, daß jede dieser Veränderung auch weiterreichende Folgen für die sonstige Flora und Fauna am Wuchsort hat. Die Saatgutbeschaffenheit wird beeinflußt durch Trocknung, Steuerung von Temperatur und Luftfeuchte im Lager, Vorkeimen von Kartoffelpflanzgut und Revitalisierung von Saatgut. Kontrolle über die Wuchsform und die generative Vermehrung kann mit mechanischen und chemischen Mitteln ausgeübt werden. Zu nennen sind das Entfernen von Pflanzenteilen, z. B. bei der Erzeugung von Mais-Hybriden das Entfahnen der Mutterpflanzen, oder bei Tabak und Tomaten das Ausgeizen von Seitenknospen zur Steuerung der Assimilatverteilung.

Diese Steuerung bewirken auch chemische Wachstumsregulatoren, wie Chlormequat und Etephon, die im Getreidebau breite Anwendung gefunden haben. Als Gegenspieler der Gibberelline hemmen sie Zellteilung und Zellstreckung, so daß eine Halmverkürzung eintritt und die Standfestigkeit des Getreides erhöht wird. Nebenwirkungen ergeben sich über höheren Lichtgenuß der bodennahen Seitentriebe (Steigerung der Anzahl ährentragender Halme), zeitweilig gefördertes Wurzelwachstum als Folge veränderter Assimilatverteilung und stärkeren Befall von Weizen mit Blatt- und Spelzenkrankheiten *(Septoria)*.

Der Einsatz von halmverkürzenden Wachstumsregulatoren war eine wesentliche Voraussetzung für die Ausweitung des Getreidebaus und die durch vermehrte Stickstoffdüngung erreichte Steigerung der Kornerträge. Es ist zu erwarten, daß solchen Pflanzenbehandlungsmitteln in Zukunft noch größere Bedeutung für die Pflanzenproduktion zukommt. Schon jetzt werden z. B. transpirationshemmende, wachstumserhaltende Wirkstoffe (z. B. Monoethanolamin) erfolgreich im Getreidebau erprobt.

Die zweite Gruppe von Maßnahmen greift stärker in die biotischen und abiotischen Standortfaktoren ein. Dazu gehört die Anwendung ertragssichernder und verlustverhindernd wirkender Biozide, nämlich Herbizide zur Kontrolle von Wildpflanzen und unerwünschten Kulturpflanzen, Fungizide zur Bekämpfung von Pilzen als Krankheitserreger, Insektizide gegen Insekten als Pflanzenschädlinge, um nur die am häufigsten angewendeten chemischen Pflanzenschutzmittel zu nennen.

Zu den Maßnahmen des Ackerbaus gehören Bodenbearbeitung, Düngung und Bewässerung. Zufuhr von Pflanzennährstoffen und organischer Substanz sowie durch Bearbeitung geschaffene Lockerbodenstruktur erhöhen das Angebot an pflanzenverfügbaren Nährstoffen im Boden. Beregnung beseitigt zeitweiligen Wassermangel. Diese im Produktionsverfahren einzelner Feldfrüchte angewendeten Maßnahmen steigern nicht nur kurzfristig die Produktivität eines

Bodennutzungssystems, sondern auch langfristig über die vermehrte Zufuhr von Ernteresten und die im Boden verbleibenden Mengen von mineralischen Düngern. Sie schaffen aber auch nachhaltig veränderte Bedingungen für das Vorkommen und die Aktivität der gesamten Flora und Fauna am Wuchsort.

Im Vergleich zu diesen Eingriffen in den Boden sind die Möglichkeiten, witterungsbedingte negative Temperatureffekte auszugleichen, wesentlich geringer und wegen ihres hohen Aufwandes nur unter besonderen Voraussetzungen gerechtfertigt. Solche Voraussetzungen sind im Frühkartoffelbau gegeben, wo es gilt, durch Abdecken der Bodenoberfläche mit Folien die Bodenerwärmung und damit das Jugendwachstum der Kartoffeln zu beschleunigen. Frostschutzberegnung (Wärmeentbindung durch Eisbildung) wird im Obstbau eingesetzt.

Die dritte Gruppe umfaßt meliorative Maßnahmen, mit denen die Standortbedingungen auf Dauer verändert werden sollen. Dazu gehören Krumenvertiefung, Unterbodenlockerung und Entwässerung (Drainage). Auch das Aufbringen oder Einmischen von Unterbodenmaterial auf oder in die Krume (Sanddeck- bzw. Sandmischkultur für Moorböden) dient der Verbesserung und Erhaltung der Bodenproduktivität. Im frühen Mittelalter wurden durch jährlich wiederholte Zufuhr von Grassoden und Heideplaggen mehrere dm mächtige Kulturschichten, sogenannte Eschböden, geschaffen, die sich noch heute durch vergleichsweise hohe Bodenproduktivität auszeichnen. Ein solcher „Ackerbau" ist wegen der hohen Kosten heute kaum mehr erschwinglich.

Als letzte Gruppe von Eingriffen sei die Gestaltung von Relief und Landschaft genannt. Diese Maßnahmen verändern nicht nur die Standortverhältnisse am einzelnen Wuchsort, sondern auch größere Ausschnitte der Agrarlandschaft. Meist im Zusammenhang mit Flurbereinigung werden Ackerflächen zusammengelegt, also die Schlaggröße verändert, Wege, Feldraine, von Hecken oder Feldgehölzen umrahmte Terrassen beseitigt oder – sehr viel seltener – neu angelegt. Wirkungsvollen Schutz vor Wassererosion bietet eine kleinräumige, quer zur Gefällerichtung und den Konturen folgende Gestaltung der Feldflur, in der die einzelnen Ackerstreifen von erosionshemmenden Vegetationseinheiten unterbrochen werden.

Die aufgezählten Eingriffsmöglichkeiten in den Standort sind selbstverständlich nur bei Bedarf, d.h. in Abhängigkeit von den jeweils vorgegebenen Standortbedingungen zu nutzen. Bei der Wahl der Maßnahme ist zu beachten, daß manche intensive Eingriffe in das am Wuchsort verwirklichte Agrarökosystem nicht selten einen noch stärkeren Regelungsbedarf nach sich ziehen.

3 Regelung der Ertragsbildung von Pflanzenbeständen durch Anbau- und Nutzungsverfahren

Mit dem Anbau der jeweiligen Feldfrucht verfolgt der Landwirt ein bestimmtes Produktionsziel, z. B. die Erzeugung von Braugerste oder von Maiskorn-Spindelgemischen zur Fütterung von Schweinen. Jedes dieser Ziele verlangt eine besondere Art, Intensität von Anbaumaßnahmen und bestimmte Zeitpunkte bei den aufeinander folgenden Verfahrensschritten in dem gewählten Produktionsverfahren. Wie schon gesagt, kann das Produktionsziel nur erreicht werden, wenn die Anbaumaßnahmen an die Wirkung vorausgegangener und noch zu erwartender Standortbedingungen, wie Witterung, Bodenzustand, Auftreten von Schädlingen und Pflanzenkrankheiten, und an den Entwicklungs- und Wachstumszustand der Feldfrucht selbst angepaßt sind. Im Hinblick auf das anzustrebende Ziel entsteht dann jeweils ein bestimmter Handlungsbedarf, z. B. ein N-Düngungs- oder Bewässerungsbedarf. Die Anpassung aller Verfahrensschritte an den Ist- und Sollzustand nennt man heute „Boden- und Bestandesführung". In diesem Konzept können Wasser- und Nährstoffzufuhr nur heraufgeregelt werden. Wasser- oder Nährstoffüberschuß bleiben dabei unbeachtet, es sei denn, man versucht negative Effekte durch Anwendung von „zügelnden" Wachstumsregulatoren oder Wirkstoffen zu vermeiden. Biotische Schadfaktoren dagegen, wie z. B. Schädlings- oder Krankheitsbefall können nur herabgeregelt werden. Spezielle Produktionsverfahren sind Gegenstand einer regionalen, auf einzelne Feldfruchtarten und -sorten bezogene Pflanzenbaulehre. Hier können nur allgemein die in allen Produktionsverfahren wiederkehrenden Maßnahmen behandelt werden.

3.1 Verfahren der Bestandesgründung

Wie die Saat, so die Ernte: Diese Redensart weist auf die Bedeutung hin, die die Bestandesgründung für das Gelingen des ganzen Produktionsverfahrens hat. Welche Faktoren und Prozesse auf den Feldaufgang wirken, zeigt das Flußdiagramm in Abb. 52.

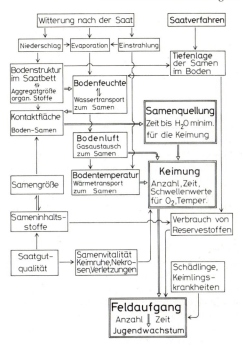

Abb. 52. Faktoren, die den Feldaufgang bestimmen.

3.1.1 Saatgutwert

Unter Saatgut im engeren Sinne versteht man trockene und ruhende Samen und Früchte, unter Pflanzgut vegetative Pflanzenteile, z. B. Kartoffelknollen, die zur Erzeugung von Pflanzen bestimmt sind. Die wertbestimmenden Eigenschaften von Saat- und Pflanzgut sind zum Teil in gesetzlichen Normen (Saatgutverkehrsgesetz) enthalten. In ihnen sind Mindestanforderungen an die Echtheit (Zugehörigkeit zu einer bestimmten Art, Sorte oder Saatgutkategorie), Reinheit und Keimfähigkeit festgelegt.

Das Saatgut darf nur in folgenden Kategorien gehandelt werden:

1. Basissaatgut, das nach den Grundsätzen einer systematischen Erhaltungszüchtung vom Züchter gewonnen und von der zulassenden Behörde anerkannt ist. Die Anerkennung erfolgt nur, wenn die Art in die Artenliste und die Sorte in die Sortenliste eingetragen ist.

2. Zertifiziertes Saatgut, das unmittelbar aus anerkanntem Basissaatgut erwachsen ist und im übrigen die Normen des Basissaatgutes erfüllt.
3. Handelssaatgut und Behelfssaatgut, die beide geringeren Anforderungen genügen müssen.

Nur anerkanntes Saat- oder Pflanzgut bietet Gewähr eines hohen Saatgutwertes, sowohl in genetischer wie in technischer Sicht. Deshalb sollte der Zukauf von Saatgut die Regel und eine Eigenvermehrung die Ausnahme sein, es sei denn, dieses Saatgut wird der gleichen Qualitätskontrolle unterworfen wie das zugekaufte.

Zur reinen Saat gehören nur die Samen und Knollen, die äußerlich als vollwertige Saat angesprochen werden, nämlich reife, unbeschädigte Samen oder Früchte, nicht aber Bruch-, Schrumpf- und taube Körner. Als Besatz bezeichnet man die Samen von fremden Kulturpflanzen und von Unkräutern sowie harmlose Verunreinigungen wie Erde und Spreu.

Die Keimfähigkeit wird unter optimalen und reproduzierbaren Bedingungen (20 °C oder Wechseltemperaturen, Licht oder Dunkelheit, Wasser- und Sauerstoffversorgung entsprechend dem Optimum der artspezifischen Ansprüche) in einem Sand-, Boden- oder Filtrierpapier-Keimbett bestimmt. Die Lebensfähigkeit der Samen kann mit Hilfe biochemischer Schnellmethoden, z.B. die topographische Tetrazolium-Methode – Reduktion des Tetrazoliums durch Wasserstoff zum roten Formazan –, nachgewiesen werden. Als gekeimt werden alle diejenigen Samen angesehen, deren Embryo sich während des Keimprozesses so entwickelt hat, daß mit dem Heranwachsen einer normalen Pflanze gerechnet werden kann. Als Kriterien gelten z.B. im Keimtest das Hervortreten von Wurzel und Sproß, in biochemischen Vitalitätsprüfungen die spezifische Anfärbung des Embryos.

Unter Keimschnelligkeit versteht man entweder den Prozentsatz der Samen, die innerhalb einer bestimmten kurzen Frist (je nach Art 3 bis 5 Tage) gekeimt haben, oder die mittlere Keimrate je Samen. Ein noch besseres Maß für die Vitalität der Samen liefern Keimversuche unter ungünstigen Bedingungen oder zusätzliche Analysen der Saatgutbeschaffenheit. Die „Triebkraft" wird z.B. durch Ablage der Samen unter einer 4 cm mächtigen Ziegelgrusdecke gemessen. Mais wird nahe der minimalen Keimtemperatur (10 °C) einem „Kältetest" unterworfen. Der Zusatz einer geringen Menge von Standardboden in das Keimbett dient als Infektionsquelle für mikrobielle Keimlingskrankheiten, eine Maßnahme, die den Kältetest noch verschärft. Körnerleguminosen weisen nicht selten haarfeine Risse in der Samenschale auf, eine Folge mechanischer Beschädigungen bei Ernte und Aufarbeitung des Saatgutes. Deshalb mißt man die Konzentration von Inhaltsstoffen, die aus dem Sameninneren durch Risse in das Wasser austreten, in dem die Samen zum Quellen gebracht wurden.

Unter Feldaufgang versteht man den Prozentsatz der unter Feldbedingungen aufgelaufenen Keimlinge bezogen auf die Menge der ausgesäten Samen. Er ist in der Regel um so höher, je höher die Keimfähigkeit einer Saatgutpartie ist. Unter besonders ungünstigen Bedingungen, wenn das Saatgut lange im Boden liegt ohne zu keimen, besteht manchmal keine Beziehung zwischen der unter optimalen Laborbedingungen ermittelten Keimfähigkeit und dem Feldaufgang. Erst mit der zusätzlichen Bestimmung der Vitalität der Samen mittels der oben genannten Prüfverfahren wird die Korrelation enger.

Die Daten in Tab. 11 zeigen, daß die Ansprüche an die Vitalität des Saatgutes um so größer sein müssen, je mehr zu erwarten ist, daß das Saatgut unter ungünstigen Bedingungen – hier niedrige Temperaturen bei früher Aussaat – keimen soll. Das gilt ungeachtet einer Beizung des Saatgutes zum Schutz vor Schädlingsbefall und Keimlingskrankheiten. Beizung kann mangelnde Vitalität des Saatgutes nur in Grenzen kompensieren.

Die Keimfähigkeit nimmt mit dem Alter der Samen ab und zwar um so mehr, je größer die Atmungsverluste der Samen im Lager sind. Trockene und kühle Lebensbedingungen während der Lagerung erhalten die Vitalität der Samen. Muß überlagertes Saatgut verwendet werden, so sollte zuvor die Keimfähigkeit geprüft werden.

Ein weiteres Qualitätsmerkmal ist die mittlere Kornmasse, meist Tausendkorngewicht genannt. Saatgut mit extrem unterdurchschnittlicher Kornmasse besitzt häufig nur mangelhaft ausgebildete Keimlinge und einen zu geringen Reservestoffvorrat. Bei zu tiefer Saat oder unter ungünstigen Keimungsbedingungen vermindert eine schlechte Samenausbildung nicht nur den Feldaufgang, sondern auch das Jugendwachstum, soweit es mit den noch nicht verbrauchten Reservestoffen des Samens erfolgt. Vorteilhaft in dieser Hinsicht

---

Tab. 11. Einfluß der Vitalität des Saatgutes auf den Feldaufgang von Körnererbsen in Abhängigkeit vom Saattermin (PERRY 1973)

Saattermin	Vitalität des Saatgutes		
	hoch	mittel	niedrig
		Feldaufgang (%)	
20. Februar	41,8	16,5	5,7
19. März	51,6	31,5	22,0
22. April	86,9	65,4	54,3

ist auch ein hoher Proteingehalt des Samens. Er fördert die Ausbildung des ersten Blattes und damit den Assimilatgewinn der jungen Pflanze. Keimpflanzen aus Samen mit hohen Reservestoffvorräten sind umso mehr im Wettbewerb überlegen, je dichter die Pflanzenbestände sind.

Für alle Verfahren der Präzisionssaat wird gleich großes und gleichmäßig geformtes Saatgut verlangt. Dazu werden die Samen entweder sortiert, d. h. nach Größe und Form „kalibriert" oder mit geeigneten Stoffen umhüllt, d. h. „pilliert". Der Pillenmasse können Nährstoffe und Biozide zugefügt werden, um Feldaufgang und Jugendwachstum zu sichern. Auch beim Pflanzgut spielt die Sortierung eine wichtige Rolle. Kleinere Kartoffelknollen senken z. B. den Pflanzgutaufwand. Sie können unbedenklich benutzt werden, solange die Standortbedingungen günstig für das Wachstum sind und die Kartoffelstauden eine lange Vegetationszeit nutzen können. Zu beachten ist, daß mit zunehmender Größe der Pflanzkartoffel auch die Anzahl Triebe je Staude steigen kann. Das wirkt sich auf die Größensortierung der folgenden Knollengeneration aus.

Saat- und Pflanzgut kann vor der Aussaat bzw. Pflanzung „konditioniert" werden. Gebräuchlich ist das Vorkeimen der Kartoffeln im Licht mit nachfolgender „Abhärtung" der Lichtkeime bei niederen Temperaturen und kurzem Anwelken, um Beschädigungen der Keime bei mechanisiertem Pflanzen zu vermeiden und die Anpassung der Kartoffelkeime an die Feldbedingungen zu verkürzen. Gealtertes Getreidesaatgut kann durch kurzfristiges Einquellen und Rücktrocknung „revitalisiert" werden. Die damit verbundene Steigerung der Stoffwechselaktivität beseitigt vermutlich Defekte in der Übermittlung der im Zellkern gespeicherten Steuerungsinformation und erhöht den Enzymgehalt der Karyopsen. Diese Konditionierung soll sich auch vorteilhaft auf das Wachstum unter Trockenbedingungen auswirken.

3.1.2 Saatdichte und Standraumzuteilung

Wenn eine bestimmte Bestandesdichte angestrebt wird, hängt die Aussaatmenge nur von der jeweiligen mittleren Kornmasse des Saatgutes und von der Reinheit und Keimfähigkeit der Saatgutpartie ab. Darüber hinaus muß die Saatdichte um die Differenz zwischen der berechneten Keimdichte und dem geschätzten Feldaufgang erhöht werden. Diese Differenz wird um so größer, je ungünstiger die Saatbettbeschaffenheit und die zu erwartende Witterung nach der Aussaat sind und je größer der vorfruchtabhängige Befallsdruck von Schädlingen und Krankheitserregern ist.

Die Regel ist, daß je nach Standortbedingungen, Art und Sorte spezifische Bestandesdichten angestrebt werden. Damit wird die jeweilige Endbestandesdichte zur Zeit der Ernte zum wesentlichsten Bestimmungsgrund für die Saatdichte. Dabei ist zu berücksichtigen, ob lediglich ein bestimmter Schwellenwert der Bestandesdichte überschritten werden soll oder ob ein Optimum der Bestandesdichte erreicht werden muß. Das erstere ist bei der Produktion vegetativer Masse der Fall. Die Beziehung zwischen Bestandesdichte und Flächenertrag ist dann eine Sättigungskurve. Bei der Produktion generativer Organe dagegen besteht die Bestandesdichte-Ertragsrelation meist in einer mehr oder weniger stark ausgeprägten Optimumkurve.

Letzteres stellt den Landwirt vor eine schwierige Aufgabe. Nicht nur die Wirkungen der Konkurrenz und der wechselnden, nur in weiten Grenzen voraussagbaren Umweltbedingungen sind in Rechnung zu stellen, sondern auch die art- und sortenspezifische Fähigkeit der Pflanzen sich zu verzweigen und zu bestocken. Nur eine genaue Kenntnis der genotypischen Reaktionsnorm und langjährige Erfahrungen über den im Durchschnitt zu erwartenden Verlauf der Witterung und das Verhalten des Bodens am Wuchsort geben einige Sicherheit bei der Wahl der angemessenen Saatdichte. Meist wird zur Verminderung von Risiken eine zu hohe Saatdichte verwirklicht. Im folgenden kann nur auf einige Grundsätze hingewiesen werden.

Zur Erzielung eines maximalen Pflanzenertrages muß die Endbestandesdichte um so höher sein, je geringer die „Füllkraft" der Pflanzen eines Genotyps ist. Moderne kurzstrohige Getreidesorten, aber auch die Anwendung halmverkürzender Wachstumsregulatoren verlangen z.B. höhere Aussaatmengen als ältere, strohwüchsige Formen. Manche Arten nehmen eine „Miniaturisierung" der Einzelpflanze durch dichten Stand und Überschreiten der optimalen Endbestandesdichte ohne größere Ertragsdepressionen hin, andere reagieren darauf empfindlich. So bringen z.B. die Getreidearten mit ihren endständigen, stets im vollen Licht stehenden Ähren in einem relativ weiten Bereich der Bestandesdichte annähernd gleich hohe Kornerträge, es sei denn, dichteabhängiges Lager tritt schon frühzeitig ein. Der Mais dagegen und andere Arten mit nichtendständigem Fruchtansatz reagieren auf die scharfe Lichtkonkurrenz bei zu hohen Bestandesdichten so, daß keine oder nur wenige Samen ausgebildet werden.

Jede Verkürzung der Vegetationszeit infolge zu später Aussaat muß in der Regel mit einem Zuschlag zur Saatmenge kompensiert weden. Das trifft vor allem für diejenigen Sommerformen zu, die wegen der Entwicklungsbeschleunigung bei höheren Temperaturen und zunehmenden Tageslängen mit einer Verminderung der Einzel-

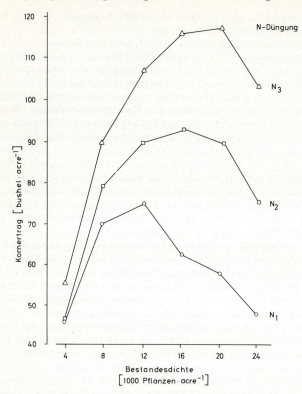

Abb. 53. Beziehungen zwischen Bestandesdichte und Flächenertrag von Mais in Abhängigkeit von der Höhe der Stickstoffdüngung (Lang et al. 1956).

pflanzenmasse reagieren. Ausnahmen machen z. B. Mais und Ackerbohnen, deren Bestandesdichte bei verspäteter Aussaat zurückgenommen werden muß, weil hier zunehmende Tageslänge und Temperatur das vegetative Wachstum fördern.

Aus dem in Abb. 53 dargestellten Beispiel läßt sich ableiten, daß mit zunehmender Standortgunst mehr Einzelpflanzen bzw. Bestokkungstriebe je Fläche notwendig sind, um die am Wuchsort verfügbaren Mengen an Licht, Wasser und Nährstoffen zur Produktion eines Höchstertrages voll zu nutzen. Das gilt insbesondere für solche Kulturpflanzenarten wie Mais und Zuckerrüben, die sich gar nicht oder nur wenig verzweigen oder bestocken. Bei diesen Arten spielen auch die Größe und Form des Standraumes der einzelnen Pflanze und die Verteilung der allfälligen Lücken im Bestand eine bedeutendere Rolle für die Ertragsbildung.

Mit wenigen Ausnahmen, z. B. Zuckerrüben, gilt, daß der Flächenertrag um so größer ist, je gleichmäßiger die Einzelpflanzen im Raum verteilt sind. Im Idealfall stehen die Einzelpflanzen im Hexagonalverband, d. h. mit gleichen Abständen zum jeweils nächsten Nachbarn. Abb. 54A stellt diesen Sachverhalt exemplarisch an den Ergebnissen eines Feldversuchs mit Rotklee dar. Bei konstanter Anzahl Pflanzen je Fläche wurde hier lediglich die räumliche Anordnung der Pflanzen variiert. Der höchste Ertrag wurde bei angenäherter Gleichstandsaat (hier: Quadratverband) erzielt. Mit zunehmender Variation der Verteilung der Pflanze auf die Fläche nahm der Rotklee-Ertrag ab. Die ungleichmäßige Breitsaat war in diesem Falle der Reihensaat überlegen, weil der Reihenabstand so weit und der Abstand von Pflanze zu Pflanze innerhalb der Reihe so eng war, daß die Konkurrenz zwischen den Pflanzen einer Reihe zum ertragsbegrenzenden Faktor wurde.

Dieser Sachverhalt muß auch zur Deutung des Verlaufs der Ertragskurven in Abb. 54B herangezogen werden. Es handelt sich hierbei um Regressionskurven, die aus Mittelwerten von vierjährigen Feldversuchen mit Weizen abgeleitet und über den Bereich der Meßergebnisse hinaus extrapoliert wurden. In diesem Beispiel war der Einfluß der Saatdichte auf den Weizenertrag um so geringer, je enger der Reihenabstand war. Bei weitem Reihenabstand und hohen Aussaatmengen hemmte die frühzeitig einsetzende Konkurrenz zwischen den Pflanzen innerhalb der Reihe die Ertragsbildung. Wenn auch in einem mittleren Bereich der Saatdichte die durch die Reihenweite verursachte Ertragsdifferenz nur wenige Prozent beträgt, so spricht doch alles dafür, den zur Verfügung stehenden Raum so gleichmäßig wie möglich den einzelnen Pflanzen zuzuteilen.

Diese Regel gilt, solange die eingestrahlte Lichtmenge der vorherrschende Faktor ist, der die Ertragsbildung begrenzt. Ist aus produktionstechnischen Gründen ein Anbau in weiten Reihen (> 30 cm) nicht zu vermeiden, so sollte wenigstens der Vorteil genutzt werden, den eine Nord-Süd-Orientierung vor einer Ost-West-Orientierung der Reihen bietet (Mehrerträge bis zu 7%, siehe Zusammenfassung von Donald 1963).

Geht es darum, einen sehr begrenzten Wasser- und Nährstoffvorrat im Boden möglichst nutzbringend für die Kornproduktion wirksam werden zu lassen, so kann eine Anordnung der Pflanzen in Reihen der Gleichstandsaat überlegen sein. Bei gleichmäßiger Standraumzuteilung wird auch der Wasser- und Nährstoffvorrat des Bodens gleichmäßig und rasch von allen Pflanzen in Anspruch genommen und frühzeitig erschöpft. Die aufgenommenen Quanten rei-

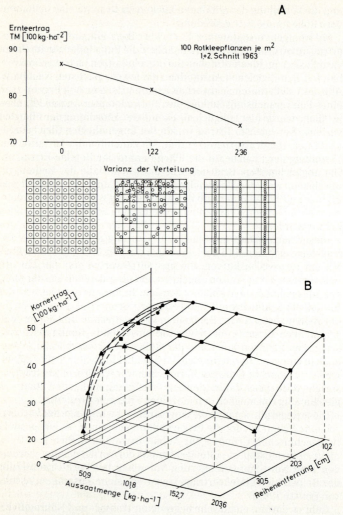

Abb. 54. Einfluß der räumlichen Anordnung der Pflanzen im Bestand auf die Höhe des Flächenertrages.
A: Rotklee (BAEUMER 1964)
B: Winterweizen (HOLLIDAY 1963, nach Versuchsergebnissen von WHYBREW 1958).

chen zwar für eine relativ große Produktion an vegetativer Masse, nicht aber mehr für eine befriedigende Kornproduktion.

In Reihen mit relativ weiten Abständen angeordnet – gleiche Saatdichte vorausgesetzt – begrenzen sich die Pflanzen zunächst durch Lichtkonkurrenz in ihrem vegetativen Wachstum. Die verfügbaren Wasser- und Nährstoffvorräte werden nicht so rasch und vollständig erschöpft. Daher können sie während der späteren Wachstums- und Entwicklungsphasen noch zur Kornproduktion genutzt werden. Diese Möglichkeit, die Ertragsbildung durch zeitliche Steuerung des Konkurrenzprozesses zu regeln, kommt in semiariden Klimagebieten ohne zusätzliche Wasserzufuhr größere Bedeutung zu als in Gegenden mit gleichmäßig verteilten Niederschlägen und mit meist überschüssiger Durchfeuchtung.

3.1.3 Struktur des Saatbettes und Saattiefe

Wildpflanzen sind für ihre Verbreitung nicht auf ein Saatbett angewiesen. Sie erzeugen meist so viele Samen, daß immer noch eine ausreichende Anzahl Pflanzen die Überlebensrisiken bei ihrer Etablierung übersteht, als da sind: Unzureichende Voraussetzungen am Wuchsort zur Keimung während der Lebensspanne der Samen, Keimlingskrankheiten und Konkurrenz schon vorhandener Pflanzen. Aus Gründen eines rationellen Mitteleinsatzes dagegen will der Landwirt nur minimale Saatmengen (untere Grenze 2 bis 6 Samen je m^2 bei Mais in den USA) anwenden. Deshalb muß er alles tun, um die Risiken der Bestandesbegründung so niedrig wie möglich zu halten. Er benutzt daher nur Saatgut mit höchster Vitalität und versieht es, wenn nötig, mit Pflanzenschutzmitteln zur Abwehr von Krankheits- und Schädlingsbefall. Auf den alles beherrschenden Risikofaktor, die Witterung im Verein mit dem Bodenzustand, reagiert der Landwirt mit einer gezielten Gestaltung des Saatbettes und einer fruchtarten- und situationsspezifischen Einbringung der Samen in das Saatbett (Tiefenlage).

In der Regel wird das Saatbett mit einer ganzflächigen Lockerung und Einebnung der obersten Bodenschicht geschaffen (Abb. 55A, Ebenkultur). Bei größerer Reihenweite oder Verwendung besonders konstruierter Sämaschinen kann sich die Saatbettbereitung auf die Reihen beschränken oder sogar ganz unterbleiben. In diesem Fall bleibt der Sävorgang auf das Einbringen und Bedecken der Samen begrenzt. Die Tiefe, bis zu der ein Saatbett gelockert wird, beschränkt sich im Idealfall auf die beabsichtigte Saattiefe. Dann kann das Saatgut unmittelbar auf die natürlich dichtgelagerte Schicht unterhalb des Saatbettes abgelegt werden und es bedarf keiner zusätzlichen Rückverdichtung der Schicht in Ablagetiefe.

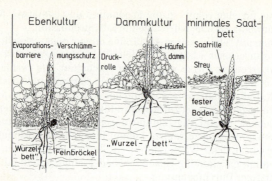

Abb. 55. Formen der Saatbettgestaltung

Im Verein mit diesem dichten „Wurzelbett" soll die Struktur des darüber liegenden Saatbettes eine optimale Wasser- und Sauerstoffversorgung gewährleisten, auch während längerer Phasen mit unter- oder überschüssiger Durchfeuchtung des Bodens. Ferner sollten bei suboptimalen Temperaturen Struktur und Oberflächenausformung des Saatbettes die Bodenerwärmung fördern (Abb. 55, Dammkultur). Schließlich sollen noch mit der Saatbettbereitung die Voraussetzungen für das technische Gelingen der Aussaat geschaffen werden. An der Bodenoberfläche soll eine „Strukturreserve" aus größeren Bodenaggregaten Verschlämmung und Erosion verhüten, solange die Bestände noch nicht geschlossen sind.

Voraussetzung für die Keimung ist ein artspezifischer Mindestwassergehalt, bei Hirsen etwa 35% und bei Körnerleguminosen bis zu 100% der Samen-Trockenmasse. Auch zur Deckung des Sauerstoffbedarfs muß eine untere Grenze überschritten werden, bei Getreide eine Sauerstoff-Diffusionsrate von mehr als $20 \cdot 10^{-8} g \cdot cm^{-2} \cdot min^{-1}$. Die erste Wasseraufnahme, das Quellen der Samen, erfolgt ausschließlich passiv aufgrund der Wasserspannungsdifferenz zwischen Boden und Samen. Sie bewirkt den Transport des Wassers zum Embryo. Unmittelbar nach dem Einmischen des trockenen Samens in das Saatbett hat die Wasserspannungsdifferenz eine Größenordnung von etwa 1000 bar. Diese Differenz würde ausreichen, daß auch noch über den permanenten Welkepunkt des Bodens (15 bar) hinaus Wasser vom Samen aus dem Saatbett, wenn auch sehr langsam, aufgenommen werden kann.

Entscheidend für das Gelingen der Keimung ist aber die Rate, mit der das Wasser im Boden transportiert wird, nicht nur in Richtung vom Boden zum Samen, sondern auch in Richtung Atmosphäre, die

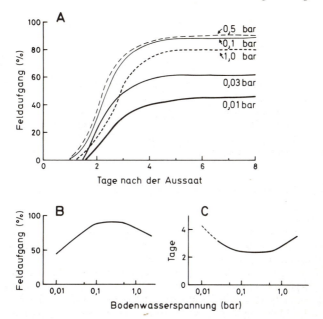

Abb. 56. Feldaufgang von Rettich in Abhängigkeit von der Bodenwasserspannung (FEDDES 1972).
A: Zeitlicher Verlauf des Aufganges;
B: 7 Tage nach der Aussaat;
C: Zeitdauer bis zum Erreichen von 50% Feldaufgang.

bei entsprechendem Sättigungsdefizit als alles beherrschende Senke auf den Wassertransport wirkt. Je geringer der Wassergehalt des Bodens und je höher die Saugspannung des Bodenwassers ist, desto weniger Wasser wird in der Zeiteinheit vom Boden in den Samen fließen. In diesen Zusammenhang gehört, daß diese Beziehung außer von der Struktur auch von der Textur des Bodens abhängig ist. In sandigen und schluffhaltigen Böden wird noch bei geringeren Wassergehalten Wasser transportiert als in tonigen Böden. Erfolgt die Aussaat in einer Phase anhaltender Trockenheit, sind deshalb die tonreichen Böden zuerst zu bestellen.

Die nicht mit Wasser gefüllten Bodenporen enthalten Luft. Bei Feldkapazität (ψ 0,3 bis 0,06 bar) sind nur die Grobporen nicht mit Wasser gefüllt. Deswegen kann der Sauerstofftransport zu den Samen zum begrenzenden Faktor werden. Abb. 56 zeigt das am Beispiel des Feldaufgangs von Rettich. Zeitlicher Verlauf, Auflaufgeschwindigkeit und Feldaufgang erreichten bei mittlerer Bodenwasserspannung ihr Maximum. Unterhalb des Saugspannungsoptimums hemmte Sauerstoff-, oberhalb Wassermangel die Keimung und den Feldaufgang.

Der Wassertransport vom Boden zum Samen hängt wesentlich von der Bodenstruktur ab. Die Transportrate steigt mit zunehmendem Kontakt zwischen den mit Wasser benetzten Bodenaggregaten einerseits und zwischen Bodenaggregaten und Samenoberfläche andererseits. Bestimmungsgrößen für den Boden-Samen-Kontakt sind der mittlere Samendurchmesser (analog zur Samenmasse) und der mittlere Aggregatdurchmesser. Der Wassertransport zum Samen nimmt zu, je kleiner die Bodenaggregate im Verhältnis zum Samen sind. Diesem Verhältnis sind praktische Grenzen gezogen. Wenn die Forderung erhoben wird, daß die unmittelbar an den Samen angrenzenden Aggregate nur ⅕ des Samendurchmessers aufweisen sollen, dann ist das vielleicht bei Mais-, nicht aber bei Kleesamen zu realisieren. Daraus folgt, daß allein der unmittelbare und innige Kontakt des Samens zum dichtgelagerten „Wurzelbett" eine rasche und sichere Wasserversorgung des Samen gewährleistet.

Tiefere Ablage des Samens bringt ihn in der Regel in eine feuchtere Bodenschicht. Das sichert zwar die Wasseraufnahme des Samens, nicht aber seinen Sauerstoffbedarf. Dieser Sachverhalt gilt um so mehr, je kleiner der mittlere Durchmesser der Bodenaggregate ist und je tiefer die Samenablage erfolgt. Mit zunehmender Saattiefe – gleichbleibende Wasser- und Sauerstoffversorgung vorausgesetzt – verzögert sich der Aufgang der Keimpflanzen (Abb. 57A). Dementsprechend nimmt das Risiko von Keimlingsinfektionen und Fraßschäden zu. Nur großkörnige Samen mit überdurchschnittlicher Reservestoffmenge können genügend Triebkraft entwickeln, um eine Verspätung des Aufgangs nach zu tiefer Aussaat zu kompensieren (Abb. 57B).

Die Saattiefe muß daher so gewählt werden, daß sie der Eigenart und der Größe der Samen entspricht. Großkörnige Leguminosen, deren Keimblätter unter der Erdoberfläche verbleiben (hypogäische Keimung), vertragen und verlangen auch tiefere Saat. Werden die Keimblätter über die Bodenoberfläche gehoben (epigäische Keimung), muß flacher gesät werden. Getreide bestockt sich bei tiefer Saat weniger, wintert aber nicht so leicht aus, weil der Vegetationskegel länger unter der Erde bleibt. Kleinkörnige Saat von kleeartigen Leguminosen und Kruziferen muß so flach wie möglich in ein Saatbett eingebracht werden, das zuvor gartenmäßig fein hergerichtet wurde.

Wie die Kurven in Abb. 57C zeigen, sind hier aber deutliche Grenzen durch das Wasserangebot im Saatbett gesetzt. Ohne Beregnung

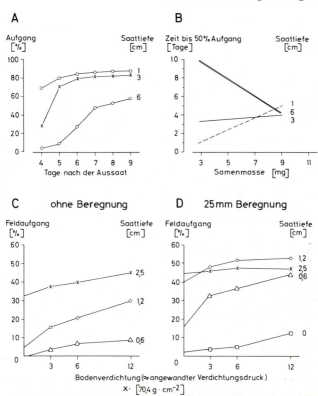

Abb. 57. Einfluß der Saattiefe auf den Feldaufgang
A: Faserlein, Auflaufgeschwindigkeit; B: Faserlein, Einfluß der Samenmasse (Harper und Obeid 1967); C: Luzerne, Einfluß der Rückverdichtung des Saatbettes bei andauernder Trockenheit; D: mit Beregnung (Triplett und Tesar 1960).

wurde in unserem Beispiel bei Luzerne der höchste Feldaufgang mit 2,5 cm Saattiefe erreicht. Zusätzliche Bodenverdichtung, die den Wassertransport zum Samen erhöhte, förderte den Aufgang besonders bei mittlerer Saattiefe von 1,2 cm. Auf die Bodenoberfläche aufgebrachtes Saatgut keimte wegen Wassermangels überhaupt nicht. Wurde der Boden dagegen zuvor durchfeuchtet (Abb. 57D), so war zwar eine zusätzliche Verdichtung des Bodens nach der Saat insgesamt noch förderlich für den Feldaufgang, doch bei größerer

Saattiefe schon schädlich. Dieses Beispiel soll deutlich machen, daß die Wahl der Saattiefe auch auf die Maßnahmen der Saatbettbereitung abzustimmen ist, und daß sich die jeweilige Entscheidung noch unter den wechselnden Witterungsbedingungen während der Keimphase bewähren muß.

Grundsätzlich gilt, daß die vielfältigen Anforderungen an die Tiefenlage der Samen nicht alle in gleicher Weise zu erfüllen sind. Sicherer Schutz gegen Vogelfraß verlangt z.B. eine Ablage der Maiskörner in mindestens 4 bis 6 cm Tiefe, die Ausnutzung der höheren Bodentemperaturen an der Bodenoberfläche dagegen eine möglichst flache Saat. Ist eine längere Trockenphase nach der Aussaat zu erwarten oder die Gefahr von Spätfrost während der Keimlingsphase, sollte wiederum tiefer gesät werden. Ein Kompromiß ist die Ablage der Maiskörner in die Basis von etwa 7 cm hohen Dämmen, die aus der zuvor von der Oberfläche geräumten trockenen Bodenschicht über den in den feuchten Boden gedrückten Samen angehäuft wird (Abb. 55, Dammkultur). An Strahlungstagen erwärmt sich der trockene, lockere Damm schneller und stärker als eine Ebenkultur. Dem mittäglichen Wärmegewinn von bis zu 5 °C steht aber eine stärkere nächtliche Abkühlung gegenüber. Abdecken des Bodens mit einer dünnen Plastikfolie führt zu ähnlich großen, aber insgesamt nachhaltigeren Wärmegewinnen.

Schließlich muß noch auf die Gleichmäßigkeit der Saattiefe als eine wichtige Bedingung für den Erfolg der Aussaat hingewiesen werden. Ungleich tiefe Saat hat ungleichmäßiges Auflaufen und meist auch eine Verminderung des Feldaufganges zur Folge. Dadurch wird die Terminierung der Pflegemaßnahmen erschwert. Im schlimmsten Falle entstehen Lücken im Bestand, deren Konsequenzen Verunkrautung, Zwiewuchs und Reifeunterschiede sind.

Die Streuung der Saattiefe nimmt mit zunehmender mittlerer Saattiefe und mit zunehmendem Anteil an makroorganischer Substanz im Saatbett zu. Entsprechend nimmt der Feldaufgang der Saat ab. Die Normen für die Saatbettbereitung betreffen bei üblicher Lockerbodenwirtschaft die Ebenheit bzw. Rauhigkeit des Saatbettes, die Tiefe des Lockerungseingriffes zur Bestellung, die Bröckelung der Aggregate, die mittlere Saattiefe nebst ihrer Streuung, die Vollständigkeit der Bearbeitung über die Fläche und die Spurentiefe nach der Aussaat. Abb. 55 (Ebenkultur) zeigt schematisch, wie ein Saatbett gestaltet sein sollte. Der auf den natürlich dichtgelagerten Boden plazierte Samen ist von relativ kleinen Aggregaten umgeben. Zur Bodenoberfläche soll die Größe der Aggregate zunehmen. Mit dieser Strukturierung des Saatbettes wird der Transport von Wasser, Sauerstoff und Wärme zum Samen hin optimiert und die Bodenoberfläche vor Verschlämmung geschützt.

Höhere Aufwendungen, in einigen Fällen aber auch höhere Risiken, sind mit dem Pflanzen von vegetativen Vermehrungsorganen verbunden. Während Kartoffeln im Hinblick auf das Austreiben der Knospen und das erste Jugendwachstum durch den Wasservorrat in ihrem Knollengewebe weitgehend unabhängig vom augenblicklichen Feuchtezustand des Bodens sind, gilt das für vorgezogene Jungpflanzen nicht. Verpflanzen von Kohlrüben-, Mais-, Zuckerhirse- oder Markstammkohlpflanzen im 2- bis 4-Blattstadium (Zweit- oder Zwischenfruchtbau) gelingt nur bei reichlichem Wasserangebot, notfalls mit Bewässerung. Ohne diese Voraussetzung muß u. U. die vorhandene Blattfläche bis auf das jüngste, sich gerade entwickelnde Blatt entfernt werden.

3.1.4 Aussaatverfahren

In der Handarbeitsstufe war die Breitsaat (zufällige Verteilung der Samen auf die Fläche) das gebräuchlichste Verfahren. Auch in der Maschinenstufe hat sie in einigen Fällen noch beachtliche Vorteile. Das sind zum einen die rasche Arbeitserledigung oder das Einsparen von Arbeitsgängen, zum anderen die meist bessere Verteilung der Samen auf die Fläche. Ihre Nachteile sind der hohe Anteil von Samen in Bodentiefen < 1 cm und die große Ungleichmäßigkeit ihrer Tiefenlage (Tab. 12), wenn die Saat auf die rauhe oder wenig geebnete Bodenoberfläche gestreut und nur flach eingearbeitet wird. Heute

Tab. 12. Saattiefe von Getreide in Abhängigkeit vom Aussaatverfahren (ungeregelte Breitsaat nach HEGE 1967, übrige Daten für Winterweizen 1982 nach GROSSE-HOKAMP 1984)

Verfahren	Breitsaat		Bandsaat		Drillsaat			Einzelkornsaat		
Reihenabstand (cm)	A)[1]	B)[2]	12,5	12,5	8	12	15	10	12,5	15
Bandbreite (cm)			10	8						
mittlere Saattiefe (mm)	17,6	23,3	23,8	25,8	28,3	27,9	26,9	26,7	29,3	33,3
Variationskoeffizient der Saattiefe (s% von $\bar{x}$)	81,8	32,2	28,1	23,6	25,8	21,2	14,9	17,0	14,1	11,9

1) ungeregelte Breitsaat mit Schleuderdüngerstreuer und Netzegge
2) geregelte Breitsaat mit Fräsdrillsaat und Tiefenführung durch Bodenrollen

wird sie gelegentlich bei der Aussaat von Untersaaten in schon wachsende Bestände (Kleegras in Wintergetreide, Grasuntersaaten in Mais oder Ackerbohnen) und in kombinierten Bodenbearbeitungs-Bestellverfahren (Stoppelsaat-Zwischenfrüchte) verwendet.

Wenn bei der Breitsaat viele Samen unbedeckt auf der Bodenoberfläche liegen bleiben, besteht die Gefahr, daß durch Vogelfraß oder Trockenheit nur dünne Bestände entstehen. In solchen Fällen sollte die Saatmenge um etwa 30% erhöht werden. Gebräuchlicher und sicherer ist die geregelte Breitsaat, bei der das Saatgut entweder unter – mittels Ablage der Samen unter eine Säschiene – oder in den von einer Fräse aufgewirbelten Erdstrom eingebracht wird. Wird eine Tiefenführung der Säorgane benutzt, verbessert sich auch die Gleichmäßigkeit der Tiefenlage der Samen.

Die Drillsaat, d. h. die Aussaat mit einer Drillmaschine in Reihen, schaltet die Mängel der Breitsaat weitgehend aus. Ihre Vorteile sind die gleichmäßigere Tiefenlage der Saat und die Möglichkeit, Fahrgassen im Bestand auszusparen, die für spätere Fahrten zum Ausbringen von Dünger und Pflanzenschutzmitteln im wachsenden Bestand genutzt werden sollen. Auf Nachteile der Drillsaat wurde schon hingewiesen, nämlich, daß sich bei weitem Reihenabstand und engem Stand in der Reihe die Konkurrenz zwischen den Pflanzen nachteilig bemerkbar macht. Moderne Drillmaschinen können schon mit Reihenabständen von weniger als 10 cm säen, allerdings um den Preis einer verminderten Gleichmäßigkeit der Tiefenlage der Samen. Bei Benutzung von Bandsaatschuhen kann die Ablage in den Reihen auf 5 bis 10 cm auseinandergezogen werden. Allerdings ist dann die bessere Verteilung der Samen auf die Fläche technikbedingt mit einer Verschlechterung der Gleichmäßigkeit in der Tiefenlage verbunden.

Die übliche Form der Säschare (Säbel-Schleppschare) verlangt ein Saatbett, das frei von sperrigem makroorganischem Material ist, weil sonst die Säorgane leicht verstopfen. Rollschare in Form von Scheibendrillscharen – mit oder ohne vorlaufendem Scheibensech – leisten dagegen auch auf Flächen mit Mulchauflage befriedigende Arbeit und sind unentbehrlich bei den meisten Verfahren mit wühlender Bodenbearbeitung.

Das vollkommenste, aber auch aufwendigste und an die Saatbettbeschaffenheit anspruchsvollste Verfahren ist die Einzelkornsaat. Sie ermöglicht eine ziemlich exakte Verteilung der Samen auf die Fläche, nämlich eine Gleichstandssaat: Ablage im Hexagonalverband, Doppelreihen mit jeweils „auf Lücke" gesetzten Pflanzen bei höchstmöglicher Präzision der Tiefenablage (Tab. 12). Um Doppelbelegung der Saatorte zu vermeiden, wird kalibriertes oder pilliertes Saatgut verwendet (Rüben, Körnerraps, Mais). Mit dem sogenannten

Stempelsägerät wird eine zylindrische Vertiefung in den Boden gedrückt und die Saatgutpille auf deren Grund abgelegt. Dieses und ein noch in der Entwicklung befindliches Spatensägerät erlauben eine Einzelkornsaat auch in unbearbeiteten, von Mulch bedeckten Böden.

Im Feldgemüsebau ist das vollmechanisierte Pflanzen von in Gewächshäusern, Folientunneln oder Frühbeeten vorgezogenen Jungpflanzen üblich. Es werden immer wieder Versuche unternommen, den mit der Anzucht verbundenen Wachstumsvorsprung auch im landwirtschaftlichen Pflanzenbau zu nutzen. Eine weitere Verbreitung, wie etwa in Asien bei Reis, z. T. auch bei Zuckerrüben, haben die Pflanzverfahren bei uns noch nicht gefunden.

3.2 Unkrautbekämpfung

Die vom Landwirt auf dem Acker und im Grasland geschaffenen Standortbedingungen ermöglichen es vielen wildwachsenden Pflanzenarten einzuwandern, sich auszubreiten und zu behaupten. Diese Pflanzenarten sind in ihrem Auftreten entweder an die besonderen, mit der landwirtschaftlichen Pflanzenproduktion entstandenen Standortverhältnisse, unter Umständen sogar an den Anbau einer bestimmten Feldfrucht gebunden oder haben ihren Verbreitungsschwerpunkt in anderen Pflanzengesellschaften. In diesem Falle können sie lediglich die durch Ackerbau geschaffenen Bedingungen ertragen und besiedeln dann u. U. für sie marginale Biotope.

Erst durch die wirtschaftlichen Ziele des Pflanzenbaues erfahren die mit den Kulturpflanzen vergesellschafteten Wildpflanzen eine Bewertung als „Unkräuter" oder „Ungräser", nämlich, wenn der Schaden, den sie verursachen, ihren möglichen Nutzen übersteigt. Die Anpassung der Ackerwildpflanzen an die Bedingungen des Pflanzenbaues ist ein andauernder Selektionsprozeß. Dadurch werden manche Genotypen den Kulturpflanzen so ähnlich, daß sie nur noch mit dem Saatgut der Kulturpflanze verbreitet werden können, wie z. B. Kornrade oder Roggentrespe in Getreide. Wirksame Reinigung des Saatgutes hat sie deshalb fast aussterben lassen. Die Grenzen zwischen Wildpflanzen und Nutzpflanzen sind fließend. Ehemalige Unkräuter sind heute Nutzpflanzen (z. B. der Roggen) und umgekehrt wurden früher angebaute Arten zu Ackerwildpflanzen (z. B. der Sandhafer). Zahlreiche Ackerwildpflanzen wurden in frühgeschichtlicher Zeit als Nahrungspflanzen verzehrt. Jede Kulturpflanze am falschen Ort, etwa Ausfallgetreide in Raps, Kartoffeln in Zuckerrüben wird ebenfalls zum Unkraut, d. h. zur unerwünschten Pflanze.

3.2.1 Biologie und Verbreitung der Ackerwildpflanzen

Die Grundlage jeder Bekämpfungsmaßnahme ist die Kenntnis der Lebensweise und Standortansprüche der Unkrautarten. Angaben zu den einzelnen Arten sind in der einschlägigen Literatur zu finden (z. B. Koch und Hurle 1978). Zum Grundsätzlichen muß hier das Folgende genügen (Abb. 58): Von der gesamten Unkrautpopulation eines Wuchsortes, den in ihr vertretenen Arten und Individuen, erscheint nur ein sehr kleiner Teil ($< 5\%$) in der jeweils aufgewachsenen Population und das auch nur während eines mehr oder weniger kurzen Abschnittes einer Vegetationszeit. Der Rest verharrt in Form von quieszenten bzw. dormanten Samen oder Knospen als ruhende Population im Boden. Obwohl der Landwirt unmittelbar nur von den schädigenden Wirkungen der aufwachsenden Unkrautpopulation betroffen ist, hat für ihn auf lange Sicht die Populationsdynamik der ruhenden Population größere Bedeutung. Gelänge es, den Vorrat an Reproduktionsorganen im Boden vollständig zu erschöpfen, entfiele auch weitgehend der jährlich wiederkehrende Zwang zur Unkrautbekämpfung.

Die Änderung der Populationsdichte im Boden, die über eine Generation hinausgeht, läßt sich in erster Annäherung mit nachfolgender Gleichung beschreiben

$$N_{t+1} = N_t + V_t + E_t - S_t - A_t$$

in der N die Dichte, V die Vermehrung reproduktiver Organe (Samen oder Knospen an vegetativen Pflanzenteilen), E die Einfuhr von Samen (Verschleppung mit Saatgut oder Mähdrescher), S die Sterblichkeit, A die Ausfuhr von Samen, z. B. mit dem Erntegut, und t bzw. t+1 aufeinanderfolgende Zeitpunkte bedeuten. Obwohl mit der Einfuhr von nur wenigen Individuen die Zusammensetzung der Unkrautpopulation nachhaltig verändert werden kann, wie das mit der sehr schwer bekämpfbaren subtropischen Art *Cyperus esculentus* (Erdmandel) kürzlich in den Niederlanden und im Emsland geschehen ist, spielen Einfuhr und Ausfuhr in etablierten Unkraut-Pflanzen-Gemeinschaften quantitativ meist eine unbekannte und vermutlich auch untergeordnete Rolle.

Somit muß sich das Augenmerk des Landwirts vor allem auf die Vermehrungsrate richten. Diese ist eine Funktion der Bestandesdichte. Je Individuum werden um so mehr Reproduktionsorgane erzeugt, je geringer die Konkurrenz zwischen den Pflanzen der eigenen und anderen Arten (Wild- und Kulturpflanzen) ist. In lückigen Feldfruchtbeständen, nach Verminderung der Unkrautbestandesdichte durch Bekämpfungsmaßnahmen und nach Pflanzenverlusten durch ungünstige Standortbedingungen, Schädlinge und Krankhei-

Abb. 58. Populationsdynamik bei Ackerwildpflanzen.

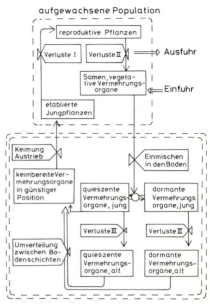

ten steigt die Reproduktionsrate der überlebenden Unkrautpflanzen. Manche Arten produzieren als Einzelpflanzen bis zu 20000 Samen (z. B. Klatschmohn und Gänsedistel), wenn sie ohne Konkurrenz von einer Feldfrucht oder anderen Unkräutern heranwachsen. Flughafer kann als einzeln stehendes Individuum in einer Hackfrucht 500 bis 800 Samen, im Saathafer 50 bis 200 Samen und im konkurrenzkräftigen Winterroggen immerhin noch 5 bis 20 Samen je Pflanze erzeugen.

Sogenannte Wurzelunkräuter (gegensätzlicher Begriff: „Samenunkräuter") können sich sowohl mit Hilfe der generativen (Samen) als auch der vegetativen Vermehrung (Zwiebeln, Knollen, Sproß- und Wurzelknospen) ausbreiten.

Bei vegetativer Vermehrung hängt die Reproduktionsrate auch von den Reservestoffvorräten in den Überdauerungsorganen und deren Verbrauch bei Wiederaustrieb der Knospen ab. Die Acker-Gänsedistel kann aus Wurzelfragmenten Sprosse bilden, die dann wieder neue Wurzeln als Verbreitungsorgane produzieren. In unserem Beispiel (Tab. 13) nahm die Reproduktionsrate mit größerer Pflanztiefe und im Reinbestand auch mit größerer Pflanzmenge ab.

Tab. 13. Relative Vermehrungsrate der vegetativen Reproduktionsorgane von *Sonchus arvensis* (Acker-Gänsedistel) in Abhängigkeit von der Größe der gepflanzten Wurzelfragmente und ihrer Tiefenlage, der Höhe der N-Düngung und der Konkurrenz durch einen Getreidebestand (Håkansson und Wallgreen 1972)

Behandlung		Reinbestand von *Sonchus arvensis*		Sonchus in Gerste	
Düngung N (kg · ha^{-1})	Pflanztiefe (cm)	Länge der gepflanzten Wurzelfragmente (cm)			
		4,5	18,0	4,5	18,0
		Reproduktionsrate: g Wurzel/g Wurzel gepflanzt			
30	5	115	97	3,2	4,1
	10	95	95	1,5	2,9
90	5	220	208	0,1	0,6
	10	149	150	0	0

Die Abnahme mit der Pflanztiefe ist auf den verspäteten und verminderten Austrieb zurückzuführen. Die Abnahme mit größerer Pflanzmenge läßt sich mit vermehrter intraspezifischer Konkurrenz bei größerer Bestandesdichte erklären. Dieser Sachverhalt weist darauf hin, daß es eine obere „Sättigungsgrenze" der Bestandesdichte für die Reproduktionsrate gibt.

Unter der „Deckfrucht" Gerste, deren Konkurrenz die Distelpflanzen miniaturisierte, wurde diese intraspezifische Sättigungsgrenze mit höherer Pflanzmenge noch nicht erreicht. Als alles überragender Faktor erwies sich die Intensität der Lichtkonkurrenz der Gerste. Wurde durch N-Düngung die Blattflächenbildung und der Bestandesschluß gefördert, konnten die Distelpflanzen sich nicht mehr reproduzieren.

Im Gegensatz zu unseren Kulturpflanzen lösen sich die Samen der Wildpflanzen unmittelbar nach ihrer Reife von der Mutterpflanze. Was nicht verweht, gefressen oder mit dem Erntegut abgefahren wird (Verluste II, Abb. 58), gelangt spätestens mit einer Bodenbearbeitung in die Ackerkrume. Samen ohne Keimruhe können unter günstigen Standortbedingungen (Temperatur, H_2O, O_2: abhängig von der Tiefenlage der Samen) sofort keimen oder auch dormant werden. Die Mehrzahl der in den Boden eingebrachten neuen Samen oder im Boden befindlichen Knospen an vegetativen Reproduktionsorganen sind zunächst einmal dormant. Entsprechend ihrer genetischen Reaktionsnorm und in Abhängigkeit von den jeweiligen Standortbedingungen wird ein mehr oder minder großer Teil dieser ruhenden Populationen keimbereit. Diejenigen keimbereiten Samen, die sich in der Nähe der Bodenoberfläche befinden, können keimen. Der in tieferen Bodenschichten verbliebene Rest wird entweder wieder dormant oder stirbt (Verluste III, Abb. 58). Nach dem Auflaufen treten bei den etablierten Jungpflanzen nochmals Verluste durch abiotischen Streß, Konkurrenz, Tierfraß oder Bekämpfungsmaßnahmen ein (Verluste I, Abb. 58), so daß nur ein Teil der aufgewachsenen Population sich mit Samen oder Knospen fortpflanzen kann. Da dieser Vorgang sich von Jahr zu Jahr wiederholt, setzt sich die ruhende Population aus einer Vielzahl von immer kleiner werdenden Altersgruppen (Kohorten) zusammen.

Eine wichtige Rolle für die Tiefenverteilung der Reproduktionsorgane und damit für ihre Chance, sich wieder zu einer reproduktiven Pflanze zu entwickeln, spielt die Bodenbearbeitung. Bei ständig wiederholter wendender Bodenbearbeitung werden die neuen Reproduktionsorgane zunächst in großer Tiefe vergraben und erst mit der folgenden Bodenwendung wieder in eine für die Keimung günstige Position gebracht. Deshalb wirkt sich eine starke Samenproduktion einer Art noch nicht im Folgejahr, d. h. in der unmittelbaren Nachfrucht, sondern erst im übernächsten Jahr, also in der zweiten Nachfrucht unkrautvermehrend aus. Bei nicht wendender Bodenbearbeitung reichern sich die Samen in der obersten Bodenschicht an. Dadurch wird die Populationsdichte der aufgewachsenen Unkrautpopulationen schon in der ersten Nachfrucht stark gesteigert, wenn auch die Keimrate in manchen Fällen durch erhöhte Dormanz etwas gesenkt wird.

Wildpflanzen sind auf Überleben und auf Arterhaltung ausgelesen. Deshalb besitzen die meisten Ackerwildpflanzen im Boden eine höhere Überlebensrate als unsere Kulturpflanzen. Arten wie Ackerfuchsschwanz, Windhalm und Klettenlabkraut bleiben bis zu etwa 4 Jahren keimfähig, Ackersenf, Ehrenpreis und Flughafer über ein oder mehrere Jahrzehnte. Wenn auch der überwiegende Teil der Unkrautsamen im Boden rasch verrottet, so können doch einzelne Samen über lange Zeit lebensfähig bleiben und unter günstigen Bedingungen keimen, heranwachsen und durch erneute verschwenderische Samenproduktion zur Erhaltung der ruhenden Unkrautpopulationen beitragen.

Bei Populationsdichten zwischen 1000 und 10 000 keimfähigen Unkrautsamen je m^2 in gut geführten Ackerbaubetrieben der Handarbeitsstufe (WEHSARG 1912) und 30 000 bis 350 000 Samen je m^2 in modernen Betrieben (KOCH und HURLE 1978) ist es kein Wunder, daß Unkrautbekämpfung eine nie endende Aufgabe jedes Landwirts ist.

Obwohl eine Unkrautpopulation einer ständig wechselnden Umwelt ausgesetzt ist – außer der Witterung noch die Art der angebauten Feldfrüchte, wechselnde Methoden und Zeitpunkte der Bodenbearbeitung und Unkrautbekämpfung – erweist sie sich in ihrer über die Jahre gemittelten Zusammensetzung als relativ stabil. Diese Aussage gilt nur für bestimmte, gleichbleibende Intensitätsstufen der Bewirtschaftung. Sogenannte „düngerfliehende" Arten werden jedoch sehr rasch aus der Pflanzengemeinschaft der Ackerfluren verdrängt. Die verbleibenden Ackerwildpflanzenarten sind so gut an die jeweiligen Standortbedingungen angepaßt und durch die Menge und Ausdauer der Samen in der ruhenden Population derart regenerationsfähig, daß selbst nach Jahren ohne Ergänzung des Samenvorrates im Boden eine aufwachsende Unkrautpopulation entstehen kann.

Die einzelnen Unkrautarten treten in Abhängigkeit von der angebauten Feldfrucht und den übrigen Standortbedingungen in spezifischen Artenkombinationen auf. Eine wesentliche Rolle spielt hier, wann die Keimruhe der Unkrautsamen gebrochen wird (Abb. 59). Einige wenige Arten mit sehr kurzer Keimruhe, wie Vogelmiere und

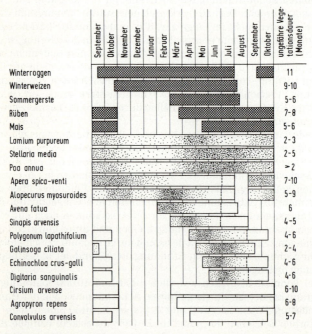

Abb. 59. Beginn und Ende der Vegetationszeit von Feldfrüchten und von Ackerwildpflanzenarten. (Koch und Hurle 1978) (Bei einjährigen Arten gibt die dichte Punktierung die Hauptkeimzeit, die gestrichelte Linie die Samenreife an).

Einjährige Rispe keimen immer, wenn ausreichende Temperaturen herrschen.

Überwiegend im Herbst bzw. im zeitigen Frühjahr keimende Arten werden durch das Erlebnis niederer Temperaturen in Keimbereitschaft gebracht. Die Ansprüche an Dauer und Intensität der Temperatureinwirkung variieren von Art zu Art und auch innerhalb der Population (Alterskohorten) einer Art, wie die mehrgipflige Häufigkeitsverteilung der Keimtermine zeigt (Ackerfuchsschwanz, aber auch das hier nicht dargestellte Klettenlabkraut, Abb. 59). Doch gilt allgemein, daß im Wintergetreide hauptsächlich Herbstkeimer oder bevorzugt im Herbst keimende Arten (Windhalm, Ackerfuchsschwanz, Hirtentäschel, Kamille-Arten, Mohn und Efeublättriger Ehrenpreis) auftreten. Bei der Bestellung des Sommergetreides werden diese Arten zum größten Teil vernichtet, so daß dort neben Nachzüglern der Herbst- und Winterkeimer, überwiegend die Frühjahrskeimer, wie z. B. Flughafer, Hederich, Ackersenf und Saatwucherblume eine Chance haben. Im Wintergetreide werden die Frühjahrskeimer durch den Vorsprung der Getreidepflanzen im Wettbewerb um das einfallende Licht meist unterdrückt.

Spätschließende Hackfrüchte und Mais sind dagegen mehr mit Unkrautarten vergesellschaftet, die als wärmeliebende Sommeranuelle erst bei hohen Temperaturen keimen, z. B. Melde-Arten, Nachtschatten, Franzosenkraut, Bingelkraut und Hirse-Arten. Im mehrjährigen Futterbau sind hauptsächlich ausdauernde Unkräuter, wie z. B. Löwenzahn, Ampfer-Arten, Straußgras- und Rispengrasarten vertreten. Mit zunehmender Bodenruhe, etwa nach wiederholtem Unterlassen tiefgreifend wendender Bodenbearbeitung, nehmen alle vegetativ sich vermehrende Arten zu, also Quecke, Schachtelhalm und Disteln.

Andere Unkrautarten sind wiederum an bestimmte Boden- und Feuchtebedingungen gebunden. Auf staunassen Böden findet man die Ackerminze, den Sumpfziest, den Ackerschachtelhalm und den Huflattich, in extremen Fällen sogar das Schilfrohr. Oberflächliche Verdichtung und mangelnde Durchlüftung der Krume (Krumenvernässung) fördern das Sumpfruhrkraut, die Krötenbinse, den Kriechenden Hahnenfuß und das Flechtstraußgras. Auf nitratreichen Böden nehmen die Vogelmiere, die Kleine Brennessel und der Nachtschatten zu, auf basenarmen Böden der Kleine Sauerampfer, das Ackerhoniggras und der Ackerknäuel. Auf basenreichen, trockenen und warmen Standorten lebt eine Gruppe von lichtbedürftigen Akkerwildpflanzen mit geringer Konkurrenzkraft, die heute sehr selten geworden ist: Adonisröschen, Feldrittersporn und Ackersteinsame sind der gestiegenen Düngungsintensität und der chemischen Unkrautbekämpfung gewichen.

Aus der jeweiligen langfristigen Zusammensetzung der Acker-Wildpflanzengemeinschaft kann auf die Standortverhältnisse geschlossen werden, wenn man die an einem Wuchsort vorkommenden „ökologischen Gruppen" (ELLENBERG 1950) erfaßt, ihren Zeigerwert prüft und ihr flächenhaftes Vorkommen wertet. Seit der Steigerung der Bodenproduktivität durch Humusanreicherung, mineralische Düngung und chemische Unkrautbekämpfung kann diese Möglichkeit zur Standortbeurteilung nur noch in begrenztem Maße genutzt werden.

Unterschiedliche Standortansprüche der Arten im Verein mit heterogenen Standortbedingungen innerhalb eines Schlages führen dazu, daß die Verteilung der Arten und Individuen auf die Fläche selten gleichförmig ist. Die örtlichen Abweichungen in der Zusammensetzung und Menge der aufgewachsenen Unkrautpopulation werden verstärkt, wenn die Bekämpfungsmaßnahmen nicht überall gleich erfolgreich waren und bearbeitungsbedingte Bodenzustände (Fahrspuren, Vorgewende) die Ungleichverteilung akzentuiert haben. Für vegetativ sich vermehrende Arten gilt ohnedies, daß sie aufgrund ihrer Wuchsform in Nestern und gehäuft in nächster Nachbarschaft zum Feldrain vorkommen.

3.2.2 Grundsätze und Ziele der Unkrautbekämpfung

Unkraut wirkt mit zunehmender Dichte negativ auf die Pflanzenproduktion. Eine direkte Schadwirkung entsteht durch quantitative Minderung des Ernteertrages. Diese ist um so größer, je stärker die Unkrautpopulation als Konkurrent um wachstumsbegrenzende Standortfaktoren auftritt und je knapper das Angebot der Wachstumsfaktoren für die Feldfrüchte ist. Abb. 60 zeigt diesen Sachverhalt an einem Beispiel. Unter günstigen Bedingungen (hoher Kartoffelertrag) wirkte die Zunahme der Unkrautmasse deutlich weniger ertragsmindernd als unter ungünstigen Bedingungen (Vergleich 1962 mit 1961).

Wesentlich für diesen Effekt ist auch, wann die Unkrautkonkurrenz im Vergleich zur Entwicklung der Kulturpflanze einsetzt. Als allgemeine Regel gilt, daß die Ertragsminderung um so größer ist, je früher der Wettbewerb wirksam wird. Überleben z.B. winterharte Ausfallgetreide- oder Wildpflanzen die Saatbettbereitung in großer Zahl, so können nachfolgende wärmeanspruchsvolle Feldfrüchte wie Mais oder Zuckerrüben dem Wettbewerb der alsbald schossenden Unkrautgerste oder der rasch sich ausbreitenden Vogelmiere nicht standhalten. Wenn nicht eine Bekämpfungsmaßnahme diese „Überhälter", d.h. die stehengebliebenen, schon weit entwickelten Unkrautpflanzen beseitigt oder wenigstens ihre Zuwachsraten dra-

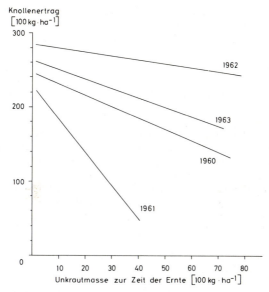

Abb. 60. Einfluß der Wachstumsbedingungen (Jahr) und der Unkrautkonkurrenz (Unkrautmasse) auf den Ertrag von Kartoffeln (Burghausen 1969).

stisch senkt, besteht für eine den Landwirt befriedigende Ertragsbildung der Feldfrüchte kaum eine Chance. Deshalb muß der Landwirt unter allen Umständen und in jedem Fall danach trachten, seiner Feldfrucht einen Wachstumsvorsprung vor den Unkräutern zu geben.

Eine weitere direkte Schadwirkung der Unkräuter kann auch ohne große quantitative Ertragsminderung entstehen, wenn z.B. Unkrautsamen oder vegetative Ernteteile in das Erntegut gelangen. Das wirkt sich besonders dann qualitätsmindernd aus, wenn sich z.B. vegetative Unkrautpflanzenteile nicht aus Gemüseerbsen, Wildhafersamen nicht aus Hafersaatgut herausreinigen lassen.

Indirekt erhöht der Unkrautbesatz die Produktionskosten, weil der Aufwand steigt, z.B. bei Pflegearbeiten (Vereinzeln von nicht auf Endabstand gesäten Rüben), bei der Ernte (Funktionseinbußen bei Erntemaschinen, erhöhter Zeitbedarf für die Erntearbeiten) und bei der Aufbereitung des Erntegutes (Erhöhung der Kornfeuchte des Erntegutes, wenn gleichzeitig grüne Pflanzenteile die Dreschtrommel passieren, vermehrter Trocknungs- und Reinigungsbedarf).

Im Grünfutter, weniger in Saft- oder trockenem Raufutter, können giftige Unkräuter die Gesundheit des Viehs gefährden. Giftige Unkrautsamen im Brotgetreide, z. B. von Kornrade und Taumel-Lolch, kommen nur noch in Ländern mit in dieser Hinsicht unzulänglichen Produktionsverfahren vor.

Als letzte, aber nicht unbedeutendste Schadwirkung muß genannt werden, daß einige Wildpflanzenarten und natürlich alle am unrechten Ort stehenden Kulturpflanzenarten die Übertragung von Pflanzenkrankheiten und Schädlingen auf die gleichzeitig aufwachsende oder nachfolgende Feldfrucht begünstigen. Hierauf wird im Zusammenhang mit der Gestaltung von Bodennutzungssystemen eingegangen.

Ob und welche Unkräuter positive Wirkungen auf die Bodenproduktivität und die Erhaltung der Gesundheit von Feldfruchtbeständen haben, ist bisher nicht genügend bekannt, doch im Prinzip wohl anzunehmen. Auch dieser Sachverhalt muß später unter umfassenderen Gesichtspunkten erörtert werden als nur unter dem der Produktivität des Anbaus einer einzelnen Feldfrucht. Dann sind auch die Grundsätze zu relativieren, die im Folgenden für die Entscheidung genannt werden, ob eine Unkrautbekämpfung notwendig ist oder nicht.

Bei der Gestaltung des Produktionsverfahrens für eine bestimmte Feldfrucht ist die Optimierung der Aufwand-Ertrags-Relation in der Regel das vorrangige Ziel. Deshalb lohnt sich eine Unkrautbekämpfung erst dann, wenn der durch sie erzielte Mehrerlös im Vergleich zu „unbehandelt" die Bekämpfungskosten deckt oder überschreitet. In die Berechnung der wirtschaftlichen Schadensschwelle gehen folgende Größen ein (Abb. 61):

1. die Kosten der Bekämpfungsmaßnahme (K);
2. die Wirksamkeit der Maßnahme, die am Mehrerlös (M) im Vergleich zu „unbehandelt" gemessen wird. Ist bei gleichbleibenden Bekämpfungskosten der Mehrerlös geringer, muß die Unkrautdichte (U) steigen, von der ab sich eine Maßnahme lohnt ($M_1 \rightarrow M_2$, dann $U_1 \rightarrow U_2$). Dementsprechend variiert die kritische Unkrautdichte auch mit alternativ einsetzbaren Herbiziden, deren Anwendungsmenge und -zeitpunkt, falls dadurch die Wirksamkeit der Bekämpfungsmaßnahme verändert wird.
3. Bei schwankenden Produktpreisen und großen Unterschieden im Ertragsniveau sind auch die Variationen dieser Größen in Betracht zu ziehen. In der Regel bleiben sie unberücksichtigt.

Die Grundlage der Entscheidung, ob eine Bekämpfungsmaßnahme sich lohnt oder nicht, ist die Verläßlichkeit und Genauigkeit der Schätzung, welche Beziehungen jeweils zwischen Verunkrautung

Abb. 61. Bestimmungsgrößen für die Quantifizierung von wirtschaftlichen Schadensschwellen: U_2 und U_3: Dichte einer Unkrautpopulation, bei deren Beseitigung die Kosten der Bekämpfung K gerade durch einen Mehrerlös M im Vergleich zu „unbehandelt" gedeckt sind; U_3: Dichte einer Unkrautart mit hoher Vermehrungsrate, die deswegen vorbeugend, unterhalb der aktuellen Schadensschwelle bekämpft werden sollte.

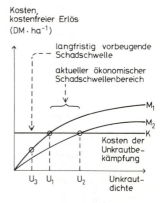

und Ertrag bestehen. Da die Entscheidung vor dem Wirksamwerden der Unkrautkonkurrenz getroffen wird, muß sie sich auf eine Regression stützen, die den später eintretenden Ertragsverlust mit einer lange vorher vorhandenen, noch in der Entwicklung begriffenen Unkrautpopulation verknüpft. Neben der Unsicherheit, wie der noch unbekannte Witterungsverlauf auf das Wachstum der Feldfrucht und des Unkrautes wirken wird, ist die Wahl der Kenngrößen für die Befalls-Verlust-Relation problematisch. Diese könnte in der Anzahl einzelner Unkrautpflanzen oder in deren Flächendeckung bestehen, nur einzelne Arten berücksichtigen oder die gesamte jeweilige Artenkombination umfassen. Die für Getreide bisher üblichen Kenngrößen sind in Abb. 62 enthalten. Bei ihrer Festsetzung wurde berücksichtigt, daß die Unkrautpflanzen, die unterhalb der kritischen Unkrautdichte unbekämpft bleiben, über ihre Samenproduktion die Verunkrautung der Nachfrucht erhöhen können. Deshalb liegt diese Unkrautdichte (langfristig vorbeugende Schadensschwelle) unterhalb der wirtschaftlichen Schadensschwelle (Abb. 61: M < K, dann $U_3 < U_1$).

Ob eine Verunkrautung prophylaktisch, d. h. ohne genaue Kenntnis der tatsächlich eingetretenen Verunkrautung kurz vor oder nach der Aussaat (Vorlaufverfahren), oder erst in der schon wachsenden Feldfrucht nach der Feststellung der wirtschaftlichen Schadensschwelle der Unkrautdichte, also kurativ bekämpft werden soll, ist jeweils neu zu bedenken. Die Gründe für oder gegen die Anwendung von Herbiziden im Vorauflaufverfahren sind in Abb. 63 dargestellt. Kernfrage ist, ob mit sehr hoher Wahrscheinlichkeit eine Verunkrautung zu erwarten ist, die nach Dichte und Zusammensetzung auch im Nachauflaufverfahren noch hinreichend sicher und wirkungsvoll be-

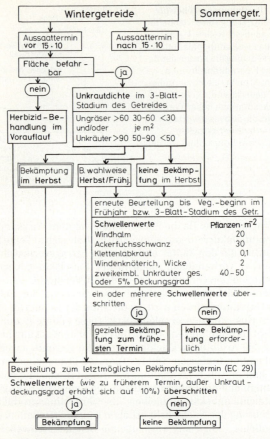

Abb. 62. Verfahren der Unkrautbekämpfung in Getreide auf der Grundlage von „kritischen" Populationsdichten (= Bekämpfungsschwellen) von Ackerwildpflanzenarten (WAHMHOFF 1990).

kämpft werden kann. Diese Frage läßt sich nur aus der genauen Kenntnis der „ruhenden" Unkrautpopulation eines Schlages und aus langjährigen Erfahrungen über den mittleren Verlauf der Witterung während der Phase, in der eine Verunkrautung noch nicht zu einer Ertragsminderung führt, beantworten. Abb. 64 zeigt am Beispiel einer Verunkrautung von Mais mit Hühnerhirse, daß sich für die Unkrautbekämpfung zunächst einmal die Zeitspanne von Aussaat bis

Unkrautbekämpfung 163

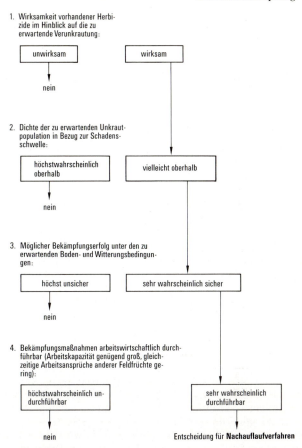

Abb. 63. Abfolge der Entscheidungen zur Frage, ob Herbizide im Vor- oder Nachauflaufverfahren angewendet werden sollen; sog. Entscheidungsbaum: ja/nein-Alternative.

zum Erscheinen des dritten Maisblattes anbietet. Wenn Ackerwildpflanzen nach der Aussaat auflaufen, wirkt aber ihre Konkurrenz bis zu diesem Zeitpunkt noch nicht nachteilig auf die Ertragsbildung des Maises (Abb. 64: Kurve I, bis zum 4-Blattstadium des Maises). Gleiches gilt für Unkräuter, die erst nach Beginn des Schossens der Maispflanzen (Kurve II, ab 9-Blatt-Stadium) auflaufen. Also liegt die kritische Phase, während der die Anwesenheit von Unkräutern nega-

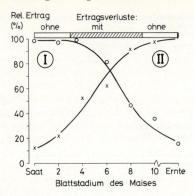

Abb. 64. Ertragsminderung bei Mais durch zeitlich differenzierte Konkurrenz von Hühnerhirse (*Echinochloa crus-galli*, KEMMER in: KOCH und HURLE 1978). Beginn und Andauer der Verunkrautung; Kurve I: Beseitigung einer Frühverunkrautung (mit dem Auflaufen des Maises beginnend) zu immer späteren Terminen; Kurve II: Wirkung einer Spätverunkrautung (Einsaat der Hühnerhirse zu immer späteren Terminen) nach einer immer länger andauernden Phase der Unkrautfreiheit. Schraffierter Abschnitt: Kritische Zeitspanne, in der das Vorhandensein von Hirsepflanzen auf den Mais ertragsmindernd wirkte. Bis zu Beginn dieser Phase sollte die Hirse beseitigt sein, nach Ende dieser Phase schadet sie nicht mehr.

tiv auf das Maiswachstum wirkt und eine Bekämpfung notwendig ist, in diesem Beispiel zwischen dem 4- und 9-Blatt-Stadium des Maises.

Auch wenn man sich auf solche situationsbezogene Kenntnisse stützen kann, sind bei der Entscheidung für oder gegen die Anwendung kurativer Unkrautbekämpfungsverfahren die möglichen Risiken des Mißlingens und die dadurch bedingten Folgen für die Verunkrautung der Nachfrucht zu erwägen. Deshalb wird unter dem Gesichtspunkt der Risikovermeidung nicht selten eine Herbizidanwendung im Vorauflaufverfahren bevorzugt, obwohl diese aus ökonomischen und ökologischen Gründen häufig nicht gerechtfertigt ist. Grundsätzlich ist aber zu beachten, daß jede Herbizidanwendung wegen möglicher toxischer Wirkungen auch ein Risiko für die Kulturpflanze sein kann.

Jeder Eingriff in die aufwachsende Unkrautpopulation, der nur einige Arten und Individuen dieser Population ausmerzt, mindert den Konkurrenzdruck, der auf den verbleibenden Individuen lastet. Durch selektiv wirksame Bekämpfungsmaßnahmen wird daher die Gesamtverunkrautung in der Regel nicht vermindert. Anstelle der vernichteten Unkrautpflanzen können sich andere ausbreiten.

Gleichmäßig wiederholte Eingriffe mit ähnlichem Wirkungsfeld führen – sofern sie einigen Individuen einer Unkrautart das Überleben gestatten – zu einer Auslese bestimmter Genotypen. Diese sind in der Regel besser an die Standortbedingungen angepaßt und können wiederholte, gleichartige Bekämpfungsmaßnahmen leichter überstehen, so daß schließlich diese spezifische Maßnahme gegenüber der herausselektierten Unkrautpopulation ihre Wirksamkeit verliert.

Dieser Sachverhalt spricht für eine umfassende, systematisch geplante und durchgeführte Unkrautbekämpfung, in der den vorbeugenden, allgemeinen und nicht selektiv wirkenden Maßnahmen der Vorzug vor den spezifischen, meist mehr oder minder selektiv wirkenden Eingriffen gegeben wird.

Zur Minderung der Allgemeinverunkrautung (aufwachsende und ruhende Population) genügt es im Falle der annuellen, allein mit Samen überdauernden Arten, diese am Aussamen zu hindern. Ausdauernde, überwiegend vegetativ sich vermehrende Arten sind dann am wirkungsvollsten zu bekämpfen, wenn ihr Vorrat an Reservestoffen jeweils ein Minimum erreicht hat. Es ist dabei zu beachten, daß nach Vernichtung des Hauptsprosses die apikale Dominanz gebrochen wird und ruhende Knospen mit dem Austrieb beginnen können. Die Bekämpfung muß daher periodisch so lange wiederholt werden, bis sämtliche ruhende Knospen vernichtet sind. Dabei ist zu beachten, daß manche Knospen länger als eine Vegetationszeit in der Knospenruhe verharren können.

Dem Zwang zur wiederholten Bekämpfung der ausdauernden Unkräuter kann leicht genügt werden, wenn die Nutzungsart der Fläche gewechselt wird. Im mehrjährigen Futterbau können manche vegetativ sich vermehrenden Unkräuter allein durch die häufige Nutzung der Futterpflanzen zurückgedrängt werden. Das gilt besonders dann, wenn die Konkurrenz der Feldfrucht voll zur Wirkung kommt.

3.2.3 Vorbeugende Maßnahmen

Jede direkte Bekämpfungsmaßnahme ist mit z. T. erheblichen Kosten und nicht immer mit sicherem Erfolg verbunden. Eine auf Vorbeuge ausgerichtete Organisation der Feldwirtschaft sowie die Anwendung bestimmter Verfahrensschritte in der Produktion der einzelnen Feldfrüchte sind in der Regel billiger und mindern das Anbaurisiko erheblich. Deshalb sind vorbeugende Maßnahmen, die kaum zusätzliche Aufwendungen verlangen, die Grundlage jeder rationellen Unkrautbekämpfung.

Alle diese Maßnahmen dienen dazu, eine Verschleppung und Ausbreitung lebensfähiger Samen oder vegetativer Organe mit Knospen zu verhindern. Das gilt nicht nur für die Wildpflanzen der Ackerfluren, sondern auch für die Kulturpflanzen, deren Durchwuchs in der Folgefrucht als Unkraut auftreten könnte. Durch die Wahl des günstigsten Erntetermins und durch Vervollkommnung der Erntetechnik muß die Menge der auf dem Acker verbleibenden Feldfruchtsamen, Kartoffeln und Rüben so weit wie möglich vermindert werden. Schosserrüben, die noch zur Samenreife kommen und sich aussamen könnten, sollten frühzeitig beseitigt werden. Gleiches gilt z.B. für die ersten auftretenden Flughafer- und Trespenpflanzen, die in den Feldfruchtbeständen leicht zu erkennen und als Einzelpflanzen mit geringer Mühe zu entfernen sind.

Jede Aussaat hat mit unkrautfreiem Saatgut zu erfolgen. Wird im Betrieb gewonnenes Saatgut benutzt, so muß es so gründlich gereinigt werden, daß seine Beschaffenheit den Handelsnormen (Saatgutverkehrsgesetz) entspricht. Bei Zukauf von Futtergetreide ist ebenfalls auf entsprechende Reinheit zu achten. Manche Unkrautsamen vermögen unbeschädigt den Verdauungstrakt der Nutztiere und eine Lagerung im Miststapel zu überstehen, zumindest bei mangelnder Intensität der Mistrotte. Drusch- und Reinigungsabfälle gehören auf den Kompost, der entweder auf das Grasland gebracht wird, wo die noch keimfähigen Samen keine Überlebenschancen haben, oder nach genügend langer Kompostierung auf den Acker gefahren wird.

Besondere Aufmerksamkeit verlangen die Möglichkeiten zur Verschleppung der Samen von Feld zu Feld. Ist bekannt, daß das nächste zu erntende Feld noch frei von einer bestimmten Ackerwildpflanzenart ist, welches aber in dem vorher geernteten Feld vorkommt, so ist vor dem Umsetzen die Erntemaschine sorgfältig zu reinigen. Das gilt auch, wenn mit der Ernte einer anderen Feldfrucht begonnen wird, z.B. Getreide nach Körnerraps. Mit den im Mähdrescher verbliebenen Rapsresten kann zumindest in der ersten Spur des anderen Schlages der Raps in hoher Saatstärke ausgebracht werden.

Eine Verzögerung des Erntetermins – beim heute üblichen Mähdruschverfahren unvermeidlich – läßt die meisten Unkrautpflanzen zur Reife und zum Aussamen kommen. Deshalb sind Vorrichtungen zum Sammeln der Samen in der Spreu oder im Kurzstroh nutzlos. Auch der von ungepflegten Nachbarfeldern, Mietenplätzen und Wegrainen ausgehende Samenflug ist meist unbedeutend im Vergleich zur Samenproduktion im jeweiligen Schlag selbst.

Besonders wirksam werden Ackerwildpflanzen und Kulturpflanzendurchwuchs durch bestimmte Anbaumaßnahmen unterdrückt. Jede Bodenbearbeitung muß auch unter dem Gesichtspunkt ihrer Wirkung auf die Verunkrautung gesehen werden. Ausgefallene Samen von Körnerfrüchten (Getreide, Raps, Leguminosen) sollten gleich nach der Ernte in die oberste Bodenschicht (< 5 cm) eingearbeitet werden, damit alle keimbereiten Samen auflaufen können. Der nicht gekeimte Rest wird mit einer tiefgreifend wendenden Bodenbearbeitung vergraben.

Außer bei dormanten Kruziferensamen genügt diese Verfahrensweise meist, um Durchwuchs von Kulturpflanzen auch in späteren Jahren zu verhindern. Nicht geerntete Kartoffeln oder Rüben läßt man möglichst an der Bodenoberfläche, damit sie vom Frost getötet werden können. Hier wirkt ein tiefes Vergraben förderlich auf den Durchwuchs in der Folgefrucht.

Bei der Art- und Sortenwahl ist die Kampfkraft der Kulturpflanzen gegenüber den Unkräutern zu berücksichtigen. Nur weitgehend an den Standort angepaßte Genotypen sind genügend konkurrenzfähig. Unter ungünstigen Standortbedingungen sind viele Feldfrüchte den bodenständigen Wildpflanzen im Wettbewerb unterlegen. Auf jeden Fall muß die Konkurrenzfähigkeit der Feldfrüchte durch Optimierung der Anbauverfahren gefördert werden. Lagernde Getreidepflanzen z. B. sind schlechte Konkurrenten.

Sehr wirkungsvoll wird den Kulturpflanzen durch die Wahl der günstigsten Saat- und Pflanztermine sowie die Wahl zweckmäßiger Aussaatmengen und Reihenabstände ein Konkurrenzvorteil geschaffen. Lücken im Bestand, verursacht durch zögerndes, mangelhaftes Auflaufen oder technische Fehler beim Drillen, sind stets Ausgangspunkt für eine erneute Verbreitung der Wildpflanzen. Höhere Bestandesdichten bewirken früheren Bestandesschluß und damit eine stärkere Unterdrückung des Unkrautes. Dieser Effekt besteht nur, solange die Feldfrucht beschattend den Boden bedeckt. Diejenigen Arten und Sorten, die bis zum Tage der Ernte ein geschlossenes Blätterdach behalten (Futtergräser, -leguminosen, Rüben, Mais und Getreide mit Untersaaten) sind deshalb zur vorbeugenden Unkrautbekämpfung besonders geeignet. Bei frühräumenden Feldfrüchten kann man die Zeit bis zur Bestellung der Nachfrucht für zusätzliche Maßnahmen zur Bekämpfung ausdauernder Wildpflanzen nutzen, also durch wiederholte Stoppelbearbeitung ihren Wiederaustrieb schwächen.

Die Gestaltung der Fruchtfolge gehört deshalb mit zu den wirksamsten Mitteln, die Unkrautpopulation (einschließlich des Durchwuchses unerwünschter Kulturpflanzen) zu kontrollieren. Durch die besonderen Ansprüche an die Keimungsbedingungen ist die Mehrzahl der Samenunkräuter in bestimmten Feldfrüchten besonders häufig, so z. B. Flughafer in Sommergetreide, Windhalm und Ackerfuchsschwanz in Wintergetreide. In anderen Feldfrüchten werden sie durch unkrautvernichtende Bodenbearbeitung vor oder nach der Bestellung (Hackfruchtbau) oder im Futterbau durch Schnittnutzung vor der Samenreife vernichtet. Durchwuchs von Kulturpflanzen läßt sich sicher nur durch ganzjährigen, mehrfach genutzten Futterbau beseitigen.

Durch Anwendung von Nachauflaufherbiziden kann man zwar Raps in Getreide und Getreide in Raps bekämpfen, alle anderen Verunkrautungen, wie z. B. Kartoffeln oder Rüben in Getreide, Kartoffeln in Rüben und umgekehrt sind aus Gründen der Herbizidverträglichkeit und des möglichen Anwendungszeitpunktes nur schwer chemisch zu bekämpfen. Deshalb ist auch hier die Wahl einer geeigneten Nachfrucht die einzige Möglichkeit, eine wirksame Unkrautbekämpfung zu betreiben.

Abb. 65 zeigt am Beispiel der Dichte von Ackerfuchsschwanzpflanzen in Getreide, welche Rolle das Fruchtartenverhältnis für die Verbreitung dieses Ungrases spielt. Bei einer Ausdehnung des Halmfruchtbaus, der den Ackerfuchsschwanz an sich schon fördert, kommt es ganz auf die Wahl der anzubauenden Getreidearten an. Die Kampfkraft gegen Ackerfuchsschwanz steigt in der Reihenfolge:

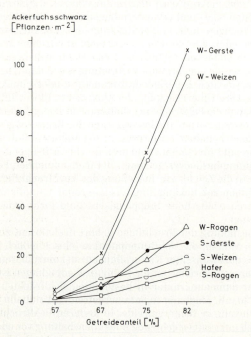

Abb. 65. Beziehungen zwischen Getreideanteil an der Ackerfläche, der angebauten Getreideart und dem Besatz mit Ackerfuchsschwanz (BRÜCKNER 1958).

Wintergerste, Winterweizen, Winterroggen, Sommergerste, Sommerweizen, Hafer, Sommerroggen. Allein der Wechsel zwischen Wintergerste bzw. Winterweizen und den übrigen genannten Getreidearten kann die Ausbreitung dieses Ungrases schon in Grenzen halten. Entsprechendes gilt für die Kontrolle von Windhalm und Flughafer.

Sogenannte Reinigungsfruchtfolgen vereinen besonders kampfkräftige Getreidearten mit anschließendem Zwischenfrucht-Hackfruchtbau (z.B. Winterroggen – Stoppelrübe) oder Futterbau mit raschwüchsigen Arten, an den sich ein zweimaliger Hackfruchtbau anschließt (Futterroggen als Winterzwischenfrucht – Silomais mit Hackpflege – Kartoffeln mit Hackpflege).

3.2.4 Mechanische und besondere physikalische Bekämpfungsmaßnahmen

Mechanische Unkrautbekämpfung erfolgt im mehrjährigen Futterbau (Feldgras-, Graslandwirtschaft) durch Schnittnutzung, im Akkerbau in der Regel zusammen mit einer Bodenbearbeitung. Ausnahmen bilden das Jäten und Ausstechen einzelner Pflanzen von Hand (z.B. Distelstechen bzw. -ausreißen). Mit mechanischen Geräten sollen schon wachsende Unkräuter abgeschnitten, ausgerissen, verschüttet oder vergraben und im Boden ruhende Samen bzw. Knospen zum Keimen bzw. Austreiben gebracht werden. Der unkrautvernichtende Effekt von Grubbern, Fräsen, Eggen oder Bürsten hängt wesentlich von der Bodenfeuchte ab. Bei hoher Feuchtigkeit können beschädigte Pflanzen regenerieren oder vegetative Sproßteile sich bewurzeln. Bei anhaltender Trockenheit dagegen sind die genannten Eingriffe sehr wirksam. Pflügen bekämpft aufgewachsenes Unkraut um so besser, je vollständiger und tiefer die Pflanzen in den Boden eingebracht werden.

Mechanische Unkrautbekämpfung kann sowohl vor und nach dem Wachstum der Kulturpflanzen als auch in den wachsenden Beständen selbst durchgeführt werden. Die erste Unkrautbekämpfung erfolgt mit der Saatbettbereitung. Dabei hat die Mechanisierung der Feldarbeit durchweg zu einem geringeren Bekämpfungseffekt geführt. Die „erste Welle" der Samenunkräuter, die kurz vor der Bestellung noch auflaufen kann, wird durch Vorverlegung des Saattermins und Zusammenfassung von Bearbeitungsgängen nicht mehr vollständig erfaßt. In Sommerungsschlägen können die Frühjahrskeimer besonders wirkungsvoll zwischen Bestellung und Aufgang der Feldfrucht bekämpft werden. Blindeggen und Blindhacken kurz vor dem Aufgang sollen möglichst alle gekeimten Unkräuter vernichten.

Dabei ist zu beachten, daß mit jeder Bodenlockerung und jedem Bodentransport günstigere Bedingungen für diejenigen Samen im Boden geschaffen werden, die wegen zu tiefer Lage oder wegen mangelnder Durchlüftung und Erwärmung noch nicht keimen konnten. Jeder Eggenstrich vermindert zwar die je Flächeneinheit produzierte Unkrautmasse, nicht aber die Individuenzahl. Das Ziel dieser Bekämpfungsmaßnahme ist schon erreicht, wenn die Kulturpflanzen einen Vorsprung bekommen, der zu einer Unterdrückung der später auflaufenden Unkrautpflanzen führt.

Egge und Striegel wirken hauptsächlich verschüttend, weniger durch Herausreißen. Ihr Einsatz ist deshalb dann am wirkungsvollsten, wenn die Unkrautpflanzen eben ihre Keimblätter geschoben und die Reservestoffe im Samen nahezu verbraucht haben. Großsamige Arten und ältere Pflanzen, die schon eine Rosette gebildet haben, können leichte Verletzungen und eine gewisse Bodenbedeckung überwinden. Insofern wirkt auch das Eggen selektiv auf die Zusammensetzung der Unkrautpopulation. Wie die Daten in Tab. 14 zeigen, werden Arten, die schon ein weiteres Wuchsstadium erreicht haben, durch Blindeggen gefördert. Das sind Arten, die zum Zeitpunkt des Eingriffs schon ein fortgeschritteneres Wuchsstadium erreicht haben, deshalb nicht beseitigt wurden, sondern sogar noch davon profitieren, daß der Konkurrenzdruck durch die Bekämpfungsmaßnahme vermindert wird. Um eine Beschädigung der Kulturpflanzen im empfindlichen Keimungsstadium zu vermeiden, darf nicht während des Auflaufens der Kulturpflanzen geeggt werden. Erst nach der Ausbildung mehrerer Blätter, wenn die Pflanze über genügend Blattfläche und Reservestoffe zur Regeneration verfügt, kann auch im wachsenden Bestand geeggt werden. Dabei sind die unvermeidlichen Pflanzenverluste durch größere Saatstärken und engere Reihenabstände auszugleichen.

Hacke und Unkrautbürste werden überwiegend in Feldfrüchten mit weiten Reihenabständen (> 30 cm) und nur ausnahmsweise bei

Tab. 14. Wirkung des Blindeggens auf die Häufigkeit einiger Ackerwildpflanzenarten (KOCH 1964)

signifikante Abnahme		signifikante Zunahme	
Art	%	Art	%
Echte Kamille	− 23	Ackerhellerkraut	+ 15
Ackerfuchsschwanz	− 24	Flughafer	+ 22
Klatschmohn	− 29	Windenknöterich	+ 44
Senf und Hederich	− 33	Klettenlabkraut	+ 45
Rauhhaarige Wicke	− 39		

engeren Reihenabständen (untere Grenze: 18 cm) eingesetzt. Will man in engreihigen Beständen Unkraut durch Hacken oder Bürsten bekämpfen, empfiehlt es sich, die Möglichkeit dazu zu schaffen, indem jeweils zwei Reihen nah beieinander liegen und nur der größere Zwischenraum zwischen den Doppelreihen gehackt wird. („Lichtschacht"-Verfahren). Der Erfolg des Hackens beruht hauptsächlich auf dem Abschneiden und Entwurzeln der Unkräuter. In losem Boden wirken die Hackschare wie wühlende Eggenzinken, die verschütten und herausreißen. Um diesen Effekt zu vermeiden, sollte nur in festem Boden – notfalls zuvor anwalzen – und möglichst flach gehackt werden, damit der Sproß sicher und vollständig von der Wurzel getrennt werden kann. Wenn das gelingt, wirkt das Hacken weniger selektiv auf die Zusammensetzung der Unkrautpopulation als das Eggen.

Die Unkrautbekämpfung der Hacke bleibt notwendigerweise auf einen Teil des Zwischenraums zwischen den Kulturpflanzenreihen beschränkt. Je größer die Gefahr ist, daß die Kulturpflanzen durch das Hacken beschädigt werden könnten, desto größer muß auch der Sicherheitsabstand zur Pflanzenreihe sein. Gegen Verschütten helfen Hohlscheiben, die neben den Hackmessern angebracht sind. Innerhalb des Schonstreifens wachsende Unkrautpflanzen können durch Verschütten bekämpft werden. Das gelingt bei genügender Größe der Kulturpflanzen mit dem Anhäufeln der Reihen, eine Maßnahme, die nicht nur im Kartoffelbau, sondern auch bei Mais, Zichorie und Ackerbohnen angewendet werden kann. Kartoffeln werden in Dämme gepflanzt, die mehrfach herunter geeggt, gehackt und wieder angehäufelt werden. Mit diesem Verfahren kann das Unkraut bis zum Schließen der Feldfrucht wirkungsvoll zurückgedrängt werden.

Die Wirkung der mechanischen Bekämpfung von Unkraut in Ackerbohnen zeigt ein Beispiel in Tab. 15. Durch Häufeln kurz vor Blühbeginn wurde auch innerhalb der Ackerbohnenreihen ein befriedigender Bekämpfungseffekt erreicht. Diese Maßnahme zeigte im Verlauf einer Versuchsserie auch positive Wirkungen auf die Ertragsbildung der Ackerbohnen, ohne daß Unkrautkonkurrenz eine Rolle gespielt hätte (Tab. 15B, Häufeln kombiniert mit Herbizideinsatz). Zum Teil beruht dieser Effekt auf einer verbesserten Standfestigkeit der gehäufelten Ackerbohnen. Durch das Häufeln wird auch das Bodengefüge verändert. Wie diese Veränderung des Bodengefüges auf das Wachstum der Ackerbohnen gewirkt hat, konnte noch nicht geklärt werden.

Nach dem Schließen der Bestände laufen in der Regel nur noch wenige Unkräuter auf. Die Anzahl der bis zur Ernte überlebenden Individuen regelt sich nach der Intensität der Konkurrenz. Je nach

Tab. 15. Wirkung chemischer und mechanischer Unkrautbekämpfung auf die Unkrautdichte und den Kornertrag von Ackerbohnen.

A. Relative Unkrautdichte in Beständen ohne chemische Unkrautbekämpfung; Mittelwert von 3 Versuchen (BETHMANN 1985, MUNZEL 1988)

Maßnahme:	ohne mechan. Bekämpfung	Hacken	Hacken und Häufeln
	Flächendeckung bzw. Masse des Unkrauts (% von Kontrolle)		
zwischen den Reihen	100	39	10
innerhalb der Reihe	91	71	25

B. Kornertrag (dt · ha^{-1}; MUNZEL 1988; in Klammern: langjährige Mittelwerte)

Maßnahme:	ohne mechan. Bekämpfung		Hacken		Hacken und Häufeln	
ohne Herbizid	48,0	(49,9)	48,6	(49,5)	52,4	(53,0)
mit Herbizid	44,7[1]	(48,6)	44,6[1]	(49,1)	49,6[1]	(52,3)

1) phytotoxische Wirkung von Dinosebazetat, angewendet bei 10 cm Wuchshöhe der Ackerbohnen

Bestandesdichte überdauern etwa 40 bis 60% der anfänglich vorhandenen Unkrautpflanzen. Nach einer Unkrautbekämpfung ist die Selbstauslichtung der aufgewachsenen Unkrautpopulation meist sehr viel geringer, da ja der Konkurrenzdruck vermindert wurde.

Nach der Ernte von Mähdruschfrüchten besteht die Möglichkeit zu einer intensiven mechanischen Bekämpfung der ausdauernden Unkräuter und Ungräser. Auf die Dichte der in den Folgefrüchten auflaufenden Samenunkräuter hat die Stoppelbearbeitung kaum einen Einfluß. Sie trifft nur die Wild- und Kulturpflanzen, die während der Brachezeit auflaufen. Das sind ganzjährig keimbereite Arten und Sommerkeimer. Ausdauernde Wurzelunkräuter dagegen werden durch mehrere aufeinanderfolgende flache und eine abschließende tiefe Bodenbearbeitung wirkungsvoll zurückgedrängt. Eine einmalige Stoppelbearbeitung kann bei Arten mit ruhenden Knospen und hohen Reservestoffvorräten u. U. zu einer Vermehrung führen. Durch Fräsen werden z. B. Queckenrhizome in kleine Stücke zerteilt, deren Knospen dann frei von der apikalen Dominanz der Endknospe austreiben können. Folgt keine Beseitigung der neuen Triebe durch einen weiteren Arbeitsgang, kann sich die Quecke mit erhöhter Geschwindigkeit ausbreiten. Deshalb sind weitere Bekämpfungsmaßnahmen immer dann notwendig, wenn die Queckentriebe im 2-Blatt-Stadium damit beginnen, neue Rhizome auszubilden und Reservestoffe einzulagern.

Wird unmittelbar nach der Ernte der Boden tief bearbeitet, so kann u. U. die Regelung der Verunkrautung nur unvollkommen gelingen. Tiefes Vergraben von Ausfallraps verstärkt meist den Rapsdurchwuchs in späteren Jahren. Werden z. B. in Mais aufgelaufene winterannuelle Herbstkeimer mit der Pflugfurche und der Saatbettbereitung nur zum Teil vernichtet, kann sich der verbliebene Rest im nachfolgenden Wintergetreide ungestört weiterentwickeln. Ausdauernde Wurzelunkräuter werden durch das Pflügen nur tief vergraben, aber nicht wesentlich geschwächt. Spätestens im nächsten Jahr treiben sie wieder durch. Deshalb ist es in allen Fällen besser, wenn der tiefgreifend wendenden Bodenbearbeitung eine oder mehrere flache Bearbeitungsgänge vorgeschaltet werden. Sie verstärken und sichern den Erfolg der mit der Bodenbearbeitung möglichen Regelung der Verunkrautung. Alle Formen einer reduzierten Bodenbearbeitung können diesbezüglich zu Problemen führen.

Neben der mechanischen Unkrautbekämpfung gibt es die Möglichkeit, aufgewachsenes Unkraut durch Abflammen zu töten. Dieses Verfahren wird heute zunehmend in Betrieben benutzt, die auf den Einsatz von Herbiziden verzichten. Mit Heizöl oder Gas werden in Brennern Flammen erzeugt, die während der Vorwärtsbewegung des Gerätes für Bruchteile von Sekunden auf die zu vernichtenden Pflanzen gerichtet werden. Neuere Methoden arbeiten ohne direkte Flammeneinwirkung über die Wärmeabstrahlung von erhitzten Körpern. Dabei wird durch die Hitzeeinwirkung das Cytoplasma der Zellen denaturiert. Das Abflammen kann vor oder nach dem Anbau der Feldfrüchte ganzflächig, d. h. nicht selektiv erfolgen. In wachsenden Beständen von Reihenfrüchten werden die Flammen nur auf die Fläche zwischen den Pflanzenreihen gerichtet. Bei einigen Kulturpflanzen, wie z. B. Mais, kann auch nach dem Auflaufen noch ganzflächig geflammt werden. Voraussetzung dafür ist, daß der Vegetationspunkt tief im Boden liegt und die Pflanze über genügend Reservestoffe verfügt, den Verlust der Blattfläche durch den Wiederaustrieb zu kompensieren.

3.2.5 Chemische Unkrautbekämpfung

Um die Jahrhundertwende wurde in Frankreich durch Zufall entdeckt, daß Ackersenf in einem Haferbestand nach Besprühen mit einer Kupfersulfat-Lösung einging, der Hafer jedoch unbeeinträchtigt weiterwuchs. Seither hat man in steigendem Umfang ätzende, vergiftende oder auf andere Weise störend in den Stoffwechsel der Pflanzen eingreifende Chemikalien (Herbizide) zur Unkrautbekämpfung verwandt.

Eine Systematik der Herbizide beruht in der Regel auf chemischen Prinzipien. Im Hinblick auf ihre Anwendung im Pflanzenbau ist es zweckmäßiger, eine Einteilung nach Wirkungsweise, Anwendungsort und -zeitpunkt vorzunehmen. Man unterscheidet zwischen nichtselektiven Herbiziden, die bei üblichen Anwendungsmengen jeden Pflanzenwuchs hemmen oder vernichten, und selektiven Herbiziden, die in Abhängigkeit von spezifischen Verträglichkeiten oder den jeweils gegebenen Entwicklungsunterschieden zwischen Unkraut und Feldfrucht nur einige Wildpflanzenarten treffen und die betreffende Kulturpflanzenart verschonen. Ihre Selektivität beruht teils auf der chemischen Konstitution des Mittels und der Fähigkeit der Kulturpflanze, diese Verbindung im Stoffwechsel zu tolerieren oder bis zur Unwirksamkeit abzubauen, teils auf Unterschieden zwischen Unkraut und Kulturpflanze in der Schädlichkeit der jeweiligen Dosierung. Letzteres steht im Zusammenhang mit dem Anwendungszeitpunkt und den damit verbundenen Unterschieden in der Entwicklung (Keimpflanzen-, Rosettenstadium) oder der Gestalt (Blattstellung, Wachsbelag der Cuticula) von Wild- und Kulturpflanzen.

Einige Mittel wirken nur durch unmittelbaren Kontakt, z.B. ätzend, andere werden von der Pflanze aufgenommen und innerhalb der Pflanze transportiert (systemisch wirkende Mittel). Unter den Herbiziden gibt es einige, die vorwiegend über die Blätter und andere, die überwiegend über die Wurzel aufgenommen werden. Nach dem Anwendungszeitpunkt unterscheidet man Herbizide, die vor der Aussaat und vor oder nach dem Auflaufen angewendet werden können bzw. müssen. Schließlich ist zu beachten, daß einige Herbizide, die im Boden nur langsam abgebaut aber rasch transportiert werden, in Wasserschutzgebieten nicht angewendet werden dürfen.

Einen Überblick über Herbizide, ihre Wirkungsweise und ihr Verhalten im Boden geben Koch und Hurle (1978). Hier müssen die folgenden kurzen Hinweise genügen.

Nicht selektive Herbizide werden benutzt, um die gesamte, jeweils gegenwärtige Vegetation abzutöten. Im Ackerbau ist das nur während der Brachezeit bzw. im Vorsaat- und Vorauflaufverfahren oder in schon abgestorbenen Feldfruchtbeständen möglich. Im letzteren Fall will man durchwachsendes Unkraut (Lagergetreide) oder Zwiewuchs (spät angelegte und noch nicht abgereifte Seitentriebe) bekämpfen. Auch zur Beschleunigung der Trocknung von Sproßteilen (Desiccation) können nicht selektive Herbizide benutzt werden, z.B. zur vorzeitigen Abtötung von Kartoffellaub oder zur Vorbereitung des Mähdrusches von Ackerbohnen, wenn deren Stengel noch grün, die Hülsen aber schon druschreif sind. Ihr Hauptanwendungsgebiet ist aber die Abtötung von Grasnarben vor der umbruchlosen Erneuerung von Grasland und die Beseitigung von unerwünschten Wild- und Kulturpflanzen in der Festboden- und Lockerboden-Mulchwirtschaft. Von den heute gebräuchlichen Mitteln sollen nur Glyphosate (Blattaufnahme, systemisch, Bodensorption stark, Abbau langsam), Glufosinate-Ammonium (Blattaufnahme, teilsystemisch, Bodensorption schwach, Abbau schnell und vollständig) und Deiquat (Blattaufnahme, nicht systemisch, Bodensorption vollständig, kein Abbau) genannt werden.

Selektiv wirkende Herbizide gibt es in steigender Anzahl und in den verschiedensten Kombinationen. Von den gebräuchlichsten seien die folgenden Gruppen genannt:

1. Düngesalze mit unkrautvernichtender Wirkung wie Kalkstickstoff (Cyanamid) und Kainit (KCl · $MgSO_4$, wasseranziehend, deshalb ätzend). Kalkstickstoff wirkt auch über den Boden und wird deshalb bei Mais und Hackfrüchten im Vorauflaufverfahren angewandt. In Getreidebeständen müssen die Getreidepflanzen mindestens 3 bis 4 Blätter (Roggen 4 bis 6) ausgebildet haben, um den in jedem Fall eintretenden Wachstumsschock (gehemmtes Längenwachstum, geringere Bestockung) überwinden zu können. Auf Unkräuter und Ungräser wirkt der Kalkstickstoff am stärksten im Keimlingsstadium. Ammonnitrat-Harnstofflösung, Gülle oder Jauche mit hoher Ammoniumkonzentration können ebenfalls herbizide Wirkungen haben.
2. Wuchsstoffherbizide, die immer noch am häufigsten angewendete Gruppe, sind Phenoxyfettsäuren, die über das Blatt aufgenommen werden und bei zweikeimblättrigen Unkräutern zunächst deformierendes Wachstum, dann das Absterben der Pflanzen verursachen. Sie werden im Boden nur schwach sorbiert, deshalb leicht verlagert, aber innerhalb weniger Wochen mikrobiell abgebaut.
3. Harnstoffderivate sind ebenfalls eine praktisch sehr bedeutsame Gruppe, die zur Bekämpfung ein- und zweikeimblättriger Wildpflanzenarten eingesetzt werden. Ihre Aufnahme erfolgt hauptsächlich über die Wurzeln. Sie hemmen die Photosynthese und damit das Wachstum bis zum Absterben. Im Boden werden sie stark sorbiert, wenig transportiert und erst nach Monaten abgebaut.
4. Triazinderivate haben sehr starke selektive Wirkungen und können deshalb beim Anbau von Mais (Atrazin, Simazin) und Getreide (Terbutryn) gegen ein- und zweikeimblättrige Wildpflanzenarten eingesetzt werden. Die Mittel werden hauptsächlich über die

Wurzel aufgenommen, hemmen die Photosynthese und damit das Wachstum der Unkräuter. Sie werden im Boden sehr stark sorbiert und auch nur sehr langsam abgebaut. Bei hohen Anwendungsmengen entstehen Probleme für die nachgebauten Feldfrüchte und den Transport dieser Herbizide in das Grundwasser. Die Anwendung von Atrazin ist seit 1991 nicht mehr erlaubt.
5. Sulfonylharnstoffe werden in zunehmendem Umfang im Nachauflaufverfahren bei Getreide eingesetzt. Ihre Besonderheit ist, daß mit äußerst geringen Aufwandmengen beachtliche Bekämpfungserfolge bei einigen ein- und zweikeimblättrigen Ackerwildpflanzen erzielt werden. Welche Folgen diese starke Wirksamkeit für die Nachfrüchte, das Bodenleben und den Anwender haben, ist noch nicht vollständig geklärt.
6. Aus dem großen, hier nicht zu beschreibenden Rest der gebräuchlichen Herbizide sollen noch genannt werden: Diazine (Pyrazon im Zuckerrübenanbau), Carbamate (Phenmedipham; Zuckerrübe; Diallat gegen Gräser in Zuckerrüben, Barban gegen Flughafer in Getreide) und Nitrile (Bromoxynil, Ioxynil in Getreide gegen zweikeimblättrige Wildpflanzenarten).

Der Wirkungsgrad der Herbizide hängt sehr stark vom Zeitpunkt ihrer Anwendung und den vor, während und nach der Applikation herrschenden Umweltbedingungen ab. Über den Boden wirkende Herbizide können mehr oder weniger stark von Tonmineralen und organischer Bodensubstanz sorbiert werden. Darauf ist besonders bei der Anwendung von Harnstoff- und Triazinderivaten zu achten. Bei hohem Gehalt des Bodens an organischer Substanz muß entweder die anzuwendende Menge erhöht werden oder der Einsatz unterbleiben. Umgekehrt muß die Menge des Bodenherbizids herabgesetzt werden, wenn wegen einer geringen Sorptionskapazität Schäden auch an der Kulturpflanze zu befürchten sind. Die meist schwer wasserlöslichen Bodenherbizide wirken nur bei ausreichender Bodenfeuchte. Überschüssige Durchfeuchtung dagegen kann sie in die Wurzelzone der Kulturpflanzen einwaschen, wo sie dann deren Wachstum hemmen können. Ein Saatbett mit groben Kluten an der Bodenoberfläche schränkt die Wirksamkeit von Blatt- und Bodenherbiziden ein. Unter den Kluten keimende, seitlich vorbeiwachsende Unkrautkeimpflanzen sind vor der Herbizidaufnahme geschützt.

Blattherbizide benötigen mehrere Stunden, ehe sie von den Sproßorganen in wirksamen Dosen aufgenommen werden. Niederschläge, die während dieser Zeit fallen, können die Herbizide wieder von den Blättern abwaschen und damit die wirksam werdende Konzentration vermindern. Wuchsstoffherbizide entfalten nur bei Temperaturen zwischen 15 und 25 °C ihre maximale Wirkung. Bei niedrigen

Temperaturen ist der Bekämpfungserfolg häufig unbefriedigend. Nicht wenige Blattherbizide wirken auf die Kulturpflanzen schädigend, wenn auf die Anwendung Nächte mit tiefen Temperaturen (Spätfröste) folgen.

Viele Herbizide wirken auch auf Kulturpflanzen phytotoxisch. Dieser schädigende Effekt wird in Kauf genommen, wenn die Bekämpfung des Unkrauts größere Ertragseinbußen infolge von Konkurrenz oder Ernteerschwernissen verhindert. Ungeachtet dieses Sachverhaltes sollte der Landwirt bemüht sein, durch die Wahl günstiger Witterungsbedingungen bei der Anwendung eines Herbizids dafür zu sorgen, daß die schädigende Wirkung des Herbizides auf die Kulturpflanze so gering wie möglich ist. Ätzmittel sollten deshalb bei bedecktem Himmel oder wenigstens bei fallenden Temperaturen gegen Abend ausgebracht werden. Zu vermeiden sind ebenfalls Überkonzentrationen, wie sie bei Überlappung und mehrfachem Überfahren der gleichen Fläche (z.B. Vorgewende) entstehen können. Auf gleichmäßige Spritzleistung der einzelnen Düsen an dem Gestänge der Pflanzenschutzspritze ist unbedingt zu achten.

Der Erfolg der chemischen Unkrautbekämpfung ist selten vollständig. Mit einem Überleben von bis zu 10% der behandelten Unkräuter ist auch bei einer gelungenen Bekämpfungsmaßnahme zu rechnen. Wenn beim Ausbringen des Herbizids Fehlstellen entstehen, z.B. durch mangelnden Anschluß der Spritzstreifen, sinkt der Bekämpfungserfolg noch stärker.

Der Einsatz von selektiven Herbiziden hat wesentlich zur Steigerung und Sicherung der Pflanzenproduktion beigetragen. Die Eigenschaft, selektiv die Kulturpflanzen zu schonen und nur bestimmte Wildpflanzenarten zu schädigen, ist die große Stärke der selektiven Herbizide, zugleich aber auch ihre größte Schwäche: Werden nur einige Unkrautarten von ihnen vernichtet, so können sich andere Arten wegen fehlender Konkurrenz ausbreiten. In den Anfängen der chemischen Unkrautbekämpfung wurden in Getreide fast ausschließlich Wuchsstoffherbizide benutzt, die zwar die zweikeimblättrigen Unkräuter beseitigten, nicht aber die Ungräser. Dadurch und durch die gleichzeitige Ausweitung des Wintergetreidebaus konnten sich Ackerfuchsschwanz und Windhalm stark ausbreiten. Dieser andersartigen Verunkrautung setzte man die auch gegen Gräser wirksamen Bodenherbizide entgegen. Doch weisen diese „Breitband"herbizide ebenfalls Wirkungslücken auf. So wurde z.B. das Ackerstiefmütterchen, einst eine Wildpflanzenart unter vielen anderen und kaum von Bedeutung, mancherorts zu einem lästigen, schwer bekämpfbaren Unkraut. Dieser Vorgang gleicht einer Schraube ohne Ende: Immer neue und kostspieligere Herbizide müssen entwickelt werden.

Andere selektive Herbizide weisen Wirkungslücken gegen Wildpflanzen auf, die der zu schonenden Kulturpflanze nahe verwandt sind. Das ist z. B. bei den Unkrauthirsen der Fall, die von Atrazin im Maisanbau nicht getroffen werden und sich deshalb bei hohem Maisanteil in der Fruchtfolge stark ausbreiten konnten.

Neben der Selektion unempfindlicher Wildpflanzenarten durch Wirkungslücken bestimmter Herbizide tritt bei fortgesetzter Anwendung ein und desselben Mittels auch innerhalb einer Wildpflanzenart eine Selektion auf Genotypen ein, die die üblichen Dosen dieses Herbizids tolerieren. Nur bei Selbstfolge, z. B. von Weizen, Mais und Kartoffel, werden Jahr für Jahr die gleichen Herbizide ausgebracht, wird also ein genügend hoher Selektionsdruck erzeugt. Wirkstoffspezifische Resistenzen wurden bei Ackerfuchsschwanz (Methabenzthiazuron, Chlortoluron), Deutschem Weidelgras (Paraquat), Gänsefuß-, Knöterich- und Fuchsschwanz *(Amaranthus)*-Arten sowie Vogelmieren, Nachtschatten, Zweizahn und Franzosenkraut (alle Triazin-resistent) beobachtet. Sind solche Herbizidresistenzen erstmals in einem Betrieb zu erkennen, müssen Herbizide mit anderer Wirkungsweise eingesetzt werden. Besser noch ist es, das Bodennutzungssystem insgesamt zu ändern. Anstelle der chemischen Unkrautbekämpfung sollte wieder auf die Möglichkeiten der mechanischen Bekämpfung, mindestens aber auf Kombinationen beider Verfahren (Hacken zwischen den Reihen, Bandspritzung in den Reihen) zurückgegriffen werden. Der Anteil der Feldfrüchte in der Fruchtfolge, deren Anbau herbizidresistente Wildpflanzen-Genotypen fördert, sollte vermindert werden. Alle diese Maßnahmen gelten auch für den Fall, daß bestimmte Wildpflanzenarten sich aufgrund von Wirkungslücken von Herbiziden ausbreiten. Auf diese Probleme wird nochmals im Zusammenhang mit dem Konzept der Integrierten Pflanzenproduktion eingegangen.

3.3 Mineraldüngung

Zwei Ziele sollen mit der Düngung erreicht werden. Das erste ist die Beseitigung eines akuten Nährstoffmangels im Boden, der die Ertragsbildung einer Feldfrucht begrenzen könnte. Das verlangt eine zeitlich und mengenmäßig gezielte Nährstoffzufuhr entsprechend den vom Produktionsziel abhängigen Ansprüchen der jeweiligen Feldfrucht. Zu diesem Zweck werden Düngemittel verwendet, die rasch wirksam werden können, also einen relativ hohen Gehalt an leicht aufnehmbaren, meist wasserlöslichen Nährstoffen besitzen. Diese Düngungsmaßnahmen werden in diesem Abschnitt besprochen.

Zweitens soll durch Düngung die Produktivität des Bodens langfristig erhalten oder gesteigert werden. Dazu tragen zwar auch die zur kurzfristigen Wachstumsförderung gegebenen Nährstoffe bei, doch dienen diesem Ziel mehr diejenigen Düngemittel, die entweder vom Boden stärker gebunden oder in nicht sofort löslicher Form angewendet werden. Sie wirken deshalb mehr mittelbar über die im Boden ablaufenden biologischen und physikalisch-chemischen Prozesse auf die Ertragsbildung der Feldfrüchte. Zu diesen Düngemitteln gehören z. B. Gesteinsmehle (Rohphosphate, Kalke) und organische Wirtschaftsdünger (Stroh, Gründüngung, Stallmist). Düngungsmaßnahmen zur Bodenverbesserung werden in Abschnitt 4.4 behandelt.

3.3.1 Notwendigkeit, Ziele und Probleme der Düngung

Es gibt Ökosysteme wie z. B. tropische Regenwälder, in denen Pflanzennährstoffe immer wieder und ohne große Verluste durch die Nahrungsketten kreisen: Aus dem Boden zu den Primärproduzenten, den grünen Pflanzen, dann zu den Konsumenten, den Pflanzen- und Tierfressern, und wieder zurück zum Boden, wo die Destruenten, die Kot- und Streufresser sowie die mikrobiellen Zersetzer die Nährstoffe wieder pflanzenverfügbar machen. Nährstoffverluste werden durch Gesteinsverwitterung und Zufluß aus der Atmosphäre (Immissionen, biologische N-Bindung) ersetzt.

In einem Agrarökosystem ist der Nährstoffkreislauf weit weniger geschlossen. Jährlich werden mit den exportierten Produkten dem System mehr oder weniger große Nährstoffmengen entzogen. Hohe Verluste entstehen z. B. bei Stickstoff durch gasförmige Entbindung von Ammoniak, geringe Verluste durch Denitrifikation und Nitratauswaschung. Dieser Nährstoffaustrag aus dem System muß durch Düngung ersetzt werden, wenn auf lange Sicht die Produktivität des Bodens erhalten bleiben soll.

Die Ertragsdaten eines Dauerversuchs in Tab. 16 zeigen, daß mit einer jährlichen Stallmistgabe von $120\,dt \cdot ha^{-1}$ annähernd die Makro- und Mikronährstoffe ersetzt wurden, die mit einer durchschnittlichen Kornernte von $26,5\,dt \cdot ha^{-1}$ Roggen entzogen wurden. Das läßt sich aus der relativ großen Konstanz der mittleren Erträge je Jahresperiode schließen. Alle anderen Düngungsvarianten führten im Laufe der Zeit zu einer Abnahme der Erträge. Je nach Art und Menge der zugeführten Nährstoffe wurde nach einer Periode sinkender Erträge ein neues Fließgleichgewicht zwischen Nährstoffentzug und Nährstoffzufuhr erreicht. Bemerkenswert ist dabei, daß dieser Sachverhalt offenbar auch für die ungedüngte Versuchsvariante gilt. In diesem Fall hat das vermutlich drei Ursachen:

Tab. 16. Wirkung langjährig unterschiedlicher Düngung auf den Ertrag von Winterroggen in Daueranbau. Versuch „Ewiger Roggenbau" in Halle (Sachsen-Anhalt) auf Griserde aus Sandlöß (GARZ 1987)
Korn dt · ha^{-1} (14% H$_2$O)

Versuchs-abschnitte	Düngungsvarianten St. M I[1] dt ·ha^{-1}·a^{-1}	rel.	U[2]	NPK[3]	PK[4]	N[5]	St. M II[6] dt ·ha^{-1}·a^{-1}
1879–1893	26,8	100	79	113	82	107	–
1894–1908	26,9	100	64	101	67	88	102
1909–1923	21,6	100	52	97	62	76	95
1924–1938	27,0	100	47	96	65	64	93
1939–1953	26,5	100	42	86	50	66	92
1954–1968	25,9	100	42	92	62	65	68
1969–1983	30,9	100	46	96	62	68	62

1) Stallmist: 120 dt · ha^{-1} · a^{-1}: 65 N, 20 P, 60 K (kg · ha^{-1} · a^{-1})
2) ungedüngt
3) Mineralische Düngung: 40 N, 24 P, 75 K
4) Mineralische Düngung: 24 P, 75 K
5) Mineralische Düngung: 40 N
6) seit 1893: Stallmist 80 dt · ha^{-1} · a^{-1}: 44 N, 13 P, 40 K.

1. Ein erheblicher Teil der vom Roggen aufgenommenen Nährstoffe kehrte mit dem Bestandesabfall und den Ernteresten (Stroh) in den Boden zurück.
2. Ein anderer Teil der Nährstoffverluste wurde durch Zufuhr aus der Atmosphäre (Gase, Stäube, in Niederschlägen gelöste Stoffe) gedeckt, eine Quelle, die mit der Industrialisierung und mit der Intensivierung des Landbaus immer ergiebiger geworden ist (siehe 1969–1983).
3. Die Nährstoffvorräte des Versuchsbodens waren relativ hoch, denn unter weniger günstigen Bedingungen fallen die Erträge rascher und stärker.

Ohne Düngung sank der Kornertrag des Roggens schließlich auf 14 dt·ha^{-1}. Ein so hoher Ertrag wurde in der Dreifelderwirtschaft des Frühmittelalters nur ausnahmsweise produziert. Um ein solches Ertragsniveau zu erreichen, mußten damals die Ackerböden gedüngt werden. Da bei den fehlenden Transport- und anderen technischen Hilfsmitteln keine fernliegenden Nährstoffquellen erschlossen werden konnten, mußte man auf die Nährstoffe zurückgreifen, die in unmittelbarer Nachbarschaft verfügbar waren. Weidevieh, das in Wald, Heide oder Grasland mit dem Futter Nährstoffe aufnahm, transportierte diese zum hofnahen Pferch, von wo sie mit dem Wirtschaftsdünger auf den Acker gelangten. Düngung mit Grassoden oder Heideplaggen verstärkte diese Nährstoffkonzentrationswirtschaft auf Kosten der Produktivität marginaler Flächen. Auch heute noch wird diese Wirtschaftsweise betrieben, bei hoher Bewirtschaftungsintensität sogar in extremer Weise. Nur stammen die benutzten Nährstoffe nun nicht mehr aus den marginalen Flächen des eigenen Betriebes, sondern aus bergmännisch ausgebeuteten Lagern ferner Länder, aus Industrieanlagen, die z. T. mit fossiler Energie betrieben und aus Futtermitteln, die außerhalb des Betriebes produziert wurden.

In den kapitalstarken, entwickelten Industrieländern kann der Landwirt aus Importen oder aus der inländischen Produktion Pflanzennährstoffe in nahezu beliebiger Menge seinem Betrieb zuführen. Diese zur Verfügung stehende Menge übersteigt bei weitem den Bedarf, der durch Export von Nährstoffen aus dem Betrieb entsteht. Dennoch sind hier dem einzelnen Landwirt bei der anzuwendenden Düngermenge enge Grenzen gezogen. Aus wirtschaftlichen Gründen sollte die zugeführte Nährstoffmenge nicht größer sein als zur Produktion eines maximalen Gewinns (maximale Differenz zwischen monetärem Gesamtertrag und den Kosten der Düngung) nötig ist. Unvollständige Ausnutzung, z. B. der N-Düngung, kann zu Umweltbelastungen führen. Die Höchstmenge für eine ökologisch vertretbare Düngung kann deshalb noch unterhalb der ökonomisch optimalen liegen.

Jede rationell geplante Düngung setzt die Kenntnis der naturalen Produktionsfunktionen von Pflanzennährstoffen voraus. Diese Produktionsfunktionen hängen von der jeweiligen Feldfrucht (Art, Sorte), dem mit ihrem Anbau verfolgten Produktionsziel (z. B. Brau- oder Futtergerste), von der Bewirtschaftungsintensität (Pflanzenschutz, Bewässerung) und von den Standortbedingungen (Boden, Klima) ab. Mit den folgenden Beispielen kann nur der allgemeine Verlauf einer Produktionsfunktion beschrieben werden.

Abb. 66A zeigt das Zusammenwirken mehrerer Nährstoffe auf den Ertrag von Hafer in einem Gefäßversuch mit sehr nährstoffarmem Boden. Mit steigenden Gaben eines einzelnen Düngemittels – hier aus der Verbindung zweier Nährstoffe bestehend – nahm der Ertrag zunächst zu und fiel dann jenseits der optimalen Konzentration wieder ab. Zwischen den beiden Düngemitteln ergab sich eine Wechselwirkung, die daran zu erkennen ist, daß sich das Optimum für $(NH_4)SO_4$ mit steigender Zufuhr von $CaHPO_4$ zu immer höheren Gaben verschob. Diese Art der Wechselwirkung beinhaltet, daß in dem Maße, wie der Mangel an dem einen Nährstoff abnimmt, die Ertragswirksamkeit des anderen steigt. Erst bei hohem Phosphatangebot wurde der Stickstoff im Boden besser ausgenutzt. Relativ gesehen bedeutet das einen Einsparungseffekt bei Stickstoff. In bestimmten Fällen, z. B. bei der N-Düngung zu Getreide, kann auch ein zweites Reaktionsmuster verwirklicht sein. Hier steigt der Ertrag zunächst proportional mit der angewandten Düngermenge, bis ein anderer

182 Regelung der Ertragsbildung durch Anbau- u. Nutzungsverfahren

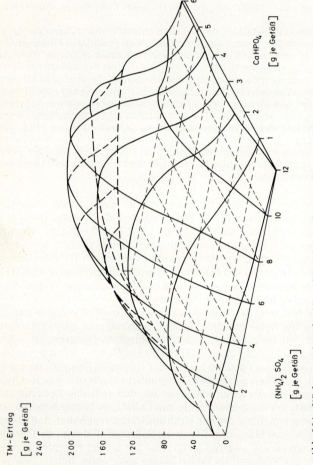

Abb. 66A. Wirkung steigender N- und P-Gaben auf die Sproßproduktion von Hafer in einem Gefäßversuch (MEYER und STORK 1927/28).

Mineraldüngung 183

B

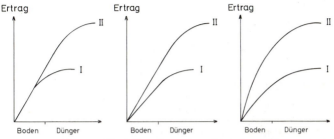

Liebig (1855)	Liebscher (1895)	Mitscherlich (1924)
Gesetz vom Minimum	Gesetz vom Optimum	Wirkungsgesetz der Wachstumsfaktoren

Zufuhr von Nährstoffen oder anderen Wachstumsfaktoren

Abb. 66B. Ertragsgesetze bei Variation von zwei Wachstumsfaktoren (Kurve I: geringe Zufuhr; Kurve II: größere Zufuhr eines Wachstumsfaktors; abgeändert nach DE WIT 1991).

ertragsbegrenzender Faktor jeden weiteren Ertragsanstieg verhindert. Dieser Faktor könnte z. B. Lager von Getreide sein. Wird die begrenzende Wirkung des Faktors beseitigt, z. B. mit der Wahl einer standfesten Sorte oder durch Anwendung eines Wachstumsregulators, steigt der Ertrag wieder in gleicher Weise wie zuvor, bis ein neuer Faktor die Ertragswirksamkeit der N-Düngung begrenzt.

Diesen Sachverhalten liegen allgemeine Regeln zugrunde, die als sogenannte **Ertragsgesetze** seit langem bekannt sind. Neuerdings haben sie im Zusammenhang mit der Effizienz der Ressourcennutzung im Landbau an Aktualität gewonnen (DE WIT 1991).

Abb. 66B zeigt drei unterschiedliche Vorstellungen über die Reaktion der Ertragsbildung von Feldfrüchten auf die steigende Zufuhr von Nährstoffen oder anderer Wachstumsfaktoren. Daß es keine für alle Fälle geltende Theorie gibt, beruht auf den komplexen Zusammenhängen zwischen den Wachstumsfaktoren einerseits und der Reaktion der Pflanzen auf diese Faktoren andererseits:

1. Biologische Prozesse sind vielfältig miteinander verknüpft und verlaufen nicht nur über einen einzigen Stoffwechselweg.
2. Nährstoffe können sich in manchen Fällen gegenseitig ersetzen, so z. B. Kalium und Natrium.
3. Die Zufuhr eines Wachstumsfaktors beeinflußt die Wirksamkeit eines anderen. Steigende Bodenwassergehalte mindern z. B. den Sauerstofftransport im Boden.
4. Zwischen dem Angebot eines Wachstumsfaktors und der Reaktion der Pflanzen auf dieses Angebot besteht eine Rückkopplung, die sich auf andere Wachstumsfaktoren auswirkt. Steigende Stickstoffzufuhr z. B.

führt zu früherem Schließen der Bestände und damit zu einem größeren Wasserverbrauch der Pflanzen. Bei Trockenheit kann dadurch eher Wassermangel eintreten, der wiederum die Stickstoffaufnahme und -verwertung begrenzt.

In Abb. 66A wurden durch den Anstieg und den Abfall der Ertragskurven die drei Kardinalpunkte einer Reaktionsnorm dargestellt: Minimum, Optimum und Maximum. Diesen schon von Sachs (1860) erkannten Sachverhalt hat Wollny (1897/98) als Optimum-Gesetz in die Pflanzenbaulehre eingeführt. Es sollte nicht mit dem von Liebscher (1895) formulierten Gesetz vom Optimum verwechselt werden, das weiter unten behandelt wird.

In Abb. 66B blieb der abfallende Ast der Ertragskurven jeweils unberücksichtigt. Der ansteigende Ast aller dort dargestellten Kurven spiegelt das **Gesetz vom abnehmenden Ertragszuwachs** bei steigendem Angebot eines Wachstumsfaktors wider. Daß der Ertrag nicht proportional dem Aufwand bzw. dem Angebot von Wachstumsfaktoren steigt, hatte schon Turgot (1766) erkannt, indem er feststellte: „Auf der gleichen Bodenfläche ist unter sonst gleichen Umständen ein höherer Rohertrag nur zu gewinnen unter verhältnismäßig noch mehr steigendem Arbeits- und Kapitalaufwand." (zitiert von Mitscherlich 1948)

Liebig (1855) und vor ihm schon Sprengel (1828) formulierten das **Gesetz vom Minimum**. Bekannt ist dessen bildliche Darstellung durch ein Faß mit unterschiedlich langen Dauben, von denen die kürzeste den maximalen Inhalt des Fasses bestimmt. So begrenzt auch der jeweils in minimaler Menge verfügbare Nährstoff die Höhe des Ertrages, unabhängig von allen anderen, in größeren Mengen vorhandenen Nährstoffen. Solange ein im Minimum befindlicher Nährstoff die Ertragsbildung begrenzt, fallen alle möglicher Produktionsfunktionen in einer Kurve zusammen (Abb. 66B, Kurve I und II unterhalb der Abzweigung von I). Das Gesetz vom Minimum beinhaltet die Forderung, die Düngung so zu bemessen, daß die Verfügbarkeit eines jeden Nährstoffes der angestrebten Höhe des Ertrages entspricht.

Liebscher (1895) untersuchte das Problem, in welchen Mengen eine Kombination von Nährstoffen angeboten werden muß, um Höchsterträge produzieren zu können.

Aus seinen Befunden leitete er das **Gesetz vom Optimum** ab. Es besagt, daß ein im Minimum befindlicher Wachstumsfaktor um so mehr zur Ertragsbildung beiträgt, je näher die anderen Wachstumsfaktoren ihrem Optimum sind. In Abb. 66B möge Kurve I die Reaktion auf steigende N-Zufuhr bei einem niederen, ertragsbegrenzenden P-Angebot, Kurve II die Reaktion auf steigende N-Zufuhr bei einem höheren P-Angebot darstellen. Aus Liebschers Optimum-Gesetz folgt, daß die angebotenen Nährstoffe oder andere am Wuchsort gegebene Wachstumsfaktoren dann am effizientesten genutzt werden, wenn alle Wachstumsfaktoren optimal verwirklicht sind.

Mitscherlich (1924) formulierte das **Wirkungsgesetz der Wachstumsfaktoren** in mathematischer Form. Es beschreibt die Wirkung der Zufuhr von Nährstoffen in Abhängigkeit vom Höchstertrag A. Der Ertragszuwachs

$$\frac{d_y}{d_x}$$

durch steigende Nährstoffzufuhr ist proportional dem am Höchstertrag fehlenden Ertrag (A − y). Als Maß für die Wirksamkeit des Nährstoffes steht der Faktor c in der Differentialgleichung

$$\frac{d_y}{d_x} = c\,(A-y)$$

MITSCHERLICH unterstellte, daß der Wirkungsfaktor c für jeden einzelnen Nährstoff eine feststehende, konstante Größe und unabhängig vom Angebot aller anderen Nährstoffe sei. Ferner nahm er an, daß die Nährstoffmenge, die notwendig ist, um einen bestimmten Teil des Höchstertrages zu realisieren, bei jedem Ertragsniveau gleich groß ist.

In Abb. 66B ist der Anstieg der Erträge in Abhängigkeit von einem zunehmenden Angebot eines Wachstumsfaktors x dargestellt und zwar mit Kurve I bei einem niedrigen Angebot und mit Kurve II bei einem hohen Angebot eines zweiten Wachstumsfaktors z. Dieses Ertragsgesetz kann auch als Gesetz der Konstanz der relativen Aktivität, d. h. des Wirkungsfaktors c bezeichnet werden (DE WIT 1991).

Sowohl LIEBIGS Gesetz vom Minimum und MITSCHERLICHS Wirkungsgesetz der Wachstumsfaktoren können als Grenzfälle von Liebschers Gesetz vom Optimum angesehen werden.

In dem Gefäßversuch wurde die optimale Wirkung in einem relativ engen Bereich der Nährstoffzufuhr erreicht. Bei noch höherer Nährstoffkonzentration im Boden wurden negative Effekte wirksam und die Erträge sanken wieder. Vorrangiges Ziel jeder Düngungsmaßnahme muß daher sein, die Nährstoffzufuhr zu optimieren und auf

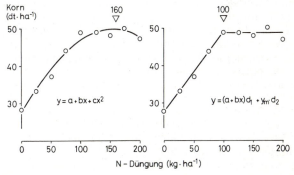

Abb. 67. N-Produktionsfunktionen für Getreide (Versuchsdaten von BOYD und NEEDHAM 1976; Knotenfunktion (rechts) nach ANDERSON 1975: y_m = Maximalertrag bei $x = x_p$; d_1 und d_2: binäre Variable mit $d_1 = 1$ und $d_2 = 0$ für $x < x_p$ sowie $d_1 = 0$ und $d_2 = 1$ für $x \geq x_p$.

keinen Fall mit zu hohen Gaben eine Ertragsdepression zu riskieren. In Feldversuchen wird der negative Effekt überschüssiger Düngung meist nicht so deutlich, weil der Höchstertragsbereich relativ breit und die Ertragsdepression bei zu hohen Gaben nur schwach ausgeprägt ist. Abb. 67 zeigt diesen Sachverhalt an einem Beispiel, das darüber hinaus noch das Problem verdeutlicht, welchen Einfluß die Wahl einer bestimmten mathematischen Form der Produktionsfunktion auf die Bemessung der Düngergaben haben kann. Die gleichen Ertragsdaten wurden sowohl mit einer quadratischen Funktion dargestellt als auch mit einer „Knoten"-Funktion, die den Datensatz in zwei lineare Kurvenabschnitte aufteilt.

Aus der ersten Funktion ergibt sich eine optimale Düngermenge von $160\,kg \cdot ha^{-1}N$. Aus der zweiten ist zu schließen, daß mindestens $100\,kg \cdot ha^{-1}N$ benötigt wurden, um die untere Grenze des Höchstertragsgebietes zu erreichen. Bei gleich guter Anpassung des Kurvenverlaufs an die gegebenen Werte läßt sich aus den Daten selbst nicht schließen, welche Produktionsfunktion die zweckmäßigere ist. Ausschlaggebend sind vielmehr die Absichten und die Risikobereitschaft des Anwenders. Will er auf keinen Fall den Maximalertrag verfehlen und schätzt er die ökonomischen und ökologischen Risiken einer zu hohen Düngermenge gering ein, wird er seine Entscheidung auf die Polynom-Produktionsfunktion stützen. Möchte er mit der geringst möglichen Düngermenge den Maximalertrag produzieren, wie es das Ziel jeden rationellen Verfahrens ist, und erscheint ihm das Risiko gering, das mögliche Ertragspotential nicht auszuschöpfen, so wird er die Knoten-Funktion als Entscheidungsgrundlage bevorzugen.

In diesem Beispiel wurden ohne mineralische N-Düngung schon annähernd $30\,dt \cdot ha^{-1}$ Weizenkorn produziert. Mit diesem Sachverhalt soll das Kernproblem jedes rationellen Düngungsverfahrens angesprochen werden. Das Angebot an pflanzenverfügbaren Nährstoffen wird nicht allein von den angewandten Düngemitteln und deren Mengen bestimmt, sondern auch von den im Boden schon vorhandenen Nährstoffen. Diese Vorräte und deren mögliche Pflanzenverfügbarkeit müssen bei der Düngung berücksichtigt werden. Das setzt aber auch eine Einschätzung voraus, wie die Bodenprozesse verlaufen werden, die die Verfügbarkeit der Nährstoffe beeinflussen. Diesen Prozessen sind auch die mit der Düngung dem Boden zugeführten Stoffe unterworfen.

Das Problem der Quantifizierung der Nährstoffmengen, die zur Zeit der Messung und im weiteren Verlauf des Pflanzenwachstums verfügbar sind oder werden, ist bisher noch nicht befriedigend gelöst. Neben der Kenntnis zahlreicher Randbedingungen, die vom jeweiligen Bodenzustand bestimmt werden, benötigt man eine verläßliche langfristige Wettervorhersage, eine bisher noch nicht erfüllte Voraussetzung. Deshalb kann über Düngungsmaßnahmen meist nur mit erheblicher Unsicherheit entschieden werden. Abhilfe schaffen nur die örtlichen Erfahrungen über den durchschnittlich zu erwartenden Witterungsverlauf und über den möglichen Nährstoffumsatz bzw. die mögliche Nährstoffnachlieferung der jeweiligen Ackerböden. In Zukunft bietet sich vielleicht die mathematische Simulation der Prozesse als Hilfsmittel für eine bessere Steuerung der Düngungsverfahren an.

Die Verfügbarkeit der Nährstoffe für Pflanzen und Mikroorganismen hängt von ihrer Bindungsform ab. Nur langsam und in relativ geringen Mengen werden Nährstoffe freigesetzt, die innerhalb von Kristallgittern (K, Ca, Mg, z. T. auch P) oder höhermolekularen Huminstoffen (N) gebunden sind. Dabei sind die durch Randlage exponierten Nährelemente am stärksten der Verwitterung und Mineralisierung ausgesetzt. Diese Fraktion leistet deshalb einen größeren Beitrag zur Nährstoffnachlieferung. Leichter und kurzfristiger verfügbar sind die an Tonmineralen oder Huminstoffen sorbierten Ionen und die in rasch mineralisierbarer organischer Substanz enthaltenen Nährstoffe. Sie werden durch Ionenaustausch oder mikrobiellen Abbau in die Form überführt, die als einzige unmittelbar pflanzenverfügbar ist: Die in der Bodenlösung freibeweglichen Ionen.

Zwischen den vier Fraktionen erfolgt in beiden Richtungen ein Austausch, wobei zwischen den fest gebundenen, den nachlieferbaren, den sorbierten und den löslichen Nährstoffen entsprechend ihrer Zugänglichkeit und Bindungsfestigkeit spezifische Fließgleichgewichte wirksam werden. Anreicherung der Bodenlösung mit Ionen, z. B. durch Düngung, führt zu vermehrter Sorption und nachfolgend auch zur Fixierung (K^+, NH_4^+) oder Umwandlung von leicht löslichen Verbindungen in schwerer lösliche (P in Apatit). N, S und P werden durch Aufnahme von Pflanzen und Mikroorganismen immobilisiert. Verarmung der Bodenlösung, z. B. durch Nährstoffaufnahme der Pflanzen, fördert umgekehrt die Mobilisierung der Nährstoffe aus der Fraktion mit der jeweils nächststärkeren Bindung. Verluste entstehen durch Auswaschung von gelösten Nährstoffen in tiefere, nicht durchwurzelbare Bodenschichten, durch gasförmige Entbindung von Stickstoff oder Schwefel und durch Bodenaustrag infolge Erosion oder Abtransport vom Felde, z. B. als anhaftender „Schmutz" an Rüben.

Die Nährstoffverfügbarkeit wird nicht allein von biologischen oder physiochemischen Prozessen bestimmt. Wie bei der Wasseraufnahme der Pflanzen, die vom Wassertransport im Boden, von der Größe des durchwurzelten Bodenraums und der Wurzeldichte abhängt, ist auch die räumliche Zugänglichkeit der Nährstoffe für deren Aufnahme von erheblicher Bedeutung. Das gilt besonders dann, wenn der Transport der Nährstoffe zu den Pflanzenwurzeln mehr mittels Diffusion als durch Massenfluß erfolgt.

Das Beispiel in Abb. 68A zeigt, wie durch Verdichtung des Bodens nicht nur die Substanzproduktion von Gerste und Zuckerrübe, sondern auch die Wirksamkeit des Phosphats im Boden vermindert wurde. Phosphat ist im Boden weniger beweglich, wird deshalb vermehrt aufgenommen, wenn der Boden intensiv durchwurzelt wird. Mangelnde räumliche Zugänglichkeit als Folge der durch Verdichtung verminderten Durchwurzelung konnte durch höhere „chemi-

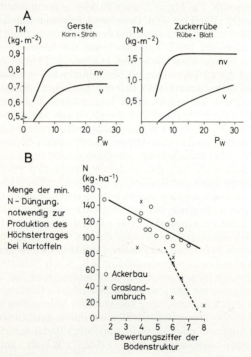

Abb. 68. Pflanzenverfügbarkeit von Nährstoffen im Boden
A: Wasserlösliches Phosphat (P_W-Zahl: mg P je 100 g Boden) für Gerste und Zuckerrüben in Böden mit (v: verdichtet) und ohne Verdichtung (nv: ohne Verdichtung in der Ackerkrume) (PRUMMEL 1975).
B: N-Düngungsbedarf von Kartoffeln im NO-Polder (Niederlande) in Abhängigkeit von der Güte der Bodenstruktur (BRUIN und GROOTENHUIS, 1968).

sche" Verfügbarkeit (höhere P_w-Konzentration) teilweise ersetzt werden. Mängel bei der Durchwurzelbarkeit des Bodens mit höherem Düngungsaufwand zu kompensieren, ist ökologisch wie ökonomisch nicht vernünftig. Sparsamster Gebrauch von Düngemitteln ist nur möglich, wenn die räumliche Zugänglichkeit der Nährstoffe im Boden optimiert wird.

Eine günstigere Bodenstruktur steigert nicht nur die Durchwurzelung des Bodens und verkürzt die Transportwege für Wasser, Gase und Nährstoffe, sondern wirkt sich auch positiv auf Freisetzung von Nährstoffen durch Mineralisation der toten organischen Substanz aus. Beide Faktorenkomplexe haben vermutlich dazu beigetragen, daß in dem in Abb. 68B dargestellten Beispiel mit steigender Qualität der Bodenstruktur geringere Mengen mineralischen Stickstoffs benötigt wurden, um den Höchstbetrag bei Kartoffeln zu produzieren.

Ideal wäre eine Nährstoffverfügbarkeit, die sich zeitlich (Hauptwachstumszeit der Feldfrüchte) und räumlich (durchwurzelter Bodenraum) mit der jeweils maximal möglichen Nährstoffaufnahme der Pflanzen vollständig deckt und das Risiko von Nährstoffverlusten minimiert. Diese Forderung läßt sich nur erfüllen, wenn die angebaute Feldfrucht während ihrer Vegetationszeit in gleichem Maße Nährstoffe aufnimmt, wie durch die witterungsgesteuerten Umsetzungs- und Transportprozesse Nährstoffe verfügbar gemacht werden, und wenn die pflanzenverfügbaren Nährstoffmengen im Boden

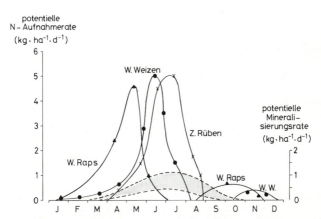

Abb. 69. Potentielle N-Aufnahmeraten einiger Feldfrüchte im Vergleich zu potentiellen Mineralisierungsraten von organisch gebundenem Stickstoff (gestrichelt) in der Ackerkrume (zusammengefaßt aus mehreren Literaturangaben).

jeweils so groß sind, daß sie für Nährstoffaufnahmen ausreichen, die zu potentiellen Ertragszuwachsraten führen können.

Beide Voraussetzungen sind im Ackerbau selten erfüllt, wie am Beispiel der potentiellen N-Aufnahmeraten einiger Feldfrüchte und der potentiellen N-Mineralisierungsraten von Böden in Betrieben ohne Viehhaltung gezeigt wird (Abb. 69). Die möglichen Aufnahmeraten der Feldfrüchte sind meist ein Mehrfaches der N-Mineralisationsraten. Bei einigen Feldfrüchten, wie z. B. beim Körnerraps, fällt das Maximum der möglichen N-Aufnahmerate nicht mit dem Maximum der N-Mineralisation im Boden zusammen. Diese Sachverhalte bestimmen Menge und Zeitpunkt der Zufuhr von Stickstoff. Sie muß auf den zu erwartenden Wachstumsverlauf der Feldfrucht und die mögliche N-Nachlieferung des Bodens abgestimmt sein.

Wenn dagegen in viehhaltenden Betrieben außerhalb der Wachstumszeit schon große Mengen von pflanzenverfügbarem Stickstoff mit wirtschaftseigenen Düngern (Gülle) in den Boden eingebracht wurden, ist eine Steuerung des N-Angebotes für die Pflanzen kaum mehr möglich. In solchen Fällen treten nicht selten umweltbelastende N-Verluste ein. Dieses Problem kann nur mit einer Begrenzung der Zufuhr von wirtschaftseigenen Düngemitteln gelöst werden.

Hohe Verfügbarkeit von Nährstoffen und deren Aufnahme durch die Pflanzen bedeuten nicht zugleich auch eine optimale Verwertung im Hinblick auf das angestrebte Produktionsziel. Sogenannter Luxuskonsum ist nicht nur unproduktiv, sondern kann auch die Qualität von Ernteprodukten und die Ausbeute des gewünschten Produktes mindern. So werden z.B. die Brauqualität von Gerste oder der bereinigte Zuckergehalt von Zuckerrüben durch zu hohe N-Konzentration in den Körnern bzw. der Rübe gesenkt.

3.3.2 Pflanzennährstoffe im Boden

Makronährstoffe
Stickstoff (N) wird von den Pflanzen als Ammonium (NH_4^+) oder als Nitrat (NO_3^-) aus der Bodenlösung aufgenommen. In dieser Bindungsform befindet sich stets nur ein sehr geringer Teil des gesamten N-Vorrates im Boden. Deshalb wird das N-Angebot außer von der Größe des Vorrats vor allem von den Umsatzprozessen des Stickstoffs und deren Raten bestimmt. Abb. 70 zeigt die Kompartimente des N-Kreislaufs und die annähernd in ihnen enthaltenen N-Mengen bzw. die während eines Jahres umgesetzten Raten.

Mehr als 95% des N-Vorrates in der Ackerkrume ist organisch gebunden, überwiegend als Aminosäure- und Amid-N. Ammonium kommt in größeren Mengen nur in lehmig-tonigen Böden vor, und zwar als Kation in oder an Tonmineralen gebunden. Da mit zuneh-

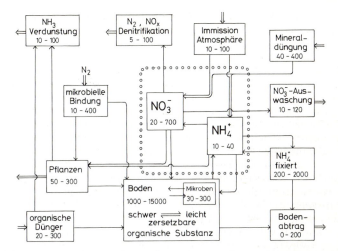

Abb. 70. Stickstoffmengen (kg · ha^{-1} N) und Stickstoff Zu- und Abflußraten (kg · ha^{-1} · a^{-1}) in einzelnen Kompartimenten des N-Kreislaufes in Boden → Pflanze → Atmosphäre (zusammengefaßt aus mehreren Literaturangaben).

mender Bodentiefe die Menge des organisch gebundenen N abnimmt, kann der Anteil des fixierten Ammonium am N-Vorrat des Unterbodens auf 10 bis 50% ansteigen. NH_4^+ hat annähernd den gleichen Ionendurchmesser wie K^+, kann also K^+ bei Sorption oder Fixierung vertreten und umgekehrt. Deshalb beeinflussen der K-Versorgungszustand oder eine Kalidüngung den Austausch von NH_4^+ aus dem Sorptionskomplex. Aus diesem Kompartiment können bis zu 150 kg·ha^{-1} N während einer Vegetationsperiode freigesetzt werden. Umgekehrt wird nach einer Gülledüngung möglicherweise auch Ammonium an Tonmineralen zeitweilig festgelegt.

In größeren Mengen entsteht NH_4^+ nur beim mikrobiellen Abbau organischer N-Verbindungen aus pflanzlichen oder tierischen Abfallstoffen. In Gegenwart von Sauerstoff werden Aminosäuren zu Ammoniak (NH_3) abgebaut, das mit Wasser zu Ammonium umgesetzt wird. An diesem Prozeß der Ammonifizierung sind vor allem aerobe Eiweißzersetzer beteiligt. Im nächsten Schritt wird Ammonium zu Nitrit-(NO_2^-) und Nitrat-Ionen (NO_3^-) oxidiert, wiederum nur in Gegenwart von Sauerstoff durch die autotroph lebenden Bakterien Nitrosomonas (erster Teilschritt) und Nitrobacter (zweiter Teilschritt). Die Geschwindigkeit der Ammonifizierung und Nitrifizierung steigt mit zunehmendem Wassergehalt des Bodens bis etwa zur Feldkapazität und mit zunehmenden Bodentemperaturen bis zum

Maximum von 30 bis 40 °C. Die Raten steigen ähnlich den in Abb. 109 dargestellten Funktionen mit jeder Steigerungsstufe von Wasser und Temperatur zunächst überproportional an und nehmen erst nahe beim Optimum ab.

Gleichzeitig mit der Mineralisierung von organisch gebundenem Stickstoff läuft der entgegengesetzte Prozeß der Immobilisierung ab, mit dem Nitrat oder Ammonium wieder in die Körpersubstanz von Mikroorganismen eingebaut wird. Umfang und Geschwindigkeit dieser beiden gegenläufigen Prozesse werden u. a. von dem Mengenverhältnis von Kohlenstoff zu Stickstoff in der organischen Substanz bestimmt. Ist es, wie in Mikroorganismen, < 10, so erfolgt die Mineralisierung sehr rasch und resultiert in größeren Mengen freigesetzten Stickstoffs in der Bodenlösung. Das kann z. B. der Fall sein, wenn nach einer lebensfeindlichen Phase für Mikroorganismen (Frost oder Trockenheit) die tote Mikrobenmasse abgebaut wird. Der in Mikroben immobilisierte Stickstoff gehört deshalb zu der organischen N-Fraktion, die am schnellsten pflanzenverfügbar werden kann. Ist das C-N-Verhältnis des Substrates größer als 30, so wird in der Regel der mineralisierte Stickstoff sofort wieder zum Aufbau neuer Mikrobenmasse benutzt. Diese „biologische Stickstoffsperre", d. h. ein Überwiegen des Immobilisierungsprozesses, wird besonders wirksam, wenn große Mengen organischer Substanz mit weitem C-N-Verhältnis (z. B. Stroh C-N > 40) in den Boden eingebracht werden.

NO_3^- wird kaum im Boden sorbiert und kann sich deshalb in der Bodenlösung anreichern, wenn es nicht mit dem Sickerwasser abtransportiert oder nach weiterer Reduktion über Nitrit (NO_2^-) und Distickstoffoxid (N_2O) bis zu N_2 gasförmig entbunden wird. Der Prozeß der Denitrifikation wird durch verschiedene Arten anaerober oder fakultativ anaerober Bakterien verursacht, die bei Sauerstoffmangel im Boden NO_3^- und NO_2^- als Sauerstoffquelle benutzen. Ihren Energiebedarf decken sie aus leicht abbaubarer organischer Substanz. Die Denitrifikationsrate steigt mit steigender Temperatur bis etwa 15 °C gering, von 15 bis 35 °C stark an. Da Sauerstoffmangel eine Grundvoraussetzung ist, findet Denitrifikation nicht nur bei Wassersättigung der Böden, sondern auch oberhalb der Feldkapazität in allen Bodenkompartimenten ohne ausreichende Sauerstoffzufuhr statt, so z. B. im Inneren großer verdichteter Aggregate.

Das Ausmaß der Nitratauswaschung hängt von der Nitratmenge im Boden, der N-Aufnahme durch die Pflanzen, der Höhe der Niederschläge und dem Wassertransport aus dem durchwurzelten Bodenraum ab. Die Auswaschungsgefahr ist während der Wintermonate bei überschüssiger Durchfeuchtung dann besonders groß, wenn nach der Ernte hohe N-Düngerreste im Boden verblieben sind, während einer Schwarzbrache leicht abbaubare Pflanzenreste mineralisiert werden oder im Frühherbst noch mit Gülle gedüngt wird, ohne daß der Nitratstickstoff von Pflanzen aufgenommen werden kann. Auf wasserzügigen Sandböden wird eher Nitrat ausgewaschen als auf bindigen Böden.

Diese Sachverhalte zeigen, daß der N-Kreislauf relativ wenig geschlossen ist. Den Verlusten stehen aber auch Einträge gegenüber. Eine dieser Quellen ist die biologische N-Bindung von N_2 aus der Atmosphäre, sei es durch Rhizobien in Symbiose mit Leguminosen oder durch freilebende Bakterien und blaugrüne Algen. In basenreichen Böden können die beiden letztgenannten Gruppen bis zu 15 kg·ha^{-1} N jährlich fixieren. Eine weitere, zusätzliche N-Quelle ist die nasse, trockene oder gasförmige Deposition aus der Atmosphäre. Diese Immissionen haben trotz vieler Umweltschutzmaßnahmen zugenommen und können im Mittel 50 kg·ha^{-1} N je Jahr betragen.

Der pflanzenverfügbare N-Vorrat im Boden setzt sich aus NO_3^- und dem leicht austauschbaren NH_4^+ (Extraktion mit KCL) zusammen. Diese Fraktion wird N_{min} oder N_{an} genannt (mineralischer oder anorganischer N). Die potentiell aus organischer Bindung mineralisierbare N-Menge kann nur im Brutversuch bestimmt werden. Derzeit wird versucht, diese Fraktion leicht verfügbaren organischen Stickstoffs mit dem N im Heißwasserauszug oder mit Elektro-Ultrafiltration von Wasserextrakten bei variierter Spannung (200 V/400 V) und Temperatur (20 °C/80 °C) zu schätzen.

Kalium (K) steht, gemessen an den Mengen, die von Kulturpflanzen aufgenommen werden oder in den Ackerböden vorhanden sein können, unter den Kationen an erster Stelle. Der Gesamtvorrat variiert zwischen 0,2 und 4% der trockenen Bodenmasse. Da der Kalivorrat hauptsächlich von der Menge der Feldspäte, Glimmer und Tonminerale im Boden abhängt, sind Moor- und Sandböden meist arm, Lehm- und Tonböden reich an Kalium.

Nach der Intensität der Bindung an Bodenteilchen unterscheidet man

1. Matrix- oder Gitterkalium in Mineralen, das nur langsam durch Verwitterung freigesetzt wird;
2. nicht austauschbares Kalium, das in den Zwischenschichten von Tonmineralen gebunden ist und ebenfalls nur langsam aus der Bindung freikommt;
3. austauschbares Kalium, das als Kation an den Bodenkolloiden sorbiert ist und dessen Menge meist weniger als 5% der Gesamtkalimenge ausmacht;
4. Kalium in der Bodenlösung, das unmittelbar von den Pflanzen aufgenommen werden kann. Der Anteil der frei beweglichen K^+-Ionen an der Menge des austauschbaren K beträgt etwa 1%.

Zwischen den Fraktionen findet ein Austausch in beiden Richtungen statt, also auch eine Festlegung von Kalium zwischen den Silikatschichten der Tonminerale Illit, Vermiculit und Montmorillonit. Bei Böden, die diese Tonminerale in K-armem Zustand und in großen Mengen enthalten, besteht die Gefahr der Fixierung von K, das mit dem Dünger zugeführt wird. In Löß-, Marsch- und Auenböden können in einer 20 cm tiefen Ackerkrume bis zu 2000 kg·ha^{-1} K fixiert werden.

Die Auswaschung von K in der Bodenlösung ist am größten in tonarmen Sandböden und in manchen organischen Böden. Die jährliche Auswaschungsrate variiert unter den Klimabedingungen Mitteleuropas zwischen 2 und 100 kg·ha^{-1} K. In tonigen Böden ist die Auswaschung so gering, daß sie praktisch nicht berücksichtigt werden muß. Die jährliche Nachlieferung aus den fest gebundenen Kalivorräten beträgt etwa 5 bis 50 kg·ha^{-1} K. Als Maß für die Kaliversorgung wird überwiegend das austauschbare Kalium erfaßt, obwohl das Zwischenschicht-K in Böden mit großen Kalivorräten ebenfalls noch stark zur Kaliversorgung der Pflanzen beitragen kann.

Calcium (Ca) ist ein unentbehrlicher Pflanzennährstoff, doch ist seine Wirkung auf den Boden (pH, Bodenstruktur) für das Wachstum der Pflanzen gleich wichtig. Ca kommt im Boden in den Kristallgittern primärer Silikate (Kalkfeldspat, Apatit) und in Kalkgesteinen (Carbonate: Kalzit, Dolomit; Sulfate: Gips) ferner als Phosphat, Hydrogencarbonat und als Kation in der Bodenlösung oder am Sorptionskomplex vor. Die austauschbar gebundenen und in Lösung gegangenen Ca-Ionen sind pflanzenverfügbar.

In Kalksteinverwitterungsböden kann der Ca-Gehalt mehr als 20% der Bodentrockenmasse betragen. In anderen Böden überschreitet er nur selten 1,5%. Im humiden Klima werden jährlich 100 bis 300 kg·ha^{-1} Ca ausgewaschen. Das geschieht in der Bodenlösung hauptsächlich mittels Bindung von Ca durch Kohlensäure zu Calciumbicarbonat, das leicht löslich ist. Die Kohlensäure wird mit dem Niederschlagswasser herangeführt oder stammt aus der CO_2-Produktion der Wurzeln und Bodenlebewesen. Deshalb steigen die Ca-Verluste mit den Niederschlägen und der biologischen Aktivität im Boden.

Die Bestimmung der Menge pflanzenverfügbaren Ca im Boden erübrigt sich, da die Ca-Konzentration in der Bodenlösung selten wachstumsbegrenzend wirkt. Dagegen spielt der Kalkversorgungszustand für die Steuerung der Bodenazidität eine große Rolle.

Magnesium (Mg) wirkt als zweiwertiges Kation ähnlich wie Calcium auf den Reaktionszustand und das Bodengefüge. In gebundener Form kommt es in Carbonaten (Dolomit), in primären Silikaten und Tonmineralen vor. Pflanzenverfügbar ist das in Lösung gegangene oder austauschbar im Sorptionskomplex gebundene Mg^{2+}, das meist weniger als 5% des gesamten Mg-Vorrates im Boden ausmacht. Die Mg-Gehalte der Ackerböden variieren häufig zwischen 0,1 und 1,5% der Bodentrockenmasse. Reich sind die Böden, die auf dolomitischem Kalkgestein, Si-armen Eruptivgesteinen und unter dem Einfluß von Meerwasser (Brackmarsch) entstanden sind. Leichte, saure Sandböden sind dagegen arm an Mg. Die jährlichen Auswaschungsverluste im humiden Klima betragen etwa 5 bis 30 kg·ha^{-1} Mg, die jährliche Nachlieferung aus der Reserve 5 bis 20 kg·ha^{-1}. Als Maß für die Magnesiumversorgung wird die im $CaCl_2$-Auszug bestimmbare Menge genommen.

Phosphor (P) kommt im Boden sowohl in organischer als auch in anorganischer Bindungsform vor. Anorganische P-Quellen sind Ca-, Fe- und Al-Phosphate. In kalkreichen Böden überwiegen die Ca-Phosphate (Apatite). Ihre Löslichkeit steigt mit sinkendem pH-Wert. In sauren Böden dagegen herrschen Eisen- und Aluminiumphosphate vor, deren Löslichkeit mit steigendem pH-Wert zunimmt. Zwischen pH 5,5 und 6,5 ist daher in Mineralböden die P-Löslichkeit am größten.

25 bis 65% des Gesamt-P in den Ackerböden sind organisch gebunden, z.B. in Nucleinsäuren und Phosphatiden, aber auch in schwer mineralisierbaren Salzen der Inosithexaphosphorsäure (Phytate), deren Anteil am organisch gebundenen P bis zu 50% betragen kann. Im Vergleich zur Stickstoffmineralisation ist die Freisetzung von P aus organischer Bindung gering. Nur das in der Mikrobenmasse und in den Pflanzenresten enthaltene P ist leicht mineralisierbar. Auch hier kann bei einem C-P-Verhältnis von mehr als 150 eine biologische P-Sperre eintreten.

Der Gesamtgehalt an P der Ackerböden in Mitteleuropa hängt weniger von den meist P-armen Ausgangsgesteinen als von der P-Düngung ab. Die Gehalte variieren zwischen 0,02 und 0,08% der Bodentrockenmasse. Phosphat-Anionen ($H_2PO_2^-$, HPO_4^{2-}), die durch Verwitterung oder Düngung in die Bodenlösung gelangt sind, werden entweder alsbald von Organismen aufgenommen, durch Anionensorption an Metalloxiden und Tonmineralen gebunden oder als schwer lösliche Verbindung ausgefällt. Ein Teil des Bodenphosphats kann auch in kolloidaler Form in der Bodenlösung suspendiert sein. Das ist besonders der Fall, wenn zuvor große Mengen organischer Flüssigdünger (Gülle) eingebracht wurden. Ansonsten wird Phosphor kaum ausgewaschen (0 bis 5 kg·ha^{-1} P jährlich), weil die Konzentration von P in der Bodenlösung sehr gering ist (0,02 bis 1 ppm). Die Verlagerung von P in den Unterboden erfolgt deshalb sehr langsam, überwiegend durch Bodentiere oder Pflanzenwurzeln.

Die Nachlieferung aus den P-Reserven ist mit 5 bis 20 kg·ha^{-1} P jährlich zu veranschlagen. Der Grad der P-Versorgung von Böden wird entweder im Wasserextrakt oder im Lactatauszug bestimmt.

Schwefel (S) liegt im Boden überwiegend (60 bis 90% des Gesamt-S) in organischer Bindungsform (Eiweiß) vor. Durch Mineralisation wird es pflanzenverfügbar, wobei wiederum bei einem C-S-Verhältnis von 150 eine biologische S-Sperre eintreten kann. Im humiden Klimabereich liegen in den Reduktionshorizonten die anorganischen S-Reserven als Sulfid, in ariden Klimaten auch als Sulfat vor. Die jährliche Auswaschungsrate ist mit 10 bis 80 $kg \cdot ha^{-1}$ S beträchtlich, da das Sulfat-Anion (SO_4^{2-}) nur schwach im Boden sorbiert wird. In Industrie-, Stadt- und küstennahen Gebieten werden 10 bis 30 $kg \cdot ha^{-1}$ S aus der Atmosphäre eingetragen. Zusammen mit etwa 20 $kg \cdot ha^{-1}$ S, die mit Dünge- und Pflanzenschutzmitteln zugeführt werden, reicht diese Menge aus, um die Auswaschungsverluste zu ersetzen. Bei weiter steigenden Erträgen und unter Bedingungen geringer Zufuhr wird eine Schwefeldüngung notwendig.

Mikronährstoffe
Eisen (Fe) kommt in jedem Boden reichlich vor, entweder als Bestandteil von Mineralen oder in sorbierter Form. Die relativ geringe Menge pflanzenverfügbaren Eisens (Fe^{3+} oder Fe^{3+}-Chelat) reicht in der Regel für die Ansprüche der Pflanzen aus. Die Löslichkeit des Eisens nimmt mit steigendem pH ab. Nur in sauren Böden ist daher eine Auswaschung möglich.

Mangan (Mn) wird als zweiwertiges Kation von Pflanzen aus der Bodenlösung aufgenommen. Es wird austauschbar am Sorptionskomplex sorbiert oder in höherwertiger Form chemisch fest gebunden. Unter reduzierenden Bedingungen (Wasserüberschuß, mangelnde Durchlüftung, Anhäufung reduzierender Abbauprodukte der organischen Substanz) reichert sich die zweiwertige Form an, unter entgegengesetzten Bedingungen die nicht pflanzenaufnehmbaren höherwertigen Formen. Manganmangel tritt daher besonders bei anhaltender Trockenheit ein. Die anorganischen Mn-Reserven steigen mit dem Tongehalt. Deshalb tritt auf sandigen Böden häufiger Mn-Mangel auf. Da mit steigendem pH die Verfügbarkeit des Mn durch Ausfällung als Hydroxid abnimmt, kann Kalkung auf Mn-armen Böden ebenfalls zu Mangelerscheinungen führen.

Kupfer (Cu) wird aus Cu-haltigen Mineralen durch Verwitterung freigesetzt. Im Boden wird es an Tonmineralen, Mangan- und Eisenoxiden, vor allem aber an der organischen Substanz gebunden. Als zweiwertiges Kation in der Bodenlösung ist es pflanzenaufnehmbar. Da der Cu-Gehalt der Böden mit abnehmendem Tongehalt sinkt, treten Cu-Mangelerscheinungen auch wegen der Cu-Fixierung an der organischen Substanz vor allem in moorigen und anmoorigen Sandböden auf (Heidemoorkrankheit).

Zink (Zn) wird als Mangelfaktor vor allem in alkalischen und sehr humosen Böden, so z. B. in Mergelrendzinen, wirksam.

Bor (B) wird wie Phosphat fest im Boden gebunden. Die Löslichkeit des Borats nimmt mit steigendem pH ab, so daß durch Aufkalkung borarmer Böden Mangelerscheinungen eintreten können.

3.3.3 Mineralische Düngemittel einschließlich flüssiger Wirtschaftsdünger

Die stets gleichbleibende Zusammensetzung der Mineraldünger erlaubt eine genaue Bemessung der Nährstoffzufuhr und damit auch die Erfüllung besonderer Nährstoffansprüche einzelner Kulturpflanzenarten. Dagegen schwankt der Nährstoffgehalt der flüssigen Wirtschaftsdünger mit großen Anteilen leicht verfügbaren Stickstoffs (Jauche, Gülle) in weiten Grenzen. Da diese Düngemittel aber in wesentlichen Merkmalen den mineralischen N-Düngern gleichen, sollen sie schon in diesem Abschnitt besprochen werden.

Stickstoffdünger enthalten als düngewirksamen Bestandteil entweder Nitrat, Ammonium oder Amid (Tab. 17). Nitratsalze sind leicht löslich, wirken daher rasch, werden aber auch leicht ausgewaschen. Die Nitrat-Ionen im Dünger sind an Kationen gebunden. Bei der Umsetzung im Boden entsteht daher eine alkalische Lösung, z. B. beim Chilesalpeter $NaNO_3 + H_2O \rightarrow NaOH + HNO_3$. Das Nitrat-Ion wird von den Pflanzen im Austausch mit dem Anion der schwachen Säure HCO_3 aufgenommen. Zurück bleibt die starke Base NaOH, die den pH-Wert der Bodenlösung erhöht. Umgekehrt verbleibt aus ammoniumhaltigen Düngern, z. B. H_2SO_4, als Rest im Boden. Wiederholt angewendet wirkt deshalb schwefelsaures Ammoniak versäuernd. Da NH_4^+ bevorzugt von Mikroorganismen aufgenommen oder am Sorptionskomplex sorbiert wird, wirken Ammoniumdünger langsamer als Nitratdünger. Kalkammonsalpeter enthält beide N-Bindungsformen, vereint also die rasche Wirksamkeit des Nitrats mit der auswaschungsverhütenden, langsameren Verfügbarkeit des Ammoniums.

Freies Ammoniak wirkt schon in geringer Konzentration als Zellgift. Im feuchten Boden wird das NH_3 aus Ammoniakgas oder Ammoniakwasser schnell zu $NH_4^+ + OH^-$ hydrolysiert. Da nur diese Umwandlung vor gasförmigen Verlusten des leicht flüchtigen NH_3 schützt, müssen ammoniakhaltige Düngemittel tief in den feuchten Boden eingebracht werden (Injektionsschläuche an Grubberzinken). In amidhaltigen Düngern wird der Stickstoff erst nach mikrobieller Umsetzung zu Ammonium oder Nitrat pflanzenverfügbar. Unter den

Tab. 17. Stickstoffdünger

Handelsbe-zeichnung	N-Bindungs-form	Anteil der Bindungsformen	N-Gehalt (% Masse)	Nebenbestandteile
Kalksalpeter	$Ca(NO_3)_2$		15,5	20% Ca
Kalkammon-salpeter	NH_4NO_3	13,7% Nitrat 13,8% Ammonium	27,5	14% Ca
Ammonsulfat-salpeter	NH_4NO_3 $(NH_4)_2SO_4$	6,5% Nitrat 19,5% Ammonium	26,0	15% S
Schwefelsaures Ammoniak	$(NH_4)_2SO_4$		21,0	24% S
Ammoniak, wasserfrei	NH_3		82,0 (50,0)[1]	
Ammoniakwasser	NH_3		22,0 (20,0)[1]	
Kalkstickstoff	$CaCN_2$		19,8	55% Ca
Harnstickstoff	$CO(NH_2)_2$		46,0	
Ammonnitrat-Harnstoff-lösung	NH_4NO_3 und $CO(NH_2)_2$	7,0% Nitrat 7,0% Ammonium 14,0% Amid	28,0 (36,0)[1]	

1) (% vol)

Bodentemperaturen und Wassergehalten unseres Klimabereiches verläuft diese Umsetzung so schnell, daß die Amiddünger fast ebenso rasch wirken wie Ammoniumdünger. Aus Kalkstickstoff entsteht zunächst das Pflanzengift Cyanamid (H_2CN_2), das zur Bekämpfung von Ackerwildpflanzen und einer Reihe von pflanzlichen und tierischen Schädlingen benutzt werden kann. Vorteilhaft ist auch der hohe Kalkgehalt dieses Düngers.

Weit häufiger als Kalkstickstoff wird heute der kostengünstigere Harnstoff verwendet. Er kann als Molekül von Wurzeln und Blättern aufgenommen werden. Der größere Teil des Harnstoff-N hydrolysiert unter Mitwirkung des mikrobiellen Enzyms Urease zu Ammoniumcarbonat. Diese Verbindung zersetzt sich sehr schnell. Dabei entsteht, besonders bei pH-Werten > 7, flüchtiges Ammoniak. Diese gasförmigen N-Verluste sind besonders groß, wenn der Boden nach der Hydrolyse des Harnstoffs abtrocknet, so daß der Dampfdruck des Ammoniaks in der Bodenlösung steigt.

Harnstoff kann auch in Wasser gelöst angewendet werden. Ein gängiger Flüssigdünger ist die Ammonnitrat-Harnstoff-Lösung. Ausbringen bei bedecktem Himmel oder in den Abendstunden beugt Ätzschäden an den Blättern vor. Sie werden durch freigesetztes Ammoniak verursacht.

Die hohe Löslichkeit der Nitratdünger setzt Grenzen für ihre Anwendungsmenge. Wegen der meist raschen Nitrifizierung gilt das auch für Ammonium- und Amiddünger. Mit der Höhe der Düngergabe steigen mögliche Salzschäden an Keimpflanzen und die Auswaschungsverluste. Die Ertragsbildung vieler Feldfrüchte wird beeinträchtigt, wenn auf ein Überangebot an Stickstoff unmittelbar nach der Düngung während späterer Vegetationsphasen ein relativer Mangel folgt. Von langsam wirkenden N-Düngern erwartet man, daß sie den Stickstoff bedarfsgerecht über die ganze Vegetationszeit freisetzen. Dieser Forderung entsprechen am besten Kondensationsprodukte von Harnstoff mit Azet- oder Formaldehyd. Dicyandiamid hemmt die Nitrifikationsleistung von Nitrosomonas. Ein Zusatz dieser Verbindung zu ammoniumhaltigen Düngern, z.B. zu Gülle, schützt das Ammonium für einige Wochen vor zu rascher Umwandlung in Nitrat.

Der Stickstoffgehalt von Jauche und Gülle schwankt in weiten Grenzen, je nach ihrer Zusammensetzung aus Harn, Kot, Einstreu und sehr unterschiedlichem Zusatz von Wasser. Ferner spielt die Fütterung der Nutztiere eine große Rolle. In Jauche variiert die N-Menge ($kg \cdot m^{-3}$) zwischen 0,3 und 3,5, in Rindergülle zwischen 1,0 und 6,4, in Schweinegülle zwischen 1,4 und 10,3 und in Hühnergülle zwischen 3,1 und 21,0 (Mittelwerte in Tab. 18). Etwa 80% des N im Harn liegt als Harnstoff vor, der, wie schon gesagt, in wenigen Tagen mikrobiell zu Ammoniumcarbonat, einer instabilen Verbindung von

Tab. 18. Durchschnittliche Nährstoffgehalte von organischen Flüssigdüngern

	TM (%)	organ. Substanz (%)	N_{gesamt}	NH_4	P	K	Ca	Mg	Na	Cu	Zn
						($kg \cdot m^{-3}$)				($g \cdot m^{-3}$)	
Jauche	1,27	–	1,5	1,0	0,1	4,6	2,0	1,7	–	0,4	1,9
Rinder-	4,2	3,0	2,3	1,0	0,3	2,9	0,9	0,3	0,2	3	10
gülle	10,2	6,8	3,7	1,6	0,9	4,3	2,2	0,9	0,5	5	20
Schwei-negülle	10,0	7,7	6,5	4,3	1,4	2,7	2,6	0,6	0,4	40	40
Hühner-gülle	20,0	14,9	15,2	10,2	6,1	5,0	10,3	1,2	1,1	14	77

CO_2 und NH_3, umgesetzt wird. Deshalb ist in Jauche nahezu der gesamte Stickstoff als sofort wirksam anzusehen. In den Flüssigmisten liegt ein erheblicher Teil des Stickstoffs in nicht löslicher organischer Bindung vor. Ausschlaggebend für die rasche Düngerwirkung ist allein der Ammoniumgehalt, der zwischen 40 und 70% der Gesamtstickstoffmenge variiert.

Dieses Ammonium könnte voll als sofort verfügbare Stickstoffquelle gelten, wenn keine Verluste eintreten. Schon während und nach dem Ausbringen der Gülle verflüchtigt sich Ammoniak. Je langsamer Gülle in den Boden infiltriert, je mehr Güllefeststoffe auf der Bodenoberfläche oder Pflanzendecke verbleiben, desto höher sind die Ammoniakverluste. Deshalb sollte Gülle möglichst in Wasser verdünnt oder bei Regenwetter ausgebracht werden. Mit steigender Temperatur und Windgeschwindigkeit und mit zunehmender Dauer, während der die Gülle auf der Bodenoberfläche verbleibt, steigen die Verluste bis zur vollständigen Verflüchtigung des Ammoniaks. Schon bei einer Temperatur von 20 °C können im Laufe eines Tages Verluste von 30 bis 50% entstehen. Mit sofortiger Einarbeitung lassen sie sich auf 10% (Lehmboden) bzw. 20% (Sandboden) senken.

Je höher die Bodentemperaturen sind, desto rascher wird Gülle-Ammonium im Boden nitrifiziert. Fehlt ein Pflanzenbewuchs, wie z. B. auf einer Schwarzbrache im Herbst, reichert sich Nitrat im Boden an, das mit den Winterniederschlägen ausgewaschen wird. Diese beiden Verlustquellen, wie auch der Sachverhalt, daß ein Teil des Gülle-N in fester organischer Bindung erst langsam pflanzenverfügbar wird, sind Gründe für eine im Vergleich zu Kalkammonsalpeter geringere Wirksamkeit des Güllestickstoffs. Sie kann bis zu 80% der Mineral-N-Wirksamkeit erreichen, wenn die Gülle in einen Bestand rasch wachsender Pflanzen ausgebracht wird, aber auf 20% sinken, wenn sie lange vor der Vegetationszeit in einer auswaschungsgefährdeten Situation angewendet wird.

Mineralische **Kalidünger** (Tab. 19) gibt es in Chlorid- und Sulfat-Bindungsform. Hinsichtlich ihrer K-Wirkung sind beide Formen gleichwertig, doch gedeihen Chlorid-empfindliche Pflanzen wie die Kartoffel besser, wenn die Sulfatform gedüngt wird. Wird dennoch die Chloridform angewendet, so muß das so frühzeitig erfolgen, daß bereits zu Beginn der Vegetationszeit der größere Teil des zugeführten Chlorid aus der Ackerkrume ausgewaschen ist.

In sorptionsstarken, tonreichen Böden wird die K-Aufnahme der Pflanzen durch tiefes, gleichmäßiges Einmischen des Düngers in den Boden gefördert. Der Düngungstermin ist hier von untergeordneter Bedeutung. Auf Sandböden in niederschlagsreichen Lagen dagegen kann eine Düngung im Frühjahr wirkungsvoller sein als im Herbst.

Die mineralischen **Phosphatdünger** unterscheiden sich stark in

Tab. 19. Kalidünger

Handels-bezeichnung	K-Bindungsform	K-Gehalt %	Nebenbestandteile
Kainit (Kali-Rohsalz)	$KCl \cdot MgSO_4 \cdot (NaCl)$	10	4% Mg, 14% S, Na
40er Kalisalz	KCl	33	10% Na
50er Kalisalz	KCl	42	6% Na
Kalisulfat	K_2SO_4	42	18% S
Kalimagnesia	$K_2SO_4 \cdot MgSO_4$	25	6% Mg, 20% S

Tab. 20. Phosphatdünger

Handelsbezeichnung	P-Bindungsform	P-Gehalt %	Löslichkeit	Nebenbestandteile
Rohphosphat	$Ca_3(PO_4)_2$	13	80% in 2%iger Ameisensäure	25% Ca
Superphosphat	$Ca(H_2PO_4)_2$	8	93% in Wasser, 100% in Ammoncitrat	10% Ca, 14% S
Thomasphosphat	$Ca_3(PO_4)_2$ [1] $(Ca_2 \cdot SiO_4)$	7	100% in 2%iger Citronensäure	36% Ca, 3% Mg
Ammoniumphosphat	$NH_4H_2PO_4$	21	100% wasserlöslich	11% N

1) Näherungsformel

der Löslichkeit ihres Phosphatanteils. In Tab. 20 ist dieser Sachverhalt durch die Löslichkeit in unterschiedlichen Extraktionsmitteln gekennzeichnet, deren Stärke in der Reihenfolge Wasser, 22%iges alkalisches Ammonzitrat, 2%ige Citronensäure, 2%ige Ameisensäure steigt. Ferner kann die Löslichkeit durch die Korngröße und die Porosität der Düngergranulate beeinflußt werden. Größere und dichtere Granulate lösen sich langsamer und verzögern bei leichtlöslichen P-Düngern die Wiederfestlegung. Umgekehrt muß bei schwerlöslichen, weicherdigen Rohphosphaten oder bei Thomasphosphat durch feinste Vermahlung oder durch kleine, poröse Granulate die Lösungsrate erhöht werden. Die Wirksamkeit der P-Düngung hängt wesentlich davon ab, mit welcher Geschwindigkeit leichtlösliche Bindungsformen in stabilere Formen umgewandelt werden und umgekehrt. Zur Behebung eines akuten Mangels oder um einen direkten Effekt auf das Pflanzenwachstum zu erzielen, wird der Dünger in überwiegend wasserlöslicher Form gegeben. Auf bodenbiologisch aktiven Böden mit hohem P-Versorgungsgrad können schwerer lösliche Phosphate gedüngt werden. Rohphosphate erzielen eine ausreichende Wirkung nur im sauren pH-Bereich.

Wegen der geringen Beweglichkeit der Phosphate im Boden muß der Dünger gleichmäßig in den Wurzelraum eingebracht werden. Deshalb wird P in der Regel vor einer tiefgreifenden Bodenbearbeitung gedüngt. Durch eine Band- oder Reihendüngung in die engere Umgebung der Wurzeln läßt sich eine sichere Versorgung vor allem dann erreichen, wenn der Boden wenig pflanzenverfügbares Phosphat enthält.

Kalkdünger werden hauptsächlich angewendet, um die Bodenazidität zu neutralisieren. Auf ausreichend versorgten Ackerböden ist ihre Wirkung über die Nährstoffzufuhr gering. Zu den gebräuchlichen Kalkdüngern zählen zum einen die eigentlichen Kalkdüngemittel (Tab. 21) und zum anderen Mineraldünger, die basisch wirksamen Kalk in großen Mengen als Nebenbestandteil enthalten, wie z. B. Kalkstickstoff und Thomasphosphat.

Menge und Form des anzuwendenden Kalkdüngers hängen vom Kalkbedarf und vom Ton- und Humusgehalt des Ackerbodens ab. Um eine allzu drastische Reaktionsänderung durch Kalkzufuhr zu vermeiden, werden auf Böden mit geringem Sorptionsvermögen und geringer Pufferung, aber auch bei außergewöhnlich hohen Gaben (Gesundungskalkung) Kalkformen mit geringerer Löslichkeit angewandt, also kohlensaurer Kalk oder Hüttenkalk. Ton- und mikronährstoffreiche Mineralböden können mit Branntkalk gedüngt werden. Nur bei gleichmäßiger und inniger Vermischung mit dem Boden kommen die Kalkdünger voll zur Wirkung. Deshalb ist am günstigsten die Stoppelkalkung, bei der der staubfein gemahlene Dünger auf den trockenen Boden gestreut und mit den folgenden Arbeitsgängen in den Boden eingemischt wird. Bleibt Branntkalk bei feuchter Witte-

Tab. 21. Kalk- und Magnesiumdünger

Handelsbezeichnung	Ca- bzw. Mg-Bindungsform	annähernde Gehalte Ca (%)	Mg	Nebenbestandteile
Kohlensaurer Kalk	$CaCO_3$, $MgCO_3$	34	4–12	
Branntkalk	CaO, MgO	64	9–24	
Hüttenkalk	Ca-Silikat, Mg-Silikat	31	2	
Kieserit	$MgSO_4 \cdot 7H_2O$		16	
Scheideschlamm	$CaCO_3 \cdot Ca(OH)_2$	16		0,4 % N, 0,2 % P, 0,2 % K

rung auf der Bodenoberfläche liegen, dann vermörtelt der Dünger und büßt seine Wirksamkeit ein.

Kalkdünger werden häufig aus Gestein hergestellt, das auch Magnesium enthält. Deshalb gibt es, außer Kieserit, keine eigentlichen **Magnesiumdünger** (Tab. 21). Eine ausreichende Zufuhr ist auch über Kalimagnesia und andere Mehrnährstoffdünger möglich.

Mineralische **Mehrnährstoffdünger** entstehen durch Mischung oder chemische Umsetzung und enthalten in festen Kombinationen zwei oder mehr Makronährstoffe, häufig auch noch mit Zusätzen von Mg und Mikronährstoffen. Die Gehaltsangaben erfolgen in der Reihenfolge N, P, K als N, P_2O_5 und K_2O. Aus den zahlreichen Möglichkeiten seien nur folgende Beispiele genannt:

1. NP-Dünger: Ammoniumphosphat, 11-52-0, und andere Stickstoffphosphate, wie z.B. 26-14-0, in dem der Stickstoff je zur Hälfte als Ammonium und als Nitrat vorliegt und das Phosphat zu 60% wasserlöslich ist.
2. PK-Dünger: Thomaskali, 0-10-20, wie auch anderer Phosphatkali in Mischungen von 0-8-15 bis 0-13-18. Das Kalium liegt stets als Kaliumchlorid, das Phosphat meist zitronensäurelöslich vor.
3. NPK-Dünger: Die Nährstoffkombinationen variieren zwischen 5-10-16 und 24-8-8. Häufig enthalten sie zusätzlich Magnesiumsulfat. Der N-Anteil liegt meist in Ammonium- und Nitratform vor; das Phosphat ist bis zu 40% wasserlöslich.

Neben den Ein- und Mehrnährstoffen mit zugesetzten Mikronährstoffen gibt es auch besondere **Mikronährstoffdünger**. Gewöhnlich werden wasserlösliche Salze eingesetzt, z.B. die Sulfate von Fe, Cu, Mn und Zn, oder die Natriumsalze von B und Mo. Die Dünger können in fester Form zum Boden oder in wässriger Lösung, u.U. gemeinsam mit Pflanzenschutzmitteln, auf den Pflanzenbestand gegeben werden. Einige Mikronährstoffe werden auch als Komplexverbindungen mit Aminopolyessigsäuren (z.B. EDTA) angewendet. Diese Chelate sind relativ stabil, verhindern die Dissoziation und damit Adsorption der Metallionen im Boden.

Mikronährstoff-Mischdünger enthalten in einigen Fällen auch noch Stickstoff. Sie werden ausschließlich zur Blattdüngung verwendet.

3.3.4 Verfahren

Nährstoff- und Düngungsbedarf

Ein rationelles Düngeverfahren strebt folgende Ziele an:

1. Das Angebot an pflanzenaufnehmbaren Nährstoffen im Boden sollte stets so hoch sein, daß die verfügbare Menge zu keinem

Zeitpunkt die vom Landwirt angestrebte Ertragsbildung der Feldfrüchte begrenzt.
2. Der jeweils als Zielgröße geplante Feldfruchtertrag sollte mit dem geringst möglichen Düngeraufwand produziert werden. Überschüssige Nährstoffaufnahme, die den Ertrag und die Qualität des Produktes nicht mehr steigert, ist unwirtschaftlich. Darüber hinaus können zu hohe Düngergaben Anlaß zu umweltbelastenden Nährstoffausträgen geben.

Um diese Ziele verwirklichen zu können, müssen drei Größen bekannt sein: Der Bedarf einer Feldfrucht an Nährstoffen, der zur Erzeugung eines bestimmten Ertrages gedeckt sein muß, dann der Teil der zugeführten Düngermenge, den die Pflanzen jeweils aufnehmen können, und schließlich die Nährstoffmengen, die sich die Pflanzen aus dem bodeneigenen Nährstoffvorrat oder aus anderen Quellen, z.B. der symbiotischen N-Bindung, selbst erschließen. Alle drei Größen sind nur näherungsweise zu bestimmen, d.h. mittels einer Schätzung von Erwartungswerten, die auf orts- und situationsbezogenen Erfahrungswerten beruhen. Die Unsicherheit einer solchen Vorgehensweise liegt vor allem darin, daß zum Zeitpunkt der Düngung nicht bekannt ist, was, wann und wieviel an Nährstoffen die Pflanzen dem Vorratsspeicher im Boden während der kommenden Vegetationsperiode entnehmen werden. Eine effektivere Handhabung der mineralischen Düngung setzt die wiederholte Messung der pflanzenverfügbaren Nährstoffmengen im Boden voraus. Erst die Kenntnis dieser Mengenänderung mit der Zeit setzt den Landwirt in die Lage, bestehende Mangelsituationen mit gezielten Düngergaben zu beseitigen, vorausgesetzt, er hat eine Vorstellung von dem noch zu befriedigenden Nährstoffbedarf der betreffenden Feldfrucht.

Der **Nährstoffbedarf** einer Feldfrucht läßt sich in erster Annäherung aus den von den Pflanzen aufgenommenen Nährstoffmengen ableiten. Am Beispiel eines Zuckerrübenbestandes zeigt Abb. 71A den Zusammenhang zwischen dem zeitlichen Verlauf der Substanzproduktion und der Aufnahme von N, P und K. Deutlich wird, daß die Nährstoffaufnahme der Trockenmasseproduktion voraneilt. Für jeden Nährstoff gibt es eine mehr oder minder lange Periode, in der er mit größter Intensität aufgenommen wird. Danach sinken die Aufnahmeraten auf Null und werden sogar negativ, wenn durch Blattfall, Auswaschung oder andere Vorgänge Nährstoffverluste eintreten. Der Nährstoffentzug mit der Erntemasse muß daher um 10 bis 20% erhöht werden, wenn er als Schätzung für den Nährstoffbedarf benutzt wird.

Aus Abb. 71B geht hervor, daß der Nährstoffentzug mit steigender Trockenmasseproduktion, zumindest bei N und K, überproportional zunimmt. Mit steigender Nährstoffzufuhr und steigendem Ertrag verändert sich das N-P-K-Verhältnis in der Erntemasse von 1-0,22-1,69 zu 1-0,18-1,49. Diese Einengung zugunsten des Stickstoffs trat ein, obwohl im zugeführten Dünger das N-P-K-Verhältnis konstant 1-0,3-1,4 betrug. Aus den genannten Sachverhalten läßt sich ableiten, daß mit zunehmendem Ertragsniveau der Anteil des Stickstoffs im Verhältnis zu P und K in den zugeführten Nährstoffen steigen sollte. Eine solche Änderung des Nährstoffverhältnisses schließt aber die Möglichkeit eines „Luxuskonsums", d.h. die Anreicherung eines Nährstoffes in der Pflanze ohne ertragssteigernde oder ertragsverbessernde Wirkung, nicht aus. Diese Sachverhalte schränken den Wert von Nährstoffentzugsdaten als sichere Grundlage für die Schätzung des Nährstoffbedarfs einer Feldfrucht ein.

Der Nährstoffbedarf einer Feldfrucht deckt sich nicht mit dem **Düngungsbedarf**. Da außer bei der direkt wirkenden Blattdüngung – in Form von Nährstofflösungen oder Nährstoffstäuben – stets der Boden als Mittler zwischen Düngung und Nährstoffaufnahme eingeschaltet ist, wird nur ein Teil der zugeführten Nährstoffmenge räumlich und der Löslichkeit nach pflanzenverfügbar. Sämtliche im Boden sich abspielende Prozesse des Nährstoffumsatzes, die zu Verlusten oder auch Zugewinnen führen können, sind deshalb mit in Betracht zu ziehen. Der Düngungsbedarf ergibt sich demnach aus einer Schätzung aller Nährstoffmengen in einer Bilanzgleichung. Als Beispiel möge die Bilanzgleichung für Stickstoff dienen:

$$N_D = \frac{1}{1-V} \cdot (N_{DE} + N_{DR} - N_{BE} - N_{AE} - N_{min})$$

mit den folgenden Größen (kg·ha^{-1}):

N_D: zu düngende Stickstoffmenge;
N_{DE}: Stickstoffentzug mit der exportierten Erntemasse aus Dünger-N;
N_{DR}: nach der Ernte im Boden verbleibender Rest von Dünger-N (Bodenlösung, an Bodenteilchen sorbiert oder in organischer Masse immobilisiert);
N_{BE}: Stickstoffentzug mit der exportierten Erntemasse aus der Nettomineralisation von organisch gebundenem N im Boden nach dem Düngungszeitpunkt;
N_{AE}: Stickstoffentzug mit der exportierten Erntemasse aus atmosphärischem Eintrag sowie symbiotischer und asymbiotischer Stickstoffbindung;
N_{min}: Pflanzenaufnehmbarer Stickstoff im durchwurzelbaren Bodenraum vor der Düngung;
V: relative N-Verluste durch Auswaschung und gasförmige Entbindung von pflanzenverfügbarem N, bezogen auf die jeweils vorhandenen Mengen an dünger- und bodenbürtigem oder sonstigem N im System.

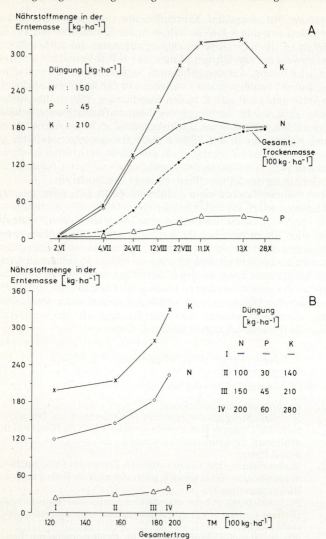

Abb. 71. Nährstoffaufnahme von Zuckerrüben
A: im Verlauf der Vegetationszeit; B: in Abhängigkeit von der zugeführten Nährstoffmenge und der Substanzproduktion (BOGUSLAWSKI et al. 1961).

Der Düngungsbedarf für andere Nährstoffe ergibt sich analog aus den spezifischen Verhaltensweisen eines Nährstoffes im Boden. Die Schätzung des Düngerbedarfes anhand einer Bilanzierung entspricht dem Prinzip des Nährstoffersatzes. Dies ist nicht das einzige Kriterium, nach dem die Menge eines anzuwendenden Düngers bemessen werden kann. Zu unterscheiden ist, ob mit der Düngung der jeweilige entwicklungs- und standortsabhängige Nährstoffbedarf einer bestimmten Feldfrucht termingerecht gedeckt oder der Nährstoffvorrat im Boden wieder aufgefüllt bzw. auf ein bestimmtes Niveau angehoben werden soll. Eine hauptsächlich pflanzenbezogene, am augenblicklichen Bedarf orientierte Düngung wird bei den Düngemitteln angewendet, die entweder leicht beweglich und deshalb verlustgefährdet sind oder rasch in nicht mehr pflanzenverfügbarer Form festgelegt werden. Das gilt vor allem für mineralische Stickstoffdünger und wasserlösliche Phosphatdünger.

Bei überwiegend bodenbezogener Düngung mit Kalk, Magnesium, Kali und Phosphat dagegen stützt sich die Entscheidung über den Düngungsbedarf auf den Versorgungszustand des Bodens, die Nährstoffentzüge der Feldfrüchte und den mittleren Ausnutzungsgrad der Düngemittel. Hier orientiert sich der Düngungsbedarf an den Ergebnissen einer mehrjährigen Bilanz zwischen Zufuhr und Entzug in einem Bodennutzungssystem und an dem Ziel, einen bestimmten Nährstoffversorgungsgrad zu erreichen oder zu erhalten. Die in mehrjährigem Abstand notwendigen Bodenanalysen liefern mit Ausnahme des Kalkbedarfs keine Schätzwerte des Düngungsbedarfes, sondern nur eine Aussage darüber, mit welcher Intensität die Düngung erfolgen sollte. Die gemessenen Werte werden in Nährstoffgehaltsklassen eingereiht, aus denen der Versorgungszustand abgeleitet wird. Er reicht von „sehr niedrig" bis „extrem hoch". Als erstrebenswert gilt der Versorgungsgrad „hoch versorgt" (C) mit den unteren Werten von 15 mg P_2O_5, 10 bis 20 mg K_2O und 3 bis 5 mg Mg je 100 g Boden im Laktatauszug.

Aus den jeweiligen Erntemengen werden mit Hilfe von Normen (Tab. 22) die Nährstoffentzüge berechnet. Der Düngungsbedarf ergibt sich aus dem Entzug, multipliziert mit einem Faktor, der den Ausnutzungsgrad des Düngernährstoffes und die angestrebte Versorgungsstufe einführt. In der Stufe C ist nur eine Düngermenge notwendig, die den Entzug ersetzt: Faktor 1 bei Kali-, und 1,3 bis 1,5 bei Phosphatdüngung. Bei besserer Versorgung sinken die Faktoren unter 1, bei schlechterer Versorgung als Stufe C steigen sie auf 2,5 bis 3,5.

Tab. 22. Nährstoffentzug mit der Erntemasse (AIGNER und BUCHER 1985)

Feldfrucht	je Mengeneinheit Erntemasse	N	P	K	Ca	Mg
Weizen	1000 kg Korn + Stroh	25–35	4–6	17–21	3–6	1–3
Wintergerste		20–25	4–5	17–25	6–9	1–3
Winterroggen		20–30	4–7	17–25	4–7	1–3
Sommergerste		15–25	4–5	17–21	6–9	1–3
Hafer		20–30	4–6	25–33	3–6	2–3
Körnermais[1]		25–30	4–6	25–33	4–7	3–6
Körnermais		18–22	3–4	3–5	1	1–2
Körnerraps		50–60	11–15	33–50	28–50	5–7
Ackerbohnen		60–65[2]	7–9	33–41	21–28	3–6
Körnererbsen		55–65[2]	7–9	25–33	21–25	2–5
Zuckerrüben[1]	10000 kg Rüben oder Knollen + Laub	40–55	7–9	50–83	7–14	6–12
Zuckerrüben		15–22	3–5	16–25	2–4	3–6
Kartoffeln[1]		50–60	9–11	66–83	25–28	6–12
Kartoffeln		30–40	4–7	46–54	1–4	2–6
Feldgras	1000 kg Heu	40–55	8–10	46–54	18–25	6–9
Luzerne		20–30[2]	2–4	16–21	18–21	1–2
Rotklee		20–30[2]	2–4	16–21	13–18	2–4
Grün-, Silomais	10000 kg Grünmasse	25–35	7–9	29–37	9–13	3–6
Markstammkohl		60–70	8–10	58–66	28–32	6–9
Senf		40–50	3–4	29–37	25–32	1–3

1) größere Mengen mit Stroh, Rübenblatt oder Kartoffellaub
2) einschließlich N symbiotisch fixiert

Grunddüngung

Hierunter versteht man die Düngung mit P, K und Mg. Sie wird in der Regel vor der Stoppelbearbeitung im Herbst gegeben. Allerdings ist es auf sorptionsschwachen, auswaschungsgefährdeten Böden vorteilhafter, im Frühjahr anstatt im Herbst zu düngen. Ob die Grunddüngung jedes Jahr oder in Abständen bis zu drei Jahren gegeben werden kann, hängt von den Umständen ab. Der arbeitswirtschaftliche Vorteil einer Vorratsdüngung kann genutzt werden, wo der Versorgungsgrad sehr hoch ist, keine extreme Fixierung oder Auswaschung von Kalium möglich ist und Düngerphosphat nicht allzu rasch in schwer lösliche Formen umgewandelt wird. Ferner müssen die Fruchtfolge und die Feldfrüchte, die mit einer Vorratsdüngung versehen werden sollen, zuvor für einen längeren Zeitraum festliegen. Welche Feldfrucht bei dieser periodischen Düngung erneut mit PK-Düngung versorgt wird, hängt von ihrer wirtschaftlichen Leistung und von den möglichen Mehrerträgen ab, die mit einer Zufuhr von leicht löslichem P und K erzielt werden können.

Die Feldfruchtarten reagieren mit steigenden Mehrerträgen in der nachstehenden Reihenfolge:

Phosphat:
Futtergräser, Hafer, Roggen, Weizen < Gerste, Raps, Klee, Körnerleguminosen < Flachs, Rüben < Mais, Kartoffeln;

Kali:
Futtergräser, Getreide, Mais < Raps, Futter- und Körnerleguminosen < Kartoffeln, Flachs, Rüben.

Intensivblattfrüchte lohnen die PK-Düngung mehr als Getreide. Deshalb kann die ihnen verabreichte Düngermenge so hoch bemessen werden, daß damit auch der Bedarf der Getreide-Nachfrüchte gedeckt wird. Ob damit in Phasen intensiver Aufnahme auch für Getreide genügend P und K in der Bodenlösung zur Verfügung steht, ist nicht immer sicher. Deshalb ist gebietsweise auch eine Frühjahrsdüngung zu Getreide mit NP- oder NPK-Düngern üblich. Auch bei der Grunddüngung im Herbst sind PK-Mischdünger oder umgesetzte PK-Mehrnährstoffdünger weit verbreitet. Einzeldünger werden nur bei spezifischem Mangel an einem der beiden Nährstoffe angewendet. Sind in den Düngemitteln auch Magnesium und Mikronährstoffe ausreichend enthalten, so werden gesonderte Düngemaßnahmen für diese Nährstoffe nur in Ausnahmefällen notwendig.

Stickstoffdüngung
Ihre rationelle Gestaltung ist trotz intensiver Forschung und reicher Erfahrungen in der Praxis immer noch eine schwierige Aufgabe. Mehr als alle anderen Nährstoffe beeinflußt Stickstoff das Wachstum und die Entwicklung der Feldfrüchte. Darüber hinaus ist er stärker verlustgefährdet, mit der Folge, daß bei unsachgemäßer Anwendung Umweltbelastungen eintreten können. Deshalb sind die Bereiche für optimale Düngermengen und Anwendungszeitpunkte enger und nachteilige Wirkungen von Unter- oder Überdosierungen auf die Höhe und Qualität der Erträge häufiger. Hinzu kommen noch nie Nebenwirkungen auf Verunkrautung sowie Krankheits- und Schädlingsbefall. Alle diese Sachverhalte verlangen eine sehr viel differenziertere und stärkere situationsbezogene Handhabung der N-Düngung als die von Kali und Phosphat. Düngerform – fest oder flüssig, langsam oder rasch wirkend –, Höhe der Gesamtmenge und der Teilgaben sowie Wahl der Anwendungszeitpunkte sind die Variablen eines Systems, das unter den jeweiligen Bedingungen zu optimieren ist.

Die besondere Schwierigkeit bei jeder Entscheidung besteht darin, daß die mineralische N-Düngung stets nur eine Ergänzung zur organischen Düngung und damit zum bodeneigenen Stickstoffangebot sein sollte. Menge und zeitlicher Verlauf dieses Angebots hängen von zahlreichen Umsatz- und Transportprozessen im Boden ab, die von der noch unbekannten Witterung während der kommenden Vegetationszeit gesteuert werden. Bevor auf einige der zu schätzenden Größen für den N-Düngungsbedarf (siehe Seite 207) eingegangen wird, soll der grundsätzliche Zusammenhang zwischen den Stickstoffmengen in der Kausalkette N-Angebot im Boden → N-Aufnahme der Feldfrucht → Menge und Qualität des Ernteertrages beschrieben werden.

Abb. 72A zeigt diesen Zusammenhang an einem Beispiel. Die Produktionsfunktion der mineralischen N-Düngung (Quadrant a) zeigt für den Weizen-Kornertrag den typischen Verlauf einer Optimumkurve. Die Beziehung zwischen N-Entzug und Kornproduktion (Quadrant b) ist bis zum Erreichen des Höchstertragsgebietes durch eine lineare Funktion gekennzeichnet. Ihr Anstieg wird mehr von der Feldfruchtart als von Sorten oder Standortsbedingungen bestimmt. Die relative Konstanz des Anstiegs beruht darauf, daß sich zur Reifezeit ein arteigentümlicher minimaler Stickstoffgehalt sowohl in den generativen wie in den vegetativen Organen einstellt – bei Getreide z. B. 1,0% N in der Trockenmasse Korn und 0,4% in der Trockenmasse Stroh.

Steigt bei begrenzendem Angebot eines anderen Wachstumsfaktors, wie z.B. Wasser, das Stickstoffangebot weiter, so nimmt zwar die Stickstoffaufnahme der Feldfrucht noch weiter zu, nicht aber in gleichem Maße die Kornproduktion. Der nunmehr gekrümmte Kurvenverlauf ist eine Folge der steigenden Stickstoffkonzentration im Korn. In Quadrant c ist die Beziehung zwischen Stickstoffaufnahme und Stickstoffdüngung dargestellt. Deutlich sind zwei voneinander abweichende Aufnahmeraten zu erkennen. In dem von der Minimum-Konzentration bestimmten Kurvenabschnitt wurden je 2 kg gedüngtem N etwa 1 kg N in der Kornmasse wiedergefunden. Im

Abb. 72. Beziehungen zwischen N-Angebot, N-Entzug mit der Erntemasse und Ertrag von Feldfrüchten ▷
A: N-Düngung und Kornproduktion von Weizen (a), N-Entzug mit der Kornmasse und Kornproduktion (b) sowie N-Düngung und N-Entzug mit der Kornmasse (c) in einem Dauerversuch auf Lößlehmboden (nach Daten von Claupein 1991)
B: Gesamtertrag von Luzerne und Feldgras, Zuckerrüben, Silomais und Weizen, sowie marktfähiger Ertrag von Weizen und Zuckerrüben in Abhängigkeit vom N-Angebot im Boden und vom N-Entzug mit der Erntemasse (Luzerne, Feldgras und Luzerne auf junger Seemarsch in den Niederlanden: Spiertz und Sibma 1986: Weizen und Zuckerrüben auf Lößlehm in Südniedersachsen: Claupein 1991).

Mineraldüngung 211

A

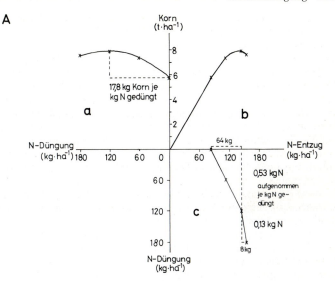

B

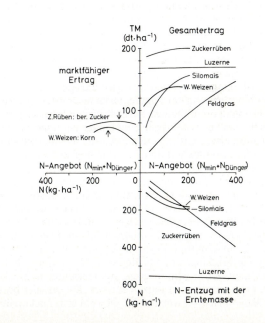

Sättigungsbereich der N-Aufnahme-Kornproduktions-Relation dagegen war das Verhältnis nahe 10 zu 1.

In diesem Beispiel schneidet die N-Wiedergewinnungskurve (N-Entzug mit der Kornmasse in Abhängigkeit von der N-Düngung) bei etwa $80\,kg \cdot ha^{-1}$ die N-Aufnahme-Achse. Diese N-Menge wurde in dem ungedüngten Prüfglied aus dem Boden aufgenommen. Da diese Größe eng mit der Bodenfruchtbarkeit korreliert, ist eine steigende N-Aufnahme einer ungedüngten Feldfrucht meist auch mit einer abnehmenden N-Wiedergewinnungsrate im linearen Ast der N-Aufnahme-Ertragsrelation verbunden. Wären z. B. in der ungedüngten Variante nicht 80 sondern $100\,kg \cdot ha^{-1}$ N aufgenommen worden, dann läge die Wiedergewinnungsrate statt bei 0,53 bei 0,7 kg N je kg gedüngtem N.

Diese grundsätzlichen Zusammenhänge bestimmen den N-Düngungsbedarf einzelner Feldfruchtarten in unterschiedlicher Weise, wie die Beispiele in Abb. 72B zeigen.

Luzerne, infolge ihrer Fähigkeit zu symbiotischer N-Bindung, bedarf keiner N-Düngung. Unabhängig vom N-Angebot im Boden waren ihre Substanzproduktion und ihr N-Entzug mit der Erntemasse annähernd gleich groß. Mit zunehmender Konzentration von Nitrat und Ammonium in der Bodenlösung nehmen Futter- und Körnerleguminosen steigende Mengen von mineralischem N auf. Das vermindert die Aktivität der Knöllchensymbiose bis hin zur Unwirksamkeit. In Kleegrasgemischen wird dieser Verdrängungsprozeß – Aufnahme von Mineral-N anstelle von symbiotischer N-Bindung – noch dadurch verstärkt, daß Gräser durch N-Zufuhr gefördert werden und deshalb niedrigwüchsigere Futterleguminosen unterdrücken. Durch den konkurrenzbedingten Lichtmangel wird darüber hinaus auch noch die N-Bindungsleistung der Leguminosen beeinträchtigt. Diese doppelte Wirkung der Zufuhr von leicht löslichen Stickstoffverbindungen in Gülle und Mineraldünger muß immer dann beachtet werden, wenn Leguminosen mit Nichtleguminosen einen Bestand bilden (Mengsaaten, Untersaaten) und die symbiotische Bindung von Luftstickstoff genutzt werden soll.

Die vier anderen Feldfrüchte in Abb. 72B unterscheiden sich nach der Dauer ihrer Vegetationszeit und ihrer Langlebigkeit sowie nach der Art ihrer Ernteprodukte, Faktoren, die bei der Bestimmung des N-Düngerbedarfes zu berücksichtigen sind. Die Höhe der produktiv verwertbaren N-Düngermenge nimmt in folgender Reihung ab: Ausdauernde, mehrschnittige Futterpflanzen > sommerannuelle einschnittige Futterpflanzen (bei beiden wird der gesamte oberirdische Aufwuchs genutzt) > winter- bzw. sommerannuelle Marktfruchtpflanzen, bei denen nur ein Teil der Pflanze (Körner oder bereinigter Zucker) ökonomisch verwertbar ist. Obwohl sich Zuckerrüben hinsichtlich der N-Aufnahme ähnlich wie Futterpflanzen verhalten, sind sie in bezug auf den N-Düngungsbedarf wie Körnerfrüchte zu behandeln.

Aus diesem Vergleich folgt, daß das Optimum des produktiv zu verwertenden N-Angebotes im Boden für jede Feldfruchtart, jedes Produktionsziel und Produktionsverfahren unterschiedlich hoch ist. Wenn spezifische Produkte wie Zucker, Stärke und Fett oder nur einzelne Pflanzenorgane wie Samen das Produktionsziel sind, sollte eher ein niedrigeres als ein zu hohes N-Angebot im Boden angestrebt werden. Allein bei proteinhaltigen Produkten wie Backweizen kann und muß das N-Angebot im Boden größer sein, weil hier eine N-Aufnahme angestrebt wird, die sich mehr in einer erhöhten N-Einlagerung im Korn als einer gesteigerten Substanzproduktion auswirken soll.

Obwohl im Höchstertragsgebiet die Beziehung zwischen Ertrag und N-Aufnahme nicht sehr eng ist, gibt es zur Zeit keine bessere Vorgehensweise für die Schätzung des N-Düngerbedarfes als von der angestrebten oder erwarteten Substanzproduktion auf den N-Entzug der Feldfrucht und von dieser Größe auf das benötigte N-Angebot im Boden zu schließen. Die hier in Betracht zu ziehenden Mängel an Treffgenauigkeit sind gering im Vergleich zu denen, die bei den nächsten Schritten der Düngerbedarfsschätzung zu erwarten sind.

Die Substanzproduktion und damit auch den N-Entzug jeder Feldfrucht N_{DE} (siehe Seite 207) variiert mit den Standortbedingungen, insbesondere mit der wechselnden Witterung von Jahr zu Jahr. Jedoch sind Ertragsvorausschätzungen möglich und um so genauer und sicherer, je weiter die Vegetationszeit schon vorangeschritten ist, d. h. je mehr schon wirksam gewordene Witterungsdaten in die Regressionsrechnung eingehen (HANUS und AIMILLER 1978). Aus diesem Grunde können Ertragsvorausschätzungen als Zielgröße zur Bestimmung des N-Düngerbedarfes nur bei Feldfrüchten genutzt werden, bei denen die erste Düngungsgabe nach einer vorangegangenen Vegetationsphase erfolgt, wie z. B. bei Winterraps und Wintergetreide. In allen anderen Fällen bleibt als einzige Grundlage für die N-Düngerbedarfsschätzung die Ertragserwartung des Landwirts. Diese muß sich auf die Auswertung der langjährig gesammelten Daten der Schlagkartei für jeden Feldschlag und für jede Feldfrucht stützen.

In der Bilanzgleichung Seite 207 folgt auf N_{DE} die Größe N_{DR}. Um diesen im Boden verbleibenden Rest des Düngerstickstoffs muß der N-Düngungsbedarf erhöht werden. Da er in der Regel unbekannt oder auch nur schwer zu schätzen ist, bleibt er unberücksichtigt. Dabei geht man von der Annahme aus, daß Düngerreste der Vorfrucht in ähnlicher Höhe noch im Boden vorhanden sind und deshalb einen Zuschlag zum N-Düngungsbedarf unnötig machen. Alle anderen in der Bilanzgleichung genannten Größen: N_{min}, der vor der Düngungsmaßnahme im Boden schon vorhandene pflanzenverfügbare Stickstoff, ferner N_{BE} und N_A, die aus dem Boden bzw. der Atmosphäre stammenden N-Mengen im Ernteentzug, müssen von N_{DE} abgezogen werden.

N_{min} (Nitrat und leicht austauschbares Ammonium) wird vor einer Düngungsmaßnahme in einer Mischprobe von 10 bis 30 Einschlägen je Schlag nach Schichten getrennt (0 bis 30, 30 bis 60, 60 bis 90 cm Bodentiefe) bestimmt. Diese Menge wird von dem frucht- und regionalspezifischen „Sollwert" des N-Angebots im Boden abgezogen. Der Sollwert ist ein Erfahrungswert, der für die Produktion eines angestrebten Ertrages – meist der Höchstertrag – ausreicht. In der Regel wird er nur für die erste Düngung im Frühjahr benutzt, läßt sich aber auch unter Berücksichtigung schon ausgebrachter Düngergaben auch auf spätere Düngungsmaßnahmen anwenden.

Als besonders schwierig erweist sich eine einigermaßen treffsichere Voraussage der Menge N_{BE}. Die Netto-Mineralisation von organisch gebundenem Bodenstickstoff ist von Jahr zu Jahr und von Ort zu Ort sehr unterschiedlich und hängt von der Gestaltung des Bodennutzungssystems ab. Das soll an einem Beispiel in Abb. 73 beschrieben werden. Mit zunehmendem Vorrat an N_{min} nahm der ungedüngte Hafer steigende Mengen Stickstoff auf. Welche Standortfaktoren die Aufnahme auf etwa 120 kg N je ha begrenzten, ist nicht bekannt. Der Abstand der beiden ausgezogenen Geraden zur gestrichelten Gerade repräsentiert die N-Menge, die aus der Netto-N-Mineralisation des Bodens während der Vegetationszeit des Hafers stammte. Sie ist

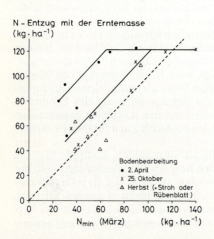

Abb. 73. Beziehungen zwischen der Menge pflanzenaufnehmbaren Stickstoffes zu Frühjahrsbeginn (N_{min}) und dem N-Entzug mit der Sproßmasse von Hafer ohne N-Düngung (nach Daten von GUTSER und VILSMEIER 1988).

nach der Grundbodenbearbeitung im Frühjahr deutlich größer als nach der Grundbodenbearbeitung im Herbst. Vermutlich wurde durch das Pflügen vor Winter schon ein größerer Teil des in Ernteresten und Gründüngung gebundenen Stickstoffs mineralisiert und in Form von Nitrat mit den Winterniederschlägen ausgewaschen. Durch die Bodenbearbeitung im Frühjahr dagegen konnte der Mineralisierungsschub verzögert und größere Auswaschungsverluste vermieden werden.

Die große Variabilität der Menge N_{BE} zwingt den Landwirt zu besonderen Anpassungsmaßnahmen. Um eine künftige hohe Stickstoffmineralisation berücksichtigen zu können, muß die geplante Gesamtmenge an Stickstoffdünger auf mehrere Gaben aufgeteilt werden (Abb. 74). Ohnehin ermöglicht nur eine mehrmalige N-Düngung zu bestimmten Entwicklungsstadien der jeweiligen Feldfrucht eine Bestandesführung hin zum angestrebten Ertragsziel und eine Minimierung der Verluste aus Dünger-N. Sowohl die Bestandesführung wie auch die Anpassung der N-Düngung an den freiwerdenden bodenbürtigen Stickstoff setzen voraus, daß noch Spielraum für weitere Düngergaben vorhanden ist. Der Bodenvorrat an Stickstoff kann nur ergänzt, nicht aber mit irgendeiner darauf abzielenden Maßnahme vermindert werden. Deshalb sollte in einem Verfahren mit geteilten N-Gaben die erste Gabe nur so hoch bemessen werden, daß durch einen später einsetzenden Mineralisierungsschub kein Überangebot im Boden entsteht und möglichst noch Spielraum für eine ergänzende Stickstoffgabe bleibt.

Eine solche Vorgehensweise setzt voraus, daß das N-Angebot im Boden vor allen weiteren Düngergaben gemessen oder wenigstens

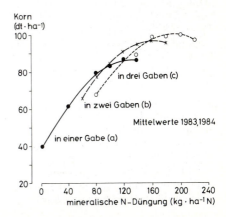

Abb. 74. Wirkung steigender N-Düngergaben auf den Kornertrag von Weizen, wenn die Düngung (a) ungeteilt zu Vegetationsbeginn im Frühjahr (b), zweigeteilt (erste Gabe + 60 kg · ha^{-1} N zum Schossen), oder (c) dreigeteilt (wie b + 40 kg · ha^{-1} N zum Ährenschieben), gegeben wurde (sandiger Lehmboden in den Niederlanden, 30–40 kg · ha^{-1} N_{min}, DARWINKEL et al. 1987).

mit Simulationsverfahren geschätzt wird und bei der Bemessung der Gabe berücksichtigt wird. Häufig wird hilfsweise dazu auch der N-Versorgungszustand der Pflanzen selbst herangezogen. Zunehmende Verbreitung finden die Messung des Nitratgehaltes in Sproßteilen von Feldfrüchten (Halmbasis bei Getreide und Mais, Blattstengel bei Rüben) mit einfachen Feldmethoden (Nitracheck; NITSCH 1990). Alle diese Methoden gestatten aber nur einen Rückblick auf schon eingetretene Freisetzung und Pflanzenaufnahme von bodenbürtigem Stickstoff. Vorausschauend zu handhaben ist in bestimmten Grenzen nur die Methode des sogenannten „Düngefensters". In einem kleinen Teilstück wird die N-Düngung ganz unterlassen oder stark reduziert. Wird in dieser Vergleichsparzelle durch Vergilben der Blätter ein relativer Mangel im N-Angebot des Bodens sichtbar, dann kann das als Signal gewertet werden, daß eine ergänzende Stickstoffgabe auch in dem normal gedüngten Feld demnächst notwendig werden kann. Allerdings muß diese Verfahrenshilfe entsprechend den Ansprüchen der jeweiligen Feldfrucht gehandhabt werden. Bei Zuckerrüben und Kartoffeln sollten die Blätter nicht bis zum Ende der Vegetationszeit eine dunkelgrüne Färbung aufweisen. Das ist ein sicheres Zeichen für eine N-Überdüngung, die zu verminderter Zucker- bzw. Stärkeproduktion der beiden Feldfrüchte führt.

In der Bilanzgleichung (siehe Seite 207) zur Bestimmung des Düngerbedarfs steht der Faktor,

$$\frac{1}{1-V}$$

der die möglichen Verluste durch N-Auswaschung, gasförmige Entbindung u.a.m. ausgleichen soll. Dieser Faktor, der zu einer Erhöhung des N-Düngungsbedarfs führt, bleibt in der Regel unberücksichtigt. Es liegt nahe, anzunehmen, daß diese Verluste durch Eintrag von Stickstoff aus der Atmosphäre (trockene, nasse und gasförmige Deposition) in etwa ausgeglichen werden.

Bei allen Unsicherheiten, die mit einer rationellen Handhabung der mineralischen Stickstoffdüngung bisher noch verbunden sind, läßt die Beachtung der folgenden Grundregeln dennoch eine hohe Effizienz dieser Düngungsmaßnahmen erwarten:

1. Die mineralische N-Düngung dient lediglich der Ergänzung des bodenbürtigen Stickstoffangebotes. Dieses Angebot sollte gemessen oder aufgrund der Vorgeschichte des Schlages so detailliert wie möglich geschätzt werden.
2. Die mineralische N-Düngung sollte nach Menge und Zeitpunkt den spezifischen Ansprüchen einer Feldfrucht, die mit einem bestimmten Produktionsziel angebaut wird, entsprechen. Um die Möglichkeit einer Bestandesführung nutzen zu können, sollte bei

der Bemessung der Menge eher die untere als die obere Grenze des Düngungsbedarfs angestrebt werden.
3. Um die Wirksamkeit der mineralischen N-Düngung zu steigern und um die unvermeidlichen Verluste so gering wie möglich zu halten, sollte die N-Düngung von einer bestimmten Höhe an stets in mehrere Gaben aufgeteilt werden.

Welche besonderen Ansprüche der einzelnen Feldfruchtarten oder Produktionsverfahren an die Gestaltung der mineralischen N-Düngung stellen, ist in der einschlägigen Literatur (z. B. BUCHNER und STURM 1985) zu finden.

Plazierung des Düngers
Mineraldünger wird in der Regel breitwürfig, d. h. möglichst gleichmäßig auf die Fläche verteilt und entweder in die Ackerkrume oder in das Saatbett eingemischt. Damit soll eine möglichst hohe räumliche Verfügbarkeit der zugeführten Nährstoffe gewährleistet werden. Diese Maßnahme ist nicht anwendbar in ausdauernden Futterpflanzenbeständen und bei extrem reduzierter Bodenbearbeitung, d. h. in der Festboden-Mulchwirtschaft. Die dabei erzielten Düngungseffekte zeigen aber, daß die Plazierung auch des wenig im Boden beweglichen Phosphats auf die Bodenoberfläche eine ausreichende Nährstoffaufnahme ermöglicht. P, K, Mg und Ca-Düngemittel werden nämlich in einem zwar langsamen, aber andauernden Transportprozeß mit Ernteresten, Pflanzenwurzeln und Bodentieren in die Bodentiefe verlagert.

Eine räumliche Konzentrierung von zugeführten Nährstoffen ist immer dann vorteilhaft, wenn die Düngemittel knapp oder teuer sind und die Kulturpflanzen in weiten Reihenabständen angebaut werden. Trotz eines hohen Versorgungsgrades kann Phosphat im Boden für z. B. Mais wenig verfügbar sein. Das gilt zumindest für Anbaugebiete, in denen durch niedrigere Bodentemperaturen das Wurzelwachstum und die Phosphataufnahme der jungen Maispflanzen begrenzt wird. Deshalb wird wasserlösliches Phosphat in hoher Konzentration in die Nähe des sich entwickelnden Wurzelsystems plaziert. Diese „Unterfuß"-Düngung erfolgt während des Sävorgangs mit einem besonderen Schar etwas seitwärts und unterhalb der Saatreihe.

Durch die örtliche Konzentration von (auf die Gesamtfläche bezogen) relativ geringen Düngermengen wird der Bedarf der Pflanzen mit der geringstmöglichen Nährstoffzufuhr gedeckt. Gleichzeitiges Ausbringen von Saat und Dünger – die sogenannte Kontaktdüngung in Form von Reihendüngung oder als Bestandteil der Umhüllungsmasse bei Pillierung des Saatgutes – ist ein wirksames Mittel, die

Düngungskosten zu vermindern. Dabei ist aber zu beachten, daß eine kritische Salzkonzentration nicht überschritten wird.

Durch Verdunstungsverluste gefährdete Nährstoffe sollten unbedingt in den Boden eingebracht werden. So muß z. B. Ammoniakgas mit besonderen Injektionsgeräten (Grubberschar mit Gaszuleitung hinter dem Schar) 10 bis 20 cm tief in den Boden eingeführt werden, damit sich das Ammoniak sofort im Bodenwasser löst. Entsprechendes gilt für Gülle und Stallmist.

Fehlerhafte, unregelmäßige Verteilung der Düngemittel über die Fläche führt in der Regel zu Mindererträgen. Während an einigen Stellen Ertragsdepressionen durch Überdosierung eintreten, ist es an anderen Stellen der Nährstoffmangel, der die Ertragsbildung begrenzt. Mit steigender relativer Variation z. B. der örtlichen Stickstoff-Düngermenge nimmt deshalb der durchschnittliche Flächenertrag der Feldfrüchte ab. Wie gleichmäßig ein Düngemittel auf einer Fläche verteilt wird, hängt von folgenden Faktoren ab:

1. Wirkungsweise des benutzten Verteilungssystems (Ausbringen in Handarbeit, mit einem Düngerstreuer oder einem Gülleverteiler); Art und Weise der Geräteanwendung: Einstellung und Kontrolle der auszubringenden, bzw. ausgebrachten Düngermenge; Überprüfung der Gleichmäßigkeit der Verteilung durch die einzelnen Maschinenaggregate; Einhalten angemessener und gleichbleibender Fahrabstände.
2. Beschaffenheit der Düngemittel: Streufähigkeit fester Düngemittel, insbesondere bei Mineraldüngern deren Korngrößenverteilung und Hygroskopizität; Fließfähigkeit flüssiger Düngemittel in Abhängigkeit von der in ihnen enthaltenen Menge und Größe von festen Partikeln.
3. Witterung (Wind) und Geländegestalt (Hangneigung) der zu düngenden Fläche.

Alle diese Faktoren müssen beachtet, kontrolliert und zu einem Verfahren mit höchstmöglicher Präzision kombiniert werden. Mindesterfordernisse sind die Anwendung von Regelspuren beim Fahren in Pflanzenbeständen und die Benutzung von Geräten, die eine gleichmäßige Verteilung ermöglichen (pneumatische Verteilsysteme für gekörnte Dünger, Reihen-Schleppschläuche für Gülle).

3.4 Pflanzenschutz

Schadorganismen gehören zur natürlichen Umwelt einer jeden Pflanze. Maßnahmen zum Schutz vor möglichem Befall oder zur Begrenzung eines schon eingetretenen Befalls mit Pflanzenkrankheiten und Schädlingen sind heute ein selbstverständlicher Bestandteil jedes Produktionsverfahrens. Ohne nahezu vollständigen, erfolgreichen Pflanzenschutz läßt sich ein potentieller Ertrag nicht realisieren. Aber auch auf einer niedrigeren Intensitätsstufe der Pflanzenproduktion kann auf Pflanzenschutzmaßnahmen nicht verzichtet werden – vorausgesetzt, Mittel und Möglichkeiten sind gegeben –, wenn das Risiko extremer, durch Krankheiten und Schädlinge verursachter Ertragsausfälle vermindert werden soll.

Die Entwicklung chemischer Pflanzenschutzmittel hat zu einer Häufigkeit und Dichte ihrer Anwendungen geführt, daß den mit ihnen verbundenen Gefahren auch vom Gesetzgeber begegnet werden mußte: Teils sind die Mittel für den Anwender giftig und bei Rückständen im Produkt für den Verbraucher schädlich, teils belasten sie die Umwelt und beeinträchtigen die wildlebenden Pflanzen und Tiere in der Agrarlandschaft. Deshalb unterliegt der chemische Pflanzenschutz einer Vielzahl von gesetzlichen Vorschriften. Das Pflanzenschutzgesetz von 1986 regelt allgemein nicht nur die Prüfung und Zulassung, sondern auch die Anwendung von Pflanzenschutzmitteln. Besonders hervorzuheben ist der Grundsatz, daß mehr als bisher der Naturhaushalt und seine Bestandteile zu schützen sind. Weitere Einzelheiten regeln die Pflanzenschutz-Anwendungsverordnung, die Höchstmengen-, Sachkunde-, Gefahrenstoff- und Bienenschutzverordnung, ferner das Wasserhaushalts- und Bundesnaturschutzgesetz. Die Kenntnis und Beachtung dieser Gesetze ist heute ein Grunderfordernis für eine angemessene Handhabung des Pflanzenschutzes. Für eine zweckdienliche Anwendung des Pflanzenschutzes im Einzelfall dagegen sollte, falls notwendig, die Hilfe der öffentlichen Beratungsdienste in Anspruch genommen werden.

3.4.1 Grundlagen und Ziele

Aufgabe des Pflanzenbaues ist es, solche Bedingungen zu schaffen, daß Pflanzenschutzmaßnahmen möglichst nicht notwendig werden. Den meist unvermeidlich eintretenden Schäden kann in Grenzen vorgebeugt werden durch

1. Anpassung des Bodennutzungssystems an die gegebenen Standortbedingungen durch Wahl von Feldfruchtarten und -sorten, die am jeweiligen Wuchsort ihr ökologisches Optimum verwirklicht finden und deshalb höchste Widerstandskraft gegenüber Krankheits- und Schädlingsbefall entwickeln; durch Wahl besonderer Sorten mit Resistenzeigenschaften, günstiger Termine für Aussaat-, Pflege- und Erntemaßnahmen und einer dem Bedarf (Men-

ge und Zeitpunkt) angemessenen mineralischen und organischen Düngung.
2. Verbesserung der Standortbedingungen durch Be- und Entwässerung sowie einer nach Zeitpunkt und Intensität des Eingriffs günstig wirkenden Bodenbearbeitung; Regelung der Schadorganismen-Populationen mittels Begrenzung der Anbaukonzentration bestimmter Feldfrüchte, einer weiten Fruchtfolge und einer bestimmten räumlichen Verteilung der Feldfrüchte in der Gemarkung; Beseitigung von Infektionsquellen (Durchwuchs, Erntereste und bestimmte, als Überträger wirksame Wildpflanzenarten); Förderung von Nützlingen mittels Anlage oder Erhaltung ihrer Lebensräume und Rückzugsgebiete (Feldraine, Hecken, blütenreiche Ackerschonstreifen und andere naturnahe Biotope in der Agrarlandschaft).

Diese Maßnahmen zur Minderung der Schadenswahrscheinlichkeit stehen nicht selten im Gegensatz zu dem Ziel, mit Hilfe aller verfügbaren und wirtschaftlich lohnenden Maßnahmen den Pflanzenertrag zu steigern. Solche Produktionsmittel sind z. B. Stickstoff und Herbizide. Beide beeinflussen direkt und indirekt den Krankheits- und Schädlingsbefall von Kulturpflanzen. Bei dem in Tab. 23 dargestell-

Tab. 23. Einfluß steigender N-Düngergaben zu Getreide auf den Befall mit Blattkrankheiten und Schädlingen. Ergebnisse aus dem Ackerbau-Systemversuch Reinshof bei Göttingen (Wildenhayn 1991)

Pflanzenschutz[1]	Mehltau-Befall bei Wintergerste[2]		Zwergrost-Befall bei Wintergerste[3]		Getreideblattläuse bei Winterweizen[4]	
	mit	ohne	mit	ohne	mit	ohne
	% befallene Blattfläche				Anzahl je Fahnenblatt	
N-Düngung (kg·ha^{-1})						
0	0,3	1,3	0,0	0,8	2,5	2,4
60	0,3	2,6	0,0	1,7	6,5	1,4
120	0,6	17,9	0,1	8,5	7,2	1,0
180	0,7	36,8	0,4	11,9	10,3	1,0

1) Mit vorbeugender Fungizid- und Insektizidbehandlung; ohne jeglichen chemischen Pflanzenschutz
2) Zweitletztes Blatt, EC 80, 1984
3) Fahnenblatt, EC 84, 1984
4) EC 75, 1985

ten Beispiel waren es Mehltau und Rost an Gerste und Blattläuse an Weizen. Reichliche N-Aufnahme schafft im Pflanzengewebe einen Zustand, der die Infektion und das Myzelwachstum fördert. Neben dieser direkten Wirkung gibt es auch noch eine indirekte über eine Veränderung des Mikroklimas im Bestand. N-Düngung fördert die Bestockung; die Getreidebestände werden dichter und schließen eher. Die dadurch bedingte Erhöhung der Luftfeuchte fördert die Ausbreitung der Pilze. Reichliche N-Ernährung verlangsamt auch das Altern der Blätter und Spelzen. Dadurch werden den Läusen bessere Ernährungs- und Vermehrungsbedingungen geboten. Die negative Wirkung der Insektizidbehandlung auf die Dichte der Getreideläuse wird auf Seite 474 erläutert.

Damit die ertragssteigernde Wirkung der N-Düngung nicht durch Krankheits- und Schädlingsbefall beeinträchtigt, ja sogar zunichte gemacht wird, sind Pflanzenschutzmaßnahmen notwendig, um die durch Düngung gesteigerte Produktionskapazität der Pflanzen zu erhalten. Beides verursacht steigende Kosten, denen aber mehr oder weniger auch höhere Erträge gegenüberstehen. Wo die Grenzen des Einsatzes produktionssteigernder N-Düngung und produktionssichernder Pflanzenschutzmaßnahmen jeweils liegen, ergibt sich aus einem Kosten-Nutzen-Vergleich.

Tab. 24. Wirkung des chemischen Pflanzenschutzes auf den Kornertrag von Wintergerste und auf den Deckungsbeitrag bei steigender Stickstoffdüngung (Ackerbau-Systemversuch Reinshof bei Göttingen, Mittelwerte von 1982–1989). Fruchtfolge Zuckerrüben-Winterweizen-Wintergerste/Wickengründüngung)

N-Düngung (kg·ha^{-1})	0	60	120	180
Chem. Pflanzenschutz	Kornertrag (dt·ha^{-1})[1]			
ohne	37,5	57,7	60,1	53,6
mit[2]	40,7	69,7	79,1	76,4
	Deckungsbeitrag (DM·ha^{-1})[3]			
ohne	451	1118	1237	852
mit[2]	365	1156	1351	1084

1) 15 % H_2O, (persönl. Mitteilung von CLAUPEIN 1991)
2) vorbeugender Pflanzenschutz mit Fungiziden und Insektiziden mit stets den gleichen Mitteln und Mengen (einschließlich Wachstumsregulator)
3) berechnet mit Preisen für das Jahr 1988, (DE BOER 1990)

In Tab. 24 wurde die Wirkung eines starren, immer gleich gehandhabten Pflanzenschutzverfahrens unter der Bedingung steigender N-Düngergaben auf den Kornertrag und den Deckungsbeitrag von Wintergerste dargestellt. In allen Düngungsstufen erhöhten die vorbeugend angewandten Pflanzenschutzmaßnahmen den Kornertrag. Für die ungedüngte Variante stellt dieser Befund eher eine Ausnahme als die Regel dar. Daß hier aber die Anwendung eines vollen Pflanzenschutzprogrammes, ohne die Befallsstärke zu berücksichtigen, ein wirtschaftlicher Fehler war, zeigt der im Vergleich zu „ohne Pflanzenschutz" geringere Deckungsbeitrag dieses Prüfgliedes. Daraus ergeben sich zwei grundsätzliche Forderungen:

1. Pflanzenschutzmaßnahmen sollen sich unmittelbar lohnen. Die Kosten der Behandlung müssen geringer als der Mehrerlös sein, der mit Anwendung des Mittels verbunden ist. Deshalb wird eine Maßnahme nur vorgenommen, wenn die wirtschaftliche Schadensschwelle oder eine aus der Biologie von Schaderreger und Wirt sich ergebende Bekämpfungsschwelle überschritten wird. Eine vorbeugende, nicht auf einen akuten Befall bezogene Anwendung ist nur dann zu vertreten, wenn die Einwanderung eines neuen Schadorganismus verhindert werden soll.
2. Pflanzenschutzmaßnahmen sollten nicht nach einem allgemein üblichen oder empfohlenen Rezept gehandhabt, sondern nach Art und Befallsstärke des Schaderregers gezielt eingesetzt werden. Das spart nicht nur Kosten, sondern schont auch die Umwelt.

Um einen solchen gezielten, an Schadensschwellen orientierten Pflanzenschutz verwirklichen zu können, muß das Erscheinungsbild des Schadens oder des Schadorganismus, sein Entwicklungs- und Verbreitungsverhalten sowie seine Reaktion auf die sich verändernden Standortbedingungen (Witterung) bekannt sein. Gleichzeitig sollte die Anwesenheit von Gegenspielern, d.h. von Räubern und Antagonisten, und deren möglicher Begrenzungseffekt auf die Schaderregerpopulation mit in Betracht gezogen werden. Sodann müssen zum frühest möglichen Termin vor oder während der Vegetationszeit einer Feldfrucht die Schaderregerdichte oder der Befall nach Menge und Ort bestimmt und der zu erwartende Schadeffekt geschätzt werden. Darauf baut sich die Entscheidung auf, ob und welches Pflanzenschutzmittel eingesetzt werden soll.

3.4.2 Verfahren

Schäden an Pflanzen können durch Krankheitserreger, Viren, Bakterien, Pilze oder von Schädlingen, insbesondere von Nematoden, Schnecken, Milben, Insekten, Vögeln oder Nagetieren, verursacht werden. Diese Schadorganismen können direkt mit chemischen Mitteln (Fungizide, Insektizide und andere Biozide), physikalischen (Erhitzung), biologischen oder biotechnischen Verfahren bekämpft werden.

Die Wahl des geeigneten Mittels oder Verfahrens wird durch dessen Wirksamkeit auf den zu bekämpfenden Schadorganismus, die Nebenwirkungen auf die Feldfrucht (Phytotoxizität) und im Ökosystem (unbeabsichtigte Schäden bei anderen Lebewesen, Abbau oder Transport in andere Systeme), sowie durch die verfügbaren Anwendungstechniken und, nicht zuletzt, von den Kosten bestimmt. Wenn auch im chemischen Pflanzenschutz bevorzugt die wirksamsten und kostengünstigsten Mittel gewählt werden, so sind einschränkend doch noch zusätzliche Auswahlkriterien zu beachten:

1. Bestimmten Fungiziden und Insektiziden ist ein Wirkungsmechanismus eigen, der innerhalb einer Population von Schadorganismen eine Selektion auf resistente Individuen möglich macht. Diese Auslese läßt sich verhindern oder doch wenigstens verlangsamen, wenn entweder unspezifisch wirksame Mittel bzw. Mittel mit Wirkstoffkombinationen verwendet werden oder zwischen den Anwendungen abwechselnd Wirkstoffe mit unterschiedlichem Wirkungsmechanismus eingesetzt werden. Dadurch wird eine Auslese auf Wirkstoffresistenz verhindert und das jeweilige Produktionsverfahren gesichert.
2. Außer der Hauptwirkung auf den Schadorganismus sollten auch die direkten und indirekten Nebenwirkungen der Mittel auf Nützlinge oder andere Arten im Agrarökosystem beachtet werden. Wenn verfügbar, sollten deshalb nur Präparate gewählt werden, deren Wirkstoffe allein den zu bekämpfenden Schadorganismus treffen. Ökologisch selektive Mittel zeichnen sich durch sehr spezifische Wirkungsspektren und kurze Wirkungsdauer aus.

Insgesamt entspricht es ökonomischen und ökologischen Zielen, den Biozideinsatz auf ein Minimum zu reduzieren. Das verlangt die Anwendung der folgenden Verfahrensschritte.

Zunächst ist durch fortlaufende Beobachtung das Auftreten einer Pflanzenkrankheit oder eines Schädlings zu erfassen. Bei flugfähigen Insekten benutzt man dazu auch eine gelb gefärbte, mit Wasser und ein wenig Geschirrspülmittel gefüllte Schale. Dann ist aus der Befallsdichte, der örtlichen Verteilung des Schadorganismus und dem Entwicklungsstadium der Pflanzen abzuleiten, ob eine Pflanzenschutzmaßnahme notwendig ist. Soweit schon definiert, orientiert sich diese Entscheidung an den Bekämpfungsschwellen, die auf der Grundlage der wirtschaftlichen Schadensschwellen für einzelne Schadorganismen und Feldfrüchte regional differenziert erarbeitet wurden. Dabei handelt es sich immer nur um Richtwerte mit einer mehr oder weniger großen Schwankungsbreite.

Das mögliche Auftreten eines Krankheits- und Schädlingsbefalls kann in Grenzen auch vorhergesagt werden. Grundlage für eine solche Prognose des Befallszeitpunktes ist die Kenntnis, wie sich die Witterung auf die Vermehrung von Schädlingen oder die Infektion mit einem Krankheitserreger auswirkt. Da die Witterung nicht langfristig und verläßlich genug vorausgesagt werden kann, geht man einen anderen Weg. Durch fortlaufende Beobachtung des Witterungsverlaufs läßt sich der Zeitraum schätzen, in dem kein oder nur geringer Befall eintreten kann. Diese Negativprognose hat sich z.B. bei der Bekämpfung der Krautfäule bei Kartoffeln bewährt. Aus den Witterungsdaten für Temperatur, Luftfeuchte, Niederschlag und Trockenperioden wird die Entwicklung und Ausbreitung des Pilzes mittels Bewertungsziffern geschätzt. Zwischen einer unteren und oberen Schwelle der Bewertungsziffern kann mit dem Ausbruch der Krankheit gerechnet und mit dem Ausbringen von Fungiziden vorbeugend begonnen werden.

Blattläuse schädigen die befallenen Pflanzen nicht immer nur durch Saugen von Assimilaten, sondern auch als Überträger von Viren. Deshalb liegt für sie, z.B. im Pflanzenbau, die Bekämpfungsschwelle weit unter der Schadensschwelle, die von den Saugschäden der Blattläuse her definiert ist. Im Gegensatz zu anderen Fällen muß hier eine rasche und vollständige Abtötung der Virusüberträger angestrebt werden, insbesondere, wenn es sich um nichtpersistente Viren handelt. Sie können unmittelbar nach der Aufnahme durch eine Blattlaus weitergegeben werden, wenn diese erst später abstirbt. Eine Verringerung der Wirkstoff-Dosis – sonst eigentlich ökonomisch und ökologisch nur vorteilhaft – ist hier nicht möglich.

Eine geringere Wirkstoff-Dosis ist aber dann angebracht, wenn ein Bekämpfungsgrad erreicht wird, der eben ausreicht, daß die wirtschaftliche Schadensschwelle während der nachfolgenden Vegetationszeit nicht mehr überschritten wird. Eine Verminderung der Wirkstoff-Dosis ist aber auch noch durch die folgenden Maßnahmen möglich. Durch neue Ausbringungsverfahren, mit denen der Wirkstoff gezielt an den Befallsort gebracht wird und Wahl günstiger Anwendungstermine (Rechtzeitigkeit in Abhängigkeit von Witterungsbedingungen, Pflanzen- und Schadorganismenzustand) läßt sich die Wirkstoffmenge drastisch vermindern. Behandlung nur von befallenen Teilflächen, Feldrändern, Saatreihen oder allein des Saat- und Pflanzengutes (Puderung, Inkrustierung oder Pillierung) sind in dieser Hinsicht noch wirksamer.

Ohne Biozide kommen dagegen biologische Pflanzenschutzverfahren aus. Geruchs- und Geschmacksstoffe, mit denen Samen oder

Pflanzen vergällt werden, sollen Vogelfraß oder Wildverbiß abwehren. Insekten lassen sich mit Fallen fangen, die mit Lockstoffen, z. B. Sexualpheromonen, beködert sind. Eine aktive Schädlingsbekämpfung ist möglich, wenn gezüchtete Nützlinge in einem Feldfruchtbestand freigelassen werden, so z. B. die Zehrwespe *Trichogramma*, deren Larven Maiszünslerraupen parasitieren. Dieser Schädling läßt sich auch mit krankheitserregenden Stämmen von *Bacillus thuringiensis* bekämpfen.

Die weiteste Verbreitung unter den biologischen Verfahren hat der Anbau von Kulturpflanzen gefunden, die gegen bestimmte Schädlinge und Pflanzenkrankheiten resistent sind. Züchtungserfolge sind am ehesten bei stark spezialisierten Wirt-Parasit-Beziehungen zu erreichen, so z. B. in der Resistenz gegen wurzelbewohnende Nematoden bei Kartoffeln oder gegen Blattkrankheiten verursachende Pilze bei Getreide. Die Nematodenresistenz beruht meist auf Abwehrreaktionen der Pflanze, die bei der Infektion ausgelöst werden und die Entwicklung der eingedrungenen Parasiten mehr oder weni-

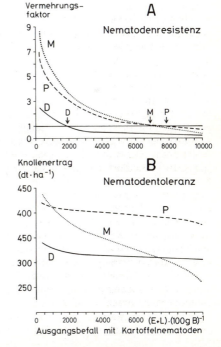

Abb. 75. Wirkung der zu Vegetationsbeginn vorhandenen Dichte (Eier und Larven je 100 g Boden) des Kartoffelnematoden (*Globodera rostochiensis*) auf die Vermehrung des Nematoden (A) und den Kartoffelertrag (B) beim Anbau unterschiedlich resistenter Sorten (M: Mentor; P: Promesse; D: Darwina; Pfeil: Vermehrungsfaktor gleich 1) (LAUENSTEIN 1989).

ger verhindern. Wie Abb. 75A zeigt, ist die Vermehrung der Nematoden dichteabhängig. Mit zunehmender Ausgangspopulation im Boden und dementsprechend zunehmender Befallsdichte sinkt die Vermehrungsrate. Die Resistenz der Sorte Darwina zeigte sich daran, daß schon bei einer geringen Befallsdichte der Vermehrungsfaktor unter 1 sank, d. h. die Nematodenpopulation durch den Anbau dieser Sorte vermindert wurde.

Diese Wirkung ist unabhängig von der Fähigkeit der Sorten, auf starken Nematodenbefall mit nur relativ geringen Ertragseinbußen zu reagieren (Abb. 75B). Die Sorte Promesse war wenig nematodenresistent, aber stark nematodentolerant. Diese Eigenschaft ist zwar für die Wirtschaftlichkeit des Kartoffelanbaus in einer Befallslage von großer Bedeutung, doch sonst eher als nachteilig zu bewerten, wenn es um den langfristigen Erhalt der Leistungsfähigkeit des Kartoffelbaus geht. Zur wirksamen Begrenzung des Nematodenbefalls muß deshalb eine resistente Sorte angebaut werden. In diesem Zusammenhang sollte beachtet werden, daß die Resistenz der meisten Kartoffelsorten nur auf einige Nematodenrassen (Pathotypen) begrenzt ist. Häufiger Anbau von Sorten, die gegen bestimmte Pathotypen nicht resistent sind, fördert daher deren Ausbreitung und gefährdet damit die Höhe und Nachhaltigkeit der Kartoffelproduktion.

Entsprechendes gilt für die Blattkrankheiten, insbesondere den Echten Mehltau bei Getreide. Bei großflächigem Anbau von Sorten mit hoher Resistenz gegen bestimmte Pathotypen werden andere virulente Pilzrassen ausgelesen. Die Resistenz dieser Sorten bricht dann zusammen. Da der vermehrte Einsatz von Triazol-Fungiziden zur Selektion von unempfindlichen Pilzpopulationen geführt hat, die auf die herkömmlichen Fungizidspritzungen nicht mehr reagieren, empfiehlt sich als Ausweg ein biologisches Verfahren, das den Zusammenbruch der Mehltauresistenz wenn nicht verhindert, so doch verlangsamt. Bei Weizen und Gerste werden zu diesem Zweck Sorten mit unterschiedlichen Resistenzgenen im Gemisch angebaut. Dadurch wird der Infektionsverlauf gebremst, weil der Abstand zwischen Pflanzen gleicher Anfälligkeit größer ist und von den dazwischen stehenden, nicht anfälligen Pflanzen Sporen abgefangen werden, ohne daß sie eine Resistenzreaktion auslösen. Ferner kann sich eine induzierte Resistenz entwickeln, nämlich dadurch, daß avirulente Sporen ebenfalls eine Reaktion in der Pflanze auslösen, die zu einer zeitlich begrenzten Resistenz gegenüber virulenten Mehltau-Rassen führt. Mit Sortenmischungen läßt sich zumindest der Zeitpunkt für eine Fungizidanwendung hinausschieben und u. U. auch die Behandlung ganz einsparen.

3.5 Be- und Entwässerung

Fast während jeder Vegetationszeit kann auf grundwasserfernen Böden im Bereich des feucht-gemäßigten Klimas das Wachstum der Feldfrüchte durch Trockenheit oder überschüssige Bodenfeuchte beeinträchtigt werden. Treten solche Belastungen nur kurzfristig, unregelmäßig und in geringer Intensität auf, lohnen hohe und nur langfristig vertretbare Aufwendungen für eine Be- und Entwässerung des Bodens nicht. Anders ist es, wenn solche Ereignisse die Regel sind und über längere Zeitspannen andauern. Dann müssen Schutz vor Überflutung in Flußtälern und küstennahen Niederungen, Entwässerung grundwassernaher Naßböden und Bewässerung in Trockenlagen überhaupt erst die Voraussetzung für einen lohnenden oder wenigstens existenzsichernden Landbau schaffen.

Unterhalb solcher Extrembedingungen gibt die Wirtschaftlichkeit den Ausschlag, ob Be- und Entwässerungsmaßnahmen angebracht sind. Die Intensität der Pflanzenproduktion und der Bedarf an Bodenwasserregulierung bedingen sich gegenseitig. Einerseits lohnen Be- und Entwässerung um so mehr, je höher das angestrebte Ertragsniveau ist, andererseits zwingen die hohen Kosten dieser Maßnahmen dazu, zuerst alle weniger kostenträchtigen Möglichkeiten zur Ertragssteigerung und -sicherung auszuschöpfen, ehe ein Be- und Entwässerungssystem installiert wird. Beide Maßnahmen gehören zusammen, denn wo Wasser zugeführt wird, muß auch überschüssiges Wasser abgeführt werden können.

Bewässerungswasser ist ein knappes Gut und muß nicht selten im Wettbewerb mit anderen Nutzern (Brauch- und Trinkwasser für Industrie und Bevölkerung) erworben werden. Verwertung von Abwasser in der Pflanzenproduktion kann eine Lösung sein, wenn die Wasserqualität das zuläßt. Hohe Salzkonzentration oder andere bodenbelastende Stoffe im Bewässerungswasser können zu irreparablen Schäden führen und die nachhaltige Produktion gefährden. Deshalb wird künftig auch in einer Bewässerungswirtschaft denjenigen Maßnahmen größere Bedeutung zukommen, die eine bessere Anpassung der Produktionsverfahren an ein begrenztes Wasserangebot bewirken.

3.5.1 Trockenlandwirtschaft

In Gebieten mit saisonaler oder allgemeiner Trockenheit sind folgende Anpassungsschritte an die gegeben Bedingungen möglich. Fallen Niederschläge nur während bestimmter Regenzeiten, dann sollte als erste Maßnahme der Anbau der Feldfrüchte so gestaltet werden, daß nur die regelmäßig wiederkehrenden Perioden mit ausreichendem

Wasserangebot genutzt werden. In einem Gebiet mit vorherrschenden Winterniederschlägen und Sommertrockenheit werden deshalb bevorzugt winterannuelle Feldfrüchte angebaut, die die Winterfeuchtigkeit zur Ertragsbildung nutzen können.

Reicht das nicht aus, so muß in einem zweiten Schritt das Produktionsverfahren der Feldfrüchte noch weiter an den zu Ende der Vegetationszeit eintretenden Wassermangel angepaßt werden. Das kann entweder mit dem Anbau frühreifender, trockenresistenter Arten und Sorten erreicht werden oder durch schonendere Inanspruchnahme der Wasservorräte im Boden während der vegetativen Phase der Feldfrüchte. Zu diesem Zweck muß die Bestandesdichte vermindert, die Reihenweite vergrößert und die Nährstoffzufuhr gedrosselt werden.

Der dritte und weitestgehende Anpassungsschritt besteht darin, einen für die Produktion ausreichenden Wasservorrat im Boden zu sammeln. Dazu muß während einer Vegetationszeit weitgehend verhindert werden, daß Bodenwasser durch Transpiration und Evaporation verloren geht. Dieser Schritt wird dann notwendig, wenn die Niederschläge eines Jahres nicht ausreichen, um mit ihnen eine den Aufwand lohnende Erntemenge zu erzeugen. Während der Brache, die dem Anbau der Folgefrucht vorangeht, soll soviel Wasser im Boden gespeichert werden, daß zusammen mit den Niederschlägen während der folgenden Vegetationszeit das Wasserangebot für die Feldfrucht ausreicht. Ein solches „dry-farming"-System besteht aus einem Wechsel von Brach- und Baujahren. In ariden Klimaten ist es weit verbreitet.

Um während der Brache die Wasserverluste durch Verdunstung und Oberflächenabfluß so gering wie möglich zu halten, wird an der Bodenoberfläche eine evaporationsmindernde und infiltrationsfördernde Mulchdecke aus Ernteresten geschaffen und jeder transpirierende Pflanzenaufwuchs beseitigt. Diese Schwarzbrache wird mit Herbiziden oder wiederholter flachwühlender Bodenbearbeitung bis zur Einsaat der Folgefrucht beibehalten. Die Wirksamkeit unterschiedlicher Verfahren zeigt das Beispiel in Tab. 25. Je vollständiger die Bodenoberfläche von den Ernteresten bedeckt bleibt, je weniger Wasser bei Starkregen durch Oberflächenabfluß oder durch Evaporation aus gelockerten Bodenschichten verloren geht, je tiefgründiger und speicherungsfähiger die Böden sind, desto mehr Wasser kann während der Brache in durchwurzelbaren Bodenraum zurückgehalten werden. In der Regel werden nur zwischen 10 und 30% der in den Boden eindringenden Niederschläge während eines Brachejahres konserviert.

Tab. 25. Wirkung von Verfahren der Mulchwirtschaft auf die Wasserspeicherung während eines Brachejahres, den *Sorghum*-Hirseertrag und die Effizienz der Wassernutzung in einem Bodennutzungssystem mit Weizen-Brache-Hirse auf tonigem Lehm in Texas, USA. Mittelwerte von 4 Jahren; Niederschlagsmengen während der 12 Monate Brache: 374 mm; während der 6 Monate Hirseanbau: 265 mm. (Unger und Wiese 1979)

Bodenbearbeitung	keine (Herbizide zur Brache)[1]	Flügelschargrubber[2]	Scheibenegge[3]
Erntereste auf der Bodenoberfläche[4]	100%	35–50%	10%
Im Boden gespeicherte Niederschlagsmenge (mm)	131,6	89,9	56,8
% der gefallenen Niederschläge	35,2	22,7	15,2
Kornertrag der Hirse (dt·ha^{-1})	31,4	25,0	19,3
Effizienz der Wassernutzung (kg·ha^{-1}·mm^{-1})	7,9	7,1	6,0

1) Atrazin + 2,4 D und Glyphosate
2) 7 cm, 3–7 Arbeitsgänge
3) 15 cm, 3 bis 4 Arbeitsgänge während der Brache
4) etwa 60 dt · ha^{-1} Weizenstroh, Weizen mit Furchenbewässerung angebaut

3.5.2 Bewässerungsbedürftigkeit und Bewässerungswürdigkeit

Sinkt der Bodenwassergehalt im Wurzelraum unter einen kritischen Grenzbereich, dann reicht die Wasseraufnahme der Pflanzen nicht mehr aus, um den Evaporationsanspruch der Atmosphäre zu decken. Solange das Wasserdefizit nicht sehr groß ist und nur kurze Zeit dauert, kann es sogar vorteilhaft wirken. Reichliche Wasserversorgung während der Jugendphase bedingt nämlich hohe Empfindlichkeit gegenüber Wassermangel im Alter, während milder Wassermangel – bei Getreide bis zum Schossen, Mais bis zum Rispenschieben, Körnerleguminosen vor der Blüte, Kartoffeln bis zum ersten Knollenansatz und Zuckerrüben vor Bestandesschluß – den späteren Wasserbedarf senkt und den Ausnutzungsgrad des Bodenwassers steigert.

230 Regelung der Ertragsbildung durch Anbau- u. Nutzungsverfahren

Deutliche Ertragseinbußen treten erst ein, wenn das Wasserdefizit andauert und nicht alsbald durch Niederschläge oder andere Zuflüsse ausgeglichen wird. Je nach Verdunstungsanspruch der Atmosphäre und Wasserleitfähigkeit des Bodens liegt die kritische Grenze für den Bodenwassergehalt zwischen 60 und 30% (Mittelwert etwa 50%) der nutzbaren Feldkapazität (nFK) des durchwurzelten Bodens.

Ertragsmindernder Wassermangel wird wirksam, lange bevor die Blätter sichtbar welken. Ein aktueller Zusatzwasserbedarf muß daher vorausschauend geschätzt werden. Das gilt auch für die mittlere

1) ET: Evapotranspiration, N: Niederschlag 2) nFK: nutzbare Feldkapazität einschließlich kapillarem Wasseranstieg oder seitlichem Zufluß

Abb. 76. Bestimmungsgründe für den Einsatz der Bewässerung.

Bewässerungsbedürftigkeit eines Standortes und der auf ihm angebauten Feldfrüchte (Abb. 76). Als Grundlage für die Beurteilung, ob langfristig ein Bewässerungsbedarf vorliegt, dient die Häufigkeit, mit der die kritische Grenze von 50% nFK während eines langjährigen Beobachtungszeitraumes unterschritten wurde. Dieser Zustand läßt sich mit Hilfe der klimatischen Wasserbilanz, d.h. der Differenz zwischen Wassereinnahme und Wasserabgabe, und der möglichen Menge an pflanzenverfügbarem Wasser im durchwurzelbaren Bodenraum ermitteln. Immer, wenn die Evapotranspiration (ET) die in einem Zeitabschnitt gefallene Niederschlagsmenge überschreitet, entsteht ein Wasserbilanzdefizit. ET wird als potentielle Evapotranspiration (ET_{pot}) berechnet. Bei fehlendem horizontalen Abfluß und zu vernachlässigender Versickerung wird ET_{pot} von nFK abgezogen und der Zeitpunkt des Eintretens und die Andauer des Zustandes mit einem Bodenwassergehalt im Wurzelraum < 50% nFK bestimmt. Auf grundwassernahen oder stauwasserbeeinflußten Böden muß die kapillare Aufstiegshöhe und -rate berücksichtigt werden.

Aus der Wahrscheinlichkeit des Eintretens kritischer Wasserdefizite ergibt sich dann die mittlere Bewässerungsbedürftigkeit eines Standortes. Der Grenzwert für die Entscheidung, ob sich die Einrichtung und Nutzung einer Bewässerungsanlage auf Dauer lohnt, hängt von wirtschaftlichen Kriterien ab. Nur wenn die mit der Bewässerung erzielten Erlöse die Bewässerungskosten überschreiten, ist der

Tab. 26. Ergebnisse langjähriger Beregnungsversuche in Berge, Kreis Nauen. Boden: Sand bis sandiger Lehm; mittlere Jahresniederschläge 546 mm; Jahresmitteltemperatur: 8.8 °C (KLATT 1969)

Feldfrucht	Ertrag ohne Beregnung ($dt \cdot ha^{-1}$)	rel. Ertrag mit Beregnung (%)	Zusatzregenmenge (mm)	Anzahl Versuchsjahre
W.-Weizen	45,9	123,3	52	15
S.-Weizen	37,5	124,8	56	10
S.-Gerste	39,0	123,1	37	14
Hafer	36,8	124,2	46	16
W.-Roggen	36,3	114,0	29	9
Frühkartoffeln	193,8	143,4	77	12
mfr. Kartoffeln	393,9	127,2	93	6
Z.-Rüben	482,5	122,2	92	18
Luzerne	521,3	132,2	132	6
Rotklee	408,9	159,1	156	5
W.-Weidelgras	642,8	128,1	155	4
Tomaten	383,0	203,4	130	3

Standort bewässerungswürdig. Das hängt wesentlich von den Feldfrüchten und den bei ihnen durch Bewässerung möglichen Mehrerträgen und Qualitätssteigerungen ab. In der Regel steigt die Bewässerungswürdigkeit der Feldfrüchte in der Reihenfolge: Zwischenfrucht- und Hauptfruchtfutterbau < Getreide < Körnerleguminosen, Raps < Kartoffeln < Zuckerrüben < Feldgemüse. Der mögliche Mehrertrag ist im Futterbau zwar relativ hoch, doch der Wert des Produktes deutlich geringer als bei anderen Feldfrüchten, insbesondere den Intensiv-Blattfrüchten. Bei diesen, vor allem bei Feldgemüse, bewirkt Bewässerung höchste Ertrags- und Qualitätssteigerungen, also den höchsten Mehrerlös. Tab. 26 enthält die Ergebisse langjähriger Beregnungsversuche in Brandenburg.

Der Erfolg einer Bewässerungswirtschaft wirkt zurück auf die Gestaltung des Bodennutzungssystems der Betriebe. Die Anbaufläche derjenigen Feldfrüchte, die eine Bewässerung am stärksten lohnen, wird ausgedehnt, die Anbauintensität dieser und anderer nicht bewässerter Feldfrüchte wird steigen, weil die höheren Kosten einer Bewässerungswirtschaft insgesamt ein höheres Intensitätsniveau des Betriebes verlangen.

3.5.3 Bewässerungsverfahren

Vor der Einrichtung einer Bewässerungswirtschaft muß geprüft werden, welche Wassermengen, zu welchen Zeiten, in welcher Qualität und zu welchen Kosten zur Verfügung stehen. Davon, sowie von der Geländegestalt, den zu bewässernden Kulturen, den Arbeits-, Energie- und Kapitalansprüchen hängt die Wahl eines geeigneten Bewässerungsverfahrens ab.

Oberflächenbewässerung in Form von ganzflächiger Überflutung, Becken- und Furchenbewässerung setzt ein Grabensystem für Zu- und Abfluß, meist auch eine Veränderung der Geländegestalt, z.B. durch Planierung, Erdwälle oder Terrassierung, voraus. Die verfügbare Wassermenge muß groß sein. Ihre Ausnutzung ist bei Wasserverlusten bis zu 90% gering.

Ganzflächige Beregnung mittels fest eingerichteter (Kreis-, Portal- und rollende Regner) oder beweglicher Anlagen (Rohr-, Schlauch-, selbstfahrende Reihenregner) passen sich dem Gelände besser an und benötigen deutlich weniger Wasser. Am effizientesten ist die sogenannte Mikrobewässerung. Durch punktförmige Wasserverteilung können einzelne Bäume, Sträucher oder Pflanzenreihen mit Kleinregnern, Sprüh- oder Tropfenbewässerung gezielt mit Wasser versorgt werden. In ariden Klimabereichen muß allerdings bei diesen Verfahren der Aufwärtsbewegung von Salzen entgegengewirkt werden. Im Abstand von mehreren Jahren sind mit überschüssigem Wasser die an der Bodenoberfläche angereicherten Salze wieder auszuwaschen.

Bei der Unterflurbewässerung wird ein vorhandenes Drainagesystem zur Ent- und Bewässerung genutzt. Die während der Naßphasen als Ableiter genutzten Röhren können in Trockenphasen geschlossen (Rückstau) oder noch zusätzlich mit Wasser aus Vorratsbecken gefüllt werden. Ein solches Verfahren ist für grundwasserferne Böden mit einer undurchlässigen Bodenschicht (zeitweilige Staunässe) in ebenem oder schwach geneigtem Gelände geeignet.

Beregnung ist in Mitteleuropa das am weitesten verbreitete Verfahren. Der mögliche Bewässerungserfolg hängt u. a. von der Gleichmäßigkeit der Wasserverteilung, den durch Verdunstung, Interzeption und Abwehung verursachten Verlusten und, ganz allgemein, von der Steuerung des Beregnungseinsatzes ab. Dazu sind als Entscheidungen notwendig, welche Zusatzwassermengen eine Feldfrucht insgesamt bekommen soll, wie hoch die einzelnen Regengaben bemessen werden und zu welchen Terminen beregnet wird. Die Entscheidungskriterien sind nicht allein der Ausschöpfungsgrad der Bodenfeuchtigkeit – direkt gemessen mit der von Tensiometern angezeigten Bodenwasserspannung oder indirekt geschätzt mit der klimatischen Wasserbilanz aus den oben genannten Daten –, sondern auch die pflanzeneigentümliche Wirksamkeit der Bewässerung während bestimmter Entwicklungsphasen der Feldfrüchte. In sogenannten kritischen Phasen wirkt Wassermangel besonders ertragsmindernd und wird Beregnung besonders lohnend. Das ist der Fall bei Getreide während des Schossens, bei Mais während der Blühphase, bei Körnerleguminosen nach der Blüte, bei Kartoffeln nach dem Knollenansatz und bei Zuckerrüben nach dem Schließen der Bestände. Darüber hinaus muß die Temperatur während und nach der Beregnung beachtet werden. Selbst bei weitgehender Erschöpfung des gespeicherten Bodenwassers hat eine Beregnung nur geringen Erfolg, wenn relativ niedrige Temperaturen herrschen und, mehr noch, Wasser verwendet wird, das deutlich kälter als der Boden ist. Bei hohen Temperaturen dagegen sind schon positive Beregnungseffekte zu erzielen, wenn die nutzbar Feldkapazität noch nicht zu 30% ausgeschöpft ist. Dieser Effekt hängt mit der begrenzten Möglichkeit zur Wasseraufnahme bei kurzfristig starker Belastung des Wasserhaushaltes der Pflanzen durch hohe Wasserabgabe bei starkem Sättigungsdefizit der Atmosphäre und hoher Einstrahlung zusammen. Deshalb kann eine mittägliche Sprühberegnung mit 1 bis 3 mm Zusatzwasser bei Temperaturen > 25 °C den Spaltöffnungsschluß verhindern und die CO_2-Assimilation auf hohem Niveau weiterlaufen lassen.

Für den Beregnungserfolg gilt, daß relativ hohe Temperaturen um den Beregnungstermin und stark ansteigende Temperaturen nach einer Beregnung hohe Mehrerträge, niedrige Temperaturen während der Beregnung geringere Mehrerträge, fallende Temperaturen nach einer Beregnung dagegen kaum Mehrerträge, manchmal sogar Mindererträge bewirken können.

Bei der jeweils anzuwendenden Zusatzwassermenge ist zu beachten, daß der Bodenwasservorrat nie auf die volle Feldkapazität aufgefüllt werden darf. Es muß immer noch ein Speicherraum für unmittelbar auf die Beregnung folgende Niederschläge vorhanden sein. Häufigere, kleinere Regengaben, die schon bei 70% nFK gegeben werden, bewirken zwar höhere Mehrerträge als seltenere, größere Gaben bei 30 bis 50% nFK, sind aber deutlich weniger effizient als letztere. Die Effizienz wird mit dem Mehrertrag je Einheit angewandtem Zusatzwasser quantifiziert. Aus arbeitswirtschaftlichen Gründen werden je Beregnungseinsatz meist mehr als 20 mm gegeben.

Höchste Effizienz einer Bewässerungsmaßnahme kann erreicht werden, wenn in Situationen rascher Austrocknung des Saatbettes während des Sävorganges dem einzelnen Samen eine minimale Menge an Zusatzwasser beigegeben wird, z. B. in Form eines samenumhüllenden Gelees. Der raschere Feldaufgang der Pflanzen und ihre tiefere Durchwurzelung des Bodens sorgen dann für eine bessere Ausnutzung des vorhandenen Bodenwassers. Unabdingbar ist die Möglichkeit zur Bewässerung, wenn in Keimbeeten vorgezogene Pflanzen im Feld ausgepflanzt werden sollen. Solche Verfahren sind im Tabak- und Feldgemüsebau sowie beim Anbau von Zweitfrüchten (Markstammkohl, Kohlrüben) gebräuchlich.

Die künftige Gestaltung aller Bewässerungsverfahren wird immer mehr unter dem Zwang zur Einsparung von Wasser, Energie und anderer Kosten stehen.

3.6 Nutzungsverfahren

Was durch die Gunst des Standortes und mit der Pflege des Landwirts herangewachsen ist, muß zur rechten Zeit und so verlustlos wie möglich geerntet werden. Mit der Ernte und der meist noch notwendigen Auf- und Weiterverarbeitung des Erntegutes wird der Pflanzenertrag für den Betrieb überhaupt erst wirtschaftlich realisierbar. Deshalb sind Werbung, Sortierung, Konservierung und Lagerung eines Pflanzenproduktes die letzten ertragsbestimmenden Maßnahmen eines pflanzenbaulichen Produktionsverfahrens.

3.6.1 Erntezeitpunkt und Ertragsverluste

Die Ernte einer Feldfrucht erfolgt in einem Zustand, der von dem beabsichtigten Verwendungszweck und den möglichen Ernte- und Konservierungsverfahren bestimmt wird. Diese „Erntereife" fällt bei der Samenproduktion meist mit der biologischen Reife, d. h. der maximalen Substanzeinlagerung in den Samen und damit der Vollendung ihrer Gestalt zusammen. Die volle physiologische Funktionsfähigkeit haben dann aber noch nicht alle Samen erreicht, weil noch eine Keimruhe wirksam sein kann. Bei allen anderen Feldfrüchten muß die Erntereife durch einen „technologischen" Reifezustand definiert werden. Im Gegensatz zur Gelb- oder Totreife einer samenproduzierenden Feldfrucht ist die technologische Reife der Feldfrüchte, die im vegetativen oder biologisch unreifen Zustand geerntet werden, nicht immer leicht und eindeutig an äußeren Merkmalen zu erkennen. Ferner ist der Reifezustand nicht wie bei Samen stabil, sondern nur vorübergehend verwirklicht. Tab. 27 enthält einen Überblick über die wichtigsten Merkmale der Erntereife von unterschiedlich genutzten Feldfrüchten.

Wie der Verwendungszweck den Erntezeitpunkt, das Ernteverfahren und die weitere Behandlung des Erntegutes bestimmt, soll am Beispiel von Mais dargestellt werden.

1. Produktion von Grundfutter für Wiederkäuer

Grünmais soll unzerkleinert an Rinder gefüttert werden. Das ist nur möglich bis zur Milchreife der Kolben (Kolben: < 25% TM; Restpflanze: 10 bis 12% TM). Da der Grünmais wegen der Veratmungsverluste und Erwärmung nicht haltbar ist, muß täglich mit Grasmäher und Ladewagen geerntet werden.

Silomais soll als Grundfutter mit hoher Energiekonzentration und Verdaulichkeit während der Stallhaltungsperiode an Milchvieh verfüttert oder in der Rindermast eingesetzt werden. Das erfordert einen hohen Korn- bzw. Kolbenanteil in der Erntemasse und eine Konservierung des Erntegutes durch Milchsäuregärung. Der Erntetermin liegt deshalb zwischen Teig- und Vollreife des Korns (Kolben: 25 bis 35% TM; Restpflanze: 12 bis 15% TM). Voraussetzung für eine stabile Konservierung und einen hohen Futterverzehr ist eine starke Zerkleinerung (4 bis 8 mm) des Erntegutes. Deshalb erfolgt die Ganzpflanzenernte mit einem Feldhäcksler und Ladewagen.

2. Produktion von Leistungsfutter für Wiederkäuer

Lieschkolbenschrot wird hauptsächlich in der Bullenmast eingesetzt und soll zu 78 bis 84% verdauliche organische Masse enthalten. Deshalb werden von einem Mähdrescher mit Pflückvorsatz nur die Kolben gepflückt, diese dann geschrotet und durch Silieren haltbar gemacht. Die Substanzeinlagerung in die Körner soll abgeschlossen sein (Kolben: > 35% TM).

Tab. 27. Kennzeichen der Ernterreife

Merkmal für	Ernteprodukt	Samen und ausgereifte Früchte (Mähdrusch)	Wurzel und Knollen (Rodeverfahren)	unreife Samen und Früchte, vegetative Organe (unterschiedliche Verfahren bei Feldgemüse)	gesamter oberirdischer Aufwuchs (Halmfutterrernte)
Biologische Reife					
	Entwicklungszustand	Samenbildung abgeschlossen	vegetative Speicherorgane voll ausgebildet	vor oder während der Samenproduktion	alle Entwicklungsstadien
	Stoffwechselaktivität Keim- und Knospenruhe	stark gedrosselt anfänglich vorhanden	normal bis reduziert anfänglich vorhanden (Kartoffeln, nicht Rüben)	normal –	normal –
	Substanzeinlagerungen	abgeschlossen	mehr oder weniger abgeschlossen	nicht abgeschlossen	nicht abgeschlossen
	Beständigkeit der Merkmalsausprägung	sehr groß	groß	sehr gering	sehr gering
Technologische Reife					
	Mengenertrag	maximal	abhängig vom Erntetermin	abhängig vom Erntetermin	abhängig vom Erntetermin
	Verwertungseignung abhängig von	Inhaltsstoffen, z. B. Back- und Brauqualität	Inhaltsstoffen, z. B. Stärke-, Zuckergehalt und Melassebildnern	Form und Größe des Pflanzenorgans, Inhaltsstoffen und Textur	Nährstoffkonzentration Verdaulichkeit, Inhaltsstoffen, Konservierungseignung

Erntefähigkeit abhängig von	festem Kornsitz, geringem Wassergehalt, räumlicher Position des Erntegutes (Lager), Unkrautbesatz	Festschaligkeit (Kartoffeln), Köpfbarkeit (Rüben), Menge und Zustand der Sproßmasse (Trennfähigkeit von Wurzeln und Knollen)	räumliche Position des Ernteproduktes	Wassergehalt
Lagerfähigkeit abhängig von	Wassergehalt, Schädlings- und Krankheitsbefall	Erdanhang, Verletzungen, Krankheitsbefall, Inhaltsstoffen	nur kurzfristig mit besonderen Maßnahmen lagerfähig	nur sehr kurzfristig lagerfähig; sofortige Konservierung notwendig
Äußerlich sichtbare Merkmale				
Ausprägung	Verfärbung, Konsistenz der Samen, Tod des Sprosses	Vergilbung alter Blätter, Absterben von Sproßmasse	Größe, Form und Reifezustand des Ernteproduktes	Blatt-Stengelverhältnis, Anteil abgestorbener Sproßmasse am Aufwuchs

3. Produktion von Grund- und Leistungsfutter für Schweine

Maiskolben und Korn-Spindelgemische (CCM: Corn-Cob-Mix) werden je nach Rohfasergehalt (RF) an niedertragenden Sauen (6 bis 10% RF) oder Mastschweine (5 bis 8% RF) verfüttert. Deshalb werden nach Abschluß der Substanzeinlagerung in die Körner die Kolben gepflückt, entliescht und geschrotet (Maiskolbenschrot) oder nach dem Entliesen die Körner von der Spindel durch Dreschen oder Rebbeln getrennt. Aus den geschroteten Körnern und Spindeln können Korn-Spindelgemische mit unterschiedlichen Spindel- bzw. Rohfaseranteilen hergestellt werden. Diese Futtermittel werden durch Silieren haltbar gemacht.

4. Produktion von Saatgut, Futtermitteln und Industrierohstoff aus Körnern

Körnermais wird nach Abschluß der Substanzeinlagerung mit einem Mindest-TM-Gehalt der Körner von 50% geerntet. Nur durch die damit erreichte Druschfähigkeit unterscheidet sich diese Nutzungsform von Silomais und den Kolbenschroten. Nach dem Dreschen bzw. Pflücken, Entliesen und Rebbeln werden die Körner je nach Verwendungszweck auf >85% TM getrocknet oder geschrotet und einsiliert (Verfütterung im eigenen Betrieb). Trockene Körner sind das haltbarste Maisprodukt. Sollen sie als Saatgut Verwendung finden, müssen sie noch sortiert bzw. kalibriert und gebeizt werden.

5. Produktion von Frisch- oder Konservengemüse

Zuckermais durchläuft während der Milchreife ein Stadium größter Schmackhaftigkeit. Während einer Frist von wenigen Tagen müssen die Kolben von Hand geerntet, verpackt und vermarktet werden.

Jedes Produktionsziel verlangt einen unterschiedlichen „Reife"zustand des Maises und kann nur mit bestimmten Ernte- und Konservierungsverfahren verwirklicht werden. Die zur Ernte verfügbaren Zeitspannen der Entwicklung sind extrem kurz bei Zuckermais und nehmen zu vom Grünmais über Silomais bis zum Körnermais.

Manche Ernteverfahren werden mit Maßnahmen eingeleitet, die den Zustand der technologischen Reife erst herbeiführen oder doch wenigstens die Erntbarkeit verbessern sollen. Besprühen des noch grünen Pflanzenbestandes mit sproßabtötenden chemischen Mitteln (Desiccation, z. B. bei der Grassamenernte oder von anderen ausdauernden Arten) oder vorzeitiges Mähen mit hoher Stoppel und Liegenlassen des Ernteguts im Schwad (z. B. bei Körnerraps) sollen das Absterben und Trocknen des Strohs beschleunigen und die Abreife der Samen synchronisieren. Bei Kartoffeln wird das noch grüne Laub geschlagen, um die Einwanderung von Krankheitserregern in die Knollen zu verhindern und die Siebfähigkeit (mechanische Belastbarkeit der Knollen) zu verbessern. Die Ernte kann zweistufig gestaltet werden. Nach dem Roden bleiben die Knollen bis zu 3 Tagen an der Oberfläche liegen, um die Schalenfestigkeit zu fördern. Dann werden sie aus dem Schwad über Siebe aufgenommen und vom Feld transportiert.

Beim Mähdrusch stehender Körnerfruchtbestände wartet man meist bis Sonne und Wind das Erntegut soweit getrocknet haben, daß es nicht nur druschfähig (Wassergehalt < 25%), sondern möglichst auch noch lagerfähig ist, d. h. einen so geringen Wassergehalt erreicht hat (Getreide < 14%, Körnerraps < 9%), so daß ein Nachtrocknen des Erntegutes nicht mehr notwendig ist. Wer das letzte Ziel anstrebt, hofft auf einen günstigeren Zustand des Erntegutes, ist also bereit zu warten und ein höheres Risiko auf sich zu nehmen. Möglicherweise bringt der weitere Witterungsverlauf nicht den angestrebten Feuchtegehalt der Samen. Dann muß die Ernte u. U. unter noch ungünstigeren Bedingungen und mit höheren Verlusten vorgenommen werden. In jedem Fall verlieren die Samen mit längerem Warten und zunehmender Abreife die ursprünglich vorhandene Keimruhe und wachsen bei feuchter Witterung sichtbar oder unsichtbar aus. Deshalb ist es bei Mähdruschfrüchten meist ratsam, den frühesten sich bietenden Erntetermin zu nutzen, bei dem eine annehmbare Grenze der Kornfeuchte unterschritten ist.

Bei Knollen- und Wurzelfrüchten wird der Erntetermin, außer von der technologischen Reife der Feldfrucht, vor allem von dem möglichen Erfolg des Ernteverfahrens bestimmt. Der hängt ausschließlich von der feuchte- und texturbedingten Konsistenz des Bodens ab. Nur in einem leicht bröckelnden und nicht klebenden Boden können die Ernteverluste und der Erdanhang minimiert werden. Ferner sollten die mit der Ernte verbundenen Schwertransporte auf dem Acker ohne Bodenschäden möglich sein.

Ernteverluste sind wohl unvermeidlich, doch wird jeder Landwirt alles daran setzen, sie so gering wie möglich zu halten: Denn jede Erntemenge, die ungeerntet auf dem Felde verbleibt oder durch das Ernteverfahren im Wert gemindert wird, erhöht die Produktionskosten des geernteten und verwertbaren Ertrages. Die Verluste können folgender Art sein:

1. Vor der Ernte eingetretene Verluste, insbesondere durch natürlichen Samenausfall, wenn der optimale Erntetermin überschritten wird, bedingt durch mangelnde Platzfestigkeit von Schoten und Hülsen, ungenügend festen Kornsitz, Niederbrechen oder Knicken von Halmen.
2. Verluste, die während der Ernte dadurch auftreten, daß entweder das Erntegut nicht aufgenommen (mangelhafte Einstellung und Steuerung der Erntemaschine, Samenausfall während des Schnittes, Verschütten von Kartoffelknollen, zu tiefes Köpfen von Rüben und Bruch von Rübenkörpern) oder beim folgenden Trennvorgang nicht vollständig von der übrigen Erntemasse geschieden wird (Ausdrusch- und Reinigungsverluste).

3. Beschädigungen des Pflanzenproduktes durch den Ernte- und Transportvorgang selbst. Die dadurch verursachte Wertminderung betrifft vor allem Samen, die als Saatgut und für andere Zwecke benutzt werden sollen, die ein intaktes Korn voraussetzen (z. B. Verderb ölhaltiger Samen). Da es sich um Verletzungen handeln kann, die mit dem bloßen Auge nicht erkennbar sind (haarfeine Risse in Samen- und Fruchtschale), hilft es nicht, den Schaden durch frühzeitiges Aussortieren zu verhüten oder zu vermindern. Pflanzenorgane mit hohem Wassergehalt werden besonders durch mechanische Schäden in ihrem Wert gemindert. Verletzungen und Prellungen machen die Ware unansehnlich und sind die Eingangspforten für Fäulniserreger.

Die Höhe der Verluste schwankt in weiten Grenzen und kann nur mit großem Aufwand bestimmt werden. Das gilt vor allem für Verluste, die vor der Ernte eintreten. Sie lassen sich kaum von solchen Schäden getrennt ermitteln, die z. B. durch Vogelfraß verursacht werden. Deshalb fehlen auch weitgehend Angaben darüber, welche Verluste allein durch Verzögerung der Ernte eintreten können. Je nach Witterung, Art und Sorte einer Mähdruschfrucht sind 14 Tage nach dem optimalen Erntetermin schon Verluste von mehr als 10% möglich.

Die Größenordnung der Ertragsverluste, die bei den einzelnen Feldfrüchten durch das jeweilige Ernteverfahren selbst verursacht werden, sind besser bekannt. Bei Mähdruschfrüchten liegt die untere Grenze zwischen 2 und 4%. Mit zunehmendem Durchsatz von Stroh, Lager oder hoher Strohfeuchte steigen die Verluste leicht auf ein Mehrfaches. Bei allen Feldfrüchten, deren unterirdische Organe gerodet werden müssen, sind die minimalen Ernteverluste mit 5% deutlich höher als bei Körnerfrüchten. Diese Grenze bezieht sich bei Zuckerrüben nicht auf die Köpfverluste, die bei mangelhafter Handhabung des Verfahrens noch zusätzliche große Verluste verursachen können. Als Faustzahl für die mittleren Ernteverluste in der Praxis kann die Erfahrung dienen, daß in Feldversuchen mit exakter, sorgfältiger Ertragsfeststellung rund 10% mehr geerntet werden als in angrenzenden Betriebsschlägen.

Die Höhe der Verluste wird in Vollernteverfahren von Reihenfrüchten nicht selten durch die Präzision der Bestellungsarbeiten vorbestimmt. Es genügt schon eine Abweichung der Pflanzen von der Reihe um wenige cm, um spürbare Ernteverluste zu verursachen. Jede Unregelmäßigkeit im Bestand, z. B. in der Dichte und Höhe der Ähren und Kolben oder des Blattansatzes bei Rüben (Lücken!), stört den gleichmäßigen Massenfluß durch die Erntemaschinen und führt zu höheren Verlusten. In der vollmechanisierten Feldwirtschaft sind daher räumliche Regel- und Gleichmäßigkeit des Bestandes keine

Forderungen, die nur den Sinn des Landwirtes für Ordnung befriedigen, sondern eine Grundvoraussetzung für eine kostensparende, möglichst verlustlose Ernte.

3.6.2 Nutzung mehrschnittiger Futterpflanzenbestände

Die technologische Reife eines Feldfutterbestandes ist äußerlich nicht leicht zu erkennen. Bei jeweils höchstmöglicher Menge soll ein Futter geerntet werden, das hinsichtlich Nährstoffkonzentration und Verdaulichkeit bestimmte Mindestnormen nicht unterschreitet. Abb. 77 zeigt, daß der Futterertrag bei 70% Verdaulichkeit nicht mit dem maximalen Mengenertrag identisch ist. Der Pflanzenbestand

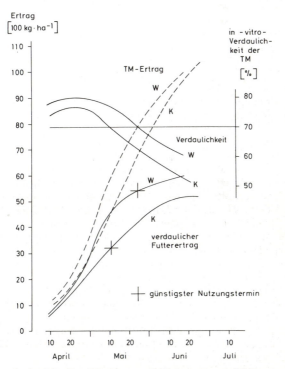

Abb. 77. Verlauf der Trockenmasse- und Futtermasseproduktion von Deutschem Weidelgras (W) und Knaulgras (K) sowie die Veränderung der Verdaulichkeit der beiden Arten während des ersten Aufwuchses (WOODFORD 1966).

Tab. 28. Einfluß des Schnittzeitpunktes und der Nutzungshäufigkeit auf dem TM-Ertrag von Deutschem Weidelgras; Mittelwerte für 2 Sorten, Feldversuche in den Niederlanden (ALBERDA 1968)

Schnitt-Termin	Schnitt angestrebt bei etwa 45 dt·ha^{-1}	Schnitt-Termin	Schnitt bei Erreichen des Maximalertrages
	Ertrag dt·ha^{-1} TM		
12.5.	54,6	30.5.	87,2
9.6.	48,8	14.7.	61,7
21.7.	49,9	28.8.	35,1
28.8.	35,6	3.10.	23,9
3.10.	**28,7**		
Jahresertrag	217,6		207,9

muß also schon genutzt werden, während er noch in vollem Wachstum begriffen ist.

Bei einem wiederholt zu nutzenden Futterpflanzenbestand sprechen aber auch noch andere Gründe für einen Schnitt vor Erreichen des maximalen Mengenertrages. Wie die Daten in Tab. 28 zeigen, wurde ein höherer Gesamtertrag je Jahr erzielt, wenn ein Weidelgrasbestand anstatt zum Zeitpunkt des jeweiligen Höchstertrages einer Wiederaustriebsserie schon bei Erreichen eines mittleren Ertrages geschnitten wurde. Das hängt mit dem Einfluß der Nutzungsintensität auf den Wiederaustrieb und auf die damit verbundene Ertragsbildung des nächsten Aufwuchses zusammen. Wird die gesamte oberirdische Masse eines Futterpflanzenbestandes genutzt, so werden den Pflanzen je nach Zeitpunkt und Höhe des Schnittes (Menge der verbleibenden Pflanzenmasse) unterschiedliche Mengen von assimilierender Blattoberfläche (Restblattfläche), Reservestoffen für die Neubildung der Blätter und Wurzeln und von in der Entwicklung begriffenen Knospen entnommen. Das Wachsenlassen der Futterpflanzen bis zum jeweiligen Maximalertrag läßt die Bestände sehr dicht und hochwüchsig werden. Das hat zur Folge, daß die basalen Blätter absterben. Bei einem Schnitt in diesem Stadium bleibt nur noch eine vergilbte Stoppel und keine grüne Restblattfläche. Die Pflanzen müssen ganz von Neuem beginnen. Dadurch verzögert sich der Wiederaustrieb. Die Bestände schließen später und nutzen den Standortfaktor Licht schlechter aus. Das wiederum führt zu geringen Erträgen.

Eine zu späte Nutzung verlängert auch den Anteil derjenigen Phasen an der Gesamtwachstumszeit, die im Vergleich zum linearen Wachstum geringere Zuwachsraten haben. Während des vorangegangenen Aufwuchses ist das die Phase des degressiven, während des nachfolgenden Aufwuchses die Phase des exponentiellen Wachstums. Auch dieser Sachverhalt trägt dazu bei, daß der Gesamtertrag eines Jahres steigt, wenn zu einem früheren Zeitpunkt geschnitten wird. Umgekehrt sinkt der Gesamtertrag, wenn die Bestände in sehr kurzen Abständen und relativ intensiv entblättert werden. Das ist z. B. der Fall, wenn Futterpflanzenbestände zum Weidegang benutzt werden. Hier verlangen die Ansprüche des Weideviehs an Energiekonzentration, Verdaulichkeit und Schmackhaftigkeit des Futters, daß der Aufwuchs vor dem Schossen, also in einem sehr frühen Entwicklungsstadium genutzt wird.

In der Graslandwirtschaft werden Nutzungstermin und Nutzungshäufigkeit hauptsächlich von der Art und Weise der Weideführung bestimmt. Im Verfahren der intensiven Standweide haben die Weidetiere zu einem Teil der Flächen freien Zugang während der ganzen Vegetationszeit. Die Besatzstärke des Weideviehs, d. h. der Beweidungsdruck wird so gewählt, daß der Aufwuchs eine Höhe von 8 bis 12 cm weder unter- noch überschreitet. Die Tiere begrasen die gleiche Pflanze wieder, wenn der Neuzuwachs „faßbar" ist, d. h. im Abstand von wenigen Tagen. Durch den ständig wiederholten Verbiß entsteht ein sehr dichter Rasen mit vielen Trieben und dauernd hoher Restblattfläche. In einer Umtriebsweide dagegen soll der Aufwuchs in einer relativ kurzen Freßzeit möglichst vollständig genutzt werden. Während einer nachfolgenden Ruhezeit soll er dann wieder regenerieren. Hier läßt man die Pflanzen bis auf etwa 20 cm Höhe heranwachsen, was einem Futterangebot von 1,5 bis $2 t \cdot ha^{-1}$ TM entspricht.

Der Futterüberschuß während des Früh- und Hochsommers muß zur Futterreserve für die Winterstallhaltung als Grassilage oder Heu geworben werden. Qualitäts- und Verarbeitungsansprüche verlangen für die Herstellung von Grassilage, daß der Aufwuchs im Schossen bei etwa $4 t \cdot ha^{-1}$ Ertrag geschnitten wird. Für die Heuwerbung zu Blühbeginn können bis zu $6 t \cdot ha^{-1}$ TM herangewachsen sein.

Intensität und Zeitpunkt der Nutzung bestimmen auch die Konkurrenzkraft von Futterpflanzenbeständen gegenüber unerwünschter Wildpflanzenarten. Das soll am Beispiel von Luzernebeständen verdeutlicht werden, die während der 3jährigen Nutzungsperiode vor Beginn des Winters stets zu den in Tab. 29 genannten Terminen genutzt worden war. Ein früher Schnitt fördert die Verunkrautung mit Löwenzahn, ein später Schnitt dagegen die Vergrasung mit der Jährigen Rispe. Aus den Erträgen ist abzuleiten, daß ein später Schnitt, der noch genügend Zeit für die Einlagerung von Reservestoffen in die Speicherwurzel der Luzerne läßt, das vorteilhafteste Verfahren ist. Der Wiederaustrieb im Herbst ist wegen der niedrigen

Tab. 29. Ertrag und Verunkrautung von Luzernebeständen in Abhängigkeit vom Zeitpunkt des letzten Schnittes; Feldversuch bei Leipzig, 1964–1967 (Lampeter 1970)

		Nutzung des letzten Aufwuchs am						
	gar nicht	1.9.	10.9.	20.9.	1.10.	10.10.	20.10.	1.11.
TM-Ertrag Summe 1964–67 (dt·ha^{-1})	287	297	312	325	328	328	318	324
Flächendeckung (%) am 10.10.1967 von								
Löwenzahn	17	48	46	22	15	23	14	8
Jähr. Rispe	35	14	13	35	44	34	38	49
Vogelmiere	3	2	2	4	5	9	5	3
sonst. Arten	1	2	2	2	1	1	2	2

Temperaturen gering. Für die Überwinterung und den Wiederaustrieb im Frühjahr stehen dann größere Mengen an Reservestoffen zur Verfügung.

3.6.3 Konservierung, Lagerung und Konditionierung der Ernteprodukte

Kann oder soll das Erntegut nicht unmittelbar nach der Ernte im eigenen Betrieb oder durch Verkauf verwertet werden, so muß es über Wochen und Monate gelagert werden. Nur wenige Pflanzenprodukte, wie z.B. trocken geerntete Körnerfrüchte, vertragen eine Lagerung ohne qualitative Wertminderung und beträchtliche Mengenverluste. Zu feuchtes Saatgut oder frische Futtermassen müssen mit besonderen Maßnahmen zuerst haltbar gemacht, dann unter bestimmten Bedingungen gelagert werden, um die unvermeidlichen Verluste durch Atmung, Fäulnis und anderen Verderb so gering wie möglich zu halten. Viele Früchte müssen schließlich durch Sortierung oder andere Aufbereitungsmaßnahmen auf eine optimale Verwertung hin konditioniert werden.

Zur Haltbarmachung und Lagerung von feuchtem, biologisch aktivem Erntegut hat der Landwirt folgende Möglichkeiten, die Lebenstätigkeit des Produkts selbst und die der anhaftenden Mikroorganismen einzuschränken:

1. **Trocknen:** Durch Zufuhr von natürlicher oder technisch erzeugter Energie wird dem Erntegut solange Wasser entzogen, bis es

lagerfähig ist. Die Wassergehaltsnormen für die Lagerfähigkeit von Trockengut sind nicht nur art- und sortenspezifisch, sondern auch von den Qualitätsanforderungen abhängig. Saatgut und Grundstoffe für bestimmte Lebens- und Genußmittel (z. B. für Backwaren, Bier und Pflanzenfette) verlangen zur Erhaltung der Qualität geringere Mindestwassergehalte als Futtermittel, bei denen schädliche Umsetzungen schon bei 16% Feuchtigkeit weitgehend unterbunden sind. Ähnliches gilt auch für den Trocknungsprozeß selbst. Er muß um so schonender, d. h. um so langsamer und bei um so tieferen Temperaturen erfolgen, je höhere Qualitätsansprüche an das Produkt gestellt werden. Für den Verlauf des Trocknungsprozesses ist entscheidend, welche Energiemengen für die Verdunstung des Wassers zur Verfügung stehen, wieviel Wasserdampf die Atmosphäre aufnehmen kann (Sättigungsdefizit und Austausch der Luft über der verdunstenden Oberfläche) und welchen Widerstand der Wasserdampf bei Übertritt in die Atmosphäre infolge spezifischer innerer und oberflächlicher Strukturen des Erntegutes (Wassertransport im Ertegut) zu überwinden hat.

Bei der Heuwerbung nutzt man nur Sonne und Wind und unterstützt den Trocknungsprozeß durch Quetschen und Zerkleinern sowie mehrfaches Wenden des Erntegutes. Im Felde vorgetrocknetes Heu kann unter Dach durch Zwangsbelüftung mit kalter und vorgewärmter Luft zu Ende getrocknet werden. Bei künstlicher Trocknung von frischem Halmfutter werden erhitzte Luft oder Verbrennungsgase genutzt. Gefriertrocknung eignet sich wegen zu hoher Kosten nur für die hochwertigsten Lebens- und Genußmittel.

2. **Einsäuern:** Bestimmte am Erntegut haftende Mikroorganismen vergären leichtlösliche Kohlenhydrate der Pflanzen zu organischen Säuren. Unter ihnen spielt die Milchsäure die bedeutendste Rolle, da sie bei massenhafter Produktion den pH-Wert der Silage unter den Wert von 4 senkt, dadurch den Abschluß der Gärung herbeiführt und das Futter auf diese Weise haltbar macht. Die Milchsäure selbst ist ein hochwertiger Nährstoff sowohl für den Wiederkäuer wie für Tiere mit einhöhligem Magen. Da zudem die Milchsäuregärung mit den geringsten Energieverlusten verbunden ist, muß alles getan werden, daß die Gärung in dieser Richtung verläuft. Die Milchsäuregärung wird gefördert durch den vollständigen Luftabschluß des Gärgutes – was zugleich eine Verminderung der Atmungsverluste bewirkt – und durch ein reichliches Angebot an leicht vergärbaren Kohlenhydraten. Liegt der Gehalt des zu vergärenden Gutes an löslichen Zuckern unter 2%, so müssen entweder durch Anwelken oder durch Zuckerzusatz günstigere Ausgangsbedingungen geschaffen werden.

3. **Chemische Konservierung:** Zusatz von anorganischen und organischen Säuren (z.B. Propionsäure) bewirkt ebenfalls eine pH-Wert-Senkung des Siliergutes, die jeden weiteren mikrobiellen Abbau verhindert. Auch der umgekehrte Weg ist möglich. Frisches oder angewelktes Halmfutter wird mit Harnstoff versetzt. Das sich daraus entwickelnde Ammoniak erhöht den pH-Wert und wirkt auf die Mikroorganismen toxisch. Dieses Rauhfutter eignet sich nur zur Verfütterung an Wiederkäuer, deren Pansenflora auch noch den zusätzlichen Stickstoff nutzen kann.

Nur auf den Stoffwechsel des Ernteproduktes selbst wirken keimhemmende Chemikalien, so z.B. solche, die bei der Lagerung von Kartoffeln Verluste durch Austreiben der Knospen verhindern sollen.

4. **Regelung der Temperatur:** In Pflanzenprodukten mit relativ hohem Wassergehalt, deren biologische Aktivität gehemmt aber nicht beseitigt werden soll, bleibt die Vitalität um so stärker und länger erhalten, je genauer eine optimale, meist niedrige Lagertemperatur eingehalten wird. Für Kartoffeln und Rüben sind Temperaturen wenige Grad über dem Gefrierpunkt am günstigsten. Auch erntefeuchtes Getreide, das aus Kapazitätsgründen nicht gleich getrocknet werden kann, läßt sich durch Kühlung konservieren.

Die Selbsterhitzung des Lagergutes in großen Stapeln infolge mangelnder Abfuhr der freiwerdenden Atmungsenergie muß durch Zwangsbelüftung mit kühler Luft verhindert werden. Hier ist von Bedeutung, ob der Stapel im Verlauf der Lagerung eine ausreichende Luftdurchlässigkeit (Sackung!) behält. Anhaftender Schmutz an Kartoffeln und Rüben hemmt die Durchlüftung, deshalb lassen sich trocken geerntete, über Siebe gelaufene Rüben und Kartoffeln verlustärmer lagern. Zuckerfabriken waschen die Rüben vor der Lagerung.

Die konservierende **Lagerung** von Knollen und Wurzelfrüchten erfolgt in überdachten Silos und Lagerräume oder in Erdmieten. Es versteht sich, daß Tropfwasserbildung oder Zutritt von Fremdwasser Verluste verursachen müssen. Silage wird in Feldmieten, betonierten Flachsilos und luftdichten Hochsilos bereitet. In jedem Falle muß der austretende Sickersaft gefangen werden, um einer Verschmutzung von Oberflächen- und Grundwasser vorzubeugen.

Die Konservierungs- und Lagerungsverluste schwanken in weiten Grenzen (Abb. 78) und sind bei frischem Lagergut größer als bei trockenem. Bodenheutrocknung kann mit Verlusten bis über 40% verbunden sein, dazu kommen noch beträchtliche Minderungen der Qualität (WIENECKE 1972). Ähnliches gilt für die Gärfutterwerbung, wenn ein rascher und vollständiger Luftabschluß des Gärgutes herbeigeführt wird.

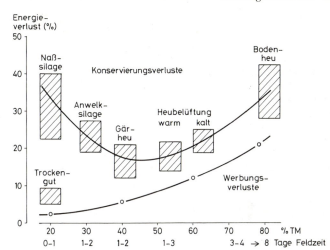

Abb. 78. Energieverluste durch Werbung und Konservierung von Rauhfutter für Wiederkäuer aus Gras (AID 1986).

Bei der Lagerung von Kartoffeln während der Wintermonate muß man mit Mengenverlusten von etwa 10% rechnen, ohne daß dabei schon vermeidbare Schäden durch Unterkühlung und Krankheitsbefall berücksichtigt sind. Die Lagerungsverluste von Getreide erreichen nicht so hohe Werte.

Vor der endgültigen Verwertung muß das Erntegut meist aufbereitet, d.h. für den jeweiligen Verwendungszweck konditioniert werden. Ein extremes Beispiel hierfür ist Sortieren von Saatgut nach Form und Größe (Kalibrieren von Maissaatgut), dann das Pillieren (Umhüllen des Saatgutes mit einem Ton-Torfgemisch, um z.b. bei Rübenknäulen die Gestalt zu egalisieren) und das Inkrustieren, Pudern und Beizen von Saatgut mit Pflanzenschutzmitteln. Nur in wenigen Fällen werden solche Maßnahmen vom Landwirt selbst durchgeführt; meist sind sie Sache der dafür eingerichteten Gewerbebetriebe. Dennoch wird ein Mindestmaß an Aufbereitung auch vom Landwirt verlangt. Reinigen des Produktes von anhaftendem Schmutz und von Unkraut- oder anderem Besatz, Entfernung von kranken oder beschädigten Pflanzenteilen sowie Sortierung in verwertungsgerechte Größenklassen gehören – je nach den Anforderungen – mit zu den pflanzenbaulichen Produktionsverfahren. So kann z.B. nur Vollgerste ($> 2{,}2$ mm) für Brauzwecke vermarktet werden.

Verluste durch Konservierung, Lagerung und Konditionierung sind in gewissem Umfang unvermeidlich. Sie sollten auch bei denjenigen Produkten in Kauf genommen werden, deren Beschaffenheit eine unmittelbare Verwertung, z. B. durch Verkauf, erlauben würde. Denn mit der Lagerung von marktfähigen Ernteprodukten gewinnt der Landwirt die Freiheit, dann zu verkaufen, wenn die Preise günstig sind.

4 Gestaltung von Bodennutzungssystemen

Die bisher vorgestellten Mittel und Verfahren zur Steuerung der Pflanzenproduktion beeinflussen das Wachstum eines Pflanzenbestandes überwiegend direkt. Die Wirkung der nun zu besprechenden Maßnahmen dagegen ist mehr indirekter und langfristiger Art, weil sie ausschließlich über den Boden vermittelt wird. Dabei spielen zwei Aspekte eine besondere Rolle. Der eine betrifft die Bodenfruchtbarkeit, d. h. den Komplex von Zuständen und Prozessen im Boden, der den Kulturpflanzen nachhaltig die günstigsten Wachstums- und Entwicklungsbedingungen bietet. Der andere Aspekt hängt mit dem Zusammen- und Nachwirken aller produktionstechnischen Eingriffe in das Agrarökosystem zusammen. Dadurch bekommt die Gesamtheit dieser Eingriffe selbst wieder Systemcharakter. Deshalb spricht man von landwirtschaftlichen Bodennutzungssystemen. Obwohl die Feldfrucht-spezifischen Anbaumaßnahmen in gleicher Weise zu den Elementen eines Bodennutzungssystems gehören wie Bodenbearbeitung, organische Düngung und Fruchtfolge, sind die Auswirkungen dieser zuletzt genannten produktionstechnischen Eingriffe viel komplexer und langfristiger und bestimmen die Nachhaltigkeit der Pflanzenproduktion stärker als die mehr direkt wirkenden Anbaumaßnahmen. Um diesen Zusammenhang hervorzuheben und die Wechselwirkungen zwischen Bodenbearbeitung, organischer Düngung, Anbauverhältnis und Fruchtfolge im Hinblick auf die Bodenfruchtbarkeit deutlicher zu machen, sollen diese Möglichkeiten der Gestaltung eines Bodennutzungssystems gesondert im nachfolgenden Abschnitt besprochen werden.

4.1 Elemente eines Bodennutzungssysstems

Unter einem landwirtschaftlichen Bodennutzungssystem versteht man die langfristige, durch bestimmte Merkmale gekennzeichnete Struktur der Grasland- und Feldwirtschaft. Sie entsteht als Folge der Gesamtheit aller Eingriffe und organisatorischen Maßnahmen, die der Landwirt zum Zwecke der Pflanzenproduktion vornimmt. Diese Maßnahmen können gegliedert werden in das für jede Feldfrucht spezifische Produktionsverfahren – in der Graslandwirtschaft die Weideführung – und in den organisatorischen Verbund des Anbaues

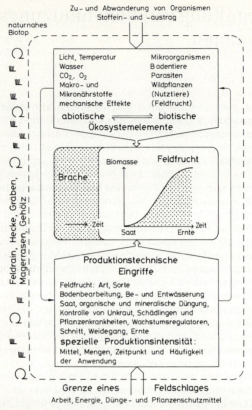

Abb. 79. Überformung der Elemente eines Ökosystems durch produktionstechnische Eingriffe (Bodennutzungssystem) zum Agrarökosystem: Teilbrache und Anbau einer Feldfrucht auf einem von naturnahen Biotopen umgebenen Ackerschlag als raumzeitliche Grundeinheit des Systems.

mehrerer Feldfrüchte in Raum und Zeit über Anbauverhältnisse und Fruchtfolge.

Abb. 79 zeigt das Beziehungsgefüge zwischen den überwiegend kurzfristig wirksamen produktionstechnischen Eingriffen zum Zwecke der Erzeugung eines bestimmten Pflanzenproduktes und den am Wuchsort gegebenen Standortbedingungen. Letztere werden geprägt durch die Wechselwirkung zwischen den biotischen und abiotischen Elementen des jeweiligen Ökosystems. Mittel, Mengen,

Zeitpunkt und Häufigkeit der Eingriffe hängen von den jeweils vorhandenen Quanten der Ökosystemelemente ab und orientieren sich an einem zu erreichenden Sollzustand. Umgekehrt verändern die produktionstechnischen Eingriffe die im Ökosystem ablaufenden Prozesse. Aus dieser wechselseitigen Beeinflussung, deren Dichte und Vielfalt mit den beiden Pfeilen in Abb. 79 nicht einmal annäherungsweise angedeutet werden kann, entsteht ein Agrarökosystem: Das vorhandene „natürliche" Ökosystem wird durch die produktionstechnischen Eingriffe zum Agrarökosystem überformt.

Die ursprünglich standortgebundenen biotischen Elemente des Systems, wie wildwachsende Pflanzen und Tiere sowie die Bodenlebewesen, die die tote organische Substanz zerkleinern, in den Boden einmischen und zersetzen, findet der Landwirt an jedem Wuchsort vor. Während der ursprünglichen Tier- und Pflanzengemeinschaft durch den Anbau von Kulturpflanzen mehr oder weniger die Existenzmöglichkeit genommen wird, kann der Landwirt die Bodenlebewesen mit seinen Eingriffen nur im Extremfall beseitigen oder durch hinzugefügte Organismen verdrängen. Meist kann er sie nur in ihrer Menge beeinflussen.

In der Regel richten sich die Bemühungen ausschließlich auf eine Veränderung der abiotischen Elemente des Ökosystems, mit dem Ziel, die Wachstumsbedingungen der jeweils angebauten Feldfrucht zu optimieren. Zu diesem Zweck sind für die einzelnen Kenngrößen der Bodenproduktivität Grenzwerte einzuhalten. Diese Grenzwerte sind mittels Regressionen von produktionsbestimmenden Faktoren des Standortes auf den Feldfruchtertrag zu quantifizieren. Aus dem Vergleich dieser Sollwerte mit den im Felde bestimmten Ist-Werten kann der Landwirt eine Anleitung zum Handeln entnehmen, d. h. gezielt mit Fruchtfolgegestaltung, Bodenbearbeitung und Düngung in den Standort eingreifen. Allerdings reicht die Beachtung der Grenzwerte allein nicht aus. Sichere und wirkungsvolle Handhabung produktionstechnischer Eingriffe setzt das Verständnis der ablaufenden Prozesse, d. h. die Einsicht in die funktionalen Zusammenhänge voraus.

Die Grenzwerte variieren mit regionalen und lokalen Klima- und Bodenbedingungen. Ferner sind sie abhängig von den Ansprüchen der anzubauenden Feldfrüchte. Damit bedingen sich das jeweilige Bodennutzungssystem und die kritischen Kennziffern der Bodenproduktivität gegenseitig. Im Hinblick auf die Produktivität und Handhabbarkeit eines Bodennutzungssystems sind deshalb zusätzliche Kriterien zu berücksichtigen, die über die Funktion des Bodens hinausreichen, die jeweils angebauten Feldfrüchte nachhaltig und entsprechend ihrer artspezifischen Ansprüche frist- und mengengerecht mit Wasser, Sauerstoff und Nährstoffen zu versorgen. Das ist zum einen die phytosanitäre Funktion des Bodens, dargestellt anhand der Art und Menge von Schädlingen und Erregern von Fruchtfolgekrankheiten im Boden, zum anderen seine Eignung für bestimmte Techniken in einzelnen Produktionsverfahren oder, ganz allgemein, seine Eignung für die Mechanisierung.

Die zur Steuerung der Produktivität benötigten Kennziffern können unterschiedlichen Bodeneigenschaften zugeordnet werden, auf die die Eingriffe gerichtet sind. Diese Eigenschaften unterscheiden sich hauptsächlich in ihrer Stabilität und Veränderbarkeit.

1. Langfristig wirksame Eingriffe in den Standort (Tab. 30) betreffen Bodenmerkmale, die sich ohne Eingriff kaum verändern. Wenn Eingriffe notwendig sind, so sind sie einmalig und haben meliorativen Charakter. Stets sind sie mit hohem Aufwand verbunden. Die Kennziffern dienen demnach der Planung, Durchführung und Beurteilung des Erfolgs von Meliorationen. Wenn eine Angleichung der Ist- an die Sollwerte nur mit unwirtschaftlichem Aufwand erreicht werden kann, muß das Bodennutzungssystem den gegebenen Standortbedingungen angepaßt werden.
2. Kurzfristig wirksame Eingriffe in den Standort (Tab. 31) zielen auf die Veränderung von Bodeneigenschaften, die sich im Verlauf des Anbaus einer oder mehrerer aufeinanderfolgenden Feldfrüchte ändern. Die Messung der Ist-Werte erfolgt in regelmäßigen zeitlichen Abständen, z. B. vor Beginn einer neuen Rotation der Feldfrüchte. Zur Angleichung des Bodenzustandes an die Sollwerte werden Maßnahmen durchgeführt, die, wie z. B. die Grunddüngung mit P und K oder eine organische Düngung, am stärksten auf die unmittelbar folgende Feldfrucht wirken, darüber hinaus aber auch eine langfristige Nachwirkung zeigen.
3. Während einer Vegetationszeit wirksame Eingriffe in der Standort (Tab. 32) dienen der Gestaltung oder der Reaktion auf Bodenzustände, die sich im Zusammenhang mit der Witterung und dem Pflanzenwachstum innerhalb von Tagen und Wochen ändern. Die Ist-Werte werden als Grundlage für Entscheidungen über Art, Menge (Intensität) und den Zeitpunkt einzelner Maßnahmen beim Anbau einer Feldfrucht erhoben. Weite Verbreitung hat z. B. die Bestimmung des pflanzenaufnehmbaren Stickstoffs im Boden vor der ersten N-Gabe zu Getreide gefunden. Messung der Bodenfeuchte als Entscheidungsgrundlage für den Beregnungseinsatz ist mehr in Kooperativen, weniger in Einzelbetrieben üblich. Bei Bodenbearbeitungsmaßnahmen stützen sich die Landwirte ausschließlich auf ihre subjektive Einschätzung der Situation.

Alle für einen Feldschlag zutreffenden Daten, einschließlich der jeweils bei einer Feldfrucht durchgeführten Maßnahmen und deren

Tab. 30. Kenngrößen zur Planung langfristiger Eingriffe in den Standort: Einmalige Messungen in Kombination mit Klimadaten

Merkmalsgruppe	Kenngröße	Ort der Messung	möglicher Eingriff
Geländegestalt	Lage des Feldschlages im Gelände, Ausformung des Reliefs, Neigung der Bodenoberfläche	Gesamt- oder Teilflächen des Feldschlages	Einebnung, Terrassierung; Änderung der Lage und Größe des Feldschlages
Hydromorphie	Jahresgang von Grund- und Stauwasser; Zeitpunkt, Dauer und Häufigkeit von überschüssiger Feuchte in Abhängigkeit von der Bodentiefe	im gesamten Bodenprofil bis 2 m Tiefe	Bodenwasserregulierung durch Gräben, Rohrdränung, Maulwurfslockerung, einschließlich Einrichtungen zum Wasserrückhalt
Gründigkeit	Mächtigkeit der durchwurzelbaren Bodenschicht	Unterboden	Entwässerung, Unterbodenlockerung, meliorativ Tiefpflügen
Wasserspeicherung	Nutzbare Wasserkapazität, Hydraulische Leitfähigkeit	Ackerkrume und Unterboden	Meliorativ Tiefpflügen
Bodenkörnung	Gehalt an Ton, Schluff, Sand und Kies	Ackerkrume und Unterboden	Meliorativ Tiefpflügen
Humus	Gesamtvorrat an C_{org} und N_{org}, Zersetzungsgrad der organischen Bodensubstanz	Ackerkrume und Unterboden	Erweiterte Reproduktion der organischen Substanz, Bodenbearbeitung
Bodengefüge	Lagerungsdichte, luftführendes Bodenvolumen bei Feldkapazität	Ackerkrume und Unterboden	Bodenlockerung, Zufuhr organischer Substanz
Sorptionseigenschaften	Ionen-Austauschkapazität	Ackerkrume und Unterboden	
Acidität	pH-Wert	Ackerkrume und Unterboden	Kalkung

Tab. 31. Kenngrößen zur Steuerung kurzfristig wirksamer Eingriffe in den Standort: Regelmäßig zu wiederholende Messungen in Kombination mit Kenngrößen der Pflanzenproduktion (Feldfruchterträge, auf dem Felde verbleibende Erntereste, organische Düngung)

Merkmalsgruppe	Kenngröße	Ort der Messung	möglicher Eingriff
Nährstoffvorrat	pflanzenverfügbare[1] Makro- und Mikronährstoffe: P, K, Mg, B, Cu, Mn, Zn	Ackerkrume	Düngung
N in leicht umsetzbarer organischer Substanz	N_{pot} im Bebrütungsversuch, NO_3 und NH_4 im Heißwasserextrakt (EUF)	Ackerkrume	Behandlung der Erntereste
Acidität	pH-Wert	Ackerkrume	Kalkung
Bodengefüge	Sensorische Beurteilung des Gefügezustandes; Lage und Mächtigkeit von Bodenverdichtungen durch Messung der Lagerungsdichte, des Porenvolumens, der Porengrößenverteilung und des Eindringwiderstandes	Ackerkrume und Unterboden	Bodenbearbeitung, Regelung des Fahrverkehrs
Bodenlebewesen	Arten und Mengen von Bodentieren (z. B. Regenwürmern) mögliche Parasiten an Feldfrüchten (Collembolen, Nematoden, Schnecken)	Bodenoberfläche, Ackerkrume und Unterboden	Bodenbearbeitung, Behandlung von Ernteresten, Fruchtwechsel

1) säure- und wasserlösliche Nährstoffe

Tab. 32. Kenngrößen zur Steuerung von Produktionsverfahren einzelner Feldfrüchte: Mehrmalige Messungen während einer Vegetationszeit in Kombination mit Beobachtungen am Feldfruchtbestand und mit Witterungsdaten

Merkmal	Steuerungsgröße
Menge des pflanzenverfügbaren Stickstoffs (NO_3 + NH_4) in den Bodenschichten 0 bis 30, 30 bis 60 und 60 bis 90 cm	Bemessung der Stickstoffdüngung
Nitratkonzentration im oberirdischen Aufwuchs von Feldfrüchten	Bemessung der Stickstoffdüngung
Bodenfeuchte in der Ackerkrume und im Unterboden	Bodenbearbeitung, Zeitpunkt und Menge der Bewässerung
Zeitpunkt und Stärke des Befalls von Feldfrüchten mit Schädlingen und Krankheitserregern	Pflanzenschutzmaßnahmen
Anzahl und Deckungsgrad von Ackerwildpflanzen	Unkrautbekämpfungsmaßnahmen

Ergebnisse, werden zweckmäßigerweise in einer Schlagkartei gespeichert. Diese Daten sind die Grundlage für Entscheidungen über künftige Eingriffe.

Zusammen mit der Teilbrache, die jedem Anbau vorangeht, beherrschen die Feldfrucht und ihre jeweilige Biomasseproduktion alle biotischen Glieder des Systems und modifizieren auch die abiotischen Elemente nebst den mit ihnen verknüpften Umsetzungs- und Transportprozessen im Agrarökosystem. Da das ganze Beziehungsgefüge von diesem Produktionsverfahren geprägt wird, kann man den Anbau einer Feldfrucht einschließlich den damit verbundenen Eingriffen in den Standort als kleinste Wirkungseinheit eines Bodennutzungssystems ansehen (Abb. 79). Diese kleinste Wirkungseinheit, hier mit Bodennutzungseinheit bezeichnet, ist ein Baustein des Bodennutzungssystems (Abb. 80). Jede Bodennutzungseinheit umfaßt räumlich alle mit der gleichen Feldfrucht bestellten Schläge. Zeitlich beginnt sie mit dem Räumen der Vorfrucht und endet mit der Ernte der Feldfrucht selbst. Gründüngungsbestände enden mit dem Einarbeiten der oberirdischen Masse in den Boden oder mit ihrem Absterben. Mit in die Zeitspanne einer Bodennutzungseinheit einbezogen ist also der Abschnitt, in dem das Feld brach liegt und in dem der Anbau der folgenden Feldfrucht mit Stoppel- und Grundbodenbearbeitung, Düngung und Unkrautbekämpfung vorbereitet wird.

256 Gestaltung von Bodennutzungssystemen

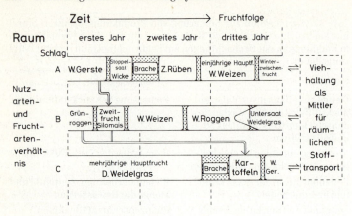

Abb. 80. Zeitliche und räumliche Strukturen eines Bodennutzungssystems unter Berücksichtigung der Rolle der Viehhaltung im System.

Die in Abb. 80 dargestellten offenen Rechtecke mit den jeweils angebauten Feldfrüchten sind unterschiedlich lang. Damit soll die Dauer der Zeit zwischen Aussaat und Ernte angedeutet werden. Diese Zeitdauer dient als Unterscheidungsmerkmal für unterschiedliche Klassen von Bodennutzungseinheiten. In der Reihenfolge abnehmender Anbaudauer sind zu nennen: Dauergrasland und mehrjährige Hauptfrüchte (z. B. Feldgras), überwinternde, einjährige Hauptfrüchte (z. B. Wintergerste), sommerannuelle Hauptfrüchte (z. B. Zuckerrüben), Zweitfrüchte, denen nur eine kürzere Vegetationszeit zur Verfügung steht als Hauptfrüchten (z. B. Silomais nach Grünroggen), und Zwischenfrüchte mit noch kürzerer Vegetationszeit, deren Anbaudauer weder die maximal mögliche Produktion noch die Erzeugung eines marktfähigen Produktes bestimmter Qualität, z. B. reife Samen, erlaubt. Nach Zeitpunkt und Anbauverfahren unterscheidet man zwischen hauptfruchtgleich bestellten Winterzwischenfrüchten zur Futtergewinnung (z. B. Grünroggen), den unter einer Deckfrucht angesäten Untersaaten (z. B. Weidelgras in Roggen) und den nach Getreide angebauten Stoppelsaaten (z. B. Wicke). Die Reihenfolge der genannten Zwischenfruchtformen entspricht ihrer Anbaudauer. Sie ist bei den Winterzwischenfrüchten am längsten, bei den Stoppelfrüchten am kürzesten.

Der Roggen mit Grasuntersaat zeigt die engste Verzahnung zweier Bodennutzungseinheiten, die überhaupt möglich ist. Die Zwischenfrucht kann gleichzeitig mit der Bestellung der Hauptfrucht oder zu einem späteren Zeitpunkt ausgesät werden. Das hängt von den Unterschieden im Entwicklungsrhythmus von Deckfrucht und Untersaat ab. Je stärker die Deckfrucht von der Konkurrenz der Untersaat beeinträchtigt werden könnte, desto später wird die Untersaat ausgesät. Sie soll erst zu stärkerem Wachstum kommen, wenn die Deckfrucht geräumt ist. Diese Mischkultur wird meist zur Begründung eines ein- bis mehrjährig genutzten Hauptfruchtfutterbaus eingesetzt. Dabei werden häufig mehrere Kulturpflanzenarten im Gemenge angebaut. Mengsaaten sind auch bei Zwischenfrüchten häufig, bei Haupt- oder Zweitfrüchten aber eine Ausnahme. Diese werden in der Regel als Reinsaaten angebaut.

Das zeitliche Nacheinander der Feldfrüchte auf einem Schlag nennt man eine Fruchtfolge. Die Vorfrüchte wirken jeweils unmittelbar auf die Nachfrucht und mittelbar über deren Beeinflussung auf die folgenden Nachfrüchte. Auch im räumlichen Verbund gibt es Effekte, die das Wachstum einer Feldfrucht auf dem einen Schlage mit dem einer anderen auf einem anderen Schlage verbinden. In diesem Beispiel (Abb. 80) wird z. B. angenommen, daß die Gerste im eigenen Betrieb verfüttert wird. Die dadurch entstandenen Exkremente werden in Form von Gülle zu Silomais gedüngt. Die Viehhaltung vermittelt also den Transport von Nährstoffen vom einen Schlag zu anderen. Darüber hinaus können Nachbarschaftseffekte durch Übertragung von Schadorganismen entstehen.

Die jeweilige Gestaltung der Produktionsverfahren der einzelnen Feldfrüchte und der zeitliche und räumliche Verbund aller Feldfrüchte innerhalb eines Betriebes sind es, die ein Bodennutzungssystem prägen. Eine Klassifizierung der Bodennutzungssysteme nach Kriterien der Produktivität und Inanspruchnahme natürlicher und „zugefügter" Ressourcen existiert bis heute noch nicht.

4.2 Bodenbearbeitung

4.2.1 Notwendigkeit und Ziele

Unter der Einwirkung und unter dem Schutz einer ständigen Vegetationsdecke bedarf es in der Regel keiner Eingriffe in das Bodengefüge, um günstige Voraussetzungen für das Pflanzenwachstum zu schaffen. Jede Grasnarbe mit ausdauernden Gräsern und Kräutern beweist das. Ihre langanhaltende Substanzproduktion und die damit verbundene stete Zufuhr von absterbenden Blättern und Wurzeln zum Boden liefern die Nahrungsgrundlage für ein intensives und vielfältig vernetztes Bodenleben. Die Abfallfresser, Zerkleinerer und Mischer inkorporieren die Streu, Tierleichen und Kot in den Boden und schaffen günstige Voraussetzungen für den weiteren Abbau der toten organischen Substanz durch die Zersetzer. Diese mineralisieren einen Teil der Pflanzennährstoffe in der organischen Bodensubstanz. Zugleich fördern sie auch den Aufbau eines Krümelgefüges aus Ton-Humus-Komplexen. Humusanreicherung und Durchmischung der obersten Bodenschicht sowie die ständige Lockerung dieser Schichten sind das Ergebnis einer intensiven Lebenstätigkeit von Bodenorganismen und Pflanzen. Damit werden nach Art eines positiven Rückkopplungsprozesses wiederum die bestmöglichen Bedingungen für ein noch intensiveres Bodenleben und für ein gesteigertes Wachstum der Pflanzen geschaffen.

Einen Bodenzustand wie unter einer Grasnarbe zu schaffen, ist auch für die Pflanzenproduktion auf dem Acker ein erstrebenswertes Ziel. Dieser Zustand bietet den Kulturpflanzen die günstigsten Wachstumsvoraussetzungen. Daß dennoch der Ackerboden bearbeitet wird, hängt mit der Notwendigkeit zusammen, den von vielen äußeren Zufällen gefährdeten Erfolg des Pflanzenbaues zu sichern, und, unter ungünstigen Ausgangsbedingungen, die Ertragsfähigkeit der Böden über das ursprüngliche Niveau hinaus zu steigern. Auf einfache Art und Weise ist das nur mit Hilfe der Bodenbearbeitung möglich.

Beseitigung einer unerwünschten Vegetation aus Wild- und Kulturpflanzen durch Hacken oder Pflügen, Lockern des Saatbettes und Bedecken der ausgesäten Samen mit Erde sind solche einfachen, risikomindernden und ertragssteigernden Verfahren. Die mit ihnen verbundenen Eingriffe in das Bodengefüge schaffen zwar den erwünschten Bodenzustand, tragen aber auch gleichzeitig dazu bei, daß sich die Bodenstruktur langfristig verschlechtert. Vor allem in den Teilbrachezeiten zwischen dem Anbau kurzlebiger Feldfrüchte – wenn die Bodenoberfläche nicht durch Pflanzenwuchs oder Ernteteste vor den strukturzerstörenden Kräften der Atmosphäre geschützt ist und der Abbau der organischen Bodensubstanz die Zufuhr übersteigt – verlieren die Ackerböden ihr günstiges Gefüge. Verstärkt wird dieser Verfall noch durch die Belastung mit Schwertransporten, ein Effekt, der in der vollmechanisierten Feldwirtschaft kaum zu vermeiden ist.

Vor dem Anbau der folgenden Feldfrucht muß der Landwirt daher den erwünschten Bodenzustand erneut durch Bearbeitung wiederherstellen. Es sind deshalb die Bedingungen des Acker- und Pflanzenbaues selbst, die den Landwirt immer wieder zu erneuter Bodenbearbeitung zwingen. Der technische Fortschritt in der Mechanisierung, die immer stärker und schwerer werdenden Traktoren spielen dabei eine ambivalente Rolle.

Einerseits kann die Bodenbearbeitung mit steigendem Mechanisierungsgrad zweckmäßiger, intensiver und auch häufiger erfolgen.

Die damit bewirkte stärkere und tiefere Bodenlockerung hat wesentlich zur Ertragssteigerung der letzten Jahrzehnte beigetragen. Insofern veranlaßt der positive Rückkopplungseffekt den Landwirt, auch künftig die Bodenbearbeitung zu intensivieren.

Andererseits hat auch der Fahrverkehr auf dem Acker zugenommen. Häufigere und stärkere Belastung führte zunehmend zu Bodenverdichtungen und damit zu Ertragsminderungen. Auch dies bewirkt einen Rückkopplungseffekt, weil der Landwirt versucht, die Schäden mit vermehrter Bearbeitungsintensität auszugleichen. In diesem Falle wirkt die steigende Intensität negativ. Sie verursacht zusätzliche Kosten, ohne den Ertrag zu steigern.

Es ist deutlich, daß der sich selbst verstärkende Rückkopplungseffekt zunehmender Bodenbearbeitungsintensität weder ökonomisch noch ökologisch sinnvoll ist und durch eine Vorgehensweise ersetzt werden muß, die diesen Effekt wirkungslos macht. Das kann erreicht werden, wenn sich der Landwirt an dem Vorbild einer sich selbst regenerierenden Struktur einer Grasnarbe orientiert und Bearbeitungsverfahren wählt, mit denen sich ein solcher Zustand annäherungsweise verwirklichen läßt. Das bedeutet eine zunehmende Abkehr von der bisher üblichen Lockerbodenwirtschaft, bei der sämtliche Ernterste in den Boden eingearbeitet werden und eine vermehrte Hinwendung zur Mulchwirtschaft, in der der Boden ständig von lebender oder toter Pflanzenmasse bedeckt bleibt.

Jede Art der Inanspruchnahme des Bodens, sei es für das Wachstum der Pflanzen oder für die Ernte- und Transportarbeiten, stellt besondere Anforderungen an die Eigenschaften und den jeweiligen Gefügezustand des Ackerbodens. Ziel der Bodenbearbeitung ist es daher, einen bestimmten Bodenzustand zu schaffen. Diesen Sollzustand mit einfachen Methoden quantitativ erschöpfend zu beschreiben, stößt auf Schwierigkeiten. Um ein verläßliches Ergebnis zu erreichen, ist ein großer Aufwand nötig. Nicht nur an vielen Orten eines Ackers muß gemessen werden, sondern auch an jedem Ort in mehreren Bodentiefen. Besonders hilfreich wäre eine Quantifizierung des Bodengefüges unmittelbar an der Bodenoberfläche. Doch gerade diese Grenzfläche zwischen Boden und Atmosphäre, deren Beschaffenheit für die meisten Transportprozesse im Boden entscheidend ist, kann mit den üblichen Methoden, z.B. mit dem Stechzylinder, nicht beprobt werden, wenn der Verbund zwischen den Aggregaten (Bodenbröckel, Streu) nur lose ist.

Eine zweite Schwierigkeit besteht darin, daß der angestrebte, durch Bodenbearbeitung zu schaffende Gefügezustand von einem Ziel bestimmt wird, das erst in Tagen, Wochen oder Monaten erreicht wird. Nach einem lockernden Eingriff wird die bearbeitete Schicht durch Sackung wieder rückverdichtet. Witterungsereignisse modifizieren diesen Prozeß in die eine oder andere Richtung in kaum vorhersehbare Weise. Daraus folgt, daß der angestrebte künftige Bodenzustand nur aus den bisherigen Erfahrungen des Landwirtes beschrieben werden kann, nämlich, wie die gefügebildenden Prozesse unter den jeweiligen Standortbedingungen in der Regel verlaufen. Dieser Erfahrungswert wird dann zum Erwartungswert, auf den sich die Art der Bearbeitung ausrichtet. Der Zusammenhang zwischen dem unmittelbar durch einen Eingriff hergestellten Bodenzustand, z. B. nach einer Pflugfurche vor Winter, und dem zu einem späteren Zeitpunkt angestrebten Zustand, z. B. der Rauhigkeit der Bodenoberfläche und Festigkeit der oberflächennahen Bodenschicht als Ausgangszustand für die Saatbettbereitung, ist um so schwächer, je intensiver die Einwirkungen der Witterung und je länger die Zeitspanne zwischen vorangegangenem und nachfolgendem Eingriff waren.

Über diese Schwierigkeiten hinaus, nämlich bestimmte, nur in Umrissen bekannte Bodenzustände zu definieren, gibt es zudem noch die Vielfalt von Zielvorstellungen. Sie variieren mit den Standortbedingungen (Boden und Klima), der anzubauenden Feldfrucht und den verfügbaren Bearbeitungsgeräten. Deshalb muß man sich immer noch damit begnügen, anstelle der angestrebten Bodenzustände nur die verschiedenen Teilziele der Bodenbearbeitung zu nennen. Diese sind:

1. Herstellung eines bestimmten Bodengefüges. Es soll entweder die günstigsten Bedingungen für den Feldaufgang und das Wachstum der Kulturpflanzen bieten oder die Voraussetzung für einen nachfolgenden Bearbeitungsgang schaffen. Mit einer infiltrationsfördernden Bodenstruktur sollen Bildung von Oberflächenwasser und Bodenabtrag infolge von Wassererosion vermindert werden. Um diese Ziele zu erreichen, wird mit spezifischen Eingriffen der ursprüngliche Bodenverbund gelockert oder rückverdichtet.
2. Einebnen und Ausformen der Bodenoberfläche. Das schafft die Voraussetzungen für bestimmte Be- und Entwässerungsverfahren (Furchenberieselung, Oberflächenabfluß in Rinnen) oder dient der Unkrautbekämpfung (Häufelkultur) und der Ernteerleichterung (Dammformung für Kartoffeln). Im Hinblick auf diese Ziele wird der Boden planiert, werden Furchen und Dämme, Wälle und Böschungen gebaut (Terrassierung, Einpolderung) oder Häufeldämme gezogen.
3. Ablegen von Saat- und Pflanzgut, Einmischen von Ernteresten, Dünge- und Pflanzenschutzmitteln in den Boden; Abtrennen von Erntegut, das im Boden gewachsen ist, wie z. B. Knollen- und

Wurzelfrüchte. Zum Einmischen dienen die meisten lockernden und wendenden Eingriffe. Zum Trennen werden Erntegut und Boden mit breiten Polderscharen aus dem Bodenverbund gehoben und dann der Boden abgesiebt.
4. Beseitigen unerwünschter Wild- und Kulturpflanzen durch Verschütten, Vergraben, Abschneiden, Ausreißen und Quetschen der Pflanzen.
5. Befahren mit Traktoren, Transportanhängern, Düngerstreuern, Pflanzenschutzspritzen und selbstfahrenden Vollerntemaschinen.

Die beiden letztgenannten Eingriffe geschehen nicht mit dem Ziel einer Bodenbearbeitung. Dennoch sind sie mit zu den Bodenbearbeitungsmaßnahmen zu rechnen, weil durch sie zwangläufig auch das Bodengefüge verändert wird.

Die Benennung der Teilziele läßt weder die Vielzahl der mit einem Eingriff in das Bodengefüge verbundenen Wirkungen noch die wechselseitigen Verknüpfungen von Prozessen in Zeit und Raum erkennen, die durch eine Bodenbearbeitung eingeleitet werden. Abb. 81 soll gemeinsam mit Abb. 25, die die Abhängigkeit des Wurzelwachstums von den Bodenbedingungen darstellt, diese Zusammenhänge wenigstens teilweise verdeutlichen.

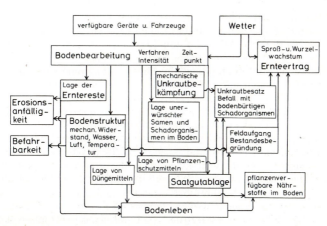

Abb. 81. Wirkungswege der Bodenbearbeitung.

4.2.2 Zustand und Dynamik des Bodengefüges

Unter Gefüge versteht man die räumliche Anordnung der Bodenteilchen. Dem entspricht in umgekehrter Weise die Geometrie der Hohlräume (Poren). Vor oder nach jeder Bodenbearbeitung, möglichst aber auch über die ganze Vegetationszeit hinweg, sollte das Grobgefüge der Ackerböden sorgfältig beobachtet und beurteilt werden. Nur aus dem Ergebnis dieser Zustandsbeschreibung bzw. -bewertung lassen sich Entscheidungsgrundlagen für viele ackerbauliche Maßnahmen gewinnen.

Die Untersuchung beginnt mit der Beschaffenheit der Bodenoberfläche. Zu ihr rechnet man die aufliegende Streu und die oberste, wenige Millimeter bis Zentimeter mächtige Bodenschicht. Beschrieben wird die Menge, Verteilung und der Zersetzungsgrad der Pflanzenreste, dann die vorherrschende Gefügeform und das Mikrorelief (Rauhigkeit) und schließlich das Ergebnis der Tätigkeit von Bodentieren. Aus dem Vorhandensein von Kothäufchen, zusammengezogenen Pflanzenresten über einem Regenwurmgang kann man z.B. auf die Dichte und Aktivität von Regenwürmern schließen.

Sodann ist das Grobgefüge der Krume und des Unterbodens mindestens bis einige Zentimeter unter der Bearbeitungsgrenze zu beschreiben. Gleichzeitig wird die Wurzelverteilung und die Lage von makroorganischer Substanz erfaßt. Das alles geschieht mit Hilfe der sogenannten Spatendiagnose. Sie hat zum Ziel, einen vom Entnahmevorgang her ungestörten Bodenblock zu gewinnen.

Beim Einstechen des Spatens kann man schon Unterschiede im Eindringwiderstand wahrnehmen. Auch der Auswurf dieses Spatenstiches vermittelt einen ersten Eindruck von den vorhandenen Gefügeformen. Bevor ein größerer, zusammenhängender Bodenblock (etwa 20 cm breit, 30 cm tief und 15 cm dick) entnommen werden kann, muß ein genügend großes Loch gegraben und der zu entnehmende Block durch zwei seitliche Einstiche begrenzt werden. Von der freigelegten Profilwand aus wird dann mit einem Spatenstich ein Bodenblock aus dem Verbund entnommen. Dabei wird mit der einen Hand der Block auf dem Spaten festgehalten und mit der anderen, den Spatenstiel als Hebel benutzend, der Block abgehoben.

Um das Bodengefüge sichtbar und spürbar zu machen, werden die Aggregate aus ihrem Verbund gelöst, entweder durch leichten Druck mit einem Taschenmesser oder durch Abwerfen des Blockes aus niedriger Höhe auf ein Brett. Die größeren Aggregate werden mit der Hand zerdrückt und so auf ihre Festigkeit und Zerfallsbereitschaft geprüft. Kaum zersetzte makroorganische Substanz – Monate nach der Einarbeitung der Ernterreste – und graublaue Färbung des Bodens in der Umgebung der organischen Masse deuten auf mangelnde

Durchlüftung (Sauerstoffmangel, Anaerobie) dieses Bodenabschnitts hin. Solche Zustände kann man auch am stinkenden Geruch des Bodens erkennen. Innige, gleichmäßige Durchwurzelung des gesamten Bodenblocks sowie das Vorhandensein von zahlreichen Wurzelgängen und Regenwurmröhren in groben Aggregaten deuten auf günstige Voraussetzungen für ein intensives Bodenleben hin.

Das Bodengefüge baut sich aus den Primärteilchen, d.h. kleinsten Mineralteilchen, Gesteinstrümmern und fein verteilten organischer Substanz auf. Haften diese Teilchen aneinander, so entstehen einfache Aggregate von unterschiedlicher Größe. Aus diesen einfachen Aggregaten, sog. Mikroaggregaten, bauen sich unter bestimmten Voraussetzungen zusammengesetzte Aggregate, auch Makroaggregate genannt, auf.

Die Grundformen des Bodengefüges zeigt in schematischer Darstellung Abb. 82. Das **Einzelkorngefüge** setzt sich aus losen, gegeneinander verschiebbaren Primärteilchen zusammen. Häufig sind diese Teilchen in dichtester Packung angeordnet, so z.B. die Schluffteilchen in einer auf der Bodenoberfläche durch Starkregen zusammengeschlämmten Schicht. Im **Kohärent- und Hüllengefüge** bilden die Primärteilchen einen zusammenhängenden Bodenverband, der durch inkrustierende, einhüllende Stoffe, wie z.B. Eisenoxide, Aluminiumhydroxid oder Calciumcarbonat stabilisiert wird.

Das **Absonderungsgefüge** entsteht durch Änderung im Bodenwassergehalt und durch mechanische Einwirkungen, wie z.B. die

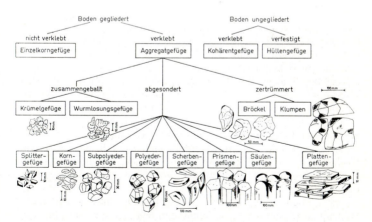

Abb. 82. Grundformen des Bodengefüges (in Anlehnung an Mückenhausen 1958 nach Baden et al. 1969).

Frostsprengung. Kolloidreiche Böden vermindern beim Austrocknen ihr Volumen. Sie schrumpfen, bilden Trockenrisse und grobe Absonderungsgefüge. Bei erneuter Sättigung des Bodens mit Wasser können diese Aggregate ganz oder teilweise wieder verschwinden. Eisbildung ist mit einer Volumenzunahme des Wassers verbunden. Dadurch wird der Bodenverband gesprengt. Diese Wirkung wird noch dadurch gesteigert, daß infolge der Saugspannungszunahme Wasser sich aus tieferen Bodenschichten zur Frostzone bewegt und die Eisbildung dort vermehrt. Dementsprechend vergrößert sich die Sprengwirkung des Eises. Das auf diese Weise entstandene Absonderungsgefüge bleibt erhalten, wenn das Eis nicht zu flüssigem Wasser schmilzt, sondern zu Wasserdampf sublimiert.

Je häufiger Frieren und Tauen sich abwechseln, desto kleiner sind die gebildeten Aggregate. In Tonböden sondern sich überwiegend Polyeder und Splitter ab, in schluffigen Lehmböden plattige Gefüge. Häufig bleibt in den schluffigen Böden das Absonderungsgefüge nicht auf Dauer erhalten. Das hängt mit dem Wasserstau, der in diesen Böden verbreitet ist, sowie den Fließ- und Verschlämmungsbewegungen der Bodenteilchen oberhalb der gefrorenen Bodenschicht zusammen.

Ein **Zertrümmerungsgefüge** entsteht durch mechanischen Eingriff, z.B. durch Bodenbearbeitung. Es enthält die Bruchstücke anderer Gefügeformen.

Das Grundgerüst des **Aufbaugefüges** sind die Primäraggregate, die durch Ausflockung und Verkleben von Bodenteilchen entstehen. Tonminerale, freie Metalloxide und fein verteilte organische Substanz flocken aus, wenn in einer wässrigen Aufschwemmung diesen Teilchen Wasser entzogen wird oder Elektrolyte zugesetzt werden. Besonders stark flockend wirkt das zweiwertige Calciumion. Kalk ist daher ein wichtiges Düngemittel, mit dem das Bodengefüge verbessert und stabilisiert werden kann.

Bodenteilchen, die im Verhältnis zu ihrem Volumen sehr große Oberfläche besitzen, werden durch Oberflächenkräfte aneinander gebunden. Die Festigkeit der Bindung hängt vom Wassergehalt des Bodens ab. Durch Kationen-Brücken zwischen den negativ geladenen Bodenteilchen kann die Bindung verstärkt werden. In sauren Mineralböden umhüllen freie Metalloxide, wie z.B. das Eisenoxid, die Bodenteilchen und verkitten sie miteinander. Ähnlich wirkt auch Calciumcarbonat, das in alkalischen Böden bei Austrocknen der Bodenlösung ausfällt.

Größte Bedeutung für die Gefügebildung haben organische Schleim- und Klebstoffe. Sie entstehen beim Abbau von Pflanzenrückständen und als Stoffwechselprodukte von Mikroorganismen. Die langkettigen Polyuronide und Polysaccharide verkleben die Bodenteilchen sehr fest miteinander. Allerdings ist diese Bindung nicht von Dauer, da die organischen Klebstoffe altern oder mikrobiell weiter abgebaut werden. Diese Art der Aggregatbildung ist daher an die dauernde Zufuhr von frischer organischer Substanz und an die Tätigkeit von Bodenlebewesen gebunden.

Schließlich wirken Tiere und Mikroorganismen im Boden sowie auch Pflanzenwurzeln direkt auf die Gefügebildung ein. Pflanzenwurzeln entziehen dem Boden Wasser, was zum Schrumpfen kolloidreicher Bodenkompartimente führt. Diese Gefügebildung wird noch verstärkt durch den axialen und radialen Druck, durch den die Wurzeln die Bodenteilchen verdrängen. Wenn die Wurzeln abgestorben sind, bleiben die Wurzelgänge als durchgängige Grobporen im Boden über längere Zeit erhalten. Gefügeaufbauende und stabilisierende Effekte entstehen durch Wurzelausscheidungen und die abgestorbenen Wurzelreste. Sie dienen der Rhizosphärenflora und -fauna als Nahrungssubstrat.

Pflanzenwurzeln, Pilzhyphen und Bakterienkolonien können lebende Brücken zwischen den Bodenteilchen oder Mikroaggregaten bilden. Damit werden diese mechanisch wirksamen Verbindungsstücke zu aktiven Bauelementen der Mikroaggregate. An der Entstehung dieser Aufbauaggregate ist die Bodenfauna entscheidend beteiligt. So nehmen z.B. Regenwürmer zusammen mit den Pflanzenresten, Pilzrasen und Bakterienkolonien auch mineralische Bodenteilchen auf. In ihrem Verdauungstrakt werden alle Stoffe innig vermischt. Einige Regenwurmarten sondern auch noch kalkreiche Sekrete ab. Die organische Substanz wird von den Mikroben im Darm weiter abgebaut und zu stabileren, stickstoffreicheren Humussubstanzen umgeformt. Im Augenblick ihrer Entstehung werden diese Humusstoffe mit den mineralischen Bodenteilchen auf das innigste zu einem sehr beständigen Ton-Humus-Komplex verbunden. Auf diese Weise entstehen sehr stabile Bodenkrümel, sog. Wurmlosungsgefüge.

Von den Absonderungs- und Primäraggregaten unterscheiden sich die Krümel (Sekundäraggregate) durch ihr doppeltes Porensystem. Feine und mittlere Poren in den einfachen Aggregaten speichern das Wasser. In unmittelbarer Nachbarschaft dazu liegen, als Bestandteil der zusammengesetzten Makroaggregate, grobe, meist luftführende Poren. Die Struktur der Krümel und damit die Anordnung der Poren ähnelt der eines Schwammes. Ein Krümelgefüge bietet daher die günstigsten Voraussetzungen für alle diejenigen Lebensvorgänge im Boden, die optimal nur bei gleichzeitiger Anwesenheit von Luft und Wasser ablaufen.

Die bei der Untersuchung eines Bodenziegels oder einer Profilwand beobachteten Merkmale sollen im Hinblick auf die Eignung des

Tab. 33. Schätzrahmen für die Bewertung des Gefügezustandes von mineralischen Ackerböden (Diez und Weigel 1989) 1: günstig; 5: ungünstig

Bewertungsstufen	1	2	3	4	5
Bodenoberfläche Merkmale	je nach Anforderungen rauh bis fein Makroporen und Einzelaggregate erkennbar, Wurmkot vorhanden			Groboporen fehlen, Aggregate verwaschen verschlämmt, Entmischung, Krusten	
Krume und Unterboden					
Gefügeform ungegliedert			**Einzelkorngefüge** locker	**verdichtet**	
		zusammenhängendes Gefüge locker zusammenhängend, porös bei Druck zerfallend		fest zusammenhängend, dicht gelagert, kaum (keine) Makroporen	
Gefügeform gegliedert	**Krümelgefüge** porös, locker feinaggregiert	**Bröckelgefüge** unscharf begrenzte, poröse Aggregate bei stärkerem Druck zerfallend **scharfkantiges Gefüge** (Polyeder, Prismen, Platten) scharfkantige, glattflächige, mehr oder weniger dichte Aggregate: sehr fein bis 0,2; fein 0,2 bis 0,5, mittel 0,5 bis 3; grob über 3 cm			

sonstige Merkmale Durchwurzelung	gleichmäßig hohe Wurzeldichte, kein Wurzelstau	ungleichmäßig, Wurzelfilz auf Kluftflächen, geknickte Wurzeln, wurzelleere Zonen
Farbe, Geruch	gleichmäßige (braune) Farbe, keine Rost- und Grauflecken, erdiger Geruch	Rost- und Grauflecken (Reduktionszonen), Konkretionen, Geruch faulig, stinkend
Röhren, Klüfte	zahlreiche Wurm- und Wurzelröhren Klüfte	weniger oder keine Röhren und Klüfte
Ernterückstände	in Rotte, schon zerkleinert, abgebaut[1]	immer noch frisch, einzementiert, verpilzt (Matratzen)
Übergänge (z. B. Krume zum Unterboden)	allmählich	schroffer Wechsel von locker-porös zu kohärent-dichtem Gefüge

1) Jahreszeit berücksichtigen

Bodens für die Pflanzenproduktion bewertet werden. Tab. 33 enthält einen Schätzrahmen für diese Bewertung.

Der jeweils beobachtete Gefügezustand bleibt nicht auf Dauer erhalten. Der Jahresgang der Witterung und die kurzfristigen Witterungsschwankungen bestimmen den jeweiligen Bodenwassergehalt und die Bodentemperatur. Daraus ergeben sich direkte Gefügeveränderungen durch Frostsprengung, Quellen und Schrumpfen sowie indirekte, durch das Wurzelwachstum und die Aktivität der Bodenlebewesen bedingte Gefügeveränderungen. Die biotisch bedingten Gefügeveränderungen werden überwiegend von dem Vorhandensein einer Pflanzendecke und der Zufuhr von organischer Substanz zum Boden gesteuert. Nahe der Bodenoberfläche sind diese Effekte am stärksten wirksam. Deshalb lassen sich in der obersten Schicht auch die größten Gefügeveränderungen beobachten. In welchem Maße dies der Fall ist, soll ein Beispiel für die jahreszeitliche Variation des Porenvolumens in einem unbearbeiteten Boden zeigen (Abb. 83).

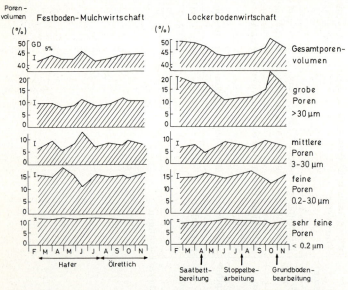

Abb. 83. Veränderung des Bodengefüges (Verteilung der Poren auf Größenklassen) im Verlauf einer Vegetationszeit in einem natürlich dichtgelagerten (Festboden-Mulchwirtschaft) und in einem regelmäßig tiefgreifend gelockerten und gewendeten Lößlehm (Lockerbodenwirtschaft); Bodenschicht 2 bis 7 cm (EHLERS und BAEUMER 1974).

Während der Monate Mai, Juni und Juli stieg das Volumen der großen und mittleren Poren auf Kosten der kleinen an. Das muß als Folge des Wasserentzuges durch den Hafer, d. h. der Entstehung eines Absonderungsgefüges gesehen werden. In dem gepflügten Boden dagegen wurden diese Veränderungen von den Sackungsvorgängen in dem zuvor gelockerten Boden überlagert.

Für die Haltbarkeit der Bodenaggregate sind zwei Eigenschaften von Bedeutung, nämlich ihre Beständigkeit gegenüber mechanischer Belastung und ihre Stabilität im Wasser. Jede Beanspruchung eines Krümels oder Bröckels durch Druck, Zug oder Scherkräfte führt mit zunehmender Intensität schließlich zu einer bleibenden Deformation. Für das Verformungsverhalten entscheidend sind hier einerseits die von der Feuchte und Textur abhängige Konsistenz des Aggregats und andererseits die darüber hinaus wirksamen biotischen Bindekräfte innerhalb und zwischen den Aggregaten. Diese sogenannte Lebendverbauung entsteht durch organische Klebstoffe und mechanische Verknüpfungen mit Wurzeln oder Pilzhyphen. Bei jeder mechanischen Belastung eines Makroaggregates werden die Bindungen zwischen den Mikroaggregaten stärker beansprucht als innerhalb der Mikroaggregate. Mikroaggregat-Bindungen sind besonders fest, wenn der Boden trocken ist. Deshalb können auch trockene Absonderungsaggregate eine große Beständigkeit gegenüber mechanischen Belastungen aufweisen.

Wenn Regentropfen auf eine ungeschützte Bodenoberfläche aufprallen, üben sie eine mechanische Kraft aus, die den Zusammenhalt der Aggregate brechen kann. Die Aufprallenergie steigt mit der Tropfengröße, die wiederum mit der Intensität des Niederschlages (mm Niederschlag je Zeiteinheit) zunimmt. Mit steigender Aufprallenergie ist eine geringere Regenmenge notwendig, um die Primärteilchen eines Aggregats voneinander zu trennen. Diese Teilchen werden durch einen Planscheffekt auf die Bodenoberfläche gespritzt. Je mehr Makroaggregate zertrümmert sind, desto vollständiger wird der Boden von einer Schicht mit Einzelkorngefüge bedeckt, d. h. desto stärker verschlämmt die Bodenoberfläche. Um das Zertrümmern und Zerfließen der Makroaggregate an der Bodenoberfläche zu verzögern oder sogar ganz zu verhindern, sollten während der Teilbrache ausreichend große Aggregate die Bodenoberfläche als „Strukturreserve" bedecken. Die Daten in Tab. 34 zeigen, daß größere Aggregate meist mehr Niederschläge mit hoher Aufprallgeschwindigkeit aushalten, ehe sie zerfließen, als kleinere Aggregate.

Eine geschlossene Vegetationsdecke oder eine Streuschicht auf dem Boden bremsen die Fallgeschwindigkeit der Regentropfen und bieten deshalb einen wirksamen Schutz vor Verschlämmung. Gleichzeitig verzögert ein solcher Bodenschutz das Austrocknen der Bo-

Tab. 34. Erforderliche Regenmenge (mm) für die vollständige Verschlämmung unterschiedlich großer Aggregate eines Lehmbodens in Abhängigkeit von der Stärke des Aufpralls des Regentropfens, d.h. der kinetischen Energie des Niederschlages (Czeratzki 1966)

Kinetische Energie je 10 mm Niederschlag ($erg \cdot 10^5$)	mm Niederschlag bis zum Eintreten der Verschlämmung von Aggregaten mit dem Durchmesser von		
	2 bis 5 mm	5 bis 10 mm	10 bis 20 mm
1,33	5,7	7,9	13,6
2,09	3,3	4,1	9,2

denoberfläche. Das ist von Bedeutung für die Stabilität von Krümeln im Wasser. Dringt in einen trockenen Krümel Wasser ein, dessen mittlere Poren kein Wasser, sondern Luft enthalten, so quellen die Bodenteilchen, und der Zusammenhalt zwischen ihnen wird gelockert. Kann beim Eindringen des Wassers keine Luft aus den Poren entweichen, so wird diese zusammengepreßt und sprengt schließlich das Gefüge des Krümels. Die Sprengwirkung ist um so größer, je trockener die Krümel vor dem Anfeuchten sind. Bei feuchten Krümeln dagegen ist die Beständigkeit gegen eindringendes Wasser sehr viel größer, da die schon vorhandenen Wasserhäutchen den Zusammenhalt der Krümelbestandteile stabilisieren.

Die Aggregatstabilität hängt eng mit dem Gehalt der Böden an organischer Substanz zusammen. Das gilt sowohl für ihre Beständigkeit unter dem Einfluß von Wasser als auch gegenüber mechanisch wirksamen Scherkräften.

4.2.3 Bearbeitbarkeit des Bodens und Bearbeitungserfolg

Mechanische Eingriffe in ein Bodengefüge beanspruchen die vorhandenen Bodenaggregate über die auf die Angriffsfläche wirkenden Druck-, Zug- und Scherkräfte. Durch sie werden die Aggregate zerteilt und verkleinert, aber auch plastisch verformt und durch allseitige Belastung zu neuen, größeren Einheiten zusammengepreßt. Meist ist mit dem Eingriff auch ein Transport der Bodenteilchen verbunden. Dieser ändert ihre Lage zueinander im Raum. Welcher neue Gefügezustand entsteht, hängt von der Reaktion des Bodens auf den Bearbeitungseingriff, d.h. von seinen mechanischen Eigenschaften, wie Zähigkeit, Bruch- und Druckfestigkeit, ab. Der Widerstand gegen Verformung ist eng mit der Konsistenz eines Bodens verbunden (Abb. 84A). Sie wird bestimmt durch die folgenden Faktoren: Korngrößenzusammensetzung (Anteil von Ton, Schluff, Fein- und Grobsand, Kies), Menge und Beschaffenheit der organischen Bodensubstanz (unverrottete Erntereste, Dauerhumus), Wassergehalt und das vor dem Eingriff bestehende Bodengefüge. Ist der Widerstand gegen Verformung meist gering oder groß, so spricht der Landwirt von „leichten" oder „schweren" Böden. Damit meint er nur ihre Bearbeitbarkeit, nicht die Masse je Volumeneinheit.

Die Stärke des Bearbeitungswiderstandes hängt von den Anziehungskräften ab, die zwischen den festen und flüssigen Bestandteilen eines Bodens wirksam sind. Je größer die Oberfläche eines Mineralkorns im Verhältnis zu seiner Masse ist, desto größer sind die Kräfte, die zwei gleichartige Teilchen durch Kohäsion aneinander binden. Diese Kräfte nehmen in den Korngrößenklassen in der oben genannten Reihenfolge ab. Zwischen nicht gleichartigen Teilchen, also zwischen Wasser und festen Bodenteilchen, wird Adhäsion wirksam. Während mit zunehmender Bodenfeuchte die Kohäsionskräfte abnehmen, steigen mit der Feuchte die Adhäsionskräfte zunächst bis zu einem Maximalwert an. Darüberhinaus nehmen sie wieder ab. Dieses Maximum liegt unterhalb der Fließgrenze und oberhalb der Ausrollgrenze eines bindigen Bodens von mehr als 10% Tongehalt.

Als Ausrollgrenze ist der Wassergehalt definiert, bei dem der Boden beim Formen einer bleistiftstarken Rolle eben reißt oder bröckelt, aber an Löschpapier noch Wasser abgibt. Die Fließgrenze ist der Wassergehalt, bei dem ein nasser Boden durch leichtes Klopfen tropfbares Wasser absondert. Unterhalb der Ausrollgrenze ist ein bindiger Boden halbfest bis fest. Bei fester Konsistenz kann ein Boden nur mit großem Energieaufwand zerkleinert werden. Er zerbricht in große Schollen, die mit den gebräuchlichen Geräten allenfalls zu faustgroßen Brocken zertrümmert werden können. Bei halbfester Konsistenz zerbricht der Boden durch einen lockernden Eingriff entlang der vorhandenen Risse und Poren oder an anderen vorgeformten Schwachstellen des Bodenverbundes in zahlreiche kleine Bröckel. Bei diesem Konsistenzzustand wird mit einem Minimum an aufgewandter Energie ein Maximum an Bröckelung, d.h. der größte Zugewinn an Porenraum, meist großen Hohlräumen, erreicht. Die Bearbeitbarkeit eines Bodens ist dann optimal.

Mit weiter zunehmendem Wassergehalt wird ein bindiger Boden plastisch verformbar. Zunächst ist er noch steif, dann weich und schließlich breiig. Bei einem Eingriff bröckelt er nicht mehr, sondern bildet zunächst an der Oberfläche der groben Aggregate speckige Schwarten, dann schmiert und klebt er bei zunehmender Bodenfeuchte an den Geräten. In diesem Zustand können die Bodenteilchen durch Pressen und Kneten in ihre dichteste Packung eingere-

272 Gestaltung von Bodennutzungssystemen

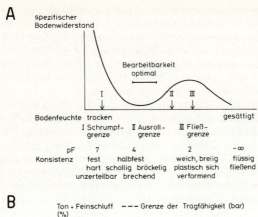

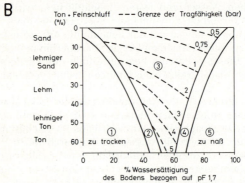

Abb. 84. Bearbeitbarkeit von mineralischen Ackerböden in Abhängigkeit von Bodenfeuchte und Konsistenz (A) und von der Bodenfeuchte in Zusammenhang mit der Textur (B; PETELKAU et al. 1984). Bodenfeuchtebereich 1 und 5: nicht bearbeitbar; 2 und 4: noch bearbeitbar; 3 optimal bearbeitbar; Grenze der Tragfähigkeit = maximal zulässiger Druck je Einheit Kontaktfläche Rad-Boden.

gelt werden. Diese dichteste Packung innerhalb eines groben Bodenaggregats ist durch weitere Bodenbearbeitung nicht mehr zu beseitigen, es sei den, der Boden würde in trockenem Zustand pulverisiert. Verdichtete Aggregate können im Grunde nur durch natürliche Prozesse wieder gelockert werden, d. h. durch Quellen und Schrumpfen, Frostsprengung oder durch Bodentiere, die wie die Regenwürmer Boden „fressen" und zur Bodenoberfläche transportieren.

Jeder lockernde Eingriff bewirkt mehr oder weniger auch eine örtliche Verdichtung des Bodens. Wenn ein Pflug- oder Grubberschar in den Boden eindringt, dann übt es auf die im Wege stehenden Bodenaggregate zunächst einen Druck aus, der zu einer Verminderung des Porenvolumens im Inneren der Aggregate führt. Außerdem stützt sich das Schar in der Tiefe auf Bodenteilchen ab, die ebenfalls zusammengepreßt werden, ohne daß sie durch den lockernden Eingriff aus ihrem ursprünglichen Verbund gerissen werden, was ja den eigentlichen Lockerungseffekt erst ausmacht. Dieses räumliche Nebeneinander von Lockerung zwischen den Bodenaggregaten und Verdichtung innerhalb der Aggregate ist das Kernproblem der Bodenbearbeitung bindiger Böden. Es kann nur gelöst werden, wenn der Boden in einem Feuchtezustand bearbeitet wird, der eine Verformung und damit Verdichtung der Aggregate nahezu unmöglich macht. Deshalb gilt als erste und übergeordnete Forderung, daß bindige Böden nur im mäßig feuchten, halbfesten Zustand bearbeitet oder befahren werden sollten, wie schwer auch immer diese Forderung unter dem Zwang der Arbeitserledigung im einzelnen Fall zu erfüllen ist.

Der Bearbeitbarkeit eines Bodens sind daher Grenzen gezogen. Bei zunehmender Bodenfeuchte verbietet die möglicherweise entstehende Bodenverdichtung einen Bearbeitungseingriff. Bei abnehmender Bodenfeuchte begrenzen der steigende Widerstand gegen Verformung und der damit zunehmende Energieaufwand den Einsatz lockernder Bearbeitungsmaßnahmen. Wie Abb. 84B zeigt, nähern sich mit zunehmendem Tongehalt eines Bodens die Grenzen des Wassergehaltes, innerhalb derer ein Boden schadlos und wirkungsvoll bearbeitet werden kann. Sehr tonige Böden können schließlich nur in einem so engen Feuchtebereich bearbeitet werden, daß man von „Stunden"- oder „Minutenböden" spricht.

Unterhalb eines Tongehaltes von 10% ist die negative Wirkung des Tons auf die Bearbeitbarkeit praktisch bedeutungslos. Böden mit grober Körnung und geringem Humusgehalt zeigen nur wenig Kohäsion und lassen sich nicht plastisch verformen. Solche Böden können bei fast jeder Feuchte bearbeitet werden. Zwischen diesen Extremen stehen lehmige Sande, sandige Lehme und Lehmböden, die alle relativ leicht, wenn auch in zunehmender Abhängigkeit von Tongehalt und Bodenfeuchte, in immer engeren Feuchtegrenzen bearbeitet werden können.

Je bindiger ein Boden ist, desto mehr wird seine Bearbeitbarkeit vom jeweiligen Bodengefüge beeinflußt. Das Beispiel in Abb. 85 zeigt, daß mit zunehmendem Porenvolumen in der Ackerkrume der Abscherwiderstand abnimmt. Mit steigendem Porenvolumen erhöht sich die Häufigkeit von Schwachstellen zwischen den Bodenteilchen und Aggregaten, an denen unter einer mechanischen Belastung der Bodenverbund zuerst auseinanderbricht. Der größere Porenraum

274 Gestaltung von Bodennutzungssystemen

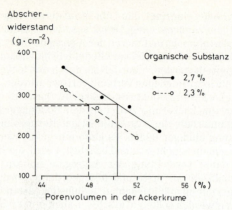

Abb. 85. Einfluß der Menge an organischer Substanz im Boden (junge Seemarsch, toniger Lehm) auf das Porenvolumen und den Widerstand gegen mechanische Verformung (PEERLKAMP et al. 1970).

bewirkt, daß ein tonreicher Boden auch bei geringerer Bodenfeuchte noch bröckelt und daß die Ausrollgrenze erst bei einem höheren Wassergehalt erreicht wird. Durch günstigere Struktur weitet sich daher der Feuchtebereich für die Bearbeitbarkeit toniger Böden aus. Zufuhr von Kalk und vor allem von organischer Substanz steigert das Porenvolumen und die Krümelung eines Bodens. Auch das verbessert die Bearbeitbarkeit bindiger Böden.

Das Beispiel in Abb. 85 zeigt ferner, daß mit dem höheren Humusgehalt des Bodens auch ein größerer Abschwerwiderstand verbunden ist. Der größere Widerstand gegen Verformung ist eine Folge der erhöhten Krümelstabilität. Die Bearbeitbarkeit dieses Bodens wird aber dadurch nicht erschwert, da das höhere Porenvolumen des humusreichen Bodens den Abscherwiderstand wieder vermindert.

Zur Bodenbearbeitung gehören auch alle Eingriffe in das Bodengefüge, die mit dem Fahren von Schleppern und dem Befördern schwerer Lasten unvermeidlich verbunden sind. Sie wirken überwiegend über den lastbedingten Bodendruck und die Scherkräfte, die als Folge der Haftreibung der Reifen entsteht. Die **Befahrbarkeit** ist positiv mit der Druck- und Scherfestigkeit eines Bodens korreliert. Beide Größen nehmen zu mit steigender Bodendichte, höherem Humusgehalt und abnehmender Bodenfeuchte.

Im Gegensatz zur landläufigen Meinung sind tonarme, feinsandigschluffige Böden stärker verdichtungsanfällig als tonreiche Böden. Schon bei geringer Bodenfeuchte werden ihre Bodenteilchen unter

Bodenbearbeitung 275

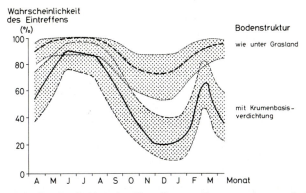

Abb. 86. Wahrscheinlichkeit des Eintreffens von Tagen, an denen auf einem sandigen Lehm der Boden mit befriedigendem Effekt bearbeitet werden kann (Ergebnisse einer mathematischen Stimulation mit Klimadaten der Jahre 1955–1984 in den Niederlanden; grau-gerastertes Band: Vertrauensbereich für eine Irrtumswahrscheinlichkeit von 5%; van Lauen et al. 1987).

Belastung in die dichteste Packung eingeregelt. Da ihnen das Schwellen und Schrumpfen der Tonteilchen fehlt, gibt es keine selbstlokkernden Effekte. In Abb. 84B sind die Grenzen für eine Druckbelastung, oberhalb der eine schädliche Bodenverdichtung zu erwarten ist, mit gestrichelten Kurven eingezeichnet. Die Darstellung zeigt, daß die zulässige Druckbelastung mit zunehmendem Ton- und Feinschluffgehalt der Böden zunimmt, aber mit steigenden Wassergehalten abnimmt. Diese Grenzen müssen besonders bei Transportarbeiten auf dem Acker beachtet werden.

Die Bearbeitbarkeit eines Bodens variiert mit der Jahreszeit, wie Abb. 86 am Beispiel einer Simulationsstudie auf einen sandigen Lehmboden in den Niederlanden zeigt. Die Wahrscheinlichkeit, daß der Boden so trocken ist, daß er mit annehmbarem Erfolg und ohne Schaden für die Bodenstruktur bearbeitet werden kann, ist im Sommer größer als im Winter. Während der Monate mit hoher Einstrahlung und hohem Verdunstungsanspruch der Atmosphäre trocknen die Böden rascher ab. Damit steigt auch die mögliche Anzahl der Feldarbeitstage. Das Beispiel zeigt ferner, daß bei günstiger Bodenstruktur dieses Abtrocknen rascher abläuft als in einem Boden, der infolge einer Unterbodenverdichtung das eindringende Niederschlagswasser staut.

Ebenso wie die Bearbeitbarkeit wird auch der **Bearbeitungserfolg** von den schon oben genannten Bodenfaktoren bestimmt. Im optimalen Feuchte- und Gefügezustand kann ein bindiger Boden u.U. in einem Arbeitsgang ausreichend gelockert, die Aggregate auf die angestrebten Größen zerkleinert und die Bodenoberfläche vollständig eingeebnet werden. Ein dichtgelagerter, stark tonhaltiger und darüber hinaus noch trockener Boden bricht dagegen in große Schollen, die erst in weiteren Arbeitsgängen zerkleinert werden müssen. Dies gelingt zwar unter Zuhilfenahme zapfwellengetriebener Eggen, Fräsen oder Zinkenrotoren zunehmend besser, doch ist auch heute noch das Einwirken witterungsbedingter Effekte auf den schwersten Böden unersetzlich: Quellen, Schrumpfen und Frostsprengung erzeugen an der Bodenoberfläche kleinste Absonderungsaggregate, wie sie in dieser Menge und Gleichmäßigkeit durch mechanische Eingriffe nicht produziert werden können.

Manche Arbeitsgänge bleiben wirkungslos, wenn nicht zuvor ein bestimmtes Bodengefüge vorhanden war. Ein frisch gepflügter Boden läßt sich erst nach dem Absetzen erneut wieder pflügen, da sich ein lockerer Boden nur zur Seite schieben, nicht aber wenden läßt. Ähnliches gilt auch für das Hacken. Ein zuvor gelockerter Boden gleitet nicht ausreichend über das Hackschar, sondern stopft und schiebt sich zusammen. Das tritt besonders dann ein, wenn die oberste Bodenschicht große Mengen von Ernteresten enthält. Das Gefüge eines mehrfach geeggten Bodens ändert sich durch einen weiteren Eggenstrich nicht mehr, wenn zuvor schon der maximale Sortierungseffekt erreicht wurde.

Der Bearbeitungserfolg ist aber nicht allein vom jeweiligen Bodenzustand, sondern mehr noch von der Art des Eingriffs, d. h. von der Wahl des Bearbeitungsgerätes abhängig. Wenn mit geringstem Aufwand die größte Wirkung erzielt werden soll, müssen der günstigte Bodenzustand abgewartet und das zweckmäßigste Gerät oder die zweckmäßigste Gerätekombination eingesetzt werden. Dieser Forderung sind allerdings wirtschaftliche Grenzen gezogen. Kein Betrieb kann für alle möglichen Bedingungen das passende Bodenbearbeitungsgerät vorhalten. Wenn man nicht die Hilfe von Maschinenringen oder Unternehmern in Anspruch nehmen will, muß man sich dann mit weniger wirkungsvollen Lösungen begnügen.

Der Bearbeitungserfolg hängt sowohl von der prinzipiellen Wirkungsweise eines bestimmten Gerätes ab als auch von der Art und Weise, wie das Gerät benutzt wird, d. h. ob durch entsprechende Einstellung des Gerätes und sorgfältige Durchführung der Arbeit die Gerätewirkung jeweils optimiert wird. Das Ergebnis des Bearbeitungseingriffes kann direkt mit einer Analyse des neuen Gefügezustandes und dessen Veränderung über die Zeit gemessen oder indirekt anhand von Effekten auf das Pflanzenwachstum (Kulturpflanzen, Verunkrautung) und das Bodenleben (Strohrotte) geschätzt werden. Zur Kennzeichnung des Zerkleinerungseffektes wird nach einer Siebfraktionierung der Anteil der Schollen und Bröckel in den einzelnen Größenklassen gemessen und daraus der gewogene mittlere Durchmesser der Aggregate (GMD) berechnet. In der Regel nimmt der GMD in der Reihenfolge Wendepflug, Grubber, Scheibenpflug bzw. -egge und Fräse ab. Nach Anwendung von Kombinationen dieser Geräte mit Spatenrolleggen, Zinkenrotoren oder Formwalzen vergrößert sich der jeweilige Zerkleinerungseffekt.

Beim Einmischen von Pflanzenrückständen können unterschiedliche Ziele verfolgt werden. Einer möglichst raschen Rotte dient die gleichmäßige Verteilung über alle Tiefen der Ackerkrume. Dieser Anforderung genügt bisher nur die Fräse. Ein auf Krumentiefe arbeitender Pflug dagegen legt mehr als die Hälfte der Erntereste schichtartig in das untere Drittel der Krume ein. Ein ebenfalls auf Krumentiefe lockernder Grubber beläßt etwa Dreiviertel der Erntereste im oberflächennahen Bereich. Eine gleichmäßigere Verteilung der Erntereste in der Ackerkrume läßt sich nur durch mehrere Arbeitsgänge erreichen, mit denen von Mal zu Mal tiefer gearbeitet wird und in denen Kombinationen von lockernden und intensiv mischenden Geräten (Grubber mit Rotoregge) verwendet werden.

In einer Mulchwirtschaft dagegen sollen die Pflanzenrückstände nahe der Bodenoberfläche, aber innig mit Boden vermischt, verbleiben. Das entspricht dem Arbeitseffekt von Zinkenrotoren, Fräsen, Scheibeneggen, Kreisel-, Spatenrolleggen oder Flügelschargrubbern, die bei entsprechender Arbeitstiefe den größeren Teil der Erntereste auf oder nahe der Bodenoberfläche belassen.

Weitere Kriterien des Bearbeitungserfolges sind die Rauhigkeit der Bodenoberfläche, die Spurtiefe von Schleppern und die Vollständigkeit des Anschlusses bzw. das Ausmaß der Überlappungen von Arbeitsgängen, also insgesamt Merkmale, die die Homogenität des Bearbeitungserfolges auf die Fläche bezogen kennzeichnen.

Tab. 35 enthält ein Beispiel für die Wirkung von drei unterschiedlichen Verfahren zur Stoppelbearbeitung auf den Feldaufgang von Ausfallgetreide und Ackerwildpflanzen. Trotz intensiver Zerkleinerung der Bodenaggregate war der Wühleffekt der Scheibenegge für den Aufgang der Pflanzen weniger förderlich als die Kombination Doppelherzschar-Grubber mit nachlaufender Scheibenegge. Vermutlich hängt das mit der mangelnden Einmischung der Erntereste (nebst Samen) in den Boden zusammen. Die wendende Bodenbearbeitung des Schälpfluges dagegen bewirkten eine sehr viel vollständigere Einarbeitung der Erntereste, aber dennoch nicht den höchsten Feldaufgang von Ausfallgetreide und Ackerwildpflanzen. Vermutlich ist das auf die fehlende Nachbearbeitung des Stoppelsturzes mit einem rückverdichteten Effekt, wie z. B. durch eine Spatenrollegge oder eine Formwalze, zurückzuführen. Bei der Bewertung solcher

Tab. 35. Erfolg unterschiedlicher Stoppelbearbeitungsverfahren (HOFMANN 1987)

Merkmal	Schälen 10–12 cm	Scheiben 3–5 cm	Grubbern und Scheiben 10–12 cm
Anteil Aggregate < 40 mm (%)[1]	63,9	93,5	87,5
> 80 mm (%)	16,8	1,2	3,8
Pflanzenrückstände auf der Bodenoberfläche (% von gesamt)	25,8	81,8	45,5
nicht von der Wurzel abgetrennt (% von gesamt)	0	62,7	2,6
aufgelaufene Unkrautpflanzen (Pfl·m^{-2})	18,2	25,2	38,6
aufgelaufene Getreidepflanzen (Pfl·m^{-2})	34,3	28,4	42,8

1) an der Bodenoberfläche

Ergebnisse ist aber zu berücksichtigen, daß die auf den Bearbeitungseingriff folgende Witterung wesentlich den Bearbeitungserfolg mitbestimmt. Deshalb muß sich der Landwirt bei der Wahl eines Bearbeitungsverfahrens auf den zu erwartenden Verlauf der Witterung einstellen. Weicht dieser von dem tatsächlichen Witterungsverlauf so ab, daß das Bearbeitungsziel nicht erreicht wurde, muß er mit geeigneten Bodenbearbeitungsmaßnahmen nachbessern.

4.2.4 Störungen des Bodengefüges

Auch in natürlich gelagerten Böden kommen Gefügezustände vor, die auf das Bodenleben und das Pflanzenwachstum ungünstig wirken. Meist handelt es sich dabei um Bodenschichten, die dichter lagern als aufgrund der mit der Tiefe zunehmenden Auflast zu erwarten ist. Wegen des geringen Porenvolumens und des noch geringeren Anteils grober Poren ist in diesen Bodenschichten die Wasser- und Luftführung erheblich eingeschränkt. Dichte, zum Teil auch verfestigte Bodenschichten entstehen im Verlauf der Bodenentwicklung durch Einlagerungsprozesse. Ton- oder Feinsandteilchen, aber auch Humuskolloide und Eisenoxide werden mit dem Sickerwasser in die Tiefe verfrachtet und dort meist an schon vorhandenen Grenzschichten abgelagert. Diese genetisch bedingten Gefügestörungen treten auch in Ackerböden auf und werden meist durch meliorative Eingriffe beseitigt.

Weitaus häufiger sind Strukturschäden, die durch den Ackerbau selbst verursacht werden. Während einer Teilbrache und nach der Aussaat liegt der Ackerboden meist ohne eine schützende Decke aus lebender oder abgestorbener Vegetation da. In strukturlabilen Böden können Niederschläge dann die Bodenaggregate zerstören. Das daraus freigesetzte feinkörnige Material verschlämmt die Bodenoberfläche. So entsteht eine zwar sehr geringmächtige, aber dennoch sehr wirksame Oberflächenverdichtung. Im wassergesättigten Zustand hemmt sie die Infiltration und den Gasaustausch.

Die oben beschriebene Einlagerungsverdichtung kann auf Böden, die zur Verschlämmung neigen, dann besonders stark auftreten, wenn sie stark gelockert werden und im Infiltrationswasser große Mengen feinster Bodenteilchen mitgeführt werden. An der Bearbeitungsgrenze sedimentieren die Teilchen in so dichter Packung, daß der Wassertransport, der Luftaustausch und das Wurzelwachstum erheblich gestört sein können. Solche Einlagerungsverdichtungen sind in schluff- und feinsandreichen Böden häufiger als in Tonböden oder grobkörnigen Sandböden. Rückvermischung der in die Tiefe verlagerten Bodenteilchen durch wendende Bodenbearbeitung repariert diesen Schaden. Besser ist eine Bodenbewirtschaftung, die durch ausreichende Kalk- und Humuszufuhr die Strukturstabilität des Bodens erhöht und einer Einlagerungsverdichtung vorbeugt.

Während diese beiden Arten von Gefügestörungen mehr durch die allgemeinen Folgen einer auf vollständige Einarbeitung der Erntereste bedachten Bodenbewirtschaftung verursacht werden, sind Krumen- und Unterbodenverdichtungen in der Regel die Folge von fehlerhafter Anwendung einzelner Bearbeitungsmaßnahmen oder von Transportarbeiten auf dem Acker. Diese Gefügestörungen werden durch die Druck- und Reibungseffekte von Bodenbearbeitungsgeräten sowie durch die Rüttel-, Schlupf- und Druckwirkungen verursacht, die von Antriebsrädern, aber auch von passiv abrollenden Rädern ausgehen.

Wie schon beschrieben, werden Bodenteilchen in einem nassen Boden entlang der Werkzeugoberfläche zum Fließen gebracht und in eine dichte Packung eingeregelt. Dadurch können größere Poren verschlossen werden. Das ist um so mehr der Fall, je höher der mit dem Eingriff verbundene Bodendruck, je flacher der Anstellwinkel und je stumpfer die Schnittfläche des Gerätes ist. Angetriebene, rotierende Werkzeuge können darüber hinaus bei plastischer Konsistenz den Boden aktiv verformen. Dadurch entstehen nicht nur stark verdichtete Trümmeraggregate, sondern auch plattige Gefügezustände an und unterhalb der Bearbeitungsgrenze. Wie Abb. 26 und 32 zeigen, sind solche Krumenbasisverdichtungen durch eine örtlich scharf begrenzte Abnahme des Porenvolumens, insbesondere der

280 Gestaltung von Bodennutzungssystemen

groben Poren und durch eine entsprechende Zunahme des Eindringwiderstandes gekennzeichnet.

Solche Verdichtungen in der Ackerkrume und im Unterboden sind aber nicht nur die Folge eines Bearbeitungseingriffes bei zu hoher Bodenfeuchte. Sehr viel stärker und tiefgreifender sind die Verdichtungswirkungen von schweren Zugmaschinen und überhaupt von allen Transportarbeiten auf dem Acker. Da die Bodenfeuchte in Trockenperioden von der Bodenoberfläche zur Tiefe hin zunimmt, schützt auch das Befahren eines oberflächlich trockenen Bodens nicht vor Verdichtungen in der Tiefe, wenn nämlich die Auflast so hoch ist, daß ein Bodendruck noch in großer Tiefe wirksam wird. Diese Voraussetzungen sind immer häufiger erfüllt, da die über den Acker transportierten Lasten in der Vergangenheit stetig zugenommen haben. Achslasten von mehr als 10 t sind z.B. beim Ausbringen von Gülle keine Seltenheit mehr.

Beim Überrollen eines lockeren Bodens mit einem belasteten Rad werden von oben her beginnend und mit zunehmender Auflast steigend immer mehr und immer kleinere Poren zusammengedrückt. Der Boden verformt sich, was auf den ersten Blick an der Tiefe der

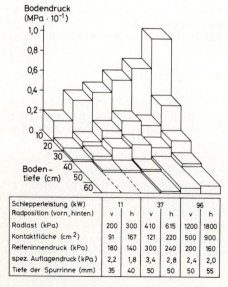

Abb. 87. Vertikale Druckfortpflanzung unter der Auflast von drei unterschiedlich schweren Schleppern (Lebert et al. 1987).

Spurrinne (Abb. 87) sichtbar wird. Gleichzeitig verformt sich auch der Reifen. Es entsteht eine Kontaktfläche, über die die Druckkräfte der Radlast und die Schubspannungen zur Erzeugung des Vortriebes auf den Boden übertragen werden. Da die Bodenoberfläche keine starre Fahrbahn ist, entsteht aus dem Gleiten des Reifens in der Kontaktfläche ein Schlupf. Druck und Schlupf der Antriebsräder, aber auch aller anderen passiv getriebenen Räder sind die heute vorherrschenden Ursachen für tiefreichende Bodenverdichtungen.

Abb. 87 zeigt am Beispiel von 3 unterschiedlich schweren Schleppern die gemessenen Druckbelastungen von Vorder- und Hinterrädern. Ihre Wirkung wird bestimmt durch

1. Die Radlast, d.h. von den auf die Fahrzeugräder wirkenden Gewichtskräften. Sie waren in diesem Beispiel bei den Hinterrädern größer als bei den Vorderrädern;
2. den spezifischen Auflagedruck, d.h. der Auflast je Flächeneinheit Kontaktfläche. Er hängt auch mit dem Reifeninnendruck, d.h. der Verformbarkeit der Reifenoberfläche zusammen. In unserem Beispiel war der spezifische Auflagedruck wegen der größeren Breite und des geringeren Reifeninnendrucks bei den Hinterrädern kleiner als bei den Vorderrädern;
3. die Häufigkeit des Überrollens der gleichen Ackerfläche. Sie steigt sowohl mit der Anzahl Achsen, die in einem Arbeitsgang zusammengekoppelt sind, als auch mit der Anzahl der Arbeitsgänge, die vor oder während des Anbaus einer Feldfrucht vorgenommen wurden.

Der in diesem Beispiel wirksam gewordene Bodendruck nahm mit zunehmender Bodentiefe ab, mit zunehmender Radlast und zunehmender Kontaktfläche zu, wobei der spezifische Auflagedruck nur in geringem Maße variierte. Bei gleichem spezifischen Auflagedruck verursachte eine größere Kontaktfläche daher eine tieferreichendere Druckbelastung. Nur wenn durch Verteilung der Radlast auf einen breiteren Reifen der spezifische Auflagedruck geringer wird, nimmt auch die Druckbelastung des Bodens ab.

Da Ackerbau ohne Schlepper und Schwertransporte heute undenkbar wäre, steht der Landwirt vor einem Dilemma. Je dichter und fester ein Boden ist, desto besser läßt er sich befahren. Der Acker ist aber nur gezwungenermaßen eine Rollbahn, die so fest und trocken sein sollte wie eine Straße. Seine eigentliche Bestimmung ist die, den Feldfrüchten die günstigsten Wachstumsbedingungen zu bieten. Diese Voraussetzungen sind jedoch nicht zu erfüllen, wenn der Boden, wie unvermeidlich auf den Vorgewenden, durch häufiges Befahren extrem verdichtet wird. Das Beispiel in Abb. 88A zeigt, wie der Weizenertrag in Abhängigkeit von der Lagerungsdichte vom

Feldrand zur Schlagmitte hin zunahm. Die Variation der Wasserleitfähigkeit deutet auf die eigentlichen Ursachen des Minderertrages auf dem Vorgewende hin. Bei niedriger Wasserleitfähigkeit infiltriert weniger Wasser in den Boden, herrscht häufiger stauende Nässe und Luftmangel. Dadurch wird das Wurzelwachstum und die Wasseraufnahme gehemmt. Bei Trockenheit leiden die Pflanzen auf dem Vorgewende am frühesten unter Wassermangel, zum einen, weil sie schwächer bewurzelt sind, zum anderen, weil der gespeicherte und zugängliche Bodenwasservorrat geringer ist als in dem weniger verdichteten Boden in der Feldmitte.

Um diesen Konflikt zwischen den Anforderungen an den Boden als Fahrbahn und als Wuchsort für Pflanzen zu lösen, bieten sich folgende Verfahrensweisen an:

1. Jeder mechanische Eingriff in einen Boden, dessen Konsistenz während des Bearbeitungsganges oder des Befahrens zum Verdichten und Verschmieren des Bodens führt, ist zu vermeiden. Ein Fehler ist umso schwieriger durch aktive Lockerung der verdichteten Schichten zu korrigieren, je tiefer die Verdichtung reicht. Die natürlichen Kräfte des Quellens und Schrumpfens und der Frostsprengung können nur in tonigen Böden und in strengen Wintern mit tiefreichendem Frost wirksam werden. Deshalb gilt als wichtigste Regel, daß der Boden nicht bei zu hohen Wassergehalten bearbeitet und befahren wird.
2. Der spezifische Auflagedruck der Räder sollte so gering wie möglich gehalten werden. Das geschieht durch Verminderung der Radlasten bei gleichbleibender oder vergrößerter Kontaktfläche. Zu diesem Zweck dienen Gitter- und Zwillingsreifen und, heute in zunehmendem Maße verbreitet, auch Niederdruck- und Breitreifen. Als zukünftige Lösung für Pflegearbeiten im wachsenden Bestand bieten sich spezielle Leichtfahrzeuge für Düngung und Pflanzenschutz an. Schlepper und selbstfahrende Vollerntemaschinen können mit Raupenfahrwerken auf Gummilaufbändern ausgerüstet werden.
3. Die Zugfähigkeit bei nahezu gleichem Schleppergewicht kann durch Allradantrieb erhöht und dadurch der Radschlupf vermindert werden. Dieser Vorteil sollte nicht dazu verleiten, einen zu nassen Boden zu befahren, nur weil die Leistung des Schleppers dies noch zuläßt. Gleiches gilt für eine unzulässig hohe Belastung von Transportfahrzeugen mit Niederdruck- und Breitreifen.
4. Die Überrollhäufigkeit muß auf das geringstmögliche Ausmaß zurückgenommen werden. Die Fläche, die bei der bisher üblichen Arbeitsweise im Verlauf eines Produktionsverfahrens von Rädern berührt wird, ist nicht selten ein Mehrfaches der gesamten Acker-

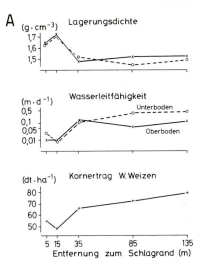
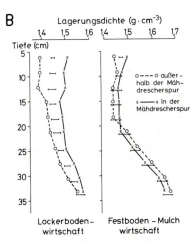

Abb. 88. Einfluß der Lagerungsdichte der Ackerkrume auf die Wasserleitfähigkeit des Bodens und den Weizenertrag (A: Lößlehmboden; WERNER et al. 1986) sowie auf die Befahrbarkeit des Bodens (B: PIDGEON und SOANE 1978).

fläche. Der Spurenanteil auf der Fläche kann durch Vergrößerung der Arbeitsbreiten, Zusammenfassung von Arbeitsgängen und durch strikte Einhaltung von Regelspurenbahnen vermindert werden. Mit der letztgenannten Verfahrensweise wird angestrebt, den Acker in Räume aufzuteilen, die möglichst überhaupt nicht vor oder während des Anbaues einer Feldfrucht befahren werden, und in Fahrbahnen, die immer wieder benutzt werden.
5. Als letzter Schritt bietet sich an, den Boden insgesamt besser befahrbar zu machen. Ein natürlich dicht gelagerter Boden, an dessen Oberfläche zahlreiche kontinuierliche Grobporen enden, in die Starkregen leicht infiltrieren kann, der also fester und relativ trockener in der obersten Bodenschicht ist, kann ohne Schäden auch unter ungünstigen Bedingungen noch befahren werden. Das zeigt ein Vergleich zwischen einem gepflügten Acker und einer Grasnarbe. Deshalb kann die Tragfähigkeit eines Bodens nur durch Zufuhr von organischer Substanz und durch weniger intensive Bodenlockerung erhöht werden. Abb. 88B zeigt an einem Beispiel, daß bei der Getreideernte durch den Mähdrescher auf dem gepflügten Acker eine erhebliche und signifikante Bodenverdichtung entstand. Bei der Festboden-Mulchwirtschaft ohne tiefgreifend-lockernde Bodenwendung dagegen war der Verdichtungseffekt so gering, daß er in den meisten Fällen nicht signifikant war. Eine Bodenstruktur mit mehr senkrecht orientierten Poren (Wurzelgänge, Regenwurmröhren) bietet, entsprechend dem Prinzip aufrecht stehender Säulen, einen größeren Widerstand gegen Verformung durch hohen Bodendruck. Hinzu kommt die höhere Strukturstabilität von Aggregaten mit höherem Humusgehalt.

4.2.5 Geräte für die Bodenbearbeitung

Je nach der vorgegebenen Bodenstruktur und den Einsatzbedingungen üben die Bearbeitungswerkzeuge nicht nur unterschiedliche, sondern zugleich auch mehrere Effekte aus. Tab. 36 enthält Gerätegruppen, die nach ihrer überwiegenden Wirkung geordnet wurden.

Scharpflug

Aus dem Hakenpflug der Jungsteinzeit entstanden, ist er bis heute im feuchtgemäßigten Klimabereich immer noch das wichtigste Arbeitsgerät für ein Bodenbewirtschaftungssystem, das auf vollständiges Einbringen des vorherigen Bewuchses in den Boden ausgerichtet ist.

Der Scharpflug schneidet horizontal mit der Scharschneide und vertikal mit der Schar- und Streichblechkante einen Erdbalken aus dem Bodenverband heraus und befördert ihn vorwärts und seit-

Tab. 36. Wirkungsweise von Geräten zur Bodenbearbeitung

Bearbeitungseffekt	Geräte
lockernd, nicht wendend, kaum mischend	Unterbodenmeißel, Parapflug, Flügelschargrubber, Hackschar
wendend, lockernd, wenig mischend	Scharpflug, Spatenpflug
mischend, lockernd	Scheibengeräte, Fräse, Zinkenrotor, aktiv getriebene Eggen
wühlend-lockernd, mischend, sichtend	Meißelschar-Grubber, Federzinken-Grubber
zerkleinernd-ebnend, sichtend	Grob- und Feineggen, Schleppen
verdichtend-ebnend, zerkleinernd	Wälzeggen, Formwalzen, Glattwalzen, Packer

wärts. Beim Aufgleiten auf das Schar und das gewölbte Streichblech wird er verformt, teilweise gewendet und zum freien Fall abgekippt. Lockern und Mischen erfolgen durch die Scherkräfte beim Aufgleiten und Abstürzen des Bodenbalkens. Die neue Lage der Bodenkompartimente zeigt Abb. 89A mit Hilfe von vorher in den Furchenbalken eingefügten Meßkörperchen. Wesentlich für den Bearbeitungserfolg ist das Verhältnis von Breite zu Tiefe des Furchenbalkens. Es bestimmt den Wendewinkel und damit die Lage der vorherigen Bodenoberfläche. Wie Abb. 89B zeigt, wird der Wendewinkel um so größer, je breiter der Pflugbalken im Verhältnis zur Pflugtiefe ist. Bei einem Breiten-Tiefen-Verhältnis kleiner als 1,27 (Wendewinkel maximal 120°) wird die organische Masse auf der vorherigen Oberfläche nicht mehr vollständig vom nächstfolgenden Bodenbalken bedeckt. Außerdem besteht die Gefahr, daß Teile des Balkens wieder zurück in die Furche kippen. Eine schmale, tiefe Furche ist nur möglich, wenn der Boden bröckelnd die Erntereste und den Aufwuchs zuschüttet. Bei Böden mit fester Konsistenz muß das Breiten-Tiefen-Verhältnis mindestens 1,4 (135°) betragen, um einen vollständigen Wendeeffekt zu erzielen. Dabei wird das organische Material relativ gleichmäßig auf die Furchenflanke verteilt. Bei Graslandumbruch oder schweren Böden mit meist zähplastischer Konsistenz strebt man eine noch weitergehende Wendung an (150°), um eine möglichst sichere Bedeckung der organischen Masse mit Boden zu erreichen.

Der lockernde Effekt des Pflügens kann mit der Höhe der Bodenaufschüttung gegenüber der ungepflügten Bodenoberfläche nur unvollkommen gemessen werden. Wenn die Überhöhung nur durch hochkant gestellt, große und kompakte Bodenschollen zustande

286 Gestaltung von Bodennutzungssystemen

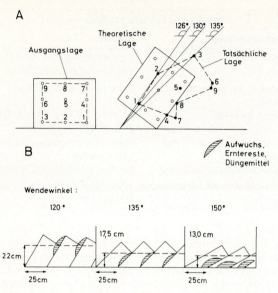

Abb. 89. Wirkungsweise des Streichblechpfluges (FEUERLEIN 1966)
A: Verlagerung des Bodens durch die wendende Arbeit des Pfluges;
B: Lage der Erntereste nach dem Pflügen.

kommt, ist der Lockerungseffekt gering. Mit einer schmalen Furche läßt sich der Boden stärker lockern als mit einer breiten. Je tiefer gepflügt wird, desto geringer ist der nachhaltige Lockerungseffekt, weil sich der Boden unter der größeren Auflast der bewegten Bodenmenge schneller wieder setzt. Eine Steigerung der Pfluggeschwindigkeit ist in der Regel ohne Einfluß auf den Lockerungseffekt, erhöht aber den Transport des Bodens durch stärkere Beschleunigung. Bei bindigen Böden kann die höhere Arbeitsgeschwindigkeit eine Sortierung bewirken. Grobe Schollen werden oberflächlich von feinen Bröckeln übersprüht.

Der mischende Effekt des Pflügens ist innerhalb des gewendeten Erdbalkens gering, wie aus der unveränderten Reihenfolge der Meßkörperchen in Abb. 89A hervorgeht. Eine Mischung kommt hauptsächlich nur dadurch zustande, daß die Schnittfläche der Erdbalken nach der Wendung eine andere Lage zueinander einnehmen.

Die Ausformung der Bodenoberfläche hängt überwiegend von der Konsistenz des Bodens beim Pflügen ab. Je größer der Zerteilungsgrad der Aggregate, je schmaler die Pflugfurche bei gleichbleibender Tiefe ist, desto mehr wird der Boden „geschüttet", und um so ebener wird die neue Ackeroberfläche. Großen Einfluß hat, außer dem Tongehalt des Bodens, die Wölbung des Streichbleches. Zylindrisch ausgeformte Streichbleche wenden den Boden weniger, schütten ihn dafür stärker, mit der Folge, daß die Konturen der Furchendämme schwach ausgeprägt sind und eine fast ebene Bodenoberfläche entsteht. In einem Boden, der nicht bröckelt, wird der Boden nur ungenügend gewendet und bleibt mit steil aufgerichteten, kreuz- und quergestellten Schollen liegen. Die zylindrische, sogenannte Kulturform eignet sich daher nur zum Pflügen leichter bis mittlerer Böden, die leicht zerfallen und keine zusätzliche Einebnung der Bodenoberfläche verlangen. Mit einem schraubig gestalteten Streichblech werden Erntereste vollständig untergepflügt, die Furchen besser geräumt und eine stark in Furchenkämme und -täler gegliederte Bodenoberfläche geformt.

Zu den Vorwerkzeugen des Pfluges gehören das Sech, der Vorschäler und andere Werkzeuge zum Einlegen großer Mengen von Ernteresten in die Furche. Das Messersech verbessert die Führung des Pfluges, schützt die Streichblechkante vor Steinen, vermindert aber die bröckelnde Wirkung des Pflügens. Ein Scheibensech durchschneidet die Erntereste auf der Bodenoberfläche. Auf diese Weise soll ein Verstopfen des Pfluges mit sperriger organischer Substanz verhindert werden. Das Hohlscheibensech wirkt ähnlich wie ein Vorschäler, der Aufwuchs, Erntereste und Stallmist zusammen mit der obersten Schicht der Ackerkrume auf die Sohle der vorangegangenen Furche ablegt. Der Vorschäler, ein kleiner Pflugkörper, soll nur die Hälfte bis zwei Drittel der Pflugkörperbreite erfassen und mindestens auf 10 cm, maximal auf ein Drittel der Pflugtiefe eingestellt sein.

Nach der Arbeitstiefe unterscheidet man Schäl-, Saat- und Tiefpflüge, nach der Anordnung der Pflugkörper und der Verbindung zwischen Traktor und Pflug Anhänge- (Beet)pflüge und am Schlepper montierte Kehr- oder Drehpflüge. Beetpflüge wenden den Boden nur nach einer Seite und lassen den Acker in durch Furchen getrennten Beeten liegen. Kehrpflüge dagegen wenden den Boden abwechselnd nach rechts und nach links und hinterlassen den Acker als ein geschlossenes Beet. Die Anfang- und Endfurchen eines mit dem Anhängepflug gepflügten Beetes, der sog. Zusammen- und Auseinanderschlag, sind ungünstige Pflanzenstandorte. Deshalb werden nur große, rechteckige Schläge mit dem Beetpflug gepflügt. Flach arbeitende Scharpflüge sind immer nur als Beetpflüge konstruiert. Kleine und unregelmäßig geformte Schläge sollten mit Kehr- oder Drehpflügen bearbeitet werden, um den Anteil an offen bleibenden Furchen so gering wie möglich zu halten. Am Hang, wo wegen der Erosionsgefahr entlang der Höhenschichtlinien gepflügt und stets hangaufwärts gewendet werden sollte, kann ohnehin nur ein Kehr- oder Wendepflug eingesetzt werden.

Zweischichtpflüge wenden den Boden mit einem normalen Pflugkörper in der Krume und lockern ihn mit einem Meißel oder Lockerungsschar im Unterboden.

Scheibengeräte
Sie werden mit wenigen großen Scheibenscharen (Durchmesser > 60 cm) zum Pflügen oder mit vielen kleinen Scharen zum Stoppelumbruch oder zur Nachbearbeitung einer rauhen Furche benutzt. Um den Geradeauslauf zu sichern, sind bei der Scheiben- oder Spatenrollegge mehrere Achsenpaare in V- oder X-Form einander zugeordnet.

Die passiv rotierenden, gewölbten Scheiben müssen durch ihr Eigengewicht oder auf trockenen Böden mit zusätzlicher Belastung in den Boden gedrückt werden. Beim Vorrollen schneidet die schräg zur Fahrtrichtung gestellte Scheibe einen Erdbalken ab, hebt ihn infolge der Reibungshaftung hoch und läßt ihn dann abstürzen. Diese Arbeitsweise bewirkt eine unregelmäßige Ablage des Bodens, aber bei geringerer Bodenwendung doch einen größeren Mischeffekt als durch den Scharpflug. Da an der Bearbeitungsgrenze der Boden abgerissen wird, kann die Furchensohle kaum verschmieren. Als Tiefpflug sind Scheibengeräte meist nur auf tonigen Böden in Trockengebieten verbreitet. Der Scheibenpflug benötigt keine Steinsicherung, weil er über alle Hindernisse im Boden wegrollt. Er zeigt auch nur geringen Materialverschleiß.

In Mitteleuropa werden meist nur Scheibenschälpflüge oder -eggen zur flachen Stoppelbearbeitung oder zur Saatbettbereitung benutzt. Ihre geringe Arbeitstiefe (< 10 cm) erlaubt eine hohe Arbeitsgeschwindigkeit (8–12 km·ha^{-1}). Zusammen mit dem engen Werkzeugabstand bewirkt das eine intensive Lockerung des Bodens, ein inniges Einmischen von makroorganischer Substanz nahe der Bodenoberfläche und in einem schon bearbeiteten, schollig gelockerten Boden ein Zerkleinern, Einebnen und Rückverdichten. Diese Effekte werden noch verstärkt, wenn der Scheibenrand in Zacken („Spaten") aufgelöst ist. Auf schmierenden Böden versagen alle Scheibengeräte. Zum richtigen Zeitpunkt eingesetzt, kann man vor allem in Mulchsaatverfahren in einem Arbeitsgang ein ausreichendes Saatbett schaffen. Häufig werden Scheibeneggen zur Nachbearbeitung einer rauhen Furche als Nachläufer an Schwergrubber gekoppelt.

Grubber, Zinkeneggen und Hacken
Die an Schienen oder Rahmen befestigten Grubberzinken werden durch den Vortrieb und den Anstellwinkel des Grubberschares in

den Boden gezogen. Dadurch lockern sie den festen Bodenverbund, transportieren Bröckel auf- und seitwärts und mischen obenauf liegende makroorganische Substanz in den Boden ein. Die durchreißend-wühlende Wirkung des Grubbers ist am größten mit starren Zinken und schmalen meißelartigen Scharen, Mit großem Strichabstand (> 50 cm) können Schwergrubber Arbeitstiefen bis zu 60 cm erreichen. Dabei bleiben zwischen den Aufbruchrinnen Stege von weniger intensiv gelockertem Boden stehen. Engere Strichabstände zwischen 20 und 25 cm ermöglichen eine durchgehende, ganzflächige Bodenlockerung bei einer Arbeitstiefe bis maximal 25 cm. Mit zunehmender Arbeitsgeschwindigkeit nimmt der Lockerungs- und Mischeffekt zu. Bei Scharbreiten von 8 bis 13 cm ist die Scharform (Meißel- oder Doppelherzschare) von untergeordneter Bedeutung für den Bearbeitungserfolg.

Grubberschare mit bis zu 50 cm breiten, gänsefuß- oder flügelartigen Scharen heben den Boden an und lockern ihn ohne wesentlichen Mischeffekt. Erntereste verbleiben dabei zum größten Teil auf der Bodenoberfläche. Da mit dieser Bearbeitung der Boden in seiner ursprünglichen Schichtung belassen wird, bezeichnet man diese Grubberkonstruktion auch als Schichtengrubber. Sie werden hauptsächlich auf schweren Böden eingesetzt, um in Kombination mit rotierenden, flach arbeitenden Werkzeugen in einem Arbeitsgang tief zu lockern und ein Saatbett zu bereiten. Ebenfalls gut verwendbar ist ein Schichtengrubber in erosionsgefährdeten Lagen, wo eine schützende Mulchdecke auf der Bodenoberfläche verbleiben soll. Mit der gleichen Zielsetzung kann auch der Parapflug eingesetzt werden. Sein Meißelschar lockert den Boden in der Tiefe, der dann über den seitlich ausgestellten, mit einem abgewinkelten Schar verbreiterter Zinkenschaft angehoben wird. Ernterückstände werden dabei nicht in den Boden eingemischt.

Federnde Grubberzinken vibrieren in Fahrtrichtung und steigern dadurch den Zertrümmerungseffekt. Starkes Ausweichen dieser Zinken vor festeren Bodenkompartimenten ändert den Anstellwinkel der Schare und führt in plastisch verformbaren Böden zum Aufgleiten von verschmierten und gekneteten Schollen. Meist werden federnde Grubberzinken mit engem Strichabstand (10 bis 15 cm) in sogenannten Feingrubbern zur Saatbettbereitung oder zur Hackpflege und mechanischen Unkrautbekämpfung in Reihenfrüchten benutzt.

Grubber und auch Eggen wirken mehr oder weniger stark sichtend. Auf frisch gepflügten Böden holen sie gröbere Aggregate an die Bodenoberfläche; feinere Bröckel sinken in die Tiefe. Dieser sortierende Effekt und die relativ unebene, in Furchen und Kämme gegliederte Bodenoberfläche nach dem Grubbern zwingen dazu, stets ein weiteres zerkleinerndes, ebnendes und auch rückverdichtendes Gerät als Nachläufer dem Grubber folgen zu lassen.

Eggen lockern mit ihren kurzen, an starren oder beweglichen Rahmen befestigten Zinken den Boden oberflächlich und zerteilen bei höherer Arbeitsgeschwindigkeit durch Anschlag gröbere Brocken. Nur bei pendelnder Seitenbewegung wird der Boden vollständig durchgearbeitet. Starr an einem Rahmen befestigte Eggenzinken werden als Grob- oder Feineggen meist in Kombination mit Wälzeggen zur Saatbettbereitung verwendet. Bei Netzeggen ist das Eggenfeld in sich beweglich gestaltet und kann sich deshalb auch einer unebenen Bodenoberfläche anpassen. Da die Zinken meist aus leichten Drahtstiften bestehen, ist das Eigengewicht der Egge und damit ihrer Eindringtiefe gering. Netzeggen werden deshalb nur als Unkrautstriegel eingesetzt.

Hacken werden zur mechanischen Unkrautbekämpfung in Reihenfrüchten eingesetzt. Sie sind mit flacharbeitenden Gänsefuß- oder Flügelscharen ausgerüstet. Um in 1 bis 3 cm Tiefe Unkrautpflanzen abschneiden zu können, benötigen sie festen Boden. Sollen gleichzeitig die in der Reihe wachsenden Unkrautpflanzen verschüttet werden, kann man die Zinken mit kleinen Häufelkörpern ausrüsten. Ein Häufeldamm von 5 bis 10 cm Höhe kann nur dann gezogen werden, wenn die Kulturpflanzen genügend hoch gewachsen sind. Soll im Keimlingsstadium gehackt werden, sind die an die Pflanzenreihe grenzenden Hackschare mit Schutzscheiben oder Abdeckblechen zu versehen.

Schleppen
Sie bestehen aus hintereinander gehängten Holzbalken, Eisenschienen oder Ketten, mit denen beim Vorwärtszug der Boden oberflächlich durchwühlt und geebnet wird. Grobe Schollen werden zerteilt oder in den Boden gedrückt, eben gekeimte Unkrautpflanzen herausgerissen oder verschüttet. Im Augenblick der besten Bearbeitbarkeit eines Bodens kann auf einem zuvor mit Feingrubbern und Eggen vorbearbeiteten Feld mit der Schleppe ein sehr feinbröckeliges Saatbett geschaffen werden. Wegen der Gefahr des Verschlämmens sollte auf die Schleppe stets wieder eine aufrauhende Egge folgen, am besten durch Kombination von Schleppen- und Eggenfeldern.

Spatenmaschine, Fräse, Zinkenrotoren und aktiv angetriebene Eggen
Die Werkzeuge dieser Geräte werden mit der über die Zapfwelle vermittelten Energie des Schleppermotors angetrieben. Dadurch werden die hohen Verluste der Energieübertragung über die An-

triebsräder vermindert und damit auch die strukturschädigenden Effekte des Radschlupfes. Der Einsatz zapfwellenbetriebener Geräte hat die Grenze der Bearbeitbarkeit auf schweren, tonigen Böden sehr erweitert.

Die Spatenmaschine ahmt die Bewegung des Handspatens nach. Das Spatenblatt sticht einen Erdziegel ab, nimmt ihn hoch und legt ihn nach einer Drehung um 180° ab. Eine Lockerung und Durchmischung des Bodenziegels in sich erfolgen nicht, es sei denn durch den Aufprall des Bodenziegels auf den Boden. Die Vorteile dieses Gerätes bestehen darin, daß die Ziegel vom Untergrund abgerissen, nicht abgeschnitten werden. Da sich die Spatenmaschine zudem noch selbst vortreibt, eignet sie sich besonders für die Bearbeitung von extrem schweren und häufig vernäßten Böden.

Die Fräse arbeitet ähnlich wie eine Spatenmaschine, jedoch mit feststehenden, am Ende gekröpften Messern. Die um die Fräswelle rotierenden sichel- oder hakenförmigen Werkzeuge schneiden und reißen Bodenstücke ab, beschleunigen sie und lassen sie gegen ein Abdeckblech prallen. Dadurch wird der Boden maximal gelockert, weitgehend gemischt, aber je nach Bissengröße und Umdrehungsgeschwindigkeit auch sehr stark zerkleinert. Wenn die Zerkleinerung sehr groß ist, sackt das Lockergefüge schneller als nach Grubbern oder Pflügen. Die kleinen Aggregate an der Bodenoberfläche sind verschlämmungsgefährdet. Deshalb und wegen des relativ hohen Energiebedarfes war die Fräse früher nur im Obst- und Gartenbau verbreitet. Heute ist sie in Kombination mit vor- oder nachlaufenden Grubberwerkzeugen ein sehr wirksames Werkzeug für den Stoppelumbruch, wenn z.B. große Mengen an Ernteresten in schwer bearbeitbaren Böden eingemischt werden sollen. Auch für die ganzflächige oder auf Reihen beschränkte Saatbettbereitung in Verfahren mit Mulchdecken ist sie unentbehrlich.

Zinkenrotoren arbeiten im Prinzip wie Fräsen, doch sind ihre Werkzeuge kürzer und nicht gekröpft. Kreisel- oder Rütteleggen rotieren in einer horizontalen Ebene. Beide Gerätegruppen werden zum flachen Stoppelumbruch oder zur intensiven Saatbettbereitung benutzt und sind in der Regel in Kombinationen mit Wälzeggen oder Formwalzen gekoppelt. Rotierende Bürsten aus Kunststoff-Fasern werden zwischen den Pflanzenreihen, die durch Abdeckbleche geschützt werden, zur mechanischen Unkrautbekämpfung eingesetzt.

Walzen, Wälzeggen und Krumenpacker
Walzen sind zylindrische Körper, die über die Ackeroberfläche gezogen werden und durch ihr Gewicht und die Ausformung ihrer Oberfläche sowohl verdichtend als auch zerkleinernd und ebnend wirken. Werden Krusten gebrochen, tritt auch ein lockernder Effekt ein.

Glattwalzen mit zylindrisch glatten Oberflächen sollen rückverdichten und Bodenschluß herstellen. Das gelingt nur bei hohem spezifischen Bodendruck. Wiesen- und Moorwalzen haben einen großen Durchmesser und können mit Wasser gefüllt werden. Ihre Anwendung ist nur auf lockeren, puffigen Moorböden notwendig und nützlich, wenn deren Wasserführung und Wärmeleitung durch Verdichtung verbessert werden muß.

Auf Mineralböden sollten nur Formwalzen eingesetzt werden, deren Walzenkörper in glatte Ringe, Sternkränze, Zacken- und Nokkenschichten aufgelöst ist. Sie werden in der Regel zum Krustenbrechen und zum Wiederandrücken aufgefrorener Pflanzen im zeitigen Frühjahr auf Wintergetreideschlägen und zur Rückverdichtung eines Saatbettes für flach abzulegende, kleinkörnige Samen eingesetzt. Ihre verdichtende Wirkung nimmt mit steigender Masse je Einheit Auflagefläche und abnehmender Arbeitsgeschwindigkeit (< 5 km·h^{-1}) zu.

Wälzeggen sind relativ leichte Geräte, deren Oberfläche so weitgehend in einzelne, dünne Elemente aufgelöst ist, daß sie beim schnellen Abrollen eher bröckelnd als insgesamt verdichtend wirken. Die Stäbe, Spiralen oder schräg verlaufenden Drähte dringen zudem tiefer in den gelockerten Boden ein und verdichten ihn dort jeweils am Ort des Eindringens. Diese Wirkungsweise wird bei der Saatbettbereitung genutzt. Mit den Wälzeggen kann der Boden nahe der Samenablage rückverdichtet und die Wasserführung verbessert werden, ohne das aus gröberen Bröckeln bestehende Lockergefüge an der Bodenoberfläche zu zerstören. Diese Schicht soll den Boden vor unproduktiver Verdunstung und erosionsauslösender Verschlämmung schützen. Bei der Aussaat von Reihenfrüchten benutzt man kleine Druckrollen oder Wälzeggen, die an das Säaggregat gekoppelt sind und allein die Saatreihe andrücken. Formwalzen und Wälzegge sind häufig Bestandteile von Saatbettkombinationen. Neben den oben beschriebenen Aufgaben funktionieren sie auch als Abstützung für die Tiefenbegrenzung von Grubbern und Eggen.

Krumenpacker werden nur in Kombination mit Pflügen eingesetzt. Sie bestehen aus schmalen Speichenrädern mit großem Durchmesser (50 bis 90 cm), die mit großem Zwischenraum auf einer Achse angeordnet sind. Sie sollen möglichst tief in den frisch gepflügten Boden eindringen, grobe Schollen zerkleinern und Hohlräume zudrücken. Die Rückverdichtung an der Oberfläche wird von schweren Sternwälzeggen besorgt. Sie drücken mit ihren spitzen Fingern Kluten in den Boden und bröckeln sie. Häufig sind mehrere Achsen mit Packerwalzen und Sternwälzeggen zu einem einzigen Pflugnachläufer vereinigt.

Gerätekombinationen

Die heute üblichen Schlepperleistungen machen eine zeit- und energiesparende Kopplung von Bodenbearbeitungswerkzeugen möglich. Dadurch werden Überfahrten auf dem Acker eingespart und das Risiko von ungewünschten schädlichen Bodenverdichtungen vermindert.

Gezogene Saatbettkombinationen bestehen in der Regel aus Feingrubbern, Saat- und Wälzeggen. Auf einen Grubber zur Stoppelbearbeitung folgen in der Regel Scheibeneggen oder Formwalzen. Soll mit dem Stoppelumbruch in einem Arbeitsgang ein Saatbett bereitet und gesät werden, besteht die Kombination aus einem Schwergrubber (häufig ein Schichtengrubber) mit nachfolgendem, aktiv getriebenem Werkzeug zur oberflächlichen Bodenbearbeitung (Fräse, Zinkenrotor oder Kreiselegge) und aufgesattelter Sämaschine. Den Abschluß bildet meist eine Formwalze. Diese oder auch andere Kombinationen finden zunehmende Verbreitung im Verfahren der sogenannten Bestellsaat.

Zur Aussaat von Reihenfrüchten werden in der Regel mehrere Werkzeuge in einem Sääggregat vereinigt. Vorauslaufende Werkzeuge wie Scheibenseche, Reihenfräsen oder Grubberzinken sollen auf der Oberfläche liegenden Mulch zur Seite räumen, durchschneiden oder einarbeiten. Gleichzeitig wird damit der Boden in der Saatreihe gelockert. Dann folgen die eigentlichen Werkzeuge zur Saatgutablage. Sie sind mit einem Zinken- oder Scheibenschar versehen. V-förmig zueinander gestellte Zweischeibenschare oder Stempelsägeräte, mit denen der pillierte Samen aus einem Röhrchen in den Boden gedrückt wird, funktionieren auch in festem, von Mulch bedecktem Boden. Die Saatfurche oder der Saatschlitz wird abschließend mit einem Zustreicher wieder mit Boden bedeckt und von einer Druckrolle rückverdichtet. Zusätzlich können solche Sääggregate noch durch Einrichtungen zum Ausbringen von Dünger und Pflanzenschutzmitteln in die Saatreihe erweitert werden.

4.2.6 Bodenbearbeitungssysteme

Sie lassen sich nach folgenden Gesichtspunkten ordnen:

1. Anzahl der Verfahrensschritte

Grundsätzlich kann man drei Schritte unterscheiden, nämlich eine unmittelbar auf die Ernte der Vorfrucht folgende vorbereitende, flache Bodenbearbeitung, die Teilbrache- oder Stoppelbearbeitung, dann eine tiefgreifend-lockernde, meist auch wendende Grundbodenbearbeitung und abschließend eine wiederum flache Saat- und Pflanzenbettbereitung.

Die Schritte können jeder für sich und durch Wochen oder Monate getrennt oder mehr oder weniger zusammengefaßt vollzogen werden. Werden Grundbodenbearbeitung, Saatbettbereitung und Aussaat in einem Arbeitsgang erledigt, spricht man von Bestellsaat.

Auch bei den einzelnen Schritten können Bearbeitungsgänge getrennt oder kombiniert ausgeführt werden, z. B. bei der Stoppelbearbeitung das Einebnen und Rückverdichten der gestürzten Stoppel getrennt vom Grubbern oder Schälen oder zusammen durch Ankoppeln einer Formwalze bzw. einer Scheibenegge in einem Arbeitsgang. Bei einer Zusammenfassung von Arbeitsgängen schon vor einer „minimalen" Bodenbearbeitung zu sprechen, ist nur dann gerechtfertigt, wenn man damit die verminderte Überrollhäufigkeit des Ackers mit dem Schlepper meint, die mit der Kopplung von Geräten erreicht wird.

2. Art und Intensität der Bearbeitung

Als ordnende Kriterien werden hier nur lockernde und mischende Eingriffe in Betracht gezogen, obwohl verdichtende Effekte, gezielt durch Walzen oder ungezielt durch Fahrverkehr, mindestens ebenso wichtig sind.

Die Art des Eingriffs läßt sich im wesentlichen dadurch charakterisieren, wieviel des vorhandenen Aufwuchses oder der Ernteeste mit der Bearbeitungsmaßnahme in den Boden eingemischt werden. Die Variationsbreite reicht von der vollständigen Einarbeitung makroorganischer Substanz durch Pflügen – dem sogenannten „reinen Tisch" – bis zum Belassen aller Vorfrüchte oder der aufgewachsenen Vegetation auf der Bodenoberfläche im Mulchsaatverfahren. Letztere Verfahrensweise ist in der Regel nicht ohne zusätzliche Maßnahmen zur Abtötung vorhandener Vegetation durchführbar.

Die Intensität der Bearbeitung betrifft die Tiefe und die Flächenausdehnung sowie die Häufigkeit der Bearbeitung. Die Tiefe variiert zwischen wenigen cm, z. B. beim Einbringen vom Saatgut in die Ackerkrume und vielem dm bei der Lockerung von Unterbodenschichten. Die Flächenausdehnung kann sich auf die ganze Fläche, z. B. beim Pflügen, oder nur auf einen Teil der Fläche erstrecken, z. B. beim Hacken von Zwischenräumen zwischen Pflanzenreihen und -horsten oder beim Direktdrillen, wo die Bodenbearbeitung nur auf die Saatreihe beschränkt bleibt.

Ebenfalls ein Kriterium der Intensität ist die Häufigkeit von Bearbeitungseingriffen, bezogen auf bestimmte Zeitabschnitte, wie die Dauer eines Produktionsverfahrens einer Feldfrucht (Bodennutzungseinheit), einer Rotation oder eines Jahres. Zum Beispiel kann eine Stoppelbearbeitung während der Teilbrache mehrfach wiederholt werden.

Im Hinblick auf Art und Intensität der Bodenbearbeitung wird häufig der Unterschied zwischen „konventionellen" und „reduzierten" Verfahren gemacht. Unabhängig davon, daß ein Begriff wie „konventionell" nur zeitliche und regionale Gültigkeit haben kann, da Verbreitung, Art und Weise eines Verfahrens dauerndem Wandel unterworfen sind, soll hier darunter verstanden werden, daß die Grundbodenbearbeitung mit einem Scharpflug erfolgt, der den Boden tiefgreifend lockert, wendet und alle Erntereste einbringt. Reduzierte Verfahren wären dann die, in denen die Intensität der Bodenlockerung und des Einmischens von Ernteresten mehr oder weniger vermindert ist. Hierzu müssen auch Begriffe wie „Mulchsaat" und „Direktsaat" gezählt werden. Im ersteren Fall erfolgt noch eine ganzflächige Saatbettbereitung, im letzteren Fall wird mit einer Dreischeiben-Drillmaschine oder einem anderen Gerät ohne Saatbettbereitung direkt in den festen, von Ernteresten und abgetöteter Vegetation bestandenen Boden gesät.

3. Zweckbestimmung des Verfahrens
Hier werden bestimmte Ziele als Unterscheidungskriterien benutzt. Soll mit dem Verfahren neben der Bestimmung, den Anbau einer bestimmten Feldfrucht zu ermöglichen, auch noch ein wirkungsvoller Schutz vor den Risiken der Wind- und Wassererosion erreicht werden, spricht man von „konservierender" Bodenbearbeitung. Ist eine nachhaltige Veränderung der Schichtung oder des Gefüges eines Bodens beabsichtigt, bezeichnet man das Verfahren als „meliorative" Bodenbearbeitung.

Alle diese Kriterien zu einem einheitlichen System zu verbinden und zu allgemein anerkannten Bezeichnungen der gebräuchlichen Verfahren zu kommen, ist bisher nicht gelungen und vielleicht auch noch nicht versucht worden. Der nachfolgende Gliederungsvorschlag betont den Systemcharakter der Verfahren und ihre Unterschiede hinsichtlich ihrer Auswirkungen auf die Bodenstruktur und den Verbleib der makroorganischen Substanz. Dabei wird davon ausgegangen, daß sich der Landwirt je nach den Standortbedingungen auf Dauer einer bestimmten Bodenbewirtschaftung zuwendet, somit also die Bezeichnung „Wirtschaft" berechtigt ist. Die Schwäche dieses Konzepts besteht allerdings darin, daß je nach Umstand und Gelegenheit ein Landwirt sich fallweise des einen oder anderen Verfahrens bedienen kann.

Unter der **Lockerbodenwirtschaft** sind alle Verfahren zusammengefaßt, in denen die Grundbodenbearbeitung zu einer Hauptfrucht mit einer tiefgreifend-lockernden und wendenden Pflugarbeit auf der gesamten Feldfläche erfolgt. Sämtliche auf der Bodenoberfläche befindliche makroorganische Masse wird in den Boden eingearbeitet. Die Bodenoberfläche bleibt während der Teilbrache über Wochen und Monate ohne jede Bedeckung. Begrünen des Ackers nach dem Pflügen und Aussaat der Nachfrucht in die abgestorbene Mulchdecke leitet über zur Mulchwirtschaft.

Ersetzt man die tiefgreifende, lockernde Bodenwendung durch eine tiefgreifende, wühlende Grundbodenbearbeitung, so bleiben stets mehr oder weniger Pflanzenreste auf der Bodenoberfläche. Dieses Bearbeitungssystem kann man als **Lockerboden-Mulchwirtschaft** kennzeichnen. Die Bodenbearbeitung erfolgt noch ganzflächig, aber nicht mehr in allen Fällen auf volle Krumentiefe. In diesem System werden häufig Gerätekombinationen verwendet, die mehrere Arbeitsgänge zusammenfassen und schichtweise arbeiten. Hinter dem vorlaufenden Grubber, der die tieferen Bodenschichten lockert, aber nicht wendet und mischt, folgt ein zapfwellengetriebenes Gerät, das die Erntereste nahe der Bodenoberfläche einmischt und den Boden intensiv bröckelt. In den gelockerten Erdstrom wird das Saatgut eingebracht und mit einer nachlaufenden Formwalze angedrückt.

Wird auf das oberflächliche Einmulchen der Erntereste verzichtet und werden nur die tieferen Schichten der Ackerkrume mit Geräten gelockert, die kaum wühlend arbeiten, dann ist eine extreme Form der Lockerboden-Mulchwirtschaft verwirklicht. In diesem System ist es in der Regel notwendig, vor der Aussaat alle unerwünschten Wild- und Kulturpflanzen mit einem nicht selektiven, wenig persistenten Herbizid zu beseitigen und das Saatgut mit einer besonderen, für die Mulchsaat geeigneten Sämaschine in den Boden einzubringen.

Verzichtet man auf jede tiefe Lockerung des Bodens und beschränkt man die flache Bodenbearbeitung auch noch der Fläche nach, so ist eine **Festboden-Mulchwirtschaft** verwirklicht. Mit ihren Intensitätsabstufungen bildet sie den stärksten Kontrast zur Lockerbodenwirtschaft. Im Extremfall verbleiben alle Rückstände der Vorfrucht, der spontanen Wild- und Kulturpflanzenvegetation auf der Ackeroberfläche. Die Eingriffe in das Bodengefüge beschränken sich ausschließlich auf den Sävorgang und den unvermeidlichen Fahrverkehr.

Abb. 90 enthält eine Übersicht über Verfahren, ihrer Besonderheiten und der in ihnen verwendeten Geräte. Zeitpunkt und Abfolge der Verfahrensschritte richten sich nach den Bedingungen, unter denen der Anbau der Feldfrüchte erfolgt. Außer Boden- und Witterungsverhältnisse sind Zeitpunkt des Räumens der Vorfrucht, Verbleib der Ernterückstände, Bodenzustand nach der Vorfruchternte und Ansprüche der Nachfrucht an Saattermin und Bodengefüge als Bestimmungsgründe wirksam. Wie die Übersicht in Tab. 37 zeigt, kann die übliche Reihenfolge der Verfahrensschritte, nämlich erst Teilbrachebearbeitung, dann Grundbodenbearbeitung, abgewandelt werden. In einigen Fällen fehlt die Zeit für eine Stoppelbearbeitung. Der

Verfahrens-schritte	Lockerboden-wirtschaft	Lockerboden-Mulchwirtschaft	Festboden-Mulchwirtschaft	extreme Festboden-Mulchwirtschaft
Stoppel-bearbeitung (< 15 cm)	Schälpflug, Scheiben-, Spatenrollegge, Fräse, Zinkenrotor, Flügelschargrubber, Kreisel-, Rüttelegge		Spatenrollegge, Zinkenrotor Kreisel- und Rüttel-egge, Flügelschar-grubber	
Grundboden-bearbeitung (10–40 cm)	Scharfpflug, Scheibenpflug (mit Nachlaufeggen und Packern)	Schwergrubber, Rüttelgrubber (mit Nachlauf-eggen und Packern), Zweischichten-grubber	Parapflug, Flügelschar-grubber Tiefenlockerer, Zweischichten-grubber	
Saatbett-bereitung (< 8 cm) Saat	Kombinationen aus Feingrubber, Saat-, Wälzeggen und Walzen Kreisel-, Rütteleggen-Walzen-Kombination		Zinkenrotoren, Kreisel-, Rüttel-eggen und Walzen Reihenfräsen	
	übliche Sämaschinen (Drill-, Band-, Breit-, Einzelkornsaat)		Mulchsaat-Sämaschinen (Ein-, Zwei-, Dreischeiben-Drillmaschinen, Breitsaatschiene, Sästempel-Saat)	
Erntereste auf der Bodenoberfläche Totalherbizid vor Aussaat	keine nicht nötig	< 1/5 nicht nötig	1/3–2/3 meist nötig	alle immer nötig
Arbeitsweise	**wendend**, volle Krumentiefe	**wühlend**, meist weniger als Krumentiefe	überwiegend in der Tiefe **lockernd**	in Saattiefe **wühlend** (nicht immer die ganze Fläche)	nur in der **Saatreihe** bearbeitet

Abb. 90. Systeme der Bodenbearbeitung mit den zugehörigen Verfahrens-schritten einschließlich der dazu häufig verwendeten Geräte.

298 Gestaltung von Bodennutzungssystemen

Tab. 37. Zeitliche Einordnung von Bearbeitungsschritten in die Fruchtfolge bei Lockerboden – und Lockerboden-Mulchwirtschaft
T: Teilbrachebearbeitung zum Stoppelumbruch und zur Unkrautbekämpfung
G: Grundbodenbearbeitung durch tiefes Lockern oder Wenden
S: Saatbettbereitung
——— Zwischenfrucht   - - - - - Teilbrache

Vorfrucht → Nachfrucht	Mai	Juni	Juli	Aug.	Sept.	Okt.	Nov.	Dez.	Jan.	Febr.	März	April
W. Zwischenfrucht → Zweitfrucht		GS TS										
frühräumendes → K. Raps Getreide, K. Erbsen			(T) – GS									
Blattfrucht, → W.Getreide Getreide				T – – – T – T – – G – S T – GS G – S								
Mais, Z.Rüben → W.Getreide						(T) – – GS						
Mais, Z.Rüben → S.Getreide							T – – – G – – – – – – – – – – – – – S					
Getreide, Blattfrucht → Kartoffeln, Z.Rüben				T – – – T – – T – – – – G – – – – – – – – – – S T – – – T – – T – – – – – – – – – – – – – – GS T – GS G – S								

Umbruch muß dann sofort mit der tiefgreifenden Grundbodenbearbeitung durchgeführt werden. In anderen Fällen ist es vorteilhafter, gleich nach der Getreideernte den Boden tief und intensiv zu bearbeiten. In niederschlagsreichen Lagen und auf tonigen Böden ist das Risiko, bei plastischer Bodenkonsistenz in das Bodengefüge eingreifen zu müssen, unmittelbar nach der Ernte am geringsten. Wenn eine Zwischenfrucht angebaut werden soll, findet sie bessere Wachstumsbedingungen nach einer Saatfurche als nach einer flachen Stoppelbearbeitung. Diese Bedingungen sprechen für eine sofortige Grundbodenbearbeitung anstelle der üblichen Teilbrachebearbeitung. Der Umbruch der Zwischenfrucht im Spätherbst erfolgt dann nur noch mit einer flacheren Bodenbearbeitung, d.h. mit Geräten, die zur Stoppelbearbeitung oder Saatbettbereitung geeignet sind.

Teilbrachebearbeitung
Unmittelbar nach der Ernte von Mähdruschfrüchten oder Futterpflanzenbeständen muß die Stoppel mit einem Schälpflug, Grubber oder aktiv rotierenden Geräten umgebrochen werden. Damit werden der stehende Aufwuchs von den Wurzeln abgetrennt, die Ernterückstände teilweise oder vollständig in die oberste Krumenschicht eingemischt und der Boden gelockert. Mit dieser Maßnahme sollen folgende Ziele erreicht werden:

Nach der vorangegangenen Gefügeverschlechterung, die während der Abreife der Druschfrüchte durch die nachlassende Bodenbedeckkung und durch den Bodendruck schwerer Erntegeräte und Transportfahrzeuge entstanden ist, soll die Lockerung eine erneute Krümelbildung des Bodens einleiten. Die rasche Lockerung ist zwar mit einem hohen Wasserverlust der obenauf liegenden Bröckel verbunden, doch verhindert diese Isolierschicht eine weitere unnütze Wasserverdunstung aus tieferen Bodenschichten. Das neugeschaffene Gefüge an der Bodenoberfläche mit seiner größeren Rauhigkeit und den zahlreichen Hohlräumen fördert das Eindringen von Starkregen. Diese günstigeren Voraussetzungen für die Erhaltung des gespeicherten Bodenwassers und für das Wiederauffüllen des Vorrates wirken sich besonders vorteilhaft in Trockengebieten und in niederschlagsarmen Sommern aus. Im Regenschattengebiet des Harzes z. B. wurden durch Schälen der Getreidestoppeln die Zuckerrübenerträge im Vergleich zur unbearbeiteten Variante in einem normalfeuchten Jahr um 7%, in einem trockenen Jahr dagegen um 30% gesteigert (LÜDECKE 1939).

In niederschlagsreichen Gebieten dagegen gilt es vor allem den Ausfallsamen zum Keimen zu bringen und vegetativ sich vermehrende Ackerwildpflanzen zu bekämpfen. Durch flaches Einmischen der Ernterückstände in die oberste Krumenschicht soll ein möglichst großer Teil der makroorganischen Substanz schon vor dem Anbau der Nachfrucht abgebaut werden. Die Rottevorgänge sollen sich vorteilhaft auf die Entstehung eines Krümelgefüges auswirken. Um diese Prozesse zu fördern, sollte mit angekoppelten Scheiben-, Spatenrolleggen oder Formwalzen der gelockerten Boden weiter zerkleinert und eingeebnet werden. Dabei werden auch die Ernterückstände noch intensiver eingemischt und in Kontakt zur Bodenmasse gebracht.

Das Einmischen der Ernterste kann verbessert werden, wenn in wiederholten Arbeitsgängen stets größere Arbeitstiefen eingehalten werden. Solche Umbruch-Folgearbeiten sind auch notwendig, wenn der Wiederaustrieb vegetativ sich vermehrender Wildpflanzen aus Rhizomen und Wurzeln und aufgelaufenes Ausfallgetreide oder Samenunkräuter vernichtet werden sollen. Eine günstige Gelegenheit für eine nachhaltige mechanische Bekämpfung, z. B. von Quecken und Disteln, bietet nur die Teilbrache während eines trockenen Spätsommers.

Um Wasser zu sparen, die Bearbeitbarkeit des Bodens für die folgende Grundbodenbearbeitung zu verbessern und die Strohrotte rasch in Gang zu setzen, ist für die Stoppelbearbeitung höchste Eile geboten. Das spricht für den Einsatz von Geräten, die nur flach arbeiten und deshalb eine große Flächenleistung je Zeiteinheit erbringen. Unter der Eilbedürftigkeit darf aber die Qualität der Teilbrachebearbeitung nicht leiden. Die Flächen müssen gleichmäßig tief und lückenlos bearbeitet werden. Diese Forderung gilt um so mehr, wenn mit der flachen Bodenbearbeitung ein Saatbett für eine Zwischenfrucht geschaffen werden soll.

Verspätet sich die Ernte, so wird der Stoppelumbruch nicht selten unterlassen. Das kann besonders auf schweren, leicht verhärteten Böden zu Schwierigkeiten bei der nachfolgenden, tiefgreifenden Grundbodenbearbeitung führen. Wird nicht unmittelbar nach der Ernte gepflügt, so gehört auf bindigen Böden die sofortige flache Bodenlockerung unbedingt zur Vorbereitung der späteren Pflugarbeit. Auch nach der Ernte von späträumenden Zuckerrüben und Körnermais wirkt ein zunächst flaches Einarbeiten von Rübenblatt und Maisstengel vorteilhaft auf die Rottevorgänge. Sofortiges tiefes Vergraben großer Mengen von stark wasserhaltigen Blättern kann zu anaeroben Prozessen nahe der Bearbeitungsgrenze führen und das Wurzelwachstum der Nachfrucht stören.

Auch auf leichten Böden lohnt sich noch eine Teilbrachebearbeitung, wenn die Spanne zwischen Ernte und Grundbodenbearbeitung länger als drei Wochen dauert. So stellte Rauhe (1957) z. B. bei Winterroggen Mehrerträge von 8 bis 10% fest, wenn die Stoppel vor der Saatfurche bearbeitet worden war.

Grundbodenbearbeitung
Sie dient hauptsächlich der Wiederherstellung einer für das Pflanzenwachstum günstigen Bodenstruktur in der Ackerkrume und an der Krumenbasis. Sie ist daher nur dann notwendig, wenn durch den Anbau einer Feldfrucht und dem mit ihr verbundenen Fahrverkehr das Bodengefüge beeinträchtigt wurde und mit der Grundbodenbearbeitung eine ausreichende, nachhaltige Strukturverbesserung erreicht werden kann. Diese Bedingung ist mindestens auf strukturstabilen Böden – also auch auf Böden, die erst durch Unterlassen der tiefgreifend-lockernden Bodenwendung wieder zu strukturstabilen Böden entwickelt wurden – nicht immer erfüllt. Die Gründe für eine intensive, tiefgreifende Bodenbearbeitung in solchen Fällen sind dann anderer Art.

Wenn große Mengen von unerwünschter Vegetation oder von Ernterückständen die Begründung eines Nachfruchtbestandes gefährden, ist eine tiefgreifende Bodenwendung, mit der die gesamte makroorganische Masse von der Bodenoberfläche verschwindet, die sicherste und kostensparendste Maßnahme. Ferner läßt sich durch regelmäßiges Pflügen auch die Ausbreitung vegetativ sich vermehrender Wildpflanzenarten, z.B. der Quecke, und die samenbürtige Verunkrautung, z.B. durch Klettenlabkraut, leichter begrenzen.

Die Grundbodenbearbeitung wird mit solchen Geräten vorgenommen, die auf volle Krumentiefe lockern und mischen können. Überwiegend wird dazu noch der Scharpflug verwendet. Nach Zweck und Zeitpunkt unterscheidet man zwischen der Saatfurche, die zeitlich in enger Verbindung mit der Aussaat einer Nachfrucht steht, und der Herbstfurche, die vor Eintritt des Winters und lange vor der Frühjahrsbestellung gezogen wird. Die Saatfurche soll einen Bodenzustand schaffen, der mit dem geringsten Aufwand in ein Saatbett verwandelt werden kann. Solche günstigen Voraussetzungen bieten aber nur sandige bis lehmige Böden, die mit einer „schüttenden" Furche feinbröckelig und mit einer eben ausgeformten Bodenoberfläche gepflügt werden können. Alle anderen Böden bedürfen einer intensiven Nachbearbeitung.

Unmittelbar nach dem Pflügen oder Grubbern ist der Boden noch zu locker, um die Saat gleichmäßig tief und den Acker ohne schädliche Fahrspuren bestellen zu können. Mangelnder Bodenschluß gefährdet bei anhaltender Trockenheit die Wasseraufnahme zur Keimung. Bei Spätsaaten vor Winter ist die Wärmeleitung aus der Bodentiefe zum Saatbett in lockeren Böden geringer als in dicht gelagerten. Deshalb sollte, wenn möglich, die Saatfurche so früh gezogen werden, daß der gewünschte Bodenschluß durch Sackungsverdichtung noch vor der Aussaat erreicht wird. Je bindiger ein Boden, je größer seine Konsistenz beim Pflügen oder Grubbern und je trockener die Witterung nach der Grundbodenbearbeitung ist, desto längere Zeit benötigt der gelockerte Boden zum Absetzen.

Häufig zwingen kurze Zeitspannen zwischen Vorfruchternte und Bestelltermin der Nachfrucht dazu, die Aussaat unmittelbar auf die Grundbodenbearbeitung folgen zu lassen. Dann kann der Bodenschluß nicht mehr durch natürliches Setzen, sondern muß durch intensive mechanische Einwirkung erreicht werden. Neben Zerkleinerung der Schollen, Einebnen der Bodenoberfläche soll der gelockerte Boden möglichst ohne schädlichen Bodendruck der Schlepperräder rückverdichtet werden. Auf leicht bearbeitbaren Böden genügen dafür schon Nachläuferkombinationen aus Krumenpacker, Scheibengeräten und Formwalzen. Auf bindigen Böden müssen weitere Bearbeitungsgänge mit aktiv angetriebenen, rotierenden Werkzeugen folgen.

Mit den nacharbeitenden Geräten soll die untere Krumenschicht verdichtet werden, ohne die an der Oberfläche liegenden Klumpen und Bröckel vollständig zu zerkleinern. Falsch ist es, den gewünschten Bodenschluß auf feuchten, plastisch sich verformenden Böden durch häufiges Überrollen mit dem Schlepper zu erzwingen. Das führt mit Sicherheit zu schädlichen Bodenverdichtungen. Solche Böden verlangen, wenn Aussicht auf ein Abtrocknen besteht, eine Pause zwischen den Arbeitsgängen, um den für den Bearbeitungserfolg notwendigen Feuchtezustand zu erreichen.

Die Tiefe der Saatfurche wird von den Ansprüchen der Nachfrucht und vom Ausgangszustand des Ackers bestimmt. Hoher Unkrautbesatz, vor allem mit vegetativ sich vermehrenden Arten und mehr noch, starke Krumenverdichtung mit zahlreichen tiefen Fahrspuren erfordern eine tiefere Pflugfurche als unter normalen Bedingungen notwendig wäre. Nach einer vorangegangenen Stoppelbearbeitung muß die Arbeitstiefe des Pfluges gerade soviel größer sein, als notwendig ist, daß das Pflugschar wieder im festen, ungelockerten Boden arbeitet. Je kürzer die Zeitspanne zum natürlichen Absetzen des Bodens ist, desto flacher sollte gepflügt werden. Unter günstigen Bedingungen reichen schon Pflugtiefen von 15 bis 18 cm aus.

Zu sommerjährigen Feldfrüchten wird üblicherweise eine Herbstfurche gezogen. Auch hier sollte der Boden möglichst im Zustand bester Bearbeitbarkeit gepflügt werden, d.h. rechtzeitig vor dem Einsetzen der Herbstvernässung. Auf leicht verschlämmbaren Böden wählt man einen möglichst späten Termin. Dies und das Pflügen von deutlichen Furchenkämmen mit groben Brocken an der Oberfläche sollen die Verschlämmung möglichst lange hinauszögern. Hält die Rauhigkeit an der Bodenoberfläche bis zum Frühjahr, so trocknet der Boden rascher ab und läßt sich eher bestellen.

Strukturstabile, tonreiche Böden die ohnehin nicht feinbröckelig –

schüttend gepflügt werden können, sollten nach der Herbstfurche möglichst noch eingeebnet werden. Geschieht das nicht, schafft die Frostsprengung im Winter an der Oberfläche der Schollen eine feinbröckelige Lockerschicht. Diese Bröckel rieseln in die Tiefe und füllen die Furchentäler mit relativ trockenem Boden. Bei einer ersten Bearbeitung im Frühjahr werden die im Inneren noch feuchten Furchenkämme angeschnitten und die Furchentäler mit weiterem Lokkerboden aufgefüllt. Zurück bleiben locker-trockene und fest-feuchte Gefügestreifen auf dem Acker. Bei weiteren Arbeitsgängen muß man dann auf das Abtrocknen der noch feuchten Streifen warten, während die lockeren Partien weiterhin Wasser verdunsten, so daß dort der spätere Feldaufgang gefährdet wird. Deshalb ist eine einebnende Nachbearbeitung der tonigen Böden nach der Herbstfurche vorteilhaft für ein gleichmäßiges Abtrocknen der Bodenoberfläche im Frühjahr. Die zerteilende, lockernde Wirkung des Frostes wird dadurch nicht beeinträchtigt, sondern schafft gleichmäßig auf der ganzen Oberfläche eine Bröckelstruktur.

Bei der Herbstfurche wird meist eine größere Pflugtiefe eingehalten als bei einer Saatfurche. Dies ist nur gerechtfertigt, wenn Gefügeschäden in der Ackerkrume beseitigt werden sollen oder insgesamt die Mächtigkeit des mit Nährstoffen und organischer Substanz angereicherten Ackerbodens vergrößert werden soll.

Während ein schwerer Boden unbedingt vor Winter tiefgreifend bearbeitet werden sollte, ist auf Sand- und milden Lehmböden auch eine Frühjahrsfurche möglich. Auch schluffige Lehmböden, die sich im Frühjahr eher pflügen als zur Saat vorbereiten lassen, werden manchmal nach Ende des Winters gepflügt, obwohl damit in dem feucht-plastischen Boden meist eine Krumenbasisverdichtung erzeugt wird. Dennoch schätzen manche Landwirte dieses nicht zu empfehlende Verfahren, weil das Abtrocknen dieser an Wasserüberschuß leidenden Böden durch das Pflügen so gefördert wird, daß die Bestellung sehr viel früher als nach einer Herbstfurche erfolgen kann.

Überall dort, wo der Verlust von im Winter gespeicherter Bodenfeuchtigkeit ertragsmindernd wirkt, ist die Frühjahrsfurche ein Fehler. Eine Frühjahrsfurche wird immer als Saatfurche gezogen, für die das oben gesagte gilt.

Saat- und Pflanzbettbereitung
Sie folgt entweder in unmittelbarem Zusammenhang mit der Grundbodenbearbeitung oder nach einer längeren Phase natürlicher Rückverdichtung. Dementsprechend sind unterschiedliche Ziele zu verfolgen. Im erstgenannten Fall gilt es vor allem, durch mechanische Einwirkungen den erforderlichen Bodenschluß herzustellen.

Der schon genannte Einsatz von zerkleinernden, verdichtenden und einebnenden Nachlaufgeräten schafft zwar eine sehr gleichmäßige und für Feldaufgang und Jugendwachstum der Nachfrucht meist auch ausreichende Bodendichte, reicht aber nicht aus, um die großen Dichteunterschiede zwischen den Schlepperspuren und dem nicht überrollten Boden zu minimieren. Höchste Gleichmäßigkeit des Saat- und Pflanzbettes ist die Voraussetzung für einen gleichzeitigen Feldaufgang, die für die Terminierung von weiteren Maßnahmen der Bestandesführung eine wesentliche Voraussetzung darstellt.

Um in einem unmittelbar zuvor gepflügten oder gegrubberten Boden in nur einem Arbeitsgang ein gleichmäßig dichtes Saatbett zu schaffen, kann man Reifenpacker einsetzen, die nur auf die von Schlepperrädern nicht überrollte Fläche einwirken und dadurch, daß sie über die Fronthydraulik ein Teil des Schleppergewichtes aufnehmen, einen ähnlichen Verdichtungseffekt bewirken wie der breit- oder doppelbereifte Schlepper. In der Heckhydraulik folgt dann die bröckelnd wirkende Saatbettkombination. Ohne Einsatz von Gitterrädern, Doppel- oder Breitreifen versucht man die bei der Bestellung entstandenen Fahrverdichtungen mit sogenannten Spurlockerern (Grubberzinken) wieder zu beseitigen. Dies ist immer noch besser als das oberflächliche Zudecken der Spurwannen mit Lockerboden, den die lockernden Werkzeuge der Saatbettkombination von der Seite her heranschaffen.

Bei der Frühjahrsbestellung, also in einem längeren zeitlichen Abstand von der Grundbodenbearbeitung, muß in dem abgesetzten Boden nur eine möglichst flache, eingeebnete Lockerschicht geschaffen werden. Weitere Ziele sind die Vernichtung unerwünschter Wild- und Kulturpflanzen sowie das Einmischen von Mineraldünger und Pflanzenschutzmitteln in den Boden. Auch in diesem Falle sollte die Saat- und Pflanzbettherrichtung mit einem Minimum an Arbeitsgängen erfolgen. Dieser Forderung zu genügen, ist im Frühjahr meist schwieriger als im Herbst. Während auf einem eingeebneten, vom Frost zerbröckelten tonigen Boden im richtigen Feuchtezustand ein einziger Eggen- oder Schleppenstrich genügen kann, um den Acker saatfertig zu machen, müssen dichtgelagerte, verschlämmte Lehmböden u. U. in mehreren Arbeitsgängen gelockert und wieder rückverdichtet werden. Mit der über die Saattiefe hinausgehenden Lockerung soll das Abtrocknen der Krume und damit auch ihre Erwärmung beschleunigt werden.

Ursache für die unrationelle Mehrarbeit ist die Gefügelabilität dieser schluffigen Lehmböden. Die Schwierigkeiten sind leichter zu meistern, wenn wie im Kartoffelbau, ein Teilabschnitt der Pflanzbettvorbereitung in den Herbst vorverlegt wird. Nach der Grundbodenbearbeitung werden bei bester Bearbeitbarkeit der Böden die Dämme schon vorgeformt und mit einer im Winter absterbenden Zwischenfrucht begrünt. Eine solche Lockerboden-Mulchwirtschaft bietet bei der intensiven Bodenbearbeitung, die mit dem Legen von Kartoffeln verbunden ist – Spalten und Wiederanhäufeln der Dämme – keine Probleme für eine exakte Ablage der Pflanzkartoffeln. Bei anderen Feldfrüchten nehmen die Schwierigkeiten, in einer Mulchsaat einen ausreichenden Boden-Samenkontakt und eine angemessene, gleichförmige Tiefenlage zu bewerkstelligen, mit abnehmender Saattiefe bzw. Samengröße und zunehmender Menge an makroorganischer Substanz in und auf dem Saatbett zu.

Während Mais und Ackerbohnen mit geeigneten Säaggregaten auch durch eine Mulchauflage hindurch in eine Tiefe von mehr als 6 cm und auf den gewünschten Abstand in der Reihe von 10 bis 15 cm bzw. 5 bis 10 cm abgelegt werden können, ist das bei Zuckerrüben, Körnerraps, Getreide und Erbsen wegen der geringeren Saattiefe und den engeren Abständen in der Reihe wesentlich schwieriger. Tab. 38 zeigt das Ergebnis einer Mulchsaat von Wintergerste in ein Saatbett, in das mit der Kreiselegge 8,4 t·ha^{-1} Stroh eingearbeitet worden war. Im Vergleich zu der Variante ohne Stroh- und Stoppelreste war die Tiefenlage der Körner geringer und die Anzahl obenauf liegender Körner größer. Dadurch wurde der Feldaufgang in der Mulchvariante so verzögert, daß erst im Frühjahr gleich hohe Keimdichten wie in der Variante ohne Mulch erreicht wurden.

Tab. 38. Wirkung großer Weizenstrohmengen im Saatbett auf den Feldaufgang von Wintergerste (Saatbettbereitung des Lößlehms mit der Kreiselegge; Niederschläge während der ersten Woche nach der Aussaat: 28 mm (Koch 1990)

Kenngröße		Stroh und Stoppel geräumt	Stroh belassen (8,4 t·ha^{-1})
Tiefenverteilung des Strohs im Saatbett	0–3 cm	–	94,3
(% der Gesamtmenge)	3–6 cm	–	5,7
Mittlere Tiefenlage der Körner (mm)		16,4	7,1
Variationskoeffizient der Saattiefe (%)		45,3	105,3
Anzahl Körner auf der Bodenoberfläche (K·m^{-2})		4,2	70,7
Keimdichte (Pflanzen·m^{-2})			
1 Woche nach der Aussaat		222,4	82,9
5 Wochen nach der Aussaat		321,0	293,8
im Frühjahr		325,9	324,7

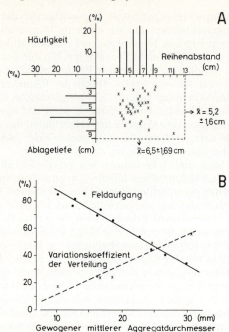

Abb. 91. Wirkungsweise eines Saatverfahrens
A: Lage der Getreidekörner im Saatbett nach einer Drillsaat;
B: Zusammenhang zwischen dem Variationskoeffizienten der Tiefenverteilung der Körner im Saatbett und dem Feldaufgang in Abhängigkeit von der mittleren Größe der Bröckel im Saatbett (ZELTNER 1976).

Für die Höhe und die Gleichzeitigkeit des Feldaufganges ist vor allem die Tiefenlage der Samen von Bedeutung. Abb. 91A zeigt, wie groß die Variabilität der Verteilung von Getreidekörnern unter den Bedingungen der Lockerbodenwirtschaft sein kann. Der Variationskoeffizient der Verteilung auf unterschiedliche Bodentiefe steigt mit zunehmender Bröckelgröße im Saatbett (Abb. 91B). Im Zusammenhang damit sinkt der Feldaufgang. Ziel jeder Saatbettbereitung muß deshalb sein, die Voraussetzungen für eine exakte, gleichmäßige Tiefenablage der Samen zu schaffen. Die Präzision der Saatgutablage läßt sich mit der Sorgfalt steigern, mit der ein Saatbett hergerichtet wird: Um ein gleichförmiges, entsprechend den Vorstellungen in Abb. 55 (Ebenkultur) strukturiertes Saatbett zu schaffen, muß der Zeitpunkt der besten Bearbeitbarkeit abgewartet werden, dann aber

Tab. 39. Richtwerte für die Beschaffenheit des Saatbettes (PETELKAU et al. 1977, KUNDLER et al. 1989 und eigene Angaben)

Feldfrucht	Arbeitstiefe (cm)	Rautiefe[1] (cm)	Anteil an Aggregatgrößen (%)[2]		Tiefenlage der Samen (cm)
			≤40mm	≤10mm	
Feinsämereien	3 ± 2	≤3	>95	>80	1,5 ± 1
Raps, Rüben	4 ± 3	≤4	>90	>75	2,5 ± 1
Roggen	4 ± 3	≤4	>80	>45	2,5 ± 1
Weizen, Gerste, Hafer, Lupinen	5 ± 3	≤5	>75	>40	3,5 ± 1
Erbsen, Mais	7 ± 3	≤5	>75	>40	5,5 ± 1
Ackerbohnen	10 ± 3	≤5	>75	>40	8 ± 2

1) Ebenheit der Bodenoberfläche, gemessen als größte Differenz zwischen Bodenoberfläche und einer quer zur Arbeitsrichtung aufgelegten 3-m-Latte. Spurentiefe nach der Aussaat.
2) Relativer Flächenanteil, den die Aggregate an der Bodenoberfläche einnehmen.

mit einer geeigneten Gerätekombination in einem Arbeitsgang das Saatbett geschaffen werden, und zwar ohne Lücken und Überlappungen und hinsichtlich der Arbeitstiefe und Oberflächenausformung so gleichmäßig wie möglich. Sät man in der Erwartung einer länger anhaltenden Trockenheit, sollte das Saatbett mit Formwalzen rückverdichtet werden. Welche Anforderungen die einzelnen Feldfruchtarten an die Beschaffenheit des Saatbettes stellen, zeigen die Richtwerte in Tab. 39.

Bodenpflege im wachsenden Bestand

Sie wird in der Regel in zwei Situationen notwendig. Böden unter Wintergetreidebeständen, die durch Frosttrocknung und aushagernde Winde im Frühjahr große Trockenrisse und ein scholliges Absonderungsgefüge bekommen haben, werden mit Formwalzen zerkleinert, rückverdichtet und in den Rissen wieder aufgefüllt. Gleichzeitig sollen aufgefrorene Getreidepflanzen wieder angedrückt werden.

Krusten aus verschlämmten, dichtgelagertem Bodenmaterial können mit Gliedereggen oder Formwalzen gebrochen und wieder aufgerauht werden. Das geschieht nicht zur Verbesserung der Bodendurchlüftung, denn sobald die Poren der verschlämmten Schicht an der Bodenoberfläche kein oder kaum mehr Wasser enthalten, ist der

Gasaustausch auch in kleinen Poren nicht mehr behindert. Vielmehr soll die neugeschaffene Rauhigkeit dazu dienen, das Eindringen des nächsten Niederschlages in den Boden zu fördern und ein erneutes Verschlämmen zu verzögern oder zu verhindern. Häufig wird mit der Bodenbearbeitung im wachsenden Bestand nur das Ziel einer mechanischen Unkrautbekämpfung verfolgt. Dann ist die Bodenpflege nur ein Begleiteffekt.

4.2.7 Besondere Bearbeitungsmaßnahmen

Die heute angebotenen Schlepperleistungen ermöglichen es mehr und mehr, auch den Unterboden zu lockern oder meliorativ zu pflügen. Eingriffe in die Schichtung und das Gefüge unterhalb der gewöhnlichen Arbeitstiefe sind ratsam, wenn eine massive Schadverdichtung im Unterboden besteht. Erste Anzeichen für diese Verdichtung sind vorzeitiges Welken der Pflanzen während einer anhaltenden Trockenperiode, Auftreten von stauender Nässe im Krumenbereich und das Fehlen kontinuierlicher Grobporen, z.B. von Wurzel- und Regenwurmgängen im Unterboden. Krumenbasisverdichtungen bis 50 cm Tiefe können mit meißelförmigen Lockerungsscharen gelockert werden, die beim Pflügen unterhalb der wendenden Schare den Boden aufreißen, oder mit wenigen, tiefgreifenden Zinken in Spezialgrubbern. Zur Lockerung von Bodenschichten in Tiefen von 60 bis 100 cm werden aktiv angetriebene Spezialgeräte, wie Wippschar- oder Stechhublockerer benutzt.

Ein tiefgelockertes Gefüge im Unterboden ist besonders bei hoher Bodenfeuchte wenig tragfähig und deshalb verdichtungsanfällig. Daher darf dieser Boden nur im trockenen Zustand bearbeitet und mit minimalem Kontaktdruck befahren werden. Anbau von langlebigen, tiefwurzelnden Futterpflanzen wie Luzerne, Kleegras und Verminderung der Bearbeitungstiefe in den Jahren nach der Untergrundlockerung stabilisieren die Gefügelockerung.

Auf Hoch- und Niedermoorböden mit einer Mächtigkeit der Torfschicht unter 130 cm kann nach vorheriger Entwässerung eine 15 bis 30 cm starke Deckschicht aus dem in der Tiefe befindlichen Sand aufgetragen werden (Sanddeckkultur). Dazu benutzt man Tiefpflüge, die im Unterboden möglichst steil stehende, abwechselnde aufeinander folgende Sand- und Torfbalken und in der Krume eine nicht mit Torf vermischte Sanddecklage herstellen. Horizontal geschichtete Sandmischkulturen werden mit besonderen Kuhlmaschinen auf bis zu 3 m mächtigen Hochmooren erstellt. Beim Einebnen der Bodenoberfläche wird Torf in die Krume eingemischt. Ziel der Moorbodenmelioration ist eine Verbesserung der Wasserleitfähigkeit der Böden und eine Verzögerung des Torfabbaus. Neben der Sackung der Moorböden als Folge der Entwässerung ist es vor allem der rasche Abbau der organischen Substanz, der den Abstand der Bodenoberfläche zum Grundwasserspiegel vermindert und nach wenigen Jahrzehnten eine erneute Entwässerungsmaßnahme notwendig macht.

Im Gegensatz zu den einmaligen bzw. seltenen Eingriffen zur radikalen Änderung des Bodengefüges, zielt die Krumenvertiefung auf eine allmähliche Veränderung produktionsbestimmender Eigenschaften des Ackerbodens, nämlich eine Anreicherung des Bodens mit organischer Substanz und damit verbunden eine Vergrößerung der Sorptionskapazität für Wasser und Pflanzennährstoffe. Besonders auf Sandböden wurde mit einer Vertiefung der Ackerkrume bis auf etwa 35 cm nicht nur auf eine Steigerung der nutzbaren Feldkapazität, sondern auch eine Vergrößerung des durchwurzelbaren Bodenraumes erreicht. Beides bewirkt eine bessere Ausnutzung von Niederschlags- oder Beregnungswasser und mindert das Risiko von Trockenschäden.

Der schrittweise, ganzflächige Aufbau einer mächtigeren Ackerkrume erfolgt mit dem allmählichen Tieferlegen der Bearbeitungsgrenze bei der Herbstfurche. Im Abstand von 4 bis 6 Jahren werden vor Mais, Kartoffeln oder Zuckerrüben etwa 2 bis 3 cm des nährstoffarmen Unterbodens der Krume beigemischt. Zum Ausgleich für die Verdünnung des Nährstoff-, Kalk- und Humusgehaltes werden eine organische Düngung, eine Kalkgabe und eine höhere PK-Menge verabreicht. Vor der Krumenvertiefung sollte jeweils eine Feldfrucht angebaut werden, die große organische Rückstandsmassen hinterläßt.

4.2.8 Wirkungen der Bodenbearbeitung auf einige im Boden ablaufenden Prozesse und die Ertragsbildung

Die Lockerbodenwirtschaft und die Festbodenmulchwirtschaft sind Extreme, an denen sich die Wirkungen der Bodenbearbeitung am deutlichsten darstellen lassen.

Wie Abb. 81 zeigt, schafft die Bodenbearbeitung über zwei Wirkungswege veränderte Voraussetzungen für das Pflanzenwachstum und das Bodenleben. Zum einen entsteht durch den mechanischen Eingriff ein bestimmtes Bodengefüge. Im Vergleich zu einem natürlich dichtgelagerten Boden in der Festboden-Mulchwirtschaft ist das Gefüge des gepflügten Bodens durch ein höheres Gesamtporenvolumen, einen höheren Anteil grober, meist luftführender Poren und durch eine stärker ausgeprägte Krumenbasisverdichtung gekennzeichnet (Abb. 26). Zum anderen werden Ernterests, Dünge- und Pflanzenschutzmittel sowie die Verbreitungsorgane von uner-

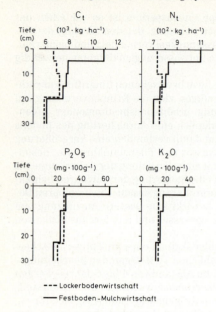

Abb. 92. Tiefenverteilung der organischen Bodensubstanz (C_t, N_t) (FLEIGE und BAEUMER 1976) sowie von Phosphat und Kalium (BAKERMANS und DE WIT 1970) in regelmäßig (Lockerbodenwirtschaft) und langfristig nicht mehr gepflügten Böden (Festboden-Mulchwirtschaft).

wünschten Pflanzen und Schaderregern an bestimmte Plätze im Boden gebracht, von wo aus sie in lagenspezifischer Weise wirksam werden. In einem nicht mehr tiefgreifend gewendeten Boden bleiben dagegen große Mengen organischer Rückstände an der Bodenoberfläche und werden nicht in den Boden eingemischt (Abb. 92).

Die Unterschiede wirken sich nicht nur in der Bodenschicht aus, die durch den Bearbeitungseingriff verändert wird, sondern auch in den darunter liegenden Schichten. Das hat seine Ursache darin, daß alle physikalischen Transportprozesse und damit auch die von ihnen abhängigen biologischen Umsetzungsprozesse überwiegend von den Bedingungen gesteuert werden, die an der Grenze zwischen Boden und Atmosphäre herrschen.

Wieviel Niederschlagswasser in den Boden eindringt, wird – vor allem bei Starkregen – zunächst einmal von der Anzahl der groben, rasch dränenden Poren an der Bodenoberfläche bestimmt, dann erst von der Wasserleitfähigkeit tieferer Schichten. Wegen der größeren Mengen grober Poren, die die Bodenoberfläche ohne Unterbrechnung mit dem Unterboden verbinden – z. B. Regenwurmröhren (Abb. 32) und verlassene Wurzelbahnen –, infiltriert in einen gemulchten Boden mehr Niederschlagswasser als in einen gepflügten

Boden (Abb. 26). Dort kann es an der wenig durchlässigen Krumenbasisverdichtung gestaut werden, während es in dem unbearbeiteten Boden rasch in die Tiefe abgeleitet wird. Streu an der Bodenoberfläche oder eine Pflanzendecke schützen die Bodenoberfläche vor Verschlämmung. Auch das trägt zu einer größeren Infiltration von Starkregen in einem gemulchten Boden bei. Bei einem gepflügten Boden ohne schützende Decke aus toten oder lebenden Pflanzen dagegen kann eine in die dichteste Packung eingeregelte Verschlämmungsschicht aus Schluff- und Tonteilchen den Wassertransport in die Tiefe hemmen.

Auch der Wassertransport aus der Bodentiefe zur Oberfläche wird von den Bedingungen an der Grenzschicht Boden-Atmosphäre gesteuert. Die Verdunstungsrate ist von dem Gefügezustand der obersten Bodenschicht und der Bedeckung der Oberfläche mit lebenden oder toten Pflanzen abhängig. Wenn die Bodenoberfläche von Bröckeln oder Stroh bedeckt ist, die in trockenem Zustand oder wegen mangelnden Kontaktes zu der darunter liegenden, kompakteren Bodenschicht kaum mehr Wasser leiten, nimmt die Verdunstungsrate und damit auch die Transportrate des Wassers zur Oberfläche ab. Als Gesamtwirkung dieser Unterschiede folgt, daß der Wassergehalt in den oberflächennahen Schichten im natürlich dicht gelagerten, von Mulch bedeckten Boden meist höher ist als in einem gepflügten Boden. Auch ist der Gang der Bodenfeuchte ausgeglichener, da der bearbeitete Boden in Trockenperioden stärker austrocknet und in Nässeperioden mehr Wasser in der Krume zurückhält als ein unbearbeiteter Boden.

Wenn eine wenige mm starke Verschlämmungsschicht an der Bodenoberfläche mit Wasser gesättigt ist, dann blockiert sie den Gasaustausch zwischen Boden und Atmosphäre. Diese Begrenzung wird fast ausschließlich in gepflügen Böden wirksam. Umgekehrt ist der luftgefüllte Porenraum der Krumenschicht in unbearbeiteten Böden meist geringer als in bearbeiteten, nicht selten unterhalb der für eine ausreichende Durchlüftung als notwendig angesehenen Grenze von 10% luftführendem Porenvolumen bei Feldkapazität. Dennoch ergaben zweijährige Messungen in einem tonigen Boden mit geringer Wasserleitfähigkeit, daß die Sauerstoffkonzentration in der Bodenluft während der niederschlagsreichen Wintermonate bis 30 cm Tiefe ohne Bodenbearbeitung wesentlich höher war als nach Pflügen (Dowdell et al. 1979). Dieser Sachverhalt muß im Zusammenhang mit der größeren Kontinuität der Grobporen im unbearbeiteten Boden gesehen werden. Sie beschleunigt den Gasaustausch erheblich.

Ernteteste an der Bodenoberfläche, vor allem helles Stroh, reflektieren die Einstrahlung stärker als feuchter, dunkler Boden. Außerdem schirmen sie die Einstrahlung ab und hemmen die Rückstrahlung. Ist ein Boden aufgrund eines höheren Feinporenanteils mehr mit Wasser gefüllt, dann wird mehr Energie zur Erwärmung benötigt als in einem lockeren, mehr mit Luft gefüllten Boden. Andererseits leitet ein Boden mit höherem Wassergehalt die Wärme besser. Daraus folgt, daß sich ein natürlich dichtgelagerter, von Streu bedeckter Boden in Perioden mit steigenden Lufttemperaturen (vormittags, im Frühjahr) langsamer erwärmt, dagegen aber in Perioden mit abnehmenden Lufttemperaturen (nachts, im Herbst und Winter) sich wegen des größeren Wärmetransportes aus der Bodentiefe zur Oberfläche auch nur langsamer abkühlt als ein gelockerter Boden (Abb. 28).

Wie aus dem Vergleich der C_t- und N_t-Gehalte der obersten Bodenschicht in Abb. 92 abzuleiten ist, verbleibt auf ungepflügten, nur flach gemulchten Böden die Masse der Ernteeste an und auf der Bodenoberfläche. Das hat weitreichende Auswirkungen auf das Bodenleben. Am sichtbarsten wird das an der Tätigkeit der Regenwürmer, vor allem der großen Lumbriciden. Sie sammeln auf der Bodenoberfläche liegende Streu ein und ziehen sie in ihre Gänge, wo sie dann schneller von Bodenmikroorganismen zersetzt wird. Die Aktivität ist so bedeutsam, daß im Verlauf eines Jahres fast der gesamte Bestandesabfall einer Feldfrucht aus Blättern, Stroh und Stoppeln in den Boden eingearbeitet werden kann, wenn nur die Regenwurmpopulation genügend groß ist.

Zu einer solchen Leistung sind die Regenwürmer aber nur in der Lage, wenn ihr Leben und ihre Fortpflanzung nicht von der jährlich wiederkehrenden „Elementarkatastrophe" einer wendenden Bodenbearbeitung bedroht werden. Deshalb vervielfacht sich ihre Biomasse in einem ungestörten, entweder von lebenden oder toten

Tab. 40. Wirkung von N-Düngung und Bodenbearbeitung auf die Biomasse von Regenwürmern, nach siebenjährigem Daueranbau von Sommergerste auf einem Lehmboden in Schottland (Gerard und Hay 1979)

Bearbeitungs- verfahren (1966–1973)	Regenwurmmasse ($dt \cdot ha^{-1}$)		
	Lockerboden- wirtschaft (Pflügen 30–35 cm)	Lockerboden- Mulchwirtschaft (Grubbern 12–30 cm)	Festboden-Mulch- wirtschaft (nur Dreischeibendrillmaschine)
N-Düngung			
($kg \cdot ha^{-1} \cdot a^{-1}$) 0	2,5	3,6	8,2
50	3,2	3,8	7,7
100	3,7	4,3	8,8
150	3,5	4,6	10,4

Pflanzen bedeckten Boden einer Festboden-Mulchwirtschaft (Tab. 40). Der Zuwachs an Individuen und Arten ist um so größer, je höher die Zufuhr an makroorganischer Substanz zum Boden ist. In dem hier dargestellten Beispiel stieg vermutlich die Menge der Bestandesabfälle und Ernterückstände mit den steigenden Gaben an mineralischem N-Dünger.

Die Zunahme der Regenwürmer hat auch eine Zunahme der Poren mit Durchmessern > 3 mm zur Folge (Abb. 32). Die Tiere transportieren Boden aus verdichteten Schichten an die Bodenoberfläche, wo sie ihn in Form erdiger Kotballen ablegen. Dadurch können verdichtete Schichten in der Bodentiefe durchlöchert, also örtlich aufgelöst werden. Das gilt auch für die oberflächlich stark verdichteten Fahrspuren. In einer Mulchwirtschaft kann die Regenwurmaktivität so groß sein, daß die Regenwürmer kurz nach dem Befahren ihre Gänge in den Spurrinnen erneuern und damit auch dort die Voraussetzungen für eine hohe Infiltration schaffen.

Diese selbständige Gefügeregeneration wird nur in einer Mulchwirtschaft bzw. unter einer Dauergrasnarbe wirksam. Sie ist von allergrößter Bedeutung für die Verhütung von Bodenerosion und die Befahrbarkeit der Ackerböden. Wie schon beschrieben, bietet eine feste und trockene Fahrbahn die günstigsten Voraussetzungen für ein wirkungsvolles Umsetzen der auf die Schlepperräder wirkenden Energie in Vortrieb und Zugkraft. Diese Voraussetzungen sind bei einem Boden, der durch Sackung natürlich dichtgelagert ist und kaum mehr verdichtet werden kann (Abb. 88B), dessen Gefüge an der Oberfläche durch organische Substanz stabilisiert und weniger verformbar gemacht wurde (Abb. 85) und der als Folge der Grobporen-Drainage in der obersten Bodenschicht länger eine feste Konsistenz beibehält, häufiger gegeben als bei einem stark gelockerten Boden. Deshalb sind die Böden in einer Festboden-Mulchwirtschaft besser befahrbar und mehr belastbar als die Böden in einer Lockerbodenwirtschaft.

Diese Eigenschaft sollte nicht dazu benutzt werden, die natürlich dichtgelagerten, gemulchten Böden mit höheren Lasten und in einem feuchteren Bodenzustand zu befahren. Vielmehr gilt es, die hohe Bodenproduktivität zu erhalten, die sich im Vergleich zu den maximal rückverdichteten Spurrinnen einer Lockerbodenwirtschaft in einer Festboden-Mulchwirtschaft aufgebaut hat, obwohl der Boden im Laufe der Zeit schon vielfach überrollt wurde.

Die oben geschilderten Unterschiede zwischen bearbeiteten und unbearbeiteten Böden beim Wasser-, Gas- und Wärmetransport sowie bei der Plazierung der Erntereste wirken sich auch auf den Stickstoffumsatz im Boden und die N-Aufnahme der Feldfrüchte aus. Wie das Flußdiagramm in Abb. 93 zeigt, wird die Umformung von

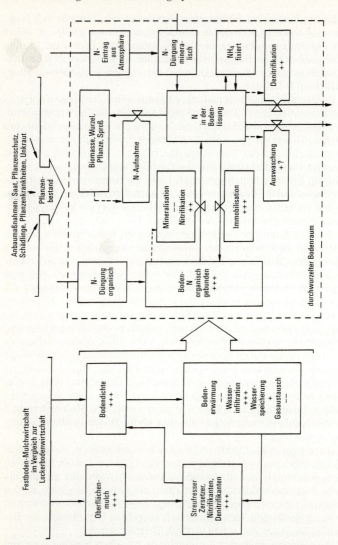

Abb. 93. Vergleich von Lockerbodenwirtschaft und Festboden-Mulchwirtschaft in ihrer Wirkung auf den Stickstoffumsatz im Boden und die Stickstoffaufnahme der Pflanzen (+: mehr; −: weniger in Festboden-Mulchwirtschaft als in Lockerbodenwirtschaft).

Stickstoff im Boden in Pflanzensubstanz und Ertrag über zwei Wirkungswege gesteuert. Auf der einen Seite ist die bestimmende Größe das Angebot an pflanzenaufnehmbarem Stickstoff in der Bodenlösung, auf der anderen Seite bestimmt der vom Sproßwachstum gesteuerte N-Bedarf der Feldfrucht und die über die Durchwurzelung realisierte N-Aufnahme der Pflanzen den Prozeß. Dieser ist überwiegend vom Witterungsverlauf abhängig, aber auch vom Gelingen des Produktionsverfahrens.

Der pflanzenverfügbare Stickstoff im Boden variiert mit der aperiodischen und periodischen Veränderung der Witterung, den davon abhängigen biologischen Umsetzungsprozessen im Boden, also während aller Entwicklungsabschnitte der Pflanzen und in jedem Teilbereich des durchwurzelten Bodenraumes. Die jeweils verfügbare N-Menge hängt von den Raten der mikrobiellen N-Freisetzung des organisch gebundenen N (Mineralisation) und der gleichzeitig ablaufenden Festlegung in organischer Substanz (Immobilisation in Mikroben, Bodentieren und Wildpflanzen) ab. Ferner wird sie vermehrt oder vermindert durch Zufluß von außen (Düngung, N-Eintrag aus der Atmosphäre, symbiotische, asymbiotische N-Bindung), Austausch an Tonmineral-Oberflächen (NH_4), gasförmige Entbindung (NH_3 und Denitrifikation, NO_x) und Auswaschung mit Sickerwasser aus dem durchwurzelten Bodenraum.

Der Einfluß einer Festboden-Mulchwirtschaft auf die relative Ausprägung der Prozesse im Vergleich zu einer Lockerbodenwirtschaft wurde in Abb. 93 mit Plus- und Minuszeichen beschrieben. Verminderter Kontakt zwischen Ernteresten und Boden, d. h. durch Trockenheit gehemmte mikrobielle Aktivität, sowie auch örtlich geringere Durchlüftung des natürlich dichtgelagerten Bodens vermindert die Mineralisationsrate. Dagegen steigt die Immobilisationsrate, was im Zusammenhang mit einer Aktivierung des Bodenlebens durch höhere örtliche Zufuhr von makroorganischer Substanz zu sehen ist. Zumindest während der ersten Jahre einer Umstellung von Lockerboden- auf Festboden-Mulchwirtschaft überwiegt die Immobilisation die Mineralisation von Stickstoff. Diese vermehrte N-Festlegung im Boden hat zur Folge, daß ohne oder nur mit geringer N-Düngung in der Festboden-Mulchwirtschaft geringere Erträge produziert werden als in einer Lockerbodenwirtschaft (Abb. 94A).

Das Verhältnis von Mineralisation zu Immobilisation in einer Mulchwirtschaft muß nicht auf Dauer zu einem Minderangebot an pflanzenaufnehmbarem Stickstoff führen. Je mehr im Laufe der Zeit der Vorrat an organisch gebundenem Stickstoff im unbearbeiteten Boden steigt, desto mehr bodenbürtiger Stickstoff wird auch noch bei niedrigeren Mineralisationsraten freigesetzt. Deshalb verschwinden nach langjährig fortgesetzter Festboden-Mulchwirtschaft die an-

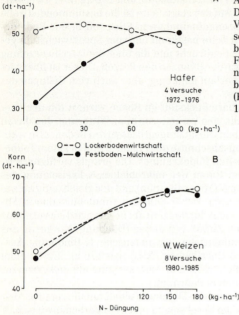

Abb. 94. Wirkung der N-Düngung zu Getreide im Verlauf fortgesetzt unterschiedlicher Bodenbearbeitung auf dem gleichen Feld: A: zu Beginn; B: nach 8–13 Jahren Festboden-Mulchwirtschaft (BAEUMER und KÖPKE 1989).

fangs vorhandenen Mindererträge im Vergleich zur Lockerbodenwirtschaft bei niedriger N-Düngung (Abb. 94B).

Die Nitrifikation kann in der obersten Bodenschicht eines gemulchten Bodens größer sein als in einem gepflügten Boden. Das beruht auf der vermehrten mikrobiellen Aktivität in der mit organischer Substanz angereicherten Schicht. Doch setzt eine höhere Nitrifikation auch das Vorhandensein ausreichender Ammoniummengen voraus, eine Bedingung, die in der Festboden-Mulchwirtschaft weniger häufig erfüllt ist als in einer Lockerbodenwirtschaft. Entsprechendes gilt auch für die Denitrifikation, die ausreichende Mengen von Nitrat voraussetzt.

Wenn die Mineralisierung des bodenbürtigen Stickstoffs nicht Grenzen setzt, können die Denitrifikationsraten in einem natürlich dicht gelagerten Boden zeitweilig größer sein als in einem regelmäßig intensiv gelockerten Boden. Das ist die Folge des höheren Angebotes an leicht abbaubarer organischer Substanz in der Mulchwirtschaft und des örtlich begrenzten Sauerstoffangebotes, Bedingungen, die eine Denitrifikation begünstigen. Ob aber die gasförmigen

NO_x-Verluste über die Vegetationszeit hinweg höher sind, hängt von der Dauer und Häufigkeit anaerober Zustände im Boden ab. Je nach Intensität und Ergiebigkeit der Niederschläge sowie je nach Lage und Wirksamkeit von verdichteten Bodenschichten können sowohl in der Festboden-Mulchwirtschaft als auch in der Lockerboden-Wirtschaft jeweils höhere Denitrifikationsverluste eintreten (GILLIAM und HOYT 1987).

Stickstoffverluste durch Auswaschung von Nitrat aus dem durchwurzelten Bodenraum sind nur dann in der Festboden-Mulchwirtschaft größer, wenn auf der Bodenoberfläche liegender Düngerstickstoff im Niederschlagswasser gelöst und durch die Grobporen in die Tiefe gespült werden (BLEVINS et al. 1972).

Der andere, den N-Umsatz bestimmenden Wirkungsweg, soweit er von der Bodenbearbeitung beeinflußt wird, hängt mit dem Wachstum der Feldfrucht zusammen. Wie in Abb. 32 gezeigt wird, kann die Wurzelverteilung und der Wurzeltiefgang der Pflanzen in einer Festboden-Mulchwirtschaft in der Regel nicht als begrenzender Faktor für die Wasser- und Nährstoffaufnahme angesehen werden. Die Unterschiede in der Wurzeldichte in dem bearbeiteten und unbearbeiteten Boden sprechen in diesem Beispiel eher für eine höhere N-Aufnahmekapazität der Wurzeln in der Festboden-Mulchwirtschaft. Begrenzend wirkt dagegen nicht selten die geringere Keimdichte der Bestände in einer Festboden-Mulchwirtschaft (Tab. 39). Die Aussaat in ein Saatbett mit großen Mengen makroorganischer Substanz nahe der Bodenoberfläche ist bisher immer noch mit einem höheren Risiko für den Feldaufgang verbunden. Eine bessere Handhabung und Fortentwicklung der Sätechnik kann und wird hier Fortschritte möglich machen.

Kaum zu manipulieren ist die verzögerte Bodenerwärmung in einer Festboden-Mulchwirtschaft, wenn man nicht auf deren wesentlichste Vorzüge, die dauernde Bodenbedeckung mit Mulch, verzichten will. Wärmeanspruchsvolle Feldfrüchte wie Mais und Zuckerrüben können trotz ausreichenden Feldaufganges in einem kühlen und strahlungsarmen Frühjahr durch Mindertemperaturen in oberflächennahen Schichten bis zu 5 °C erheblich im Jugendwachstum gehemmt werden. Die einzige Lösung dieses Problems bietet eine intensive Bodenlockerung in der Saatreihe mit Hilfe einer Reihenfräse. Die Lockerung steigert zwar deutlich die Bodenerwärmung, kann aber, wenn mit der Saat der Lockerboden wieder rückverdichtet wurde (Druckrolle), zur Ursache für eine Verschlämmung und Bodenerosion in den Saatreihen werden.

Ein weiteres Problem in der Festboden-Mulchwirtschaft ist der andersartige und vermehrte Unkrautbesatz. Wenn auf eine tiefgreifend wendende Bodenbearbeitung verzichtet wird, verbleiben die ausgefallenen Samen der Vorfrucht und der Ackerwildpflanzen nahe der Bodenoberfläche, werden also nicht in der Tiefe „vergraben", wo sie am Auflaufen gehindert sind. Diese Zunahme der ruhenden Population in der obersten Bodenschicht trägt zu einer vermehrten Verunkrautung der Folgefrüchte bei. Nur eine vollständige Vernichtung der aufgewachsenen Population, und die Verhinderung erneuter Samenzufuhr könnten diesen sich selbst verstärkenden Regelkreis unterbrechen. Dieses Ziel läßt sich aber in der Regel nicht erreichen. Ist eine Abtötung von 90% der aufgewachsenen Ackerwildpflanzen schon als ein guter Bekämpfungserfolg anzusehen, so muß man in einer Festboden-Mulchwirtschaft mit geringeren Raten rechnen, wenn Herbizide angewendet werden, die überwiegend über den Boden, nicht direkt auf den Sproß wirken. Durch die Anreicherung der obersten Bodenschicht mit organischer Substanz wird vermehrt Wirkstoff sorbiert und inaktiviert. Deshalb müssen in einem solchen Fall größere Herbizidmengen angewendet werden, um einen ähnlich hohen Bekämpfungserfolg zu erreichen wie in einer Lockerbodenwirtschaft.

Ein solcher Sachverhalt ließ sich besonders dort beobachten, wo z.B. häufig Wintergetreide nach Wintergetreide angebaut wurde und Windhalm, Taube Trespe, Ackerfuchsschwanz und andere Herbstkeimer in der Unkrautpopulation schon vertreten waren. Tiefes Vergraben der Samen schafft allerdings auf Dauer auch keine Lösung des Problems. Mit der nächsten Pflugarbeit werden nämlich die noch lebenden Samen nach oben gekehrt, so daß die Dichte der aufgelaufenen Ackerwildpflanzen wieder steigt. Daraus folgt, daß sich besonders in einer Mulchwirtschaft ohne zusätzliche Herbizidaufwendungen nur mit Hilfe einer angepaßten Fruchtfolge eine wirkungsvollere Kontrolle der Verunkrautung erreichen läßt. In dieser Fruchtfolge sollten sich Halm- und Blattfrüchte sowie Winterung und Sommerung abwechseln.

Das gilt auch für die Beherrschung des Durchwuchses von unerwünschten Kulturpflanzen. In der Folge Winterweizen-Wintergerste ist z.B. immer dann mit einem hohen Weizenbesatz in der Gerste zu rechnen, wenn Trockenheit und eine deutlich ausgeprägte Dormanz die Keimung des Ausfallweizens während der Teilbrache mehr oder weniger verhindert haben. Da der Weizen später als die Gerste reift, wird die Ernte erschwert und die Qualität des Ernteproduktes deutlich vermindert. Wenn nur Futtergetreide erzeugt wird, kann dieser Nachteil vielleicht noch hingenommen werden. Bei der Produktion von Saatgut muß dagegen die Fruchtfolge geändert werden.

Schwierigkeiten machen auch mehrjährige oder überwiegend vegetativ sich vermehrende Ackerwildpflanzen. Quecke und andere in den Feldrainen vorkommende Wildpflanzenarten werden durch die

Bodenruhe in einer Mulchwirtschaft gefördert. Das gilt auch für das Auftreten von Unkraut- und Kulturpflanzen, die während der Teilbrache soweit heranwachsen konnten, daß sie durch übliche Herbizide und Herbizidmengen nicht abgetötet werden und auch eine Saatbettbereitung überdauern können.

Das Problem der „Überhälter" und der ausdauernden Wildpflanzen in einer Mulchwirtschaft versucht man in der Regel mit der Anwendung eines nicht selektiven, nur kurzfristigen wirksamen Herbizides zu lösen. Die wirkungsvollsten Mittel sind diejenigen, die auch in die unterirdischen Organe transportiert werden, also systemisch wirken. Das setzt ausreichende Blattfläche und hohe Stoffwechselaktivität voraus, Bedingungen, die an relativ hohe Temperaturen geknüpft sind. Die Herbstanwendung dieser Herbizide ist deshalb in der Regel effektiver als ihr Einsatz im zeitigen Frühjahr. Dennoch kann das Problem der Verunkrautung mit ausdauernden Wildpflanzen in einer Mulchwirtschaft, wie z. B. mit der Quecke, als ausreichend gelöst angesehen werden, seit es systemisch wirkende Herbizide gibt, die nur kurzfristig wirksam sind und auch relativ rasch im Boden abgebaut werden, wie z. B. das Glyphosphate. Der Einsatz eines solchen Herbizides ist stets mit zusätzlichen Kosten verbunden und steht dem Bemühen entgegen, die Anwendung von Agrochemikalien möglichst zu vermindern. Deshalb wird sich ein Bearbeitungssystem, das ohne regelmäßigen Gebrauch von nicht selektiven Herbiziden nicht handhabbar ist, auf die Situationen beschränken müssen, wo zum Zwecke des Bodenschutzes eine Mulchwirtschaft unabdingbar ist.

Ob Landwirte gelegentlich oder auf Dauer zur Mulchwirtschaft übergehen, ist eine Frage der Notwendigkeit des Bodenschutzes, dann der Machbarkeit und der Ertragsleistung dieses Systems im Vergleich zu dem bisher üblichen Verfahren mit intensiver Bodenlockerung und -wendung. Hinsichtlich der beiden letztgenannten Faktoren spielt für den Landwirt eine herausragende Rolle, ob es auch in der Mulchwirtschaft gelingt, hinreichend sicher die Pflanzenbestände zu begründen. Wie schon besprochen, ist das Risiko besonders groß, wenn die gesamten Ernterückstände auf der Bodenoberfläche verbleiben (Tab. 39). Deshalb hat sich die extreme Form der Festboden-Mulchwirtschaft, in der ohne vorhergehende Lockerung die Aussaat direkt mit einer Dreischeiben-Drillmaschine oder einem ähnlich wirksamen Spezial-Säaggregat vorgenommen wird, in Europa nicht durchsetzen können. Lediglich in England fand sie von den späten sechziger Jahren an weitere Verbreitung. Wegen der Zeit- und Kostenersparnis war sie besonders auf schweren Böden und in getreidereichen Fruchtfolgen wirtschaftlich vorteilhafter und über eine Reihe von Jahren auch praktikabel.

Dieser Erfolg war an zwei Voraussetzungen geknüpft, nämlich, daß das Getreidestroh auf dem Acker verbrannt werden durfte und damit das Risiko der Bestandesgründung verringert wurde; ferner, daß die an Wintergetreide angepaßten Ackerwildpflanzen ausreichend bekämpft werden konnten. Seit aber das Strohbrennen verboten wurde und die Wirksamkeit der Bodenherbizide nach längerer Anwendung der Mulchwirtschaft nachließ, sind viele Landwirte in England wieder zu einer wühlend-mischenden oder wendenden Bodenbearbeitung zurückgekehrt. Diese Entwicklung zeigt, von welchen Voraussetzungen eine breitere Anwendung einer extremen Festboden-Mulchwirtschaft abhängen kann. Weniger stark reduzierte Bearbeitungsverfahren dagegen, mit denen die genannten Probleme bei der Bestandesgründung und der Unkrautkontrolle besser lösbar sind, finden zunehmend Eingang in die Praxis. Da ihre Anwendung auf das engste mit der Fruchtfolgegestaltung verknüpft ist, wird darüber in Abschnitt 4.5.4 berichtet.

Hinsichtlich der Ertragsleistung der Feldfrüchte in einer Mulchwirtschaft im Vergleich zur Lockerbodenwirtschaft muß in Erinnerung gerufen werden, daß der jeweilige Verlauf der Witterung von entscheidender Bedeutung für die im Boden ablaufenden Transport- und Umsatzprozesse und damit auch für die Ertragsbildung ist. In Abb. 95A wurde die relative Häufigkeit von Fällen dargestellt, in denen der Winterweizenertrag in einer Festboden-Mulchwirtschaft größer oder kleiner als in einer Lockerbodenwirtschaft war. Diese Stichprobe umfaßt nur Fälle, in denen die Mindererträge nicht durch ein Mißlingen der Bestandesgründung oder eine unzureichende Kontrolle der Verunkrautung verursacht wurden. Deutlich wird, daß durch Festboden-Mulchwirtschaft im Vergleich zur Lockerbodenwirtschaft sowohl Mehr- als auch Mindererträge in einer Größenordnung bis zu 20% eingetreten sind. Im Durchschnitt aller Fälle jedoch wurde ein Mehrertrag von $1,4 \, dt \cdot ha^{-1}$ in der Festboden-Mulchwirtschaft beobachtet.

Diese Variationsbreite in der Reaktion des Weizens auf die kontrastierenden Bearbeitungsverfahren sind auf die Wechselwirkungen zwischen Jahreswitterung und Standort zurückzuführen, wobei im einzelnen nicht bekannt ist, welche Bedingungen den Ausschlag für die Mehr- oder Mindererträge gegeben haben.

Welche Wechselwirkungen zwischen der Witterung während der Vegetationszeit von Sommergerste und der relativen Dichte der Ackerkrume beim Kornertrag eintreten können, zeigt sich am Beispiel eines Modellversuchs in Schweden (Abb. 95B). Um ein „trockenes" Jahr zu simulieren, wurde der Niederschlag von den Versuchsflächen fern gehalten; ein „nasses" Jahr wurde durch zusätzliche Regengaben nachgeahmt und ein „Normal"jahr durch eine Kombina-

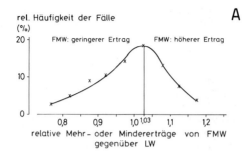

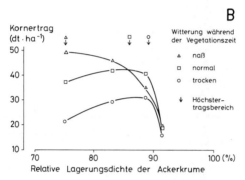

Abb. 95. Einfluß des Bodengefüges auf den Getreideertrag in Abhängigkeit von der Witterung (Jahre)
A: Weizenerträge bei Festboden-Mulchwirtschaft (FMW) im Vergleich zur Lockerbodenwirtschaft (LW) auf Löß-Lehmböden (Göttingen, 1968–1984)
B: Ergebnisse eines Modellversuches mit Sommergerste bei unterschiedlicher Saatbett- und Bodenfeuchtegestaltung (EDLING und FERGEDAL 1972).

tion beider Maßnahmen. Deutlich wird, daß unter den Bedingungen einer überschüssigen Durchfeuchtung eine geringere relative Bodendichte zum Höchstertrag führte als bei normaler oder unzureichender Bodenfeuchte. Je geringer das Wasserangebot war, desto höher war die relative Bodendichte, bei der der Höchstertrag erreicht wurde. Die Ursachen dafür sind in den unterschiedlichen Bedingungen für den Wassertransport und die Durchlüftung des Bodens zu suchen.

Dieser Modellversuch bildet nur einen Teil der komplexen Beziehungen ab, die zwischen Witterung, Bodengefüge und Ertrag gegeben sein können, weil in diesem Falle Einstrahlung und Temperatur

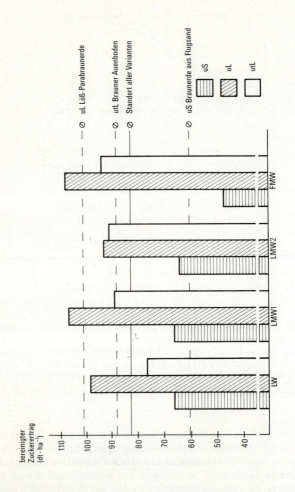

Abb. 96. Wirkung langjährig unterschiedlicher Bodenbearbeitung auf den Ertrag von Zuckerrüben; Mittelwerte über 3 Jahre an 3 Orten in Hessen (TEBRÜGGE 1987). LW: Lockerbodenwirtschaft (Pflug); LMW1: Lockerboden-Mulchwirtschaft (Schwergrubber + Rotoregge); LMW2: Lockerboden-Mulchwirtschaft (Flügelschargrubber + Rotoregge); FMW: Festboden-Mulchwirtschaft (Dreischeiben-Drillmaschine ohne Saatbettbereitung).

für alle Varianten gleich waren. Zudem fand der Versuch unter den Bedingungen einer Lockerbodenwirtschaft statt, in deren Boden die ertragsbegrenzenden Prozesse anders verlaufen als in einem natürlich dichtgelagerten, von Mulch bedeckten Boden. Dennoch kann der dargestellte Zusammenhang eine Vorstellung davon geben, welche Rolle die Witterung für die Ertragsbildung in unterschiedlich strukturierten Böden spielt.

Die mögliche Variation wird noch größer, wenn Bodenbearbeitungsverfahren auf unterschiedlichen Böden, d. h. auch unter unterschiedlichen Klimabedingungen (Orte) geprüft werden. Abb. 96 stellt das am Beispiel von Zuckerrüben dar. Durch mischend-wühlende Bodenbearbeitung wurden im Vergleich zum Pflügen an allen 3 Orten gleiche oder höhere Erträge produziert. Lediglich auf dem schluffigen Sandboden kam es durch extreme Festboden-Mulchwirtschaft zu Mindererträgen.

Abb. 97 faßt die Ergebnisse vieler Feldversuche bezüglich der Ertragshöhe und Ertragssicherheit der gängigen Feldfrüchte in einer Mulchwirtschaft zusammen: Das Produktionsrisiko ist in einer Festboden-Mulchwirtschaft größer als in einer Lockerboden-Mulchwirtschaft, ohne Saatbettbereitung größer als mit Saatbettbereitung. Winter- und Sommergetreide einschließlich der hier nicht aufgeführten Körnerleguminosen, dazu Körnerraps können nach einer flachen Teilbrachebearbeitung und nach ausreichender Saatbettbereitung ohne Ertragsminderung in einer Lockerboden-Mulchwirtschaft angebaut werden. Kartoffeln eignen sich nicht für eine Festboden-Mulchwirtschaft, weil ihre Bestellung stets mit einer intensiven Bodenbearbeitung verbunden ist.

Wie die schematische Darstellung in Abb. 97 weiter zeigt, eignen sich für eine Mulchwirtschaft alle Böden, die hinsichtlich ihrer Produktivität keines „Ackeraufbaus" durch intensive Bodenlockerung und -wendung bedürfen. Das sind in der Regel alle tiefgründigen, voll drainierten und gut strukturierten Lehmböden, vor allem die lößbürtigen Böden. Tonböden ohne stauende Nässe, die durch Quellen und Schrumpfen ein kleinförmig gegliedertes Absonderungsgefüge ausbilden, sind in gleicher Weise für eine Mulchwirtschaft mit reduzierter Bearbeitungsintensität geeignet. Alle staunassen Böden dagegen, vor allem Tonböden, die wenig quellen und schrumpfen sowie Sande und lehmige Sande mit hohem Feinsand- und Schluffanteil sollten regelmäßig gepflügt werden. Durch Binnenerosion feinster Teilchen in die Tiefe verdichten sich diese Sandböden an der Bearbeitungsgrenze so stark, daß das Wurzelwachstum der Feldfrüchte beeinträchtigt wird.

Im welchem Umfang Landwirte die Bearbeitungsintensität reduzieren können und sollten, hängt nicht nur von ihren ökonomisch

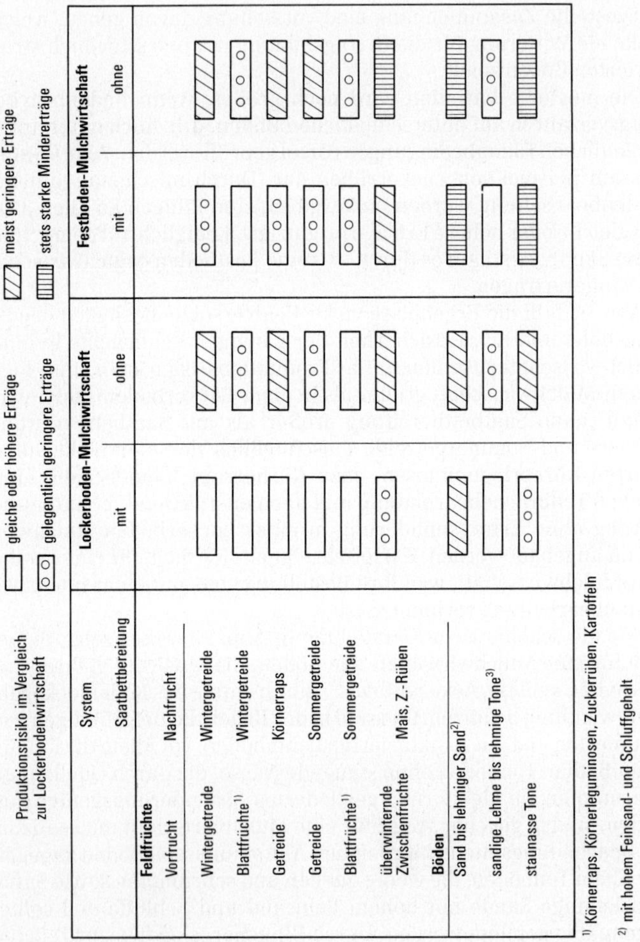

324 Gestaltung von Bodennutzungssystemen

Produktionsrisiko im Vergleich zur Lockerbodenwirtschaft		Lockerboden-Mulchwirtschaft		Festboden-Mulchwirtschaft	
System	Saatbettbereitung	mit	ohne	mit	ohne
Vorfrucht	Nachfrucht				
Feldfrüchte					
Wintergetreide	Wintergetreide				
Blattfrüchte[1]	Wintergetreide				
Getreide	Körnerraps				
Getreide	Sommergetreide				
Blattfrüchte[1]	Sommergetreide				
überwinternde Zwischenfrüchte	Mais, Z.-Rüben				
Böden					
Sand bis lehmiger Sand[2]					
sandige Lehme bis lehmige Tone[3]					
staunasse Tone					

Legende: □ gleiche oder höhere Erträge; ▨ gelegentlich geringere Erträge; ▥ meist geringere Erträge; ▤ stets starke Mindererträge

[1] Körnerraps, Körnerleguminosen, Zuckerrüben, Kartoffeln
[2] mit hohem Feinsand- und Schluffgehalt

Abb. 97. Eignung von Feldfrüchten (Vorfrucht-Nachfrucht-Kombinationen) und Böden für eine Mulchwirtschaft.

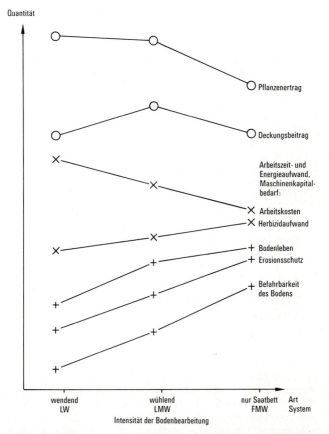

Abb. 98. Einschätzung der ökonomischen und ökologischen Leistungen von Bodenbearbeitungssystemen (in Anlehnung an Angaben von TEBRÜGGE 1987) LW: Lockerbodenwirtschaft; LWM: Lockerboden-Mulchwirtschaft; FMW: Festboden-Mulchwirtschaft.

und/oder ökologisch motivierten Zielen ab, sondern auch von den Standortsbedingungen und den anzubauenden Feldfrüchten. Diese Zusammenhänge werden in Abschnitt 5.1 erörtert. Eine erste zusammenfassende, qualitative Bewertung der drei beschriebenen Bodenbearbeitungsverfahren ist anhand der in Abb. 98 dargestellten Beurteilungskriterien möglich.

4.3 Gestaltung der Fruchtfolge, des Nutz- und Fruchtartenverhältnisses

Die Anordnung der Feldfrüchte in Raum und Zeit (Abb. 80) ist die Grundlage jeder Organisation der Bodennutzung. Daneben tritt als weiterer Bestimmungsgrund die Wahl der feldfruchtspezifischen Produktionsverfahren und deren Intensität. Über die Gestaltung von Nutz- und Fruchtartenverhältnis ist die Feldwirtschaft eng mit der Viehwirtschaft eines Betriebes verbunden. Beide bedingen sich wechselseitig. Wie gut diese beiden Betriebszweige aneinander angepaßt sind, ist die Grundlage des wirtschaftlichen Erfolges viehhaltender Betriebe. Über diese Ziel- und Ordnungsfunktion hinaus ist die Organisation der Bodennutzung aber auch ein wirkungsvolles Mittel, um die Stabilität eines Agrarökosystems auf Dauer zu sichern.

4.3.1 Bestimmungsgründe für die Wahl eines Bodennutzungssystems

Auf der landwirtschaftlichen Nutzfläche können kurzlebige Feldfrüchte, mehrjährige Futterpflanzen, langlebige Sonderkulturen angebaut oder eine natürlich entstandene, sich selbst verjüngende Graslandvegetation genutzt werden. Man unterscheidet daher die folgenden **Bodennutzungsarten:**

1. **Ackerbau**, auch Felderwirtschaft genannt, ist durch den Anbau sommer- oder winterannueller Kulturpflanzenarten gekennzeichnet. Mehrjährige Arten gehören nur dann dazu, wenn ihre Nutzungsdauer ein Hauptnutzungsjahr nicht überschreitet. Wesentliches Merkmal des Ackerbaues sind die über Wochen und Monate dauernden Teilbrachezeiten zwischen dem Anbau zweier Feldfrüchte. Ein weiteres Merkmal, die regelmäßig wiederkehrende, tiefgreifende Bodenlockerung, ist zwar im Ackerbau weit verbreitet, hat aber an systematischer Brauchbarkeit verloren, seit eine extreme Festboden-Mulchwirtschaft realisiert werden kann.
2. Von einer **Feldgraswirtschaft** spricht man, wenn die Feldwirtschaft von mindestens zwei Hauptnutzungsjahren mit Ackerfutterbau unterbrochen wird. In diesen „Grasjahren" werden Mischungen aus langlebigen Gräsern und Futterleguminosen angebaut. Mit zunehmender Anzahl von Grasjahren, im Vergleich zum Umfang der „Ackerbaujahre", nimmt die Bodenruhe in einer Feldgraswirtschaft zu. Gegenüber der Felderwirtschaft ist die Gesamtdauer der Zwischenbrachezeiten geringer. Im Wechsel

von Gras- und Baujahren reichert sich organische Bodensubstanz an und baut sich wieder ab.
3. **Plantagenwirtschaft** wird mit Sonderkulturen aus Obstbäumen, Beerensträuchern, Weinreben, Hopfen, Erdbeeren oder auch Spargel betrieben. Diese ausdauernden Arten werden nach ihrer Pflanzung mehrere Jahre bis mehrere Jahrzehnte lang genutzt. Danach folgt wieder eine Periode mit Ackerbau oder Graslandwirtschaft. Während der Plantagenwirtschaft gibt es zeitlich keine ganzflächige Teilbrache, wohl aber örtlich, wenn zwischen den Reihen oder in Baumscheiben Unkrautaufwuchs oder Gründüngung eingemulcht werden. Die Intensität der Bodenbearbeitung variiert erheblich. Sie reicht von wiederholten starken Eingriffen, z. B. zur Dammformung in der Spargelkultur, bis zur vollständigen Bodenruhe unter einer Grasnarbe in Streuobstwiesen.
4. **Graslandwirtschaft** wird meist auf nicht ackerfähigen oder nicht ackerwürdigen Flächen, d. h. auf sogenannten „absoluten" Graslandstandorten betrieben. Ihr Kennzeichen ist die vollständige und dauernde Bodenruhe unter einer meist aus Wildpflanzenarten enstandenen Grasnarbe. Lücken durch Viehtritt oder abgestorbene Pflanzen werden bei extensiver Nutzungsweise durch Selbstverjüngung mittels vegetativer und generativer Regeneration geschlossen. Heute werden Narbenschäden oder unerwünschte Entwicklungen in der Artenkombination nicht selten durch Nachsaaten in den stehenden Aufwuchs oder durch Neuansaaten mit und ohne Umbruch korrigiert. Bei derart intensiven Eingriffen nähert sich die Graslandwirtschaft dem Ackerbau mit einer extremen Festboden-Mulchwirtschaft. Noch geringer werden die Unterschiede zur Feldgras- oder Felderwirtschaft, wenn in regelmäßigen Abständen von etwa 5 Jahren die Grasnarbe nach einer tiefgreifend wendenden Bodenbearbeitung mit einer Ansaat von hochleistungsfähigen Zuchtgräsern erneuert wird.
5. **Brachen** waren für längere Jahre im intensiven Ackerbau Mitteleuropas verschwunden. Überschüssige Produktion und Stützungsprogramme lassen sie wieder als machbar erscheinen. So werden z. Zt. finanziell die einjährige „Rotationsbrache" oder die mehrjährige „Dauerbrache" gefördert. Grunderfordernis ist ihre Begrünung durch Futterpflanzenansaaten oder Selbstberasung durch Wildpflanzen des Ackers oder der angrenzenden Raine. In Trockengebieten ist die bewuchslose „Schwarzbrache" ein Mittel zur Speicherung von Wasser für eine nachfolgende Pflanzenproduktion.

Welche ökologischen Faktoren die Wahl zwischen Ackerbau, Feldgras- und Graslandwirtschaft bestimmen, ist in Tab. 41 dargestellt. Ackerbau ohne zusätzliche Bewässerung (sog. Regenfeldbau) konzentriert sich auf Landschaften, in denen mehr oder weniger ein Gleichgewicht zwischen der Niederschlagsmenge und der aktuellen

Tab. 41. Ökologisch bestimmenden Faktoren für die Wahl eines Bodennutzungssystems

ökologisch begrenzende Faktoren	Bodennutzungssysteme im gemäßigten Klimabereich			
	Grasland-wirtschaft	Ackerbau extensiv / intensiv	Feldgras-wirtschaft intensiv / extensiv	Grasland-wirtschaft
Einstrahlung Potentielle Evapotranspiration	hoch ←—————————————————————→ gering			
Niederschläge	gering —————————————————————→ hoch			
Aktuelle Evapotranspiration während der Vegetationszeit	gering ——————→ hoch ←—————— gering			
Länge der Vegetationszeit		kurz lang	lang ←—————— kurz	
Klimatisch bedingte Anzahl der Arbeitstage für Feldarbeit	hoch ——————→ hoch ←—————— gering			
Eignung der Geländeausformung für Ackerbau (Hangneigung)	ungeeignet ——————→ sehr gut geeignet ←—————— ungeeignet			
Bearbeitbarkeit des Bodens (Grundwasserstand, Ton- und Steingehalt)	schlecht ——————→ sehr gut ←—————— schlecht			
Geländebedingte Risiken (Erosions-, Überflutungsgefahr)	hoch ——————→ gering ←—————— hoch			

Evapotranspiration herrscht; wo die Vegetationszeit lang und die Anzahl der Feldarbeitstage hoch ist. Unter solchen Voraussetzungen werden dem Ackerbau nur Grenzen gezogen durch stärkere Hangneigung, erschwerte Bearbeitbarkeit der Böden durch zu hohen Ton- oder Steingehalt, flachgründige Krumen oder geländebedingte Risiken, wie Überflutungsgefahr oder von der Seite eindringendes Stauwasser.

Verkürzung der Vegetationszeit, überschüssige Durchfeuchtung aufgrund hoher Niederschläge und geringer Evapotranspiration, geringe Anzahl von Feldarbeitstagen und erschwerte Bearbeitbarkeit der Böden bewirken, daß mit zunehmender Ungunst für den Ackerbau größere Anteile der Ackerfläche dem mehrjährigen Futterbau gewidmet werden, also eine Feldgraswirtschaft betrieben wird.

Graslandwirtschaft bleibt in der Regel auf solche Standorte beschränkt, die mit den derzeitigen Produktionstechniken und bei den herrschenden Preisen für Produkte und Produktionsmittel nur mit unrentablen Aufwendungen bzw. zu hohen Risiken ackerbaulich genutzt werden können. Absolutes Grasland findet sich sowohl auf zu trockenen wie auf zu nassen Standorten, also auf flachgründigen Rendzinen, Moorböden mit hohem Grundwasserstand (zur Verzögerung des Torfabbaus) oder staunassen, sommertrockenen Tonböden (Knickmarsch). Mit abnehmender Standortgunst weicht die intensive Mähweidennutzung einer extensiven Bewirtschaftung als Standweide oder Hutung (Trockenrasen, Hochgebirgsalmen, versalztes Vordeichgelände). In den vergangenen Jahrzehnten wurden vor allem Feuchtwiesen entwässert und teilweise in Ackerland umgewandelt, eine Entwicklung, der man heute aus Gründen der Biotoperhaltung entgegenzuwirken versucht.

Den Anteil der einzelnen Bodennutzungsarten an der landwirtschaftlichen Nutzfläche eines Betriebes bezeichnet man als **Nutzartenverhältnis** (früher Kulturartenverhältnis). Das vom Standort her vorgegebene Nutzartenverhältnis bestimmt auch andere Betriebszweige. Bei hohen Feldgras- und Graslandanteilen müssen zu ihrer Verwertung Rauhfutter-verzehrende Nutztiere gehalten werden.

Felder- und Feldgraswirtschaften setzen sich aus Feldschlägen zusammen, die man zu größeren Einheiten zusammenfassen kann, nämlich zu Bodennutzungseinheiten (Abb. 79). Darunter werden alle Schläge verstanden, die im gleichen Jahr die gleiche Feldfrucht tragen. Den relativen Anteil, den die einzelnen Feldfruchtarten an der Ackerfläche eines Betriebes einnehmen, nennt man das Anbau-, Ackerflächen- oder **Fruchtartenverhältnis**.

Welche Kulturpflanzenarten angebaut werden, hängt von einer Abfolge von Einzelentscheidungen ab. Diese orientieren sich an den ökologischen und ökonomischen Bedingungen des Betriebes.

Jeder Landwirt ist bemüht, die in seinem Betrieb gegebene Faktorausstattung (Kapitel: Gebäude, Maschinen; Boden; natürliche Standortbedingungen; Arbeit: verfügbare Arbeitskräfte) so zu nutzen, daß der gesamte Produktionsprozeß wenn nicht den höchstmöglichen, so doch einen befriedigenden Gewinn abwirft. Welches Bodennutzungssystem er in Verbindung mit den übrigen Betriebszweigen (Viehhaltung) wählt, hängt in erster Linie von den natürlichen Standortfaktoren und deren Beeinflußbarkeit ab. Daraus ergeben sich meist mehrere Produktionsverfahren, die unter den gegebenen ökologischen Bedingungen durchgeführt werden können. Unter ihnen muß sich der Landwirt für die ökonomisch vorteilhafteste und für ihn persönlich geeigneteste entscheiden. Seine Wahl wird dabei von gesellschaftlichen Restriktionen (Wasserschutz, Landschafts- und Naturschutz) und persönlichen Präferenzen (z. B. ökologischer Landbau: Verzicht auf den Gebrauch bestimmter Agrochemikalien) mitbestimmt.

Die pflanzenbaulichen Grundsätze für die Wahl einer bestimmten Feldfrucht wurden in Abschnitt 2.2 beschrieben. Als Kriterien für die Anbauwürdigkeit werden die Höhe des Durchschnittsertrages und der Ertragsschwankungen (Variationskoeffizient) benutzt. Im ökonomischen Entscheidungsrahmen sind der Deckungsbeitrag, d.h. der Wert der verkaufsfähigen Ware abzüglich der variablen Spezialkosten sowie die nicht in Geld zu bewertenden innerbetrieblichen Leistungen – z. B. Rauh- und Saftfutter, Stroh und betriebseigene Dünger – und die Ansprüche an die Faktorausstattung, vor allem an die Arbeitsmacht des Betriebes, zu berücksichtigen. Gemessen an den derzeit möglichen Deckungsbeiträgen weisen Feldgemüse, Pflanz- und Speisekartoffeln sowie Zuckerrüben die höchste Rentabilität, Körnerraps, Körnerleguminosen, Saat- und Brotgetreide eine mittlere, Futtergetreide dagegen die geringste Rentabilität auf. Aufgrund dieser Unterschiede versucht der Landwirt den Anbau der ökonomisch leistungsfähigsten Feldfrüchte bis an die ökologisch tragbaren und betriebswirtschaftlich machbaren Grenzen auszudehnen. Deshalb drängen die Kräfte des Marktes, der örtlichen Infrastruktur und die Vorteile einer durch Spezialisierung verbesserten Beherrschung eines Produktionsverfahrens zum Anbau von immer weniger Feldfrüchten, d.h. auf eine Vereinfachung der Bodennutzungssysteme. Die Vielfalt der angebauten Feldfrüchte wird dagegen durch das Streben nach einer gleichmäßigeren Verteilung der Arbeitsspitzen und einer Verminderung des Wetterrisikos gefördert. Vor allem aber sind es die biologischen Grenzen, die einer zu hohen Anbaukonzentration entgegenwirken.

Die einzelnen zur Wahl stehenden Feldfrüchte lassen sich nach unterschiedlichen Gesichtspunkten zu Gruppen zusammenfassen. Nur einige dieser Gruppen weisen einen unmittelbaren Bezug zur Organisation der Bodennutzung auf, doch seien die anderen der Vollständigkeit halber mit aufgeführt:
1. Pflanzensystematische Merkmale: Gramineen, Leguminosen, Kruziferen und andere taxonomische Einheiten.
2. Wertgebende Inhaltsstoffe oder Produkte: Pflanzenarten, die Stärke, Zucker, Öl, Eiweiß, Fasern, Elastomere, Gummen, Schleime, Gerb- und Farbstoffe, äthetische Öle und Wachse produzieren; die Grundstoffe für Getränke, Genuß- und Anregungsmittel, Gewürze, Arzneien und Pflanzenschutzmittel liefern; die als Gemüse, Obst, Nüsse und als Futterpflanzen für Tiere genutzt werden.
3. Ökonomische Verwertung: Industrie- und Handelspflanzen.
4. Art des Ernteproduktes, des Anbau- und Ernteverfahrens: Körner- und Mähdruschfrüchte, Wurzel- und Knollenfrüchte (Rodefrüchte); Hack- und Reihenfrüchte; Feldgemüse (gepflanzte Reihenfrüchte), rasenbildende, ausdauernde und mehrfach genutzte Ackerfutterpflanzen.
5. Vorfrucht- und Fruchtfolgewirkung: Halmfrüchte (Getreide); Blattfrüchte: Intensiv-Blattfrüchte (Zuckerrüben, Kartoffeln, Körnerraps, als Grenzfall auch Mais), Extensiv-Blattfrüchte (alle Futterpflanzen für Wiederkäuer).

Begriffe aus den beiden letztgenannten Gruppen werden zur Kennzeichnung von Bodennutzungssystem (Blattfrucht-Halmfruchtverhältnis) und von Produktionsstrukturen verwendet. Man unterscheidet u.a. Hackfruchtbau-, Hackfrucht-Getreidebau-, Getreidebau-, Getreide-Hackfruchtbau-, Getreide-Futterbau- und Futterbaubetriebe.

Nach der Dauer des Anbaues unterscheidet man:
1. Ein- und mehrjährige **Hauptfrüchte**. Feldgras oder andere mehrjährige Ackerfutterbestände werden meist als Untersaaten in einer Deckfrucht begründet und dann in den folgenden Jahren als Hauptfrucht genutzt. Zu den einjährigen Hauptfrüchten gehören alle Winterungen, z.B. Winterraps oder Winterweizen, und Sommerungen, wie Sommergerste, Körnermais oder Zuckerrüben. Diese beiden Gruppen von Feldfrüchten nutzen die Vegetationszeit ohne Einschränkung und produzieren den jeweils höchstmöglichen Ertrag eines bestimmten Produktes, z.B. reife oder unreife Samen (Zuckermais, Grünkern in der Milchreife von Dinkel), Rüben oder Knollen mit einem Mindestgehalt an Zucker oder Stärke. Gemüse mit einer bestimmten Form und Beschaffenheit (Blumenkohl, Rosenkohl, Puffbohnen) oder Futter mit einer Mindestmenge und -verdaulichkeit. Kurzlebige Feldgemüsearten, von denen bis zu drei im Verlauf einer Vegetationszeit angebaut werden können, gelten daher als Hauptfrüchte.

2. **Zweitfrüchte** folgen meist auf Futterpflanzenbestände, die nur einen Aufwuchs im Frühjahr produziert haben und dann umgebrochen werden. Die Zweitfrüchte werden also später als zum üblichen Termin bestellt und können nur noch den Rest der verbliebenen Vegetationszeit nutzen. Da nicht gewiß ist, ob sie einen bestimmten Reifezustand erreichen, werden als Zweitfrüchte in der Regel nur Futterpflanzen, wie z. B. Markstammkohl und Silomais, oder vegetativ bleibende Feldfrüchte, wie Kartoffeln oder Kohlrüben, angebaut. Nach relativ späträumenden Vorfrüchten – äußerstenfalls frühreife Wintergerste – verlängert Vorkeimen oder Anzucht von Jungpflanzen in gesonderten Saatbeeten und Verpflanzen die Wachstumszeit einer Zweitfrucht. Das steigert die Aussicht, auch während einer verkürzten Vegetationszeit noch ein vollwertiges Produkt zu erzeugen.
3. **Zwischenfrüchten** steht eine noch kürzere Vegetationszeit zur Verfügung. Nach Zeitpunkt der Aussaat und Art des Aussaatverfahrens unterscheidet man: **Winterzwischenfrüchte** zur Futterproduktion (z. B. Landsberger Gemenge), die nach frühräumenden Vorfrüchten (spätester Termin: Mitte August) hauptfruchtgleich bestellt werden; **Stoppelsaaten** nach Getreide zur Gründüngung oder Futtergewinnung; **Untersaaten** die entweder im Herbst oder Frühjahr in eine Deckfrucht eingesät werden und nach deren Ernte ohne Zeitverlust weiterwachsen.

Als Deckfrüchte eignen sich Getreide, Mais, Ackerbohnen oder andere Feldfrüchte, die ihre Blätter in einer höheren Schicht entfalten als die niedrigwüchsigen Untersaaten mit Futtergräsern oder -leguminosen. Die hochwüchsige Deckfrucht wird nur in besonderen Fällen (Lager) in ihrem Wachstum durch die Lichtkonkurrenz der Untersaat beeinträchtigt, die Untersaat dagegen stets. Deshalb muß bei der Gestaltung des Deckfruchtanbaues Rücksicht auf die Untersaat genommen werden. Die Saatstärke der Deckfrucht und die N-Düngung sollten zurückgenommen werden. Herbizide sollten überhaupt nicht angewendet werden und wenn, dann nur solche, die die Untersaat nicht schädigen.

Untersaaten und Deckfrucht wachsen für eine Weile gemeinsam. Werden mehrere Arten in einem Bestand angebaut, so nennt man das eine **Mengsaat**. Durch interspezifische Konkurrenz kann es zur Verdrängung eines oder mehrerer Partner kommen. In tropischen Kulturen versucht man die Konkurrenz zwischen den Arten einer Mengsaat dadurch zu kontrollieren, daß man die Arten in separaten Reihen anbaut. Nicht selten werden so die Mischungen zwischen ausdauernden holzigen und kurzlebigen krautigen Arten vorgenom-

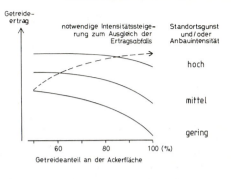

Abb. 99. Abnahme des Getreideertrages bei zunehmendem Anteil des Getreides an der Ackerfläche in unterschiedlichen Stufen der Standortsgunst oder der Anbauintensität. Der Ertragsrückgang kann durch Steigerung der speziellen Anbauintensität teilweise kompensiert werden (gestrichelter Kurvenzug).

men. Ihr Hauptanwendungsgebiet haben Mengsaaten im Futterbau, sei es im Zwischenfrucht- oder Hauptfruchtfutterbau.

Einjährige Hauptfrüchte werden überwiegend als **Reinsaat** mit nur einer Art angebaut. Auch bei Sortenmischungen spricht man noch von einer Reinsaat.

Die relative ökonomische Vorzüglichkeit einer Feldfrucht nimmt ab, wenn infolge von Fruchtfolgeschäden die potentielle Ertragsleistung einer Feldfrucht sinkt und zusätzliche Aufwendungen notwendig werden, um die Verluste zu kompensieren. Abb. 99 zeigt diesen Zusammenhang schematisch am Beispiel von Getreide. Mit zunehmendem Getreideanteil sinken die Getreideerträge, und zwar je eher und stärker, je ungünstiger die Standortbedingungen sind. Mit der gestrichelten Kurve soll deutlich gemacht werden, daß die konzentrationsbedingten Ertragsverluste mit zusätzlichen Aufwendungen für Pflanzenschutz, Düngung und Bodenbearbeitung teilweise kompensiert werden können. In welchem Umfang die Steigerung der speziellen Anbauintensität noch rentabel ist, hängt wesentlich von den Kosten und den möglichen Erlösen ab. Zu bedenken ist aber auch, daß die fast unabänderliche Regel: Steigende Anbaukonzentration → sinkende Erträge durch eine noch so gute Bestandesführung nicht aufgehoben wird. Andererseits gilt aber auch, daß selbst unter günstigen Fruchtfolgevoraussetzungen noch positive Wachstums- und Ertragseffekte durch eine höhere Regelungsintensität erzielt werden können. Eine Gestaltung der Fruchtfolge und des Fruchtartenverhältnisses, die den biologischen Ansprüchen der einzelnen Feldfruchtarten möglichst gerecht wird, belohnt den Landwirt daher mit sogenannten Gratiseffekten. Deshalb ist die Wahl eines standortangepaßten, die positiven Fruchtfolgewirkungen nutzenden Anbausystems das Kernstück einer Pflanzenproduktion, in der mit minimalen Aufwendungen nachhaltig hohe Erträge erzielt werden sollen.

4.3.2 Biologische Grenzen der Anbaukonzentration

Zeit ihres Lebens sind Pflanzen Belastungen ausgesetzt, die ihre Produktivität mindern und ihre Lebensspanne verkürzen. Abiotische Belastungen, verursacht durch Wasser-, Sauerstoff- und Nährstoffmangel, toxische Stoffe im Sproß- und Wurzelraum sowie extreme Temperaturen wirken nicht selten zusammen mit biotischen Belastungen: Wettbewerb durch benachbarte Individuen der eigenen oder fremder Arten um Licht und andere Wachstumsfaktoren, Befall mit Schädlingen und Pflanzenkrankheiten und toxische Ausscheidungen anderer Lebewesen sind einige der auslösenden Faktoren. Alle diese Belastungen wirken bei der natürlichen Auslese der Genotypen auf die beste Anpassung an die Standortbedingungen hin. Nur die leistungsfähigsten und ausdauerndsten Arten und Genotypen überleben mit dem Ergebnis, daß Produktivität und Stabilität eines natürlichen Ökosystems auf die jeweils höchstmögliche Stufe gehoben wird.

Daß es in einer derart angepaßten Lebensgemeinschaft nur ausnahmeweise zu schädlings- und krankheitsbedingten Katastrophen kommt, hängt mit der auf Vielfalt gerichteten Struktur des Systems zusammen. Da ist einmal die andauernde, wechselseitige Anpassung von Wirt und Parasit, die sich z.B. beim Geschädigten durch Entwicklung von Abwehrmechanismen äußert. Dies ist nur in Populationen mit großer genetischer Mannigfaltigkeit möglich.

Nicht minder bedeutsam ist die Vielfalt der Wechselbeziehungen zwischen den zahlreichen Gliedern eines Ökosystems, die eine ausgleichende Selbstregelung und Stabilisierung des Systems bewirkt. Ein dichtes Netz gegenseitiger Begrenzung wird z.B. durch den Nahrungswettbewerb zwischen einzelnen Parasiten und mit anderen nicht parasitären Arten geschaffen, ferner durch antibiotisch wirkende Stoffausscheidungen, Parasitierung der Parasiten durch andere Parasiten oder Fraß durch tierische Räuber. Darüber hinaus wird diese Selbstregulierung noch durch räumliche Vielfalt gefördert. Häufig stehen neben Individuen oder Pflanzengruppen der einen Art solche anderer Arten, so daß über größere Areale keine Reinbestände einer einzelnen Art verwirklicht sind. Deshalb müssen artspezifische Schaderreger erst einen mehr oder minder großen räumlichen Abstand zur nächsten Wirtspflanze überwinden. Das hemmt und verlangsamt ihre Ausbreitung.

Diese Vielfalt ursprünglicher Lebensgemeinschaft ersetzt der Landwirt – von der Bewirtschaftung natürlich entstandener Pflanzengesellschaften in Wiesen und Weiden einmal abgesehen – durch Reinbestände einiger weniger Feldfrüchte. Nicht nur verarmen mit zunehmender Anbauintensität diese Feldfruchtbestände an wildwachsenden Arten, weil Unkräuter durch Bekämpfungsmaßnahmen möglichst weitgehend zurückgedrängt werden, auch die großräumige Vielfalt nimmt ab. Immer größer wird die Fläche in der Agrarlandschaft, die mit der gleichen Feldfrucht, ja sogar mit der gleichen Sorte bestellt wird, und immer kleiner und weiter voneinander entfernt liegen die Inseln mit naturnaher, vielfältiger Vegetation.

Diese Ausbreitung von Feldfrucht-Reinbeständen hat unvermeidlich die Massenvermehrung von Schädlingen und Krankheitserregern zur Folge, deren bevorzugte Nahrungsgrundlage diese eine Feldfrucht ist. Werden im folgenden Jahr gleichartige Feldfrüchte im selben oder benachbarten Feld angebaut, nimmt der Befallsdruck der bodenbürtigen Schaderreger weiter zu. Wenn Konkurrenten, Antagonisten und Räuber dieser Schaderreger fehlen oder doch nur in zu geringer Dichte vorhanden sind, um die Ausbreitung oder Wirksamkeit der Schaderreger zu hemmen, wird die Produktivität der Feldfrüchte noch mehr gefährdet. Die unausbleiblichen Ertragseinbußen zwingen den Landwirt zum Einhalten bestimmter Grenzen bei der Anbaukonzentration von Feldfruchtarten und -artengruppen.

Diese Ertragsminderungen werden besonders deutlich bei fortgesetztem Anbau der gleichen Feldfrucht auf dem selben Feldschlag (sog. „Monokultur"; eindeutiger: „Selbstfolge"). Als Beispiel dafür wurden in Abb. 100 zwei unterschiedliche Reaktionsweisen dargestellt. Bei Weizen sanken die Erträge während der ersten beiden Jahre der Selbstfolge stark ab, dann stiegen sie wieder an, aber nur auf ein Niveau, das deutlich unterhalb der Erträge in einer Feldwechselwirtschaft lag. Da auch der Befall des Weizens mit Halmbasiserkrankungen bei fortgesetztem Anbau erst anstieg und dann wieder absank, muß im Boden ein sich selbst regelndes, antagonistisches Prinzip wirksam geworden sein. Die pilzlichen Erreger der Halmbasiserkrankungen können durch folgende Effekte begrenzt werden:
1. Wettbewerb zwischen Mikroorganismen, z. B. um Eisen zwischen Schwarzbeinigkeit bei Weizen verursachenden Pilzen *(Gaeumannomyces)* und Eisen-chelatisierende Bakterien (*Pseudomonas* spp.).
2. Antibiotische Effekte durch schwach pathogene Pilze, die gleichzeitig mit *Gaeumannomyces* die Weizenwurzeln besiedeln.
3. Hyperparasitismus, z. B. daß Nematoden oder andere Bodentiere das Pilzmyzel der Erreger von Halmbasiserkrankungen „abweiden".

336 Gestaltung von Bodennutzungssystemen

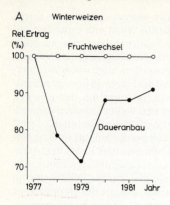

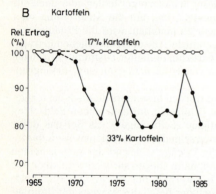

Abb. 100. Wirkung steigender Anbaukonzentration auf den Ertrag zweier Feldfrüchte im Verlauf der Zeit;
A: Weizen in dauernder Selbstfolge im Vergleich zu Fruchtwechsel (AMBOLET 1983);
B: Kartoffeln alle 3 Jahre im Vergleich zu Kartoffeln jedes 6. Jahr (SCHIPPERS et al. 1987).

Dieser sogenannte decline-Effekt entsteht nur bei fortgesetztem Weizenanbau und wird rasch und vollständig aufgehoben, wenn die Selbstfolge von einer nicht anfälligen Feldfrucht unterbrochen wird.

Im zweiten Beispiel sank in der engen Folge (33% AF) der Kartoffelertrag ebenfalls zunächst stark ab, dann schwankte er von Jahr zu Jahr sehr stark, aber unterhalb des Ertragsniveaus der weiten Folge. Als Ursache für die Ertragsminderung war hier ein Komplex aus zwei nicht sehr streng auf Kartoffeln spezialisierten Krankheitserregern wirksam (Bakterielle Braunfäule: *Pseudomonas* spp. und Wurzeltöterkrankheit: *Rhizoctonia solani*). Beide beeinträchtigen die Funktion der Wurzeln und der Transportgefäße im Stengel. Deshalb war in trockenen Jahren die Schädigung viel stärker als in Jahren mit ausreichender Wasserversorgung. Nicht in jedem Fall also werden

Erreger von Fruchtfolgekrankheiten durch ein sich selbst verstärkendes, antagonistisches System auf ein geringeres Schadensniveau eingeregelt. Aber allgemein gilt, daß selbst ein milder biotischer Streß durch Befall mit Fuß- und Welkekrankheiten bei starker abiotischer Belastung, wie z.B. Wassermangel, zu hohen Ertragsverlusten führen kann. Pathogene Fruchtfolgeschäden treten um so stärker und häufiger auf je ungünstiger die Wachstumsvoraussetzungen für eine Feldfrucht sind.

Unter den krankheits- und schädlingsbedingten Fruchtfolgeeffekten spielt die Anreicherung des Bodens mit Schadorganismen, die die Wurzeln und/oder die Sproßbasis der Feldfrüchte schädigen, eine herausragende Rolle. An diesem Komplex bodenbürtiger Schaderreger sind Pilze, Bakterien, Nematoden und im Boden lebende Larven von Insekten beteiligt. Einige Virosen, wie Rizomania und Gerstenvergilbungsmosaik werden von wurzelinfizierenden Pilzen übertragen.

Je nach Spezifität der Symptome und der Schwere des möglichen Schadens kann man die schädlichen Bodenmikroorganismen als stark oder schwach wirksam einstufen. Letztere sind als Verursacher schwer nachzuweisen; sie sind an vielen Pflanzenarten und auch an der Oberfläche gesunder Wurzeln verbreitet. Der von ihnen verursachte Schaden hängt von der Wüchsigkeit des Wirtes und von der Standortgunst ab. Zu ihnen werden z.B. *Pythium*- und *Fusarium*-Wurzelfäulen gerechnet.

Trotz der undeutlichen Symptome und der geringen Wirtsspezifität kann bei hoher Anbaukonzentration anfälliger Kulturpflanzen der durch sie verursachte Schaden erheblich sein. Das zeigt Abb. 101 am Beispiel von Mais, dessen Ertragsleistungen oberhalb einer Anbaukonzentration von 50% an der Ackerfläche durch frühen und starken Wurzelfäulebefall mit fortgesetztem Anbau immer stärker gesenkt wurden.

Stärker wirksame und mehr wirtsspezifische Schaderreger sind in Tab. 42 zusammengefaßt worden. Diese Liste ist bei weitem nicht vollständig und enthält nur die häufiger auftretenden Arten.

Bei Getreide haben zwei **Halmbasiserkrankungen** größere Bedeutung. Die Schwarzbeinigkeit wird von *Gaeumannomyces graminis* verursacht. Der Pilz infiziert die jungen Getreidewurzeln und vermorscht mit typischer Schwarzfärbung die Halmbasis, so daß in schweren Fällen wegen mangelndem Wasser- und Nährstofftransport die Ähre taub bleibt (Weißährigkeit). Befallen wird vor allem Wintergetreide, darunter besonders der Weizen, wenn er auf wenig fruchtbaren, untätigen Böden (Vorgewende) angebaut wird. Der Pilz überdauert auf infizierten Wurzel- und Stoppelresten in der Regel nicht länger als ein Jahr. Anregung des Bodenlebens durch Bodenruhe unter Kleegras oder durch Zufuhr leicht zersetzli-

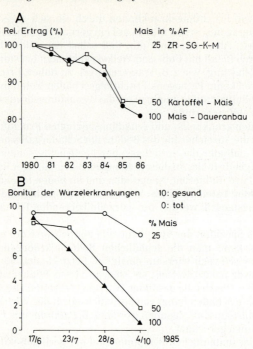

Abb. 101. Wirkung der Anbaukonzentration auf den Silomaisertrag im Verlauf der Zeit (A) und auf den Befall des Maises mit Erregern von Wurzelkrankheiten (SCHOLTE 1987). ZR: Zuckerrüben; SG: Sommergerste; K: Kartoffeln; M: Mais.

cher organischer Substanz (Gründüngung) drängen den als Saprophyt wenig konkurrenzfähigen Pilz zurück.

Die Halmbruchkrankheit wird von *Pseudocercosporella herpotrichoides* verursacht. Der Pilz befällt bis auf Hafer alle Getreidearten. Herbstinfektion der Sproßbasis führt häufig zum Tod der befallenen Pflanzen und bewirkt dadurch eine Verminderung der Bestandesdichte. Frühjahrs- oder Spätinfektion führt zu der Ausbildung von medaillonartigen Nekrosen an der Halmbasis, die Lagern bei Getreide verursachen können. Der Pilz überdauert auf infizierten Strohteilen und in Form von Dauersporen mehrere Jahre im Boden. Alle Maßnahmen, die zu rascherer Verrottung der infizierten Strohteile beitragen, mindern den Befallsdruck. Am wirksamsten ist Bodenruhe unter mehrjährigem Futterbau.

Mit zunehmender Konzentration anfälliger Getreidearten in der Fruchtfolge steigt der Befall mit Halmbasiserkrankungen und sinkt

Tab. 42. Wirtsspezifität von Schadorganismen, die in Abhängigkeit von der Anbaukonzentration **ortsgebunden** an einem bestimmten Feldschlag wirksam werden können

Arten und Artengruppen von Schaderregern I Viren II Bakterien III Pilze IV Nematoden V Insekten	Weizen	Gerste	Roggen	Hafer	Mais	Futtergräser	Kruziferen	Leguminosen	Beta-Rüben	Kartoffeln	Sonnenblumen	Lein
I Rizomania der Rüben									+			
Gelbmosaik der Gerste		+										
II Kartoffelschorf										+		
III Halmbasiserkrankungen bei Getreide[1]	+	+	+		(+)[5]							
Blatt- und Ährenkrankheiten bei Getreide[2]	+	+	+									
Fusariosen bei Getreide[3]	+	+	+		+	(+)						
Fusariosen bei Leguminosen								+				+
Verticillium-Welke							+	+		+	+	
Rapskrebs							+	+			+	
Wurzelhals- und Stengelfäule							+					
Mais-Beulenbrand					+							
Blattfleckenkrankheit der Rüben									+			
IV Getreidezystennematode	+	+		+	(+)							
Rübenzystennematode							+		+			
Kartoffelzystennematode										+		
Stengelälchen[4]			+	+	+			+	+			
Wurzelälchen	+	+	+	+								
V Springschwänze									+			
Moosknopfkäfer									+			
Sattelmücke	+	+	+									
Maiszünsler					+							
Rapserdfloh							+					
Kohlschotenmücke							+					

[1] *Gaeumannnomyces graminis, Pseudocercosporella herpotrichoides, Rhizoctonia cerealis*
[2] *Typhula incarnata, Rhynchosporium secalis, Septoria nodorum, S. tritici*
[3] *Fusarium avenaceum, F. culmorum, F. nivale*
[4] Wirtsspezifische Rassen
[5] (+) Befall ohne starke Wirkung

Tab. 43. Wirkung von Anbaukonzentration und Vorfrucht auf den Befall von Weizen mit Halmbasiserkrankungen sowie der Verlust-kompensierende Effekt steigender N-Düngergaben auf den Weizenertrag; Mittelwerte von 5 Orten und 2 Jahren (GLIEMEROTH und KÜBLER 1973)

% Getreide an der Ackerfläche	Vorfrucht	% befallene Pflanzen		Kornertrag (relativ) N-Düngung[1]		
		Halmbruchkrankheit	Schwarzbeinigkeit	N_{60}	N_{100}	N_{140}
> 50	Weizen	49,6	32,6	57	64	68
> 50	Hafer	37,9	10,1	71	77	84
< 50	Blattfrucht	30,5	8,7	81	91	100[2]

1) $kg \cdot ha^{-1}$ N
2) $57,0 \, dt \cdot ha^{-1}$ Korn

der Weizenertrag, wie das am Beispiel der Daten in Tab. 43 gezeigt wird. Steigende N-Düngung und Anwendung von Fungiziden (hier nicht dargestellt) vermögen den Ertragsverlust nur teilweise zu kompensieren. Die Schadwirkung der Halmbasiserkrankungen steigt bei den anfälligen Getreidearten in der Reihenfolge: Sommergerste < Sommer- und Winterroggen < Wintergerste < Sommerweizen < Winterweizen. Hafer gilt als Gesundungsfrucht, wenn auch der Getreideanteil insgesamt niedrig ist. Gegenüber Nematodenbefall hat Hafer aber keine sanierende Wirkung.

Zystenbildende Älchen überdauern im Boden jahrelang als Eier oder Larven im Leib des abgestorbenen Nematodenweibchens, der Zyste. Stimuliert durch Wurzelausscheidungen des Wirtes schlüpfen sie und dringen in die Wirtswurzel ein. Der Schaden besteht in einer Störung der Wurzelfunktionen.

Das Getreidezystenälchen *Heterodera avenae* befällt im Frühjahr junge Getreidepflanzen. Hafer bietet ihm die günstigsten Vermehrungsbedingungen und wird am stärksten geschädigt. Sommerweizen, Sommergerste, Flughafer und Mais, in geringem Umfang auch Winterweizen dienen ebenfalls als Wirtspflanze, werden aber weniger geschädigt. Sowohl bei Hafer als auch bei Gerste gibt es nematodenresistente Formen.

Die Kartoffelzystenälchen *Globodera rostochiensis* und *G. pallida* befallen die meisten Nachtschattengewächse *(Solanaceae)* und können die Kartoffelerträge von frühen und mittelfrühen Sorten bis zu 80%, von späten Sorten bis zu 30% mindern. Günstige Wachstumsbedingungen mildern zwar den Schaden, tragen aber zur Vermehrung des Nematoden bei. Eine starke Verseuchung des Bodens mit lebensfähigen Eiern und Larven kann trotz des Anbaues von Nichtwirtspflanzen über Jahre hinweg erhalten bleiben. Deshalb ist selbst auf nematodenfreien Böden für den Pflanzkartoffelbau eine Anbaupause von mindestens 5 Jahren vorgeschrieben. Auch mit den heute zur Verfügung stehenden Sorten, die gegenüber bestimmten Pathotypen des Kartoffelnematoden resistent sind, sollte die Häufigkeit des Kartoffelanbaus auf einer Fläche nicht ausgeweitet werden, um die Vermehrung von *Globodera pallida* oder von bestimmten Pathotypen von *G. rostochiensis* in Grenzen zu halten. Beta-Rüben, Brassica- und andere Cruciferen-Arten, daneben aber auch einige Ackerwildpflanzen, werden vom Rübenzystenälchen *Heterodera schachtii* befallen. Dieser Nematode unterscheidet sich von den vorher genannten Arten dadurch, daß er nicht eine, sondern zwei bis drei Generationen während einer Vegetationszeit ausbilden kann. Das ist für den raschen Aufbau einer kritischen Populationsdichte des Schädlings von großer Bedeutung. Zwischenfrüchte wie Raps, Markstammkohl und Unkräuter wie Melde, Hirtentäschel und Vogelmiere werden zwar nicht stark geschädigt, tragen aber zur Vermehrung des Rübennematoden bei, wenn es zur Ausbildung von Eiern und Larven kommt. Bei ausgedehntem Rübenbau ist deshalb auf eine wirksame Unkrautbekämpfung bei den Vorfrüchten und auf entsprechende Artenwahl auch bei vorangehenden Haupt-, Zweit- und Zwischenfrüchten zu achten. Resistente Rübenformen müssen erst noch entwickelt werden; wohl aber gibt es bei Senf und Ölrettich Sorten, die vermindernd auf die Populationsdichte des Rübennematoden wirken können. Der Nematode kann zwar diese Formen parasitieren, bildet aber in diesen Pflanzen kaum vermehrungsfähige Weibchen aus.

Zunehmende Bedeutung hat die Gruppe der **wandernden endo- und ektoparasitischen Nematoden** bekommen. Das Stengelälchen *Ditylenchus dipsaci* ist eine formenreiche Art und befällt mit seinen Rassen Hafer, Roggen, Klee, Mais und Rüben. Nematoden der Gattung *Pratylenchus* (Wurzelälchen) treten besonders bei ausgedehntem Getreidebau auf leichten, humosen Sandböden auf. Vor allem Sommergerste und Sommerweizen tragen zur Vermehrung dieser wandernden Nematoden bei. Schäden werden erst bei sehr hoher Populationsdichte sichtbar oder im Zusammenspiel mit anderen ungünstigen Wachstumsbedingungen, z. B. nach Befall mit anderen Schadorganismen und/oder Trockenheit.

Bodenbürtige Virosen werden von dem Pilz *Polymyxa graminis* übertragen. Diese Schaderreger werden durch eine hohe Anbaukonzentration der anfälligen Wirtspflanzen vermehrt, können dann aber wegen ihrer Überdauerungsfähigkeit im Boden durch Fruchtfolgemaßnahmen nicht mehr begrenzt werden.

Die einzelnen Feldfrüchte reagieren auf die Anreicherung mit schädlichen Bodenorganismen, die durch die Aufeinanderfolge der gleichen oder ähnlich anfälliger Feldfrüchte unvermeidlich eintritt, mit unterschiedlich hohen Ertragsverlusten. Im Vergleich zu Fruchtfolgen, in denen zwischen anfälligen und nicht anfälligen Feldfrüchten gewechselt wird, sinken die Erträge bei Selbstfolge einer Feldfrucht im Mittel etwa um 10 bis 50%, je nach „Selbstverträglichkeit" der Art. Die Größe der möglichen Ertragseinbußen durch Selbstfolge steigt

Tab. 44. Wirtsspezifität von Schadorganismen, die in Abhängigkeit von der Anbaukonzentration und der **räumlichen Verteilung** der Feldfrüchte in der Landschaft, also nicht streng ortsgebunden wirken

Arten und Artengruppen von Schaderregern I Viren II Pilze III Insekten	Weizen	Gerste	Roggen	Hafer	Mais	Kruziferen	Leguminosen	Beta-Rüben	Kartoffeln
I Gelbverzwergungsvirus[1]	+	+		+					
Kartoffelvirosen[1]									+
Rübenvergilbungsvirus[1]								+	
II Echter Mehltau (*Erysiphe graminis*)	+	+	+						
Echter Mehltau (*Erysiphe pisi*)							+		
Gelb- und Schwarzrost	+	+							
Braunrost	+		+						
Zwergrost		+							
Gersten-Streifenkrankheit		+							
Weizen/Gersten-Flugbrand	+	+							
Kraut- und Knollenfäule									+
III Getreideläuse	+	+	+	+	+				
Bohnen-, Erbsenblattläuse							+	+[2]	
Weizengallmücke	+								
Fritfliege	+	+	+	+	+				
Rapsglanzkäfer						+			
Stengelrüssler						+			
Rübenfliege								+	
Kartoffelkäfer									+

1) Durch Blattläuse übertragen
2) Nur Bohnenlaus

etwa in der Reihenfolge: Mais < Sommergerste < Wintergerste, Winterroggen < Weizen < Hafer < Kartoffeln < Zuckerrüben < Ackerbohnen < Klee, Luzerne < Körnererbsen < Sonnenblumen < Lein.

Mit steigender Anbaukonzentration einer Feldfrucht innerhalb eines Betriebes, aber auch einer Landschaft nimmt auch die räumliche Dichte dieser Feldfrucht zu. Mit sinkendem Abstand zwischen Schlägen von Feldfrüchten, die als Wirt für die gleichen windbürtigen oder aktiv flugfähigen Schadorganismen dienen können, steigt der Befallsdruck und das Befallsrisiko. Tab. 44 enthält eine Zusammenstellung der pathogenen oder parasitären Arten, deren Schadenswahrscheinlichkeit auch vom Nachbarschaftseffekt abhängt.

Sporen der Krankheitserreger von Blatt- und Ährenkrankheiten bei Getreide werden zwar über weite Strecken mit dem Wind transportiert, sinken aber zum größten Teil schon in näherer Entfernung zu Boden. Treffen sie hier auf eine anfällige Wirtspflanze, wird die Ausbreitung des Schaderregers gesichert und beschleunigt. Geflügelte Formen von Läusen steuern aktiv ihre Wirtspflanzen an, sind aber um so erfolgreicher, je geringere Distanzen zu überwinden sind. Besonders gefährlich sind sie als Vektoren von Viren, die sie von infizierten Pflanzen aus einem vorangegangenen Anbau, z. B. von Kartoffel- oder Getreidedurchwuchs, aufgenommen haben und mit denen sie die jungen Bestände infizieren können. Auch für die Populationsentwicklung von flugfähigen tierischen Insekten spielt neben der Lage eines Feldes zu den Ruheplätzen (Winter- und Sommerlager) der Abstand zwischen den diesjährigen und vorjährigen Flächen mit Wirtspflanzen eine wesentliche Rolle. Mit steigender Anbaukonzentration rücken diese Felder immer näher aneinander. Zum Beispiel nimmt der Befall von Raps mit dem Rapsglanzkäfer oder dem Rapserdfloh ab, wenn Entfernungen von mehr als 1 bzw. 0,5 km überwunden werden müssen.

Außer den parasitären Fruchtfolge- und Nachbarschaftseffekten gibt es auch noch andere Ursachen, die zu Ertragsminderungen infolge zu häufigen Anbaus der gleichen Feldfrucht oder Fruchtartengruppe führen können. Man hat diesen Faktorenkomplex früher unter dem Begriff Bodenmüdigkeit zusammengefaßt, ohne die Ursachen im einzelnen zu kennen. Neben Mangel an bestimmten Nährstoffen, der aber behoben werden kann, wird die Anreicherung des Bodens mit bestimmten Pflanzensubstanzen oder deren Abbauprodukten als eine mögliche Ursache für die beobachteten Hemmeffekte angesehen. Welche ökologische Bedeutung allelopathischen Wirkungen im hiesigen Pflanzenbau zukommt, ist bislang nicht genügend bekannt. Nur in wenigen Fällen ist es bisher gelungen im Felde auftretenden Ertragsdepressionen, die eindeutig nicht durch parasitäre Ursachen oder andere begrenzende Standortfaktoren entstanden sind, auf die Wirkung definierter chemischer Substanzen im Boden zurückzuführen. Allgemein ist aber nicht auszuschließen, daß allelopathisch wirkende Stoffe, auch wenn sie wegen ihres raschen biologischen Abbaues nur sehr kurzfristig vorhanden sind, eine Schwächung der Kulturpflanzen verursachen können. Das könnte den Komplex der biotischen und abiotischen Belastungen der Pflanzen infolge einer zu hohen Anbaukonzentration verstärken.

Die Angaben in Tab. 42 und 44 machen deutlich, daß die Schädlinge und Pflanzenkrankheiten, die im Zusammenhang mit steigender Anbaukonzentration von Feldfrüchten auftreten, nur in wenigen Fällen an eine einzige Kulturpflanzenart gebunden sind. In der

Mehrzahl ist ihr Wirtspflanzenspektrum, zu denen auch einige hier nicht genannte Wildpflanzenarten gehören, breiter. Deshalb genügt es zur Vermeidung parasitär bedingter Fruchtfolgeeffekte nicht, nur innerhalb einer Artengruppe von Feldfrüchten „Fruchtwechsel" einzuhalten. Vielmehr muß die jeweils spezifische Wirtspflanzeneignung der Feldfrüchte beachtet werden und zur Grundlage von Entscheidungen über die Anbaukonzentration der Feldfrüchte innerhalb eines Betriebes oder einer Feldflur gemacht werden.

Den Richtwerten für eine maximale Anbaukonzentration in Tab. 45 liegen Erfahrungen aus der Praxis und langjährigen Fruchtfolgeversuchen zugrunde. Sie orientieren sich nicht ausschließlich an der Vorgabe, parasitäre Fruchtfolgeschäden auszuschließen, sondern berücksichtigen auch noch andere Fruchtfolgeeffekte, nicht zuletzt auch die ökonomische Bedeutung einiger Feldfrüchte. Wenn z.B. für Kartoffeln ein maximaler Flächenanteil von 33% angegeben wird, dann bedeutet das nicht, daß bei dieser Anbaukonzentration jede Vermehrung von Kartoffelnematoden ausgeschlossen wäre. Doch sind beim Anbau von resistenten Kartoffelsorten die zu erwartenden Fruchtfolgeschäden noch so gering einzuschätzen, daß andere Gründe, wie wirtschaftliche Leistung und Vorfruchtwert der Kartoffeln, den genannten maximalen Flächenanteil noch zulassen.

Die in Tab. 45 genannten Grenzen erhöhen sich geringfügig, wenn nicht einzelne Feldfrüchte sondern Gruppen gleichartiger Feldfrüchte in Betracht gezogen werden. Wie schon gesagt, reagieren einige Feldfrüchte auf steigende Anbaukonzentrationen weniger empfindlich als andere, so z.B. Ackerbohnen weniger als Körnererbsen, Winterroggen und Wintergerste weniger als Weizen. Deshalb kann der gemeinsame Flächenanteil der Feldfruchtgruppe etwas größer sein. Allerdings ist dabei zu beachten, daß damit der mögliche Befallsdruck durch Fruchtfolge-spezifische Schadorganismen ebenfalls steigt.

Körnermais kann mit einem größeren maximalen Flächenanteil angebaut werden als Silomais. Das hängt mit der etwas geringeren Belastung der Bodenstruktur bei den Erntearbeiten und der größeren Menge an organischer Substanz zusammen, die nach der Körnermaisernte auf dem Felde verbleibt und stärker zur Regeneration der Bodenstruktur beiträgt.

4.3.3 Vorfruchtwirkung, Vorfruchtwert, Vorfruchtanspruch

Unter Vorfruchtwirkung faßt man alle Einflüsse einer Feldfrucht auf die nachfolgenden Früchte innerhalb eines Feldes zusammen. Diese können unmittelbar zwischen Vorfrucht und Nachfrucht wirksam

Tab. 45. Maximale Anbaukonzentration für einzelne Feldfruchtarten bzw. -gruppen, wenn Fruchtfolgeschäden vermieden werden sollen. %-Anteile an der Ackerfläche, auf der eine einheitliche Fruchtfolge eingehalten wird

Feldfrucht	Standortbedingungen günstig	ungünstig	Bemerkungen
Kartoffeln	33	25	nematodenresistente Sorten
Beta-Rüben[1]	33	25	
Körnerraps	33	25	
Beta-Rüben und alle Kruziferen[2]	33	25	
Körnererbsen	20	17	⎫ in Folgen ohne Futter-
Ackerbohnen	25	20	⎬ leguminosen
Körnerleguminosen insgesamt	25	20	⎭
Luzerne, Rotklee[3]	17	17	⎫ bei zwei Hauptnut-
Kleegras	33	33	⎭ zungsjahren
mehrjähriges Feldgras	100	100	nur auf die Grasjahre einer Feldwirtschaft bezogen
Sonnenblumen	17	12	
Lein	14	12	
Weizen	33	25	
Wintergerste, Triticale	40	33	
Roggen	50	33	
Wintergetreide insgesamt[4]	75	67	in Folgen ohne Hafer u. Sommergerste
Sommergerste	50	33	
Hafer	25	25	
Sommergetreide insgesamt[5]	50	50	in Folgen ohne Wintergetreide
Getreide insgesamt	75	75	
Körnermais	50	33	⎫ in Folgen ohne mehr-
Silomais	40	25	⎭ jährigen Feldgrasbau, sonst in Baujahren mehr

1) Futter- und Zuckerrüben
2) Raps, Rübsen, Kohlrübe, Stoppelrübe, Futter- und Gemüsekohl im Haupt- Zweit- und Winterzwischenfruchtbau
3) Luzerne oder Rotklee; werden beide Früchte angebaut, dann nur je 9%
4) Alle Getreidearten außer Hafer
5) Hafer und Sommergerste

werden und mittelbar durch das veränderte Verhalten der Nachfrucht oder durch andere langfristig wirksame Effekte. Dazu gehören u. a. die Anreicherung des Bodens mit ausdauernden Vermehrungsorganen von Schadorganismen und Ackerwildpflanzenarten sowie Veränderungen im Humusgehalt und in der Bodenstruktur.

Die unmittelbaren, direkten Vorfruchtwirkungen können wie folgt gegliedert werden:

1. Stoffliche Reste aus dem vorangegangenen Anbau
Je nach Art der Vorfrucht, Dauer der Vegetationszeit, Intensität des Einsatzes ertragssichernder Produktionsmittel hinterläßt eine Vorfrucht unterschiedlich große Mengen an Ernte- und Wurzelrück-

Tab. 46. Ernterückstände der wichtigsten Feldfrüchte (nach Daten von KÖHNLEIN und VETTER 1953, KÖNNECKE 1967 und KLIMANEK et al. 1988)

Feldfrucht	Wurzelmasse in der Ackerkrume TM ($dt \cdot ha^{-1}$)	C-N-Verhältnis der Wurzeln nach der Ernte	Ernterückstände insgesamt, ohne Getreidestroh (TM $dt \cdot ha^{-1}$)
Winterweizen	8–13	28	14–40
Winterroggen	7–13	28	12–35
Wintergerste	10–16	30	17–36
Hafer	5–12	35	14–30
Sommergerste	5–10	35	10–25
Mais	6–20	59	10–40
Ackerbohnen	6–18	40	15–55[1]
Körnererbsen	2– 8	18	10–40[1]
Winterraps	10–17	25	35–65[1]
Kartoffeln	3–13	20	15–50[1]
Zuckerrüben	6– 8	20	15–90[1]
Kleegras 1 jähr.	20–31	20	29–42
Kleegras 2 jähr.	22–41	25	35–56
Luzerne 3 jähr.	44–52	20	67–80
Winterzwischenfrüchte			
Winterrübsen	5		9
Grünroggen	8–11		14–16
Landsberger Gemenge	19–22		27–29
Untersaaten			
Rotklee, Weißklee	8–19	20	22–38
Stoppelfrüchte			
Ölrettich	5–10	16	10–15

1) Höhere Menge einschließlich Stroh, Kartoffellaub und Rübenblatt

ständen. Die in Tab. 46 genannten Spannen für die gemessenen Mengen entsprechen nicht den wirklich im Boden zurückbleibenden Pflanzenresten. Weder ist der vor der Ernte schon eingetretene Verlust durch Blattfall und abgestorbene Wurzeln berücksichtigt, noch werden mit den üblichen Methoden die Ernte- und Wurzelrückstände vollständig erfaßt. Die Menge der Rückstände steigt mit steigendem Ertrag und zwar bei den oberirdischen Stoppelresten stärker als bei der Wurzelmasse. Im Gegensatz zu dichtgesäten Pflanzenbeständen (Klee, Gras, Getreide) nehmen bei Feldfrüchten mit relativ geringer Bestandesdichte (Zuckerrüben, Mais) die Rückstandsmengen deutlich mit der Bestandsdichte zu.

Wie groß diese Mengen sind, hängt wesentlich auch davon ab, ob die Koppel- oder Beiprodukte, wie Rübenblatt und Stroh, zur Futter- oder Streunutzung geworben werden oder im Feld verbleiben. Mit diesen Produkten können erhebliche, von der Vorfrucht aufgenommene Nährstoffmengen dem Boden wieder zurückgeführt werden (Tab. 47). In Abhängigkeit von den Besonderheiten jeder Feldfrucht variieren die Rückstände in ihrer stofflichen Zusammensetzung und damit auch in den Eigenschaften, die zu einer unterschiedlich schnellen Freisetzung von pflanzenaufnehmbaren Nährstoffen führen. Ähnlich verhalten sich auch die Wirtschaftsdünger, mit denen die Vorfrucht gedüngt wurde.

Unmittelbar wirksam sind alle Reste leichtlöslicher Düngemittel, die von der Vorfrucht nicht aufgenommen und nicht in eine schwerer lösliche Bindungsform überführt wurden. Bei einer Fruchtfolge-bezogenen Grunddüngung mit P, K, Mg und Ca ist diese Langzeitwirkung sogar beabsichtigt, nicht jedoch beim Stickstoff. Hinsichtlich

Tab. 47. Mögliche Nährstoff-Rücklieferung mit Erntekoppelprodukten, die auf dem Feld verbleiben

Produkt	Menge (TM dt $\cdot$ ha^{-1})	Nährstoff (kg $\cdot$ ha^{-1})			C-N-Verhältnis
		N	P$_2$O$_5$	K$_2$O	
Z. Rübenblatt	60– 85	130–200	40–55	250–350	15
Kartoffellaub	15– 30	30–60	8–12	50–120	35
Rapsstroh	40– 60	25–40	12–18	120–180	70
Maisstroh	50– 80	50–80	15–25	110–190	45
W. Weizenstroh	50–100	20–40	9–18	60–130	60
W. Gerstenstroh	45– 75	20–30	10–17	95–150	60
W. Roggenstroh	50– 80	20–30	14–22	70–110	65
S. Gerstenstroh	35– 60	17–30	10–17	75–130	43
Haferstroh	40– 65	19–35	16–26	120–190	53

Tab. 48. Wirkung steigender Stickstoffdüngung zur Vorfrucht auf den Ertrag der Nachfrucht in Abhängigkeit von der N-Düngung zur Nachfrucht auf tonigem Lehmboden in England; N-Düngung als Ammonium-Sulfat; Mittelwerte von 3 Jahren; (Widdowson und Penny 1965)

N-Düngung $(kg \cdot ha^{-1})$	Weizenertrag (Korn, $dt \cdot ha^{-1}$) zur Vorfrucht Kartoffeln	0	94	188
zur Nachfrucht Weizen				
0		28,5	32,6	39,4
63		39,0	41,7	43,8
126		45,7	49,5	52,5

N-Düngung $(kg \cdot ha^{-1})$	Kartoffelertrag (Knollen-FM, $t \cdot ha^{-1}$) zur Vorfrucht Weizen	0	63	126
zur Nachfrucht Kartoffeln				
0		15,8	15,8	17,6
94		25,6	26,9	27,1
188		31,6	29,6	31,6

der Stickstoffdüngung könnte man die Auffassung vertreten, daß, bedingt durch die Auswaschungsgefährdung des Nitrats in der Bodenlösung, die Höhe der N-Düngung zur Vorfrucht nur eine geringe Wirkung auf die Ertragsbildung der Nachfrucht haben müßte, insbesondere, wenn diese selbst ausreichend mit N versorgt ist. Dennoch zeigen die Daten in Tab. 48, daß mit der Anwendung steigender N-Gaben eine mehr oder minder deutliche Vorfruchtwirkung verbunden ist. Während der Weizen in jeder N-Düngungsstufe eine Nachwirkung der N-Gabe zu Kartoffeln zeigte, trat diese Vorfruchtwirkung bei Kartoffeln nur sehr viel schwächer ausgeprägt und in den unteren N-Düngungsstufen ein. Die Ursachen für diese Sachzusammenhänge können nur vermutet werden, weil die einzelnen Faktoren seinerzeit nicht quantifiziert worden waren. Prinzipiell bieten sich zwei Erklärungsmöglichkeiten an: Die durch Düngung verursachten Ertragssteigerungen sind unmittelbar durch den im Boden verbliebenen, von der Vorfrucht nicht aufgenommenen Düngerstickstoff verursacht worden, oder sie waren eine mittelbare Folge der mit steigender Düngung zunehmenden Menge an Ernterückständen. Der in dieser organischen Masse immobilisierte N kann während der Zwischenbrache und der Vegetationszeit der Nachfrucht wieder mineralisiert werden. Falls der daraus freigesetzte NO_3-N nicht mit den Winterniederschlägen ausgewaschen wurde, könnte er von der Nachfrucht aufgenommen und in Pflanzenmasse umgesetzt werden (Abb. 73).

Wahrscheinlich besteht die Vorfruchtwirkung in einer Kombination der unmittelbaren und mittelbaren N-Düngungseffekte. So könnte die deutlichere Vorfruchtwirkung der N-Düngung zu Kartoffeln auf den Weizen mit folgenden Sachverhalten erklärt werden. Das Düngungsniveau zu Kartoffeln war höher als zu Weizen. Die Ernterückstände der Kartoffeln weisen ein engeres C-N-Verhältnis auf, sind also rascher mineralisierbar. Die Teilbrache zwischen Kartoffeln und Weizen ist kürzer als zwischen Weizen und Kartoffeln. Während der Herbstmonate kann der Weizen deshalb schon einen Teil des mineralisierten Stickstoffs aufnehmen. Während der Winterbrache zwischen Weizen und Kartoffeln besteht die Gefahr, daß sämtlicher pflanzenverfügbarer Stickstoff ungenutzt aus dem durchwurzelbaren Bodenraum ausgewaschen wird. Der Weizen mit einem größeren Wurzeltiefgang bis zu 150 cm kann u. U. die in die Tiefe verlagerten NO_3-Mengen noch aufnehmen.

Der weniger mit N- gedüngte Weizen dagegen hinterläßt geringere Ernterückstandsmengen, insbesondere dann, wenn das Stroh vom Feld abgefahren wird. Stoppeln und Wurzeln mit ihrem weiten C-N-Verhältnis bewirken zunächst eine Stickstoffsperre im Boden. Sollte dennoch während der langen Teilbrachezeit N remineralisiert und mit den Niederschlägen in größere Tiefe verlagert worden sein, könnte dieser Stickstoff wegen der geringeren Durchwurzelungstiefe für die Kartoffeln unerreichbar sein.

Diese Erörterung soll zeigen, wieviele Bedingungen auf die schließlich eingetretene Vorfruchtwirkung der N-Düngung Einfluß genommen haben könnten. Außer den wechselnden Witterungsbedingungen sind es vor allem die Dauer der Teilbrachezeit und die spezifischen Leistungen der einzelnen Feldfruchtarten, solche Vorfruchteffekte in Ertrag umzusetzen. Allgemein gilt, daß Feldfrüchte mit langer Vegetationszeit hierbei leistungsfähiger sind als solche mit kurzer Vegetationszeit.

Ob und in welchem Umfang N-Vorfruchteffekte von der Nachfrucht genutzt werden können, hängt entscheidend davon ab, wieviel Stickstoff zur Nachfrucht gedüngt wird. Wie Abb. 102A zeigt, konnten bei ungedüngtem Weizen Ertragsdifferenzen bis zu 20 dt zwischen den Vorfrüchten Hafer und Ackerbohnen beobachtet werden. Diese Vorfruchtwirkung stand in engem Zusammenhang mit den N-Mengen in den Ernteresten und den im Frühjahr gemessenen N_{min}-Mengen im Boden. Die von den Vorfrüchten bedingten Ertragsunterschiede konnten mit 40 bzw. 93 und 113 kg·ha^{-1} N-Düngermengen

350 Gestaltung von Bodennutzungssystemen

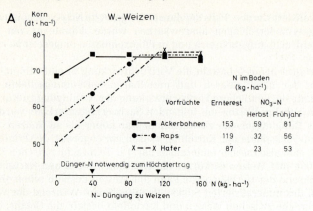

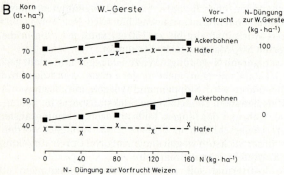

Abb. 102. Direkte und indirekte Vorfruchtwirkungen (Löß-Lehmboden, Göttingen; Köpke 1987)
A: Weizenertrag in Abhängigkeit von der Vorfruchtwirkung von Ackerbohnen, S.Raps und Hafer (alle ohne N-Düngung) und von der N-Düngung zum Weizen selbst.
B: W.Gerstenertrag in Abhängigkeit von den Vor-Vorfrüchten Hafer und Ackerbohnen, der N-Düngung zur Vorfrucht Weizen und von der N-Düngung zu Nachfrucht W.Gerste selbst.

ausgeglichen werden. Nach dem Weizen wurde Wintergerste in zwei N-Düngungsstufen angebaut. Auch hier zeigten sich noch deutliche Nachwirkungen der Vor-Vorfrüchte Hafer und Ackerbohnen und schwache Effekte der N-Düngung zur Vorfrucht Weizen. Wie Abb. 102B zeigt, war die positive N-Nachwirkung der Ackerbohnen am stärksten bei der Wintergerste ohne N-Düngung ausgeprägt.

Ebenfalls zu beachten sind Rückstände von Pflanzenschutzmitteln, vor allem von Herbiziden, die längere Zeit im Boden wirksam bleiben. Das gilt besonders dann, wenn der Boden vor dem Anbau der Nachfrucht nicht tiefgreifend gewendet und das langsam abbaubare Herbizid im Boden dadurch nicht verdünnt wird, sondern in der ursprünglichen Konzentration nahe der Bodenoberfläche verbleibt, wie z. B. in einer Mulchwirtschaft. Muß nach Auswinterung einer behandelten Feldfrucht ein neuer Bestand begründet werden, so sind nur solche Kulturpflanzenarten als Nachfrucht geeignet, die von dem zuvor angewandten Herbizid nicht geschädigt werden.

2. Von der Vorfrucht bewirkte Effekte auf den Bodenwasservorrat und die Bodenstruktur

In Gebieten mit geringen Niederschlägen, so z. B. im Binnenland und im Regenschatten von Gebirgen, bestimmt der Wasserentzug der Vorfrucht die Ertragsleistung der Nachfrucht. Bei anhaltender Trockenheit während der Vegetationszeit der Vorfrucht wird der Bodenwasservorrat um so stärker erschöpft, je länger die Vorfrucht im geschlossenen Bestand maximal Wasser verdunstet hat und je tiefer und intensiver der Boden durchwurzelt wurde. Im Regenschattengebiet des Harzes z. B. ist nach dem Anbau von Zuckerrüben, Mais oder Kleegras selbst auf tiefgründigen, speicherungsfähigen Lößböden der Bodenwasservorrat häufig so erschöpft, daß ohne Niederschläge der Keimwasserbedarf eines nachfolgenden Winterweizens nicht gedeckt ist. Deshalb muß man die Wiederauffüllung des Wasservorrates durch die Winterniederschläge abwarten, ehe die Nachfrucht folgen kann. Die ist in der Regel dann ein Sommergetreide. Das gleiche Problem kann nach dem Anbau einer Winterzwischenfrucht eintreten. Günstige Nachfrüchte sind dann solche mit geringem Keimwasserbedarf, wie z. B. Kartoffeln oder Mais. Alle vorgezogenen, zu pflanzenden Zweitfrüchte, wie Markstammkohl, Kohlrübe oder Mais, benötigen in einem solchen Fall eine Bewässerung zur Bestandesgründung.

Je länger eine Feldfrucht mit ihrer grünen Sproßmasse den Boden bedeckt, je mehr und je tiefer sie den Boden durchwurzelt und je größer der Bestandesabfall während ihrer Vegetationszeit ist, desto stärker wirkt sie auf die Bildung durchgängiger Grobporen und beständiger Krümel im Boden. Deshalb steigt der strukturverbessernde Effekt in der Reihenfolge: Stoppelzwischenfrüchte < Untersaaten < Winterzwischenfrüchte < Sommergetreide, kurzlebige Zwischenfrüchte, Frühkartoffeln, Körnerleguminosen < Wintergetreide < Spätkartoffeln, Mais, Zuckerrüben, Winterraps < Futterleguminosen und Feldgras im Hauptfruchtfutterbau.

Dieser positive Struktureffekt kann allerdings durch Pflege- und

Erntearbeiten leicht wieder zunichte gemacht werden. Häufigkeit und Schwere der Bodenbelastung durch Fahrverkehr, nicht zuletzt eine zu hohe Bodenfeuchte im Augenblick des Bearbeitungseingriffs, zerstören das unter der Pflanzendecke entstandene Krümelgefüge. Das gilt insbesondere für die Ernte der Reihenfrüchte Zuckerrüben und Silomais in einem nassen Herbst. Während der Landwirt bei der Bestellung und Bestandspflege meistens auf den Bodenzustand achtet und zu hohe Bodenfeuchte bei der Bearbeitung meidet, gilt das nicht in gleichem Maße für die Erntearbeiten. Besonders in feuchten Jahren, in denen häufige und ergiebige Niederschläge die Ernte verzögern und die Anzahl der noch zur Verfügung stehenden Feldarbeitstage einschränken, kann er nicht mehr auf eine günstige Bodenfeuchte warten. Er erntet, wenn es gerade noch geht, aber um den Preis einer nachhaltigen Bodenverdichtung.

Entsprechendes gilt für eine Grundbodenbearbeitung zur Vorfrucht bei zu hoher Bodenfeuchte. Dies, ebenso wie ein fehlerhaftes Einbringen von Stroh und Rübenblatt mit einer einzigen tiefgreifenden Bodenwendung, beeinflußt mindestens die Folgefrucht, wenn nicht noch weitere Nachfrüchte negativ. Bei überschüssiger Feuchte und fehlendem Gasaustausch nahe der Bearbeitungsgrenze (Krumenbasisverdichtung) werden kompakte Schichten von Ernteresten nicht mehr vollständig mineralisiert sondern nur vergoren. Der örtliche Sauerstoffmangel steigt und das Wurzelwachstum wird am Vordringen in die Tiefe gehemmt. Tritt dann eine längere Trockenheit ein, reicht die Bewurzelung nicht für eine ausreichende Wasseraufnahme der Nachfrucht. Nachhaltige Bodenverdichtungen und Mängel beim Abbau der Ernterückstände sind bewirtschaftungsbedingte negative Vorfruchtwirkungen, die zusätzliche Aufwendungen bei Düngung und Pflanzenschutz der Folgefrüchte nach sie ziehen.

3. Zeitpunkt des Räumens einer Feldfrucht

Winterraps und Zwischenfrüchte zur Futternutzung stellen die höchsten Ansprüche an das Einhalten eines rechtzeitigen Aussaattermins. Innerhalb einer eng begrenzten Frist muß in der Regel die Bestellung erfolgt sein oder der Anbau lohnt nicht mehr. Wintergetreide erträgt etwas größere Verspätungen bei der Aussaat und ist deshalb nicht ganz so stark vom Erntetermin der Vorfrucht abhängig. Zwischen dem Anbau einer Sommerung und der vorangegangenen Ernte der vorjährigen Vorfrucht verstreicht dagegen eine so große Zeitspanne, daß der Zeitpunkt des Räumens der Vorfrucht für die Wahl der Nachfrucht keine Rolle mehr spielt.

Dieser Termin ist in erster Linie art- und sortentypisch. Deshalb läßt er sich im Hinblick auf die gewünschte Nachfrucht mit der Wahl einer bestimmten Feldfrucht und einer früh- oder spätreifen Sorte planen. Unvorhersehbar sind aber die Witterungsbedingungen, die den Reife- und Erntezeitpunkt einer Feldfrucht verzögern können. Diese Unsicherheit wiegt um so schwerer, je kürzer die Vegetationszeit ist, die für ein herbstliches Wachstum der Nachfrucht noch zur Verfügung steht (Tage mit einer Durchschnittstemperatur > 5 °C) und je ungünstiger erfahrungsgemäß Witterungs- und Bodenbedingungen für eine fristgerechte Bestellung der Nachfrucht sind. Das engt die Wahl der möglichen Nachfrüchte erheblich ein. In solchen Fällen bestimmt ihr **Vorfruchtanspruch** dann die Fruchtfolge.

Größere Freiheit in der Wahl der Vor- und Nachfrüchte gewährt in der Regel der Anbau von Sommerfrüchten. Allerdings begrenzt ihre meist spätere Ernte dann wiederum die Wahl der möglichen Nachfrüchte. Deshalb kann der Landwirt auf eine langfristige, vorausschauende Planung der Fruchtfolge nicht verzichten.

4. Vorfruchtabhängiger Unkraut- und Schaderregerdruck

Die Wirkung der Ackerwildpflanzen auf die Nachfrucht ergibt sich auf zwei Wegen: Zum einen sind das alle schon genannten Einflüsse, die konkurrenzbedingt auch über das Wachstum der Vorfrucht eintreten. Zum anderen besteht die Wirkung in der Anzahl der Reproduktionsorgane der Ackerwildpflanzen, die in der unmittelbaren Nachfrucht oder späteren Folgefrüchten wieder zu einem Aufwuchs wettbewerbswirksamer Unkrautpopulationen führen können.

Vielfach entscheidet die Verhinderung weiterer Ausbreitung von Ackerwildpflanzen und nicht das Schadensschwellen-Prinzip darüber, ob eine Unkrautbekämpfungsmaßnahme unternommen wird oder nicht. So ist es z. B. rationell, beim ersten Auftreten von Flughafer dessen Fruchtstände vom Felde zu entfernen oder die ersten Quecken nesterweise intensiv zu bekämpfen, obwohl diese einzelnen Pflanzen noch keinen wirtschaftlichen Schaden verursachen.

In der Regel hat es aber der Landwirt nicht mit der Einwanderung einer neuen, leicht zu bemerkenden Wildpflanzenart zu tun, sondern mit einer relativ arten- und individuenreichen Unkrautpopulation, die an die Fruchtfolge angepaßt ist. Der Vorfruchteffekt einer Feldfrucht besteht darin, in welchem Umfang es dem Landwirt gelingt, die Erneuerung der „ruhenden" Population aus Samen und vegetativen Knospen in Grenzen zu halten. Das Dichteniveau dieser „ruhenden" Population hängt wesentlich von der Kampfkraft der zuvor angebauten Feldfrucht, vom Erfolg der direkten Unkrautbekämpfung und anderer produktionstechnischer Eingriffe ab. Dazu gehören insbesondere Zeitpunkt und Verfahren der Bodenbearbeitung. Von ihnen hängen Vitalität und Anzahl sowie die Tiefenlage der Reproduktionsorgane im Boden ab und damit auch deren Chance zum Auflaufen.

Mit zur Verunkrautung gehört auch der Durchwuchs unerwünschter Kulturpflanzen. Er wird durch Verluste vor und nach der Ernte verursacht. Diese können nur durch Optimierung des Ernteverfahrens in Grenzen gehalten werden. Dazu gehört die richtige Einstellung der Erntemaschine und die Wahl einer angemessenen Arbeitsgeschwindigkeit. Lager und ungünstige Witterung vor und während der Ernte steigern die Verluste. Jede Verspätung der Ernte von Körnerfrüchten hat unvermeidlich einen höheren Samenausfall zur Folge.

Nicht eigentlich zum Vorfruchteffekt gehörend, aber doch hier zu nennen, sind die Maßnahmen des Landwirts während der Teilbrache, mit denen der Durchwuchs in der Nachfrucht minimiert werden soll. Mit der Stoppelbearbeitung kann ein großer Teil der ausgefallenen Samen, soweit sie nicht dormant sind, zum Keimen gebracht werden. Mit der folgenden Bodenbearbeitung müssen sie dann vernichtet werden. Bei Kartoffeln verursachen die kleinen, das Sieb passierenden Knollen den Durchwuchs. Sie verharren zunächst in Knospenruhe und können im Folgejahr selbst aus großer Bodentiefe noch auflaufen. Die Knospenruhe kann durch Verletzen der Knolle (Quetschen nach dem Siebdurchgang bei der Ernte) gebrochen werden. Dann würden die Knollen schon während der herbstlichen Teilbrache austreiben und könnten mit einem Herbizid oder einer tiefgreifenden Bodenbearbeitung beseitigt werden. Ist mit Sicherheit stärkerer Frost zu erwarten, so genügt es, die Knollen an der Bodenoberfläche zu belassen, damit sie vom Frost abgetötet werden können.

In jedem Fall stellt Durchwuchs von Kartoffeln eine ernsthafte Gefahr für die Gesundheit aller benachbarten Kartoffelbestände dar. Sind die nicht geernteten Knollen mit Virus infiziert, so können die aus ihnen aufwachsenden Pflanzen zum Ausgangspunkt einer erneuten, von Läusen übertragenen Virusinfektion werden. Entsprechendes gilt für Ausfallgetreide, das frühzeitig von Mehltau befallen wurde und zur Infektionsquelle für später gesätes Getreide in der benachbarten Feldflur wird. Unkrautgerste in Raps oder Zuckerrüben kann den Abbau der bei Getreide wirksamen bodenbürtigen Schadorganismen beeinträchtigen. Der „Unterbrechungseffekt", der mit dem Anbau einer nicht als Wirt dienenden Feldfrucht erreicht werden soll, kommt nicht voll zur Wirkung. Der nachfolgende Weizen leidet dann immer noch unter erheblichem Befallsdruck von Erregern der Halmbasiserkrankungen. Diese und ähnliche Sachverhalte zwingen zu frühzeitiger und vollständiger Beseitigung aller Krankheits- und schädlingsübertragenden Durchwuchspflanzen.

Unter den krankheits- und schädlingsbedingten Vorfruchteffekten spielt die Anreicherung des Bodens mit Schadorganismen, die hauptsächlich die Wurzeln und die Sproßbasis der Feldfrüchte schädigen, eine herausragende Rolle. Dies sind vor allem Pilze, Nematoden, im Boden lebende Larven von Insekten und an sich harmlose Bodenpilze, die aber Viren übertragen können (Tab. 42).

Vorfruchtwirkungen betreffen nicht nur die unmittelbar folgende Nachfrucht, sondern sind auch noch bei der zweiten und dritten Nachfrucht erkennbar. Ein besonders deutliches Beispiel bieten die Ergebnisse eines Fruchtfolgeglieder-Versuches auf Lößboden im Raum Halle/Saale (Abb. 103A). Die Vorfruchteffekte sind deshalb so groß, weil das Stickstoff-Düngungsniveau zeitbedingt sehr niedrig war. Unter allen Vorfrüchten des 1. Feldes hatte der Hafer die schlechteste, der Rotklee die günstigste Vorfruchtwirkung. Auch im 2. Feld ergab sich eine deutliche Abstufung zwischen Körnerraps und Kartoffeln einerseits und Sonnenblumen, Rüben und Mais andererseits. Im Vergleich zu den anderen, hier geprüften Vorfrüchten wirkte der Mais weniger als Blattfrucht, sondern mehr als Halmfrucht. Das geht auch aus den aktuelleren Daten in Tab. 49 hervor. Blattfrüchte als Vor-Vorfrüchte und als Vorfrüchte zu Weizen wirken günstiger als Halmfrüchte. Wenn auch die unmittelbare Vorfrucht stärker wirkt als die Vor-Vorfrucht, so ist deren Effekt immer noch groß genug, um beachtet werden zu müssen.

Abb. 103B zeigt darüber hinaus, daß sich positive und negative Vorfruchtwirkungen erst mit der Zeit akkumulieren und witterungsbedingte Schwankungen unterworfen sind. Einen entscheidenden Einfluß auf die indirekten, kumulativen Vorfruchtwirkungen hat dabei die Häufigkeit des Anbaues bestimmter Feldfruchtarten, hier, bei der Wintergerste, der Getreideanteil an der Ackerfläche.

Zwischen den direkten und indirekten Vorfruchteffekten bestehen stets Wechselwirkungen, wie am folgenden, schematischen Ver-

---

Tab. 49. Relativer Vorfruchtwert von Blatt- und Halmfrüchten für Winterweizen; Auswertung von Schlagkarteien der Jahre 1984–1987 auf Lößböden der ehemaligen DDR (STEINBRENNER 1990)
Relativer Kornertrag von Weizen (100 = 68,7 dt · ha^{-1})

	Körner-legumi-nosen	Zuk-kerrü-ben	Kar-toffeln	Winter-raps	Silo-mais	Hafer	Sommer-gerste	Winter-gerste	Winter-weizen
Vor-Vorfrucht									
Blattfrucht	100	94	93	91	88	85	83	79	79
Halmfrucht	97	91	90	89	86	83	80	75	75

356 Gestaltung von Bodennutzungssystemen

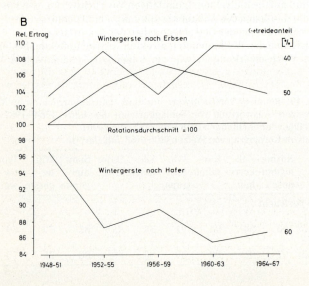

gleich zwischen dem Anbau von Winterweizen nach Zuckerrüben („Rübenweizen") und nach Winterweizen („Stoppelweizen") gezeigt werden soll. In Abb. 104 sind Verstärkung und Verminderung der Vorfruchteffekte auf die Prozesse und Zustände in Pflanze und Boden jeweils mit einem Plus- oder Minuszeichen gekennzeichnet worden.

Winterweizen hinterläßt in seinen Rückständen geringere N-Mengen als Rüben, wenn das Blatt auf dem Felde verbleibt. Wegen des weiten C-N-Verhältnisses im Stroh wird darüber hinaus auch noch löslicher Stickstoff im Boden für längere Zeit mikrobiell festgelegt. Den relativen Mangel an pflanzenaufnehmbarem N versucht der Landwirt beim Stoppelweizen mit einer höheren N-Düngung auszugleichen. Da aber die Funktion von Wurzeln und Gefäßen im basalen Sproßabschnitt hinsichtlich der Nährstoff- und Wasseraufnahme wegen des früheren und stärkeren Befalls mit Halmbasiserkrankungen beeinträchtigt ist, vermag der Stoppelweizen das vermehrte N-Angebot im Boden durch Düngung nur ungenügend zu nutzen. Dies ist der Grund dafür, daß durch Nematodenbefall und Halmbasiserkrankungen verursachten Schäden niemals durch höhere N-Düngung vollständig ausgeglichen werden können.

Die Schäden an Wurzeln und Sproß haben einen sich selbst verstärkenden negativen Rückkopplungseffekt zur Folge, nämlich die in Abb. 104 mit zwei gegenläufigen Pfeilen gekennzeichnete Wechselwirkung zwischen Intensität des Wurzelwachstums und der Güte der Bodenstruktur. Wenn der Befall mit Wurzel- und Halmbasiserkrankungen zunimmt, wird das Wurzelwachstum gehemmt. Besonders tiefere Bodenschichten unterhalb der Bearbeitungsgrenze werden zunehmend weniger durchwurzelt. Wurzeln hinterlassen nach ihrem Absterben durchgängige, meist luftführende Grobporen. Diese alten Wurzelbahnen sind für den Gasaustausch von großer Bedeutung, aber auch vorgeformte Wege für eine künftige Durchwurzelung des Unterbodens. Nehmen diese Grobporen ab, so werden weniger Wurzeln in die Tiefe wachsen, wo in Trockenperioden das Wasser aufgenommen werden muß. Dieser sich akkumulierende, negative Vorfruchteffekt benachteiligt den Stoppelweizen im Vergleich zum Rübenweizen. Der Effekt verstärkt sich, wenn weitere, gegen-

◁ Abb. 103. Kumulative Vorfruchtwirkungen:
A: Einfluß der Vor-Vorfrucht (1. Feld) und der Vorfrucht (2. Feld) auf die relativen Kornerträge von Weizen (3. Feld) und Wintergerste (4. Feld) im Fruchtfolgegliederversuch Mößlitz (Lößlehm, Kreis Bitterfeld; FRIESLEBEN 1966)
B: Einfluß des Getreideanteils und der unmittelbaren Vorfrucht auf den relativen Kornertrag von Wintergerste im Verlauf der Zeit (KÖNNECKE 1967).

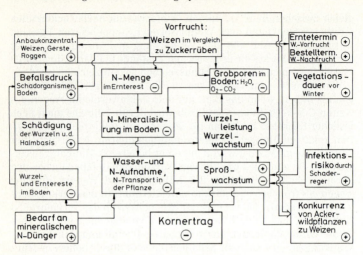

Mengen und Prozesse im Boden und Pflanze: + mehr / − weniger im Vergleich zur Blattvorfrucht

Abb. 104. Direkte und indirekte Vorfruchtwirkungen von Weizen im Vergleich zu Zuckerrüben auf die Prozesse in Boden und Pflanze bei der Nachfrucht Weizen (Ernte- und Bestelltermin: + = früher).

über Erregern der Halmbasiserkrankungen anfällige Getreidearten, wie Wintergerste und Winterroggen, angebaut werden.

Als positiver Vorfruchteffekt des Weizens vor Weizen ist die Möglichkeit zu einem frühen Aussaattermin zu werten. Er könnte dem Stoppelweizen einen deutlichen Ertragsvorteil gegenüber dem Rübenweizen verschaffen. Gegen die Nutzung der Frühsaatmöglichkeit spricht aber, daß Frühsaaten eher und stärker von Schwarzbeinigkeit und Halmbruchkrankheit befallen werden. Außerdem können sie leichter von Läusen besucht werden, die das Gelbverzwergungsvirus übertragen. Aussaat des Weizens schon im September verhindert darüber hinaus, daß winterannuelle Ackerwildpflanzen schon vor der Aussaat des Weizens auflaufen und mit der Saatbettbereitung vernichtet werden. Alle diese Sachverhalte sprechen dafür, die risikosteigernden Effekte einer Frühsaat des Stoppelweizens zu vermeiden.

Die langfristigen, kumulativen Vorfruchtwirkungen beruhen, außer der Anreicherung des Bodens mit bestimmten Schadorganismen und Reproduktionsorganen von Ackerwildpflanzenarten, auch auf dem Einfluß, den die Feldfrüchte auf die Bodenstruktur und den

Humushaushalt ausüben. Danach kann man die Feldfrüchte in drei Gruppen einordnen:

1. Reihenfrüchte mit spätem Bestandesschluß, die wegen der noch üblichen intensiven Bodenbearbeitung und der langen Teilbrachezeit ohne Zwischenfruchtgründüngung humuszehrend wirken.
2. Körnerfrüchte, die wegen ihres engen Reihenabstandes, ihrer frühen Saat meist auch früh schließen und wegen der großen Mengen an Ernterückständen – vor allem, wenn das Stroh auf dem Felde verbleibt – den Humushaushalt kaum beanspruchen.
3. Mehrjährige Feldfutterpflanzen, die durch ihr ausdauerndes Wachstum, die ständige Zufuhr von Wurzel- und Sproßabfällen zum Boden und die fortwährende Bodenruhe eine Krümelstruktur schaffen und mit ihren großen Mengen an Ernterückständen den Boden mit organischer Substanz anreichern.

Hohe indirekte Vorfruchtwerte gehen nicht immer gepaart mit günstigen direkten Vorfruchtwirkungen. So wird man die Anreicherung des Bodens mit organischer Substanz durch Kleegras nicht mit einer Nachfrucht wie Zuckerrüben nutzen können. Eine bis in den Herbst hinein anhaltende Nachlieferung von pflanzenaufnehmbarem Stickstoff aus der unter Kleegras angereicherten organischen Bodensubstanz würde die Zuckerspeicherung und -gewinnung beeinträchtigen. Die nach mehrjährigem Futterbau häufig auftretenden Larven des Schnellkäfers (Drahtwürmer) können die Bestandesbegründung der Zuckerrüben gefährden. Deshalb ist z. B. Körnerraps aufgrund seiner höheren Saatdichte, seiner besseren Lücken-Ausgleichsfähigkeit und seinem höheren Stickstoffbedarf nach Kleegras eine bessere Nachfrucht als Zuckerrüben.

In einer Fruchtfolge müssen die Ansprüche jeder Feldfrucht an die Vorfrucht mit deren spezifischen Vorfruchtwirkungen in Einklang gebracht werden. Aus den örtlichen Erfahrungen mit den jeweils besonderen Boden- und Klimabedingungen, aber auch mit den Möglichkeiten und Grenzen, die bestimmten Bodenbearbeitungs- und Bestellverfahren gezogen sind, ergibt sich, welche Vorfrucht-Nachfrucht-Kombinationen günstiger als andere sind. Dabei versucht der Landwirt einen Ausgleich zwischen mehreren, sich zum Teil widersprechenden Forderungen zu finden. Wenn es um die möglichst vollständige Ausnutzung der am Wuchsort verfügbaren Wachstumsfaktoren (Einstrahlung, Temperaturen oberhalb des physiologischen Minimums) geht, verdienen mehrjährige Feldfrüchte den Vorzug vor einjährigen. Feldfrüchte, deren Anbau unmittebar auf die Ernte der Vorfrucht folgt, steigern die Leistung einer Fruchtfolge mehr als solche, die erst nach einer mehrmonatigen Teilbrache angebaut werden können. Die Forderung nach einer vollständigen Nutzung der Vegetationszeit läßt sich aber nur erfüllen, wenn Wasser nicht zum begrenzenden Faktor wird. In Trockengebieten z.B. muß mit dem Anbau der Nachfrucht meist gewartet werden bis mit ergiebigen Niederschlägen der Bodenwasservorrat wieder aufgefüllt ist.

Tab. 50. Günstige und ungünstige Fruchtfolgepaare

sehr günstig	günstig	möglich	ungünstig	unmöglich, oder sehr ungünstig
+	+	O	–	–

Vorfrüchte	mehrjähriges Kleegras	W. Raps	Z. Rüben	Kartoffeln	Sonnenblumen	A. Bohnen	K. Erbsen	Mais	W. Weizen	W. Gerste	W. Roggen	S. Gerste	Hafer
mehrjähriges Kleegras[1]	–	+	–	+	–	–	–	+	+	+	+	–	–
W. Raps	O	–	–	+	–	O	O	+	+	+	+	–	–
Z. Rüben	O	–	–	+	–	–	–	+	+[2]	–	–	+	O
Kartoffeln	O	+[3]	+	–	–	–	–	+	+	+	+	+	O
Sonnenblumen	O	–	+	+	–	+	+	+	+	+	+	+	+
A. Bohnen	–	–	–	+	–	–	–	+	+	+	+	O	O
K. Erbsen	–	+[4]	+[5]	+[5]	–	–	–	+[5]	+[5]	+	+	O	O
K. u. S. Mais	O	–	+	+	+	+	+	O	+[2]	–	–	+	+
W. Weizen	+	–	+[5]	+[5]	+[5]	+[5]	+[5]	+[5]	–	O	O	O	+
W. Gerste	+	+	+[5]	+[5]	+[5]	+[5]	+[5]	+[5]	–	–	–	–	O
W. Roggen	+	+	+	+[5]	+[5]	+[5]	+[5]	+[5]	–	–	–	–	O
S. Gerste	+	+	+[5]	+[5]	+[5]	+[5]	+[5]	+[5]	O	–	–	–	–
Hafer	+	+	+[5]	+[5]	+[5]	+[5]	+[5]	+[5]	+	+	+	–	–

1) Als Vorfrucht zu Blattfrüchten in der Regel nur in Betrieben ohne mineralische N-Düngung. Diese Einschätzung gilt auch für Klee- und Luzerne-Reinsaaten.
2) Nur in wintermilden Klimabereichen. In Trockengebieten besser S. Weizen oder S. Gerste
3) Nur Frühkartoffeln
4) Nur, wenn *Sclerotinia*- Befall unwahrscheinlich ist
5) Nur in Kombination mit Begrünung der Teilbrache

Die zweite Forderung zielt auf die Steigerung der Pflanzenerträge durch Koppelung von günstigen Fruchtfolgepaaren. Bewährt haben sich bestimmte Blattfrucht-Halmfrucht- oder Halmfrucht-Blattfrucht-Kombinationen, wie z.B. Winterraps-Winterweizen, Zuckerrüben-Winterweizen, Spätkartoffeln-Winterroggen oder Wintergerste-Winterraps, Silomais-Winterweizen. Tab. 50 enthält eine Einschätzung von möglichen Fruchtfolgepaaren nach ihrer Leistungsfähigkeit und Machbarkeit. Blattfrucht-Blattfrucht-Kombinationen, insbesondere, wenn zwischen den beiden Feldfrüchten eine lange Teilbrache eingehalten werden muß, gelten als Luxus-Folgen. Halmfrucht-Halmfrucht-Kombinationen sind nicht vorteilhaft, aber wohl unvermeidlich, wenn aus ökonomischen Gründen ein hoher Halmfruchtanteil an der Ackerfläche notwendig ist. In einem solchen Falle gebührt der leistungsstärksten Getreideart, dem Weizen, immer der erste Platz nach der Blattfrucht. Wintergerste auf Winterraps folgen zu lassen, nur um die Teilbrachezeit zu verkürzen, wäre ein Fehler, wenn damit verbunden ist, daß auf Wintergerste Winterweizen folgt. Wintergerste als leistungsschwächere und gegenüber Halmbasiserkrankungen tolerantere Getreideart wird, wie Roggen, stets nach Weizen gestellt. Zur Verminderung des Befallsdruckes von Halmbasiserkrankungen beim Weizen sollte die Anbauphase für anfällige Getreidearten vor dem Weizen möglichst lang sein. Das rechtfertigt Kombinationen wie Blattfrucht-Blattfrucht-Halmfrucht-Halmfrucht anstelle von Blattfrucht-Halmfrucht-Blattfrucht-Halmfrucht.

In einer Mulchwirtschaft muß unter Umständen von dem Grundsatz einer zeitlich möglichst engen Aufeinanderfolge von Vor- und Nachfrucht abgewichen werden, wenn sehr große Strohmengen das Risiko für die Bestandesbegründung der Nachfrucht erhöhen. In solchen Fällen ist eine längere Teilbrache, die bis zum Anbau einer Sommerung dauern kann, vorteilhafter.

4.3.4 Zwischenfruchtbau in der Fruchtfolge

Zwischenfruchtbau wurde schon in der Mitte des 19. Jahrhunderts mit tiefwurzelnden, N-sammelnden Leguminosen betrieben. So hat z.B. A. Schultz (1831–1899) in der „Wüsteney" Lupitz auf ärmsten Sandböden der Altmark mit Hilfe des Lupinen-Zwischenfruchtbaues die Bodenfruchtbarkeit so steigern können, daß schließlich sogar der Zuckerrübenbau möglich und rentabel wurde. In viehhaltenden Akkerbaubetrieben mit unzureichender Rauh- und Saftfuttererzeugung kann der Zwischenfruchtbau die Futterlücken schließen. In Ackerbaubetrieben ohne Vieh dient der Zwischenfruchtbau überwiegend der Stabilisierung und, wenn möglich, der Steigerung der Erträge der in einem Bodennutzungssystem vereinigten Feldfrüchte durch Erhöhung der Menge leicht umsetzbarer organischer Bodensubstanz, durch Begrenzung fruchtfolgespezifischer Schadorganismen sowie durch Unterdrückung von unerwünschten Wild- und Kulturpflanzen. Ferner lassen sich mit dem Zwischenfruchtbau Bodenschutzauflagen erfüllen, so z.B. mit frühschließenden Gründecken die Verhütung von Bodenabtrag durch Erosion und von Nitrateintrag in das Grundwasser, wenn nach der Ernte mineralisierter Bodenstickstoff durch die Zwischenfruchtpflanzen während der Herbst- und Wintermonate immobilisiert wird. Muß Gülle aus Gründen begrenzter Lagerkapazität vor Winter ausgebracht werden, ist eine Festlegung des leicht löslichen Gülle-Stickstoffs in der organischen Masse einer Zwischenfrucht unerläßlich.

Wesentlich für den Erfolg eines Zwischenfruchtbaues sind seine richtige Einpassung in die Fruchtfolge und in das Bodenbearbeitungssystem (Abb. 105) sowie die Wahl der geeigneten Zwischenfrucht. Sie muß in ihrem Wachstumsrhythmus an den Standort und an die Dauer der zur Verfügung stehenden Vegetationszeit angepaßt sein (Tab. 51).

Untersaaten werden mit ausdauernden Gräsern als Herbsteinsaat in Wintergetreide, mit Kleeartigen als Frühjahrseinsaat in Winter- oder Sommergetreide begründet. Um einer Entmischung des Saatgutes vorzubeugen, erfolgt die Aussaat der Zwischenfrucht in einem gesonderten Arbeitsgang. Meist werden die Gras-, Klee- oder Kleegrasuntersaaten nach der Deckfruchternte noch einmal im Herbst, dann für ein oder mehrere Jahre im Hauptfruchtfutterbau oder zur Samenproduktion genutzt (Abb. 105, 1). Man kann die Grasuntersaat aber auch zur Bodenbedeckung während der Herbst- und Wintermonate liegen lassen, dann im Frühjahr mit einer Mulchsaat Reihen-

Tab. 51. Für Zwischen- und Zweitfruchtbau geeignete Feldfruchtarten, ihr Anbau und die mögliche Ertragsleistung zu Ende des 1. Vegetationsjahres

Art	Saatmenge[1] $(kg \cdot ha^{-1})$ $(Pfl \cdot m^{-2})$	späteste Saatzeit	Verfahren: S: Drillsaat P: Pflanzen	TM-Ertrag[4] $(dt \cdot ha^{-1})$
Untersaaten				
Herbst				
Knaulgras	10	Ende September	S	25
D. Weidelgras	15	Mitte Oktober	S	30

Gestaltung der Fruchtfolge

Frühjahr				
Rotklee	20	Mitte April	S	20
Rotklee (oder Weißklee) + W. Weidelgras[2]	10(2) + 12	Mitte April	S	30
W. Weidelgras	20	Mitte April	S	40
Stoppelsaaten				
Gelblupine (Blaulupine)	150 (160)	Mitte Juli	S	35 (30)
Grünmais (Hirse)	90 (45)	Mitte Juli	S	65 (45)
Sonnenblume	30	Ende Juli	S	45
Stoppelrübe	2	Anfang August	S	30
Saatwicke + Erbse + Ackerbohne	20 + 60 + 40	Anfang August	S	40
Ölrettich	18	Mitte August	S	40
Phacelia	15	Ende August	S	30
Futterraps (-rübsen)	8 (6)	Ende August	S	30
Gelbsenf	20	Anfang September	S	25
Winterzwischenfrüchte				
W. Wicke + Inkarnatklee + Weidelgras[3]	25 + 18 + 20	Mitte August	S	55
W. Raps (W. Rübsen)	6 (5)	Ende August	S	30 (25)
Wickroggen	50 + 100	Anfang September	S	45
Futterroggen	130	Mitte September	S	40
Zweitfrüchte				
Silomais	80	Ende Mai	S	100
	P: 12 bis 14	Anfang Juli	P	130
Sorghum-Hirse	15	Ende Mai	S	70
	P: 40	Anfang Juli	P	100
Markstammkohl	4	Ende Mai	S	90
	P: 10	Anfang Juli	P	100
Kohlrübe	P: 6	Mitte Juli	P	85
Perserklee (Alexandrinerklee)	15 (25)	Anfang Juni	S	45
W. Weidelgras	40	Anfang Juni	S	70

1) Zuschläge notwendig bei Breitsaat und unter ungünstigen Bedingungen
2) Kleegrasmenge
3) Landsberger Gemenge
4) Untersaaten: Erste Nutzung nach Räumen der Deckfrucht

364 Gestaltung von Bodennutzungssystemen

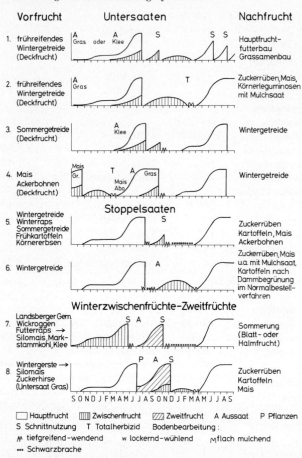

Abb. 105. Einordnung von Zwei- und Zwischenfrüchten in die Fruchtfolge und das Bodenbearbeitungssystem.

früchte folgen lassen (Abb. 105, 2). In Sommergetreide (Hafer, Sommergerste) eingesäter Klee soll die ungünstigen Getreide-Vorfruchtwirkungen zu Winterweizen mildern (Abb. 105, 3). Frühsommereinsaaten von Gras oder Senf in Mais oder Ackerbohnen sollen Nitrat-Stickstoff festlegen. In der Folge Mais nach Mais dient die Grasuntersaat dem Bodenschutz (Abb. 105, 4).

Untersaaten erfolgreich zu begründen, ohne den Ertrag der Deckfrucht wesentlich zu beeinträchtigen, gelingt nur, wenn Standortbedingungen, Art der Deckfrucht und der Zwischenfrucht sowie das gewählte Anbauverfahren einen Kompromiß zwischen widersprechenden Zielen zulassen. In der Regel werden Untersaaten nur dort eingesetzt, wo der Wettbewerb um Licht, Wasser und Nährstoffe zwischen Deckfrucht und Untersaat nicht zum Ausfall oder zu einer katastrophalen Belastung des einen oder anderen Gemengepartners führen. Das ist auf Standorten mit ausreichend und gleichmäßig verteilten Sommerniederschlägen und einer hohen Wasserspeicherkapazität des Bodens (tiefgründige Lehmböden) eher gewährleistet als auf Sandböden in Trockengebieten. Hohe Stickstoffgaben zur Deckfrucht und überschüssiges Wasserangebot können zum Lagern des Getreides führen und, je nach Zeitpunkt des Eintretens von Lager, entweder eine Unterdrückung der Untersaat mittels Lichtkonkurrenz oder ein Überwachsen der Deckfrucht durch die Untersaat während der späten Reifephase des Getreides bewirken.

Die Daten in Tab. 52 zeigen, daß auch bei relativer Trockenheit auf Sandböden Untersaat wie Deckfrucht gleichermaßen gelingen können, wenn Winterroggen anstelle von Sommergerste als Deckfrucht, das langsam sich entwickelnde Knaulgras anstelle des raschwüchsigen, kampfstarken Welschen Weidelgrases, Herbsteinsaat anstelle von Frühjahrseinsaat angewendet werden. Dünnsaat war unter diesen Standortbedingungen vorteilhafter als Normalsaat. Seradella und Weißklee, im Frühjahr eingesät, konnten in den meisten Fällen keinen ausreichenden Bestand entwickeln.

Bei Gras- oder Kruziferen-Untersaaten in Mais und Ackerbohnen muß mit der Untersaat gewartet werden, bis die beiden Feldfrüchte etwa 6 Blätter ausgebildet haben. Das sichert der Deckfrucht einen Wachstumsvorsprung und Konkurrenzvorteil vor der Untersaat und verhütet Ertragsminderungen.

Stoppelsaaten werden nach Getreide und mehr oder weniger intensiver Bodenbearbeitung in folgender zeitlicher Reihung angebaut: Großkörnige Leguminosen, Sommerklee (Alexandriner- oder Perserklee), Hirse, Grünmais und Sonnenblumen nach frühreifer Wintergerste oder Winterroggen, Stoppelrüben, Ölrettich, Körnerleguminosengemenge mit Gramineen oder Kruziferen nach Winterweizen, Phacelia, Futterkruziferen und Senf u. U. erst nach kurzer Teilbrache (Abb. 105, 6), weil sie, vor allem der Senf, spätsaatverträglich sind. Stoppelsaaten werden nicht selten zur Gründüngung von nachfolgenden Hack- und Reihenfrüchten benutzt. Während in der Regel noch der Aufwuchs zum letztmöglichen Termin untergepflügt wird (Abb. 105, 5), setzt sich in erosionsgefährdeten Lagen die überwinternde, von Frost getötete Gründecke mit nachfolgender

Tab. 52. Einfluß von Aussaatverfahren und Pflanzenart auf den Ertrag von Untersaaten und Deckfrüchten auf grundwasserfernen Sandböden der Mark Brandenburg (Niederschlagssumme April bis September etwa 280 mm, Ernte 60 Tage nach der Deckfruchternte, Mittelwerte von 5 Jahren, berechnet aus Daten von ROTH 1990)

Ort Art	Müncheberg (1985–1989) Verfahren[1]	Ertrag TM (dt · ha^{-1})	Var. Koeff. (s% von x̄)	Friedrichshof (1984–1988) Verfahren[1]	Ertrag TM (dt · ha^{-1})	Var. Koeff. (s% von x̄)
Knaulgras	UH	17,4	28	UNS	16,4	50
Knaulgras	UF	11,0	56	UDS	16,2	46
W. Weidelgras[2]	UH	14,6	56	UDS	16,1	51
Ölrettich	St	16,9	29	St	13,1	66
Deckfrucht		Winterroggen			Sommergerste	
ohne Untersaat		53,8	20	ohne Untersaat	51,0	—[3]
Knaulgras	UH	54,6	17	UNS	48,4	—
Knaulgras	UF	53,7	17	UDS	0	—
W. Weidelgras[2]	UH	50,1	8	UDS	41,1	—

[1] Verfahren: UH: Untersaat im Herbst, UF: U. im Frühjahr, St: Stoppelsaat, UNS: Untersaat, normale Saatstärke, UDS: 0.25 normale Saatstärke
[2] Mittel aus 3 Jahren
[3] nicht untersucht oder aus den Daten nicht entnehmbar

Tab. 53. Wirkung von Bodenbearbeitung und Art der Zwischenfrucht auf die Verunkrautung der Mulchdecke vor der Rübenbestellung; Mittelwerte von 2 Jahren (ISSELSTEIN 1987)

Bodenbearbeitung vor Zwischenfruchtbestellung[1]	Zwischenfrucht	Ertrag der Zwischenfrucht (TM dt · ha^{-1})	Gerstendurchwuchs[2] Anzahl Pflnz · m^{-2}	Masse mg · Pflz.$^{-1}$	Unkraut[2] Anzahl Pflz · m^{-2}	Masse mg · Pflz.$^{-1}$
Pflügen	Brache	–	4	1200	43	895
	Phacelia	31,3	1	100	4	125
	Ölrettich	28,5	1	200	6	100
Grubbern	Brache	–	50	70	35	463
	Phacelia	29,4	20	30	6	83
	Ölrettich	24,7	16	31	6	83

1) Lockerboden-Mulchwirtschaft vor Zuckerrüben, Bodenbearbeitung vor Aussaat der Zwischenfrucht
2) Vor der Saatbettbereitung zu Zuckerrüben im März

Mulchsaat von Mais, Zuckerrüben oder Mulchpflanzung von Kartoffeln in begrünte Dämme immer mehr durch. Die Verfahrensschritte sind wie folgt: Nach der Getreideernte wird das kurz gehäckselte, gleichmäßig verteilte Stroh zunächst flach, dann mit einem zweiten Arbeitsgang auf Krumentiefe eingearbeitet. Vor Zuckerrüben und Mais wird der spurenfrei eingeebnete Boden, vor Kartoffeln werden die vorgeformten Dämme mit einer rasch deckenden Zwischenfrucht (Ölrettich, Phacelia oder Senf, alle mit einer N-Gabe von etwa 50 kg·ha^{-1}) bestellt. Diese unkrautunterdrückende Zwischenfrucht (Tab. 53) stirbt entweder bei Frost ab oder wird mit einem nichtselektiven, nur kurzfristig wirksamen Herbizid abgetötet. Vor Rüben oder Mais besteht auch die Möglichkeit im Februar/März bei gefrorenem Boden mit einer sehr flachen, nicht wendenden Bodenbearbeitung die Zwischenfrucht vollständig zum Absterben zu bringen. Die Aussaat von Rüben oder Mais erfolgt entweder nach ganzflächiger oder auf die Reihen beschränkten Saatbettbereitung mit einem mulchenden Gerät bzw. mit einer Mulchsaat ohne Saatbettbereitung. Kartoffeln werden mit den herkömmlichen Verfahren bestellt.

Winterzwischenfrüchte und **Zweitfrüchte** werden in der Regel als Fruchtfolgepaar angebaut (Abb. 105, 7 und 105, 8). Was die Intensität der Bodenbearbeitung, die Sorgfalt der Bestellung und die Höhe der N-Düngung anbelangt, werden die Winterzwischenfrüchte wie Hauptfrüchte behandelt. Sie dienen sämtlich der Futternutzung von Mitte April bis Ende Mai, in der Reihenfolge Winterrübsen, Winterraps, Futterroggen, Wickroggen und Landsberger Gemenge (Wicken + Inkarnatklee + Welsches Weidelgras). In umgekehrter Reihenfolge müssen sie gesät werden: Mitte August das Landsberger Gemenge, bis Anfang September Winterrübsen. Als Zweitfrüchte können vorgekeimte Spätkartoffeln, Silomais, Zuckerhirse, Markstammkohl oder Kohlrübe folgen. Den Aussaat- oder Pflanztermin kann man bis nach der Ernte von frühreifer Wintergerste oder Getreide, das mit einer Ganzpflanzenernte zur Silagebereitung geworben wird, herauszögern. Dann allerdings müssen in besonderen Beeten oder Folienhäusern vorgezogene Pflanzen mit 3 bis 5 Blättern maschinell ausgepflanzt werden. Maschinelles Verpflanzen zuvor angezogener Zweitfruchtpflanzen ist auch in die unbearbeitete Stoppel der Vorfrucht möglich. Allerdings erfordert dieses Verfahren die vorherige Anwendung eines nicht-selektiven Herbizides mit kurzer Nachwirkungszeit, um möglichen Durchwuchs der Vorfrucht zu verhindern. Gepflanzte Zweitfrüchte haben mit ihrer relativ großen Blattfläche und dem unzureichenden Boden-Wurzel-Kontakt von Anfang an einen hohen Wasserbedarf. In Trockenzeiten muß dieser durch Bewässerung gedeckt werden. Ein Zweitfruchtbau mit Reihenfrüchten bietet die Möglichkeit zu einer Gras- oder Kleeuntersaat. Damit kann die Bodenbedeckung über die Vegetationszeit der Zweitfrucht hinaus verlängert werden (System „Immergrün").

Das Gelingen des Zweit- und Zwischenfruchtbaues ist an standörtliche und produktionstechnische Mindestvoraussetzungen gebunden. Je früher die Vorfrucht räumt, desto mehr Tage können die Bestände zum Wachstum nutzen. Dabei ist die noch in die Sommermonate fallende Zeitspanne die produktivste: Hohe Temperaturen ermöglichen auch hohe Zuwachsraten. Als untere Grenze für einen befriedigenden Zwischenfruchtbau werden 50 Tage mit Tagesmitteltemperaturen oberhalb von 9 °C angesehen. Da Untersaaten zum Zeitpunkt des Räumens der Deckfrucht schon einen geschlossenen Bestand ausgebildet haben und sofort mit dem Wiederaustrieb beginnen können, reicht für diese Form des Zwischenfruchtbaues die kürzeste Restvegetationszeit.

Um die produktive Zeitspanne möglichst vollständig zu nutzen, sollten Stoppelsaaten unmittelbar nach der Getreideernte bestellt werden. Bodenbearbeitung und Aussaat können mit gekoppelten Geräten in einem Arbeitsgang erfolgen, u. U. noch während die anderen Feldschläge geerntet werden. Das verlangt von dem Betrieb nicht nur eine ausreichende maschinelle Schlagkraft, sondern auch eine außergewöhnliche Beanspruchung der vorhandenen Arbeitsmacht. Trotz der gebotenen Eile muß die Stoppelbestellung mit unverminderter Sorgfalt erfolgen: Ausreichende Tiefenlage und vollständige Bedeckung der Samen sind besonders dann erforderlich, wenn der Boden wegen hoher Verdunstungsansprüche der Atmosphäre rasch austrocknet. Eine tiefgreifend wendende Bodenbearbeitung schafft in der Regel bessere Voraussetzungen für einen raschen Bestandesschluß der Stoppelsaat als eine flachere, wühlende Bearbeitung (Vergleich der Erträge in Abhängigkeit von Pflügen und Grubbern in Tab. 53).

Während einer 50tägigen Vegetationsperiode verbraucht ein geschlossener Zwischenfruchtbestand etwa 150 bis 200 mm Wasser. Deshalb gelingt der Anbau nur, wenn die mittlere Niederschlagsmenge während der Monate August und September diesen Wasserbedarf decken oder zumindestens noch ausreichende Wasservorräte im Boden gespeichert sind. Bei unzureichender Wasserversorgung können Zwischenfruchtbestände die Bodenfeuchte in der Krume so erschöpfen, daß die Bestellung und der Feldaufgang von nachfolgendem Wintergetreide beeinträchtigt werden.

Hohe Bestandesdichten und eine angemessene Stickstoffversorgung der Zwischenfrüchte sind weitere Voraussetzungen für rasches Wachstum und frühes Schließen der Bestände. Je später die Aussaat der Stoppelfrüchte und je unvollkommener das Saatbett bereitet wurde, desto höher muß die Saatmenge gewählt werden. Sie ist ohnehin schon größer als bei Hauptfrüchten. Hinsichtlich der Stickstoffdüngung gilt, daß nur in Ausnahmefällen die pflanzenaufnehmbare N-Menge im Boden so groß ist, daß kein Düngungsbedarf besteht. Außer bei Leguminosen, die ausreichende Mengen N symbiotisch binden, sind in der Regel Gaben bis zu $50 \text{ kg} \cdot \text{ha}^{-1}$ notwendig. Dieser Bedarf kann auch mit einer frühen Güllegabe im August gedeckt werden. Mißlingt der Zwischenfruchtbau und wird der gedüngte Stickstoff nicht aufgenommen, so besteht allerdings die Gefahr einer vermehrten N-Auswaschung mit den Winterniederschlägen. Bei Untersaaten, die zur Festlegung von Nitrat in Ackerbohnen oder Mais angebaut werden, sollte jede zusätzliche N-Düngung unterbleiben.

Die oben beschriebenen Anbaumaßnahmen sind notwendig, wenn Durchwuchsgetreide und Unkraut von der Zwischenfrucht wirkungsvoll unterdrückt werden sollen. Tab. 53 zeigt an einem Beispiel, daß auch bei reduzierter Bearbeitungsintensität (Grubbern) die Wettbewerbskraft von Phacelia und Ölrettich groß genug war, um die „Überhälter" von Gerstendurchwuchs und Unkraut so zu miniaturisieren, daß sie mit der nachfolgenden ganzflächigen Kreiseleggenbearbeitung zu Rüben nahezu vollständig und ohne Zuhilfenahme eines nicht selektiven Herbizides beseitigt werden konnten.

Die Ertragsleistungen von Stoppelzwischenfrüchten schwanken meist stärker als die von gelungenen Untersaaten, doch ist der Variationskoeffizient der Erträge bei beiden Zwischenfruchtformen stets

Tab. 54. Beziehungen zwischen der Höhe des Zwischenfruchtertrages und dem bereinigten Zuckerertrag der nachfolgend angebauten Zuckerrüben; Mittelwerte von 3 Versuchen auf lößbürtigen Böden bei Göttingen

		Stoppelsaat nach W. Gerste			
	keine	W. Weidelgras	Saatwicke	Ölrettich	Phacelia
Zwischenfruchtertrag (TM dt·ha^{-1})	–	7,6	9,5	19,7	23,9
bereinigter Zuckerertrag (dt·ha^{-1})	74,5	75,1	76,2	79,6	78,0

größer als bei Hauptfrüchten (Tab. 52) und dementsprechend auch größer als bei Winterzwischen- und Zweitfrüchten. Daß mit steigenden Zwischen- und Zweitfruchterträgen die Futtergrundlage für die Viehhaltung verbessert wird, liegt auf der Hand. Aber auch alle anderen Ziele werden um so besser erreicht, je produktiver der Zweit- und Zwischenfruchtbau gestaltet wird. Die Daten in Tab. 54 zeigen z. B., daß mit steigendem Zwischenfruchtertrag auch der Zuckerrübenertrag zunahm. Eine solche Vorfruchtwirkung ist bei den Intensiv-Blattfrüchten mit langer Vegetationszeit, also bei Spätkartoffeln und Zuckerrüben am höchsten, bei Getreidenachfrüchten häufig enttäuschend gering. Entnahme des oberirdischen Aufwuchses zur Futternutzung mindert zwar den positiven Vorfruchteffekt, aber nicht in dem Maße, daß er bedeutungslos würde. Auch für die Ziele des Bodenschutzes gilt, daß mit steigendem Massenwuchs der Zwischenfrüchte mehr auswaschungsgefährdetes Nitrat festgelegt, früher und wirksamer der Boden vor Erosion geschützt und nachhaltiger Unkraut- und Kulturpflanzendurchwuchs unterdrückt wird.

Die ökonomische Leistung der Zwischenfrüchte, die nicht zur Futterproduktion angebaut werden, wird nicht selten negativ beurteilt. Tatsächlich deckt der Mehrertrag der unmittelbar auf die Gründüngung folgenden Nachfrucht in vielen Fällen nicht die Kosten des Zwischenfruchtbaues. Unbewertet bleiben dabei die langfristigen Wirkungen, die zur Förderung des Bodenlebens und damit zu einer Verbesserung der Bodenstruktur führen. Tatsächlich bewirkt nicht der einmalige, sondern erst der über mehrere Rotationen einer Fruchtfolge wiederholte Zwischenfruchtbau eine Verbesserung der Bearbeitbarkeit und Befahrbarkeit eines Bodens. Entsprechendes gilt für den Aufbau einer infiltrationsfördernde Bodenstruktur, die das Erosionsrisiko mindert. Über die Steigerung der Menge leicht umsetzbaren, organisch gebundenen Bodenstickstoffs wird durch fortgesetzten Zwischenfruchtbau die Bodenfruchtbarkeit fast aller

Mineralböden nachhaltig erhöht. Dieser Sachverhalt ist vor allem für die Betriebe von Bedeutung, die sich bei der Anwendung von mineralischen Stickstoffdüngern zurückhalten wollen.

4.3.5 Fruchtfolgesysteme und ihre Leistungen

Die mannigfachen Organisationsformen der Feldwirtschaft lassen sich zwei Gruppen zuordnen, nämlich der Felder- und der Feldgraswirtschaft.

Feldgraswirtschaften, auch Wechselwirtschaften genannt, sind dort verbreitet, wo der Ackerbau durch Klima-, Boden- und Geländefaktoren erschwert ist und die Wiederherstellung der Bodenproduktivität nicht mit den Nachteilen einer Brache erkauft werden soll. Die sich selbst begründende und dann beweidete „Brache" – die Bezeichnung leitet sich von der früher sehr mühseligen Arbeit des Umbruchs einer Grasnarbe vor dem Anbau von Wintergetreide ab – war bis zum Ende des Mittelalters die einzige Möglichkeit, Bodenfruchtbarkeit zu reproduzieren. Das geschah entweder in Form einer über mehrere Jahre andauernden Bodenruhe in einer ungeregelten Wechselwirtschaft zwischen einem exhaustierenden Ackerbau und einer regenerierenden Weidenutzung oder als einjährige Brache nach der Folge Wintergetreide-Sommergetreide in der sog. Dreifelderwirtschaft.

Feldgraswirtschaften waren oder sind verbreitet in

1. Kontinentalen Gebieten, wo durch mehrjährigen Feldgrasbau die Voraussetzungen für einen mehrere Jahre währenden Anbau von Weizen in Selbstfolge geschaffen werden sollte, so z. B. im Südwesten der UdSSR (Trawapolnaja-System);
2. in maritimen Gebieten mit hohen Niederschlägen, geringer Verdunstung und starker Futterwüchsigkeit, so z. B. in der Bretagne, Südnorwegen, auf den britischen Inseln und in ähnlichen Landschaften Kanadas und der USA (leyfarming-system, Koppelwirtschaft Schleswig-Holsteins);
3. montanen Gebieten, wo zum Niederschlagsreichtum noch die Verkürzung der Vegetationszeit hinzukommt, z. B, in Mittel- und Hochgebirgslagen (dort früher die Egartwirtschaft);
4. Betrieben mit organischem Landbau, die wegen ihres Verzichts auf die Anwendung mineralischer Stickstoffdünger N-bindende Futterleguminosen anbauen und Wiederkäuer halten müssen, um eine natürliche Stickstoffquelle zu erschließen und anspruchsvolle Feldfrüchte mit Stallmist düngen zu können.

In konventionell wirtschaftenden Graslandbetrieben wurde der Übergang zur Feldgraswirtschaft dadurch gefördert, daß durch Entwässerung viele Flächen ackerfähig wurden. Kleegrasgemische mit züchterisch verbesserten Futterpflanzen sind manchen natürlichen Graslandbeständen gegenüber im Ertrag überlegen, bedürfen aber der regelmäßigen Erneuerung nach einer mehrjährigen Anbaupause. Diese wird dann mit der Produktion von Marktfrüchten genutzt. Umgekehrt wird der Übergang aus einer Felderwirtschaft in eine Feldgraswirtschaft begünstigt, wenn nur über einen mehrjährigen Feldgras- oder Futterleguminosenbau die Versorgung des Bodens mit organischer Substanz oder der notwendige Schutz vor Bodenschäden als Folge von Bodenverdichtung und Erosion gewährleistet sind. In niederschlagsreichen Gebieten spielt die zunehmende Verunkrautung des Ackerlandes mit ausdauernden Kräutern und Gräsern eine auslösende Rolle. Bei Verzicht auf den Einsatz von Herbiziden können diese auch für den Futterbau minderwertigen Pflanzen am besten durch die Konkurrenz dichter, wüchsiger und mehrfach genutzter Kleegrasbestände kontrolliert werden.

Feldgrassysteme werden in Gras- und Baujahre gegliedert und nach der Länge der beiden Perioden sowie nach dem Halmfrucht-Blattfruchtverhältnis in der Fruchtfolge während der Baujahre geordnet.

Als reine Ackerbausysteme enthalten **Felderwirtschaften** nur kurzlebige Feldfrüchte, deren wesentlichste Phase der Ertragsbildung in nur eine Vegetationsperiode fällt.

Dieses Merkmal ist eine der Grundlagen für die herkömmliche Gliederung der Felderwirtschaften, so wie sie zuletzt mit den Fruchtfolge-Grundrissen von BRINKMANN (1942) beschrieben wurde. Die kleinste raum-zeitliche Einheit ist das sog. „Feld". Darunter wird die Fläche aller Schläge in einem Bodennutzungssystem zusammengefaßt, die jeweils während einer Vegetationszeit die gleiche Feldfrucht tragen. Die Anzahl der verschiedenen Feldfruchtarten, die gleichzeitig in dem Bodennutzungssystem vertreten sind, ergibt dann die Anzahl "Felder". Diese wird zur Kennzeichnung des Systems benutzt. Eine „Einfelderwirtschaft" wäre gegeben, wenn z. B. Mais oder Weizen in ununterbrochener Selbstfolge angebaut würden. Eine verbesserte Dreifelderwirtschaft bestünde aus einer „besömmerten Brache" (Blattfrucht) und zwei nachfolgenden Getreidekulturen, z. B. Zuckerrüben-Winterweizen-Wintergerste.

Als zweites Gliederungsmerkmal benutzte man den Beitrag, den die einzelnen Feldfrüchte zur Erhaltung oder Steigerung der Bodenproduktivität leisten. Dieser Sachverhalt ist entscheidend für die Nachhaltigkeit der Pflanzenproduktion in allen Situationen, wo Nährstoffverluste nicht durch Nährstoffzufuhr aus Quellen des Betriebes ersetzt werden können. Deshalb wurde zwischen tragenden, das Nährstoffangebot für die Nachfrüchte mehrenden und abtragenden, das Nährstoffangebot für die Nachfrüchte mindernden Feldfrüchten unterschieden. Zur ersten Gruppe gehören der Ackerfutterbau mit Kleegras, mit Stallmist gedüngte Intensiv-Blattfrüchte, Körnerleguminosen und ganzjährige Brachen, zur zweiten Gruppe alle Getreidearten.

In einem **Fruchtfolgeglied** werden diejenigen zeitlich aufeinanderfolgenden Feldfrüchte zusammengefaßt, nach deren Anbau sich die positiven und negativen Wirkungen der Feldfrüchte auf die Bodenproduktivität annähernd wieder ausgeglichen haben. Das Fruchtfolgeglied wird deshalb von einer Blattfrucht – gegebenenfalls auch Mais – angeführt, auf die die abtragenden Getreidekulturen folgen. Ein oder mehrere aufeinander folgende Fruchtfolgeglieder werden zu einer **Rotation** zusammengefaßt. Sie endet mit der Wiederkehr des Fruchtfolgliedes, das als erstes angebaut wurde.

Die auf die Agrarwissenschaft des frühen 19. Jahrhunderts zurückgehende Systematik hat heute weitgehend an Bedeutung verloren. Das Problem der erzwungenen Selbstgenügsamkeit bei den Pflanzennährstoffen ist durch die kaum begrenzte Möglichkeit der Nährstoffzufuhr von außen gelöst. Heute sind es überwiegend Probleme mit bodenbürtigen Schadorganismen und Bodenverdichtungen, die die Produktivität in engen und intensiven Fruchtfolgen beeinträchtigen. Daraus ergibt sich ein ganz neues Beziehungsgefüge zwischen den in einem Bodennutzungssystem vertretenen Feldfrüchten. Bei engen Fruchtfolgen „trägt" z. B. in phytosanitärer Sicht der Weizen die Zuckerrüben und die Zuckerrüben den Weizen.

Die überkommene Fruchtfolgesystematik berücksichtigt auch nicht, daß z. B. im Feldgemüsebau mehrere Hauptfrüchte im Ablauf eines Jahres, also auf dem gleichen Feld aufeinander folgen können. Gleiches gilt für den heute verbreiteten Anbau von Zweit- und Zwischenfrüchten. Da aber bisher noch keine zweckmäßigere, die gegenwärtige Praxis besser widerspiegelnde Gliederung der Felderwirtschaft existiert, muß man sich mit den herkömmlichen Unterscheidungsmerkmalen begnügen.

Tab. 55 enthält die wichtigsten Fruchtfolge-Grundrisse nebst einigen Beispielen. Je nach der Anzahl der Halmfrüchte, die auf eine Blattfrucht folgen, kommt man zu zwei- bis vielfeldrigen Fruchtfolgegliedern. Da in jedem Glied sowohl die Feldfruchtarten als auch ihre Stellung variabel sind, können Rotationen sehr vielgestaltig und auch sehr lang sein. Setzen sich die Fruchtfolgeglieder nur aus je einer Blattfrucht und einer Halmfrucht zusammen, so ist das Prinzip des „Fruchtwechsels" verwirklicht. Folgen auf zwei Blattfrüchte zwei Halmfrüchte, so ergibt sich bei gleichbleibendem Blattfrucht-Halmfruchtverhältnis ein Doppel-Fruchtwechselglied. Enthält ein Fruchtfolgeglied mehr als 50% Blattfruchtanteil, so liegt ein „Überfruchtwechsel" vor. Solche blattfruchtreichen Fruchtfolgen sind in Landschaften mit intensivem Feldgemüsebau verbreitet.

Um die Übersicht über ein artenreiches und kompliziertes Fruchtfolgesystem zu erleichtern, bedient man sich der Hilfskonstruktion eines sog. „Spring- oder Buntschlages". Auf diesem Feld werden

374 Gestaltung von Bodennutzungssystemen

Tab. 55. Die wichtigsten Fruchtfolge-Grundrisse im System von BRINKMANN (1942) nebst einigen Beispielen für ihre mögliche Umsetzung in der Praxis

Fruchtfolge-Grundriß	I Vierfelderwirtschaft	III Dreifelderwirtschaft	V Rheinische Fruchtfolge	VIIa Fruchtwechselwirtschaft	VIIb Doppelfruchtwechselwirtschaft	IX über-Fruchtwechselwirtschaft
Blattfrucht-Halmfruchtverhältnis	25:75	33:67	40:60	50:50	50:50	80:20
Fruchtfolgeglieder (mehrmalige Wiederholung mit wechselnden Fruchtarten-Kombinationen möglich)	**Blattfrucht** Halmfrucht Halmfrucht Halmfrucht	**Blattfrucht** Halmfrucht Halmfrucht	**Blattfrucht** Halmfrucht Halmfrucht **Blattfrucht** Halmfrucht	**Blattfrucht** Halmfrucht	**Blattfrucht** **Blattfrucht** Halmfrucht Halmfrucht	**Blattfrucht** **Blattfrucht** **Blattfrucht** **Blattfrucht** Halmfrucht

Gestaltung der Fruchtfolge 375

Beispiele	A. Bohnen/U. S.[1]	Z. Rüben	Beta-Rüben[3]	Z. Rüben	Z. Rüben	Z. Rüben
	W. Weizen	W. Weizen	W. Weizen	S. Gerste	Kartoffeln	Kartoffeln
	W. Roggen/U. S.	W. Gerste/St. S.	W. Roggen/U. S.	Kartoffeln	W. Weizen	Feldgemüse[4]
	Hafer/St. S.[2]		Kleegras	W. Weizen/St. S.	W. Gerste/St. S.	Kartoffeln
			Hafer/St. S.			W. Weizen
oder	K. Raps	Z. Rüben	Kartoffeln	A. Bohnen	K. Erbsen	Kons. Erbsen/St. S.
	W. Weizen	W. Weizen	W. Weizen	W. Weizen/St. S.	K. Raps	W. Weizen/St. S.
	W. Roggen/U. S.	W. Weizen/St. S.	W. Roggen/U. S.	Z. Rüben	W. Weizen	Kartoffeln
	W. Gerste		Kleegras	W. Weizen/St. S.	W. Roggen/St. S.	Feldgemüse[5]
			Mais			Feldgemüse[5]
oder	Kartoffeln	K. Raps				
	W. Weizen/St. S.	W. Weizen				
	Mais/U. S.	W. Gerste				
	Mais/U. S.					

1) Untersaat 2) Stoppelsaat 3) Zuckerrüben oder Rote Beete 4) keine Kruziferen 5) keine Leguminosen

nebeneinander verschiedene Feldfrüchte angebaut. Um negative Fruchtfolgeeffekte zu vermeiden, wechseln diese Früchte bei der nächsten Wiederholung des Anbaues innerhalb des Schlages ihren Platz. In einem Betrieb mit sehr unterschiedlichen Standortbedingungen zwischen den einzelnen Schlägen können mehrere Rotationen eingerichtet werden. Wenn z. B. unter den Blattfrüchten Zuckerrüben und Körnerraps aufgeführt sind, insgesamt aber für den Betrieb ein Blattfrucht-Halmfruchtverhältnis von 33:67% ausgewiesen ist, dann spricht das dafür, daß zwei Rotationen im Betrieb verwirklicht sind, da Raps und Rüben wegen der Nematodenanfälligkeit in der Regel nicht in eine Fruchtfolge gestellt werden.

Der **Leistungsvergleich** von Fruchtfolgesystemen birgt zwei Probleme. Das eine betrifft die Wahl eines geeigneten Bewertungsmaßstabes, das andere, daß die zu vergleichenden Strukturen nicht nur aus unterschiedlich leistungsfähigen Feldfrüchten zusammengesetzt sind, sondern auch die Bodennutzungssysteme insgesamt nach Art und Intensität der fruchtspezifischen Produktionsverfahren variieren können. Die Leistungen einzelner Feldfrüchte und die Gesamtleistung eines Systems lassen sich im Hinblick auf die ökonomischen Zwänge und Bedürfnisse sinnvoll nur am wirtschaftlichen Erfolg, also z. B. mit dem langjährigen durchschnittlichen Deckungsbeitrag messen. Eine solche Bewertung kann aber nicht die des Pflanzenbaues sein, da der Gelderlös von kurzfristig variierenden Kosten und Produktpreisen abhängt. Deshalb bleibt als Maßstab nur die pflanzenbauliche Grundlage für die wirtschaftliche Leistung eines Bodennutzungssystems, nämlich der über eine längere Zeitspanne erzielte durchschnittliche Naturalertrag aller im System vertretenen Feldfrüchte, also die Rotationsleistung.

Zu solchen Systemvergleichen können unterschiedliche Kenngrößen benutzt werden. Geht es allein darum zu erkennen, wie gut mit unterschiedlichen Bodennutzungssystemen die am Wuchsort angebotenen Quanten der nicht beeinflußbaren Standortfaktoren (Einstrahlung, Temperatur, Wasser, CO_2 u. a. m.) genutzt wurden, dann ist der treffendste Maßstab der innerhalb einer bestimmten Zeitspanne produzierte Gesamtgewinn an Energie in der ober- und unterirdischen Pflanzenmasse. Das setzt periodische Ernten voraus, da schon während der Vegetationszeit Verluste an Sproß- und Wurzelmasse eintreten können. Wegen des benötigten Aufwandes, aber auch wegen der Schwierigkeit im Feldversuch die vorhandenen Pflanzenmassen vollständig zu erfassen, begnügt man sich meistens mit der erntbaren oberirdischen Pflanzenmasse zum Zeitpunkt der biologischen oder technischen Reife einer Feldfrucht. Nicht selten verzichtet man auch noch auf die sog. Ernte-Koppel-Produkte wie Stroh und Rübenblatt und mißt nur das ökonomisch verwertbare

Hauptprodukt wie Samen, Wurzeln, Knollen bzw. den gesamten erntbaren Aufwuchs von Futterpflanzen.

Die Quantifizierung allein der produzierten Trockenmasse befriedigt dann nicht, wenn die Produkte z. B. innerbetrieblich in der Viehhaltung verwertet werden sollen. In solchen Fällen muß die Futterqualität mit berücksichtigt werden. Als Kenngrößen waren und sind z. T. noch in Gebrauch die Stärkeeinheit (StE) und die „summierte Nährstoffleistung": Summe aus StE und verdaulichem Rohprotein in der Erntemasse (Simon 1961). Ebenfalls gebräuchlich ist die „Getreideeinheit" (GE, Umrechnungsschlüssel in Tab. 56). Diese Kenngröße ist im Zweiten Weltkrieg aus der Notwendigkeit heraus entstanden, die Lieferleistungen der Betriebe während der Zwangsbewirtschaftung von landwirtschaftlichen Produkten zu bewerten und zu steuern. Wie alle anderen genannten Maßstäbe berücksichtigt auch dieser nur Teilaspekte der Systemleistung. Deshalb muß die Kenngröße hinsichtlich ihrer Aussagekraft und Brauchbarkeit kritisch ausgewählt werden. Die Daten in Tab. 57 zeigen, daß die Rangordnung der in den 6 Systemen produzierten Gesamt-Trockenmasse mit der Rangordnung der in GE ausgedrückten Hauptprodukte gut übereinstimmt, daß aber die Getreideeinheiten von Haupt- und Koppelprodukt teilweise davon abweichen.

Weniger problematisch in bezug auf die Kenngröße ist der Vergleich unterschiedlicher Systeme, wenn sie dieselben Feldfrüchte enthalten, also nur der reine Fruchtfolgeeffekt gemessen wird, oder, wenn Feldfrüchte in jedem der zu vergleichenden System im gleichen Umfang und in der gleichen Abfolge enthalten sind (Tab. 57, Fruchtfolgen I bis IV: Hafer-W.Weizen-S.Gerste). Simon (1961) führte

Tab. 56. Umrechnungsschlüssel für landwirtschaftliche Erzeugnisse (Menge: 1 dt Ernteprodukt) in Getreideeinheiten, GE (Könnecke 1967)

Produkt	GE	Produkt	GE
Hauptfrüchte (Trockenmasse)			
Getreidekorn	1,0	Kartoffeln	0,25
Wintergetreidestroh	0,10	Zuckerrüben (Rübenmasse)	0,25
Sommergetreidestroh	0,15	Rübenblatt	0,10
Körnererbsen	1,20	Silomais	0,10
Erbsen-, Bohnenstroh	0,30	Klee-, Luzerneheu	0,50
Rapssamen	2,00		
Zwischenfrüchte (Frischmasse)			
Wickroggen	0,15	S.-Wicken, Futtererbsen	0,15
Futterroggen	0,10	Sonnenblumen	0,10
Hirse	0,15	Senf	0,10

Tab. 57. Leistungen von Bodennutzungssystemen im Fruchtfolgeversuch Dewitz (Mark Brandenburg, Lehm-Staugley, 550 mm Niederschlag, 8.1 °C Jahresmitteltemperatur) Mittlere Erträge je Jahr, 1968–1979 (Steinbrenner et al. 1983)

	Fruchtfolge[1]	I	II	III	IV	V	VI
Fruchtartenverhältnis (% Anteil an der Rotation)	Getreide	100	80	60	60	60	40
	Hackfrucht	0	0	0	0	40	20
	Luzerne	0	20	40	40	0	40
	N-Düngung[2]						
Oberird. Trockenmasse ($dt \cdot ha^{-1} \cdot a^{-1}$)	N_1	71,5	71,8	83,9	94,1	96,0	95,5
	N_2	78,4	79,0	86,4	98,4	98,3	99,7
Getreideeinheiten: Haupt- und Koppelprodukt (GE, $dt \cdot ha^{-1}$)	N_1	42,8	48,9	52,1	62,1	72,2	67,9
	N_2	46,9	53,6	54,0	65,0	78,1	70,8
Getreideeinheiten: Hauptprodukt (GE, $dt \cdot ha^{-1}$)	N_1	37,4	44,4	48,4	58,2	57,4	65,4
	N_2	41,0	48,6	49,0	60,8	60,1	68,1
Variabilität der Erträge (GE, Hauptprodukt: s%)[3]	N_1	9,5	12,5	12,4	9,3	14,9	12,5
	N_2	7,9	7,4	7,1	5,1	10,8	9,2
Getreideertrag je ha Getreideanbaufläche (Korn, $dt \cdot ha^{-1}$)	N_1	36,9	38,3	40,7	43,2	39,3	43,7
	N_2	41,2	43,1	42,8	44,8	43,7	46,3

1) Fruchtfolgen:
    I Hafer – W. Weizen – S. Gerste – W. Roggen – W. Weizen
    II Hafer – W. Weizen – S. Gerste – Kartoffeln – W. Weizen
    III Hafer – W. Weizen – S. Gerste – Luzerne – W. Weizen
    IV Hafer – W. Weizen – S. Gerste – Luzerne – Luzerne
    V Hafer – W. Weizen – S. Gerste – Kartoffeln – Z. Rüben
    VI Kartoffeln – W. Weizen – S. Gerste – Luzerne – Luzerne

2) N-Düngung (keine organische, nur mineralische N-Dünger: N (kg · $ha^{-1} \cdot a^{-1}$) N_1: 40 bis 120; N_2: 60 bis 240

3) aus Lange et al. 1985

Tab. 58. Einfluß der Dauer der Grasjahre auf die Höhe der Nachfrucht-Erträge (LEWIS et al. 1960)

Nachfrucht (1. und 2. Jahr)	Ackerbau	Vorfrucht Feldgras		
		1 Jahr	2 Jahre	3 Jahre
1. Markstammkohl Frischmasse (t·ha^{-1})	43,3	59,1	68,5	73,0
2. Winterweizen Korn (dt·ha^{-1})	32,0	42,0	48,9	50,8

den Begriff „Vergleichbare Hauptfrüchte" ein, worunter er gleichartige Feldfrüchte versteht, die innerhalb der Fruchtfolgesysteme nach unterschiedlichen Vorfrüchten stehen. Damit können akkumulierte Vorfruchtwirkungen gemessen werden, nicht aber die Gesamtleistung eines Systems. Die Unzulänglichkeit der Leistungsbewertung von Bodennutzungssystemen wird noch größer, wenn nicht nur deren Produktivität, sondern auch deren Wirkungen auf die Umwelt in Betracht gezogen werden sollen. Für beide Zwecke müssen noch brauchbare Bewertungsmaßstäbe entwickelt werden.

Wesentlich für die **Leistung einer Feldgraswirtschaft** ist die während der Grasjahre akkumulierte organische Substanz, die in ihrer Wirkung auf die Bodenstruktur und als Speicher für mineralisierbaren Stickstoff für die nachfolgenden einjährigen Feldfrüchte ertragswirksam wird. Dieser Effekt ist von der Dauer der Grasjahre, der Artenzusammensetzung der Futterpflanzenbestände (Kleeanteil) sowie von ihrer Nutzung und Düngung abhängig. Entsprechend dem Anfangshumusgehalt und der jährlichen Stickstoffakkumulation unter einem ausdauernden Futterpflanzenbestand ist die Nachwirkung des mehrjährigen Feldfutterbaues um so größer, je länger er gedauert hat. Tab. 58 enthält Daten, die in Mittelengland gefunden wurden. Unter deutschen Bedingungen erzielte Ergebnisse weisen in die gleiche Richtung, zeigten aber geringere Effekte (KLAPP 1959, SIMON und WERNER 1963).

Die Wirkung der Zusammensetzung der Futterbestände in den Grasjahren, ihre Düngung und Nutzung auf den nachfolgenden Weizen zeigen exemplarisch die Ergebnisse eines weiteren Versuchs (Tab. 59) aus Mittelengland. Im Vergleich zur Schnittnutzung erhöhte die Beweidung den Ertrag dieser ersten Nachfrucht erheblich. Ebenfalls nur auf den beweideten, nicht aber auf den geschnittenen Flächen zeigten die Beimengung von Klee und die Höhe der jährlichen N-Düngung eine deutliche Nachwirkung auf den Weizenertrag. Diese Effekte hängen mit der Anreicherung des Bodens mit Stickstoff

Tab. 59. Einfluß des Kleeanteils, der N-Düngung und der Nutzung von 4-jährigem Feldfutterbau auf den Kornertrag der Nachfrucht Winterweizen (dt · ha^{-1}), (Williams et al. 1960)

Nutzung je Jahr	Bestand	N-Düngung während der Grasjahre N (kg · ha^{-1} · a^{-1})				
		0	78	156	312	Mittelwert[1]
10 mal beweidet	Kleegras	43,3	50,5	56,4	54,5	**52,2**
	Gras	41,0	42,9	49,7	54,1	**46,9**
4 mal geschnitten	Kleegras	41,6	41,4	36,6	41,8	**40,4**
	Gras	43,8	41,9	36,6	39,5	**40,5**

1) nach Ackerbau: 43,3 dt · ha^{-1}

durch die symbiotische N-Bindung des Klees und durch die gesteigerte Substanzproduktion der Grasnarbe nach mineralischer N-Düngung zusammen. Während durch die Schnittnutzung der dem System zugeführte Stickstoff weitgehend mit der Erntemasse wieder exportiert wurde und deshalb bei der Nachfrucht nicht mehr ertragswirksam werden konnte, verblieb bei Weidegang mit den ausgeschiedenen Exkrementen ein größerer Teil des mit dem Klee oder der Düngung zugeführten Stickstoffs im Kreislauf Boden-Pflanze-Tier-Boden. Das erklärt die deutliche Nachwirkung des Kleeanteils und der N-Düngung auf den Ertrag der ersten (Weizen) und zweiten Nachfrucht Markstammkohl (hier nicht dargestellt).

Die Wirkung der Grasjahre auf die Erträge der nachfolgenden Baujahre ist für den Leistungsvergleich zwischen Feldgras- und Felderwirtschaften kein ausreichendes Kriterium. Vielmehr muß auch die Ertragsleistung während der Grasjahre in die Bewertung einbezogen werden. Ist ein Standort wenig futterwüchsig, so wird die Gesamtleistung der Anbausysteme mit abnehmendem Umfang des mehrjährigen Futterbaues so lange zunehmen, bis die günstigste Kombination zwischen der Dauer der Grasjahre und der Baujahre gefunden wird. Bei welchem Verhältnis von Gras- zu Baujahren sich die günstigste Kombination von Mengenleistung und ertragssteigerndem Vorfruchteffekt des mehrjährigen Futterbaues ergibt, hängt wesentlich von den Standortbedingungen ab. Die Daten in Tab. 60 zeigen, daß im Vergleich zum System „Felderwirtschaft ohne Hauptfrucht- aber mit Zwischenfrucht-Futterbau" eine Feldgraswirtschaft (zweijähriger Hauptfruchtfutterbau) nur an zwei Orten den Gesamtertrag steigern konnte. Als sehr wirkungsvoll erwies sich an allen Orten die Einführung des Zwischenfruchtbaues.

Die **Leistung von Felderwirtschaften** hängt nur zum Teil von den gewählten Vorfrucht-Nachfrucht-Kombinationen ab, obwohl die

Tab. 60. Gesamtleistung von Feldgrassystemen im Vergleich zum reinen Ackerbau an vier Orten der früheren DDR; Mittelwerte der summierten Nährstoffleistung (SNL · ha^{-1} · a^{-1}) 1955–1963 Rübensam 1966)

Ort[1]		A	B	C	D
Niederschlag (mm · a^{-1})		545	545	456	749
		L-SL	lS–SL	LT	sL
Dauer des Hauptfrucht-futterbaues (Jahre)	Zwischen-fruchtbau				
–	–	33,9	49,9	46,7	47,0
–	+	38,4	54,1	51,7	52,3
1	+	35,2	54,0	54,2	52,1
2	+	36,9	55,3	57,2	51,1

1) Orte: A: Müncheberg I; B: Müncheberg II; C: Wollup; D: Hirschfeld

Nutzung positiver Vorfruchteffekte durch leistungsstarke Nachfrüchte durchaus zur deutlichen Steigerung der Gesamtrotationsleistung führen kann. Die Ergebnisse eines „reinen" Fruchtfolgeversuchs, in dem lediglich die Stellung der Fruchtarten variiert wurde (Tab. 61), zeigen, daß in diesem Fall der Doppelfruchtwechsel dem einfachen Fruchtwechsel überlegen war. Dieser Befund ist nicht für alle Standortbedingungben und nur für manche Fruchtfolgepaare (z.B. Kartoffeln-Zuckerrüben, Erbsen-Winterraps, Hafer-Weizen) repräsentativ. In niederschlagsreicheren, wintermilden Lagen ist z.B. die Folge Zuckerrüben-Winterweizen vorteilhafter als Zuckerrüben-Hafer-Winterweizen.

Die Daten in Tab. 61 weisen deutliche Unterschiede zwischen den Ertragsleistungen der einzelnen Feldfrüchte auf. Daraus folgt, daß die Leistungsfähigkeit der in einer Rotation vereinten Fruchtarten wesentlich die Höhe des mittleren Rotationsertrages bestimmt. Das zeigen besonders deutlich die Ergebnisse eines Feldversuches auf Schwarzerde im Regenschattengebiet des Harzes (Tab. 62). Der Rotationsertrag nahm mit zunehmendem Blattfrucht- oder abnehmendem Halmfruchtanteil und sinkender Leistungsfähigkeit der Fruchtarten innerhalb der beiden Gruppen ab, also, wenn statt einer zwei Getreidekulturen auf die Blattfrucht folgten oder statt der leistungsstärksten Frucht Zuckerrüben die weniger ertragreichen Früchte Mais oder Kartoffeln angebaut wurden.

Die Rangfolge der Feldfrüchte hinsichtlich der Höhe ihrer Hauptprodukterträge variiert mit ihrer Wachstumsdauer, hier in der Reihenfolge Ackerbohnen < Kartoffeln < Silomais < Zuckerrüben und bei den Halmfrüchten: Sommergerste, Hafer < Wintergerste < Winterweizen. Diese Reihenfolge gilt nicht generell, weil auch Standort-

Tab. 61. Einfluß der Fruchtfolge auf den Ertrag der Feldfrüchte im Versuch Mößlitz (Kreis Bitterfeld, Sachsen-Anhalt), Mittelwerte der Jahre 1952–1963 (KÖNNECKE 1966)

Fruchtwechsel	GE (dt·ha^{-1}·a^{-1})	Doppelfruchtwechsel	GE (dt·ha^{-1}·a^{-1})
Zuckerrüben[1]	104,3	**Kartoffeln**[2]	76,8
Hafer	36,3	**Zuckerrüben**[1]	112,1
Kartoffeln[2]	76,4	Hafer	41,5
W. Roggen	41,8	W. Weizen	40,5
K. Erbsen	31,8	**K. Erbsen**	31,7
W. Gerste	42,3	**W. Raps**	33,8
W. Raps	32,7	W. Roggen	43,2
W. Weizen	37,0	W. Gerste	41,0
Mittelwert	50,3	Mittelwert	52,6

1) organische Düngung als Stallmist: 15 t·ha^{-1}; 2) 30 t·ha^{-1}

Tab. 62. Einfluß des Anteils leistungsstarker Feldfrüchte an der Rotation auf die Höhe der N-Düngung, den Systemertrag und die Ertragsentwicklung; Mittelwerte 1978–1983, Bad Lauchstädt, Sachsen-Anhalt, Löß-Schwarzerde, 481 mm Niederschlag, 8.7 °C Jahresmitteltemperatur; (KÖPPEN und BÖLKE 1988)

Fruchtfolge[1]	N-Düngung[2] (kg·ha^{-1}·a^{-1})	Ertrag GE (dt·ha^{-}·a^{-1})	Ertragstrend über die Zeit GE, 1978–1983
ABo–WW–WG[3]–SG–Ha	66	61,7	y = 52,4 + 2,93 x
Ka–WW[3]–SG	133	69,0	y = 60,2 + 4,56 x
Ka–WW	123	70,7	y = 71,5 + 0,69 x
SM–WW[3]–SG	108	70,6	y = 75,3 − 1,49 x
SM–WW	140	78,1	y = 85,6 − 2,64 x
ZR–WW[3]–SG[3]	137	100,2	y = 87,2 + 3,86 x
ZR–WW[3]	137	122,5	y = 132,2 − 0,64 x
ZR (6 Jahre Selbstfolge)	190	123,8	y = 163,1 − 13,79 x
ZR–SG–Lu–Lu–Ka–WW[3]	75	80,2	y = 63,9 + 5,09 x

1) ABo: Ackerbohnen; Ka: Kartoffeln; SM: Silomais; ZR: Zuckerrüben; Lu: Luzerne; WW: Winterweizen; WG: Wintergerste; SG: Sommergerste; Ha: Hafer
2) N aus mineralischer und organischer Düngung im Mittel der Jahre und Fruchtarten
3) Vor Zuckerrüben oder Sommergetreide Zwischenfruchtbau

bedingungen, Sorteneigenschaften und die Reaktion der Fruchtarten auf einer Steigerung der speziellen Anbauintensität die Rangfolge der möglichen Ertragsleistungen beeinflussen.

Der alles beherrschende Effekt des relativen Anteils von Fruchtarten mit hoher Leistungsfähigkeit an einer Rotation wird besonders deutlich an dem Ertrag der Zuckerrüben-Selbstfolge. Er übertrifft alle anderen Erträge, obwohl bei dieser Anbaukonzentration der Ertrag der Zuckerrüben stark zurückgeht. Daß ein solches Fruchtfolgesystem trotz höchster Ertragsleistungen auf Dauer nicht praktikabel ist, läßt sich aus dem vergleichsweise am stärksten negativ verlaufenden Ertragstrend über die Zeit ableiten. Stark steigende Verseuchung des Bodens mit Schadorganismen und Raubbau am Vorrat der organischen Bodensubstanz erhöhen das Produktionsrisiko und gefährden die Nachhaltigkeit der Pflanzenproduktion. Dagegen ergaben sich mit der Zeit ansteigende Systemleistungen in der Feldgraswirtschaft (Fruchtfolge mit zweijährigem Luzerneanbau) und in Anbausystemen mit Zwischenfruchtbau vor Sommergetreide und Zuckerrüben.

Aus zahlreichen Systemvergleichen, für die die geprüften Varianten des in Tab. 62 dargestellten Versuches beispielhaft sind, kann man folgende grundsätzliche Sachverhalte ableiten:

1. Der mittlere Gesamtertrag einer Rotation ist um so höher, je mehr langlebige und damit ertragreichere Intensiv-Blattfrüchte in ihr vertreten sind.
2. Eine Ausdehnung des Getreideanteils in der Rotation ist häufig, aber nicht immer mit einem abnehmenden Gesamtertrag der Rotation verbunden. Das beruht zum einen auf der geringeren Leistungsfähigkeit der Halmfrüchte, insbesondere des Sommergetreides, zum anderen auf den sinkenden Getreideerträgen je Einheit Getreideanbaufläche infolge abnehmender Häufigkeit günstiger Blattfrucht-Vorfrüchte zu Getreide (siehe Tab. 49).
3. Die ebenfalls leistungsschwächeren Körnerleguminosen tragen zumindestens in trockeneren Lagen wenig zur Steigerung des Gesamtertrages einer Rotation bei, doch senken sie den Aufwand für die N-Düngung (Abb. 102) und den chemischen Pflanzenschutz in einer Rotation. Gleiches gilt für ein- oder mehrjährigen Anbau von Futterleguminosen und -gräsern. Bei niedrigem Ausgangsniveau der Bodenfruchtbarkeit wirken diese Fruchtarten langfristig ertragssteigernd, im Gegensatz zu den humuszehrenden Reihenfrüchten wie Silomais, Kartoffeln und Zuckerrüben.

Aus ökonomischen Gründen muß der Landwirt versuchen, den Anteil leistungsstarker Fruchtarten im Bodennutzungssystem zu erhöhen. Die damit verbundene Verarmung der Fruchtfolge wirkt negativ auf die Höhe und Sicherheit der Feldfruchterträge und zwar um so mehr, je weniger günstig die Standortbedingungen für die Pflanzenproduktion sind. Diesen Risiken versucht der Landwirt mit einer weiteren Verbesserung der Produktionsverfahren seiner Feldfrüchte zu begegnen. Die damit erzielten Erfolge waren in der jüngsten Vergangenheit so groß, daß die Meinung vertreten wurde, die Gestaltung von Fruchtfolgesystemen sei von untergeordneter Bedeutung im Vergleich zu den Möglichkeiten, die die Bestandesführung, d. h. die speziellen Anbauverfahren bei jeder Fruchtart, zur Steigerung und Sicherung der Feldfruchterträge bietet. Diese Frage kann derzeit noch nicht abschließend beurteilt werden, doch deuten viele Befunde darauf hin, daß eine vollständige Kompensation von negativen Fruchtfolgeeffekten durch besondere Maßnahmen der Bodenbearbeitung, des Zwischenfruchtbaues, der Bestandesbegründung, der Düngung und des Pflanzenschutzes nicht möglich ist. Solche Maßnahmen steigern nämlich in der Regel auch den Ertrag der Feldfrucht in einer günstigen Fruchtfolgestellung.

Als ein Beispiel von vielen seien in Tab. 63 die Ergebnisse eines Vorfruchtversuchs zu Weizen dargestellt. In der Folge Hafer-Wei-

Tab. 63. Grenzen der Kompensation von negativen Fruchtfolgeeffekten auf Winterweizen durch Stickstoffdüngung und Fungizideinsatz; Befallsindex für Halmbasiserkrankungen (BI) im Milchreifestadium und Kornertrag (K) des Weizens (dt · ha^{-1}, 15% H_2O) auf Lößparabraunerde bei Göttingen 1989 (CLAUPEIN 1990)

Vor-Vorfrucht – Vorfrucht	Bekämpfung Halmbasiserkrankungen[2]		N-Düngung (kg · ha^{-1} N)			
			0	115	150	185
Hafer – Winterweizen	ohne	BI[1]	51,5	69,9	74,9	83,8
		K	37,5	70,8	75,9	74,6
Körnererbsen – Winterraps	ohne	BI	55,6	65,6	72,5	61,0
		K	55,9	82,2	83,6	84,3
Hafer – Winterweizen	mit	BI	52,3	45,8	49,5	52,1
		K	34,3	74,2	77,4	81,0
Körnererbsen – Winterraps	mit	BI	31,6	47,0	53,4	53,5
		K	62,5	91,7	93,9	90,7

1) Befallsindex nach BOCKMANN (1963): 100%: maximaler Befall; überwiegende Schaderreger: *Pseudocercosporella herpotrichoides, Fusarium* ssp. und *Rhicotonia* ssp.
2) Prochloraz + Carbendazim

zen-Weizen konnten weder mit hoher Stickstoffdüngung noch mit dem Einsatz eines Fungizides zur Kontrolle der Erreger von Halmbasiserkrankungen die Kornerträge der Variante mit zwei Blattfrucht-Vorfrüchten erreicht werden. Über die aktuellen Ertragsleistungen hinaus spielt die Nachhaltigkeit der Produktion und der Aufwand zur Stabilisierung des Systemverhaltens eine entscheidende Rolle für die Wahl eines Bodennutzungssystems. Diese beiden Aspekte werden in den folgenden Abschnitten behandelt.

4.4 Bodenfruchtbarkeit

Höhe und Nachhaltigkeit der Leistung eines Bodennutzungssystems hängen eng mit einem komplexen Sachverhalt zusammen, der von Landwirten mit Bodenfruchtbarkeit bezeichnet wird. Meist ist mit der Nennung dieses Begriffs auch noch die Zielvorstellung verbunden, daß die Bodenproduktivität gesteigert, mindestens aber erhalten werden soll. Sieht man von dieser finalen, sinngebenden Bedeutung ab, so wird in der Regel unter Bodenfruchtbarkeit der Wirkungsanteil des Bodens am Zustandekommen eines Pflanzenertrages verstanden. Da dieser Anteil nicht unabhängig von der Wirkung klimatischer Faktoren bestimmt werden kann, ist die Bezeichnung „Standortproduktivität" treffender. Dieser Begriff beinhaltet den quantitativen Zusammenhang zwischen der jeweiligen Ausprägung der Standortfaktoren und der Menge und Güte des Pflanzenertrages. Dabei steht die Wirkung der Bodenfaktoren im Vordergrund des Interesses. Je nachdem, wie sie natürlich vorgegeben sind, können sie durch die Gestaltung des Bodennutzungssystems mehr oder weniger stark verändert werden. Das gilt in sehr viel geringerem Maße für klimatische Faktoren, wenn man von der Möglichkeit einer Bewässerung absieht. Bei der Bewertung von Bodenfruchtbarkeit spielt für den Landwirt auch noch eine Rolle, in welchem Maße ein Boden Aufwendungen für z.B. Düngung in Ertrag umzusetzen vermag, also das sog. Transformationsvermögen des Bodens.

Im Gegensatz zu dem meist sehr unbestimmten Gebrauch des Begriffes Bodenfruchtbarkeit muß er für wissenschaftliche Zwecke strengeren Anforderungen entsprechen. Nach Inhalt und Umfang sollte er den Kriterien Eindeutigkeit, Prüfbarkeit und Tauglichkeit zur Erklärung komplexer Sachverhalte – als Grundlage von Theorien – genügen. Hier gibt es noch viele ungelöste Probleme. Mit jedem wissenschaftlich brauchbaren Begriff ist eine operationale Anweisung hinsichtlich seiner Meß- und Prüfbarkeit verknüpft. Bodenfruchtbarkeit wird mit Hilfe der Pflanzenerträge eines Bodennutzungssystems quantifiziert. Da wegen der unterschiedlichen Standortansprüche der Feldfrüchte nicht an allen Orten das gleiche Bodennutzungssystem realisiert werden kann, läßt sich die Produktivität sehr unterschiedlicher Standorte nicht mit einem einzigen, gleichartigen Meßinstrument messen.

Bodennutzungssysteme – auch wenn die in ihnen angebauten Fruchtarten über Jahrzehnte die gleichen bleiben – ändern sich innerhalb dieser Zeitspannen dennoch in wesentlichen Merkmalen. Selbst in Dauerversuchen, in denen die Rahmenbedingungen konstant gehalten werden sollen, sind sie einem steten Wandel unterworfen. Das hängt in einer arbeitsteiligen Welt mit dem biologischen und technischen Fortschritt zusammen. Bisher verbreitete Sorten, Pflanzenschutzmittel, Geräte und Landmaschinen werden durch neue ersetzt und sind dann nicht mehr erhältlich. Auch dieser Sachverhalt zeigt die Variabilität des Meßinstrumentes, Erträge eines „Bodennutzungssystems" für die Quantifizierung des Gesamtkomplexes „Bodenfruchtbarkeit" zu benutzen. Ohne Schwierigkeiten sind dagegen kurzfristige Vergleiche möglich, nämlich wie sich z.B. unterschiedliche Bodennutzungssysteme auf die Produktivität von Böden und deren Eigenschaften auswirken.

Diese und noch andere, hier nicht genannte Sachverhalte schränken die Brauchbarkeit des Begriffs Bodenfruchtbarkeit für wissenschaftliche Zwecke ein. Unabhängig von diesen Definitionsproblemen besteht aber die praktische Notwendigkeit, die Produktivität des Standortes zu kontrollieren und zu steuern (siehe Seite 251 ff.). Deshalb soll auch in diesem Text, dem üblichen Sprachgebrauch folgend und auf die eben genannte Zielsetzung begrenzt, der Ausdruck „Bodenfruchtbarkeit" benutzt werden.

Bodenfruchtbarkeit und Bodennutzungssystem bedingen sich gegenseitig. Je günstiger die Standortbedingungen sind und je größer die Bodenfruchtbarkeit ist, desto mehr Fruchtarten finden ihre Standortansprüche erfüllt und desto artenreicher kann die Fruchtfolge sein. Andererseits ermöglicht aber auch ein hohes Fruchtbarkeitsniveau die Steigerung der Anbaukonzentration weniger, ökonomisch vorteilhafter Feldfrüchte, ohne daß mögliche Fruchtfolgeschäden den Ertrag zu stark senken. Für ungünstigere Standorte und für ein geringeres Fruchtbarkeitsniveau dagegen eignen sich deutlich weniger Fruchtarten, obwohl dort die Notwendigkeit viel größer ist, eine vielfältige, artenreiche Fruchtfolge einzuhalten. Deshalb muß unter ungünstigeren Bedingungen auf andere Weise für die Erhaltung der Bodenfruchtbarkeit gesorgt werden, z.B. durch vermehrte Zufuhr von organischen Düngern und, im äußersten Falle, durch Bodenruhe unter Kleegras. In beiden Situationen aber besteht der Zwang zur Anpassung des Bodennutzungssystems an die Bodenfruchtbarkeit und umgekehrt, wenn die Pflanzenproduktion nachhaltig auf einem hohen Ertragsniveau betrieben werden soll.

Wesentliche Komponenten der komplexen Bodenfruchtbarkeit sind im Hinblick auf das Pflanzenwachstum das optimale Funktionieren von:

1. Transportprozessen für Wasser, Gase und Wärme im Boden;
2. Prozesse, die die Pflanzenverfügbarkeit von Nährstoffen bedingen und
3. Maßnahmen, die zur räumlichen und zeitlichen Übereinstimmung des Angebots an Wasser, Sauerstoff, Pflanzennährstoffen und Wärme im Boden mit dem wachstumsbedingten Bedarf der Pflanzen an diesen Faktoren führen.

Die Funktionen des Bodens werden unter einer natürlichen Vegetationsdecke überwiegend mit dem Auf- und Abbau der organischen Substanz gesteuert. Das Bodenleben setzt die in der organischen Substanz gebundenen Nährstoffe meist zeitgleich mit dem Wachstum der Pflanzen frei, weil beide Prozesse von den witterungsbedingten Temperaturschwankungen und Änderungen der Bodenfeuchte gesteuert werden. Der Freisetzung der Nährstoffe (Mineralisation) folgt eine erneute Festlegung in lebender organischer Masse (Immobilisation) in einem zwar nicht verlustlosen, aber ständig sich wiederholenden Kreislauf. Über den Stoffumsatz hinaus bewirkt das Bodenleben unter einer geschlossenen Vegetationsdecke auch noch den Aufbau und die Regeneration eines Krümelgefüges. Das wiederum optimiert über einen positiven Rückkopplungseffekt die Transport- und Umsetzungsprozesse im Boden und damit auch das Wachstum der Pflanzen.

In landwirtschaftlich genutzten Böden ist der Kreislauf der Stoffe weit weniger geschlossen und die Regeneration des Krümelgefüges schwächer ausgeprägt als unter einer ausdauernden Vegetationsdecke. Deshalb sind gezielte Maßnahmen zur Reproduktion der organischen Bodensubstanz notwendig. Diese Maßnahmen stehen in engem Zusammenhang mit der Organisation der Feldwirtschaft und darüber hinaus in viehhaltenden Betrieben auch mit der Art und dem Umfang der Tierproduktion.

Der Kreislauf der Stoffe wird in Veredelungsbetrieben zeitlich und räumlich erweitert. Während im System „Boden-Pflanze" schon mit Beginn des Pflanzenwachstums eine Rücklieferung von organischer Substanz durch Blattfall, Wurzelausscheidungen u. a. m. am Ort der Entnahme einsetzt (kleiner Nährstoffkreislauf), verzögert sich der Kreislauf bei Weidegang und Stallfütterung durch das dazwischen geschaltete Tier. Diese zeitliche Verzögerung ist bei Weidegang nur eine Sache von Tagen. Bei Stallfütterung dagegen kann die Zwischenlagerung der Exkremente Wochen und Monate dauern. Durch eine in den Kreislauf zwischengeschaltete Tierhaltung erhöht sich auch der Schwund an Nährstoffen. N-Verluste sind besonders hoch durch gasförmige Entbindung von Ammoniak, sei es auf der Weide oder beim Ausbringen von Gülle und Stallmist auf dem Ackerland.

Ebenfalls von Bedeutung ist der Sachverhalt, daß mit der Tierhaltung eine räumliche Umverteilung der Nährstoffe verbunden ist. Bei Weidegang wird die im Futter aufgenommene Substanz in Form von Kot und Urin nicht an den Ort ihrer Entstehung zurücktransportiert. Zunächst werden die Ausscheidungen örtlich konzentriert in sog. Geilstellen abgesetzt. Allenfalls über einen längeren Zeitraum könnte es zu einem Ausgleich der Nährstoff-Rückverteilung innerhalb einer Weidefläche kommen. Meist aber werden die Nährstoffe am Rand einer eingezäunten Weidefläche und an häufiger aufgesuchten Plätzen, z.B. entlang der Zäune, vor der Tränke und dem Ausgang konzentriert.

Auch mit der Produktion von Jauche, Stallmist oder Gülle ergibt sich die Möglichkeit einer Umverteilung der in diesen Düngemitteln enthaltenen Nährstoffe. Damit kann die Bodenfruchtbarkeit einzelner Schläge gezielt gesteuert werden. Als die Nährstoffzufuhr aus Quellen außerhalb der Betriebe noch begrenzt war, wurde die Notwendigkeit, auf dem Grasland produzierte „Bodenfruchtbarkeit" mit Hilfe der Viehhaltung auf das Ackerland zu übertragen, mit dem Sprichwort beschrieben: Die Wiese ist die Mutter des Ackerlandes. Auch heute noch ist die innerbetriebliche Nährstoffübertragung von den Futterflächen hin zu den anderen Ackerflächen ein kennzeichnendes Merkmal aller gemischt wirtschaftenden Betriebe. Das gilt in besonderem Maße für Betriebe mit „organischem" oder „ökologischem" Landbau. Wegen ihres Verzichtes auf den Zukauf und die Anwendung leicht löslicher mineralischer Düngemittel sind sie besonders auf den innerbetrieblichen Nährstoffkreislauf angewiesen.

Die gezielte Umverteilung der Nährstoffe in tierischen Exkrementen auf die jeweiligen Betriebsflächen läßt in manchen Fällen zu wünschen übrig. Nicht selten wird aus Unkenntnis oder Gründen einer raschen Arbeitserledigung ein Großteil der organischen Wirtschaftsdünger auf die hofnahen oder doch leicht zugänglichen Flächen transportiert. Abgesehen von der unrationellen Verwendung der organisch gebundenen Nährstoffe können damit durch Nährstoffaustrag in Grund- und Oberflächengewässer auch Umweltbelastungen entstehen.

4.4.1 Formen und Funktionen des Bodenlebens

Von den organischen Bestandteilen des Bodens macht das Bodenleben (Edaphon) nur einen geringen Teil aus, nämlich etwa 5%. Dennoch könnte ohne die Tätigkeit der Fresser und Zersetzer von toter organischer Substanz kein fruchtbarer Boden entstehen. Die in Tab. 64 aufgeführten Artengruppen des Bodenlebens in Acker- und Graslandböden repräsentieren eine kaum überschaubare Vielfalt

Tab. 64. Bodenbewohnende Mikroorganismen und Tiere, geordnet nach der Größe ihres Körperdurchmessers (ANDERSON 1988) sowie die Größenordnung ihrer Populationsdichte und Biomasse in der Bodenschicht von 0 bis 30 cm (DUNGER 1964)

< 0,2 mm Mikroflora, Mikrofauna	Individuen (Anzahl · m^{-2})	Biomasse (FM[1], g · m^{-2})
Bakterien	$10^{12}-10^{15}$	50– 500
Strahlenpilze	$10^{10}-10^{13}$	50– 500
Pilze	$10^{9}-10^{12}$	100–1000
Algen	$10^{6}-10^{10}$	1– 15
Nematoden	$10^{6}-2\cdot 10^{7}$	1– 20
Protozoen	$10^{6}-10^{12}$	6– 100
0,2 bis 2 mm Mesofauna		
Milben und Spinnen	$10^{4}-10^{5}$	1– 10
Springschwänze	$5\cdot 10^{4}-4\cdot 10^{5}$	0,6– 10
Borstenwürmer	$10^{3}-10^{5}$	1– 20
2 bis 20 mm Makrofauna		
Ameisen	$1-3\cdot 10^{2}$	0,5–1
Asseln	$0,5-2\cdot 10^{2}$	0,5–1,5
Doppel- und Vielfüßler	$1,5\cdot 10^{2}-2\cdot 10^{3}$	5–10
Käfer mit Larven	$1-6\cdot 10^{2}$	1,5–20
übrige Insekten und Larven	$1\cdot 10^{2}-1\cdot 10^{3}$	1–15
Schnecken	$0,5\cdot 10^{2}-10^{3}$	1–30
Regenwürmer	$0,5\cdot 10^{2}-10^{3}$	1–30
> 20 mm Megafauna		
Wirbeltiere (Maulwurf, Feldmaus)	0,001–0,1	0,1–10

1) FM: Frischmasse

von Formen und Lebensweisen. Gemeinsam ist ihnen nur, daß sie Glieder einer mannigfach verknüpften Nahrungskette sind. Diese Kette hat ihren Ursprung in der Substanzproduktion der höheren Pflanzen. Versiegt diese Nahrungsquelle, wird Bodenleben zum Hungerleben.

Das in Abb. 106 dargestellte Beispiel aus einem Langzeit-Feldversuch in Puch (Bayern) möge das verdeutlichen. Während einer Periode von über 30 Jahren wurden die Zufuhr von organischer Substanz in Form von Wurzel- und Ernterückständen, Stallmist, Stroh und

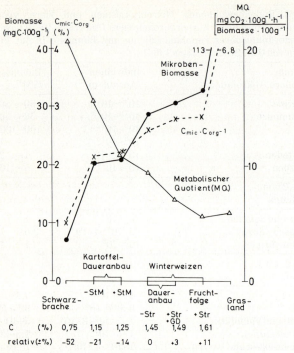

Abb. 106. Einfluß des Bodennutzungssystems auf den Gehalt der Ackerkrume an organischer Substanz, deren relative Veränderung während der 35jährigen Versuchsdauer und auf einige mikrobiologische Kennwerte: Biomasse der Mikroorganismen, relativer Anteil der Mikroben-Biomasse am organisch gebundenen Kohlenstoff im Boden ($C_{min} \cdot C_{org}^{-1}$) und metabolischer Quotient als Maß für die C-Stoffwechselaktivität der Mikroorganismen; −StM, +StM: ohne oder mit Stallmistdüngung; −Str, +Str: ohne oder mit Strohdüngung; GD: Gründüngung mittels Zwischenfruchtbau; Ergebnisse des Dauerversuches Puch (Niederbayern) auf Löß-Lehmboden (BECK 1989).

Gründüngung und die Dauer der Teilbrache (Kartoffeln > Winterweizen > Grasland) variiert. Das führte zu stark differenzierten Kohlenstoffgehalten in Ackerböden. Die mikrobielle Biomasse und ihr Anteil an der Menge organisch gebundenem Kohlenstoff im Boden (C_{mic}/C_{org}) stiegen mit steigender Zufuhr an Pflanzenresten und organischem Dünger sowie mit abnehmender Dauer der Teilbrachezeiten. Mit diesem Anstieg nahm auch die biologische Aktivität der

Mikroorganismen zu, was sich mit gesteigerten Enzymaktivitäten nachweisen ließ (in Abb. 106 nicht dargestellt).

Damit erschöpfen sich aber die Wirkungen unterschiedlicher Bodennutzungssysteme auf die bodenmikrobiologischen Kennwerte noch nicht. Auch die auf den jeweiligen Biomassegehalt bezogene Stoffwechselaktivität, gemessen an der CO_2-Entbindung je Einheit Mikrobenmasse (metabolischer Quotient), war verändert. Mit zunehmendem Gehalt an organisch gebundenem Kohlenstoff sank der metabolische Quotient. In der seit Jahrzehnten vegetationsfreien Schwarzbrache bauten die Mikroorganismen den verfügbaren Kohlenstoff viel rascher ab als in den Böden mit steigender Zufuhr an organischer Masse. Das deutet auf eine unterschiedliche Zusammensetzung der Mikroflora hin. Möglicherweise überwiegen unter Schwarzbrache Formen mit einem größeren Aneignungsvermögen für organische Kohlenstoffverbindungen im Boden oder mit einem höheren Kohlenstoff-Grundumsatz. Eine Änderung in der Bodenbewirtschaftung, die zu vermehrter oder verminderter Zufuhr von organischer Substanz führt, hat also weitreichende Folgen für die Zusammensetzung und Leistungen des Bodenlebens.

Den größten Teil des Edaphons machen mit mehr als 80% die pflanzlichen Mikroorganismen aus, an erster Stelle die arten- und formenreiche Gruppe der **Bakterien**. Wegen ihrer geringen Größe (0,5 bis 3 µm) können sie noch die Innenflächen von Poren bis zu 20 µm Durchmesser besiedeln. Als Bodenhafter bilden sie dort bei ausreichender Wasserverfügbarkeit schleimige, rasenähnliche Kolonien. Wegen ihrer Formenvielfalt sind Bakterien zu sehr verschiedenartigen Stoffumsetzungen befähigt. Bei ausreichender Sättigung des Bodenwassers mit Sauerstoff sind aerob lebende, bei Sauerstoffmangel anaerobe oder fakultativ anaerobe Bakterien die wichtigste Mikroorganismengruppe für den Abbau organischer Substanz. Durch Gärung entstehen Zwischenprodukte wie Fettsäuren und Alkohole, sonst bei vollständigerem Abbau Endprodukte wie CH_4, NH_3, N_2O, CO_2 und H_2O. Einige Gattungen wie *Azotobacter, Clostridium* und *Rhizobium* sind zur Bindung von atmosphärischem Stickstoff (N_2) befähigt,

Die zwischen Bakterien und Pilzen einzuordnenden **Strahlenpilze** (Actinomyceten) bilden ein weitverzweigtes Mycel mit einem Hyphendurchmesser von etwa 1 µm. Sie leben aerob und können auch schwerer angreifbare Pflanzeninhalts- und Humusstoffe abbauen.

Pilze bilden ein weitverzweigtes Netz von langen Hyphen (Durchmesser 3 bis 10 µm). Diese Pilzfäden können auch trockenere Stellen im Boden überbrücken, so daß die Pilzmenge im Vergleich zu aeroben Bakterien mit zunehmender Austrocknung des Bodens relativ ansteigt. Andauernde und vollständige Füllung der Poren mit Wasser, d.h. Sauerstoffmangel, überstehen Pilze in Form von Sporen. Einige Gattungen (Basidiomyceten) können auch Lignine als Nahrung benutzen. Diese Pilze sind wichtig für den vollständigen Abbau der in den Boden gelangenden Gerüstsubstanzen der Pflanzen. Andere Pilze leben als Symbionten an oder in Pflanzenwurzeln (Mycorhiza) oder befallen Pflanzen als Parasiten. Wiederum andere leben räuberisch von gefangenen Protozoen oder Nematoden.

Algen machen nur einen kleinen Teil der pflanzlichen Mikroorganismen aus. Als chlorophyllhaltige, zur Photosynthese befähigte Organismen leben sie nahe der Bodenoberfläche, wo der Lichtgenuß zu autotropher Lebensweise ausreicht. Einige Arten von Blaualgen können atmosphärischen Stickstoff (N_2) binden. Diese Stickstoffquelle spielt eine bedeutsame Rolle beim Anbau von Naßreis.

Die Bodenfauna umfaßt nur etwa 20% des Edaphons. Trotz dieses geringen Anteils übt sie eine wichtige Funktion im Bodenleben aus, nämlich als Erstzersetzer von makroorganischer Substanz und als Regulator anderer Glieder der Nahrungskette. Die Größenunterschiede innerhalb der Gruppe der Bodentiere sind gewaltig. Während die Mikro- und Mesofauna überwiegend auf die im Boden vorgeformten Hohlräume angewiesen ist und noch Poren bis 200 µm Durchmesser bewohnen kann, benötigen Tiere der Makrofauna Poren mit mehr als 2 mm Durchmesser. Viele dieser Arten sind groß und aktiv genug, um sich eigene Hohlräume im Boden zu schaffen.

Die Mikrofauna besteht überwiegend aus **Protozoen**. Das ist eine sehr artenreiche Gruppe (Wimper-, Geißeltierchen und Wurzelfüßler) mit einem Körperdurchmesser bis 20 µm. Die Tierchen schwimmen im Oberflächenfilm des Bodenwassers, benötigen, wie überhaupt alle Bodentiere, molekularen Sauerstoff zum Atmen und ernähren sich von im Wasser gelösten organischen Stoffen, Detritus aus Exkrementen, toten Tier- und Pflanzenteilchen, sowie von Bakterien und Pilzen. Den gleichen Lebensraum und die gleiche Nahrungsgrundlage benutzen auch die **Fadenwürmer** (Nematoden, außer den großen, wurzelparasitierenden Nematoden). Trockenheit und Mangelphasen überdauern die beiden Tiergruppen in Überdauerungsorganen (Zysten). Als kurzlebige Organismen mit hoher Reproduktionsrate können sie sich Veränderungen in der Nahrungsgrundlage rasch anpassen.

Springschwänze (Collembolen) und **Milben** (Acari) als Hauptvertreter der Mesofauna besiedeln Oberflächenmulch und luftgefüllte Grobporen bis herunter auf 200 µm Durchmesser. Während die Springschwänze sich überwiegend von Pflanzenrückständen, seltener auch von lebenden Pflanzen ernähren und dabei auch durch Zerkleinerung von makroorganischer Substanz wesentliche Vorarbeit für deren weiteren mikrobiellen Abbau leisten, gibt es unter den

Milben neben Pflanzen- und Detritusfressern auch räuberisch und parasitisch lebende Arten. Diese, wie auch andere Bodentiere aus der Gruppe der Makrofauna, sind zum Atmen auf ausreichende Sauerstoffzufuhr angewiesen. Deswegen werden dauernd staunasse Bodenschichten gemieden. Nach Starkregen suchen sie die Nähe der Bodenoberfläche. Andererseits benötigen die meisten Bodentiere eine nahezu mit Wasserdampf gesättigte Bodenluft. Leben sie zeitweilig oder immer an der Bodenoberfläche, brauchen sie den Verdunstungsschutz einer Streu- oder Vegetationsdecke.

Die im Boden lebenden Gliederfüßler gehören meist zur Makrofauna. **Asseln** (Isopoda) skelettieren mit ihren kräftigen beißenden Mundwerkzeugen Streu und Ernterreste, verdauen aber nur einen Bruchteil der Nahrung, so daß der Kot noch anderen Tiergruppen zur Lebensgrundlage dient. **Tausendfüßler** (Diplopoda) verhalten sich ähnliche wie Asseln. **Käfer** (Coleoptera), **Fliegen** und **Mücken** (Diptera) leben als Larven im Boden, als Imagines teils im und teils auf dem Boden. Viele von ihnen sind Pflanzen- und Detritus-, Aas- und Kotfresser. Groß ist auch die Zahl der räuberisch lebenden Arten. Manche dieser Tierarten graben selbst Gänge und tragen so zur Bodenlockerung und Durchlüftung bei.

Von hervorragender Bedeutung für die Bodenbildung sind die zur Gruppe der Ringelwürmer gehörenden **Borstenwürmer** (Enchyträen) und **Regenwürmer** (Lumbriciden). Sie unterscheiden sich von den übrigen Bodentieren dadurch, daß sie mit ihrer organischen Nahrung große Mengen an mineralischen Bodenbestandteilen aufnehmen. Während der Passage durch den Verdauungstrakt entstehen im Zusammenwirken mit der Mikroflora dauerhafte, nährstoffreiche Ton-Humus-Komplexe. Die mit dem Kot ausgeschiedene Bodenmasse wird zum Auskleiden der Röhren benutzt und in Bodenhohlräumen oder an der Bodenoberfläche abgelegt. Indem die Borsten- und Regenwürmer lange, zusammenhängende Wohnröhren schaffen, Boden aus tieferen Schichten an die Bodenoberfläche transportieren und Kotballen mit hoher Aggregatstabilität produzieren, tragen sie wesentlich zur Bildung eines gut durchlüftbaren, wasserzügigen und doch wasserspeichernden Krümelgefüges bei. Eine intensive Wurmtätigkeit ist für den Landwirt das deutlichste Merkmal für ein reiches, die Bodenfruchtbarkeit steigerndes Bodenleben.

Im Gegensatz zu den größeren Regenwürmern graben die Borstenwürmer weniger und bevorzugen schon vorhandene Bodenhohlräume. Entsprechend der besiedelten Lebensräume unterscheidet man bei den Regenwürmern streu- und auflagehumusfressende epigäische Arten, dann bodenbewohnende, horizontal grabende, Pflanzenreste und Mikroorganismen aufnehmende „Erdfresser", so z. B.

die Art *Allolobophora caliginosa*, und schließlich bodenbewohnende, tiefe, vertikale Gänge grabende „Streufresser", wie z. B. die Art *Lumbricus terrestris*.

Gemessen an den Leistungen beim Bodentransport und beim Einmischen von auf der Bodenoberfläche liegenden Pflanzenresten ist die Gruppe der „Tiefgräber" für die Bodenfruchtbarkeit von Acker- und Graslandböden die wichtigste. Bei hoher Besiedlungsdichte, wie z. B. in einer Festboden-Mulchwirtschaft (Tab. 40), können bis zu 7 t·ha^{-1} Stroh im Laufe eines Jahres in den Boden inkorporiert werden. Bei einem Verzehr von 10 bis 30% des Körpergewichtes passieren täglich zwischen 100 und 120 mg organische und 200 bis 300 mg mineralische Bodenmasse den Verdauungstrakt eines Tieres. Mit diesem Durchsatz können jährlich in Ackerböden 30 bis 60, unter einer Grasnarbe 70 bis 140 t·ha^{-1} Boden von Regenwürmern aufgenommen und wieder ausgeschieden werden. Die Schichtdicke der Kotanhäufung auf der Bodenoberfläche kann im Verlaufe eines Jahrzehnts mehrere cm erreichen.

Im Vergleich zum umgebenden Boden ist der Regenwurmkot nährstoffreicher, nämlich bis zu 4mal an Kohlenstoff, bis zu 6mal an Phosphat und bis zu 1,5mal an Stickstoff. Da im Verdauungstrakt organisch gebundener Stickstoff mineralisiert wird, ist ein größerer Teil des N im Regenwurmkot pflanzenverfügbar. Wegen dieser höheren Nährstoffkonzentration und wegen des fehlenden mechanischen Widerstandes gegen das Eindringen von Wurzeln in den Boden werden Regenwurmgänge nicht selten von Pflanzenwurzeln zu raschem Tiefenwachstum benutzt.

Von besonderer Wirksamkeit für den Gasaustausch und den Wassertransport in Boden sind Regenwurmgänge, die an der Bodenoberfläche enden und bis in eine Tiefe von 1 bis 2 m reichen. Solche durchgängigen Röhren verbinden Ober- und Unterboden und können die Lebenszeit eines Regenwurmes (*Lumbricus terrestris:* bis zu 10 Jahren) überdauern. Sie entstehen und bleiben nur bei fortgesetzter Bodenruhe erhalten, also unter einer dauernden Grasnarbe oder bei Festboden-Mulchwirtschaft. In diesen und anderen kontinuierlichen Grobporen kann bei Starkregen ungespanntes Niederschlagswasser eindringen und in die Tiefe abgeführt werden. Die Wände dieser Röhren und Klüfte sind im Hinblick auf den Gasaustausch Teil der Bodenoberfläche. Durch diese Oberflächenvergrößerung wird der Sauerstofftransport in die Bodenmatrix beschleunigt.

Solche Leistungen sind in größerem Umfang nur in Böden mit hoher Regenwurmdichte zu erwarten. Die Artenvielfalt, Individuenzahl und die Masse der Regenwürmer nimmt zu mit steigender Zufuhr an makroorganischer Masse zum Boden und länger andauernder Bodenruhe (Tab. 40). Je länger der Boden mit einer geschlossenen Vegetationsdecke bedeckt bleibt (Reihenfolge: sommerjährige überwinternde Feldfrüchte; ohne Zwischenfruchtbau < mit Zwischenfruchtbau; einjähriger Feldfutterbau < mehrjähriger Feldfutterbau; Dauergrasland), je mehr Erntereste zurückbleiben und nahe der Bodenoberfläche eingemischt werden und je mehr organische Wirtschaftsdünger dem Boden zugeführt werden, desto größer kann, bis hin zu einem standortbedingten Höchstwert, die Regenwurmpopulation sein. Gülledüngung wirkt nur in mäßigen Gaben ($<30\,m^3$ je Anwendung) fördernd, bei hohen Gaben nimmt, wohl infolge der toxischen Wirkung des Ammoniums und der Benzoesäure, die Besiedelungsdichte ab. Höchste Populationsdichten der Regenwürmer findet man unter einer dauernden Grasnarbe. Wie weit sich die Regenwurmdichte in einer Festboden-Mulchwirtschaft entwickelt hat, kann man leicht am ersten Erscheinen von Maulwürfen erkennen. Sie leben von Regenwürmern und anderen Arten der Makrofauna. Das Gangsystem eines Maulwurfes geht bis in 50 cm Bodentiefe und erreicht 100 m Länge. Durch seine Grabetätigkeit können jährlich an die $100\,t\cdot ha^{-1}$ Boden bewegt werden. Geringer, aber für die Bodenbildung immer noch erheblich, ist die Grabetätigkeit von Feldmäusen und Hamstern.

Die mit der üblichen Feldwirtschaft verbundenen Eingriffe wirken nicht nur auf Regenwürmer, sondern auch auf die Bodenfauna insgesamt nachteilig. Tiefgreifend wendende Bodenbearbeitung kommt für die meisten Bodentiere einer Elementarkatastrophe gleich. Ein Teil der Tiere wird verletzt. Ihr Lebensraum nahe der Bodenoberfläche, der sich während der Vegetationszeit mit leicht abbaubarer Substanz angereichert hat, wird in die Tiefe gekehrt und zwingt zumindestens viele Tierarten der Makrofauna zu einer Wanderung nach oben, wo sie aber zunächst nicht die angemessenen Nahrungsgrundlage vorfinden. Länger dauernde Teilbrachen, artenarme Fruchtfolgen und große Feldschläge mit unzureichender Anbindung an naturnahe Biotope (Feldraine, Hecken, Magerrasen) als Rückzugsplätze und Ausgangspunkte für eine Wiederbesiedelung tragen ebenfalls zur Verarmung der Bodenfauna bei.

Pflanzenschutzmittel, außer Insektizide, wirken auf die Bodenfauna selten direkt toxisch. Wenn dies der Fall war, so hat sich gezeigt, daß sich zumindest viele Gruppen der Mesofauna rasch wieder erholen. Viel stärker sind indirekte und langfristig akkumulierende Effekte. So wurde in einem Versuch mit unterschiedlichen Bodennutzungssystemen beobachtet (Tab. 65), daß in den Prüfgliedern ohne Einsatz von chemischen Pflanzenschutzmitteln der Regenwurmbesatz etwa dreimal größer war als in den Prüfgliedern mit chemischem Pflanzenschutz. Dies ist vermutlich eine indirekte Folge des verminderten Unkrautdeckungsgrades in den mit Herbiziden behan-

Tab. 65. Wirkung von chemischem Pflanzenschutz auf die Biomasse und Populationsdichte von Regenwürmern auf einem lößbürtigen Boden; Akkerbau-Systemversuch Reinshof bei Göttingen: Probenahme 23. 4. – 3. 5. 1990 mit der Elektro-Austreibungsmethode (CLAUPEIN 1991)

Merkmal	Fruchtarten: letzte Bodenbearbeitung:[1]	Zuckerrüben P: 9.11.89 S: 5.4.90	Winterweizen 19.10.89 20.10.89	Wintergerste 11.9.89 18.9.89
Chem. Planzenschutz[2]				
Unkrautdeckungsgrad[3] (%)	mit	1	1	1
	ohne	9	23	44
Regenwurmbiomasse ($g \cdot m^{-2}$)	mit	4,0	8,9	2,6
	ohne	16,6	21,1	16,3
Regenwurmdichte (Anzahl Tiere $\cdot m^{-2}$)	mit	4,2	19,8	14,1
	ohne	12,5	45,3	40,1

1) P: Pflügen; S: Saatbettbereitung
2) mit vorbeugender Anwendung von Saatgutbeize, Herbiziden, Fungiziden und Insektiziden; ohne jeglichen chemischen Pflanzenschutz, nur mechanische Unkrautbekämpfung
3) Unkraut-Flächendeckung zum Zeitpunkt des Bestandesschlusses (Rüben) und des Ährenschiebens nach SÖDJE (1989).

delten Prüfgliedern. Ackerwildpflanzen innerhalb eines Kulturpflanzenbestandes bereichern das Nahrungsangebot für die Regenwürmer und verlängern die Dauer einer lebenden Vegetationsdecke. Weitere indirekte Effekte von Pestiziden können darin bestehen, daß Bodentiere anfälliger gegenüber pilzlichen Parasiten werden oder ihre Fähigkeit zur Reproduktion gemindert wird.

Bodentiere wirken nicht nur über die aktive Gestaltung des Bodengefüges und die Beschleunigung des Abbaus von makroorganischer Substanz positiv auf die Bedingungen im Boden, die das Wachstum der höheren Pflanzen fördern. Sie sind darüber hinaus ein Regelglied im Nährstoffkreislauf eines Standortes. Einerseits binden sie viel länger als die kurzlebigen Mikroorganismen Nährstoffe wie N, P und S. Andererseits fördern sie den Umsatz von Nährstoffen. Bakterien und Pilze sind für viele Bodentiere eine wesentliche Nahrungsgrundlage. Von der Populationsmasse der Bakterien wird mehr als die Hälfte von Protozoen gefressen. Diese „Beweidung" von Bakterien-

und Pilzrasen hat einen Verjüngungseffekt und steigert die Aktivität der Mikroflora. Aber auch auf andere Weise haben die Bodentiere eine Steuerfunktion für Mikroorganismen. Als Erstzersetzer vergrößern sie die Oberfläche und damit die Zugänglichkeit von Pflanzenresten für Bakterien und Pilze. Gleichzeitig liefern sie in Form von Kot eine ideale Nahrungsgrundlage für andere Tiergruppen und Mikroorganismen.

Die Regelfunktion vieler Bodentiere für die Zusammensetzung der Mikroflora, aber auch der Bodenfauna selbst, hängt mit dem artspezifischen Wahlvermögen bei der Nahrungsaufnahme zusammen. So gibt es Beispiele, daß in Abhängigkeit von der Populationsdichte bestimmter Collembolen-Arten die Besatzdichte von Pilzen zurückging, die der Bakterien daraufhin zunahm. Räuberische Bodentiere kontrollieren über den Fraß von Eiern und Jungtieren, aber auch von Alttieren die Populationsdichte vieler anderer Tiere, darunter auch der Tiere, die höhere Pflanzen schädigen. Umgekehrt funktionieren aber auch Mikroorganismen als Regulatoren für die Populationsdichte von Tieren, indem sie Tiere parasitieren oder fressen. Auf die nematodenfressenden Pilze wurde schon hingewiesen.

Diese Regelmechanismen sind auch bei der Begrenzung von Schadorganismen bei Kulturpflanzen wirksam. Ein vielfältiges, voll funktionierendes Bodenleben ist deshalb für die Erhaltung der Bodenfruchtbarkeit und für die Stabilität von Bodennutzungssystemen von wesentlicher Bedeutung.

4.4.2 Reproduktion der organischen Bodensubstanz

Die organische Bodensubstanz (OBS) wird in erster Annäherung mit dem Gehalt an Gesamtkohlenstoff (C_t) quantifiziert. Die organisch gebundene C-Fraktion (C_{org}) erhält man durch Abzug des in Carbonaten gebundenen Kohlenstoffes. Die Umrechung von C_{org} auf OBS erfolgt mit dem Faktor 1,724, unter Annahme eines mittleren C-Gehaltes der OBS von 58%. Da die OBS stets Stickstoff enthält, kann sie auch durch die N_t- oder N_{org}-Gehalte quantifiziert werden. Allerdings muß dann das C-N-Verhältnis der OBS bekannt sein, das je nach Zersetzungsgrad zwischen 8 und mehr als 20 variieren kann.

Das Flußdiagramm in Abb. 107 beschreibt schematisch den Umsatz der OBS und die daraus sich ergebenden Wirkungen auf einige Zustände und Prozesse im Boden. Die umsetzbare Menge an OBS wird im Verlauf der Zeit mit einer variablen Rate m mineralisiert. Aus den Endprodukten der Mineralisation, z.B. NH_4^+, kann durch Immobilisierung (Rate im) wieder organische Masse entstehen, die in die Menge „umsetzbare OBS" zurückfließt. Der im Ablauf eines Jahres unzersetzte Rest der umsetzbaren OBS (Rate 1 − m) dient der

398 Gestaltung von Bodennutzungssystemen

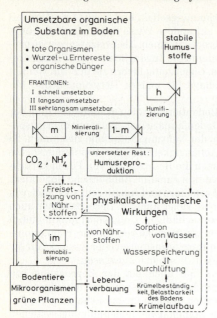

Abb. 107. Umsatz und Wirkungswege der organischen Substanz im Boden.

Reproduktion dauerhafter Humusstoffe im Boden. Die Humifizierungsrate ist mit h gekennzeichnet.

Ohne Zufluß von umsetzbarer OBS, also unter einer andauernden Schwarzbrache, wird der Vorrat an OBS zunächst sehr rasch, dann immer langsamer abgebaut. Unter diesen Bedingungen nimmt der C-Gehalt im Boden erst stark, dann immer weniger ab. Das hängt damit zusammen, daß unter Annahme einer konstanten Mineralisationsaktivität die im Boden vorhandene Menge umsetzbarer OBS mit der Zeit immer kleiner wird und damit auch die Mineralisationsrate abnehmen muß. In Wirklichkeit hängt die Mineralisationsrate auch noch davon ab, wie groß die Fraktionen der OBS sind, die schnell, langsam und kaum umsetzbar sind. Mit der Zeit wird unter einer Schwarzbrache der Anteil der schneller abbaubaren Fraktion an der OBS immer kleiner. Mit steigendem Tongehalt der Böden nimmt der Anteil von „stabiler", d. h. kaum abbaubarer OBS zu. Im Ton-Humus-Komplex schützen die Tonteilchen die organischen Stoffe vor den Enzymwirkungen der Mikroorganismen.

Eine über Jahre andauernde Schwarzbrache ist ein Ausnahmezustand, der wohl nur unter Versuchsbedingungen eingehalten wird.

Dagegen sind einjährige Brachen im Regen-Feldbau arider Klimabereiche und Teilbrachen von mehrmonatiger Dauer in der Feldwirtschaft humider Klimabereiche die Regel. In Vergleich zum Dauergrasland führt diese zeitliche Unterbrechung der Zufuhr von umsetzbarer OBS aus der Pflanzenproduktion zu deutlich geringeren OBS-Gehalten im Boden.

Die erste und größte Quelle für die Reproduktion der OBS sind die Feldfrüchte und die mit ihnen vergesellschafteten Ackerwildpflanzen. Schon während der Vegetationszeit fließt ein großer Teil des von der oberirdischen Pflanzenmasse assimilierten Kohlenstoffes in den Boden. Von dieser Menge wurden z. B. etwa 15% von den Wurzeln veratmet und 60% schon während der Vegetationszeit in Form von Wurzelausscheidungen, absterbenden Wurzelhaaren und Feinwurzeln als organische Masse an den Boden abgegeben (SAUERBECK und JOHNEN 1976). Von den zur Zeit der Ernte im Boden verbliebenen Wurzelrückständen (25%) werden durch das Auswaschverfahren nur etwa vier Fünftel der Rückstände erfaßt. Die in Tab. 46 genannten Mengen für Wurzelrückstände sind daher nur ein kleiner Teil der Kohlenstoffmenge, die mit dem Pflanzenwachstum vor der Ernte schon in den Boden gelangen und von den Mikroorganismen abgebaut werden kann. Hinzu kommen aus der Sproßproduktion noch die abgestorbenen Blätter. Sobald ein Feldfruchtbestand geschlossen ist, setzt auch der Blattfall ein.

Dieser Zustrom an organischer Substanz zum Boden schon während der Vegetationszeit macht sich in einer Erhöhung der C_{org}-Gehalte bemerkbar. Bezogen auf den Ausgangswert im April können sie von Ende Mai bis Anfang August um 4 bis 8% steigen. Der Anstieg ist umso höher und zeitlich umso kürzer, je niedriger der mittlere C_{org}-Gehalt eines Bodens ist. Nach der Ernte dagegen überwiegt der Abbau der OBS. Deshalb sinken von September bis November die C_{org}-Gehalte um 4 bis 9% unter den Ausgangswert im April, wenn keine Zwischenfrucht angebaut und auch kein Stroh eingearbeitet wird (SAUERLANDT und TIETJEN 1971).

Weitere Quellen für die Reproduktion der OBS sind nach der Ernte die Stoppelreste und die im Felde belassenen Koppelprodukte, wie Stroh und Rübenblatt. Ferner gehören dazu die organischen Wirtschaftsdünger, wie Gülle und Stallmist, und Zwischenfrüchte, vor allem, wenn sie zur Gründüngung angebaut werden.

Die Mineralisation dieser organischen Massen hängt von deren stofflicher Zusammensetzung und anatomischer Struktur ab, wie die Ergebnisse von Bebrütungsversuchen unter konstanten Bedingungen zeigen (Tab. 66). Der Anteil an mineralisiertem Kohlenstoff in der insgesamt dem Boden zugesetzten Pflanzenmasse wurde nicht von dem C-N-Verhältnis und auch nicht vom Gehalt an Heißwasser-

Tab. 66. Beziehung zwischen dem Gehalt an Stoffgruppen und der Mineralisierbarkeit von Wurzeln und Ernterückständen ausgewählter Fruchtarten; Ergebnisse von Inkubationsversuchen über 70 bis 90 Tage bei 25 °C und 60% maximaler Wasserkapazität (KLIMANEK et al. 1988)

Pflanzenart	Vegetationsstadium	N (%TM)	C-N Verhältnis	C_{HWl}[1]	$wlKH$[2]	Stärke	Lignin	Abbau[3] (%)
				(% in der organischen Substanz)				
W. Weizenwurzeln	Reife	1,04	28,9	4,6	0,8	0,8	25,1	30,7
A. Bohnenwurzeln	Reife	1,18	41,2	10,4	3,7	0,9	22,8	31,1
Maiswurzeln	Siloreife	0,74	59,4	14,0	13,7	0,5	15,9	33,8
S. Gerstenstroh	Reife	0,62	63,8	7,8	2,0	0,8	13,1	38,0
Kartoffellaub	Ernte	0,76	46,1	3,0	2,1	0,9	15,5	43,4
A. Bohnenwurzeln	Jugendstd.	3,76	11,5	21,1	3,7	2,3	8,0	44,9
Maiswurzeln	Jugendstd.	1,50	28,2	15,5	10,2	2,9	8,8	51,1
W. Weizenwurzeln	Bestockung	1,57	23,7	12,2	1,9	1,6	9,8	58,4
Luzernewurzeln	1. Schnitt	2,07	21,0	36,7	15,1	21,8	4,8	63,2
Luzernewurzeln	3. Schnitt	1,87	23,4	40,6	16,3	21,9	5,6	73,6

1) C_{HWl}: heißwasserlöslicher Kohlenstoff
2) wlKH: wasserlösliche Kohlenhydrate
3) am Ende der Inkubationszeit

löslichen Kohlenstoffverbindugen oder Reservekohlenhydrate bestimmt, sondern überwiegend vom Ligningehalt. Die Mineralisierungsrate nahm mit steigendem Ligningehalt der Pflanzenorgane ab. Abweichungen von dieser Regel hängen vermutlich mit der Struktur des jeweiligen Pflanzenmaterials zusammen. Die Gerüstsubstanzen in den Zellwänden, wie Pektin, Cellulose und Hemicellulose können in unterschiedlicher Weise mit dem schwer angreifbaren Lignin inkrustiert sein. Ferner können Epidermiszellen von Cutin, Suberin und Wachsen bedeckt sein. Alle diese Stoffe schützen die leicht abbaubaren Gerüstsubstanzen vor der Enzymeinwirkung der Mikroorganismen und verhindern deren rasche Mineralisierung. Der Rückgang der Mineralisierbarkeit ist, wie die Daten in Tab. 66 zeigen, bei den Organen einjähriger Arten wesentlich eine Folge des Alterns. Junge Wurzeln, Blätter und andere Sproßteile werden rascher und weitgehender abgebaut als alte. Abgestorbene Tier- und Pflanzenmassen im Boden, wie überhaupt die OBS als Ganzes, sind unterschiedlich zusammengesetzt und deshalb in ihren einzelnen Fraktionen unterschiedlich schnell abbaubar. Diesen Sachverhalt kann man auch auf indirektem Wege erkennen. Abb. 108 zeigt den zeitlichen Verlauf der C-Mineralisierung eines im Labor unter kon-

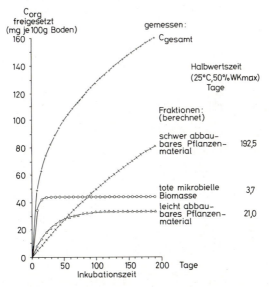

Abb. 108. Fraktionen der mineralisierten organischen Bodensubstanz in einem Bebrütungsversuch mit Löß-Schwarzerde (LUTTICH 1987).

stanten Bedingungen bebrüteten Löß-Schwarzerdebodens. Die experimentell ermittelte Summenkurve der Kohlenstoff-Entbindung (als CO_2) mit der Zeit (C_{gesamt}) wurde mittels einer Gleichung, die die Mineralisierung von organischer Substanz in Abhängigkeit von der Zeit, der eingesetzten C-Menge und den stoffspezifischen Mineralisierungskonstanten dargestellt, in mehrere Einzelkurven zerlegt.

Eine gute Beschreibung des Kurvenverlaufs von „C insgesamt entbunden" wurde erhalten, wenn 3 Fraktionen der OBS angenommen wurden. Dabei repräsentiert die Kurve mit dem anfänglich steilsten Anstieg die tote mikrobielle Biomasse, wie sie z. B. durch zwischenzeitliche Trocknung des Bodens entstanden sein könnte. Die geringe Halbwertszeit dieser Fraktion zeigt, daß abgestorbene mikrobielle Biomasse am raschesten zu CO_2 abgebaut wird. Die beiden anderen Kurven repräsentieren die leicht bzw. schwer abbaubaren Fraktionen der im Boden enthaltenen toten Tier- und Pflanzenmassen mit Halbwertszeiten von Wochen oder Monaten.

Der Abbau der OBS unter konstanten und sehr günstigen Temperatur- und Feuchtebedingungen im Labor erfolgt viel rascher als im Freiland. Dort wird durch Trockenheit und niedrige Temperaturen der Abbau der OBS meist verzögert. Wie das Beispiel in Abb. 109 zeigt, steigt die C-Mineralisierungsrate mit zunehmender Boden-

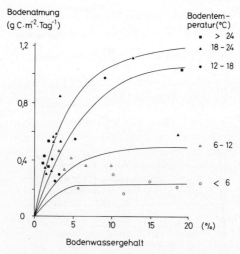

Abb. 109. Wirkung von Bodenwassergehalt und Bodentemperatur auf die Bodenatmung (nach Daten von Wildung et al. 1975 in Freytag et al. 1987).

feuchte und Bodentemperatur in Form einer Sättigungskurve an. Aus anderen Befunden geht hervor, daß die maximal möglichen Raten etwa bei 45 °C und einer Wasserfüllung von 60 bis 80% des Porenvolumens erreicht wird. Bei einer noch größeren Wassersättigung des Bodens wird die Verfügbarkeit von Sauerstoff zum begrenzenden Faktor. Aus dem Verlauf der Kurven in Abb. 109 wird deutlich, daß zwischen Temperatur und Bodenfeuchte eine Wechselwirkung auf die Bodenatmungsrate besteht. Je höher die Bodentemperatur ist, desto größer muß die Bodenfeuchte sein, um maximale Bodenatmungsraten zu erreichen.

Die Veränderung der OBS-Menge (ΔC) während einer Teilbrache und der folgenden Vegetationszeit (Zeitspanne Δt) läßt sich mit der folgenden, auf die Kohlenstoffmengen der organischen Substanz (C) je Flächeneinheit bezogenen Gleichung beschreiben:

$$\frac{\Delta C}{\Delta t} = -(m_1 \cdot C_1)_{\Delta t} + (1 - m_2)(C_2)_{\Delta t} + (1 - m_3)(C_3)_{\Delta t}$$

Die Mineralisierungsrate m_1, m_2 und m_3 unterscheiden sich in Abhängigkeit von der stofflichen Zusammensetzung der drei unterschiedenen organischen Massen: C_1: im Boden vorhandene organische Substanz (OBS); C_2: Wurzel- und Ernterückstände, C_3: Stroh, Stallmist und Gülle. Die Größe $1 - m$ bestimmt den Anteil der zugeführten organischen Substanz in C_2 und C_3, der am Ende der Zeitspanne Δt noch im Boden verblieben ist. In Abhängigkeit von der zugeführten Menge organischer Substanz ist das die jeweils noch vorhandene organische Substanz, die als reproduktionswirksam angesehen wird (ROS). Demnach stellen in dieser Gleichung die Größen $-(m_1 \cdot C_1)$ den Nettoverlust an OBS, $+(1-m_2)(C_2)$ und $+(1-m_3)(C_3)$ die Zufuhr an reproduktionswirksamer organischer Substanz in Form von Wurzel- und Ernterückständen bzw. organischen Wirtschaftsdüngern dar.

Zur Schätzung des langfristigen Zufuhrbedarfes an ROS muß die auf die Flächeneinheit bezogene Größe ΔC über alle während einer Rotation angebauten Feldfrüchte eines Bodennutzungssystems gemittelt werden. Bei einer Bilanzierung je Betriebsfläche sind die Mittelwerte mit den jeweiligen Größen der Feldschläge zu gewichten. Hat sich ΔC in dem betrachteten Zeitabschnitt nicht wesentlich geändert, so waren die Bedingungen für eine einfache Reproduktion der OBS erfüllt. Ist dagegen ΔC negativ, besteht ein Bedarf an zusätzlicher Zufuhr an ROS. Zur Steigerung der Bodenproduktivität kann es notwendig sein, eine erweiterte Reproduktion der OBS anzustreben, d.h. soviel organische Substanz zuzuführen, daß ΔC mit den Jahren zunimmt.

Tab. 67. Menge des während einer Teilbrache freigesetzten Kohlenstoffes (CO_2-Entbindung) in Abhängigkeit von Art und Menge der angewandten organischen Düngung. In Klammern: % Anteil an der insgesamt während eines Jahres mineralisierten C-Menge. (Bad Lauchstädt: FRANKO 1986; Göttingen: KOCH 1990)

Bad Lauchstädt November–Februar	Dauerbrache	nur Ernterest	Stallmist[1]	Gründüngung[2]	Göttingen September–November	Teilbrache ohne Stroh	eingearbeitet	Stroh[3] gemulcht
				C-Nettoverlust (dt · ha^{-1})				
1982/83	1,0 (12,5)	1,6 (10,2)	1,6 (9,8)	19,2 (37,2)	1987	1,8	5,0	4,7
1983/84	0,9 (11,7)	1,7 (8,8)	1,6 (6,1)	2,7 (9,2)	1988	2,1	5,6	5,3
1984/85	1,3	2,7	3,6	7,3				

1) C-Zufuhr: 12 dt · ha^{-1}
2) Ölrettich: 1982: 14; 1983: 16; 1984: 7 dt · ha^{-1}
3) Weizenstroh: 1987 (4. 9.–30. 11.): 30; 1988 (17. 8.–13. 10.): 40 dt · ha^{-1}; eingearbeitet: 100% des Strohes im Boden; gemulcht: 50% im Boden, 50% auf dem Boden

Eine verläßliche Schätzung der Mineralisierungsraten und C-Mengen in der obigen Gleichung ist wegen der variablen Zusammensetzung und der unterschiedlichen Standortbedingungen sehr schwierig und bisher auch nur näherungsweise gelungen. Der Nettoverlust an OBS kann nur während einer vegetationsfreien Brache mit der Messung der CO_2-Entbindung (sog. Bodenatmung) eindeutig bestimmt werden. Über die Größenordnung der entbundenen C-Mengen während einer Teilbrache geben die Daten in Tab. 67 eine Vorstellung. Deutlich wird, daß auch während der Wintermonate noch eine beträchtliche Kohlenstoffmineralisierung stattfand. Nach dem Einbringen der leicht abbaubaren Gründüngungsmasse 1982/83 wurde sogar mehr organische Masse abgebaut als zugeführt worden war. Mit Hilfe dieses Substrates waren offenbar die Mikroorganismen imstande, zusätzliche OBS zu mineralisieren (priming effect, siehe Seite 427).

Unter einem wachsenden Pflanzenbestand ist der Nettoverlust der OBS vermengt mit der Wurzelatmung und der Entbindung von CO_2 aus den Mengen C_2 und C_3. Daher wird der Nettoverlust an OBS hilfsweise mit dem N-Entzug der Feldfrüchte geschätzt. Dieser Vorgehensweise liegt der Sachverhalt zugrunde, daß mit der Mineralisierung von organisch gebundenem Stickstoff stets auch Kohlenstoff als CO_2 entbunden wird. Mit Hilfe des jeweiligen C-N-Verhältnisses der OBS läßt sich dann die mineralisierte Kohlenstoffmenge berechnen. Dabei ist zu berücksichtigen, daß nur ein Teil des von den Pflanzen aufgenommenen Stickstoffes aus der mineralisierten OBS stammt. Der Anteil des düngerbürtigen und des symbiotisch fixierten N, die Zufuhr von N im Saatgut und aus der Atmosphäre sowie die Verluste durch N-Auswaschung und gasförmige Entbindung müssen ebenfalls in die Berechnung einbezogen werden.

Die kumulativen Schätzwerte für den Abbau der schon im Boden vorhandenen OBS (C_1) und der vor und während der Vegetationszeit zugeführten organischen Massen aus C_2 und C_3 variieren zwischen 3,2 (Winterzwischenfrüchte auf Sandböden) und 15,4 dt·ha^{-1} OBS (Zuckerrüben auf lehmigen oder tonigen Böden, Asmus et al. 1979, Asmus 1985). Die Unterschiede zwischen den Schätzwerten werden in erster Linie von der Höhe der N-Entzuge bestimmt. Diese nehmen in der Regel mit der Produktivität der Feldfrüchte und mit der Standortsgunst zu.

Die Reproduktionswirkung von organischen Wirtschaftsdüngern (C_3) wurde in Dauerversuchen mit differenzierter Zufuhr an Stroh, Gülle und Stallmist über die Differenz der C-Gehalte zwischen ungedüngten Varianten und solchen mit unterschiedlicher organischer Düngung geschätzt. Tab. 68 enthält die nach langjähriger Anwendung von organischen Düngern gemessene Reproduktionskoeffi-

Tab. 68. Reproduktionskoeffizienten (1-m) von organischen Wirtschaftsdüngern und die auf die organische Trockenmasse von Stallmist bezogenen relativen Reproduktionskoeffizienten (VÖLKER et al. 1984)

	Kleinparzellen-Versuch[1]		Langzeit-Feldversuche[2]	
	Reproduktionskoeffizient	relativer Reproduktionskoeffizient (Reproduktionsfaktor)	Reproduktionskoeffizient	relativer Reproduktionskoeffizient (Reproduktionsfaktor)
Stallmist	0,306	1	0,152–0,311	1
Gülle	0,270	0,88	0,097–0,220	0,64–0,69
Stroh + Gülle	0,230	0,75	0,126–0,250	0,69–0,82
Stroh	0,170	0,56	0,097–0,220	0,64–0,73

1) Zufuhr von 90 dt · ha^{-1} organischer T-Masse auf einer Sandlehm-Parabraunerde
2) Extremwerte aus sechs 8 bis 20jährigen Feldversuchen mit Zufuhr von organischer Trockenmasse (dt · ha^{-1} · a^{-1}): Stallmist 16–63; Gülle 28–30; Stroh + Gülle: 17–34; Stroh: 17–34.

zienten (1 − m) und die auf die organische Trockenmasse von Stallmist bezogenen relativen Reproduktionskoeffizienten. Rotte-Stallmist, dessen leicht abbaubare Bestandteile schon während der Lagerung teilweise mineralisiert werden, hat den höchsten, Stroh den niedrigsten Reproduktionskoeffizienten. Bei Gülle steigt der Reproduktionskoeffizient mit dem Trockenmassegehalt an. In der Landwirtschaft der ehemaligen DDR wurden folgende, auf die organische Trockenmasse von Stallmist (: 1) bezogene relative Reproduktionsfaktoren verwendet: gelagerter Gülle-Feststoff: 1,00; Gülle: 0,80; Stroh: 0,68; Gründüngung: 0,40; erdiger Feldbau-Kompost: 1,25.

Der Bedarf an ROS in Form von Wirtschaftsdüngern zur Befriedigung der einfachen Reproduktion ist bei einigen Feldgemüsearten (z.B. Kopfkohl, Porree, Spargel) und Hackfrüchten am höchsten, nämlich zwischen 36 (Sand und lehmiger Sand) und 44 dt·ha^{-1}·a^{-1} (Lehm, lehmiger Ton) organischer Trockenmasse aus Stallmist. Mais, Futterkohl, Kohlrüben und Möhren benötigen zwischen 27 (S, lS) und 33 (L, lT), Getreide, Ölfrüchte und Faserpflanzen zwischen 14 (S, lS) und 16 (L, lT) dt·ha^{-1}·a^{-1}.

Positive Beiträge zur Reproduktion der OBS leisten ein- und mehrjährige Futterpflanzen aus Gräsern und Leguminosen, nämlich zwischen 6 und 70 dt·ha^{-1}·a^{-1}. Mit solchen orientierenden Größen läßt sich anhand des Fruchtartenverhältnisses der Gesamtbedarf eines Bodennutzungssystems an ROS schätzen und daraus die notwendige

Zufuhr von organischen Wirtschaftsdüngern wie Stroh, Gülle oder Stallmist ableiten. Der Bedarf steigt mit zunehmendem Anteil an Feldgemüse- und Hackfruchtbau und sinkt mit steigendem Anteil von ein- und mehrjährigem Futterbau mit Gräsern und Futterleguminosen bis hin zu dem Punkt, wo infolge des hohen Kleegrasanteils überhaupt keine zusätzliche organische Düngung notwendig ist. Jedoch sind solche Feldgraswirtschaften in der Regel mit Viehhaltung verbunden. Die Rückführung der dabei produzierten organischen Wirtschaftsdünger trägt dann zu einer stetigen Steigerung der Gehalte an OBS bei.

Die Möglichkeiten, durch eine erweiterte Reproduktion der OBS die Gehalte der Böden an organischer Substanz und damit deren Produktivität zu steigern, stoßen auf Grenzen. Der Humusgehalt der Ackerböden wird zunächst von den natürlich vorgegebenen Standortbedingungen bestimmt. Das sind die Korngrößenzusammensetzung der Böden, das Klima und die Hydromorphieverhältnisse, wie z. B. Grundwasser- und Staunässeeinfluß. Mit steigendem Ton- und Feinschluffanteil steigt der Gehalt an OBS. Mit sinkenden Jahresmitteltemperaturen, d. h. kürzeren Vegetationszeiten und längeren Wintern, sowie mit zunehmender überschüssiger Durchfeuchtung (Sauerstoffmangel) der Böden steigt der Gehalt an OBS. Innerhalb dieser Rahmenbedingungen werden der Einfluß von Bodennutzungsart und Fruchtartenverhältnis, Intensität und Häufigkeit der Bodenbearbeitung in den einzelnen Feldfruchtproduktionsverfahren wirksam. Eine Steigerung der Feldfruchterträge über vermehrte Düngung und verbesserten Pflanzenschutz erhöht immer auch die Menge der Wurzel- und Ernterückstände und damit auch den Beitrag der Feldfrucht selbst zur Reproduktion der OBS.

In Abhängigkeit von der Art und Intensität des Bodennutzungssystems stellt sich langjährig ein Fließgleichgewicht zwischen Zufuhr und Abbau von organischer Substanz im Boden ein (Abb. 110A). Durch jahrzehntelange, unterschiedlich hohe Düngerzufuhr (ohne NPK, Stalldung, Stalldung + NPK) war auf einer Löß-Schwarzerde (Statischer Versuch Bad Lauchstädt) ein unterschiedlicher Ausgangsgehalt an OBS erzeugt worden. Dann wurden auf jedem dieser Böden unterschiedliche Bodennutzungssysteme eingeführt, nämlich Daueranbau von Kleegras, dann eine Fruchtwechselwirtschaft (50% Hackfrucht, 50% Getreide) mit und ohne Zufuhr von mineralischer Düngung und eine Schwarzbrache. Nach 25jähriger Bewirtschaftungsdauer wurde die Zu- oder Abnahme der OBS im Vergleich zum Ausgangsgehalt gemessen (ΔC_t). Unter Kleegras stiegen alle C_t-Gehalte in der Ackerkrume an, und zwar um so mehr, je geringer der Ausgangsgehalt war. Unter Schwarzbrache nahmen fast alle C_t-Gehalte ab, in diesem Falle um so mehr, je höher der Ausgangsgehalt

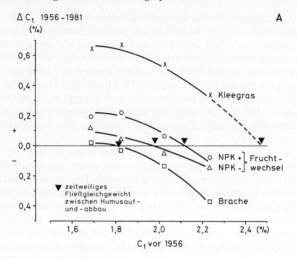
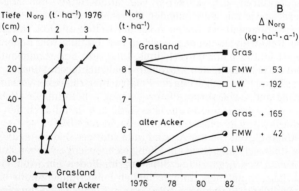

Abb. 110. Auf- und Abbau der organischen Bodensubstanz in Abhängigkeit vom Bodennutzungssystem

A: Neuer Fließgleichgewichtszustand nach Änderung des Bodennutzungssystems auf Böden mit unterschiedlicher Vorgeschichte der Bewirtschaftung (Statischer Versuch Bad Lauchstädt 1902–1956: Fruchtwechsel mit den Varianten „ungedüngt", NPK-Düngung; 150 dt · ha^{-1} · a^{-1} Stallmistdüngung, NPK + 150 dt · ha^{-1} · a^{-1} Stallmist). Nach 1956 die oben angegebenen Bodennutzungssysteme (Mittelwerte von 4 Untersuchungen 1979–1981; nach Daten von EICH und FREYTAG 1984)

B: Tiefenverteilung der organischen Bodensubstanz in Acker- und Grasland sowie die Zu- oder Abnahme des organisch gebundenen Stickstoffes nach Änderung des Bodennutzungssystems (LAWANE 1984). FMW: Festboden-Mulchwirtschaft; LW: Lockerbodenwirtschaft.

war. Die Fruchtwechselwirtschaft lag zwischen diesen beiden Extremen, wobei die mineralische Düngung eine zusätzliche Steigerung der OBS-Gehalte bei geringem Ausgangsgehalt bewirkte. Die neuen Fließgleichgewichte ($\Delta C_t = 0$) stellten sich mit zunehmendem C_t-Gehalt in der Reihenfolge ein: Schwarzbrache, ungedüngter Hackfrucht-Getreidebau, NPK-gedüngter Hackfrucht-Getreidebau, Kleegras. Dieses Beispiel unterstreicht noch einmal die Bedeutung der Wurzel- und Ernteneste für die Reproduktion der OBS. Nicht nur die Zufuhr von ROS, auch deren Abbaurate (m) wird durch das jeweilige Bodennutzungssystem bestimmt. Hier sind besonders die Intensität und die Häufigkeit der Bodenbearbeitung von Einfluß. In Abb. 110B sind die Veränderungen der OBS-Gehalte (N_{org}) während der ersten Jahre einer Umstellung von Graslandwirtschaft auf Ackerbau und umgekehrt dargestellt. Als weitere Variante wurde in jedem System die Wirkung einer extremen Reduzierung der Bearbeitungsintensität geprüft, nämlich eine Festboden-Mulchwirtschaft im Vergleich zur Lockerbodenwirtschaft. Als Anfangsmengen an OBS wurden festgestellt (t·ha^{-1}, 0 bis 80 cm): Grasland 148,0 C_{org}, 15,0 N_{org}: Ackerland 92,6 C_{org}, 9,9 N_{org}. Der Kurvenverlauf in Abb. 110B zeigt für die Schicht von 0 bis 30 cm eine starke Abnahme von N_{org} beim Übergang von Graslandwirtschaft zu Ackerbau mit intensiver Bodenbearbeitung, dagegen eine auf ein Viertel verminderte Abnahme bei Einführung einer Festboden-Mulchwirtschaft. Diesen Größen entsprechen ähnliche, aber geringere Zunahmen an N_{org} auf dem alten Acker nach Übergang zur Festboden-Mulchwirtschaft oder zum Daueranbau von Feldgras.

Wie die Tiefenverteilung der OBS (N_{org}, Abb. 110B) zeigt, sind die Unterschiede zwischen Gras- und Ackerland nahe er Bodenoberfläche am größten und reichen herunter bis in eine Tiefe von 70 cm. Daraus läßt sich ableiten, daß die Anreicherung des Bodens mit OBS durch Feldgras oder Festboden-Mulchwirtschaft an der Bodenoberfläche beginnt und erst im Laufe der Zeit zu größeren Bodentiefen fortschreitet. Bis sich in dem umgestellten Bodennutzungssystem die OBS-Mengen denen angleichen, die in den „alten" Systemen anfangs vorhanden waren, müssen vermutlich viele Jahrzehnte vergehen.

Der Einfluß des Bodennutzungssystems auf die Reproduktion der OBS kann wie folgt zusammengefaßt werden: Je größer die Zufuhr an organischer Substanz und je höher der Anteil der ROS in der zugeführten Menge ist, je länger Bodenruhe (keine Bodenbearbeitung) gehalten wird und je kürzer die Zwischenbrachezeiten sind, desto größer ist die Reproduktion der organischen Bodensubstanz und desto höher ist der Gehalt des Bodens an C_{org} und N_{org} bei Erreichen des Fließgleichgewichtes zwischen Humusauf- und -abbau.

4.4.3 Organische Wirtschaftsdünger

Unter dieser Bezeichnung faßt man in der Regel folgende Wirtschaftsdünger zusammen:

1. Koppelprodukte der Pflanzenproduktion, wie Stroh oder Rübenblatt; Gründüngung mit Zwischenfrüchten;
2. Erdkomposte aus Pflanzenresten;
3. Abfälle (Exkremente) aus der Tierproduktion, die zu Jauche, Gülle und Stallmist aufbereitet werden.

Ebenfalls sind hier außerbetrieblich gewonnene Dünger zu nennen, nämlich Müllkomposte, Klärschlämme, Torfe, Teich- und Seeschlämme.

Stroh fällt in jedem Ackerbaubetrieb mit Körnerfruchtbau an. Soweit es nicht als Rauhfutter und Einstreu in der Tierhaltung, für die Herstellung von Papier, Pappen und Baumaterial oder als Heizmaterial Verwendung findet, verbleibt es auf dem Acker. Dort sollte es nicht als lästiger Abfall beseitigt werden – z.B. durch Verbrennen, was einer besonderen Genehmigung bedarf –, sondern als Mittel zur Verbesserung der Bodenstruktur und damit auch der Bodenproduktivität geschätzt werden. Wie ein Beispiel in Tab. 69 zeigt, wurde bei fortgesetztem Getreidebau durch eine kombinierte Stroh-Gründüngung der Gehalt des Bodens an OBS und seine mikrobielle Aktivität gesteigert. Strohdüngung allein genügte schon, um das Gesamtporenvolumen und den Anteil der luftführenden, rasch dränenden Grobporen zu vermehren, so daß die Luftdurchlässigkeit und vermutlich auch der Wassertransport in den Unterboden deutlich verbessert wurden.

Voraussetzung für eine zweckdienliche Behandlung des Strohes auf dem Acker ist die Kenntnis, welche Mengen mit der Ernte anfallen. Dabei spielen die arttypische Länge der Strohhalme – Sommergerste < Wintergerste < Weizen < Hafer < Roggen –, d.h. deren Masse, und die Bestandesdichte eine Rolle. Ist der Kornertrag bekannt, läßt sich die Strohmenge annähernd mit dem Korn-Stroh-Verhältnis schätzen. Es variiert nach Arten und Sorten in weiten Grenzen (0,6 bis 1,4) und steigt in der Regel mit steigendem Kornertrag an, weil die Höhe des Kornertrages in erster Linie von der Anzahl ährentragender Halme je Flächeneinheit abhängt. Strohmengen von über 50 dt·ha^{-1} Trockenmasse sind die Regel (Höchsterträge bei Weizen bis zu 110, Wintergerste bis zu 80 dt·ha^{-1} TM). Wird das Stroh zu Ballen gepreßt und abgefahren, verbleiben bei einer Stoppellänge von 20 bis 30 cm noch 30 bis 45% der Strohmasse auf dem Felde.

Tab. 69. Wirkung fortgesetzter Stroh- und Gründüngung auf einige Kennwerte der Bodenstruktur und des Bodenlebens in einem staunassen, schluffigen Lehmboden der Fränkischen Alb nach 8jährigem Daueranbau von Getreide (POMMER et al. 1982)

Verfahren	organische Substanz im Boden C_t (%)	Bodenbiologische Kennzahl[1]	Bodenstruktur in Ackerkrume (K) und Krumenbasis (KB)				Luftdurchlässigkeit $(K_{oo,n})$[2]	
			Porenvolumen (%)					
			gesamt		luftführend			
			K	KB	K	KB	K[2]	KB[3]
Stroh geräumt	1,13	0,87	41,6	38,3	–	2,0	16,3	7,5
Stroh eingearbeitet	1,14	0,87	45,3	42,8	10,4	6,1	31,0	21,0
Stroh eingearbeitet und Senf-Gründüngung	1,19	0,97	45,6	43,1	10,8	6,3	28,5	23,0

1) Bodenbiologische Kennzahl: BKZ = (Biomasse + Aktivität von Reduktasen (2) + Akt. von Hydrolasen (3) + Ammonifikation + Bakterienzahl) : 5
2) Mittelwerte von 3 Probenahme-Terminen
3) Mittelwerte von 2 Probenahme-Terminen

Durch Mähdrusch mit großen Arbeitsbreiten wird auch kleingehäckseltes Stroh nicht gleichmäßig an den Ort zurückverteilt, wo es gewachsen ist. Kaff und Feinstroh fallen beim Sieben unter den Mähdrescher. Selbst bei Benutzung von Leitblechen fällt noch ein größerer Teil des gehäckselten Strohes in die Mitte des geernteten Streifens. Will man Risiken beim Feldaufgang und Wachstum der Nachfrucht vermindern, so sollten vor Winter 30 bis 40% der angefallenen Strohmenge und bis zum Ende der folgenden Vegetationszeit die gesamte makroorganische Substanz soweit verrottet sein, daß das vorjährige Stroh mit bloßem Auge nicht mehr zu erkennen ist. Dieses Ziel läßt sich nur mit einem Maximum an Stroh-Boden-Kontakt erreichen. Deshalb sollte die Strohkonzentration $3 \, kg \cdot m^{-3}$ nicht überschreiten (KÖLLER 1981). Je größer also die angefallene Strohmenge ist, desto mächtiger muß die Bodenschicht sein, in die sie mit der Stoppelbearbeitung und nachfolgenden Grundbodenbearbeitung eingebracht wird.

Voraussetzung für eine rasche Strohrotte ist daher eine möglichst gleichmäßige Rückverteilung des Strohes über die Fläche und eine ebenso gleichmäßige Tiefenverteilung in der Krume. Beides gelingt meist nur sehr unvollkommen. Vor allem auf bindigeren Böden sieht man häufig, daß noch nach einem, sogar nach zwei Jahren unverrottetes, nur verpilztes Stroh mit einer Bodenwendung wieder an die Bodenoberfläche gebracht wird. Dies ist die Folge von zu hohen örtlichen Strohkonzentrationen nahe der Bearbeitungsgrenze in schlecht durchlüfteten, manchmal staunassen Böden. Strohmatten hemmen den Wassertransport im Boden, da unter der Saugspannung der Bodenmatrix stehendes Wasser erst in die Strohmatte eindringen kann, wenn der Boden vollständig mit Wasser gesättigt ist. Bei unzureichender Sauerstoffzufuhr wird Stroh, untergepflügtes Rübenblatt oder anderes Gründüngungsmaterial nur teilweise unter aeroben Bedingungen abgebaut. Dieser Abbau verbraucht Sauerstoff. Dadurch wird der örtliche Sauerstoffmangel für die Wurzeln der Feldfrüchte verstärkt. Ein anderer Teil der verrotteten organischen Substanz wird vergoren. Die bei der Gärung entstehenden flüchtigen Fettsäuren, insbesondere Essigsäuren, hemmen in hohen Konzentrationen das Wachstum der Feldfrüchte. Andere, ebenfalls toxisch wirkende Inhaltsstoffe, wie Phenolcarbonsäuren, sind zwar in Modellversuchen, nicht aber unter Feldbedingungen nachgewiesen worden, da sie von Mikroorganismen rasch abgebaut werden.

Alle diese Sachverhalte sprechen für größte Sorgfalt bei der Einarbeitung von großen Strohmengen in den Boden. Weil bei ausreichender Bodenfeuchte die Strohrotte nahe der Bodenoberfläche am schnellsten abläuft und dort die Gefahr der Entstehung von phytotoxischen Abbauprodukten am geringsten ist, sollte Stroh nicht sofort auf die volle Krumentiefe eingearbeitet werden. Unerwünschte örtliche Überkonzentration läßt sich nur vermeiden, wenn das Stroh in aufeinanderfolgenden, immer tiefer greifenden Arbeitsschritten eingearbeitet wird. Unmittelbar nach der Ernte wird deshalb möglichst rasch mit einer Spatenrollegge oder Scheibenegge das Stroh in die oberste, 8 bis 12 cm tiefe Bodenschicht, dann mit dem Grubber auf maximal 20 cm Tiefe eingearbeitet. Mit einer abschließenden, tiefgreifenden Bodenwendung wird die volle Krumentiefe erreicht.

Soll in einer Mulchwirtschaft stets ein Teil des Strohs auf der Bodenoberfläche verbleiben, dürfen nur wühlend-mischende Bearbeitungsgeräte eingesetzt werden. Strohdecken benötigen zur Verrottung ausreichend hohe und häufige Niederschläge. Bei fortgesetzter Mulchwirtschaft kann die Aktivität der Bodentiere so zunehmen, daß die gesamte Auflagenstreu im Laufe eines Jahres in den Boden inkorporiert wird.

Da Stroh ein C-N-Verhältnis von mehr als 20 hat, wird während der Strohrotte löslicher Bodenstickstoff in Mikroorganismenmasse zunächst festgelegt. Durchschnittlich sind das etwa 0,7 kg N je dt Stroh. Erst während der Vegetationszeit des folgenden Jahres wird dieser immobilisierte Stickstoff wieder remineralisiert und damit pflanzenverfügbar. Um negative Effekte dieser zeitweiligen Stickstoffsperre auf das Wachstum der Nachfrucht zu vermeiden, kann es zumindestens während der ersten Jahre einer fortgesetzten Strohdüngung nötig sein, zusätzlichen Stickstoff schon während der Teilbrache zu düngen. Das geschieht am besten in Form von Gülle oder einer mineralischen N-Düngung zu einer Zwischenfrucht, die zur Gründüngung angebaut wird. Dadurch wird zugleich die Strohrotte, das Bodenleben und das Wachstum der Zwischenfrucht gefördert.

Gülle und **Stallmist** setzen sich aus wechselnden Mengen von frischen Exkrementen, Einstreu und Wasser zusammen. Neben den Mengen dieser Ausgangsbestandteile sind vor allem deren Nährstoffgehalte, dann die Nährstoffumsetzungen und -verluste während der Lagerung und Ausbringung für den Düngewert von Bedeutung. Tab. 70 enthält die mittleren Nährstoffgehalte der Exkremente von Rindern, Schweinen, Schafen und Hühnern. Je nach Fütterung und Nutzungsrichtung schwanken allerdings bei jeder Tierart die Gehaltswerte innerhalb weiter Grenzen. Die Nährstoffgehalte der Einstreu (% TM) variieren zwischen 0,3 und 0,9% N, 0,06 und 0,27% P, 0,55 und 2,52% K, 0,07 und 0,53% Ca sowie zwischen 0,04 und 0,13% Mg. Im Vergleich zu den Exkrementen ist der Beitrag der Einstreu zum Nährstoffgehalt der Fest- und Flüssigmiste unbedeutend. Größeren Einfluß auf den Rotteverlauf hat allenfalls das C-N-Verhältnis der Einstreu, das bei Sommergetreide enger als bei Wintergetreide ist, aber insgesamt etwa zwischen 40 und 130 schwankt.

Tab. 70. Mittlerer Substanz- und Nährstoffgehalt von frischen Exkrementen (Kot + Harn) in % der Frischsubstanz (WEDEKIND und KORIATH 1969, SCHNEIDEWIND 1928)

Tierart	Trockenmasse	organische Masse	N	P	K	Ca	Mg
Rinder	11,0	8,4	0,45	0,08	0,52	0,11	0,06
Schweine	10,5	7,0	0,50	0,14	0,23	0,15	0,06
Schafe	32,0	30,0	0,85	0,10	0,55	0,21	0,10
Hühner	46,0	34,0	1,65	0,67	0,71	1,71	0,13

Der Unterschied zwischen Fest- und Flüssigmisten besteht hauptsächlich im Gehalt an Trockenmasse. Stallmist ist ein Gemisch von Kot, Harn – soweit er von der Einstreu absorbiert wird – und Stroh oder anderen Einstreumitteln, z.B. Torf und Sägemehl. Er besitzt einen deutlich höheren Gehalt an Trockenmasse als 15%, meist 20 bis 25% in Rindermist, 25% in Schweine- und 30% in Schafmist. Gülle dagegen besteht aus Kot, Harn mit geringen Mengen aus Einstreu und unterschiedlich hohem Zusatz an Wasser. Ihr Trockenmassegehalt überschreitet mit Ausnahme von Hühnergülle (bis 20%) selten die Grenze von 15%. Bei Fließmist wird kaum Wasser zugesetzt, bei Schwemmist dagegen stets größere Mengen.

Bei Stallmist unterscheidet man nach der Art der Aufstallung und der Lagerung folgende Formen: Frischmist wird nicht zwischengelagert und gelangt unverrottet auf die zu düngende Fläche. Hierzu gehört auch das Pferchen von Schafen auf dem Acker oder Grasland. Stapelmist wird auf einer Mistplatte mehr oder weniger geregelt aufgesetzt und durchläuft während der mehrmonatigen Lagerung eine Rotte. Dabei werden die leicht angreifbaren organischen Stoffe mineralisiert. Je nach Mechanisierungsgrad, aber auch aufgewendeter Sorgfalt wird der Mist breit gelagert, zu kubischen Stapeln oder hohen Kegeln aufgesetzt. Der von der Einstreu nicht aufgesogene Harn und der Sickersaft des Stapels müssen in gesonderten Gruben gesammelt und mit Güllefässern oder mit einer Abwasserberegnung ausgebracht werden. Tiefstallmist entsteht in einem Laufstall, in dem Tiere mit reichlicher Einstreu gehalten werden. Weil Stroh um so mehr Harn binden kann, je länger der Kontakt mit der Flüssigkeit dauert (100% nach 24 Stunden: 2 l je kg Stroh) enthält Tiefstallmist neben dem Kot auch fast die vollständige Urinmenge. Dadurch und als Folge des andauernden Festtretens durch das Vieh wird die Luft nahezu vollständig aus dem Tiefstallmist ausgetrieben. Es herrschen anaerobe Bedingungen.

Tab. 71. Produktion von Stallmist: Mittlere Rotteverluste und Produktionsmengen sowie Gehalte in Abhängigkeit von der Düngerform: 1: Stapelmist; 2: Kegelmist; 3 Mietenmist; 3a: breitgelagerter Stallmist; 4: Tiefstallmist mit 5 kg · GVE^{-1}. d^{-1} Einstreu; Richtwerte (EICH und GÖRLITZ 1983)

Tier-art	Dünger-form	Rotte-verlust (%)	Produktion kg · GVE · d^{-1}	dt · GVE^{-1} · a^{-1}	TM	Gehalte (%) N	P	K	Mg
Rind	1	30	25	91	20	0,40	0,12	0,50	0,08
	2	40	21	77	20	0,40	0,12	0,50	0,08
	3	45	20	73	25	0,40	0,12	0,50	0,08
	3a	60	15	55	25	0,40	0,12	0,50	0,08
	4	20	35	120	20	0,60	0,14	0,70	0,12
Schwein	1	30	18	66	25	0,45	0,10	0,45	0,07
	2	40	15	55	25	0,50	0,12	0,45	0,09
	3	45	14	51	25	0,50	0,12	0,45	0,09
	3a	60	9	33	25	0,50	0,12	0,45	0,09
Schaf	4	20	33	120	30	0,70	0,10	0,60	0,12
Huhn[1]	4	35	9	30	30	2,80	1,23	1,22	–

1) 6 Monate alte Tiere in Bodenhaltung mit Einstreu

Zur Bindung von 14 l Urin je Kuh und Tag werden in einem Tiefstall mindestens 7 kg Stroh zur Einstreu benötigt. Im Anbindestall genügen 1,5 bis 3,5 kg Stroh je Rind, je Schwein bei Buchtenhaltung 0,3 bis 1 kg je Tier und Tag. Außer von der Einstreumenge wird die Stallmistproduktion von der Menge der Exkremente bestimmt. Diese ist wiederum abhängig vom Futterverzehr je Tier und der Verdaulichkeit des Futters je Einheit aufgenommener Futtermenge. Tab. 71 enthält durchschnittliche Werte des täglichen und jährlichen Stallmistanfalles für Rinder, Schweine und Schafe. Die tatsächlichen Mengen und Gehalte schwanken sehr stark in Abhängigkeit von der Dauer der Stallhaltungsperiode, dem Zustand der Tiere und ihrer Fütterung, dem Aufstallungs- und Tränksystem sowie von den Verdunstungs- und Rotteverlusten im Stall und während der Lagerung.

Die Verluste durch Aufbereitung und Lagerung des Stallmistes betreffen die organische Masse und die Nährstoffe. Mit der Entstehung des Kot-Harn-Strohgemisches setzt ein intensiver mikrobieller Abbau ein, der bei Zutritt von Sauerstoff in den ersten 3 Tagen zu einer starken Erwärmung führt. In kurzer Frist lösen sich dabei Gruppen von Bakterien mit unterschiedlichen Temperaturansprü-

416 Gestaltung von Bodennutzungssystemen

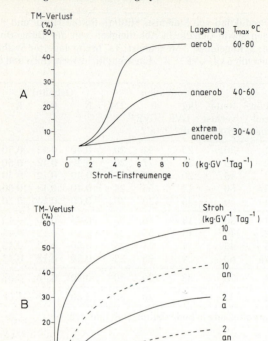

Abb. 111. Trockenmasseverluste bei unterschiedlicher Stallmistbereitung (KOLENBRANDER und DE LA LANDE CREMER 1967)
A: Einfluß der Sauerstoffzufuhr auf die Temperatur im Stapel und die Verluste in Abhängigkeit von der Menge der Einstreu
B: Zunahme der Verluste im Verlauf der Stallmistlagerung in Abhängigkeit von der Sauerstoffzufuhr (a: aerob; an: anaerobe Lagerungsbedingungen) und der Menge der Einstreu.

chen ab und setzen CO_2 und auch NH_4 frei. Die Verluste an organischer Masse nehmen mit steigender Einstreumenge zu und mit abnehmender Sauerstoffzufuhr ab (Abb. 111A). Höhere Strohanteile bedingen nicht nur ein weiteres C-N-Verhältnis und damit eine stärkere Veratmung von organischen Kohlenstoff-Verbindungen, sondern auch eine bessere Durchlüftung des Mistes. Das führt zu höheren Temperaturen und einer rascheren Strohrotte. Nur wenn der

Mist sofort zusammengepreßt wird, wie z.B. im Tiefstall, wird der rasche Abbau als Folge von Sauerstoffmangel gebremst.

Die stärksten Verluste entstehen zu Beginn der Rotte (Abb. 111B), wenn leicht abbaubares Material reichlich zur Verfügung steht. Dies ist in geringerem Maße der Fall bei stroharmem, kotreichem Mist, der auf dem Stapel nicht großflächig ausgebreitet, sondern in kleineren Kompartimenten höher aufgesetzt und sofort verdichtet wird. Weitere Verluste an N, P, K entstehen durch Austreten von Sickersaft bei zunehmender Höhe (Auflast) des Stapels und durch Auswaschung durch Regenwasser. In Abhängigkeit von den Rotteverlusten, der Art der Lagerung (offen oder unter Dach) und der Dauer der Lagerung können bis zu 30 bis 40% des ursprünglich vorhandenen N und K, sowie bis zu 5 bis 10% des P verloren gehen. Zwischenlagerung des Rottemistes in einer Miete am Feldesrand setzt durch die erneute Belüftung den mikrobiellen Abbau wieder in Gang und steigert so die Verluste an Stickstoff und organischer Masse noch weiter. Bleibt Stallmist über mehrere Tage ausgebreitet auf dem Felde liegen, verflüchtigt sich ein großer Teil des pflanzenverfügbaren Stickstoffs als Ammoniak. Dieser Stickstoffverlust kann 40% des vorhandenen Gesamtstickstoffs betragen, wenn die Witterung warm, trokken und windig ist. Deshalb sollte der Stallmist sofort nach dem Ausbreiten in den Boden eingearbeitet werden.

Bei Gülle unterscheidet man je nach Höhe des Wasserzusatzes Dickgülle mit mehr als 8% Trockenmassegehalt (Fließmist) und Dünngülle (Schwemmist) mit geringerem TM-Gehalt. Für die Fließfähigkeit der Gülle ist der Gehalt an Grobstoffen (Teilchen > 0,2 mm), Kolloiden und Sand von Bedeutung. Mit zunehmendem Wassergehalt wird aus der breiartigen eine flüssige Suspension von Festteilchen. Bei hohem Verdünnungsgrad sondern sich in den Lagerbehältern die festen von den flüssigen Bestandteilen. Es bilden sich dann feststoffreiche Sink- und Schwimmschichten und feststoffarme Entmischungszonen aus. Die Entmischungsvorgänge werden durch Gärprozesse gefördert. Da Nährstoffgehalte und Fließeigenschaften der entmischten Zonen stark voneinander abweichen, muß die Gülle vor dem Ausbringen auf das Feld durch intensives Rühren wieder homogenisiert werden.

Wird der Flüssigmist in luftdichten Behältern gelagert, so treten kaum Nährstoffverluste ein, auch wenn nach Ammonifizierung des Harnstoffes im Urin der größere Teil des Stickstoffes in Form von Ammoniak vorliegt. Wasserzusatz vermindert in offenen Gruben das Entweichen von Ammoniak. Luftdicht verschlossene Güllebehälter verhindern am besten den Austritt auch von anderen gesundheitsgefährdenden Gasen (H_2S, CO_2, NH_3) und übel riechenden Gärprodukten (niedere Fettsäuren, Mercaptane und Amine). Die Entstehung solcher geruchsbelästigenden Stoffe kann durch Belüftung verhindert werden. Dabei sind aber höhere N-Verluste während der Lagerung unvermeidlich.

Durch Zentrifugieren oder Filtrieren kann die Gülle in eine Fest- und eine Flüssigkomponente getrennt werden. Das Dickseparat (> 30% TM) mit weitem C-N-Verhältnis wird dann wie Stallmist gelagert und einem Rotteprozeß unterworfen, während das Dünnseparat mit hohem N-Gesamt- und NH_4-Gehalt wie Jauche behandelt wird. Anaerobe Fermentation zur Produktion von „Biogas" (überwiegend Methangas) mindert den Gehalt der Gülle an organischer Trockenmasse, steigert aber den NH_4-Anteil im Gesamt-Stickstoffgehalt. Als Zuschlagstoff zur Gülle kann das Tonmineral Bentonit (0,2 bis 10% der Güllemenge) verwendet werden. Als stark sorptionsfähige Substanz bindet es NH_4, aber wohl auch Enzyme, und hemmt dadurch den N-Umsatz in der Gülle während der Lagerung. Zusatz von Mikroorganismen in sog. „Güllerottern" dagegen erhöhen die Verluste an organischer Masse und Stickstoff.

Wesentlich stärker als die Behandlung der Gülle während der Lagerperiode wirken sich der Zeitpunkt und die Art der Anwendung auf die Stickstoff-Düngewirkung aus. Lange vor der Vegetationszeit der zu düngenden Feldfrucht gegebener Ammonium- und organisch gebundener N unterliegt den witterungsabhängigen N-Umsetzungsprozessen im Boden und den damit verbundenen Verlusten an Nitrat-N durch Auswaschung und Denitrifizierung. Die weitaus größten Verluste entstehen aber durch gasförmige Entbindung von Ammoniak, wenn die Gülle nicht sofort in den Boden infiltriert oder eingearbeitet wird, nämlich meist zwischen 20 und 60%, im Extrem 90% der ausgebrachten NH_4-N-Menge. In geschlossene Pflanzenbestände (Grasland, „Kopfdüngung" in Getreide) kann die Gülle ohne Beschädigung der wachsenden Pflanzen nur auf die Bodenoberfläche ausgebracht werden. Hier lassen sich die N-Verluste infolge von Ammoniakverdunstung nur durch hohe Wasserzusätze zur Gülle verringern.

Erdkomposte unterscheiden sich von den oben beschriebenen Wirtschaftsdüngern durch den wesentlich weiter fortgeschrittenen Rotteprozeß. Organische Abfälle aus dem Haus-, Hof- und Gartenbereich – in einigen städtischen Gemeinden in sog. „grünen Tonnen" gesammelt – werden locker geschichtet und mehrfach umgesetzt. Dadurch wird ein aerober Rotteprozeß mit starker Wärmeentwicklung in Gang gesetzt, der im Laufe von 4 Monaten die organische Substanz auf etwa 50% des Ausgangswertes vermindert. So entsteht ein relativ erdiges Substrat mit deutlich geringeren Stickstoffgehalten als in Gülle und Stallmist. Als Düngemittel haben sie im Gartenbau größere Bedeutung als in der Landwirtschaft. Eine positive Wirkung auf die Produktivität der Böden ergibt sich erst nach Anwendung von sehr großen Mengen, übertrifft dann aber in der Nachhaltigkeit der Wirkung alle anderen organischen Dünger. Voraussetzung ist, wie bei den nachfolgend beschriebenen Düngemitteln, daß Erdkomposte keine giftigen und bodenbelastenden Stoffe enthalten dürfen.

Müllkomposte und **Klärschlamm** sind Abfallprodukte städtischer Lebensweise. Obwohl die Rückführung dieser Siedlungsanfälle in den natürlichen Stoffkreislauf ein anzustrebendes Ziel ist, eine lange Tradition besitzt und sich in früheren Zeiten auch vorteilhaft auf die Bodenfruchtbarkeit ausgewirkt hat, stößt ihre Verwendung im Landbau heute zunehmend auf Vorbehalte. Das hängt mit den Risiken der Verwertung zusammen. Siedlungsabfälle enthalten nicht nur wertvolle Nährstoffe (Tab. 72), sondern auch bodenbelastende Fremdstoffe wie Schwermetalle, organische Schadstoffe, z. B. Chlorkohlenwasserstoffe, polychlorierte Biphenyle und polycyclische aromatische Kohlenwasserstoffe. Seit Inkrafttreten der Klärschlammverordnung gemäß Bundesabfallgesetz 1986, die die Grenzwerte für Schadstoffe und Rahmenbedingungen für die Verwertung von Siedlungsabfällen setzt, sind die Schwermetallgehalte in landwirtschaftlich verwertbaren Klärschlämmen gesunken (Timmermann und Scholl 1988). Dadurch wächst der Anteil landwirtschaftlich verwertbarer Klärschlämme.

Tab. 72. Trockensubstanz- und Nährstoffgehalte (n = 562, 1985) und Schwermetallgehalte (n = 692, 1986) in landwirtschaftlich verwertbaren Klärschlämmen (Timmermann und Scholl 1988, Riess 1988)

Merkmal (%TM)	TS	N	P	K	Mg	Ca
Minimum	0,6	0,07	0,13	0,02	0,02	± 0
Mittelwert	10,6	3,83	1,55	0,42	0,55	5,06
Maximum	75,0	13,10	5,49	6,89	3,98	30,03

Merkmal ($mg \cdot kg^{-1} TM$)	Pb	Cd	Cr	Cu	Ni	Hg	Zn
Grenzwert[1]	1200	20	1200	1200	200	25	3000
Mittelwert	150	30	82	310	35	1,9	1138
Mittelwert Müllkompost[2]	252	1,7	75	111	25	0,9	404

1) nach Klärschlamm-Verordnung
2) n = 14, LUFA Bonn

Dennoch bedarf es vor jeder Anwendung von Siedlungsabfall einer Feststellung des Ausgangszustandes im Boden, mindestens bezüglich der Schwermetallgehalte, dann der Gehalte des anzuwendenden Siedlungsabfalls und daraus folgend einer Berechnung der möglichen Zufuhren an Schwermetallen bis zur zulässigen Höchstbelastung. Dabei sind auch die Zufuhren aus Gülle, die mit Schweinegülle besonders groß bei Kupfer und Zink sein können, mit in Ansatz zu bringen. In Langzeit-Versuchen mit hohen Klärschlammgaben wurde zwar eine Anreicherung der Böden mit den oben genannten organischen Schadstoffen nachgewiesen, nicht aber eine Aufnahme der Stoffe durch die Pflanzen (KAMPE et al. 1988). Ein weiteres Risiko kann durch die Übertragung von Krankheitserregern, wie Salmonellen u. a. m., entstehen. Nur seuchenhygienisch unbedenkliche Siedlungsabfälle dürfen verwendet werden. Schließlich ist darauf zu achten, daß nicht durch unzureichende Technik, z.B. mangelhafte Verteilgenauigkeit und Befahren von zu nassen Böden mit zu schweren Lasten die Produktivität der Böden durch Aufbringen von Siedlungsabfällen beeinträchtigt wird.

In jedem Fall ist bei der Anwendung von Siedlungsabfällen in der Feldwirtschaft Vorsicht geboten. Zahlreiche **gewerbliche und industrielle Abfallstoffe** mit hohem Gehalt an Nährstoffen und organischer Substanz eignen sich ebenfalls für eine landwirtschaftliche Verwertung. Pflanzliche Abfallstoffe entstehen bei der Produktion von Zucker und Stärke (Bagasse, Vinasse, Schlempe), Öl (Preßrückstände), Alkohol und anderen Fermentationsprodukten (Traubentrester, Pilzmycel) sowie von Holz und Cellulose (Rinden, Sägemehl, Lignin und Hemicellulose). Tierische Abfälle, soweit sie nicht zu Futtermitteln verarbeitet werden, sind Schlachthofabfälle (Knochenmehl, Blutmehl, Hornmehl, Borsten) und Abfälle aus der Leder-, Woll- und Federproduktion (Lederabrieb, oft wegen zu hohen Chromgehaltes unverwertbar, sowie Wollschlamm und Federstaub). Alle diese Stoffe können als Düngemittel nur nach sorgfältiger Analyse ihrer stofflichen Zusammensetzung genutzt werden. Manche in größeren Mengen anfallende Abfälle, wie Rizinusschrot, Hornmehl, Blutmehl und Borsten, werden als organische Dünger im sog. ökologischen Landbau verwendet.

4.4.4 Stickstoff in Boden und Pflanze

Die Rückführung von organischen Wirtschaftsdüngern in den Nährstoffkreislauf des Betriebes ist mehr als eine Abfallverwertung. In einer rational geführten Feldwirtschaft erfolgt jede mineralische Düngung nur unter Berücksichtigung der schon mit den organischen Düngern zugeführten Nährstoffe. Der verfügbare Anteil dieser Nährstoffmenge wird lediglich mit mineralischen Düngern ergänzt und zwar in einem Umfang, der im äußersten Fall bis zur Deckung des maximalen Nährstoffbedarfes reicht. Die Schätzung des aus organischer Düngung oder aus dem Boden stammenden N-Angebotes ist ein bisher noch nicht befriedigend gelöstes Problem bei der Bemessung des Bedarfes an mineralischem N. Über den aktuellen Bedarf hinaus bewirkt eine zusätzliche Anreicherung des Ackerbodens mit OBS in der Regel einen nachhaltig positiven Effekt auf die Höhe und Sicherheit der Feldfruchterträge. Allerdings sind im Hinblick auf mögliche Umweltbelastungen auch die Grenzen der Anreicherung zu beachten.

Während der letzten Jahrzehnte wurde in vielen Fällen unbeabsichtigt, d. h. ohne gezielte Maßnahmen, eine Anreicherung der Akkerböden mit organisch gebundenem Stickstoff bewirkt. Dafür kommen die folgenden Gründe in Betracht. Durch vermehrte Anwendung von N-Düngern wurden nicht nur die Feldfruchterträge, sondern auch die Mengen an Ernte- und Wurzelrückständen gesteigert. Mit ihnen nahm auch die Zufuhr von N_{org} zum Boden zu. In viehhaltenden Betrieben wurde über den Zukauf von Futtermitteln eine außerbetriebliche Nährstoffquelle erschlossen. Mit der höheren Tierproduktion nahm auch der Anfall von Gülle und Stallmist zu. In Gemischtbetrieben werden diese beiden Düngemittel überwiegend dem Ackerland zugeführt. Schließlich wurde während der letzten Jahrzehnte die Ackerkrume zunehmend vertieft. Dadurch wurde vermehrt N in organischer Substanz immobilisiert. Das alles führte zu einer Anreicherung der Ackerböden mit OBS, also auch zu größeren Mengen an N_{org} in der Ackerkrume.

Über die reine Nährstoffwirkung hinaus kann man durch organische Düngung auch noch eine „Sonderwirkung" auf den Pflanzenertrag erzielen. Das geht aus den Ergebnissen eines Dauerversuchs auf einem sandigen Boden der Mark Brandenburg hervor (Tab. 73). In einem Vergleich zwischen der Stickstoffzufuhr in mineralischer und organischer Bindungsform (Stallmist) zeigte sich, daß die höchsten Erträge mit einer Kombination beider Düngerformen erzielt wurden. N-Mineraldüngung allein war der alleinigen Stallmistdüngung in den unteren Düngungsstufen überlegen, vermutlich wegen der rascheren und stärkeren Wirkung in Perioden mit niederen Temperaturen, wenn die N-Mineralisationsraten zu niedrig für ein ausreichendes N-Angebot im Boden sind. Bei der höchsten Stallmistgabe dagegen, wie auch in den variierenden Kombinationen von mineralischer und organischer N-Düngung, wurde in den Mehrerträgen diese „Sonderwirkung" der organischen Düngung erkennbar. Sie ist besonders deutlich auf allen sandigen Böden und beruht auf dem Einfluß der OBS auf einige physikalische Bodeneigenschaften.

Tab. 73. Mittlerer Ertrag der Haupternteprodukte Getreidekorn, Kartoffeln und Zuckerrüben in Abhängigkeit von der N-Düngung in mineralischer oder organischer Form oder in Kombination beider Düngerformen. Dauerversuch auf einer Tieflehm-Fahlerde in Groß-Kreutz bei Potsdam mit der Fruchtfolge Kartoffeln – Winterweizen – Zuckerrüben – Sommergerste in den Jahren 1967–1978 (ASMUS und GÖRLITZ 1981)

x̄ N aus Stallmist (kg · ha⁻¹ · a⁻¹)	x̄ N aus Mineraldüngung (kg · ha⁻¹ · a⁻¹)					x̄ N aus mineralisch + organisch[1]	Mehrertrag gegenüber x̄ N mineralisch		
	0	50	100	150	200		100	150	200
			GE (dt · ha⁻¹ · a⁻¹)				GE (dt · ha⁻¹ · a⁻¹)		
0	32,4	57,1	63,1	64,6	65,6	50 + 50	2,3		
50	53,3	66,1	66,0	70,2	71,5	50 + 100		5,3	
100	58,9	66,9	69,5	70,7	71,8	100 + 50		1,4	
150	62,6	73,1	73,6	72,4... 73,7	73,3	100 + 100			3,9
200	69,3	73,6	73,4	72,4	73,9	50 + 150			7,5
						150 + 50			4,6

[1] erste Mengenangabe: mineralischer N-Dünger

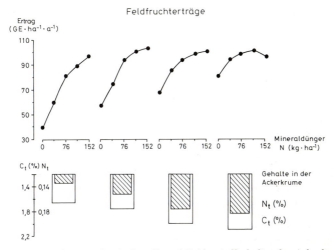

Abb. 112. Wirkungen des Stickstoff- und Kohlenstoffgehaltes der Ackerkrume auf die Ertragsfunktion der mineralischen N-Düngung in einer Fruchtfolge Kartoffeln – Winterweizen – Zuckerrüben – Sommergerste. Ertragsmittel der Jahre 1978–1982 auf einer Löß-Schwarzerde im Statischen Versuch Bad Lauchstädt im Regenschattengebiet des Harzes (Eich et al. 1985).

In diluvialen Sandböden führt eine Erhöhung des OBS-Gehaltes um 0,1% zu einer Zunahme des Porenvolumens in der Ackerkrume um 0,6%, der maximalen Wasserkapazität um 0,7%vol und der Sorptionskapazität um etwa 0,4 mval je 100 g Boden. Mit steigenden OBS-Gehalten nimmt auch der mittlere Durchmesser der Bodenaggregate zu. Im Vergleich zu Mikroaggregaten (< 0,3 mm Durchmesser) sind Makroaggregate reicher an OBS. Daraus resultiert eine größere potentielle N-Mineralisation (Elliot 1986). Mit zunehmenden OBS-Gehalten steigt auch die Aggregatstabilität, d.h. die Beständigkeit der Krümelstruktur. Diese Kombination von günstigerer Bodenstruktur, höherer Wasser- und Nährstoffsorption sowie größeren Mengen an umsetzbarem N_{org} ist die Grundlage für eine gesteigerte Bodenproduktivität.

Mit diesen Wirkungen sind auch die Ergebnisse eines langjährigen Feldversuches auf Schwarzerde im Regenschattengebiet des Harzes zu erklären. Die Differenzierung des OBS-Gehaltes in der Ackerkrume war durch unterschiedliche Düngungsmaßnahmen zustande gekommen. Wie Abb. 112 zeigt, nahm in den Prüfgliedern ohne mineralische N-Düngung mit steigendem C_t- und N_t-Gehalt der Ackerkrume der mittlere Feldfruchtertrag zu. In gleichem Maße nahm aber die Wirkung des zugeführten Mineraldüngerstickstoffes ab. Im Prüfglied mit dem geringsten N_t-Gehalt wurde das Höchstertragsgebiet mit der höchsten N-Gabe eben erreicht, dagegen bei höchstem N_t-Gehalt mit dieser Gabe schon überschritten. Das bodenbürtige N-Angebot steht somit bei der Ertragsbildung der Feldfrüchte in Wechselwirkung zum düngerbürtigen N-Angebot. Die Kenntnis dieses Zusammenhangs, nämlich, wann und wieviel die Pflanzen aus dem boden- und düngerbürtigen Stickstoff aufnehmen und wo der nicht aufgenommene Düngerstickstoff verbleibt, ist die Grundlage für jede rationelle Gestaltung der Stickstoffdüngung.

Für die Höhe des bodenbürtigen N-Angebotes spielt eine Rolle, wieviel Stickstoff im Laufe der Vegetationszeit aus der schon vorhandenen OBS und aus den im Boden verbliebenen Ernterückständen oder den zugeführten organischen Wirtschaftsdüngern mineralisiert und damit pflanzenverfügbar wird. Wie schon gesagt, wird gleichzeitig mit der Mineralisierung von organisch gebundenem Stickstoff auch wieder N in Mikroorganismen immobilisiert. Wie in einem Bebrütungsversuch gemessen wurde (Tab. 74), stieg mit steigendem N_t-Gehalt des Bodens der Stickstoff-Mineralisation-Immobilisation-Umsatz und die Netto-Mineralisationsrate. Mit zunehmender Menge an umsetzbarer OBS nimmt nicht nur die Mikrobenmasse sondern auch deren Aktivität im Stickstoffumsatz zu.

Bei der Zufuhr von Ernte- und Wurzelresten oder organischen Düngern wird die Richtung des Umsatzprozesses, d.h. ob überwiegend N durch Mineralisierung freigesetzt oder durch Immobilisierung festgelegt wird, hauptsächlich von der stofflichen Zusammensetzung der organischen Masse bestimmt. Abb. 113 zeigt das am

Tab. 74. Stickstoff: Mineralisation – Immobilisation – Umsatz (MIU-N) in Bodennutzungssystemen des Dauerversuchs Puch; Ergebnisse von Bebrütungsversuchen mit Zusatz von ^{15}N-markiertem Ammoniumsulfat (GRÖBLINGHOFF et al. 1989)

Bodennutzungssystem Merkmal	Schwarzbrache	Daueranbau von Kartoffeln, ohne Stallmist	Winterweizen in Dreifelderwirtschaft	Grasland
N_t (N, mg·g^{-1})	0,94	1,21	1,56	1,95
MIU-N (N, μg·g^{-1})	13,4	15,0	40,2	57,5
MIU-N in % von N_t	1,4	1,2	2,6	3,0
Netto-Mineralisation (% N_{min} von N_t)	4,9	4,0	10,1	34,5

Beispiel eines Bebrütungsversuches mit Weidelgras-Sproßmasse und Maiswurzeln. Bei einem engen C-N-Verhältnis (Weidelgras) überwog die Netto-Mineralisation, bei einem weiten C-N-Verhältnis die Immobilisation. Als Grenzwert für eine überwiegende N-Immobilisation wird meist ein C-N-Verhältnis von 15 bis 20 angegeben. Die C-N-Verhältnisse variieren in den Wurzel- und Ernterückständen (Tab. 66) in Abhängigkeit von Pflanzenart, Teil der Pflanze und Entwicklungszustand in weiten Grenzen. Entsprechendes gilt auch für die organischen Wirtschaftsdünger der Tierhaltung (C-N in Stallmist: 10 bis 30; Gülle: 2 bis 12) als Folge unterschiedlicher Zusammensetzung (Harn-, Kot- und Streuanteil) und der Stoffverluste durch Aufbewahrung und Rottegrad.

Die Höhe der N-Nettomineralisation ist das Ergebnis der kombinierten Wirkung von schon vorhandener OBS im Boden und der zugeführten organischen Masse. Ohne Zufuhr von organischer Masse (Schwarzbrache) überwiegt die N-Nettomineralisation, weil leicht abbaubare organische Substanz als Energiequelle für die Synthese von mikrobieller Biomasse immer knapper wird und die Mikroorganismen deshalb immer weniger anorganischen Stickstoff in ihrer Biomasse festlegen. Ohne NO_3-Verluste durch Auswaschung und gasförmige Entbindung kommt es deshalb zu einer andauernden

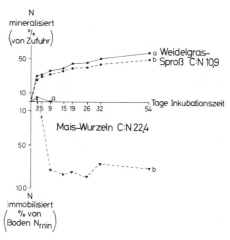

Abb. 113. Einfluß des C-N-Verhältnisses in Pflanzenmassen auf die N-Mineralisierung und die N-Immobilisierung in einem Bebrütungsversuch (SCHULZ und KLIMANEK 1988). a: Markierung der Pflanzensubstanz mit ^{15}N; b: Differenzmethode (Abzug einer Kontrollvariante ohne Pflanzenmasse-Zugabe).

Steigerung des NO_3-Gehaltes im Boden (FREYTAG u. RAUSCH 1982). In ähnlicher Weise wirkt sich auch eine Zufuhr von Erdkompost aus. Zugabe von Stallmist zum Boden dagegen bewirkt zwar ebenfalls eine N-Nettomineralisation, doch nehmen die Gehalte an anorganischem N im Boden im Verlauf der Phase mit intensivem Abbau solange ab, wie noch leicht umsetzbare organische Substanz mit weitem C-N-Verhältnis den Mikroorganismen zur Verfügung steht. Die Bodenmikroben müssen zu deren Umsatz auf den anorganischen Stickstoff zurückgreifen. Diesem Muster entspricht auch die Zufuhr von Materialien mit weitem C-N-Verhältnis, wie Wurzeln und Stroh, wobei, wie schon beschrieben, zeitweilig die N-Immobilisierung überwiegen kann. Gülle und Gründüngung mit ihrem engen C-N-Verhältnis und hohen Anteil an leicht abbaubarer organischer Masse führen immer zu einer hohen N-Nettomineralisation.

In Böden mit geringem OBS-Gehalt wird nach Zufuhr von organischer Substanz mit engem C-N-Verhältnis relativ mehr anorganischer Stickstoff freigesetzt als in Böden mit höherem OBS-Gehalt (SCHULZ 1986). Im ersteren Fall ähneln die Umsatzprozesse mehr denen der Brache, im zweiten Fall mehr denen, die durch die Zugabe von Stallmist gekennzeichnet wurden.

Wird Stickstoff in organischer oder anorganischer Form dem Boden zugeführt, so wird ein Teil von den Pflanzen aufgenommen, ein weiterer Teil im Boden festgelegt und der Rest geht verloren, entweder durch Auswaschung oder gasförmige Entbindung (Abb. 93). Der relative Anteil des im Dünger zugeführten N (ohne Verluste durch Auswaschung und gasförmige Entbindung), der von der gedüngten Feldfrucht mit der produzierten oberirdischen Pflanzenmasse aufgenommen wurde, variiert etwa zwischen 10 und 80%. Die Ausnutzungsraten sind bei unmittelbar zur wachsenden Feldfrucht angewendeten mineralischen N-Düngern und ammoniumreichen organischen Wirtschaftsdüngern höher als bei Düngern, die einen hohen Anteil an organisch gebundenem N aufweisen. Das Ammonium-N in Gülle wird nur zu etwa 40 bis 50% ausgenutzt, der Rest wird, besonders in Gülle mit hohem Gehalt an organischer Masse, immobilisiert oder an Tonmineralen fixiert. Vom Stallmist-N werden im Anwendungsjahr nur zwischen 20 und 30% ausgenutzt. Von dem angewendeten N verbleiben nach N-Mineraldüngung etwa 20 bis 30, nach Gülledüngung 40 bis 60 und nach Stallmistdüngung 50 bis 70% im Boden. Die Verlustraten variieren etwa zwischen 10 bis 35% bei Mineraldünger und Gülle und zwischen 5 bis 25 bei Stallmist.

Eine einmalige Zufuhr von N in Form von organischem oder mineralischem Dünger hat eine Nachwirkung auch noch auf weitere Folgefrüchte. Der Stickstoff wird zunächst in den Boden inkorporiert und dort von den Pflanzen aufgenommen. Ein Teil bleibt im Boden, ein anderer geht durch Auswaschung oder gasförmige Entbindung verloren. Wird die Pflanzenmasse verfüttert, verbleibt ein Teil des Stickstoffes im Tier, ein weiterer wird mit der Milch oder den Exkrementen ausgeschieden. Bei der Lagerung und Rückführung der Exkremente entstehen wieder N-Verluste. Mit der erneuten Inkorporation des Stickstoffs in den Boden und seiner Aufnahme durch die Pflanzen schließt sich der Kreislauf. In dieser Abfolge unterliegt der verabreichte Stickstoff einem ständigen Schwund. Ökonomisch positiv ist der „produktive" Schwund in Form von aus dem Betrieb herausgehenden tierischen und pflanzlichen Produkten, negativ in Form von NO_3-Auswaschung und gasförmigen Verlusten z.B. als Folge von Ammoniak-Verdunstung und Denitrifikation. Eine Passage des Stickstoffes durch den Viehstapel eines Betriebes erhöht den unproduktiven Schwund wegen der hohen Verluste bei der Lagerung und Ausbringung der Fest- und Flüssigmiste.

Steigende N-Zufuhr zu einer Feldfrucht verändert die Anteile des dünger- und bodenbürtigen Stickstoffes am insgesamt aufgenommenen N. Abb. 114A zeigt dies am Beispiel eines Düngungsversuches mit Roggen, der in langjährig unterschiedlich gedüngten Varianten des Dauerversuches „Ewiger Roggenbau" in Halle/Saale durchgeführt wurde. Mit steigender Mineraldüngergabe nahm der Gesamt-N-Entzug des Roggens zu. Dabei stieg der Anteil des bodenbürtigen N bei niedriger Dünger-N-Zufuhr zunächst an, fiel dann aber bei höheren N-Gaben unter das Niveau von „ohne N" ab. Diese Mehraufnahme von bodenbürtigem N als Folge einer N-Zufuhr kann zum einen darauf beruhen, daß durch bessere N-Ernährung der Pflanzen der Boden intensiver durchwurzelt und deshalb mehr Boden-N aufgenommen wird. Zum anderen wird der sog. „priming effect" als Ursache genannt. Mit Hilfe des leicht verfügbaren Dünger-N können die Bodenmikroben mehr OBS im Boden mineralisieren und damit das Angebot an bodenbürtigem N erhöhen.

Mit steigender N-Düngung verblieb im Mittel aller Varianten zwar absolut mehr Dünger N im Boden, relativ jedoch weniger (Abb. 114B). Der Anteil sank von 57% bei $40 \, kg \cdot ha^{-1}$ N auf 27% bei $160 \, kg \cdot ha^{-1}$ N. Entsprechend nahmen die Verluste an Dünger N von 21% auf 48% zu. Unter diesen Versuchsbedingungen handelte es sich ausschließlich um gasförmige Verluste. Im Hinblick auf die Effizienz hoher N-Gaben und die mögliche Umweltbelastung ist das ein nicht zu vernachlässigender Sachverhalt.

Der unterschiedliche Gehalt der 3 Böden an OBS hatte ebenfalls Einfluß auf die N-Düngerwirkung. Nicht nur wurden auf dem langjährig ungedüngten Boden mit dem niedrigsten C_t-Gehalt insgesamt weniger dünger- und bodenbürtiger N aufgenommen, auch die Retention des Düngerstickstoffes im Boden unterschied sich deutlich

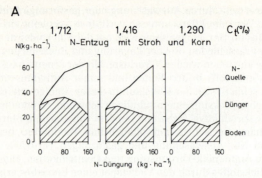

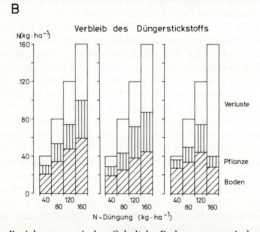

Abb. 114. Beziehungen zwischen Gehalt des Bodens an organischer Substanz und der Ausnutzung von mineralischem N-Dünger (KNAPPE et al. 1974)
A: N-Aufnahme von W.Roggen aus Boden und Dünger in Abhängigkeit von der Höhe der N-Düngung (^{15}N-markierter Harnstoff)
B: Verbleib des Dünger-N in Boden und Pflanze sowie Höhe der gasförmigen Verluste (Löß-Schwarzerde in Halle/Saale, Versuch „Ewiger Roggenbau").

von dem Boden mit höchstem C_t-Gehalt. Bei niedriger N-Düngung verblieb in der humusarmen Variante relativ mehr Dünger-N im Boden, bei hoher N-Düngung dagegen relativ weniger als in der Variante mit hohem Gehalt an OBS. Entsprechend verhielten sich die gasförmigen Verluste. In der höchsten N-Düngerstufe betrugen sie im langjährig ungedüngten Boden 64%, im mit Stallmist gedüngten Boden nur 36% des zugeführten Stickstoffes.

Dieser Sachverhalt weist darauf hin, daß ein mit OBS angereicherter Boden günstigere Voraussetzungen für eine hohe und weniger verlustreiche Verwertung des zugeführten Düngerstickstoffes in der Pflanzenproduktion bietet. Auch das ist ein Merkmal für Bodenfruchtbarkeit.

4.4.5 Basensättigung und Bodenacidität

Humifizierte organische Bodensubstanz und Tonminerale sind negativ geladen. Durch Sorption von Kationen – Ca^{2+}, Mg^{2+}, K^+, NH_4^+ – wird diese negative Ladung ausgeglichen. Im Gleichgewicht mit den Kationen in der Bodenlösung können die sorbierten Ionen ausgetauscht werden. Anionen – $H_2PO_4^-$, HPO_4^{2-}, SO_4^{2-}, NO_3^-, Cl^- – werden an Stellen mit positiver Ladung, z. B. an eine (Al, Fe)-OH Gruppe einer Oberfläche, angelagert und ebenfalls im Gleichgewicht mit den Anionen der Bodenlösung ausgetauscht. Unter den Kationen spielt das Hydroniumion (H_3O^+) eine besondere Rolle, weil es zum einen am Kationenaustausch teilnimmt, zum anderen aber auch durch seine Aktivität in der Bodenlösung den pH-Wert des Bodens bestimmt. Der prozentuale Anteil der Kationen Na^+, NH_4^+, K^+, Mg^{2+} und Ca^{2+} am Gesamtkationenbelag wird als Basensättigung bezeichnet. In stark sauren Böden besteht der Kationenbelag überwiegend aus H^+- und Al^{3+}-Ionen.

Stickstoff im Boden nimmt in Form von NO_3^- und NH_4^+ an den Austauschprozessen teil und bestimmt damit auch die Bodenacidität. Zur Erhaltung des Ionengleichgewichtes (Elektroneutralität) nehmen die Pflanzen Kationen gegen Abgabe von H^+ ($\rightarrow H_3O^+$) und Anionen gegen Abgabe von HCO_3^- auf. Diese, von den Pflanzenwurzeln ausgetauschten Ionen verändern den pH-Wert in der Rhizosphäre und in der Bodenlösung, soweit die Bodenacidität nicht durch Puffersysteme im Boden, wie z. B. das $CaCO_3$-CO_2-H_2O-System, stabilisiert wird. Überwiegende Aufnahme von NH_4^+ senkt, von NO_3^- hebt den pH-Wert.

Jedes Mehr an Kationenaufnahme im Vergleich zur Anionenaufnahme erhöht die Abgabe von Protonen in die Bodenlösung. Das ist auch der Fall bei Leguminosen, die sich überwiegend aus symbiotisch gebundenem N ernähren. Ihr Ausstoß an H^+-Ionen ist so groß, daß der pH-Wert im Boden nach wenigen Jahren um eine pH-Einheit sinken kann (Beispiele bei HAYNES 1983). Auch die Umsetzungsprozesse des Stickstoffs im Boden sind mit der Aufnahme (Ammonifikation) oder der Abgabe von Protonen (Nitrifikation) verbunden. Insbesondere eine starke Nitrifikation führt zu einer stoßartigen Senkung des pH-Wertes in der Bodenlösung, die vor allem dann nachhaltig wirkt, wenn das Nitration ausgewaschen wird. Je Mol Nitrat verbleibt ein Mol H^+ im Boden.

Für die langfristige Veränderung der Bodenacidität ist von Bedeutung, daß die Pflanzen in der Regel von den N-freien Ionen mehr Kat- als Anionen aufnehmen (BECKER 1984). Bei einer überwiegenden Nährstoffausfuhr mit der Erntemasse in Form von Kationen muß daher der Boden wegen des Überschusses an Protonen, die in die Bodenlösung abgegeben werden, allmählich versauern. Das führt dann zu einer Abnahme der Basensättigung des Bodens.

Als weitere interne Protonen-Quelle ist die Atmung von Wurzeln und Bodenorganismen zu nennen. Das dabei entstandene CO_2 setzt sich mit Wasser zu HCO_3^- und H^+ um. Vermehrte Bodenatmung, z.B. durch Zufuhr von leicht umsetzbarer organischer Substanz nahe der Bodenoberfläche in eine Schicht mit hoher Mikroorganismenaktivität, führt zu einer Absenkung des pH-Wertes im Boden. Das trifft für die Festboden-Mulchwirtschaft zu, mehr noch aber nach dem Umbruch von Grasland und mehrjährig genutzten Kleegrasbeständen. In dieser Situation wird nicht nur die Bodenatmung erheblich gesteigert, sondern auch noch die Nitrifizierungsrate erhöht. Die freigesetzten Protonen werden nur zum Teil von den bei der Mineralisierung von OBS freigesetzten basisch wirkenden Kationen gepuffert.

Im Vergleich zu der systeminternen Produktion von Protonen ist ihre Zufuhr von außen gering. Der Eintrag erfolgt mit „sauer" wirkenden Düngemitteln, wie z.B. Ammoniumsulfat und Superphosphat, und mit trockener und nasser Deposition aus der Atmosphäre als H_2CO_3, H_2SO_4 und HNO_3.

Die durch interne Produktion und externe Zufuhr von Protonen verursachte Versauerung und die damit verbundene geringere Basensättigung des Bodens kann nur durch Zufuhr von basisch wirksamen Kationen, insbesondere von Ca^{+2} und Mg^{2+} in Düngemitteln kompensiert werden. Durch Kalkung muß der pH-Wert in einen den Kulturpflanzen zuträglichen Bereich von pH 5,5 bis 7,2 gehoben werden. Der anzustrebende optimale pH-Wert ist vom Gehalt der Böden an Ton und OBS abhängig. Bei gleichem OBS-Gehalt steigt der optimale pH-Wert mit zunehmendem Tongehalt. Bei gleichem Tongehalt dagegen sinkt er mit zunehmendem OBS-Gehalt.

Basensättigung, $CaCO_3$-Gehalt und pH-Wert des Bodens beeinflussen auch die Bodenstruktur. Kolloide (Teilchen $< 2\,\mu m$) können im Boden geflockt, d.h. in Gelform koaguliert, oder in der Bodenlösung verteilt, d.h. in Solform suspendiert sein. Geflockte Teilchen sind weniger im Boden beweglich als nicht geflockte. Der Boden verschlämmt daher nicht so leicht. Die Neigung der Kolloide, in den geflockten Zustand überzugehen, steigt mit der Wertigkeit der an den Austauschern gebundenen Gegenionen in der Reihenfolge $Na^+ <$

K^+ < NH_4^+ < Mg^{2+} < Ca^{2+}. Von Einfluß ist dabei auch noch der Salzgehalt der Bodenlösung. Zur Verhinderung von Verschlämmung kann er aber um so geringer sein, je höher der Anteil der stark flockend wirkenden, zweiwertigen Kationen am Austauscher ist. Zur Stabilisierung eines Aggregatgefüges ist eine hohe Ca-Sättigung besonders geeignet, da die Salzkonzentration in der Bodenlösung dann überwiegend von den Ca-Salzen bestimmt wird. Deren Konzentration steigt auch mit zunehmendem CO_2-Gehalt im Boden, also mit steigender biologischer Aktivität. $CaCO_3$ wirkt sowohl direkt wie indirekt auf die Aggregierung der Bodenteilchen, nämlich einerseits, indem Primärteilchen durch Ca-Brücken verkittet werden, andererseits über eine Anhebung des pH-Wertes, durch die die biologische Aktivität gefördert wird.

Daher gehören der Ersatz des ausgewaschenen Calciums und der Ausgleich eines möglicherweise im Boden entstandenen Protonen-Überschusses zu den unerläßlichen Maßnahmen zur Erhaltung der Bodenfruchtbarkeit. Dies läßt sich am wirkungsvollsten durch regelmäßige Kalkung der Böden erreichen.

Im „ökologischen" Landbau wird der Einsatz von aufgeschlossenen P-, K- und Mg-Mineraldüngern abgelehnt und stattdessen Gesteinsmehle aus Rohphosphaten und Eruptivgesteinen (Granit, Diabas, Basalt und Vulkanasche) angewendet. Letztere enthalten Makronährstoffe (Ca, Mg, K und P) in Konzentrationen zwischen 4,0 (Vulkanasche) und 13,5% (Basalt). Ihre Düngewirkung steigt mit dem Zerkleinerungsgrad (mindestens < 0,2 mm). Weicherdige Rohphosphate mit hohem Anteil an Ca-Phosphaten werden nur bei einem pH unter 5,0 in größerem Umfang pflanzenverfügbar. Dabei trägt die Protonen-Ausscheidung der Pflanzenwurzeln, insbesondere der Leguminosenwurzeln, wesentlich zur Löslichkeit der Rohphosphate bei. Gesteinsmehle können auch in geringem Maße über ihre Kationenaustauschkapazität und den Kationenbelag zur Säurepufferung eines Bodens beitragen und zwar in der Reihenfolge: Granit < Basalt < Diabas < Vulkanasche. Die Nährstoffwirkung dieser Gesteinsmehle ist bei Anwendung der üblichen Mengen wegen ihrer niedrigen Nährstoffgehalte nur sehr gering. Jedoch läßt sich die Pflanzenverfügbarkeit der in ihnen enthaltenen Nährstoffe durch gesteigerte Mikroorganismen-Aktivität erhöhen. Das spricht für den Einsatz von Gesteinsmehlen in Kombination mit organischen Düngemitteln.

4.5 Maßnahmen zur Stabilisierung von Agrarökosystemen und zur Vermeidung von Umweltbelastungen

Alle vom Ackerbau geprägten Agrarökosysteme ähneln den Anfangsstadien von Ökosystemen, die sich auf bisher vegetationsfreien oder häufig gestörten, aber immer relativ nährstoffreichen Wuchsorten entwickeln. Hier sind weder das Biotop noch die Lebensgemeinschaft stabil, sondern in kurzen Zeitspannen starken Veränderungen unterworfen. Wenn also von Maßnahmen zur Stabilisierung von Agrarökosystemen gesprochen wird, muß man sich bewußt sein, daß jedes Agrarökosystem extrem instabil ist und sein Dasein nur den ständig wiederholten Eingriffen des Menschen verdankt. Sie dienen der Beseitigung der ursprünglichen Vegetation und dem Anbau von kurzlebigen Feldfrucht-Reinbeständen, der zusammen mit der Teilbrache das Agrarökosystem prägt. Dabei nutzt der Landwirt bewußt die hohe Produktivität des Initialstadiums einer sich neu entwickelnden Vegetationsdecke. Sie ist keineswegs geringer als in „gereiften", im Endstadium der Entwicklung sich befindenden Ökosystemen (Klimaxvegetation). In diesem Stadium stehen abiotische Umwelt und Lebensgemeinschaft in einem sich nur langsam ändernden Fließgleichgewicht. Die in diesem Ökosystem wirkenden Mechanismen der Selbstregulation puffern Belastungen, ja sogar kleinere Katastrophen so ab, daß sich über Phasen der Selbstverjüngung stets wieder der alte Gleichgewichtszustand einstellt.

Eine solche natürliche Systemstabilität ist in einem Agrarökosystem nur noch in Resten vorhanden. Mehr noch, dem Landwirt ist diese Systemstabilität in der Regel nicht willkommen. Sie wird als Mangel in der Beherrschbarkeit eines Bodennutzungssystems empfunden. Ackerwildpflanzen als Unkräuter und Ungräser, Krankheitserreger und Schädlinge an den Feldfrüchten versucht er zu beseitigen oder doch mindestens zu begrenzen, obwohl diese Organismen nichts anderes sind als die Anpassung der „Natur" an die vom Menschen geschaffenen Bedingungen, also „Systemstabilität" bedeuten. Gleiches gilt für die vom Landwirt ausgelöste Selektion bestimmter Genotypen der Ackerwildpflanzen, Krankheitserreger und Schädlinge, die sich gegenüber bestimmten, häufig angewandten Herbiziden, Fungiziden und Insektiziden als resistent erweisen.

Solche Entwicklungen sind meist das Ergebnis langjähriger, intensiver und einseitig ausgerichteter Eingriffe in das Agrarökosystem und zwar mit einem Bodennutzungssystem, das ausschließlich auf ein hohes Maß an „Fremdregelung" ausgerichtet ist. Hinzu kommt, daß manche Effekte der modernen landwirtschaftlichen Bodennutzung, z. B. die der Vollmechanisierung, an sich schon negativ auf bestimmte Funktionen des Bodens, z. B. der Wasserinfiltration, wirken können. So sind mit vielen Eingriffen in das Agrarökosystem auch unbeabsichtigte Folgen für die Nachhaltigkeit der Pflanzenproduktion und für das für den Menschen wohltätige Funktionieren der Umwelt verbunden. Da diese negativen Wirkungen des Landbaues im Interesse des Landwirtes und der Gesellschaft zu vermeiden sind, muß sich die Gestaltung von Bodennutzungssystemen auch noch an anderen als kurzfristigen Produktionszielen orientieren. Die natürlichen Regulierungsleistungen, soweit sie in einem Agrarökosystem noch vorhanden sind, müssen erkannt, entwickelt und zur Vermeidung von Produktions- und Umweltrisiken benutzt werden. So läßt sich selbst in den Grenzen eines an sich instabilen Systems durch Stärkung von selbstregulierenden Prozessen ein Zugewinn an Systemstabilität erreichen.

Die Nutzung solcher Leistungen der Selbstregulation in einem Agrarökosystem setzt bestimmte Verfahrensweisen voraus. Diese bestehen sowohl im Anwenden wie Unterlassen bestimmter Eingriffe. Letzteres ist besonders dann geboten, wenn Umweltbelastungen vermindert werden sollen. Schwertransporte auf zu nassen Äckern, über den Nährstoffbedarf hinausgehende N-Düngung und unnötiger, weil unzeitiger oder überhöhter Pestizideinsatz beeinträchtigen und überfordern die Filter- und Pufferleistungen des Bodens und das Funktionieren der natürlichen Selbstregelungssysteme, wie z. B. die Minderung der Populationsdichte von Pflanzenparasiten durch räuberische Tierarten. Diese selbstgemachte Instabilität des Bodennutzungssystems ist die Folge unzweckmäßiger Verfahrensweisen. Sie fordert immer neue „Reparatur"maßnahmen heraus, wie intensivere Bodenbearbeitung, höhere N-Düngung und vermehrte Pestizidanwendung. Diese Intensivierung der Eingriffe beseitigt nur selten die Ursachen dieser selbstgemachten Instabilität, sondern wirkt eher noch verstärkend auf sie ein. Deshalb gilt es Verfahrensweisen zu entwickeln und anzuwenden, die die Ursachen der selbstgemachten Instabilität unwirksam werden lassen oder doch wenigstens ihre Wirkung mindern helfen.

4.5.1 Minderung der Erosionsrisiken

Erosion, d. h. der Transport von Gestein und Boden durch Wind und Wasser aus einem Abtragungsgebiet in ein Anlandungsgebiet ist ein natürlicher Vorgang, der seit jeher die Landschaftsgestalt geprägt hat. Das Lockergestein Löß wurde z. B. mehrfach erodiert und wieder sedimentiert. Zusammen mit den alluvialen Auenböden, den Fluß- und Seemarschen gehören lößbürtige Böden mit zu den fruchtbarsten Ackerböden. Deshalb sind Landschaften, in denen sich erosionsbedingt solche Sedimente angereichert haben, bevorzugte Lebensräume des Menschen.

Ganz anders sind Erosionsereignisse in den heutigen Ackerlandschaften zu bewerten. Seit die lößüberwehten Hügellandschaften der Börden und Mittelgebirge, die Sander und Moränen der Tiefebene gerodet und beackert werden, hat sich der Bodenabtrag mancherorts so beschleunigt, daß einige Flächen bis an die Grenze einer wirtschaftlich lohnenden Nutzung degradiert wurden. Einen weiteren Schub hat diese Entwicklung durch die Intensivierung, insbesondere die Vollmechanisierung der Feldwirtschaft bekommen. Die Ausweitung des Anbaues von erosionsfördernden Reihenfrüchten, wie z.B. Mais, dann die infolge von Schwertransporten auf dem Acker vielerorts angestiegene Bodenverdichtung und schließlich die Vernachlässigung der organischen Düngung in reinen Ackerbaubetrieben haben in manchen Regionen zu einer erheblichen Zunahme der Erosion geführt.

Transport von Boden durch Wind und Wasser kann unmerklich und nur innerhalb der Feldschläge oder mit seltenen, dann aber katastrophalen Erosionsereignissen in ganzen Landschaften wirksam werden. Im ersten Falle machen sich Bewirtschaftungserschwernisse erst in Jahrzehnten bemerkbar. In den Abtragsflächen nimmt die Tiefgründigkeit und damit die im Boden speicherbare Wassermenge ab. Bei Trockenheit leiden dort die Pflanzen früher und stärker unter Wassermangel. Während die erodierten Kuppen rasch abtrocknen und früh bestellt werden müssen, sind die staunassen Kolluvien am Hangfluß noch nicht befahrbar. Hier verzögert sich nicht nur die Bestellung sondern auch die Ernte. Da die vollmechanisierte Feldwirtschaft eine örtlich differenzierte Bewirtschaftung erschwert, besteht die Bewirtschaftungserschwernis vor allem in abnehmender Einheitlichkeit der Böden innerhalb eines Schlages. Das gilt auch für die bodenbürtige Nährstoffnachlieferung. Verluste an organisch gebundenem Stickstoff, an Phosphat und anderen Nährstoffen mit dem Bodenabtrag zwingen zu größerem Düngereinsatz. Im Gegensatz dazu steigt das Nährstoffangebot im Anlandungsgebiet. Das trifft besonders für den bodenbürtigen Stickstoff zu. Seine Verfügbarkeit für die Pflanzen ist in Abhängigkeit von der wechselnden Witterung ohnehin schwer voraussagbar. Deshalb steigt nicht selten das Risiko einer Überdüngung auf kolluvialen Böden, mit der Folge von Qualitätsverlusten bei Hackfrüchten, Lager und Reifeverzögerung bei Getreide.

Zusätzlich zu den Bewirtschaftungserschwernissen kommen Umweltbelastungen. Selbst minimale Erosionsereignisse führen zu vermehrten Nährstoff- und Pestizideinträgen in Oberflächengewässer.

Die damit verbundene Eutrophierung und die möglichen toxischen Effekte der Pestizide gefährden die Lebensgemeinschaft dieser Gewässer. Katastrophale, wenn auch seltene Erosionsereignisse betreffen nicht nur die Landbevölkerung, sondern auch die Allgemeinheit insgesamt. Von Schlamm und Geröll bedeckte Straßen können zeitweilig nicht befahren werden. Verstopfte Vorfluter funktionieren nicht mehr, das abfließende Wasser bahnt sich eigene Wege. Staubstürme beeinträchtigen das Leben weitab vom Entstehungsort. Deshalb wird die Gesellschaft von einer stark subventionierten Landwirtschaft verlangen, daß sie von solchen Produktionsverfahren abläßt, die unvermeidlich zu höheren Erosionsrisiken führen.

Angesichts solcher Forderungen stellt sich die Frage, bei welchem Ausmaß der Erosion vorbeugende und verhütende Maßnahmen ergriffen werden müssen. Als noch tragbar wird meist ein mittlerer Bodenabtrag von jährlich 5 bis $10\,t\cdot ha^{-1}$ angesehen. Dabei gilt der höhere Grenzwert für die tiefgründigeren Böden. Allerdings ist das Konzept eines „tolerierbaren" Bodenabtrages und dessen Festsetzung auf durchschnittliche Grenzen nicht unumstritten (DIEZ 1981). Die oben genannten Mengen überschreiten in der Regel die natürliche Neubildungsrate von Boden, d.h. des mit organischer Substanz, Nährstoffen und „strukturregenerierenden Kräften" versehenen Materials in einem A-Horizont. Der Bodenabtrag erfolgt nie gleichmäßig auf der ganzen Fläche, sondern verstärkt an einzelnen Orten der Fläche. Dort überschreitet er den „tolerierbaren" Abtrag um ein Vielfaches, meist mit den schon oben genannten katastrophalen Folgen. Entsprechendes gilt auch für die Dimension „je Jahr". Es sind vor allem die seltenen großen Ereignisse, die das Erosionsrisiko bestimmen. Deshalb ist die Vorstellung von einem „tolerierbaren" Bodenabtrag abzulehnen. Vernünftiger ist es, überall dort, wo Erosion – auch in ihrer unterschwelligen, schleichenden Form – eintreten könnte, nach dem Vorsorgeprinzip zu handeln. Das heißt, daß alle zweckmäßigen Maßnahmen aus der Vielzahl jeweils bekannter und erprobter Verfahren angewendet werden sollten, mit denen Erosion vermindert, wenn nicht sogar verhütet werden kann. Im Interesse des Bodenschutzes sollte der Bodenabtrag durch Wind und Wasser auf die „natürliche" Grenze zurückgeführt werden, so wie diese auch unter einer ständigen Vegetationsdecke unvermeidlich erreicht würde.

Bodenabtrag durch **Wassererosion** entsteht in hängigem Gelände immer dann, wenn ein Niederschlag nicht vollständig in den Boden eindringen und in die Tiefe versickern kann, sondern das an der Oberfläche gestaute Wasser hangabwärts fließt. Der Oberflächenabfluß kann gleichmäßig verteilt auf einer größeren Fläche beginnen und zu einem flächigen Bodenabtrag führen. Sind kleinräumige, linienhafte Vertiefungen vorgegeben, so sammelt sich dort der Oberflächenabfluß und bewirkt eine Rinnen- oder Grabenerosion.

Der Zeitpunkt, zu dem die Wasserinfiltrationskapazität eines Oberbodens erschöpft ist und Wasser sich an der Oberfläche staut, hängt von folgenden Faktoren und Prozessen ab:

1. Niederschlag: Menge (Summe über eine Zeitspanne), Verteilung (Häufigkeit und Dauer von Zeitspannen mit oder ohne Niederschlag) und Intensität (Niederschlagsrate während eines Niederschlages) bestimmen die Ausgangsbodenfeuchte und damit die Zeitspanne bis zum Erreichen des Zeitpunktes, zu dem der Boden mit Wasser gesättigt ist und die Infiltrationsrate auf einen gleichbleibenden, minimalen Wert abgesunken ist.

2. Niederschlagsenergie: Mit steigender Niederschlagsintensität nimmt die durchschnittliche Größe der Regentropfen zu. Damit nehmen auch kinetische Energie und die Aufprallgeschwindigkeit der Regentropfen auf der Bodenoberfläche zu. Durch die Aufnahme der Energie von aufprallenden Regentropfen werden die Bodenaggregate zerschlagen. Als Folge dieses Plancheffektes werden die abgetrennten feinen Bodenteilchen in der Umgebung verteilt. Dadurch wird die Bodenoberfläche eingeebnet und von einer Schicht von Feinteilchen bedeckt, die in die dichteste Packung eingeregelt sind (Verschlämmung). Der damit verminderte mittlere Porendurchmesser verringert drastisch die Infiltrationsrate.

3. Bodentextur und -struktur: Größere Aggregate widerstehen den zerteilenden Kräften des Niederschlags länger als kleinere (Tab. 34), verschlämmen also nicht so schnell. Die Aggregatstabilität ist darüber hinaus vom Gehalt des Bodens an organischer Substanz abhängig (Abb. 115). Die Aggregatstabilität steigt mit zunehmenden Gehalten. In bestimmten Grenzen ist eine Zunahme der Aggregatgrößen mit steigendem Anteil von groben, rasch dränenden Bodenporen verbunden. In Kombination mit einer größeren Aggregatstabilität führt dies zu einer länger anhaltenden Infiltrationsrate auf hohem Niveau. Das ist besonders dann der Fall, wenn im Boden kontinuierliche Grobporen ausgebildet sind, die die Bodenoberfläche mit dem Unterboden verbinden und das Niederschlagswasser im ungespannten Zustand in die Tiefe ableiten (Abb. 26).

Kommt es an der Bodenoberfläche zu einem Wasserstau, so kann das Wasser zeitweilig in Bodenvertiefungen gespeichert werden und dort langsam versickern. Deshalb wirkt zunehmende Bodenrauhigkeit abflußverzögernd. Wird das Rückhaltevermögen überschritten, beginnt das Wasser in Gefällerichtung zu fließen. Mit zunehmender Einzugsfläche und Länge des Hanges nimmt die zu transportierende Wassermenge zu. Diese Menge, sowie das Gefälle und die Oberflächenrauhigkeit bestimmen die Strömungsgeschwindigkeit des ab-

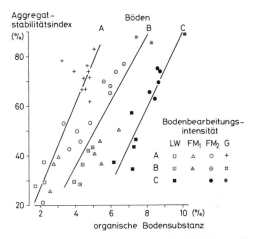

Abb. 115. Aggregatstabilität (nach Naß-Siebung) in Abhängigkeit vom Gehalt der Böden an organischer Substanz und Ton sowie von der Intensität der Bodenbearbeitung (Douglas und Goss 1982) LW: Lockerbodenwirtschaft, FM_1: ganzflächige Saatbettbereitung 5 bis 8 cm; FM_2: Nur Dreischeiben-Drillmaschine; G: Grasland; Böden: A: 16%; B: 39%; C: 49% Ton.

fließenden Wassers. Mit zunehmender Fließgeschwindigkeit werden immer größere Bodenteilchen aus dem Bodenverbund gerissen und hangabwärts transportiert. Umgekehrt werden am Hangfluß bei abnehmender Fließgeschwindigkeit zuerst Teilchen mit großem Durchmesser (Kies, Sand), dann immer kleinere Teilchen (Schluff, Lehm) sedimentiert.

Bodenabtrag durch **Winderosion** tritt ein, wenn an der Bodenoberfläche die Windgeschwindigkeit so groß ist, daß hervorragende Bodenteilchen einen ausreichenden Bewegungsimpuls erhalten und vom Luftstrom mitgerissen werden. Die Art und Wegstrecke des Transportes hängen von der Windgeschwindigkeit und der Teilchengröße ab. Kleinste Teilchen (< 0,1 mm) werden vom Luftstrom in große Höhen und dort schwebend transportiert. Größere Teilchen (0,1 bis 0,5 mm) werden springend in Flughöhen von 10 bis 20 cm bewegt. Beim Wiederaufprall auf den Boden können sie im Bodenverbund ruhende Teilchen losschlagen und diese in den Luftstrom befördern. Größere Teilchen (0,5 bis 1 mm) rollen nur kurze Strecken über den Boden.

Die Teilchengröße bestimmt auch die Mindestgeschwindigkeit des Windes, die zum Ablösen und Transport der Teilchen benötigt wird. Bei sehr kleinen Teilchen sind die Kohäsionskräfte groß, die die

Teilchen im Bodenverbund halten. Entsprechend hoch muß auch die Mindestwindgeschwindigkeit sein. Bei sehr großen Teilchen verlangt allein schon die Teilchenmasse eine hohe Windgeschwindigkeit, um sie zu bewegen. Die geringsten Windgeschwindigkeiten (etwa $4\,\text{m}\cdot\text{sec}^{-1}$) sind daher notwendig, um Teilchen mittlerer Größe (50 bis 150 µm) zu bewegen. Die Haftung der Teilchen im Bodenverbund nimmt mit zunehmender Bodenfeuchte zu.

Bedingt durch den Reibungswiderstand nimmt die Windgeschwindigkeit mit zunehmender Annäherung an die Bodenoberfläche ab. Deshalb wirken eine größere Rauhigkeit der Bodenoberfläche oder eine Vegetationsdecke bremsend auf die Luftströmung. Winderosion tritt besonders häufig auf, wenn beständige Winde aus stets gleicher Richtung über ausgedehnte Feldflächen streichen, die Bodenoberfläche trocken und aus Teilchen mit geringer Kohäsionskraft zusammengesetzt ist sowie eine Vegetationsdecke fehlt. Diese Voraussetzungen sind am ehesten auf diluvialen Sandböden in Küstennähe erfüllt und wenn bei Ackernutzung Teilbrachen eingehalten werden.

Der mögliche Bodenabtrag (A, $\text{t}\cdot\text{ha}^{-1}\cdot\text{a}^{-1}$) läßt sich mit der Allgemeinen Bodenabtragsgleichung (A = R×K×L · S×C×P, WISCHMEIER und SMITH 1978) in Abhängigkeit von der Regen-Erosivität (R-Faktor), der Boden-Erodierbarkeit (K-Faktor), der Geländegestalt (Länge mal Gefälle eines Hanges, L · S-Faktor), dem Bodennutzungssystem (C-Faktor) und dem Erosionsschutz (P-Faktor) schätzen. Als klimatische Voraussetzung ist die Menge und jahreszeitliche Verteilung von erosiv wirkenden Niederschlägen (R) vom Landwirt nicht zu beeinflussen. Auch der Geländefaktor (L · S) kann durch Terrassierung nur mit sehr hohen Aufwendungen geändert werden. Allein die drei verbleibenden Faktoren K, C und P sind im Rahmen einer üblichen Bodenbewirtschaftung ohne wesentliche Aufwendungen einer Gestaltung durch den Landwirt zugänglich. Hier muß daher die Erosionsverhütung ansetzen.

Mit dem C-Faktor (crop-factor) wird der Einfluß von Bodenbearbeitung und Bodenbedeckung durch Feldfrüchte im Vergleich zu einer Standardfläche (langjährige Schwarzbrache, 9% Gefälle, 22 m Länge) mittels eines normierten Niederschlagsereignisses (Starkregen durch Regensimulator) quantifiziert. Der so gemessene Relative Bodenabtrag hängt, wenn er auf konkrete Fälle bezogen werden soll, noch von der jahreszeitlichen Verteilung der erosiven Niederschläge ab. Ohne Regen kann eine Brachfläche nicht erodiert werden. Unter einer geschlossenen Vegetationsdecke, die den größten Teil der kinetischen Energie von aufprallenden Niederschlägen absorbiert, wird trotz anhaltenden Starkregens kaum Boden abgetragen. Der Relative Bodenabtrag (Abb. 116A) ist daher mit dem prozentualen Anteil eines Zeitabschnittes an der Jahressumme der erosiven Nie-

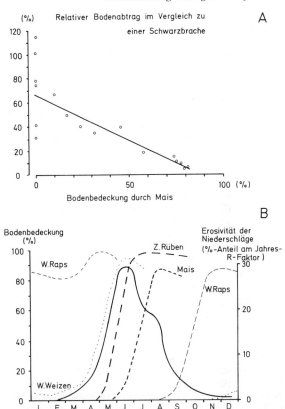

Abb. 116. Einfluß der Bodennutzung auf das Erosionsrisiko
A: Relativer Bodenabtrag auf unterschiedlich stark bedeckten Maisfeldern im Vergleich zu einer Standardfläche (Schwarzbrache, 9% Gefälle, 22 m Länge) (KAINZ in SCHWERTMANN und VOGL 1986)
B: Zeitlicher Zusammenhang zwischen dem Eintreten erosiver Niederschläge in Bayern und dem Bedeckungsgrad einiger Feldfrüchte (SCHWERTMANN und VOGL 1986). Die R-Anteil-Kurve zeigt, daß die Gewitterregen im Mai und Juni auf unterschiedlich bedeckte Bodenoberflächen treffen.

derschläge zu kombinieren (Abb. 116B). Daraus ergibt sich der C-Faktor für ein bestimmtes Bodennutzungssystem während einer Periode.

Wie das Beispiel für Mais in Abb. 116A zeigt, nimmt der Relative Bodenabtrag mit zunehmender Bodendeckung durch eine Feldfrucht ab. Das größte Erosionsrisiko besteht darin, wenn die höchste Häufigkeit der erosiven Niederschläge in den Zeitabschnitt fällt, da die Feldfrüchte noch keinen geschlossenen Bestand ausgebildet haben. Das trifft für Zuckerrüben und mehr noch für Mais zu, wenn man die mittlere Erosivität der Niederschläge in Bayern zugrunde legt (Abb. 116B). Der Relative Bodenabtrag zeigte unmittelbar nach der Bestellung des Maises (keine Bodenbedeckung, Abb. 116A) eine sehr hohe Variabilität. Das weist auf den Einfluß des Gefügezustandes in der obersten Bodenschicht hin. In einer Lockerbodenwirtschaft besteht das Saatbett zunächst aus zahlreichen groben Bröckeln, mit denen ein hoher Anteil rasch dränender Grobporen verbunden ist. Ein Niederschlag unmittelbar nach der Saat kann daher rasch in die Ackerkrume eindringen. Durch den Regen, bei Trockenheit aber auch durch natürliche Sackung, verdichtet sich der Boden an der Oberfläche. Das verlangsamt die Infiltration von Niederschlagswasser. Deshalb steigt der Relative Bodenabtrag in einer Lockerbodenwirtschaft nach der Saat meist so lange an, bis der gleichzeitig steigende Bedeckungsgrad der Feldfrucht wirksam wird.

Die Infiltrationsrate wird dort besonders stark vermindert, wo eine Lockerschicht durch Fahrverkehr übermäßig stark rückverdichtet wurde. Häufiger befahrene Vorgewende und jede nicht wieder gelockerte Fahrspur sind deshalb meist die Ausgangspunkte für einen Oberflächenabfluß und den damit eingeleiteten Bodenabtrag. Die Erodierbarkeit eines Bodens (K) hängt u. a. vom Humusgehalt und der Aggregatstabilität ab. Beide Kenngrößen werden ebenfalls vom Bodennutzungssystem beeinflußt, wie Abb. 115 zeigt.

Der Faktor P (practice) schließlich beschreibt die Wirkung besonderer Maßnahmen zur Minderung des Bodenabtrags. Darunter fallen sowohl die Änderung der Bearbeitungsrichtung – entlang der Höhenschichtlinien anstatt hangauf- und hangabwärts, wie für die Standardfläche vorgeschrieben – als auch die Umgestaltung des Reliefs durch Terrassierung.

Bevor Schutzmaßnahmen ergriffen werden, muß die Erosionsgefährdung der Flächen bekannt sein. Dazu werden als erstes die schon eingetretenen Schäden festgestellt, z. B. verminderte Krumenmächtigkeit und Tiefgründigkeit der Böden oder Rinnen, Gräben und frische Sedimentationsschichten. Dann wird mit Hilfe der Allgemeinen Abtragsgleichung der potentielle Gefährdungsgrad geschätzt. Beide Datensätze werden benutzt, um die räumliche Verbreitung von Gefährdungsstufen in einer Karte darzustellen. Die Karte der potentiellen Erosionsgefährdung muß jeweils durch eine Bewertung der aktuellen Erosionsgefährdung ergänzt werden. Diese orientiert sich an der derzeitigen Bodenbedeckung durch den Pflanzenbestand und an der Infiltrationskapazität der oberflächennächsten Bodenschicht, gekennzeichnet durch die aktuelle Lagerungsdichte, den Fahrspuranteil an der Fläche und die Bodenrauhigkeit. Obwohl die aktuelle Erosionsgefährdung meist nur noch einen geringen Handlungsspielraum für acker- und pflanzenbauliche Bodenschutzmaßnahmen läßt, so ist sie doch ein Hinweis für die Notwendigkeit künftiger Änderungen im Bodennutzungssystem.

Die Wahl der Schutzmaßnahmen wird durch den Grad der Erosionsgefährdung der jeweiligen Geländeabschnitte bestimmt. Je größer dieser ist, desto mehr muß unter dem Ziel einer einheitlichen Bewirtschaftung großer zusammenhängender Flächen auf kleinräumig verbreitete Teilflächen mit höherem Gefährdungsgrad Rücksicht genommen werden. Treten dort katastrophale Erosionsereignisse ein, so werden andere, hangabwärts gelegene Teilflächen in Mitleidenschaft gezogen. Mit steigender Erosionsgefährdung muß der Wirkungsgrad der Schutzmaßnahmen zunehmen. Beginnend mit allgemeinen, vorbeugenden Maßnahmen, die der Landwirt ohnehin zur Erhaltung und Steigerung der Bodenfruchtbarkeit anwendet – z. B. Verzicht auf Befahren und Bearbeiten zu feuchter Böden, Kalkung und organische Düngung –, werden mit steigendem Gefährdungsgrad zusätzliche Aufwendungen notwendig: Anbau von Zwischenfrüchten, Übergang von der Lockerbodenwirtschaft zu zeitlicher oder fortgesetzter Mulchwirtschaft, Zurücknahme des Flächenanteiles von Sommer- und Reihenfrüchten, stattdessen Ausdehnung von mehrjährigem Feldfutterbau bis hin zu einer Umgestaltung der Feldflur durch Anlage von schmalen Feldschlägen, die entlang der Höhenschichtlinien verlaufen (Konturstreifen), Terrassen, die von gras- und strauchbewachsenen Böschungen gesäumt sind sowie von Rückhaltebecken und Flutrinnen. Im Extremfall muß eine gefährdete Fläche als Dauergrasland genutzt werden. Tab. 75 enthält eine Reihe von Maßnahmen, die von links nach rechts in Gruppen zunehmenden Wirkungsgrades, aber auch steigender Aufwendungen bzw. zunehmender Einkommensverzichte angeordnet sind.

Alle Schutzmaßnahmen sollten in erster Linie dem einen Ziel dienen: Erosion muß am Ort der Entstehung verhindert werden. Das gelingt am wirkungsvollsten mit einer Minimierung der Planschwirkung durch dauernde Bedeckung des Bodens mit lebenden oder toten Pflanzen sowie mit der Erhaltung und Steigerung der Infiltrabilität der obersten Bodenschicht. Ein von kontinuierlichen Grobporen durchzogenes, stabiles und verschlämmungsresistentes Bodengefüge entsteht durch Zufuhr von organischer Substanz und Aktivierung des Bodenlebens. Solche Voraussetzungen erfüllt am besten eine dauernde Bodenbedeckung mit einer Grasnarbe, am zweitbesten eine Festboden-Mulchwirtschaft. Wie wirksam eine Festboden-

442 Gestaltung von Bodennutzungssystemen

Tab. 75. Maßnahmen zur Minderung der Wassererosion

allgemeine, vorbeugende Maßnahmen	zusätzliche produktionstechnische Maßnahmen		Änderung des Bodennutzungssystems	Änderung der Flurbewirtschaftung
Vermeidung von Bodenverdichtungen durch – Befahren und Bearbeiten nur bei trockenem Boden – Verminderung des Fahrverkehrs – Verminderung des lastbedingten Bodendruckes **Schaffen und Nutzen von Bodenrauhigkeit** durch – grobschollige oder grobbröckelige Bodenbearbeitung – Bearbeitung des Schlages quer zum Gefälle	**Wiederherstellen eines infiltrationsfähigen Bodengefüges** durch – Krumenlockerung zwischen den Reihen auf dem Vorgewende – Wiederauflockerung von Fahrspuren	**Erhalten eines stabilen, verschlämmungshindernden Bodengefüges** durch – Kalkung und organische Düngung – Mulchen von Ernteresten an der Bodenoberfläche – Verzicht auf tiefgreifende Bodenwendung (Lockerbodenwirtschaft), stattdessen flache, wühlende Bearbeitung (Locker- bis Festbodenmulchwirtschaft)	**Erhalten dauernder Bodenbedeckung** durch – Wahl von früh und lange deckenden Arten und Sorten, hohen Bestandesdichten und engen Reihenabständen – späte Untersaaten in Mais – vermehrter Zwischenfruchtbau mit überwinternden, nicht frostharten Arten – Pflanzen von Zweitfrüchten in den Mulch abgeernteter Winterzwischenfrüchte und früh räumender Getreide-Vorfrüchte – Einschränkung der Anbaufläche von Sommerung, insbesondere von spätschließenden Reihenfrüchten – Ausdehnung des Anbaues von mehrjährigen Feldfutterpflanzen, Übergang zur Graslandwirtschaft	**Verkürzen der Gefällestrecke, Minderung des Gefälles** durch – Kontur-Streifensaat der Feldfrüchte, insbesondere bei Reihenfrüchten – Anlage von schmalen Feldern entlang der Höhenschichtlinien (neue Flureinteilung) – Anlage von Rainen, Hecken zum Bremsen der Strömungsgeschwindigkeit; Anlage von grasbedeckten Flutrinnen zur gefahrlosen Abfuhr von Oberflächenwasser – Anlage von ebenen oder nur schwach geneigten Terrassen

Tab. 76. Wirkung mehrjährig unterschiedlicher Bodenbearbeitung auf den Oberflächenabfluß und den Bodenabtrag bei Maisanbau entlang der Höhenschichtlinien nach 135 mm Niederschlag in 7 Stunden (HARROLD und EDWARDS 1972)

Verfahren	Hang- neigung (%)	Abfluß in % vom Nieder- schlag	Bodenabtrag $(t \cdot ha^{-1})$
Lockerboden- wirtschaft	5,8	42	7,21
Festboden- Mulchwirtschaft	20,7	49	0,07

Mulchwirtschaft im Vergleich zu einer Lockerbodenwirtschaft den Bodenabtrag vermindern kann, zeigt ein Beispiel aus den USA in Tab. 76.

In den Anweisungen zur Verminderung der Wassererosion wird der dauernden Bodenbedeckung durch lebende oder tote Vegetation mit Recht Vorrang gegeben. Das nachfolgende Beispiel soll aber zeigen, daß auch ohne vollständige Bodenbedeckung eine langjährig betriebene Mulchwirtschaft Erosion vermindern kann. Die Daten in Tab. 77 weisen aus, daß im Vergleich zu Lockerbodenwirtschaft die Aggregatstabilität und die Anzahl der an der Bodenoberfläche endenden Regenwurmgänge gestiegen waren. Daraus resultierte eine Verdopplung der infiltrierten Niederschlagsmenge bis zum Beginn des Oberflächenabflusses und eine Verdreifachung der Endinfiltrabilität im wassergesättigten Boden. In diesem und in anderen Versuchen wurde wiederholt beobachtet, daß nach langjähriger Mulchwirtschaft die Regenwürmer in den kurz zuvor verdichteten Fahrspuren wieder neue, an der Bodenoberfläche endende Gänge bauten. Eine solche Selbstregeneration der Infiltrabilität durch Bodentiere ist kennzeichnend für die vermehrte Systemstabilität in einer Mulchwirtschaft. In einer Lockerbodenwirtschaft dagegen können Fahrspur- und andere Bodenverdichtungen in der Regel nur mit Reparaturmaßnahmen des Landwirtes vermindert werden, also durch erneute und intensivere Bodenbearbeitung.

Maßnahmen zur Verkürzung der Fließstrecke durch eine veränderte Flureinteilung – Anlage von Konturstreifen entlang der Höhenschichtlinien – sind ebenfalls sehr wirkungsvoll und sollten überall dort, wo die Besitzverhältnisse es zulassen, eingeleitet werden. Dagegen ist der Anbau von Wintergetreidestreifen in Mais oder Zuckerrüben – alle 20 bis 40 m ein 3 m breiter Streifen quer zum Gefälle – weniger wirksam. Häufig reicht die Bremswirkung auf den Oberflä-

Tab. 77. Wirkung langjährig differenzierter Bodenbearbeitung auf die Bodenkennwerte und die Infiltration eines simulierten Starkregens (67 mm · h^{-1}, in wiederholten Gaben während einer Zeitspanne von 10 Tagen) in einem Zuckerrübenbestand (6 bis 8 Blatt-Stadium, 1987) auf einem Löß-Lehmboden bei Göttingen (NIETH 1988)

Verfahren	Lockerboden-wirtschaft	Festboden-Mulchwirtschaft
Merkmal		
C_{org} % (0 bis 5 cm)[1]	0,91	1,21
Aggregatstabilität[1]		
($\triangle$ GMD, 0 bis 5 cm Tiefe)[2]	2,24	0,74
Ausgangsverschlämmung		
(% Bodenbedeckung)	25	6
Strohmulch		
(% Bodenbedeckung)	0,3	12,5
Regenwurmröhren		
(Anzahl · m^{-2})	14	36
Infiltrierte Niederschlagsmenge bis zum Beginn des Oberflächenabflusses (mm)	27,0	52,9
Endinfiltrabilität		
(mm · h^{-1})	2,4	9,5

1) Mai 1985, Daten von SEEVERS 1986
2) $\triangle$ GMD: Differenz des gewogenen mittleren Aggregatdurchmessers vor und nach einer Naßsiebung. Die kleinere Differenz bedeutet höhere Aggregatstabilität

chenabfluß nicht aus. Hinzu kommt der Ertragsausfall durch Flächenverbrauch. Bodenbedeckende Untersaaten in Reihenfrüchten sind nur in Mais möglich und können erst zu einem Zeitpunkt begründet werden, da das Erosionsrisiko schon stark abgenommen hat. Als weitere Maßnahme wird die Wiederauflockerung von Fahrspurverdichtungen im Mais mit gleichzeitiger Einsaat von Wintergetreide in die Fahrspur empfohlen. Alle diese Maßnahmen reichen nicht an die erosionsmindernde Wirkung einer ganzflächigen Mulchwirtschaft heran. Diese Wirtschaftsweise verdient überall dort den Vorzug, wo der Flächenanteil von erosionsfördernden Reihenfrüchten aus ökonomischen Gründen nicht vermindert werden soll und eine Änderung der Flureinteilung und des Reliefs wegen der Kosten oder der Eigentumsverhältnisse nicht realisiert werden kann.

Die Mulchwirtschaft ist auch das Mittel der Wahl zur Verminderung und Verhütung der Winderosion. Unter einer Decke aus lebender oder toter Vegetation trocknet der Boden langsamer ab und wird die Strömungsgeschwindigkeit des Windes gebremst. Da Winderosion hauptsächlich auf Sandböden eintritt, die für eine dauernde Festboden-Mulchwirtschaft nicht geeignet sind, sollte zumindest vor sommerjährigen Reihenfrüchten die winterliche Teilbrache begrünt werden oder eine frühräumende Winterzwischenfrucht angebaut werden. Die nachfolgende Hauptfrucht wird dann entweder mit einer Mulchsaat bestellt oder gepflanzt.

Bei hoher Winderosionsgefährdung durch große windoffene Schläge, sandigen und anmoorigen Böden, häufigem Anbau spätschließender Reihenfrüchte schafft auf Dauer nur die Anlage von Windschutzstreifen Abhilfe. Sie bestehen aus mehreren Reihen von Gehölzpflanzen. In der Mitte werden lockere Gruppen von Bäumen angeordnet (10 bis 20% des Gesamtbestandes). Nach außen hin folgen, wie bei einem Waldsaum, erst Büsche, dann ein Streifen mit „Altgras" (nicht genutzte Vegetation aus Obergräsern und Hochstauden). Diese Struktur verhindert das Eindringen von aushagernden Bodenwinden in die Gehölzstreifen und damit unproduktive Wasserverluste im Heckenbereich. Zugleich wird mit dieser Anordnung die gewünschte Durchblasbarkeit der Hecke von etwa 50% gewährleistet. Damit wird der höchste Windschutz für die leeseitig angrenzenden Ackerflächen erreicht.

Die Windbremsung nimmt mit zunehmendem Abstand vom Gehölzstreifen ab und endet etwa in einer Entfernung von 150 bis 200 m (SCHWERDTFEGER 1981). Die Hecken werden senkrecht zur vorherrschenden Windrichtung angelegt und durch quer verlaufende, kleinere Schutzstreifen verbunden, so daß Feldschläge zwischen 5 und 10 ha Größe entstehen.

4.5.2 Minderung des Nährstoffaustrages

Immer noch ist es das vorrangige Ziel der Pflanzenproduktion die Naturalerträge bis an die ökonomisch vorteilhafte Grenze zu steigern und auf diesem Niveau zu stabilisieren. Das ist nur mit ausreichender Nährstoffzufuhr zu erreichen. Während der letzten drei Jahrzehnte wurde deshalb die Menge der angewendeten Mineraldüngermenge erheblich gesteigert und zwar bei Stickstoff auf das Vierfache und bei den übrigen Makronährstoffen auf das Doppelte. Der Bodenvorrat an P und K ist häufig so hoch, daß lediglich auf Ersatz der mit der Erntemasse entzogenen Nährstoffe gedüngt werden muß. Bei Stickstoff dagegen werden nicht selten weit über den Pflanzenbedarf hinausgehende Mengen zugeführt.

In einer überschlägigen N-Bilanz für die Landwirtschaft des alten Bundesgebietes im Jahre 1986 (ISERMANN 1990) stand einer Gesamtzufuhr von jährlich 218 kg·ha^{-1} N (Mineraldünger: 126; Import-Futtermittel: 47; Immissionen und biologische N-Bindung; 45) nur eine Netto-Ausfuhr in Form von tierischen und pflanzlichen Produkten in Höhe von 51 kg gegenüber. Im Boden verblieben schätzungsweise 48 kg. Gasförmig entbunden wurden als Ammoniak 44 kg und als NO$_x$ (Denitrifikation) 25 kg. Durch Auswaschung gingen 45 und durch Erosion 5 kg·ha^{-1} jährlich verloren. Wenn auch an jedem einzelnen Ort die wirklichen Mengen weit von diesen Schätzwerten abweichen können, so ist es doch keine unrealistische Annahme, daß der mittlere unproduktive N-Austrag mehr als die Hälfte der gesamten N-Zufuhr ausmacht.

In einzelnen Betrieben mit hohem Anfall an organischen Wirtschaftsdüngern ist die den Nährstoffbedarf der Feldfrüchte übersteigende Zufuhr noch größer. Bei den weniger verlustgefährdeten Nährstoffen P, K, Mg, Ca u. a. m. ist das mehr ein ökonomisches als ein ökologisches Problem. Dagegen kann der nicht von den Pflanzen aufgenommene Stickstoff zur Eutrophierung von Oberflächengewässern und anderen naturnahen Land-Biotopen, zum Treibhauseffekt und Waldsterben sowie zur Gefährdung der Ozonschicht beitragen. Als stärkste Umweltbelastung wird derzeit die Verschmutzung des Grund- und Trinkwassers mit Nitrat angesehen.

In Oberflächengewässern wird die Primärproduktion der zur Photosynthese befähigten Pflanzen überwiegend von dem geringen Angebot an Phosphat und Stickstoff begrenzt. Jede vermehrte Zufuhr von N und P in ein Gewässer – z.B. durch Düngung von Uferstreifen, Einleitung von Abwasser, von Sickersaft aus Silage- und Stallmistmieten, aber auch im Oberflächenabfluß und Bodenabtrag – steigert das Pflanzenwachstum drastisch („Algenblüte") und vermehrt damit die Menge der zum Gewässergrund absinkenden Pflanzen- und Tierreste. Bei großen Abfallmengen und hohen Temperaturen wird der im Wasser gelöste Sauerstoff innerhalb von Stunden und Tagen zum mikrobiellen Abbau der organischen Substanz verbraucht. Der Sauerstoffbedarf von Fischen ist dann nicht mehr gedeckt. Sie müssen sterben. Das Gewässer „kippt" um, und das bisherige Ökosystem bricht zusammen. Die kritischen Nährstoffkonzentration (mg·l^{-1}) liegt in Stillgewässern bei 0,02 für Phosphat, 0,03 für Ammonium und 0,03 für Nitrat. Der Nährstoffeintrag in Gewässer kann erheblich vermindert werden, wenn entlang der Ufer in einer Schutzzone von mindestens 10 m kein Dünger ausgebracht wird. Ansonsten sind in den Einzugsgebieten von Gewässern die oben beschriebenen Bodenschutzmaßnahmen anzuwenden.

Gasförmig entbundener Stickstoff kann als nasse, trockene oder gasförmige Deposition in Biotope eingetragen werden, die von Natur aus stickstoffarm sind. Dadurch können z.B. in Magerrasen vom Aussterben bedrohte Pflanzenarten durch konkurrenzstärkere „Allerwelts"arten verdrängt werden. Mit ihnen verschwinden auch viele an die Bedingungen des Magerrasens angepaßte Tierarten, wie Schmetterlinge, Zikaden

Stabilisierung von Agrarökosystemen

und Vögel. Stickoxide gehören mit zu den stark umweltbelastenden Schadgasen, die zum Effekt des „sauren Regens" und zur Verarmung der Stratosphäre an Ozon (UV-Absorption: Strahlungsschutz) beitragen. Ammoniak wirkt in hohen Konzentrationen phytotoxisch.

Tab. 78. Nitratgehalte (NO_3 mg · l^{-1}) in der Bodenlösung im Januar/Februar 1985 in Abhängigkeit vom Bodennutzungssystem auf lößbürtigen Böden Bayerns. Jahresniederschlag: Roggenstein: 927 mm; Plattling: 734 mm. (MAIDL und FISCHBECK 1986)

Bodenschicht Tiefe (m)	Ort Bodennutzung		Roggenstein extensives Grasland	Hochterrasse der Donau bei Plattling Z. Rüben – W. Weizen – Körnermais				
	N-Düngung (kg · ha^{-1} · a^{-1})	min. org.	50 –	180 –	180 –	210 –	150 160[1]	120 200[2]
	Geländelage			eben Kolluvium		eben	eben	eben
0 –0,3			41	56	84	29	183	*243*
0,3–0,8			22	84	159	91	*580*	169
0,8–1,3			30	76	191	63	437	126
1,3–1,8			22	69	159	72	125	228
1,8–2,3			40	46	154	107	103	287
2,3–2,8			35	34	151	71	75	*307*
2,8–3,3			39	35	133	30	215	278
3,3–3,8			27	34	135	39	*283*	181
3,8–4,3			32	35	129	43	226	113
4,3–4,8			30	27	133	32	117	85
4,8–5,3			27	26	127	66	117	77
5,3–5,8			24	22	130	67	42	117
5,8–6,3			25	20	108	53	*123*	261
6,3–6,8			17	30	117	33	94	*297*
6,8–7,3			29	14	115	27	53	252
7,3–7,8			23	9	64	27	49	–
7,8–8,3			24	12	47	22	36	–
8,3–8,8			28	17	39	18	*54*	–
8,8–9,3			–	–	–	–	23	–
9,3–9,8			–	–	–	–	57	–

[1] 50% Winterweizen – 33% Zuckerrüben – 17% Kartoffeln; Schweinegülle im Spätsommer und im Frühjahr zu den Hackfruchtschlägen
[2] Hühnerkot jedes 2. Jahr in Höhe von 400 kg · ha^{-1}N

Die zulässige Höchstgrenze für Nitrat im Trinkwasser liegt bei $50\,mg \cdot l^{-1}$. Das Beispiel in Tab. 78 zeigt, daß bei langjährig hoher Stickstoffdüngung dieser Grenzwert auch unterhalb des durchwurzelten Bodenraumes (> 1,8 m) überschritten werden kann. Das gilt insbesondere dann, wenn schon ein großer Vorrat an organisch gebundenem N im Boden vorhanden ist und die aus diesem Vorrat mineralisierten N-Mengen bei der Düngung nicht berücksichtigt werden.

Der Transport von Nitrat aus dem durchwurzelten Bodenraum in das Grundwasser ist von folgenden Faktoren abhängig:

1. Nitratmenge im Oberboden: Größere Mengen sind stets unmittelbar nach einer N-Düngung vorhanden oder nach einer Periode, in der organisch gebundener Stickstoff rasch mineralisiert und nitrifiziert, aber von den Pflanzen nicht oder nur in geringen Mengen aufgenommen wurde. Das ist unter einer Schwarzbrache und unter mit N gedüngten, aber noch nicht geschlossenen Pflanzenbeständen der Fall. Deshalb werden maximale Nitratmengen im durchwurzelbaren Bodenraum in der Regel von September bis Dezember unter Teilbrachen ohne Pflanzenbewuchses und von April bis Mai unter Zuckerrüben, Kartoffeln und Mais gefunden.

2. Wasserspeicherung und Wasserbewegung im Boden: Beide Größen sind von der nutzbaren Speicherkapazität eines Bodens (Feldkapazität minus Menge bei pF 4,2) als Funktion von Textur, Struktur und vom jeweiligen Füllungszustand des Bodens (Defizit bis zum Erreichen der Feldkapazität) abhängig. In sandigen Böden mit geringerer Kapazität für die Wasserspeicherung und einer höheren hydraulischen Leitfähigkeit wird deshalb bei gleicher Wasserzufuhr die Versickerung früher und stärker einsetzen als in lehmigen oder tonigen Böden.

3. Differenz zwischen Niederschlag und Evapotranspiration: Nur bei einer überschüssigen Wasserzufuhr, die die Verdunstung einer Brachfläche oder die Evapotranspiration eines Pflanzenbestandes übersteigt, kann Wasser in tiefere Bodenschichten transportiert werden. Rasche und starke Versickerung tritt in Böden ohne grobe, kontinuierliche Poren – die wie die Regenwurmgänge die Bodenoberfläche mit dem Unterboden verbinden – erst dann ein, wenn in einer Bodenschicht die Feldkapazität erreicht ist. Der Sickerwasseranfall ist deshalb unter einer Vegetationsdecke deutlich geringer als unter einer Schwarzbrache, im Sommer bei hoher Evapotranspiration geringer als im Winter.

4. Umsetzungen des Stickstoffes im Boden: Dazu gehören die Immobilisierung von Nitrat durch Pflanzen und Bodenmikroorganismen und die Denitrifizierung von Nitrat. Die mikrobielle Reduktion von Nitrat über Nitrit zu Distickstoffoxid und weiter zu molekularem N steigt mit zunehmendem Nitratangebot, steigender Wassersättigung des Bodens (Sauerstoffmangel) und steigenden Temperaturen. Sie ist an die Verfügbarkeit von leicht angreifbaren Kohlenstoffverbindungen in der organischen Bodensubstanz gebunden.

Die Nitratgehalte in der Bodenlösung nahmen in unserem Beispiel (Tab. 78) in den Varianten mit hoher Stickstoffzufuhr in großer Bodentiefe z. T. bis unter den Grenzwert von $50\,mg \cdot l^{-1}$ ab. Dies ist vermutlich eine Folge der Denitrifikation. Sie wird in ausreichendem Maße aber nur wirksam, wenn die Nitratfracht in der Bodenlösung nicht zu groß ist und auch im Grundwasser noch genügend leicht angreifbare Kohlenstoffquellen vorhanden sind. Das ist in manchen Grundwasserkörpern schon nicht mehr der Fall. Deshalb greift hier die Selbstregulierung in einem Ökosystem durch Denitrifikation nicht mehr.

In den organisch gedüngten Varianten unseres Beispiels (Tab. 78) wurden die maximalen Nitratkonzentrationen jeweils durch Kursivdruck hervorgehoben. Ihre Verteilung über die Bodentiefe ist mehrgipflig, weil die starke organische Düngung nur zu den Reihenfrüchten gegeben wurde. Die Nitratauswaschung erfolgt mit der Verdrängung einer Bodenwasserschicht in die Tiefe. Gleichzeitig tritt aber auch eine Vermischung mit anderen, weniger belasteten Wasserschichten ein. Dadurch vergrößert sich der Tiefenbereich einer Wasserschicht mit hoher Nitratkonzentration.

Für Wasserschutzgebiete Baden-Württembergs wurde eine vorläufige Grenzmenge von $45\,kg \cdot ha^{-1}$ Nitrat-N in der Bodenschicht von 0 bis 90 cm in Sandböden oder von 0 bis 60 cm in Lehm- und Tonböden festgelegt. Da mit den Winterniederschlägen in der Regel die größte Nitratauswaschung erfolgt, soll diese Grenzmenge vor Beginn der Periode mit neuer Grundwasserbildung im November nicht überschritten werden. Unabhängig davon, ob es bei diesen Grenzwerten bleibt, sind die für Wasserschutzgebiete geltenden Normen auch für alle anderen landwirtschaftlichen Betriebe richtungsweisend. Tab. 79 beschreibt eine Reihe von Möglichkeiten, wie durch produktionstechnische und organisatorische Maßnahmen der Eintrag von Nitrat in das Grundwasser vermindert werden kann.

Alle diese Maßnahmen müssen auf der Grundlage mehrjähriger, rotationsbezogener Stickstoffbilanzen für einzelne Feldschläge, Landschaftsausschnitte oder für die gesamte Betriebsfläche geplant werden. Abb. 117 zeigt am Beispiel zweier Fruchtfolgen die Grunddaten für eine solche Bilanz. Sie stammen aus Prüfgliedern ohne mineralische N-Düngung eines langjährigen Feldversuches. In der dreifeldrigen Folge überstieg die mittlere N-Ausfuhr mit den Ernteprodukten die N-Zufuhr um $48\,kg \cdot ha^{-1} \cdot a^{-1}$, in der sechsfeldrigen Folge um 17 kg. Berücksichtigt man in den Bilanzen auch geschätzte

450 Gestaltung von Bodennutzungssystemen

Tab. 79. Maßnahmen zur Minderung des Nitrateintrages in das Grundwasser

allgemein vorbeugende Maßnahmen	zusätzliche produktionstechnische Maßnahmen	Änderung des Bodennutzungssystems und der Betriebsorganisation
Vermeiden von düngungsbedingten Nitratüberschüssen im Boden durch – N-Düngung (Zeitpunkt, Mengen und Formen) entsprechend dem Bedarf der Feldfrüchte (z. B. gemäß Sollwert nach Messung von N_{min} im Boden) – Steigerung der N-Aufnahme der Feldfrüchte mittels Wahl standortangepaßter Arten und Sorten, günstiger Gestaltung der Wachstumsbedingungen (Bodenbearbeitung, Grunddüngung, Aussaat, Beregnung, wirkungsvoller Pflanzenschutz) und der Ernte – organische N-Düngung nur zu rasch wachsenden Feldfrüchten während der Vegetationszeit in Mengen, die den Bedarf der Feldfrüchte nicht überschreiten	**vermehrte zeitliche Festlegung von Nitrat-N im Boden vor Beginn der Phase neuer Grundwasserbildung** durch – Einarbeiten von Stroh ohne zusätzliche N-Düngung – Untersaaten in Mais und Ackerbohnen – vermehrten Zwischenfruchtbau während der Teilbrachen (Untersaaten in Getreide, Stoppelsaaten mit Gräsern oder Kreuzblütlern) – Unterlassen tiefgreifender Bodenbearbeitung im Herbst, Überwintern der Zwischenfrüchte, Mulchsaat – Wahl von Vorfrucht-Nachfruchtkombinationen mit kürzester Dauer der Teilbrache	**Steigerung der Ausfuhr von N aus dem Wasserschutzgebiet mit der Erntemasse** durch – Anbau kurzlebiger Feldfrüchte zur Futterproduktion (Silomais, Verfüttern von Rübenblatt) ohne Rückfuhr von organischem Wirtschaftsdünger – Anbau mehrjähriger Futterpflanzen mit geringer N-Düngung **Minderung der N-Zufuhr in das Wasserschutzgebiet** durch – Verzicht auf den Anbau von Körnerleguminosen und Feldgemüse – Minderung oder Verzicht auf organische Wirtschaftsdünger

Stabilisierung von Agrarökosystemen 451

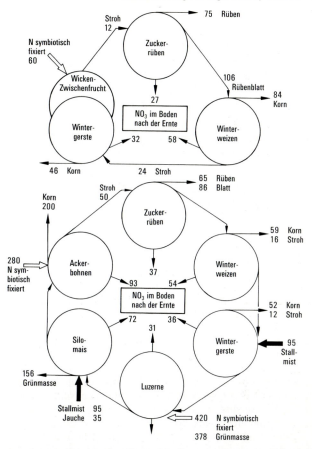

Abb. 117. Kreislauf des Stickstoffes in 2 Bodennutzungssystemen des Ackerbau-Systemversuches Reinshof bei Göttingen (Daten von CLAUPEIN 1991) Stickstoffentzüge mit der Erntemasse: Mittelwerte 1982–1987; Nitrat-N im Boden nach der Ernte (0 bis 100 cm): Herbst 1988; alle Messungen (kg · ha^{-1} · a^{-1} N) in der Variante ohne mineralische N-Düngung.

Mengen für zusätzliche Einträge (Immission und asymbiotische N-Bindung: 40 kg) und Austräge (NO_3-Auswaschung und Denitrifikation: 25 kg), so vermindert sich das Bilanzdefizit in der kurzen Folge auf 33 kg und in der langen Folge auf 2 kg · ha^{-1} · a^{-1} N. Von besonderer Bedeutung für die hier zu erörternde Problematik ist der Sachverhalt, daß nach 8 Jahren unterlassener Mineral-N-Düngung der Nitratrest im Boden nach der Weizenernte in der kurzen Folge immer noch höher war als die für Wasserschutzgebiete festgesetzte Grenzmenge. Auch in der langen Folge wurde nach Weizen, Silomais und Ackerbohnen die Norm erheblich überschritten. Hierfür kommen zwei Ursachen in Betracht. Zum einen enthält der Boden (0 bis 60 cm) einen außerordentlich hohen N_{org}-Vorrat (9200 kg·ha^{-1}), dessen Nettomineralisation zwischen 100 und 200 kg·ha^{-1}·a^{-1} variierte. Zum anderen trug die organische Düngung – Erntereste, vor allem der Leguminosen und das Rübenblatt sowie Stallmist und Jauche – erheblich zur Anreicherung des Bodens mit leicht umsetzbarer organischer Bodensubstanz bei. Die einfache N-Bilanz aus Zufuhr durch die Düngung und Abfuhr mit den Ernteprodukten sollte deshalb ergänzt werden durch eine Schätzung des jeweils freiwerdenden bodenbürtigen Stickstoffes.

In jedem Falle müssen Menge und Zeitpunkt der pflanzenbezogenen N-Düngung am erwarteten N-Entzug mit der Erntemasse orientiert werden, selbstverständlich unter Berücksichtigung des zum Zeitpunkt der Düngung schon vorhandenen pflanzenaufnehmbaren Stickstoffes im Boden und möglichst auch unter Einbeziehung der geschätzten Menge des bodenbürtigen Stickstoffes, die während der kommenden Vegetationszeit von der Feldfrucht aufgenommen werden könnte. Mit den Daten in Abb. 118 soll nochmals die Problematik einer schlecht angepaßten N-Düngung deutlich gemacht werden. Wird in der vereinfachten N-Bilanz: „N-Angebot im Boden (einschließlich N-Düngung) minus N-Entzug mit der Erntemasse (hier im Weizenkorn)" nicht ein annähernder Ausgleich erreicht, so steigen die Rest-N-Mengen im Boden nach der Ernte erheblich an.

Die Schätzung des N-Bedarfes einer Feldfrucht und des zu seiner Deckung gerade eben notwendigen Angebotes bleibt ein bisher noch nicht befriedigend gelöstes Problem. Es muß im Zusammenhang mit der Optimierung des jeweiligen Produktionsverfahrens angegangen werden. Diese wird durch eine engere Anpassung des Verfahrens an die jeweiligen Standortbedingungen und durch verbesserte Zuordnung der aufeinanderfolgenden Verfahrensschritte erreicht. Mit der Methode der **Bestandesführung** werden die einzelnen Anbaumaßnahmen (Zeitpunkt, Menge, Verfahren) wie Aussaat, N-Düngung, Unkrautbekämpfung und Pflanzenschutz so aufeinander abgestimmt, daß

1. der erwartete Effekt der jeweils vorangehenden Maßnahme noch Spielraum läßt für ein Anpassen der folgenden Maßnahme an sich ändernde Bedingungen (Höhe der ersten N-Düngungsgabe);
2. die Intensität früherer Eingriffe nicht einen ungewollten Rege-

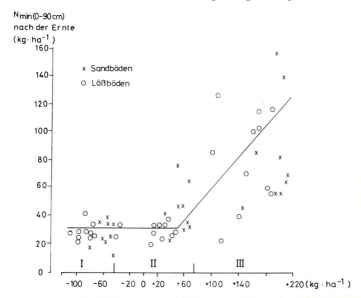

Abb. 118. Nitratreste im Boden nach der Ernte in Abhängigkeit von der Höhe der N-Düngung zu Weizen, bezogen auf die einfache N-Bilanz: Angebot im Boden (N_{min} + Dünger-N) minus N-Entzug mit der Kornmasse; Mittelwerte des N-Angebotes, (kg · ha^{-1}N): I: 35 (ungedüngt); II: 210 (N_{min} + Düngung; III: 360 (N_{min} + Düngung). Ergebnis von 20 Versuchen in Niedersachsen (BAUMGÄRTEL et al. 1989).

lungsbedarf erzwingt, der in einem späteren Entwicklungsabschnitt der Feldfrucht dann mit einer zusätzlichen Maßnahme erfüllt werden muß (Einsatz von Fungiziden bei Getreide als Folge zu hoher N-Düngung).

Die zur Bestandesführung nutzbaren Betriebsmittel wirken teils fördernd, teils hemmend auf die Feldfrucht und die mit ihr vergesellschafteten Organismen. Durch Steigerung der Aussaatmenge und N-Düngung wird die Dichte und Masse der einzelnen Feldfruchtorgane, aber u. U. auch die Unkrautkonkurrenz und die Aktivität von Schadorganismen erhöht. Mit der Anwendung von Wachstumsregulatoren wird das Längenwachstum von Feldfrüchten gebremst, durch Einsatz von Herbiziden, Fungiziden und Insektiziden die Aktivität und Ausbreitung von Unkräutern und Schadorganismen gehemmt. Da ein Heraufregeln (Fördern) leichter erreichbar ist als ein Herabregeln (Kontrollieren, Bremsen), zudem das Heraufregeln nicht noch mit zusätzlichen Kosten verbunden ist, sieht im günstigsten Falle die Bestandesführung so aus, daß sämtliche herabregelnden Maßnahmen nicht nötig werden. Eine auf dieses Ziel gerichtete Handhabung der Stickstoffdüngung verlangt, daß die Höhe der ersten N-Gabe zurückgenommen wird, damit ein später möglicherweise auftretendes Überangebot vermieden werden kann. Tritt dann noch ein N-Mangel ein, so kann er mit weiteren N-Gaben ausgeglichen werden.

Noch stärkere Zurückhaltung verlangt die Anwendung organischer Wirtschaftsdünger, wenn ein überhöhter Nitrataustrag vermieden werden soll. Meist stehen die Betriebe unter dem Zwang, große Mengen Gülle möglichst umweltschonend in den Nährstoffkreislauf des Betriebes einzufügen. Wird Gülle nach Getreide in großen Mengen auf die Stoppel gefahren, kann zwar mit der Strohrotte ein Teil des sich bildenden Nitrats immobilisiert werden. Ein anderer Teil aber, der entweder nicht festgelegt oder während eines langen, warmen Herbstes schon wieder remineralisiert wurde, kann mit den Winterniederschlägen ausgewaschen werden. Dieser umweltbelastende Austrag kann verhindert werden, wenn mit einer rasch wachsenden Zwischenfrucht das Nitrat festgelegt und/oder der Gülle ein Nitrifikationshemmer, z. B. Dicyandiamid, beigefügt wird. In jedem Fall muß die zugeführte Gülle-N-Menge bei der N-Düngung der Folgefrucht voll oder zu einem Teil mit in Ansatz gebracht werden.

Als unabdingbares Gebot für die rationelle, eine Umweltbelastung vermeidende Anwendung von Flüssigmist gilt deshalb daß

1. dieser Dünger in keinem Fall nur deshalb ausgebracht werden sollte, weil der Lagerraum erschöpft ist, d. h. seine gezielte Anwendung als Dünger gar nicht beabsichtigt ist;
2. Gülle nur dann angewendet wird, wenn eine rasch wachsende Feldfrucht das pflanzenverfügbare N auch aufnehmen kann und
3. nie größere Mengen gedüngt werden als die zu düngende Feldfrucht produktiv verwerten kann.

Diese Forderung greift weit in die Organisation der Betriebe ein und zwar sowohl in ihre Vieh- als auch in ihre Feldwirtschaft. Daß sie in Zukunft mehr und mehr beachtet werden muß, beweisen gesetzliche Regelungen einzelner Bundesländer, mit denen Mengen und Zeitspannen der Gülleanwendung begrenzt werden. Die weitestgehende Verordnung sieht eine Zurücknahme des Viehstapels auf 2 Düngeeinheiten je ha vor, entsprechend einer Zufuhr von 120 kg N und 60 kg P_2O_5 je ha und Jahr.

Als Planungsgrundlage für eine umweltgerechte Gülledüngung kann der in Abb. 119 dargestellte Güllekalender dienen. Er enthält die Zeitabschnitte, in denen zu den einzelnen Feldfrüchten Gülle ausgebracht werden kann, sowie die jeweiligen Höchstmengen an

Stabilisierung von Agrarökosystemen 455

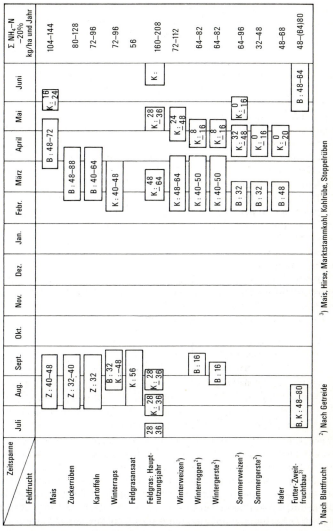

Abb. 119. Pflanzengerechte Mengen und Zeitspannen für die Anwendung von Gülle (kg · ha^{-1}, je Gabe als Ammonium-N minus 20% N, der aus der organischen Substanz der Gülle mineralisiert wird). Z: Zur vorangegangenen Zwischenfrucht; B: zur Bestellung der Hauptfrucht; K: Kopfdüngung in den Bestand.

Ammonium-N, die durchschnittlich von den Feldfrüchten noch produktiv verwertet werden können. In den gängigen Empfehlungen blieb die Menge an N, die während der Vegetationszeit aus organischer Bindungsform freigesetzt und pflanzenverfügbar werden kann, bisher unberücksichtigt. Die hier gemachten Mengenangaben beruhen auf der Annahme, daß 50% des Gesamt-N als Ammonium sofort verfügbar sind und weitere 20% aus dem organisch gebundenen Stickstoff mineralisiert wird.

Deutlich wird, daß mit Futterbau, insbesondere mit Feldgras und Dauergrasland die größten Mengen an Güllestickstoff verwertet werden können. Ein hoher Graslandanteil an der Betriebsfläche ermöglicht ferner, daß während der Vegetationszeit in regelmäßigen Abständen Gülle gedüngt werden kann. Sommerstallhaltung beschleunigt den Umsatz der Nährstoffe im Kreislauf: „Boden – Pflanze – Tier", da nach jedem Schritt die kurz zuvor von der Grasnarbe aufgenommenen Nährstoffe der Grasnarbe wieder zugeführt werden können. Bei anderen Feldfrüchten beschränkt sich der Anwendungszeitraum auf die relativ kurze Zeitspanne vor der Aussaat und nach dem Auflaufen bis zum Schließen der Bestände. Da nicht zu jeder Zeit (Wintermonate) und schon gar nicht in beliebig großen Mengen Gülle ausgebracht werden kann, muß der Betrieb über einen Speicherraum verfügen, der den Gülleanfall von etwa 6 Monaten aufnehmen kann.

Körnerleguminosen benötigen, wegen ihrer Fähigkeit symbiotisch fixierten Stickstoff zu nutzen, in den meisten Fällen keine N-Düngung. Dies vermindert ihre Produktionskosten und trägt zum Energiesparen bei. Ihr Anbau erhöht die Fruchtfolgevielfalt und steigert über „Gratis"-Vorfruchteffekte die Produktivität der Folgefrüchte. Dennoch bedarf es besonderer Maßnahmen, die mit ihnen verbundenen hohen Restnitratmengen im Boden zu vermindern. In Ackerbohnen können nach der mechanischen Hack- und Häufelpflege Weidelgras oder Senf als Untersaat eingesät werden. Bei ausreichender Wasserversorgung und einer weiteren Wachstumsphase der Untersaat nach der Bohnenernte kann der Nitratrest im Boden auf Mengen reduziert werden, die den Bestimmungen für ein Wasserschutzgebiet entsprechen. Gleiches gilt auch für eine späte Untersaat in Mais. Ist zu erwarten, daß Mittsommertrockenheit die Bestandesbegründung und das Wachstum der Untersaat verhindert, sollte auf Gemenge von Ackerbohnen mit Sommergetreide ausgewichen werden. Das ist auch für Körnererbsen die einzige Möglichkeit, den Nitratrest schon während des Wachstums der Erbsen zu vermindern. Das Mengenverhältnis zwischen Körnerleguminosen und Getreide ist so zu wählen, daß das von den Leguminosen nicht genutzte Nitrat im durchwurzelten Bodenraum weitgehend von den Getreidepflanzen aufgenommen wird. Das ist in der Regel nur möglich, wenn der Getreideanteil im Gemenge deutlich überwiegt.

Umbruch von mehrjährig genutzten Futterbauflächen führt stets zu einer raschen und starken Mineralisation der organischen Bodensubstanz (Abb. 110B). Der dabei freiwerdende Nitrat-Stickstoff kann vor allem dann nicht von einer nachfolgenden Feldfrucht genutzt werden, wenn der Umbruch kurz vor Eintritt des Winters erfolgt. Deshalb sollte stets nur unmittelbar vor dem Anbau einer rasch schließenden, zu hoher N-Aufnahme befähigten Feldfrucht, z. B. Silomais, umgebrochen werden. Noch besser ist es, wenn der vorherige Pflanzenbestand mit einem nicht-selektiven Herbizid abgetötet wird und die Nachfrüchte über mehrere Vegetationsperioden hinweg in einer Festboden-Mulchwirtschaft angebaut werden, bis der Vorrat an leicht umsetzbarer organischer Bodensubstanz weitgehend erschöpft ist. Dies ist in „biologisch" wirtschaftenden Betrieben nicht möglich. Deshalb bleibt der Kleegras-Umbruch in einem solchen Betrieb immer problematisch, da einerseits die mechanische Abtötung der Kleegrasnarbe vor Winter vollständiger gelingt, andererseits die unzeitige Freisetzung von Nitrat in den Wintermonaten kaum genutzt werden kann und unproduktive Stickstoffverluste in Kauf genommen werden müssen. Daher empfiehlt es sich auch für biologische Betriebe bis zum Frühjahr mit dem Kleegrasumbruch zu warten und als erste Nachfrucht Kartoffeln mit intensiver Hackpflege anzubauen.

4.5.3 Chemische Pflanzenbehandlungsmittel im Agrarökosystem

Seit Jahrzehnten stehen der Feldwirtschaft chemisch-synthetische Herbizide, Fungizide und Insektizide zur Verfügung, mit denen Ertragseinbußen durch Verunkrautung und Befall mit Schadorganismen bei den Feldfrüchten verhindert werden können. Unter den derzeitigen ökonomischen und gesellschaftlichen Bedingungen sind diese Mittel aus der breiten landwirtschaftlichen Praxis kaum mehr wegzudenken, es sei denn, daß durch Umstellung auf eine andere Wirtschaftsweise bewußt auf ihre Anwendung verzichtet wird. Der wirtschaftliche Nutzen dieser Agrochemikalien liegt auf der Hand. Der Landwirt kann mit ihnen größere Flächen mit den ökonomisch vorteilhaftesten Feldfrüchten bestellen, ohne befürchten zu müssen, daß er bei schwindender Arbeitsmacht die sich ausbreitenden Unkräuter und Schadorganismen nicht ausreichend kontrollieren könne. Ohne den Einsatz dieser ertragssichernden Pflanzenschutzmittel lohnt sich auch nicht eine weitere Intensivierung der Pflanzenproduktion durch höhere N-Düngung oder die noch aufwendigere Beregnung.

Im Vergleich zu anderen Pflanzenschutzmaßnahmen bieten chemische Pflanzenbehandlungsmittel in vielen Fällen die einzige Möglichkeit, bestimmte Schadorganismen direkt zu bekämpfen. Darüber hinaus ist ihr Einsatz meist effektiver und wirtschaftlicher. Diese relative Vorzüglichkeit hatte zur Folge, daß bevorzugt diejenigen Feldfrüchte angebaut wurden, die nicht nur leistungsstärker als andere Arten sind, sondern auch vorteilhaft mit Hilfe der chemischen Pflanzenbehandlungsmittel kultiviert werden können. Das große Angebot der für diese Früchte zur Verfügung stehenden Mittel und die relativ geringen Kosten des chemischen Pflanzenschutzes, leitete dann eine weitere, bedenkliche Entwicklung ein: Um mögliche Befallsrisiken durch Schadorganismen zu vermeiden, gingen viele Landwirte dazu über, Pflanzenschutzmittel vorbeugend, d.h. ohne ausreichende Schadensindikation anzuwenden.

Der zunehmende Gebrauch von chemischen Pflanzenbehandlungsmitteln gefährdete aber auch die Stabilität des Produktionssystems und auf Dauer schließlich auch die des Agrarökosystems. Diese Entwicklung war zunächst einmal nichts anderes als die normale Reaktion der Lebensgemeinschaft unserer Feldflur auf die durch die Pflanzenschutzmittel veränderte Umwelt, ein Prozeß also, der eher für das Funktionieren des Agrarökosystems spricht. Das soll an einigen Beispielen gezeigt werden.

Werden bestimmte Ackerwildpflanzenarten durch die Anwendung eines selektiv wirkenden Herbizides in ihrer Konkurrenzkraft geschwächt, so können sich andere, weniger betroffene Arten ausbreiten. Das war z. B. der Fall, als nur Wuchsstoffherbizide im Getreidebau angewendet wurden. Sie sind allein gegenüber zweikeimblättrigen Ackerwildpflanzen wirksam, nicht gegenüber Gräsern. Diese konnten sich in der Folge – begünstigt auch durch häufigen Anbau von Getreide – rasch ausbreiten. Ähnlich wirkte die fortgesetzte Anwendung von Triazin-Herbiziden im Maisanbau. Die Verunkrautung mit Hirsearten nahm zu, weil nicht sie als Verwandte des Maises, sondern nur die anderen Arten von diesen Mitteln getroffen wurde. Die Reaktion auf diese Entwicklung war der Einsatz weiterer, meist kostspieliger Mittel, die dann aber auch wieder Wirkungslücken zeigten. Diese Lücken konnten wiederum von Arten genutzt werden, die zuvor durch zwischenartliche Konkurrenz unterdrückt wurden und deshalb zu unbedeutend waren, um bekämpft werden zu müssen.

Die fortgesetzte und sich steigernde Anwendung einer einzigen Herbizid-Wirkstoffgruppe hatte darüber hinaus noch eine weiter reichende Folge, nämlich die Auslese herbizidresistenter Genotypen aus Ackerwildpflanzen-Populationen. Bei einigen Arten wie Gänsefuß, Melde, Nachtschatten, Franzosen- und Kreuzkraut gibt es jetzt Triazin-resistente Formen, die mit den bisher angewendeten Mitteln kaum mehr bekämpft werden können.

Ein weiteres Beispiel für eine selbstgemachte, verfahrensbedingte Instabilität eines Produktionssystems hängt mit der gesteigerten Stickstoffdüngung im Getreidebau zusammen. Sie führt zu vermehrtem Befall mit Blatt- und Halmbasiserkrankungen (Tab. 23 und Tab. 63) und häufigerem Einsatz von Fungiziden. Wie schon bei einigen Herbiziden bewirkte auch die fortgesetzte Anwendung bestimmter Fungizid-Wirkstoffgruppen die Auslese von fungizidresistenten Biotypen bei pathogenen Pilzen, so z. B. von Mehltaurassen gegenüber Triazol-Derivaten und bei Erregern der Halmbruchkrankheit gegenüber dem Benzimidazol. Auch diese Wirkungsschwäche konnte mit neu entwickelten Fungiziden ausgeglichen werden. Doch hatte die längere Gesunderhaltung von Spelzen und Getreideblättern eine weitere, sehr nachteilige Folge. Getreideläuse konnten diese verbesserten Lebensmöglichkeiten zu vermehrter Ausbreitung nutzen. Daraus ergab sich der Zwang zur Anwendung von Insektiziden im Getreidebau, heute bei Weizen und Gerste eine weit verbreitete Maßnahme.

Spätestens mit diesem Schritt wurde auch die natürliche Lebensgemeinschaft des Agrarökosystems nachhaltig gestört. Die angewandten Insektizide töteten nicht nur die Blattläuse, sondern auch deren Räuber, nämlich die Larven von Marienkäfern, Flor- und Schwebfliegen. Ohne den Insektizideingriff vermehren sich diese Blattlausfeinde, wenn die Blattlausdichte ansteigt. Obwohl diese Arten nicht in der Lage sind, einen starken Blattlausbefall vollständig herunterzuregeln, so tragen sie als natürliche Begrenzungsfaktoren dennoch erheblich zur Kontrolle dieses Schädlingsbefalls bei. Als ausgewachsene Tiere (Imagines) sind Flor- und Schwebfliegen an Nektar und Blütenpollen als Nahrung gebunden. Beseitigung der Blütenpflanzen in der Feldflur, auch der Ackerwildpflanzen im Feldfruchtbestand, mindert daher ihre Vermehrungschancen. Das bedeutet einen weiteren Verlust an Stabilität im Wirkungsgefüge eines Agrarökosystems.

Mit zunehmender Intensivierung von Produktionsverfahren und dem damit verbundenen Verlust an natürlichen Begrenzungsfaktoren für Schadorganismen steigt demnach der Bedarf an Fremdregelung überproportional. Diese sich selbst verstärkende Dynamik erhöht nicht nur die Produktionskosten und schmälert den Gewinn, sie gefährdet auch die Funktionen des Agrarökosystems. Deshalb sollte diese „Schraube ohne Ende" zum Stillstand gebracht werden. Das ist nur mit einer Wirtschaftsweise möglich, die auf natürlich vorhandene, stark vernetzte Regelkreise Rücksicht nimmt und diese soweit als möglich fördert.

Auch noch ein anderer Sachverhalt zwingt zu einer Rücknahme des Gebrauchs von chemischen Pflanzenbehandlungsmitteln. Mit ihrer vermehrten Anwendung werden immer größere Mengen in die Luft, den Boden und das Grund- und Oberflächenwasser eingetragen. Atrazin, ein Maisherbizid, Dichlorpropen, ein jetzt nicht mehr zugelassenes Nematizid, und andere Wirkstoffe wurden z.B. in Trinkwasser mit Konzentrationen gefunden, die die zulässigen Grenzen weit überschritten. In Trinkwasser liegt der Grenzwert für einen einzelnen Wirkstoff und dessen Abbauprodukte derzeit bei 0,1 µg je Liter und bei 0,5 µg für die Summe aller chemischen Pflanzenbehandlungsmittel. Da das Einzugsgebiet für Trinkwasser nicht an den Grenzen eines Wasserschutzgebietes endet, ist es vernünftig, auch für die außerhalb liegenden Feldwirtschaften diesen Richtwert zu akzeptieren.

Abb. 120 zeigt am Beispiel eines Herbizides den Wirkungsweg und Verbleib eines Pflanzenschutzmittels im Agrarökosystem. Seine vorrangige Bestimmung liegt in seiner bioziden Wirkung. Diese trifft nicht nur die Zielorganismen, sondern mehr oder weniger auch alle anderen Glieder der Lebensgemeinschaft. Ackerwildpflanzen werden als Konkurrenten der Kulturpflanzen bekämpft. Sie bilden aber auch ein Nahrungsangebot für herbivore Tiere im Agrarökosystem. Deshalb kann ihre vollständige Beseitigung zum begrenzenden Faktor für Tiere werden, die an anderer Stelle der Nahrungskette eine regelnde Funktion ausüben. Auf ihre Nektar- und Pollenspenderfunktion für Nützlinge wurde schon hingewiesen. Auch die Regenwurmfauna wird durch Blattfall von Unkräutern gefördert (Tab. 65). Rebhühner leben zeitweilig von Unkrautsamen, vertilgen aber auch Schädlinge an den Kulturpflanzen.

Auch wenn nach den gesetzlichen Bestimmungen ein chemisches Pflanzenbehandlungsmittel weder die Gesundheit von Mensch und Tier noch den Naturhaushalt beeinträchtigen darf und mit der Zulassung des Mittels wenigstens einige direkte Effekte dieser Art als unbedenklich erkannt sein müssen, so bleiben doch immer noch viele andere nicht geprüfte Wirkungen. Die Daten in Tab. 80 zeigen, wie durch sehr hohe Gaben von Triazin-Herbiziden einige Merkmale der Bodenfruchtbarkeit verändert werden. Bei diesen Effekten bestand eine deutliche Wechselwirkung zur Art des Bodennutzungssystems. Im Vergleich mit der Kleegras-Folge verursachte die Mais-Folge schon bei sparsamer Anwendung der Herbizide eine Verschlechterung der Bodenstruktur, einen Rückgang in der Regenwurmpopulation und eine Verminderung der Bodenatmung. Dies alles war wohl eine Folge geringerer Bodenbedeckung durch die angebauten Feld-

Stabilisierung von Agrarökosystemen 461

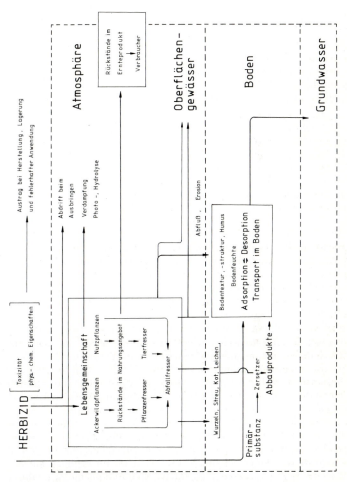

Abb. 120. Verbleib und Wirkung von Pflanzenschutzmitteln im Agrarökosystem, dargestellt am Beispiel eines Herbizides.

Tab. 80. Wirkung unterschiedlicher Bodennutzungssysteme auf ausgewählte relative Kennwerte der Bodenfruchtbarkeit im Systemversuch Tänikon, Schweiz, nach 10jähriger Laufzeit (Keller et al. 1987)

Fruchtfolge Herbizideinsatz[3]	Kleegras-Folge[1]		Mais-Folge[2]	
	sparsam	doppelt	sparsam	doppelt
Anteil an Grobporen in der Ackerkrume[4]	100	91	69	60
Anzahl Regenwürmer je Flächeneinheit[5]	100	109	48	34
Bodenatmung[6]	100	87	88	71

1) Kleegras-Kleegras-Winterweizen-Winterweizen-Kartoffeln-Sommergerste
2) Ackerbohnen-Mais-Mais-Mais-Winterweizen-Winterweizen
3) Triazinderivate
4) 100 = 20,4 %, Porengrößenbereich 1 bis 80 cm Wassersäule
5) 100 = ohne Mengenangabe
6) CO_2-Entbindung von Bodenproben aus der Ackerkrume: 100: ohne Mengenangabe

früchte in der Mais-Folge, von weniger Ernterückständen und damit einer geringeren Zufuhr von organischer Substanz zum Boden und vermutlich auch eines stärkeren Fahrverkehrs. Nach der übertrieben hohen Herbizidanwendung waren in beiden Fruchtfolgen diese Fruchtbarkeitsmerkmale deutlich schwächer ausgeprägt und zwar in der Mais-Folge mehr als in der Kleegras-Folge. Dieses Beispiel zeigt Wirkungen des chemischen Pflanzenschutzes, die vermutlich weniger direkter (toxischer Effekte) als indirekter Art sind. Sie könnten vielleicht mit der vollständigen Unkrautfreiheit in der Mais-Folge zusammenhängen. Immerhin wird aber deutlich, daß fortgesetzter unnötiger Gebrauch von chemischen Pflanzenbehandlungsmitteln nachhaltig und weitreichend in das vielfältig verknüpfte Gefüge zwischen Pflanzen-, Tier- und Bodenleben eingreifen kann.

Weitere unvermeidliche Wirkungswege ergeben sich aus dem Eintrag eines Pflanzenbehandlungsmittels in Boden, Wasser und Atmosphäre. Vor der Zulassung eines Wirkstoffes muß geprüft werden, ob er auf diesem Wege schädlich werden kann. Im Hinblick auf ihre Verwendung in Wasserschutzgebieten sind in jüngster Zeit zahlreiche Mittel mit Verboten belegt worden. Diese Auflagen ergeben sich nicht aus den toxikologischen Eigenschaften – das ist nur bei Bienengiften der Fall –, sondern aus ihrem Verhalten im Boden. Von Bedeutung sind dabei die Festigkeit der Bindung von Wirkstoffen an Ton- und Humusteilchen, die Wege (Abbauprodukte) und Geschwindigkeiten ihres physikalisch-chemischen und/oder biologischen Abbaues. Ferner spielt das Transportverhalten im Zusammenhang mit der Wasserbewegung im Boden eine Rolle. In Abhängigkeit von der Höhe und zeitlichen Verteilung der Niederschläge bestimmen diese Faktoren das Risiko der Auswaschung eines Pflanzenbehandlungsmittels in das Grundwasser.

Die Flüchtigkeit eines Mittels, aber auch die nicht unbeträchtliche Verdampfung der Wirkstoffmengen, die zuvor von den Pflanzen schon aufgenommen wurden, bedingen die mögliche Belastung der Atmosphäre. Mit den Luftmassen verfrachtete Pflanzenbehandlungsmittel können an andere Orte transportiert werden und dort mit den Niederschlägen wieder in den Bodenbereich gelangen.

Als letzte Möglichkeit ist der Eintrag von Pflanzenschutzmitteln mit oberflächlichem Wassertransport zu nennen. Er erfolgt mit dem Oberflächenabfluß und erodiertem Bodenmaterial und belastet benachbarte Felder, angrenzende naturnahe Biotope und insbesondere Oberflächengewässer.

Die Auswirkungen der chemischen Pflanzenbehandlungsmittel auf den Naturhaushalt als Ganzes sind kaum bekannt und wohl auch nie vollständig zu erfassen. Ihr Einfluß z.B. auf die natürliche Lebensgemeinschaft einer Feldflur wird zweckmäßigerweise mit den Effekten verglichen, die von anderen Umweltveränderungen ausgehen. Gemeint sind die Dichteschwankungen in Abhängigkeit von aperiodischen Witterungseinflüssen und von den Eingriffen in den Standort durch Art- und Sortenwahl, Bodenbearbeitung und Düngung. Sieht man von der radikalen Wirkung von Bodenentseuchungsmitteln ab, so konnten bei mäßigem Gebrauch der meisten Pflanzenbehandlungsmittel keine dauernd negativen Effekte auf die Mikroorganismen im Boden beobachtet werden. Gegenüber dem Ausfall von nur einigen Arten scheint das Bodenleben stark abgepuffert zu sein. Andere, weniger geschädigte Arten treten alsbald an ihre Stelle.

Bisher ist auch nicht bekannt geworden, daß sich nach Verzicht auf bestimmte Wirkstoffe, selbst wenn es sich um sehr toxische Stoffe wie Bodenentseuchungsmittel handelte, nicht nach geraumer Zeit die ursprüngliche Artenzusammensetzung wieder eingestellt hätte. Da aber bisher noch nicht bekannte, extrem schädliche und unumkehrbare Wirkungen chemischer Pflanzenbehandlungsmittel grundsätzlich nicht auszuschließen sind, entspricht es dem Vorsorgegebot, sich bei ihrer Anwendung größte Zurückhaltung aufzuerlegen. Als warnendes Beispiel sei auf das hierorts verbotene Insektizid DDT hingewiesen. Es hat mit seiner Schadwirkung selbst die fernsten Ökosysteme erreicht, wo es nie zuvor angewendet wurde.

Tab. 81 weist mögliche Wege zur verminderten Anwendung eines

Tab. 81. Maßnahmen zur Verminderung des Eintrages von Herbiziden in das Grundwasser

allgemeine vorbeugende Maßnahmen	zusätzliche produktionstechnische Maßnahmen	Zurücknahme des Herbizideinsatzes nach Art und Menge durch	Weitgehender Verzicht auf Herbizidanwendung ermöglicht durch Änderung des Bodennutzungssystems und der Betriebsorganisation
Vermeiden der Zufuhr von Verbreitungsorganen unerwünschter Pflanzen durch		– Verbesserung der Wirkung des Herbizids durch rechtzeitige Anwendung und unter den günstigsten Witterungsbedingungen	– ausschließliche Anwendung von mechanischen und thermischen Bekämpfungsmethoden
– Aussaat von Saatgut ohne Fremdbesatz		– Verbesserte Applikationstechnik zur Einsparung von Aufwandsmengen und zur Vermeidung von Abdrift	– Ausnutzung von Fruchtfolgewirkungen (konsequenter Wechsel zwischen überwinternden und sommerjährigen Feldfrüchten, Verzicht auf jede Selbstfolge von Feldfrüchten, Anbau von mehrjährigen, intensiv genutzten Futterpflanzen)
– Reinigung von Sä- und Erntemaschinen vor dem Einsatz auf anderen Feldern		– genaue Dosierung und Vermeidung von Überlappungen beim Ausbringen	
– rechtzeitige und vollständige Ernte, um Kulturpflanzendurchwuchs zu verhindern		– Anwendung möglichst nicht vorbeugend (Vorauflauf) sondern nur bei Bedarf (Schadensschwellenkonzept, Nachauflauf mit geringstmöglichen Mengen (wiederholte Teilgaben)	– Begrünung von Teilbrachen mit kampfkräftigen, Durchwuchs unterdrückenden Zwischenfrüchten
– vollständiges Verrotten aller Reproduktionsorgane in organischen Wirtschaftsdüngern vor dem Ausbringen		– Begrenzung des Einsatzes in Reihenfrüchten auf die Reihen (Bandspritzung), mechanische oder thermische Bekämpfung zwischen den Reihen	– mehrfach wiederholte mechanische Unkrautbekämpfung in nicht begrünten Teilbrachen
Verminderung der Reproduktion von unerwünschten Wildpflanzen durch			– Untersaaten in Deckfrüchten mit ausdauernden Futterpflanzen, die im
– Wahl standortangepaßter, konkurrenzkräftiger Kulturpflanzenarten und -sorten			

- rechtzeitige und fehlerfreie Saat, die zu frühem und vollständigem Bestandesschluß der Feldfrucht führt
- rechtzeitige und wirkungsvolle Bodenbearbeitung, die auf die Kontrolle von unerwünschten Pflanzen gerichtet ist
- Stärkung der Kampfkraft der Feldfrucht durch angemessene Düngung und ausreichenden Pflanzenschutz
- Teilflächenbehandlung, wenn örtliches Vorkommen der Wildpflanzen das zuläßt
- Wahl von Herbiziden, die in kürzester Frist im Boden abgebaut werden
- Hauptnutzungsjahr mehrfach geschnitten werden
- Anwendung sog. „Reinigungsfruchtfolgen", d. h. Kombination besonders kampfkräftiger Getreidearten mit anschließendem intensiv genutzten Futterbau und nachfolgendem Hackfruchtbau[1]

1) Beispiele: · Winterroggen/Untersaat – Kleegras – Kartoffeln – Winterroggen
 · Winterroggen – Zwischenfrucht: Stoppelrüben oder Markstammkohl mit Hackpflege-Sommergerste
 · Wintergerste – Zweitfrucht: Kohlrüben mit Hackpflege oder Silomais mit Hackpflege-Winterroggen
 Reinigungsfruchtfolgen sind nur in einer Lockerbodenwirtschaft mit Erfolg zu handhaben.

Herbizides. Oberster Grundsatz muß sein, daß jede vorbeugende Anwendung ohne ausreichende Schadensindikation unterbleibt. Letztere ergibt sich aus den wirtschaftlichen Schadensschwellen, die für immer mehr Feldfrüchte und Schadorganismen erarbeitet werden. Dieses Gebot gilt auch für den Einsatz von Fungiziden, Insektiziden und anderen chemischen Pflanzenbehandlungsmitteln. Ist eine Pflanzenschutzmaßnahme unumgänglich, muß als nächstes geprüft werden, ob nicht eine Teilflächenbehandlung ausreicht. In Reihenfrüchten kann z.B. eine Bandspritzung auf die Reihe genügen, um die Verunkrautung zu begrenzen, wenn zwischen den Reihen gehackt wird. Sind nur einige Orte eines Feldes von bestimmten Ackerwildpflanzen besiedelt, so reicht es, sie nur an diesen Stellen zu bekämpfen.

Tierische Schädlinge, wie z.B. Blattläuse, befallen einen Feldfruchtbestand meist vom Rand her. Eine rechtzeitige Randbehandlung mit einem nützlingsschonenden Insektizid reicht u.U. völlig aus, um ihr Vordringen in das Feldinnere zu verhindern.

Eine weitere Möglichkeit, den Eintrag von Pflanzenschutzmitteln in die Umwelt zu vermindern, ist die Wahl eines wirksamen, doch mikrobiell leicht abbaubaren Wirkstoffes, des günstigsten Anwendungstermines und eines Applikationsverfahrens, das eine genaue Dosierung ermöglicht und jede Doppelausbringung infolge von Überlappungen vermeidet. Die Weiterentwicklung der Ausbringungstechnik, aber auch die Formulierung der Wirkstoffe muß dazu beitragen, daß künftig die Aufwandmengen erheblich herabgesetzt und Verluste durch Abdrift weitgehend verhindert werden.

Diese Maßnahmen, die allein schon aus Gründen einer möglichst sparsamen Verwendung kostspieliger Betriebsmittel geboten sind, reichen allein nicht aus, um den Eintrag von chemischen Pflanzenbehandlungsmitteln in die Umwelt zu vermindern. Vielmehr kommt es darauf an, den möglichen Schadensfall, der eine Pflanzenschutzmaßnahme erforderlich macht, erst gar nicht entstehen zu lassen. Das ist mit allgemeinen, vorbeugenden Maßnahmen und einer Gestaltung des Bodennutzungssystems möglich, die vorrangig auf eine weitgehende Begrenzung von Schadorganismen ausgerichtet sind. Im folgenden Abschnitt sollen Möglichkeiten und Grenzen einer solchen Vorgehensweise erörtert werden.

4.5.4 Nutzung natürlicher und systemeigener Regelmechanismen im Agrarökosystem mit dem Ziel der Zurücknahme chemischer Pflanzenschutzmaßnahmen

Der intensive, auf höchste Produktivität der Feldfrüchte zielende Landbau setzt überwiegend auf die direkte Wirkung schadensmindernder Eingriffe, also auf die Anwendung von Herbiziden, Fungiziden, Insektiziden und anderen chemischen Pflanzenbehandlungsmitteln. Bei unsachgemäßem Einsatz tragen diese „Fremdstoffe" zur Destabilisierung des Agrarökosystems und zur Umweltbelastung bei. Deshalb müssen Verfahren wieder aufgegriffen oder neu entwickelt werden, mit denen der chemische Pflanzenschutz zurückgenommen werden kann.

Diese Verfahren beruhen auf dem Zusammenwirken von Eingriffen zur Gestaltung des Bodennutzungssystems und den natürlichen Regelmechanismen eines Agrarökosystems. Zu den „systemeigenen", das Bodennutzungssystem regelnden Eingriffen gehören Bodenbearbeitung, Art- und Sortenwahl, Fruchtfolge und Fruchtartenverhältnis, Bestandesführung über Aussaat, Düngung u. a. m. Sie sollten nach Art, Zeitpunkt und Intensität so gehandhabt werden, daß die Widerstandskräfte der Kulturpflanzen gegenüber Schadorganismen gestärkt und das Auftreten hoher Populationsdichten der Schaderreger verhindert werden. Darüber hinaus sollte das Bodennutzungssystem so gestaltet werden, daß alle natürlichen Regelmechanismen gestützt und gefördert werden, die ein Agrarökosystem zur Ausbalancierung des Wirkungsgefüges zwischen den Organismengruppen entwickeln kann.

Diese natürlichen Regelmechanismen beruhen auf Konkurrenzerscheinungen, Resistenzeigenschaften, Räuber-Beute-Beziehungen, dem Auftreten von Parasiten, Antagonisten und anderen Effekten gegenseitiger Beeinflussung mehr. Daß sie in ausreichendem Maße wirksam werden können, hängt nicht allein von der Gestaltung des Bodennutzungssystems ab. Darüber hinaus müssen auch naturnahe Saumbiotope in der Agrarlandschaft als Refugien für Nützlinge und deren Beute vorhanden sein.

Die in der Feldflur und den angrenzenden Biotopen vorgenommenen oder auch unterlassenen Maßnahmen wirken nur vorbereitend und einleitend auf die zu nutzenden Regelprozesse. Diese können deshalb niemals so zielgenau gesteuert werden wie der Einsatz eines chemischen Pflanzenbehandlungsmittels. Wenn nicht flankierende Maßnahmen zur Gestaltung des Bodennutzungssystems einbezogen werden – nämlich die oben genannten Eingriffe –, reicht die mit ihnen bewirkte Herabregelung der Schaderregerdichte nicht an den

Effekt einer direkt wirkenden Bekämpfungsmaßnahme heran. Dennoch bietet diese „integrierte" Vorgehensweise die einzige Möglichkeit, die Anwendung chemischer Pflanzenbehandlungsmittel zu vermindern.

Der Erfolg solcher nur indirekt wirkenden Maßnahmen ist das Ergebnis vielfältig verknüpfter Wirkungsketten. Ihre gezielte Nutzung setzt vertiefte Einsichten in die komplexen Zusammenhänge eines Agrarökosystems voraus. Dazu fehlt es meist noch an den notwendigen Kenntnissen. Auch bedarf es längerer Zeiträume, bis sich das Wirkungsgefüge von natürlichen Regelmechanismen voll entfaltet hat. Deshalb muß man sich nicht selten zunächst nur mit Teilerfolgen begnügen, mindestens aber Geduld beim Abwarten eines annehmbaren Gesamterfolges haben. Mit den nachfolgenden Beispielen kann die Vielfalt der Möglichkeiten auch nicht annähernd beschrieben werden. Sie dienen nur dazu, Ziele, Wege und die dabei zu lösenden Probleme aufzuweisen.

Wettbwerb zwischen Kultur- und Wildpflanzenarten um Wachstumsfaktoren ist ein verhältnismäßig gut bekannter und leicht einzusehender Regelmechanismus zur Begrenzung nachteiliger Unkrautwirkungen. Er wurde schon eingehend besprochen und spielt auch bei den in Tab. 81 genannten Maßnahmen zur Minderung des Herbizidaustrages eine bedeutende Rolle. Ziel der Unkrautregelung – nicht der Unkraut"bekämpfung" – ist es, die aufgewachsene Unkrautpopulation in ihren ertragsbegrenzenden Effekten möglichst unwirksam zu machen, sie in ihren anderen Ökosystem-Funktionen dagegen ausreichend zu erhalten. Diese beiden Ziele lassen sich annähernd nur vereinen, wenn man die Vorstellung zugrunde legt, daß die jeweilige Feldfrucht nur während bestimmter, „kritischer" Entwicklungsabschnitte nicht unter einem zu hohen Wettbewerbsdruck durch Ackerwildpflanzen leiden darf (siehe Abb. 64). In diesen Zeitspannen muß die Dichte der Ackerwildpflanzenpopulation unter die Bekämpfungsschwelle herabgeregelt werden. Damit wird der Feldfrucht ein Wettbewerbsvorteil verschafft, der so groß sein muß, daß sie in späteren Entwicklungsabschnitten die konkurrierenden Wildpflanzen selbst ausreichend unterdrücken kann.

Das Herabregeln der Wettbewerbsfähigkeit von Ackerwildpflanzen sollte möglichst mit den ohnehin erfolgenden Eingriffen, wie Bodenbearbeitung u. a. m., geschehen. Zum Beispiel kann die Anfangsverunkrautung eines Weizenbestandes mit Ackerfuchsschwanz drastisch gesenkt werden, wenn mit der Saatbettbereitung schon der größte Teil der aufwachsenden Ackerfuchsschwanzpopulation beseitigt wird. Das gelingt aber nur, wenn mit der Weizenbestellung so lange gewartet wird, bis die Ackerfuchsschwanzpflanzen aufgelaufen sind. Zeitpunkt, Art und Weise einer Bodenbearbeitung

Tab. 82. Zusammenwirken von Sortenwahl zur Vorfrucht, Bodenbearbeitung und Konkurrenz einer überwinternden Zwischenfrucht auf den Durchwuchs von Unkrautgerste in Zuckerrüben. Mittelwerte von 2 Versuchen 1984–1986 auf Lößlehm bei Göttingen, (ISSELSTEIN 1987)

Wintergerstensorte (Vorfrucht) Bodenbearbeitung[1] Begrünung der Teilbrache[2]	wenig dormant				stark dormant			
	LMW		FMW		LMW		FMW	
	ohne	mit	ohne	mit	ohne	mit	ohne	mit
Ausfallgerste (Körner·m⁻²)	561				662			
Aufgang nach Stoppelbearbeitung (Gerstenpflanzen·m⁻²)		118				29		
Dichte 6 Wochen nach Grundbodenbearbeitung (Pflanzen·m⁻²)	6,5	1,9	187,5	135,8	4,7	2,4	89,0	63,0
Dichte Ende März (Pflanzen·m⁻²)	4,3	0,8	63,1	21,3	3,6	1,2	44,7	15,9
TM je Gerstenpflanze im März (g)	0,80	0,14	0,25	0,14	1,67	0,11	0,68	0,05
Überlebende Gerstenpflanzen nach der Rübenbestellung (Pflanzen·m⁻²)	.[3]	**0,01**	.	**0,25**	.	**0,02**	.	**0,42**
Lebensfähige Gerstenkörner in der Schicht 0 bis 30 cm vor der Rübenbestellung (Körner·m⁻²)	3,0		27,0		15,5		162,2	
Aufgelaufene Gerstenpflanzen während der Vegetationszeit der Rüben (Pflanzen·m⁻²)	**0,40**	**0,35**	**7,3**	**8,2**	**2,0**	**2,1**	**41,3**	**48,2**

1) In beiden Varianten Stoppelbearbeitung mit Rotorzinkenegge (6 cm); LMW[4]: Pflug (26 cm); FMW: Grubber 18 cm, Saatbettbereitung für Zwischenfrucht: Kreiselegge; in beiden Varianten Saatbettbereitung mit Kreiselegge + Saatbettkombination
2) ohne: Teilbrache mit Selbstbegrünung. März: 21 ha.⁻¹ Roundup; mit: Grünbrache mit Ölrettich oder Phacelia
3) In „Teilbrache mit Selbstbegrünung" wurden Gerste und Ackerwildpflanzen mit Roundup abgetötet.
4) Begrünung nach Pflugfurche, siehe S. 295

können daher erheblich zur Minderung des Unkrautdruckes beitragen und eine spätere Herbizidbehandlung überflüssig machen.

Die Gestaltung eines einzelnen Eingriffes reicht in der Regel nicht aus, um die Verunkrautung umfassend zu regeln. Vielmehr bedarf es einer bestimmten Abfolge mehrerer Maßnahmen, wie sie schon mit den sogenannten Reinigungsfruchtfolgen in Tab. 81 angesprochen wurden. Im folgenden Beispiel galt es den Gerstendurchwuchs in einer Mulchwirtschaft zu Zuckerrüben ohne Anwendung eines nicht-selektiven Herbizides auf eine tolerierbare Dichte herabzuregeln. Die Versuchsergebnisse in Tab. 82 zeigen, daß dieses Ziel erreicht wurde, wenn folgende Verfahrensschritte miteinander kombiniert wurden:

1. Wahl einer wenig dormanten Gerstensorte als Vorfrucht. Im Vergleich zu der stark dormanten Sorte lief ein erheblich größerer Teil der ausgefallenen Körner schon während der Teilbrache auf und konnte so von nachfolgenden Bearbeitungseingriffen oder von der Zwischenfruchtkonkurrenz erfaßt werden. Entsprechend weniger vitale Gerstenkaryopsen verblieben im Boden.
2. Tiefgreifend wendende Grundbodenbearbeitung. Mit diese Maßnahme wurden die meisten Gerstenkaryopsen tiefer als 10 cm in den Boden eingebracht. Aus dieser Tiefe können sie nicht mehr auflaufen.
3. Anbau einer rasch und vollständig schließenden Zwischenfrucht. Mit diesem Konkurrenzeffekt wurde die aufgewachsene Gerstenpopulation stark ausgeglichen. Die überlebenden Gerstenpflanzen wurden in ihrer Substanzproduktion geschwächt.
4. Wirkungsvolle Saatbettbereitung bei trockenem Boden. Mit diesem Eingriff wurde die Mehrzahl der in der abgestorbenen Zwischenfrucht noch vorhandener Gersten- und Unkrautpflanzen beseitigt.

Mit dieser Vorgehensweise (Lockerboden-Mulchwirtschaft) wurde auch der Feldaufgang von Gerstenpflanzen im Zuckerrübenbestand auf eine Dichte reduziert, die einen zusätzlichen Herbizideinsatz erübrigte. Im Vergleich zur gegrubberten Variante (gemäßigte Festboden-Mulchwirtschaft) ist der mögliche Erosionsschutz geringer. Bei größerem Erosionsrisiko muß deshalb u. U. auf die wendende Bodenbearbeitung verzichtet werden. Auch ohne Pflügen reichte in unserem Beispiel die kombinierte Wirkung von Zwischenfruchtkonkurrenz und Saatbettbereitung aus, um die Dichte der in den Rüben überlebenden Gerstenpflanzen soweit abzusenken, daß auf den Einsatz eines nicht-selektiven Herbizides vor der Rübenbestellung verzichtet werden konnte. Lediglich die Anzahl der neu aufgelaufenen Gerstenpflanzen in den Rüben war auch bei der wenig dormanten

Sorte so hoch, daß eine Herabregelung der Dichte notwendig wurde. Diese wurde im Zuge der ohnehin notwendigen Maßnahme gegen das auflaufende Unkraut erreicht, nämlich durch eine Vorauflauf-Bandspritzung in den Rübenreihen und durch zwei Nachauflaufspritzungen mit minimalen Gaben kombinierter Herbizid-Wirkstoffe. Mit diesem Verfahren konnte der Herbizidaufwand deutlich gesenkt werden. Eine mechanische Unkrautregulierung durfte nicht erfolgen, weil die Mulchauflage an der Bodenoberfläche für den Erosionsschutz erhalten bleiben sollte.

Die Anwendung des nicht-selektiven Herbizides konnte nur eingespart werden, weil für die Zuckerrübenbestellung ein günstiger Bodenzustand abgewartet wurde. Er machte es möglich, daß die meisten noch lebenden Gersten- und Ackerwildpflanzen von der Kreiselegge ausgerissen und verschüttet wurden. Trockene Witterung nach der Saat vollendete den Effekt. Dieser Hinweis macht deutlich, daß der Erfolg aller mechanischen Maßnahmen zur Unkrautregulierung an günstige Umstände gebunden ist. Bei der Einsparung von Herbizidanwendungen durch Striegeln, Hacken und Häufeln muß man daher ein größeres Risiko des Mißlingens in Kauf nehmen.

Schadpilze, die Blätter, Blüten und Früchte der Feldfrüchte befallen, können ohne oder mit vermindertem Fungizideinsatz nur durch die Kombination zweier Maßnahmen kontrolliert werden, nämlich durch die Wahl von resistenten Sorten und durch eine Bestandesführung, die einem frühzeitigen Befall entgegenwirkt. Am Beispiel des Getreides wurde gezeigt (Tab. 23), wie Stickstoffdüngung den Befall steigert. Verhaltene Stickstoffzufuhr zu Vegetationsbeginn, gepaart mit niedrigen Bestandesdichten, hemmt die Ausbreitung der Schadorganismen. Bezüglich der Resistenzeigenschaften gibt es große Sortenunterschiede. Allerdings ist die Beständigkeit ihrer Ausprägung stets gefährdet, da nach fortgesetztem und örtlich gehäuftem Anbau einer Sorte, die nur gegen bestimme Pathotypen der Schaderregerpopulation resistent ist, neue, befallstüchtige Typen ausgelesen werden. Hier kann der Anbau von Sortenmischungen mit unterschiedlicher Resistenzausbildung dazu beitragen, daß die Ausbreitung eines Schadpilzes in einem Feldfruchtbestand gebremst wird. Das ermöglicht die Einsparung früher Fungizidanwendungen. Der zweite Effekt des Anbaus von Sortenmischungen mit unterschiedlicher Resistenz ist mehr langfristiger Art. Es wird erwartet, daß die Resistenzeigenschaften der betreffenden Sorten über längere Zeit erhalten bleiben.

Beide Wirkungen, nämlich die örtliche Ausbreitung von windbürtigen Schadpilzen verzögernde und die resistenzstabilisierende, müssen durch zusätzliche Maßnahmen gestützt werden. Dazu muß die Anbaukonzentration bestimmter Feldfruchtarten und -sorten nicht

Tab. 83. Wirkung von Kleegras in der Fruchtfolge auf den Befall des Weizens mit Halmbruchkrankheit (*Pseudocercosporella herpotrichoides*) im Fruchtfolgeversuch Bärenrode, Harz (Mittelwerte der Jahre 1959 und 1960, KARCH 1966)

Fruchtfolge A
Kartoffel – Hafer – **Weizen** – Rüben – Hafer – Wicken – **Weizen**
kranke Pflanzen (%) 77,9 78,9

Fruchtfolge B
Kartoffel – Hafer – **Weizen** – Kleegras – Kleegras – Kartoffel – **Weizen**
kranke Pflanzen (%) 44,7 6,6

nur im einzelnen Betrieb, sondern in ganzen Landschaftsabschnitten zurückgenommen werden.

Bodenbürtige Schadpilze, die in engen Fruchtfolgen und unter ungünstigen Standortbedingungen auftreten, können zwar bei fortgesetztem Anbau durch die Zunahme antagonistisch wirksamer Bodenlebewesen reguliert werden, doch kann dieser natürliche Regelmechanismus unter den vorherrschenden Produktionsbedingungen nicht dazu genutzt werden, Fungizidanwendungen einzusparen. Das neue Gleichgewicht zwischen Schaderregern und Antagonisten spielt sich auf einem Ertragsniveau der Feldfrucht ein, das den derzeitigen ökonomischen Anforderungen nicht entspricht. Deshalb bleibt nur die Möglichkeit, durch weitgestellte Fruchtfolgen und Steigerung der biologischen Aktivität eines Bodens den Befallsdruck durch die bodenbürtigen Schadpilze herabzuregeln. Das Beispiel in Tab. 83 zeigt die Wirkung eines mehrjährigen Kleegrasanbaues auf den Befall von Weizen mit dem Erreger der Halmbruchkrankheit. Da in der Vergleichsfruchtfolge der zeitliche Abstand zwischen dem Weizenanbau gleich war und auch kein Unterschied in der Häufigkeit des Anbaues anfälliger Feldfrüchte bestand, kann nur die gesteigerte Aktivität des Bodenlebens unter Kleegras die Ursache für die Herabregelung des Halmbruchbefalls bei Weizen gewesen sein.

Ähnliche Wirkungen können auch beobachtet werden, wenn durch fortgesetzte Festboden-Mulchwirtschaft der Gehalt an organischer Substanz nahe der Bodenoberfläche und damit auch die mikrobielle Aktivität gesteigert wird. Mehrjähriger Futterbau, d.h. die Organisation eines Bodennutzungssystems als Feldgraswirtschaft, ist ein besonders geeignetes Mittel, um bodenbürtige Schadpilze mit spezifischem Wirtspflanzenspektrum so zu regulieren, daß Fungizidanwendungen zur Bekämpfung von Fruchtfolgekrankheiten zurückgenommen werden können.

Tab. 84. Dichte rübenschädigender Springschwänze (*Onychiurus* spec.), Häufigkeit von Fraßschäden an Rübenkeimpflanzen und Substanzproduktion der Rübenpflanzen im 6-8-Blattstadium in Abhängigkeit vom Bodenbearbeitungssystem und von der Anwendung des Insektizides Carbofuran in der Pille (Mittelwert von 3 Versuchen, Göttingen 1981, 1982, 1985; Döring 1981, Hilgendorf 1983, Förster 1986)

Bodenbearbeitung	Insektizid	Dichte der Collembolen Anzahl je 100 cm³ Boden	Anzahl Fraßstellen je 100 Pflanzen	Pflanzen TM-Masse g·Pflanze⁻¹
Lockerboden-wirtschaft	ohne	1,37	346	2,19
	mit		97	2,47
Festboden-Mulchwirtschaft	ohne	4,22	287	2,39
	mit		35	2,74

Die nächsten Beispiele zeigen Möglichkeiten für die Verminderung des Insektizideinsatzes. Springschwänze gehören zur Fauna der Akkerböden und vermehren sich besonders dort, wo große Mengen an makroorganischer Substanz zugeführt werden. Einige dieser Arten fressen auch an Keimpflanzen von Zuckerrüben. Die Daten in Tab. 84 zeigen, daß im Vergleich zum Unterpflügen der Ernteresste (Lockerboden-Mulchwirtschaft) durch oberflächiges Einmulchen (Festboden-Mulchwirtschaft) die Dichte der rübenschädigenden Springschwänze auf die dreifache Menge gesteigert wurde. Die Anzahl der Fraßstellen an den Rübenkeimlingen betrug in der Festboden-Mulchwirtschaft dagegen nur 75% der Lockerbodenwirtschaft. Es ist zu vermuten, daß das reichlichere Nahrungsangebot aus Ernteresten und lebenden Unkrautpflanzen die Springschwänze in der Mulchwirtschaft davon abgehalten hat, an den Rübenkeimlingen zu fressen.

Die an sich schon sehr sparsame Anwendung des Insektizides in der Rübenpille war im Mulchverfahren nicht notwendig. Trotz stärkeren Jugendwachstums ergab der Insektizideinsatz keinen signifikanten Mehrertrag beim bereinigten Zuckerertrag.

Bodenruhe unter Mulch oder lebender Vegetation schafft bessere Voraussetzung für das Leben vieler Bodentiere. Daraus können sich zahlreiche Regelmechanismen für Schädlinge entwickeln. So können sich z.B. in einer Mulchdecke Raubmilben ausbreiten, die von Bakterien, Pilzen, Nematoden und Collembolen leben. Deshalb ist eine Mulchwirtschaft ein wirksames Mittel, um die Anwendung von Insektiziden zu vermindern. Blattläuse an Getreidepflanzen werden im heutigen Pflanzenbau meist mit Insektiziden bekämpft. Daß eine solche Maßnahme, selbst bei Anwendung eines nützlingsschonenden Wirkstoffes, nach anfänglichem Erfolg sich in sein Gegenteil verkehren kann, zeigt das Beispiel in Tab. 23. In dem Prüfglied ohne Insektizideinsatz war der Befall des Weizens mit Getreideläusen erheblich niedriger als mit Insektizidanwendung. Vermutlich wurden durch das Insektizid auch viele spezifische Blattlausräuber getötet, die ohne Insektizidanwendung die Zunahme der Blattlauspopulation verhindern konnten. Dies ist ein gutes Beispiel für einen natürlichen Begrenzungsfaktor für den Massenwechsel von Läusen. Er wird hauptsächlich von Marienkäfern, Schweb- und Florfliegen getragen, die als Larven fast ausschließlich von Läusen leben. Verminderung oder Unterlassung des Insektizideinsatzes reicht allein nicht aus für die Erhaltung von Nützlingspopulationen in der Feldflur. Die Imagines der Schweb- und Florfliegen sind z. B. auf den Nektar – und den Pollen bestimmter Blütenpflanzen – angewiesen. Ohne diese Nahrung können sie sich nicht fortpflanzen. Daher bedarf es zu gegebener Zeit eines Angebotes an bestimmten Blütenpflanzen.

Viele geeignete Arten wachsen als Wildpflanzen in den Feldfruchtbeständen, in Altgrasbeständen entlang von Hecken, in Feldrainen und anderen naturnahen Saumbiotopen. Deshalb müssen, um diesen natürlichen Regelmechanismus nutzen zu können, solche artenreichen Pflanzengesellschaften in der Agrarlandschaft häufig genug vertreten sein. Wo sie fehlen, können die Lebensgrundlagen für diese Nützlinge verbessert werden, z.B. durch Liegenlassen von Randstreifen in Feldfrüchten, in denen sich durch Unterlassen von Düngung und Unkrautbekämpfung blütentragende Ackerwildpflanzen ausbreiten. Noch wirkungsvoller ist der Anbau von intensiv und lange blühende Kulturpflanzen wie Phacelia, Ringelblume oder Koriander, in langen schmalen Streifen entlang der Feldgrenzen.

Blattläuse und andere tierische Schädlinge überdauern die vegetationsfreie Zeit meist auf besonderen Winterwirtspflanzen. Diese gehören häufig zu den schon genannten Saumbiotopen in der Agrarlandschaft. Die Hecken und Grasraine sind auch Rückzugsgebiete für viele andere Tiere, darunter auch weniger spezialisierte Räuber, wie z.B. Laufkäferarten, die auch Eier von Läusen fressen. Das Herabregulieren der Läusepopulation, aber auch von anderen tierischen Schädlingen, wie z.B. des Rapsglanzkäfers oder den Kohlschotenrüsslers, beginnt schon in dem Winterlager. Mit Vegetationsbeginn wandern die Schädlinge in die heranwachsenden Feldfruchtbestände aus. Einige räuberische Arten folgen ihnen. Das Beispiel in Abb. 121A zeigt die Ausbreitung einer Laufkäferart in einem Weizenfeld. Um die Wanderbewegung des Laufkäfers zu erfassen, wurden die Fallen zur Hecke hin und von der Hecke abgewandt aufgestellt. Die

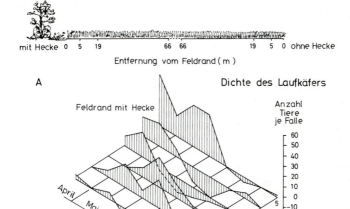

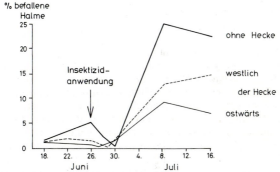

Abb. 121. Hecken als Refugien für Nützlinge
A: Dichte der Laufkäferart *Platynus dorsalis* in Winterweizen im Ablauf der Vegetationszeit und in Abhängigkeit von der Entfernung von der Hecke (Ergebnisse von Fängen in Fallen, die zur Hecke hin- und abgewandt aufgestellt waren; dargestellt ist die jeweilige Differenz der Fänge zwischen diesen beiden Fallen) (Stachow 1987)
B: Blattlausbefall von Winterweizen in Abhängigkeit vom Vorhandensein einer Hecke (Marxen-Drewes 1987).

Differenzen zwischen diesen Fängen zeigen vor allem die Bedeutung der Hecke als Ausgangspunkt für fortschreitende Besiedelung des Weizenfeldes durch den Laufkäfer.

Daß Hecken eine Funktion als Lebensraum für Blattlausräuber haben, ergibt sich aus dem Vergleich der Populationsdynamik von Blattläusen in Weizenfeldern mit und ohne angrenzende Hecke (Abb. 121B). In Feldern ohne Hecke stieg der Befall mit Läusen deutlich stärker an als in Feldern mit angrenzender Hecke. Das läßt auf die Wirksamkeit von heckenbewohnenden Blattlausräubern schließen. Ferner zeigt die Abbildung eine stärkere Zunahme der Läuse nach der Insektizidbehandlung in Feldern ohne als mit Hecke. Vermutlich wurde der Verlust an Räubern durch die Bekämpfungsmaßnahme durch Nachschub aus den nicht behandelten Hecken ersetzt. Dies zeigt die Bedeutung von Rückzugsgebieten in der Landschaft, die von den Bekämpfungsmaßnahmen ausgenommen werden. Aus dem Insektizideffekt ist aber auch zu folgern, daß alle vorbeugenden oder Routine-Anwendungen von Insektiziden unterbleiben müssen, wenn der natürliche Regelmechanismus wirksam werden soll.

Als letztes Beispiel soll der komplexe Effekt unterschiedlicher Bewirtschaftungsintensität auf einen natürlichen Begrenzungsfaktor für Nacktschnecken in der Feldflur beschrieben werden (Tab. 85). In einem langjährigen Feldversuch wurde außer der Düngung auch die Intensität der Unkrautbekämpfung variiert. Im extensiven Landbau wurden keine Herbizide benutzt, in einer mittleren „integrierten" Stufe wurden sie nur nach Überschreiten der Schadensschwelle und im Intensiv-Landbau stets und vorbeugend eingesetzt. Als Folge dieser langjährigen Behandlung nahm die Artenzahl und der Deckungsgrad der Ackerwildpflanzen mit zunehmender Bekämpfungsintensität ab. Entsprechend nahm auch die Anzahl der in Hafer- und Kartoffelbeständen gefangenen Laufkäfer ab. Mit der Abnahme der Laufkäfer stieg aber die Anzahl der gefangenen Nacktschnecken an. Offenbar übten die Laufkäfer eine Dichte-regulierende Wirkung auf die Schneckenpopulation aus, vermutlich über den Fraß von Schneckeneiern.

Dieser natürliche Regelmechanismus hing von der Dichte der Laufkäfer ab. Diese wiederum wurde von der Dichte der Bodenbedeckung durch Ackerwildpflanzen bestimmt, sei es, daß durch die Unkrautvegetationsdecke das Nahrungsangebot für die Laufkäfer vergrößert bzw. verstetigt oder ganz allgemein die Lebensbedingungen für die Laufkäfer verbessert wurden. Einen ähnlichen Effekt kann man auch von Untersaaten in Feldfrüchten erwarten. Eine direkte Bekämpfung der Schnecken mit Molluscziden kann auch für die Laufkäfer tödlich sein. Sie sind ähnlich breitenwirksam wie viele Insektizide.

Tab. 85. Beziehungen zwischen Fangzahlen von Laufkäfern und Nacktschnecken (Barber-Fallen 1981) in Abhängigkeit von der Produktionsintensität und dem Besatz mit Ackerwildpflanzen (Flora: Braun 1981; Fauna: Pawlitzki 1984)
S: Anzahl gefangener Schnecken, überwiegen Deroceras agreste
L: Anzahl gefangener Carabiden (*Poecilus cupreus, Carabus granulatus, Carabus cancellatus*), deren Imagines im Frühjahr auftreten

Intensitäts-stufe	Ackerwildpflanzen ($\bar{x}$ 1975–1978)		Feldfrüchte			
	Artenzahl	% Deckungsgrad	Hafer		Kartoffeln	
			L	S	L	S
Extensiv-Landbau[1]	36,4	25,7	351	75	128	64
Integrierter Landbau[2]	30,9	14,6	16	150	19	136
Intensiver Landbau[3]	21,0	10,7	7	171	16	252

1) Ohne mineralische N-Düngung, nur Stallmist, ohne chemischen Pflanzenschutz
2) Bemessung der mineralischen N-Düngung nach Bodenvorrat, chemischer Pflanzenschutz nur bei Überschreitung von Schadensschwellen
3) Verstärkte mineralische N-Düngung, vorbeugender chemischer Pflanzenschutz

Mit diesem Hinweis wird ein Dilemma sichtbar. Offenbar ist es schwierig, ein System zu entwickeln, in dem die Schädlinge direkt und wirkungsvoll bekämpft und gleichzeitig die Nützlinge geschont werden können. Zumindest würde durch einen solchen Bekämpfungserfolg den Nützlingen eine wesentliche Nahrungsgrundlage entzogen. Die Bedeutung der natürlichen Feinde von Schädlingen besteht vor allem darin, daß sie ständig in der Agrarlandschaft anwesend sind und ein Aufkommen von massenhafter Schädlingsvermehrung schon in den Anfängen begrenzen können. Diese Funktion können die natürlichen Feinde nur dann ausüben, wenn ihnen räumlich und zeitlich ausreichende Lebensbedingungen in der Agrarlandschaft geboten werden. Wer also den Einsatz von chemischen Pflanzenbehandlungsmitteln zurücknehmen will, muß auf die Nützlingspopulationen Rücksicht nehmen.

Abschließend muß noch darauf hingewiesen werden, daß fast alle hier genannten Maßnahmen zur Erhaltung und Förderung natürlicher Regelmechanismen mit einem möglichen, manchmal auch sicheren Ertragsverlust verbunden sind. Verzögerung des Aussaattermins, erhöhter Unkrautdeckungsgrad, Mulchwirtschaft erhöhen mindestens das Produktionsrisiko. Anlage von Randstreifen, Grasrainen oder Hecken beansprucht Ackerfläche, die sonst für die Pflanzenproduktion genutzt werden könnte. Dieser Zielkonflikt zwischen „Ökologie" und „Ökonomie" wird im letzten Abschnitt erörtert.

4.5.5 Gestaltung der Agrarlandschaft

Die Verteilung von Ackerflächen, Wiesen, Weiden und Magerrasen, von Streuobstwiesen, Reb- und Obstanlagen, von Feldwegen, Ackerrainen, Hecken, Feldgehölzen und Wäldern, von Mauern und Steinriegeln, Schutt- und Abfallhaufen, von Gräben, Bächen, Tümpeln, Teichen und anderen Still- und Fließgewässern nebst ihren vegetationsbedeckten Rand- und Ufersäumen, schließlich von Straßen, Gehöften und anderen Gebäuden ist in den Jahrtausenden menschlicher Nutzung der Agrarlandschaft gewachsen. Sie entspricht den jeweilig von Boden, Geländegestalt und Klima vorgegebenen Möglichkeiten für eine landwirtschaftliche Nutzung, wandelt sich mit den Anforderungen an die Produktivität und den Fortschritten in den Produktionsverfahren und spiegelt nicht zuletzt den Stand der jeweiligen rechtlichen Agrarverfassung, d. h. die Besitzverhältnisse wider. Die Eingriffe in die Gestalt der Agrarlandschaft dauern an, obwohl die Phase der äußeren Landnahme durch Rodung von Wald, Entwässerung von Mooren, Urbarmachung von Ödland abgeschlossen ist. Rückläufige Entwicklungen durch Flächenstillegung (Sozialbrachen, Verbuschung, Aufforstung) sind gebietsweise verbreitet. Vor allem aber hält die Umwidmung von landwirtschaftlichen Nutzflächen in Straßen, Siedlungen und Industrieanlagen an.

Von nicht minder starkem Einfluß auf die Agrarlandschaft ist die immer noch fortschreitende innere Landnahme. Umbruch von entwässertem Grasland, Beseitigung der oben aufgeführten naturnahen Biotope und Zusammenlegung von Ackerschlägen zu größeren Flächen wurde bis in die jüngste Vergangenheit noch vorgenommen. Als Beleg für diese Entwicklung zeigt Abb. 112 die Veränderung des Wallheckennetzes in einer holsteinischen Landschaft.

Die Größe und Form der Feldschläge ist ein Produktionsfaktor, der insbesondere mit dem Fortschreiten der Mechanisierung der Feldwirtschaft und dem Wachsen der Betriebsgröße an Bedeutung gewonnen hat. Die Flur-Einteilung spiegelt darüber hinaus auch die Organisationsform der Landwirtschaft wider. Die in der ehemaligen DDR vorgenommenen Flächenzusammenlegungen verfolgten aber weniger betriebswirtschaftliche als ideologische Ziele, nämlich das Konzept einer kollektiv betriebenen industriellen Landwirtschaft. Aber auch in den alten Ländern der Bundesrepublik wurden mit

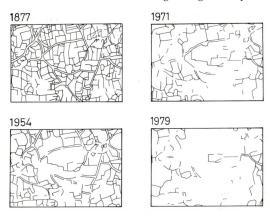

Abb. 122. Wallhecken in Schleswig-Holstein, einst und jetzt (KNAUER 1990).

Fortschreiten der Intensivierung des Landbaues viele Verfahren zur Flurneuordnung (Flächentausch und Flächenzusammenlegung) eingeleitet, die die Voraussetzung für eine intensive vollmechanisierte Landbewirtschaftung schaffen sollte. Diese Eingriffe erfolgten damals meist auf Kosten natürlicher Landschaftselemente, d. h. mit einem Verlust an Artenvielfalt und naturnahen Biotopen.

Heute sind nur noch wechselnde Besitzverhältnisse oder Flurbereinigungsverfahren im Zusammenhang mit Straßen, Kanal- oder anderen Bauvorhaben Anlaß zur Neuordnung der Feldflur. Der Landwirt kann dabei meist nur Einfluß auf die Schlaggestaltung nehmen. Sie sollte nach folgenden Grundsätzen geschehen:

1. Jeder Feldschlag soll eine möglichst gleichmäßige Bodenbeschaffenheit aufweisen. Damit entfällt die Notwendigkeit, Teile eines Schlages unterschiedlich behandeln zu müssen, was zusätzlichen Aufwand erfordert und selten befriedigend gelingt. Diese Forderung setzt die Kenntnis der kleinräumigen Verteilung von Merkmalen voraus, wie sie schon in den Tab. 30 u. 31 genannt wurden. Größe, Form und Lage der Schläge im Gelände sollten so beschaffen sein, daß das Risiko für Wind- und Wassererosion minimiert wird. Ferner sollten Länge und Form des Schlages so ausgelegt werden, daß jeder unnötige Fahrverkehr vermieden wird. Schädliche Bodenverdichtungen lassen sich verringern, wenn Schwertransporte nur auf Wegen, nicht auf dem Acker erfolgen. Diese Vorgaben verlangen von dem Landwirt einen Kompromiß zwischen betriebswirtschaftlichen und ökologischen Anforderungen. Er sollte stets zu Gunsten des langfristigen Zieles der Erhaltung der Bodenfruchtbarkeit ausfallen.

In erosionsgefährdeten Lagen muß eine Anpassung von Schlaggröße und -form an die Geländegestalt erfolgen. Lange, schmale Streifen, die parallel zu den Höhenschichtlinien verlaufen, bieten den größten Schutz vor Wassererosion.

2. Aus arbeitstechnischen Gründen sollte die Schlagform rechteckig sein, bei einem Verhältnis von Länge zu Breite von 1:1 bis 1:2. Zwar ist aus pflanzenbaulichen Gründen – ertragsmindernde Randwirkungen durch offene Furchen, Mängel bei der Arbeitserledigung, Verunkrautung, Krankheits- und Schädlingsbefall – die quadratische Form die günstigste, doch sollte zur Minderung von Ertragseinbußen auf dem Vorgewende ein Schlag immer länger als breit sein. Die optimale Größe eines Schlages in arbeitswirtschaftlicher Sicht ist erreicht, wenn ein zu erledigender Arbeitsgang von der betriebsspezifischen Arbeitsmacht (Technik) nur einen Tag verlangt. Diese Vorgabe minimiert die Rüst- und Umsetzzeiten.

3. Im Gelände vorhandene naturnahe Biotope müssen bei der Schlaggestaltung erhalten bleiben. Sie sollten nicht als Bewirtschaftungserschwernisse gesehen werden, sondern als unersetzlicher Bestandteil der Landschaft für eine umweltschonende Landbewirtschaftung. Um die Funktion dieser Biotope auf Dauer zu sichern, dürfen die in ihnen ablaufenden Lebensvorgänge nicht durch produktionstechnische Eingriffe gestört oder sogar unterbunden werden. Deshalb ist bei allen Maßnahmen der Bodenbearbeitung, Düngung oder des chemischen Pflanzenschutzes ein angemessener Sicherheitsabstand einzuhalten. Ein mit Altgras bestandener Feldrain ist kein Vorgewende oder Mietenplatz für Stallmist und darf auf keinen Fall durch Eintrag von Nährstoffen und chemischen Pflanzenschutzbehandlungsmitteln belastet werden.

Wenn mit der Bodennutzung zugleich auch die Produktionssysteme auf umweltschonende Weise stabilisiert werden sollen, bedarf es weiterreichender Maßnahmen in der Gestaltung der Agrarlandschaft. Zusätzliche Strukturelemente, die als Ausgangspunkt für natürliche Regelmechanismen dienen können, müssen dann in die Landschaft eingeführt werden. Obwohl Normen für eine optimale Gestaltung nur schwer zu bestimmen sind, gilt doch die Regel, daß die Hecken- oder Grasraindichte etwa 60 laufende Meter je ha betragen sollte. Das läßt sich mit Schlägen erreichen, die bei einer Länge von 600 m zwischen 150 und 200 m breit sind. Unter diesen Bedingungen kann die Fauna der naturnahen Saumbiotope noch das Innere des Feldschlages erreichen und ihre regulierende Wirkung ausüben.

Die Hecken sollten aus einheimischen, standortangepaßten Sträuchern und Bäumen zusammengesetzt sein. Wie bei den Windschutzhecken sind in der Mitte hochwachsende Bäume, dann wie bei einem

Waldrand nach außen zu Sträucher und Altgrasbestände anzulegen. Mit diesen randständigen Kompensationszonen beträgt die Breite dann etwa 10 m. Um die Hecke dicht zu halten, bedarf es einer regelmäßig vorzunehmenden Verjüngung. Bäume und Sträucher werden gekappt oder „geknickt", um einen Wiederausschlag junger Triebe einzuleiten. Diese Kleinlebensräume sind nicht nur wichtig als Rückzugsgebiete für die Agrarfauna der Felder, sondern auch als Heimstatt für bedrohte Tier- und Pflanzenarten. Dieses „ökologische Netz" in der Agrarlandschaft muß an die übrigen naturnahen Biotope wie Wälder, Magerrasen, Feuchtwiesen, Teiche, Seen und Flüsse anschließen. Es ist die eigentliche Grundlage für die Erhaltung von Artenvielfalt und trägt wesentlich zur Stabilisierung von Agrarökosystemen bei.

5 Landwirtschaftliche Bodennutzung im Widerstreit ökologischer und ökonomischer Forderungen

Blickt man auf die Geschichte des Landbaues zurück, so kann man sie als einen Weg des Menschen zur Beherrschung der Natur sehen. Einer der folgenreichsten Schritte war wohl der vom Jäger und Sammler zum Hirten und Ackerbauern. Vor Beginn der Seßhaftigkeit waren die wenigen Menschen vermutlich nur ein Glied unter anderen im Beziehungsgefüge des Ökosystems. Danach wurden sie zu den beherrschenden Reglern zuerst von Agrarökosystemen, schließlich der ganzen Welt. Ackerbau und Viehzucht und in deren Gefolge Ausbeutung von Bodenschätzen und leicht zugänglichen Energie- und Rohstoffquellen (Wälder) machten eine geringe, wenn auch stetige Bevölkerungszunahme möglich. Natur wurde umgeformt zur Kultur, aber auch schon früh in weiten Teilen verwüstet.

Diese weitreichenden Eingriffe wurden möglich durch die Züchtung von Haustieren und Nutzpflanzen sowie durch technische und soziale Errungenschaften. Als Beispiel für diese Errungenschaften seien nur die Nutzung tierischer Zugkraft zum Pflügen der Äcker mit dem Hakenpflug oder der gemeinschaftliche Bau und Betrieb von Bewässerungsanlagen genannt. Die damit erreichten, geringen Produktionsüberschüsse ermöglichten schon früh eine arbeitsteilige Wirtschaft und die Anfänge städtischen Lebens. Diese Entwicklung wirkte wiederum fördernd auf die Produktivität des Landbaues zurück. Dennoch war der Fortschritt langsam und denkbar gering. Über mehrere tausend Jahre hinweg blieb die vorgegebene Bodenfruchtbarkeit, wenn sie denn überhaupt gepflegt und erhalten wurde, der begrenzende Faktor für die Produktivität des Landbaues. Die Feldfruchterträge brachten nicht mehr als das Drei- bis Fünffache des eingesetzten Saatgutes. Nicht nur Mißernten, auch Seuchenzüge, soziale Spannungen und Kriege verursachten immer wieder Hungersnöte. Großräumige und säkulare Klimaveränderungen zwangen die Menschen zu Völkerwanderungen.

Ein weiterer, ähnlich folgenreicher Schritt wurde zu Beginn des 19. Jahrhunderts in Westeuropa getan. Neue Energiequellen wurden erschlossen und damit der Übergang zur Industrialisierung eingeleitet. Die gleichzeitig einsetzenden gesellschaftlichen Veränderungen wie Urbanisierung, Entwicklung weltweiter Handelsbeziehungen und – für die Landwirtschaft selbst – die Bauernbefreiung, bewirkten einen Produktionsschub, der dazu führte, daß mit immer weniger Arbeitskräften immer mehr Menschen ernährt werden konnten. Mit neuen Kulturpflanzen und Züchtungsmethoden wurde die Leistungsfähigkeit der Feldfrüchte gesteigert. Aus bisher nicht zugänglichen Nährstoffquellen, den Mineraldüngern, insbesondere den synthetischen Stickstoffdüngern, aber auch mit der Zufuhr von Futtermitteln aus Übersee wurde die Bodenfruchtbarkeit erhöht. Neue Verfahren des chemischen Pflanzenschutzes, der Tierhygiene und der Tiermedizin sicherten die landwirtschaftliche Produktion auf hohem Niveau. Menschliche Arbeit wurde fortschreitend durch Maschinen und fossile Energie ersetzt.

Nach dem Zweiten Weltkrieg erfuhr diese Entwicklung in den westlichen Industriegesellschaften eine rasante Beschleunigung. Mit einer industrieähnlich arbeitenden Landwirtschaft wurde ein zuvor kaum für möglich gehaltenes Produktionsniveau erreicht. Mit jährlichen Zuwachsraten von 1 bis 2% ist bei den Feldfrüchten noch kein Ende der Ertragssteigerung zu erkennen. Die damit verbundene Überschußproduktion zwingt zu wirtschaftlichen Anpassungen. Gänzlich anders ist die Situation noch in vielen Entwicklungsländern. Hier hält die Nahrungsmittelproduktion kaum Schritt mit der rasch wachsenden Bevölkerungsdichte. Um den Hunger zu stillen, müssen dort die größten Anstrengungen unternommen werden, die einheimische Agrarproduktion zu steigern. Daß dies in ausreichendem Maße bisher noch nicht gelungen ist, hat überwiegend gesellschaftliche Gründe, nicht zuletzt auch im Verhalten der Industriegesellschaften.

Die Intensivierung des Landbaues in der oben beschriebenen Weise blieb und bleibt nicht ohne langfristige und weitreichende Folgen für die Umwelt, die Landschaft und den Naturhaushalt. Obwohl die Produktionsleistungen der Bodennutzungssysteme mit Hilfe der produktionssteigernden und -sichernden Betriebsmittel immer weiter zunehmen, ist nicht zu übersehen, daß diese Wirtschaftsweise mit erheblichen Umweltbelastungen verbunden ist. Wind- und Wassererosion, Eintrag von Schadstoffen in den Boden, die Atmosphäre und das Grund- und Oberflächenwasser sowie Störung von natürlichen Regelmechanismen wurden schon genannt. Für jeden sichtbar ist der achtlose, ja zerstörerische Umgang mit den Resten der ursprünglichen Tier- und Pflanzenwelt in der Feldflur. Vielerorts hat der intensive Landbau eine „ausgeräumte", biologisch verarmte und ästhetisch reizlose Landschaft hinterlassen.

Erst jetzt wird bewußt, daß mit dem Landbau nicht nur im Betrieb oder Markt verwertbare Produkte, sondern auch umfassende Regulierungsleistungen des Agrarökosystems erzeugt werden. Die vielfältigen Wirkungen der Stoff-, Energie- und Informationsflüsse zwischen biotischen und abiotischen Elementen des Agrarökosystems selbst und der angrenzenden naturnahen Ökosysteme können und müssen zur Verbesserung der Umwelt, zum Erhalt natürlicher Ressourcen und zur Bereicherung der Artenvielfalt in der Landschaft genutzt werden. Zu den Regulierungsleistungen gehören z. B. mögliche positive Effekte auf

1. den Wasserhaushalt, gemessen an der Menge und Güte der Sickerwasserspende;
2. die Geschlossenheit der Nährstoffkreisläufe, gemessen an der Höhe unproduktiver Verluste sowie am Ersatzbedarf von Nährstoffen, die von außen mit Hilfe systemfremder Energie eingeführt werden müssen;
3. Abbau und Entgiftung von xenobiotisch wirkenden Produktionsmitteln oder von Schadstoffen, die aus dem städtischen und industriellen Umfeld stammen.

Alle diese Wirkungen spielten bisher in der Intensivlandwirtschaft, wenn überhaupt, nur eine untergeordnete Rolle. Daß die einst so positiv gesehene Rolle der Landwirtschaft heute anders bewertet wird, hängt damit zusammen, daß sich ein Bewußtseinswandel vollzogen hat: Die Natur wird nicht mehr als eine unerschöpfliche, jede Belastung ertragende und sich selbst regenerierende Quelle aller materiellen Güter gesehen. Kultur verlangt bewußtes Pflegen der Natur. Abb. 123 soll den Zusammenhang zwischen den Systemen verdeutlichen: Der Zustand von Ökosystemen in der Agrarlandschaft ist eine unmittelbare Folge der jeweils existierenden Wirtschafts- und Gesellschaftssysteme. Was bislang nicht ausreichend realisiert wurde, ist der Sachverhalt, daß die Rückwirkung des Ökosystems auf das Wirtschafts- und Gesellschaftssystem nicht nur über die erzeugten Produkte, sondern auch über die Wirkungen des Landbaues selbst auf den Naturhaushalt erfolgt. Die Kritik von Natur- und Umweltschützern am Intensivlandbau oder von Zweiflern an der überwiegend konsumorientierten Lebensweise sind nicht ohne Wirkung auf die öffentliche Meinung geblieben. Alternative Konzepte einer umweltschonenden Landwirtschaft werden diskutiert und auch in den Anfängen schon praktiziert.

Tab. 86 gibt einen Überblick über die unterschiedlichen Produktionskonzepte. Die bisher übliche und durchgängig verbreitete Produktionsweise versucht mit Hilfe ausgefeilter Verfahren und aller verfügbaren Hilfsmittel den ökonomisch höchsten Ertrag zu erzeugen. Das ist nur mit wenigen, sehr leistungsstarken Feldfrüchten möglich und einer Bestandesführung, die in keiner Situation Nährstoffmangel oder Beeinträchtigung der Ertragsbildung durch Schadorganismen zuläßt. Auf mögliche Umweltbelastungen nimmt sie nur soweit Rücksicht, als sie durch Gebote und Verbote dazu gezwungen

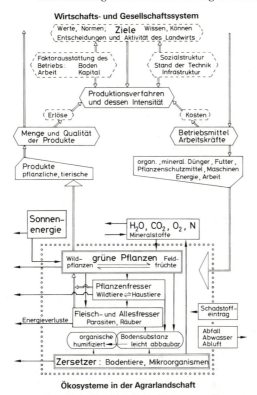

Abb. 123. Wechselbeziehungen zwischen Agrarökosystem und Wirtschafts- sowie Gesellschaftssystem.

ist. Da sie ausschließlich auf die Erzeugung großer Mengen von marktgängigen Produkten mit verkaufsfähigen Standardqualitäten ausgerichtet ist, auftretende Mängel mittels leicht handhabbarer Betriebsmittel auszugleichen oder zu reparieren bestrebt ist, kann man sie auch als „produktorientierte" Verfahrensweise kennzeichnen.

Die Produktion naturaler Höchsterträge stellt den Landwirt vor ein Dilemma (DE WIT 1991). Einerseits werden mit der Optimierung aller beeinflußbaren Wachstumsbedingungen – nach dem LIEBSCHER-Gesetz vom Optimum eine Voraussetzung für den Höchstertrag (Seite 184) – die natürlich gegebenen Standortfaktoren und die zugefügten Betriebsmittel, wie z. B. Dünger, immer vollständiger ausgenutzt und in Pflanzener-

Tab. 86. Merkmale unterschiedlicher Produktionskonzepte im heutigen Landbau

Konzept Merkmale	Intensiver Landbau	Integrierter Landbau	Ökologischer Landbau
Produktionsziel	Massenproduktion mit bestimmtem Qualitätsstandard		besondere Produktqualität, verbunden mit meist geringerer Menge
Verfahrensweise	Spezialisierung auf die wirtschaftlich vorzüglichsten Produkte; Einsatz außerbetrieblicher Produktionsmittel bis an die Grenze der Wirtschaftlichkeit	Zurücknahme der Spezialisierung, Nutzung natürlicher Regelmechanismen Begrenzung des Einsatzes von Stickstoff und chemischen Pflanzenbehandlungsmittel	Betonung betriebsinterner Nährstoffkreisläufe, Tier- und Pflanzenproduktion im Verbund Verzicht auf synthetische Dünge- und Pflanzenbehandlungsmittel
Beachtung möglicher Umweltschäden	nur bei Vorliegen gesetzlicher Ver- und Gebote	freiwillige Einhaltung von Belastungsgrenzen, Schonung des Naturhaushaltes und Förderung der Artenvielfalt	
Vermarktung	in der Regel ohne spezielle Vermarktung der Produkte		Entwicklung besonderer Absatzwege, angestrebter Verbund zwischen Produzent und Käufer
Kennzeichnung	produktorientierte Produktionsweise	Versuch der Harmonisierung von produkt- und systemorientierter Produktionsweise	Systemorientierte Produktionsweise

trag umgewandelt. Eine solche Vorgehensweise entspricht der Forderung nach einer effektiven und damit sparsamen Nutzung der Ressourcen. Sie wirkt sich stets vorteilhaft aus im Hinblick auf die Verwertung der eingesetzten fossilen Energie und zur Vermeidung umweltbelastender Dünger-Stickstoffreste im Boden.

Andererseits sind Höchsterträge ohne Einsatz von Pflanzenschutzmitteln nicht zu realisieren. Je nachdem in welchem Umfang bestimmte Biozide eingesetzt werden, können Umweltbelastungen eintreten. Das Dilemma der Wahl zwischen ertragssteigernden Maßnahmen, die eine Verschwendung der Ressourcen vermeiden, und ertragssichernden Maßnahmen, die in Form von Bioziden die Umwelt belasten können, ist bisher noch nicht gelöst. Bessere Techniken, größeres Können und Wissen und vor allem rechtzeitiges, sachdienliches Handeln können zur Lösung dieses Problems beitragen.

Auf der anderen Seite steht der „ökologische" Landbau. Er verzichtet vollständig auf synthetisch hergestellte Dünge- und Pflanzenbehandlungsmittel, strebt einen möglichst geschlossenen Nährstoffkreislauf im Betrieb an und ist bei der Gewinnung von Stickstoff als Betriebsmittel auf den Anbau von mehrjährigen, stickstoffsammelnden Futterpflanzen angewiesen. Die produktive Verwertung des Futteraufwuchses zwingt zur Viehhaltung. Zwar wird auch mit dieser Wirtschaftsweise ein möglichst hoher ökonomischer Ertrag angestrebt, doch nur unter Einhaltung bestimmter Restriktionen. Ein langfristig erfolgreiches Wirtschaften ist nur möglich, wenn für jede Situation ein standortangepaßtes Verbundsystem von Produktionseingriffen und natürlichen Regelmechanismen gehandhabt wird. Dieses, ökologische Gegebenheiten betonende Konzept, kann auch als „systemorientierte" Verfahrensweise bezeichnet werden. Im angelsächsischen Sprachraum wird diese Wirtschaftsweise auch „sustainable agriculture" genannt, weil ihr Schwerpunkt auf der nachhaltigen Nutzung der betriebseigenen Ressourcen liegt.

Zwischen diesen beiden Extremen, die übrigens in der Praxis durch viele Übergänge verbunden sind, steht der Versuch, die ökonomischen mit den ökologischen Forderungen zu vereinen, nämlich der „integrierte" Landbau.

5.1 Grundsätze des Integrierten Landbaues

Integrieren heißt „unter einem Dach vereinen, als Ganzes behandeln". Integrierte Pflanzenproduktion bedeutet deshalb zunächst nicht mehr, als den Pflanzenbau eines Betriebes, gegebenenfalls auch unter Einschluß der Viehhaltung, nach ganzheitlichen Gesichtspunkten zu gestalten. Alle Maßnahmen in den einzelnen Produktionsverfahren sind so aufeinander abzustimmen, daß sie auf lange Sicht zum Vorteil der Produktion des ganzen Betriebes zusammenwirken. Diese Vorstellung verlangt, daß der Landwirt seine Entscheidungen nicht allein an dem unmittelbaren Erfolg seiner Maßnahmen ausrichtet, sondern versucht, über die kurzfristigen, ganz eng miteinander verknüpften Ursache-Wirkungs-Beziehungen hinaus zu denken und mögliche Neben- und Fernwirkungen seiner Maßnahmen vorausschauend in Betracht zu ziehen. Das gilt eigentlich für jede rationale Betriebsführung und ist an sich kein besonderes Merkmal des hier zu erörternden Konzepts.

Dennoch war dieser Gedanke offenbar in Vergessenheit geraten, als im Pflanzenschutz, insbesondere im Obstbau, die Anzahl und die Intensität der Eingriffe mit chemischen Pflanzenbehandlungen immer weiter anstieg. Einsichtige Beobachter kamen zu dem Schluß, daß der zunehmende Regelungsbedarf hauptsächlich mit dem Verlust der natürlichen Feinde von Schädlingen zusammenhing. Damit war das Konzept einer nützlingsschonenden Schädlingsbekämpfung, d.h. des „Integrierten Pflanzenschutzes" gefunden. Aus der Einsicht, daß erst mit der Gesamtheit aller Eingriffe ein System natürlicher Begrenzungsfaktoren für Pflanzenkrankheiten und Schädlinge entstehen kann, wurde das Konzept weiter entwickelt zur „Integrierten Pflanzenproduktion". Auch diese Vorstellung reicht nicht, wenn man die Forderung erfüllen will, daß Landwirtschaft insgesamt umweltschonend betrieben werden soll. Aus der wechselseitigen Verflechtung zwischen Tier- und Pflanzenproduktion muß ein „Integrierter Landbau" werden.

Unter Integriertem Landbau versteht man standort- und umweltgerechte Systeme der Pflanzenproduktion – und im erweiterten Sinne auch der Tierproduktion –, in denen unter Beachtung ökologischer und ökonomischer Anforderungen alle geeigneten und vertretbaren Verfahren des Acker- und Pflanzenbaus, der Pflanzenernährung und des Pflanzenschutzes in möglichst guter Abstimmung aufeinander unter Nutzung sowohl des biologisch-technischen Fortschrittes als auch natürlicher Begrenzungsfaktoren eingesetzt werden, um langfristig sichere Erträge und betriebswirtschaftlichen Erfolg zu gewährleisten (HEITEFUSS 1990).

Die aus dieser Definition abzuleitenden Grundsätze sollen noch einmal verdeutlicht werden.

1. Unsachgemäße, übertrieben hohe Intensität in der Feld- und Graslandwirtschaft ist auf das dem jeweiligen Produktionsziel angemessene Maß zurückzunehmen. Diese Forderung ist um so dringender, je mehr die einzelnen Produktionsmaßnahmen zu einer Umweltbelastung führen. Ihre Erfüllung entspricht dem

Gebot ökonomischer Vernunft, wenn mit der Rücknahme das Wirtschaftsergebnis verbessert werden kann.
2. Bodennutzungssysteme sind so zu gestalten, daß „integrierend" wirkende Funktionen des Agrarökosystems zur Vermeidung von Ertragsverlusten und zur Minderung von Produktionskosten genutzt werden können. Zu diesem Zwecke muß die Wirksamkeit von natürlichen, systemeigenen Prozessen verbessert werden, die auf dem Wege der Selbstregelung den unvermeidlichen Schäden durch Pflanzenkrankheiten und Schädlingen vorbeugen oder sie mindern und die Stabilität des Produktions- und Ökosystems steigern.
3. Umweltbelastende Folgen der Pflanzenproduktion sollen verhindert werden. Dazu müssen bestimmte Grenzen für den Ein- und Austrag von Stoffen in Boden, Grundwasser und Oberflächengewässer, in die Atmosphäre und damit auch in andere naturnahe Ökosysteme eingehalten werden.
4. Die Grundsätze sollten in einer Weise erfüllt werden, die im Vergleich zur üblichen Produktionsweise nicht den wirtschaftlichen Erfolg mindert.

Demnach ist der Integrierte Landbau eine Form der heutigen intensiven Landwirtschaft, die sich als „Nebenziele" die Schonung des Naturhaushaltes und die Minderung von Umweltbelastungen gesetzt hat. Diese Wirtschaftsweise wird im neuen Pflanzenschutzgesetz vorgeschrieben und ist als „Integrierter Pflanzenschutz" Bestandteil von Leitlinien für eine ordnungsgemäße Landbewirtschaftung (ANONYMUS 1991).

Alle für den Integrierten Landbau kennzeichnenden Maßnahmen sind in den vorausgegangenen Kapiteln schon behandelt worden. Um das Besondere, vom üblichen Intensivlandbau Abweichende herauszustellen, sei auf die wichtigsten, „integrierend" wirkenden Maßnahmen nochmals hingewiesen.

Das erste Maßnahmenbündel betrifft die Behebung systemimmanenter Fehlleistungen. Sie ist eigentlich für jedes Wirtschaftssystem eine zwingende Notwendigkeit, gewinnt aber im Integrierten Landbau ein besonderes Gewicht, weil ja die Vorgabe erfüllt werden soll, gleichermaßen wirtschaftlich wie umweltschonend arbeiten zu müssen. Mit den Fehlleistungen sind alle kostenträchtigen Eingriffe gemeint, die lediglich der Reparatur systembedingter Schäden dienen. Als Beispiel seien genannt:

1. Besondere Bodenbearbeitungsmaßnahmen, die zur Wiederauflockerung schadverdichteter Böden unternommen werden. Wenn auf lange Sicht Unterbodenverdichtungen aus Gründen unzureichender Arbeitsmacht oder mangelhafter Geräteausstat-

tung nicht zu vermeiden sind, muß zu einem bodenschonenderen Bearbeitungssystem übergegangen werden. Dazu bieten sich die unterschiedlichen Formen einer Mulchwirtschaft an. Das gilt auch für den Anbau von Feldfrüchten, deren Ernte stets mit Schwertransporten auf dem Acker verbunden ist. Wenn sich die Tragfähigkeit der Böden mit einer Festboden-Mulchwirtschaft nicht ausreichend verbessern läßt, muß der Anbauumfang, z.B. von Silomais oder Zuckerrüben, zurückgenommen werden.
2. Zusätzliche, intensive Bekämpfungsmaßnahmen gegen Verunkrautung, Krankheits- und Schädlingsbefall, wenn sie die Folge überhöhter Anbaukonzentration bestimmter Feldfrüchte und zu enger Fruchtfolgen sind. Als besonders eindringliches Beispiel sei die chemische Bodenentseuchung bei hohem Nematodenbefall genannt. Die bisher verwendeten, heute nicht mehr zugelassenen Nematizide haben erheblich zur Kontamination von Trinkwasser beigetragen. Auch sind die Kosten der Bodenentseuchung erheblich. Deshalb sind Maßnahmen zur Herabregelung der Nematodendichte die einzige angemessene Lösung des Problems. Das ist durch Einhalten ausreichender Anbaupausen der Nematoden-Wirtspflanzen, Anbau von Feldfrüchten, die die Nematodendichte durch besondere Mechanismen herabregeln, und durch die Wahl von nematodenresistenten Sorten möglich.
3. Anwendung von wirtschaftseigenen Düngern nur zum Zwecke ihrer Beseitigung und nicht als gezielte, den Bedarf der Feldfrucht deckende Nährstoffzufuhr. Der Verzicht auf die volle Düngewirkung durch Ausbringen lange vor Vegetationsbeginn oder die Inkaufnahme von negativen Wirkungen auf die Pflanzenproduktion durch überhöhte Gaben ist unwirtschaftlich und meist auch noch in erheblichem Maße umweltbelastend. Zeitweilige Festlegung von Güllestickstoff in der Substanzproduktion von Zwischenfrüchten ist nur eine Übergangslösung, wenn die Produktion von wirtschaftseigenen Düngern nicht den Möglichkeiten der zweckmäßigen, mineraldüngersparenden Verwertung im Pflanzenbau angepaßt wird.

Das zweite Maßnahmenbündel zielt auf die Nutzung von natürlichen, systemeigenen Mechanismen zur Begrenzung von Schadorganismen. Voraussetzung dafür ist wiederum eine entsprechende Gestaltung des Bodennutzungssystems. Da der Einsatz von chemischen Bekämpfungsmaßnahmen gegen Verunkrautung, Pflanzenkrankheiten und Schädlingen minimiert werden soll, muß das Bodennutzungssystem besser an die Standortbedingungen angepaßt sein als bei üblicher Wirtschaftsweise. Deshalb sind nur solche Feldfruchtarten und -sorten für den Anbau zu wählen, die unter den gegebenen

Umweltbedingungen ihre volle Leistungsfähigkeit und Widerstandskraft gegenüber etwaigen biotischen und abiotischen Belastungen entfalten können. Zur Stützung dieser Fähigkeit müssen die Bodenfruchtbarkeit maximiert, die unvermeidlich mit der Bodennutzung verbundenen Bodenschäden minimiert werden. Das geschieht durch ausreichende Reproduktion der organischen Bodensubstanz, strukturschonende oder -aufbauende Bodenbearbeitung und möglichst dauernde Bedeckung der Bodenoberfläche mit lebender oder toter Vegetation. Alle diese Maßnahmen sind eigentlich keine Besonderheit des Integrierten Landbaues. Sie müssen aber mehr als im üblichen intensiven Landbau beachtet werden, wenn die Kosten für schadensregulierende Eingriffe gering gehalten werden sollen.

Abweichend vom konventionellen Intensivlandbau, der sich auf wenige, höchst leistungsfähige Feldfruchtarten stützt, werden im Integrierten Landbau größere Vielfalt im Anbauverhältnis und eine Fruchtfolge gefordert, mit der biologische Belastungen der Feldfrüchte durch Unkrautkonkurrenz, Krankheits- und Schädlingsbefall vermindert werden könen. Die dafür geeigneten Arten wie Körnerleguminosen, Hafer sowie Gräser, Leguminosen und Kruziferen im Futterbau sind teils weniger leistungsfähig, teils nur innerbetrieblich verwertbar. Hier lassen sich ökonomische und ökologische Ansprüche nicht allgemein, sondern nur in viehhaltenden Betrieben zur Deckung bringen.

Als ökologisch vorteilhafte Maßnahme mit vielen „integrierenden" Effekten hat sich die Mulchwirtschaft erwiesen. Sie ist aber mit höheren Risiken für den Pflanzenbau behaftet und verlangt vom Anwender größeres Können. Das gleiche gilt für die Bestandesführung im Anbau der Feldfrüchte. Sie wird meist als das eigentliche und wirkungsvollste Instrument des Integrierten Landbaues gesehen, vorausgesetzt, daß sie ausschließlich auf dessen Ziele ausgerichtet wird. Grundlage des Verfahrens ist die Wahl von Sorten mit möglichst breiter Krankheits- und Schädlingsresistenz, deren Wuchsform und Entwicklungsgeschwindigkeit zugleich auch eine ausreichende Kampfkraft gegenüber Ackerwildpflanzen erwarten läßt. In Sortenmischungen können unterschiedliche Reaktionsweisen zu einem besseren Gesamtverhalten kombiniert werden.

Die Maßnahmen zur Bestandesbegründung müssen abgestimmt sein auf die zu erwartenden biotischen Belastungen. Auf die Probleme bei der Entscheidung zwischen frühem und spätem Aussaattermin, niedriger oder hoher Saatstärke wurde schon hingewiesen. Auf jeden Fall sollte das Ergebnis ein Bestand sein, der sich noch „führen" läßt und nicht herabgeregelt werden muß.

Die Unkrautbekämpfung sollte nur in sachlich gerechtfertigten Ausnahmefällen vorbeugend, d.h. ohne Befallsindikation erfolgen.

Die Entscheidungsgrundlage für einen notwendigen Eingriff ist aus der Schadensschwelle abzuleiten. Die zahlreichen Fälle in der Praxis, in denen eine Bekämpfungsmaßnahme wirtschaftliche Nachteile brachte, bestätigen die Auffassung, daß hier eines der stärksten Argumente für den Integrierten Landbau liegen. Durch Beachtung der wirtschaftlichen Schadensschwelle wird das ökonomische Ergebnis verbessert und ein ökologischer Nutzen erzeugt. Das ist möglich, wenn wirtschaftlich nicht gerechtfertigte Eingriffe unterlassen werden.

Gleiches gilt auch für die Maßnahmen zur Begrenzung von Schadorganismen. Eingriff nur bei Überschreiten von Schadensschwellen oder nach begründeter Prognose, Beschränkung der Bekämpfungsmaßnahme auf Rand- und Teilflächen tragen zur Minderung des Einsatzes von chemischen Pflanzenschutzmitteln und von unnötigen Kosten bei. In diesem Zusammenhang muß auf die Bedeutung der Stickstoffdüngung hingewiesen werden. Durch verhaltene, auf die Bestandesentwicklung abgestimmte Düngung, läßt sich bei pilzlichen Blatterkrankungen des Getreides in vielen Fällen deren Ausbreitung begrenzen oder wenigstens verzögern.

Das dritte Maßnahmenbündel zielt auf die Verminderung des umweltbelastenden Eintrags von Stoffen. Im Falle der chemischen Pflanzenbehandlungsmittel ist die Vermeidung aller unnötigen, wirtschaftlich schädlichen Anwendungen das Mittel der Wahl. Bei der Stickstoffdüngung, die zum Eintrag von Nitrat in das Grundwasser führen könnte, gilt der Grundsatz, daß sie ausschließlich auf die Bedarfsdeckung der wachsenden Feldfrucht bezogen sein sollte. Dazu sind alle möglichen Stickstoffquellen, die im Agrarökosystem zur Ernährung der Feldfrucht beitragen können, in Betracht zu ziehen und, wenn sie nicht gemessen werden können, wenigstens in ihrer Größenordnung zu schätzen. Auf diese Größen baut sich der N-Düngungsbedarf einer Feldfrucht auf. Da diese Schätzung nicht treffsicher sein kann, bleibt bei der Vorgabe, auf keinen Fall einen unproduktiven, ja sogar schädlichen N-Austrag zu produzieren, keine andere Möglichkeit als den Stickstoffeinsatz auf eine als sicher angesehene Menge zu begrenzen. Diese Vorgehensweise kann einen Verzicht auf den wirtschaftlichen Höchstertrag bedeuten.

Gegen Bodenerosion sind die schon beschriebenen Maßnahmen anzuwenden, die eine dauernde Bedeckung der Bodenoberfläche und eine Minderung der erosionsauslösenden Faktoren bewirken.

Über die Leistungen dieses Produktionssystems und ihre Bedeutung wird am Schluß dieses Kapitels berichtet.

5.2 Grundsätze und Methoden des Ökologischen Landbaues

Für diese Produktionsweise werden viele synonyme Bezeichnungen verwendet: ökologischer, biologischer, organischer, naturnaher oder alternativer Landbau. Damit sind keine Unterschiede im Konzept dieser Landbaumethode verbunden. Solche gibt es allerdings zwischen unterschiedlichen „Richtungen", die weiter unten behandelt werden.

Allen gemeinsam ist eine bestimmte Weltanschauung, aus der heraus der ökologische Landbau auch zu einer Lebensform wird. So spielen ethische Normen eine Rolle, wie Ehrfurcht vor der Natur und vor dem Leben, aber auch eine gewisse Selbstbescheidung bei den Eingriffen in die Natur. Daraus wird die Einsicht abgeleitet, daß Landbau zwar grundsätzlich eine Störung des bestehenden natürlichen Ordnungsgefüges bewirkt, aber die Natur- und Lebenszusammenhänge mit den Eingriffen des Landwirtes nicht zerstört, sondern nur sinnvoll genutzt werden dürfen.

Mit zu diesem Naturverständnis gehört die Vorstellung vom landwirtschaftlichen Betrieb als einem „Individuum". Boden, Pflanze, Tier und Mensch sollen in ihm eine möglichst geschlossene Einheit bilden. Mensch und Natur werden in einem viel engeren Zusammenhang gesehen als das im heutigen Intensivlandbau der Fall ist. Dieser Zusammenhang wird vor allem in einer Ganzheit gesehen, die sich in Kreisläufen und Zyklen erhält und entwickelt. Deshalb wird von dem „ökologisch" wirtschaftenden Landwirt eine ganzheitliche Betrachtungsweise gefordert. Mehr als in kurzfristig wirksamen Maßnahmen sollte er in Systemen denken, die lebenslang dauern, eine Forderung, die eigentlich auch anders wirtschaftenden Landwirten selbstverständlich sein sollte.

Aus dieser Auffassung vom Wesen einer Landwirtschaft, die mit und nicht gegen die Natur arbeiten soll, werden die folgenden Grundsätze abgeleitet:

1. Die Organisation des Betriebes sollte zu einem möglichst geschlossenen Stoff- und Energiekreislauf führen. Daraus folgt, daß die Stoffzufuhr von außen auf ein Minimum beschränkt bleibt. Das gilt für den Zukauf von Futtermitteln wie auch für Düngemittel. Allerdings muß der Ersatz der aus dem Betrieb exportierten Nährstoffe auf lange Sicht gewährleistet sein.
2. Ein „geschlossener" Betriebskreislauf der Stoffe kann nur durch seine maximale Förderung und Ausnutzung erreicht werden. Dazu ist das Zusammenwirken von Tier- und Pflanzenproduktion unerläßlich. Mehrjähriger Futterbau mit Kleegras und Rindvieh-

haltung sollten daher die Regel sein. Die Tiere müssen überwiegend mit den betriebseigenen Futtermitteln ernährt werden. Der Zukauf von Futtermitteln ist auf ein Minimum zu beschränken. Der Stoffkreislauf wird durch eine größtmögliche Vielfalt bei den angebauten Feldfrüchten gefördert, wenn diese sich in ihren Vorfrucht-Nachfrucht-Wirkungen, insbesondere bei den Nährstoffansprüchen und den hinterlassenen Nährstoffresten (Stickstoffbindung der Leguminosen) ergänzen.

3. Grundlage für den geforderten hohen und raschen Nährstoffumsatz im System sind ein hoher Gehalt des Bodens an umsetzbarer organischer Substanz und ein reiches Bodenleben. Beides wird gefördert durch Bodenruhe unter einer Grasnarbe, möglichst dauernde Bedeckung der Bodenoberfläche mit lebender oder toter Vegetation und durch eine Bodenbearbeitung, die die natürliche Schichtung des Bodens weitgehend erhält (flache Bodenwendung mit gleichzeitig tiefer Bodenlockerung). Der Einsatz der Landtechnik in der Feldwirtschaft sollte so strukturschonend und energiesparend wie möglich erfolgen.

4. Zufuhr von leicht löslichen „synthetischen" Mineraldüngern, insbesondere mineralischen N-Düngemitteln, wird als nachteilig für die Ernährung der Bodenlebewesen und der Pflanzen erachtet. Ebenfalls als belastend für das Bodenleben werden chemische Pflanzenbehandlungsmittel, bestimmte Tiermedikamente und andere xenobiotisch wirksame Stoffe angesehen. Ihre Anwendung ist deshalb nicht erlaubt. Das Gleichgewicht zwischen Aus- und Einfuhr von Nährstoffen im Betrieb muß notfalls mit schwerlöslichen, wenig oder gar nicht aufgeschlossenen Mineraldüngern (Gesteinsmehle) und organischen Düngern (z. B. Algenmehle) hergestellt werden.

5. Die organischen Dünger werden entweder frisch, als Oberflächenmulch auf dem Acker ausgebreitet (Flächenkompostierung) oder in kleinen Mieten mit dünner Bodenbedeckung und reichlicher Sauerstoffzufuhr verrottet (Mietenkompost) und dann ausgebracht. Entsprechend wird mit zugekauften organischen Düngern (z. B. Schweineborsten) verfahren. Nur belüftete Jauche, Blutmehl oder zugekaufte pflanzliche Reststoffe werden direkt gedüngt.

6. Pflanzenkrankheiten, Schädlinge und Ackerwildpflanzen dürfen nicht mit chemischen Pflanzenbehandlungsmitteln bekämpft werden. Sie sollen durch die genetische Widerstands- und Kampfkraft der Feldfrüchte (standortangepaßte, resistente Arten und Sorten), durch geeignete Fruchtfolgen, biotechnologische und biologische Bekämpfungsmaßnahmen (Antagonisten, Hyperparasiten, Leimringe) sowie physikalische Eingriffe (mechanische

oder thermische Unkrautbekämpfung) herabreguliert werden. Förderung von Nützlingen durch Gestaltung der Feldflur (Raine, Hecken) ist anzustreben. Vorbeugende Hygiene, nicht Medikamentierung wird auch für die Tierhaltung verlangt.
7. Erhaltung und Bereicherung der Agrarlandschaft mit vielen naturnahen Strukturelementen gehört ebenfalls mit zu den Aufgaben.

Diese Verfahrensregeln machen deutlich, daß die „Begrenzungsziele" des ökologischen Landbaues erheblich enger gesteckt sind als die des Integrierten Landbaues. Diese Wirtschaftsweise muß weithin ohne die Hilfsmittel auskommen, mit denen der Landwirt im Intensivlandbau Mängel an Nährstoffen ausgleichen und Beeinträchtigung der Ertragsbildung durch Schadorganismen vorbeugen kann. Dennoch bedeutet das nicht ein Beharren auf den Produktionsverfahren der Vorväter. Alle biologischen (Züchtung), biotechnischen (Entwicklung von Methoden und Verfahren) und agrartechnischen Fortschritte (Maschinen und Geräte) können und müssen zur Vervollkommnung dieser Produktionsweise genutzt werden. Nicht zu vernachlässigen ist dabei der Rückgriff auf Kenntnisse, Erfahrungen und Methoden aus der Zeit vor der Intensivierung des Landbaues. So wurde z. B. die „Häufelkultur" (Tab. 15) als Mittel zur Regelung der Unkrautdichte in Reihenfrüchten aus Lehrbüchern des vorigen Jahrhunderts entnommen. Kleinräumige Nährstoffkonzentrationswirtschaft mittels sogenannter Bifänge (Erhöhung der Krumenmächtigkeit durch wiederholten Zusammenschlag beim Pflügen) war früher weit verbreitet und hat in abgewandelter Form mit der Dauer-Dammkultur (Räumen des Mulches bei der Aussaat in den Reihen-Zwischenraum, Anhäufung von Mulch und Krumenboden in der Pflanzenreihe während der Wachstumszeit durch wiederholtes flaches Häufeln in einer gemäßigten Festboden-Mulchwirtschaft) in den USA zunehmend Verbreitung gefunden. Auch dieses Verfahren könnte u. U. im ökologischen Landbau verwendet werden.

Der Verzicht auf die Anwendung großer Mengen pflanzenverfügbaren Stickstoffs und auf alle chemischen Pflanzenbehandlungsmittel hat Folgen für die Lebensmittelqualität der im ökologischen Landbau erzeugten Produkte. Die Bewertung bisher gefundener Unterschiede zu Produkten des Intensivlandbaues bleibt umstritten. Qualität wird üblicherweise beschrieben mit Kriterien der äußeren Beschaffenheit – Größe, Form und Farbe, Frische, mechanische und biologische Schäden –, des Gebrauchswertes für eine weitere Verwendung oder Verarbeitung zu einem bestimmten Produkt – Verluste durch Lagerung und Transport, Keimfähigkeit für die Mälzung, Backqualität u. a. m. – und der ernährungsphysiologischen Qualität, gemessen an Inhaltsstoffgruppen und Verdaulichkeit. Dazu gehört auch der Gehalt an Rückständen von chemischen Pflanzenbehandlungsmitteln, die bei Einhaltung der Anbauregeln des ökologischen Landbaues nur in Form von „Fremdbelastungen", also aus grenzüberschreitenden Allgemeinkontaminationen der Umwelt auftreten können. Das heißt, die Rückstände müßten in „ökologisch" erzeugten Produkten minimiert sein.

Unabhängig von der toxikologischen Bedeutung dieser Rückstände spielt der „Gesundheitswert" eines Produktes eine Rolle für die subjektiv empfundene Qualität. Risiken, die durch Handlungsweisen des Menschen, z. B. durch chemischen Pflanzenschutz entstehen, werden als unnatürliche und zugemutete Gefährdungen gesehen. Im Vergleich zu natürlichen oder freiwillig übernommenen Risiken werden sie deutlich höher bewertet. Dieser bei „Bioprodukten" angenommene höhere „Gesundheitswert" kann sogar Mängel bei anderen subjektiven Qualitätskriterien – äußeres Erscheinungsbild, Geschmack und Geruch – überspielen. Neben diesen mehr psychologischen Effekten bei der Produktwahrnehmung und -beurteilung gibt es ein Qualitätskriterium, das nicht direkt mit dem Produkt, sondern nur mit der Herstellungsweise verbunden ist. Dies ist die im Vergleich zu anderen Produktionsweisen häufig größere Umweltverträglichkeit des ökologischen Landbaues. Der Verbraucher will mit dem Kauf des „ökologisch" erzeugten Produktes einen Beitrag zur Schonung des Naturhaushaltes in der Agrarlandschaft leisten. Die Garantie dafür, daß das Produkt tatsächlich mit den Verfahren des Ökolandbaues hergestellt wurde, geben ihm die Deklarationen und die damit verbundenen Kontrollen von bestimmten Anbauorganisationen. Damit sind auch die unterschiedlichen Richtungen des ökologischen Landbaues angesprochen.

Da die Handelsketten für ökologische Produkte noch nicht voll entwickelt sind, ist der ökologisch wirtschaftende Landwirt häufig auf Direktvermarktung angewiesen. Dies erschwert zur Zeit noch die Ausbreitung des ökologischen Landbaues, doch trägt die Direktvermarktung auch zu einer engeren Bindung zwischen Erzeuger und Verbraucher bei.

Die *biologisch-dynamische Wirtschaftsweise* beruht auf den Lehren der Anthroposophie (RUDOLF STEINER 1861–1925), die auf den naturphilosophischen Einsichten Goethes fußt. Immaterielle Aspekte des Lebensprozesses und ihre Verknüpfung zu einem ganzheitlichen, von der Kraft des Geistes geprägten Ordnungsgefüge bestimmen auch die Grundlagen des Landbaues. Diese hat STEINER in einem Vortragszyklus, dem „Landwirtschaftlichen Kurs" (STEINER 1924) entworfen. Die darin vorgegebenen Maßnahmen sind deshalb nicht immer aus der Sicht der Naturwissenschaft verständlich und sind daher immer wieder Gegenstand der Kritik. Ohne mit den Auffassungen der Anthroposophie vertraut zu sein, sind aber ein Verständnis für diese manchmal merkwürdig anmutenden Verfahrensweisen und deshalb auch ein angemessenes Urteil nicht möglich.

Unter die Besonderheiten fallen die Anwendung von bestimmten Präparaten, die in homöopathischen Dosen eingesetzt werden. Zur Kompostierung von Festmist oder zur Konditionierung von Flüssigmist werden nach speziellen Verfahren bereitete Pflanzenpräparate aus Schafgarbe, Kamille, Brennessel, Eichenrinde, Löwenzahn und Baldrian benutzt. Ein Hornmistpräparat wird hergestellt, indem man Kuhmist in Hörnern über Winter im Boden rotten läßt. Der Inhalt wird in besonderer Weise in Wasser gelöst. Entsprechendes gilt für das aus Quarz bestehende Hornkieselpräparat. Sie werden in großer Verdünnung auf den Acker ausgebracht, das erste Präparat während der Bearbeitung auf den Boden, das zweite mehrfach auf die Pflanze. Produktionstechnische Maßnahmen, auch die Anwendung der Präparate, werden nach Möglichkeit unter Berücksichtigung von Biorhythmen, d.h. entsprechend kosmischer Konstellationen vorgenommen.

Die biologisch-dynamische Wirtschaftsweise hebt sich nicht nur von konventionellen, sondern auch von anderen ökologischen Landbaumethoden ab. Weitere Verbreitung hat sie nur in Deutschland gefunden.

Der *organisch-biologische Landbau* entstand etwa 1930 in der Schweiz durch die Initiative von H. MÜLLER, dem es vor allem um die Sicherung kleinbäuerlicher Betriebe ging. Vorrangig wurde eine Senkung der Produktionskosten und eine Verbesserung der Produktqualität angestrebt. Ökologische Fehlleistungen der Landwirtschaft zu beheben, kam dann hinzu. Die für diese Richtung kennzeichnenden Besonderheiten beruhen auf der Konzeption des Begriffes „Bodenfruchtbarkeit" von H. P. RUSCH (1985), der dessen dynamischen Aspekt betont. Fruchtbarkeit wird als ein Ereignis gesehen, das sich im ungestörten Ablauf aufeinander zugeordneter Lebensvorgänge einstellt. Zu diesen Lebensvorgängen gehört auch der „Kreislauf lebendiger Substanzen" – z.B. von Milchsäurebakterien, Bruchstücken von Nukleinsäuren – im Boden, in Pflanze, Tier und Wirtschaftsdünger. Das entscheidende Kriterium für die Bodenfruchtbarkeit ist die funktionelle Qualität der Prozesse im biologischen Stoffkreislauf.

Aus diesen Vorstellungen leiten sich spezifische Maßnahmen ab. Festmist und andere organische Abfälle werden nicht in kleinen Mieten kompostiert, sondern möglichst sofort auf den Acker ausgebreitet. Die Bodenbearbeitung erfolgt nur mit flacher Wendung, aber gleichzeitig tiefer Lockerung. Mit Hilfe mikrobiologischer Tests wurden unterschiedliche Garezustände definiert. Heute bedient man sich auch konventioneller Bodenuntersuchungen. Zur Förderung der Umsetzungsprozesse im Boden werden bestimmte Humusferment-Präparate eingesetzt.

In extremen Befallssituationen können auch bestimmte, amtlich zugelassene Pflanzenschutzmittel angewendet werden, so z.B. Netzschwefel- und Kupferpräparate gegen Pilzkrankheiten und Pyrethrum-Mittel gegen tierische Schädlinge. Direkte biologische Bekämpfungsverfahren, wie z.B. das Aussetzen von Hyperparasiten oder die Anwendung von Bacillus thuringensis sind zugelassen. Wie auch im biologisch-dynamischen Landbau werden zur Regulierung von Schadorganismen Pflanzenpräparate, Schmierseife und Emulsionen mit Pflanzenölen bevorzugt.

In Frankreich ist die biologische Landbau-Methode nach LEMAIRE-BOUCHER verbreitet. Sie hat vor allem zum Ziel, für Tiere und Menschen „gesunde" Futter- und Nahrungsmittel zu erzeugen. Als theoretische Grundlage gilt die Vorstellung von sogenannten „biologischen Transmutationen" – Umwandlung eines Elementes in ein anderes durch bestimmte Lebensprozesse –, vor allem aber die Erfahrungen mit günstigen Wirkungen der Meeresalge *Lithothamnium calcareum*. Diese Alge wird von den Bauern in der Bretagne schon seit langem als Dünger genutzt. Sie zeichnet sich, neben einem hohen Kalkgehalt, durch einen relativ hohen Magnesium- und Spurenelementegehalt aus. Aus unterschiedlich zerkleinertem, trockenem Algenmaterial werden unter Zusatz von Rohphosphaten, aber auch von organisch gebundenem Stickstoff verschiedene Dünger hergestellt. Die angewendeten Mengen sind mit 150 bis 300 kg je ha gering. Da Getreidestroh als wichtiger Ausgangsstoff für die Humusbildung – als Ernterest auf dem Acker und für die Stallmistproduktion – angesehen wird, sollte der Getreideanteil ein Drittel der Anbaufläche nicht unterschreiten.

Der *ANOG-Landbau* (Arbeitsgemeinschaft für naturnahen Obst-, Gemüse- und Feldfruchtanbau) wurde 1962 von L. FÜRST gegründet und ist in Deutschland und Österreich verbreitet. Hinsichtlich Bodenpflege, Düngung und Fruchtfolge entsprechen seine Grundsätze denen des ökologischen Landbaues. Lediglich bei der Regulierung von Schadorganismen dürfen im Extremfall auch organisch-synthetische Pflanzenbehandlungsmittel eingesetzt werden, soweit sie human- und ökotoxikologisch als unbedenklich angesehen werden. Damit steht dieses System dem konventionellen Landbau am nächsten.

Eines der größten Probleme für den ökologischen Landbau ist es, die Phase der Umstellung vom „chemisch" orientierten auf den „biologisch" orientierten Landbau für den Landwirt so verlustlos wie möglich zu gestalten. Erst nach mehrjähriger Dauer des ökologischen Landbaues werden die erzeugten Produkte von den jeweiligen Organisationen als „ökologisch" produzierte anerkannt und für den Verbrauch mit dieser Qualitätsgarantie versehen. Während dieser Übergangsphase kommt der umstellende Landwirt deshalb noch nicht in den vollen Genuß der höheren Preise, die am Markt für die anerkannten Produkte gezahlt werden. Auf der anderen Seite sinken während dieser Phase nicht selten auch die Feldfruchterträge sehr stark. Erst nach einiger Zeit stellt sich ein neues, höheres Produktivitätsniveau ein, als Folge eines reicheren Bodenlebens, günstigerer Bodenstruktur und vermehrtem Stickstoffangebot aus dem höheren Vorrat an organischer Bodensubstanz. Deshalb sind eine sorgfältige Planung und Vorbereitung dieser Umstellung unerläßlich. Sie wird meist mit vermehrtem Anbau von Kleegras und Zwischenfrüchten zur Gründüngung eingeleitet.

Die Umstellung gelingt am leichtesten in Betrieben, die schon Grasland bewirtschaften und Rindvieh halten, also auch auf dem Ackerland Futterbau – aber nicht mit Mais – betrieben haben. Deswegen ist die Neigung, sich dem ökologischen Landbau zuzuwenden, in Gemischtbetrieben größer als in reinen Ackerbaubetrieben, auf weniger ertragsreichen Wuchsorten größer als auf hochertragreichen.

Probleme der Umstellung gilt es übrigens auch beim Übergang vom Intensivlandbau zum Integrierten Landbau zu bewältigen. Sie liegen in der Änderung von Fruchtfolgen. Diese gelingt immer am besten, wenn sie mit dem Anbau einer Sommerung eingeleitet wird. Der Vorfruchtanspruch einer Sommerung ist im Vergleich zu allen anderen Feldfrüchten der geringste. Sie bietet also die größte Freiheit für die Änderung einer Fruchtfolge.

5.3 Bewertung von Systemen

Verfahren, die zur Schonung des Naturhaushaltes und zur Minderung der Umweltbelastung empfohlen werden, müssen von den Landwirten auch angenommen werden. Ihre Akzeptanz wird um so größer sein, je weniger der wirtschaftliche Erfolg durch sie in Frage gestellt wird. Dennoch sind Maßnahmen wie Erweiterung der Fruchtfolge mit ökologisch vorteilhaften, aber weniger leistungsfähigen Feldfrüchten, Zurücknahme der Düngungs- und Pflanzenschutzintensität oder die dauernde Anwendung einer Mulchwirtschaft in vielen Fällen mit Mindererträgen, häufig auch mit einem höheren Produktionsrisiko verbunden. Das führt zu einem Zielkonflikt zwischen dem ökonomisch maximal möglichen Erfolg und dem Verzicht auf diesen Erfolg zugunsten ökologisch begründeter Ziele.

Tab. 87. Maßstäbe für die Bewertung von Produktionsweisen nebst einer subjektiven Bewertung

Werte	Merkmale	Vermutete Rangordnung der Leistung oder des Bedarfes (1: hoch; 2: mittel; 3: niedrig)		
		Intensiv-Landbau	Integriert. Landbau	Ökolog. Landbau
Ökonomische Rentabilität				
Einzelbetrieb	Deckungsbeitrag, Arbeitslohn, Betriebsgewinn	1	2	3
Volkswirtschaft	Beitrag zur Existenzvorsorge, zum Bruttosozialprodukt, notwendiger Subventionsbedarf	x[1]	x	x
Arbeitsbedarf				
Einzelbetrieb	Arbeitskräfte je ha und Jahr, je Betrieb zugekaufte Lohnarbeit	3	2	1
Vor- und nachgelagerte Industrie	Arbeitskräfte je Sektor, die der Landwirtschaft zuzuordnen sind	x	x	x
Produktion				
Art und Menge der Güter	Produkte, Menge je produzierender Einheit; einzel- und gesamtwirtschaftlicher Wert	1	2	3
Produktqualität	Verarbeitungswert, ernährungsphysiologischer Wert, Konzentration von Schadstoffen, % Verlust bei Ernte, Lagerung und Verarbeitung; fiktive, subjektive Werte	3	2	1
Selbsterhaltungsgrad des Systems				
Produktionssystem				
– Ertragssicherheit	Variationskoeffizient der Erträge	3	2	1

– rel. Geschlossenheit der Nährstoffkreisläufe	Vorratsänderung durch Zu- und Ausfuhr; Humusreproduktion; Schlag- u. Betriebsbilanz. Futtermittelzukauf	3	2	1
– Belastungsgrad durch Schadorganismen	Dichte von Schadorganismen und Wildpflanzen; Schwere und Häufigkeit von Schadensfällen	1	2	3
Agrarökosystem				
– Artenvielfalt	Dichte gefährdeter Arten, relativer Grad der Artenvielfalt	3	2	1
– naturnahe Strukturen in der Landwirtschaft	Art und Umfang naturnaher Biotope und Grad ihrer räumlichen Vernetzung	3	2	1
Umweltbelastung				
Boden	Konzentration von Schwermetallen, von schwer abbaubaren Schadstoffen, stark wirksamen Xenobiotica	1	2	3
Luft	Konzentration reaktiver Stickstoffverbindungen und anderer Schadstoffe; Geruchsbelastungen	1	2	3
Wasser	Konzentration von Nitrat und schädlichen Fremdstoffen	1	2	3
Erosionskontrolle	Höhe des mittleren Austrags je Flächeneinheit; Häufigkeit von katastrophalen Ereignissen	1	2	3
Energieverbrauch	je Produkteinheit, je Betrieb; Menge der im Betrieb direkt oder durch zugekaufte Güter (Geräte, Mineraldünger und andere Stoffe) verbrauchte Energie im Verhältnis zur nutzbaren Energie in Produkten	1	2	3

1) vom Verfasser nicht zu schätzen

Wie Abb. 123 zeigt, hängen die Entscheidungen des Landwirts für die eine oder andere Produktionsweise u. a. auch von den Rahmenbedingungen ab, die die Gesellschaft setzt. Wenn umweltschonender Landbau die politisch angestrebte Norm ist, müssen durch Gesetzgebung und/oder materielle Anreize die Voraussetzungen geschaffen werden, daß sich diese Produktionsweise durchsetzt. Ob aber solche Maßnahmen gerechtfertigt sind und im Einklang mit anderen Rahmenbedingungen das vorgegebene Ziel überhaupt erreichen können, läßt sich nur mit einer umfassenden Analyse und Bewertung der unterschiedlichen Produktionsweisen feststellen.

In Tab. 87 wurde der Versuch unternommen, solche Bewertungsmaßstäbe aufzulisten. Die Reihenfolge der Merkmale entspricht der vermuteten Bedeutung, die diese Merkmale bei den Entscheidungen des Landwirts haben könnten. Deshalb wurde die ökonomische Rentabilität, fußend auf dem Arbeitsbedarf und der Produktivität, an die Spitze gestellt. Mit weitem Abstand folgen dann umweltbezogene Werte, die wie der Selbsterhaltungsgrad des Produktions- und Ökosystems, die möglichen Umweltbelastungen und der Energieverbrauch bisher für den wirtschaftlichen Erfolg kaum Bedeutung haben.

Die für die Bewertung geeigneten Merkmale konnten in einem solchen Überblick weder vollständig aufgezählt noch so eindeutig definiert werden, daß sie vor der Kritik der Fachleute uneingeschränkt bestehen könnten. Das ist hier auch nicht die Absicht. Es sollte lediglich eine Vorstellung davon vermittelt werden, wie umfangreich und mannigfaltig die zu berücksichtigenden Kriterien sind. Im Grunde stellt diese Liste eine bisher noch nicht in Angriff genommene Forschungsaufgabe dar.

Die vom Verfasser vorgenommene Wertung der drei Produktionsweisen fußt nur auf seinen Eindrücken und Erfahrungen, ist also gänzlich subjektiv und beansprucht keine allgemeine Gültigkeit. Letzteres ist allein schon deshalb nicht möglich, weil in der Wirklichkeit jeder einzelne Fall von den jeweils besonderen Umständen geprägt wird. Außerdem gibt es zwischen den drei genannten Produktionsweisen zahlreiche Übergänge. Daher dürfen die den Produktionsweisen zugeordneten Ziffern allenfalls als Anregung zu weiterer Forschungsarbeit, nicht aber als das Ergebnis einer solchen gesehen werden. Die subjektive Einschätzung des Verfassers, wie sie in den Ziffern ausgedrückt wurde, besagt, daß der Integrierte und ökologische Landbau unter den heutigen Rahmenbedingungen den ökonomischen Anforderungen weniger genügt als der Intensivlandbau. Umgekehrt werden von diesem die ökologischen Forderungen, Umwelt und Naturhaushalt stärker zu schonen, am wenigsten erfüllt. In dieser Hinsicht ist der ökologische Landbau das umweltverträglichste System.

Ungelöst ist bei dieser Gegenüberstellung die Frage, welchem der beiden Bewertungskomplexe, dem ökonomischen oder dem ökologischen, das größere Gewicht zuzumessen ist. Im Einzelfall wird die jeweils unterschiedliche Situation den Ausschlag für eine Entscheidung geben. Für die Allgemeinheit dagegen muß der Zielkonflikt zwischen „Ökonomie" und „Ökologie" von der Gesellschaft politisch entschieden werden.

Vor die Aufgabe gestellt, die jeweils optimale Betriebsorganisation zu verwirklichen, muß sich der Landwirt mit seinen Zielvorstellungen drei Rahmenbedingungen anpassen. Die erste ergibt sich aus den standörtlichen Voraussetzungen wie Boden, Klima u. a. m., und den Möglichkeiten ihrer Nutzung und Gestaltung. Die zweite besteht in der Faktorausstattung seines Betriebes, der Größe der landwirtschaftlichen Nutzfläche, der verfügbaren Arbeitsmacht, seine Ausstattung mit Gebäuden, Geräten und anderen Kapitalmitteln zur Führung des Betriebes. Die dritte Rahmenbedingung hängt von den Märkten für Produkte und Produktionsmittel sowie von staatlichen Auflagen für bestimmte Maßnahmen, z. B. in einem Wasserschutzgebiet, ab. Bei dieser dritten Gruppe von Rahmenbedingungen bestimmt zwar der Landwirt durch sein Handeln mit, wie die Bedingungen sich gestalten, doch nur als einzelner unter vielen. Von größerem Einfluß sind immer die übergeordneten Kräfte in Wirtschaft und Gesellschaft.

Zwischen diesen Polen sucht der Landwirt nun mit seiner Betriebsorganisation langfristig die günstigste Gleichgewichtslage einzuhalten, möglichst auch unter Berücksichtigung seiner Fähigkeiten und Fertigkeiten, seinen Wünschen und Hoffnungen.

Der Betrieb im Gleichgewicht mit den inneren und äußeren Rahmenbedingungen ist der Forschungsgegenstand der Wirtschafts- und Sozialwissenschaften des Landbaues. In einem engeren Rahmen müssen sich aber auch die Pflanzenbauwissenschaften mit dieser Frage beschäftigen, nämlich wenn es um Probleme geht, wie durch Gestaltung von Bodennutzungssystemen der Zielkonflikt zwischen „Ökonomie" und „Ökologie" gelöst werden kann. Auch das ist zunächst einmal eine Forschungsaufgabe. Es müssen methodische Ansätze für eine ganzheitliche Bewertung von ökologischen Zuständen in unterschiedlichen Bodennutzungssystemen gesucht werden. Diese Bewertung muß dann mit den bekannten ökonomischen Kriterien zu einer Gesamtbewertung kombiniert werden.

Ein solcher Ansatz wurde kürzlich von HEYLAND (1990) vorgestellt. Er bewertete Systemwirkungen des Betriebsmitteleinsatzes in den Subsystemen: Biozönose, Luft-Wasserhaushalt, Nährstoffe, Humus, Emission und Kosten (Kapital) unter den Gesichtspunkten, „Umsatz" und „Speicherung" im Boden mit relativen Rangzahlen (1: gering; 9:

sehr hoch). Daraus bildete er mittlere Rangziffern für Fruchtfolgen. Dieser Ansatz erscheint als erste Annäherung an das zu lösende Problem zunächst als durchaus brauchbar. Doch genügt er nicht den Anforderungen, die zur Beschreibung eines dynamischen Systems nötig und wohl auch schon möglich sind. Ferner ist die Bedingung nicht erfüllt, daß das Verfahren, mit dem die Rangziffern gewonnen werden, keine Schätzung, sondern ein reproduzierbares Meßverfahren sein sollte.

In diesem Zusammenhang muß auf einen Forschungsansatz hingewiesen werden, der zu Beginn des 19. Jahrhunderts von ALBRECHT THAER (1752–1828) und seinem Schüler CARL VON WULFFEN (1785–1853) entwickelt wurde. Wenn man von dem unzugänglichen naturwissenschaftlichen Kenntnisstand dieser Zeit absieht, genügt er den oben genannten Forderungen. Damals wie heute ging und geht es um die Beschreibung eines angestrebten Gleichgewichtszustandes. Zu Beginn des 19. Jahrhunderts fehlte den Betrieben die Möglichkeit, Nährstoffmangel durch Mineraldünger auszugleichen. Deshalb bedurfte es einer „Lehre über das Verhältnis, in welchem die Kraft des Bodens, der Ertrag der Ernten und die Erschöpfung des Bodens gegeneinander stehen" (THAER 1809). Heute ist eher das Gegenteil der Fall. Übermäßige Stickstoffzufuhr und ständiger Einsatz von chemischen Pflanzenschutzmitteln belasten die Umwelt. Das heißt, nicht der Mangel, sondern der Überfluß muß geregelt werden. Um die Lehre von der „Statik des Landbaues" begreiflich zu machen, muß etwas weiter ausgeholt werden.

In der Zeit des Mangels barg jeder verstärkte Export von Nährstoffen aus dem Betrieb, z. B. mit Marktfrüchten, die Gefahr des Raubbaues an der Bodenfruchtbarkeit in sich. Die wegen des Bevölkerungszuwachses notwendige und ökonomisch an sich auch erstrebenswerte Ausdehnung des Anbaues von verkaufsfähigen Feldfrüchten wurde begrenzt durch den Verlust an nachhaltiger Ertragsfähigkeit des Bodens.

Der damals führende Landbauwissenschaftler ARTHUR YOUNG (1741–1820) erkannte den Zielkonflikt zwischen kurzfristiger Steigerung des ökonomischen Gewinns und der Notwendigkeit, auf möglichen Gewinn zu verzichten und stattdessen in die Erhaltung von Bodenfruchtbarkeit zu investieren; eine Alternative, vor der auch manche „Öko"-Betriebe stehen. Mit seiner Vorstellung von einer **ausgewogenen Wirtschaftsweise**, – the proportioned farm –, glaubte Young beide Ziele in Einklang bringen zu können, nämlich sowohl die Maximierung des ökonomischen Gewinnes als auch die Erhaltung, wenn nicht sogar die Steigerung der Bodenfruchtbarkeit. Die von ihm vorgeschlagenen Planungsschritte zur Gestaltung der Betriebsorganisation zielten auf eine wechselseitige Unterstützung aller im Produktionssystem enthaltenen Elemente – Viehhaltung, Futterwirtschaft, Düngerproduktion und Marktfruchtanteil –, d. h. auf eine möglichst gut verwirklichte **Kreislaufwirtschaft**.

Die Lehre vom Betrieb im Gleichgewichtszustand zwischen Nährstoffentzug und Nährstoffzufuhr wurde in mathematischer Form von v. Wulffen in den „Ideen zur Grundlage einer Statik des Landbaues" (1823) entworfen. Sie erfolgte in einfacher mathematischer Form durch die Formel „Ertrag gleich Tätigkeit mal Reichtum". Heute könnte man sie verdeutlichen mit: N-Entzug in der Erntemasse = Rate der Nettomineralisation von N_{org} mal Menge von N_{org} im Boden. Indem er die Nährstoffentzüge mit den Erträgen gleichsetzte, konnte v. Wulffen die drei Glieder der Gleichung quantifizieren (Verfahren: siehe de Wit 1969).

Auf mehrere aufeinanderfolgende Feldfrüchte angewandt war es möglich, die Veränderung des „Reichtums" eines Feldschlages oder eines ganzen Betriebes zu verfolgen. Die Lehre von der Statik beschrieb also in Wirklichkeit eine im Betrieb ablaufende Dynamik, in der die Erträge der Nachfrüchte von den Erträgen der Vorfrüchte abhängig waren. Bei gleichbleibender „Tätigkeit" nehmen deshalb die Erträge und der Reichtum in immer kleineren Schritten ab, bis hin zur Erschöpfung, falls das dem Boden entzogene Produktivvermögen nicht ersetzt wird.

Fortdauernder Entzug mußte durch entsprechenden Ersatz ausgeglichen werden. Das erfolgte durch Stallmistdüngung oder durch den Anbau „tragender", d.h. die Bodenfruchtbarkeit regenerierender Feldfrüchte, wie z.B. durch Kleegras. V. Wulffen versuchte auch, die Menge des mit solchen Maßnahmen wieder zugeführten „Reichtums" berechenbar zu machen. Dabei brachte er, dessen Gedanken auf den Nährstoffkreislauf im Betrieb gerichtet war, den Düngewert des Stallmistes mit der Menge an Futter, die zur Produktion einer Einheit Stallmist benötigt wurde, in Beziehung. Damit konnte er die Düngermenge in Größeneinheiten des Ernteentzuges ausdrücken.

Zum Zwecke der Quantifizierung führte v. Wulffen eine Verhältniszahl von entzogenem zu zugeführtem Produktivvermögen ein, den Gattungsquotienten. Dieser war gleich 1, wenn der Entzug an „Reichtum" durch die Erntemasse vollständig wieder durch die Mistmenge ersetzt werden konnte, die aus der Verfütterung der Erntemasse einer gleich großen Flächeneinheit entstanden war. Da ihm bekannt war, daß im Verlauf der Verfütterung und Mistproduktion Verluste an Produktivvermögen eintreten und ferner, daß auch die auf dem Acker verbleibenden Wurzeln und Stoppeln der Vorfrüchte zur Erhaltung des Produktivvermögens beitrugen, erweiterte er das Statische Gesetz um die entsprechenden Koeffizienten.

Auf diese Weise gelang ihm ein mathematischer Ansatz, mit dem die jeweiligen Mengen an Produktivvermögen im Boden der einzelnen Felder oder des Betriebes insgesamt in Abhängigkeit von den Maßnahmen in Feld- und Viehwirtschaft berechenbar gemacht und als Entscheidungshilfe für die Gestaltung der Betriebswirtschaft genutzt werden konnten. Der Betrieb wurde als ein offenes, rekursives System betrachtet, in dem die Transfer-Raten und die betriebswirtschaftlichen Entscheidungen in monokausaler Weise vom Zustand des Systems und den Marktveränderungen bestimmt werden konnten (de Wit 1969).

Eine zentrale Zielgröße in v. Wulffens Lehre war der **„Beharrungspunkt"** der Bodenfruchtbarkeit in einem Landbausystem, das heißt der

Gleichgewichtszustand zwischen Zufuhr und Entzug von Produktivvermögen. Welcher Beharrungspunkt optimal für eine Wirtschaft ist, hängt u. a. von den angebauten Feldfrüchten ab. Natürlich sollten die ökonomisch verwertbaren Erträge, z. B. der Kornertrag des Roggens, so hoch wie möglich sein. Doch durfte das Produktivvermögen im Boden nicht so gesteigert werden, daß wegen zu hoher Strohproduktion des Roggens Lager eintrat und damit das Ernterisiko zu hoch wurde.

Aufgrund solcher Optimierungsziele war v. WULFFEN in der Lage, für jeden Betrieb den Umfang der Futterproduktion auszurechnen, der für die Produktion einer bestimmten Menge an wirtschaftseigenem Dünger benötigt wurde, die nicht nur das angestrebte Produktionsniveau langfristig gewährleistete, sondern auch den Export von Produktivvermögen aus dem Betrieb durch den Verkauf von Marktfrüchten zu kompensieren in der Lage war. Dabei ließ er dem Landwirt die Wahl zwischen zwei Verfahrensweisen. Entweder lief die Wahl der Bewirtschaftungsmaßnahme darauf hinaus, die „Tätigkeit", das Umsetzungsvermögen der Böden gering zu halten, so daß der Beharrungspunkt bei einem hohen Vorrat an „Reichtum" im Boden eingestellt wurde. Oder umgekehrt konnte die Aktivitätsrate gesteigert werden und ein Beharrungspunkt bei einem niedrigen Niveau an „Reichtum" angestrebt werden,

V. WULFFEN selbst suchte einen Mittelweg einzuhalten. Das erlaubte ihm in Jahren mit niedrigen Getreidepreisen den Ackerbau so zu gestalten, daß der Umsatz an Produktivvermögen, die „Tätigkeit" gesenkt wurde. Auf diese Weise wurde der Boden mit Produktivvermögen angereichert. In Jahren mit hohen Getreidepreisen konnte er durch Ausweitung des „abtragenden" Getreidebaues etwas Raubbau treiben, um so die günstige Marktsituation für eine Steigerung der Rentabilität des Betriebes insgesamt zu nutzen.

Dieses Beispiel zeigt, worin die Vorzüge der Idee v. WULFFENS bestehen: Er entwarf und erprobte ein System, mit dem die Folgen betriebswirtschaftlicher Entscheidungen über längere Zeiträume vorhergesehen werden konnten. Damit wurde es möglich, dem von YOUNG angestrebten Ziel eines „wohlproportionierten" Betriebes näher zu kommen.

Dieses umfassende, dynamische Betriebsmodell von v. WULFFEN bietet sicherlich auch noch Denkanstöße für die heutige Forschung, wenn es darum geht, ganzheitliche Zusammenhänge zu bewerten. Auch in dem folgenden Problem sieht der Verfasser Ansatzpunkte zu weiterführender Forschung.

Bodennutzungssysteme wurden seit THAER's Zeiten nach Kriterien klassifiziert, die auf das Ziel der Erhaltung der Bodenfruchtbarkeit gerichtet sind. Dieses Prinzip kann unter den heutigen Bedingungen nicht mehr genügen. Denkbar wäre auch eine Unterscheidung der verschiedenen Bodennutzungssysteme nach dem Grad der Selbstregulation und Geschlossenheit eines Agrarökosystems. Da dieses Merkmal von vielen, miteinander verknüpften Zuständen und Beziehungen abhängt, kann es nur mit Hilfe mehrerer komplexer Meßziffern abgebildet und annähernd quantifiziert werden. Um die Überschaubarkeit zu wahren, sollen in einer ersten Annäherung zunächst nur drei Variable betrachtet werden (Abb. 124):

1. Ausmaß der Bodenruhe und des Umfanges der Reproduktion von organischer Bodensubstanz im Bodennutzungssystem:
Unter der dauernden Bedeckung eines Bodens mit lebender oder

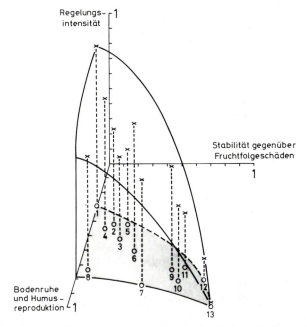

Abb. 124. Kennzeichnung von Bodennutzungssystemen nach dem Ausprägungsgrad der in ihnen wirksamen Selbstregelung (Stabilität gegenüber Fruchtfolgeschäden, Dauer der Bodenruhe unter Vegetation und Grad der Humusreproduktion) und der kompensierenden Fremdregelung (Intensität der Düngung und des Pflanzenschutzes: ○ geringe, 1 hohe Merkmalsausprägung); 1: Kartoffel-Selbstfolge; 2: Körnermais-Selbstfolge; 3: Silomais-Selbstfolge in Mulchwirtschaft mit Grasuntersaat; 4: Z.Rüben – W. Weizen – S. Gerste – Kartoffeln – Kartoffeln; 5: Kartoffeln – W. Roggen – Silomais – Silomais; 6: Z. Rüben – W. Weizen – W. Weizen; 7: Z. Rüben – W. Weizen – W. Gerste/Zwischenfrucht; 8: W. Raps – W. Weizen – W. Gerste; 9: K. Erbsen – W. Raps – W. Weizen – W. Roggen/Untersaat – Kartoffeln – W. Weizen; 10: Z. Rüben – W. Weizen – W. Roggen/Untersaat – Feldgras – Hafer; 11: Z. Rüben – W. Weizen – Ackerbohnen/Hafer – W. Gerste/Zwischenfrucht; 12: Faserlein – W. Weizen – W. Roggen/Untersaat – Gras – Gras – Kartoffeln – W. Weizen/Zwischenfrucht; 13. Dauergrasland.

toter Vegetation übersteigt mindestens während einer Anfangsphase die Reproduktion der organischen Bodensubstanz deren Abbau. Humusanreicherung fördert das Bodenleben und schließt den Kreislauf der Nährstoffe enger, schützt den Boden vor Erosion und mindert den Austrag von Schadstoffen, nicht aber immer den von Nitrat.

In die Meßziffer könnten die folgenden Faktoren eingehen: Dauer der Bodenbedeckung im Ablauf einer Rotation; Umfang der Reproduktion von organischer Substanz durch Erntereste; Gründüngung und Zufuhr von organischer Düngung; Intensität (Tiefe, % Anteil der bearbeiteten Fläche) und Häufigkeit der Bodenbearbeitung bei allen Feldfrüchten, die in einem Bodennutzungssystem vereint sind.

Für Dauergrasland (Abb. 124, Nr. 13) erreicht diese Meßziffer ihren relativen Höchstwert und im Daueranbau mit Kartoffeln (Nr. 1) einen sehr niedrigen Wert.

2. Grad der Stabilität eines Bodennutzungssystems gegenüber fruchtfolgebedingten Ertragseinbußen:
Mit steigender Anbaukonzentration einzelner Feldfruchtarten oder -artengruppen reichert sich der Boden mit spezifischen Schaderregern an. Ebenso nimmt die Dichte bestimmter Ackerwildpflanzen zu, die an bestimmte Feldfrüchte besonders angepaßt sind. Je größer die Vielfalt der Feldfrüchte mit unterschiedlicher Wirtseignung gegenüber bodenbürtigen Schaderregern ist, je weniger die Feldfrüchte eine spezifische Verunkrautung fördern, desto geringer werden die fruchtfolgebedingten Ertragseinbußen sein.

Die Meßziffer der fruchtfolgebedingten Ertragsstabilität könnte aus empirisch ermittelten Beziehungen zwischen Anbaukonzentration einer Feldfrucht und der Dichte der Schaderreger (Verunkrautung) und zwischen der Dichte des Schaderregers (Unkraut) und der Höhe des verursachten Schadens abgeleitet werden. Dabei müssen einzelne Schadursachen entsprechend ihrer Bedeutung für die Stabilität des Bodennutzungssystems und unter Berücksichtigung der Standortbedingungen gewichtet werden.

Den höchsten relativen Stabilitätsgrad weist eine artenreiche, sich selbst regenerierende Grasnarbe auf, den geringsten relativen Stabilitätsgrad die Selbstfolge von Futter- und Körnerleguminosen.

3. Ausmaß der Regelungsintensität beim Anbau der Feldfrüchte in einem Bodennutzungssystem:
Um fruchtfolgebedingte Ertragseinbußen zu vermindern, führt der Landwirt kompensierende Maßnahmen durch: Vermehrter

Pflanzenschutz, verstärkte Unkrautbekämpfung und gesteigerte Düngerzufuhr. Hohe N-Düngung bedingt in der Regel auch intensiveren chemischen Pflanzenschutz. Mit steigender Regelungsintensität werden deshalb mehr verschiedenartige Produktionsmittel (Herbizide, Fungizide, Insektizide, Nematizide, Wachstumsregulatoren) angewendet. Bei steigender N-Düngung nimmt die Anzahl der Teilgaben zu.

Die relative Meßziffer der Regelungsintensität könnte daher in erster Annäherung aus der Anzahl der insgesamt in einem Bodennutzungssystem angewendeten Mittel einschließlich der Anzahl Teilgaben bei bestimmten Mitteln, abgeleitet werden. Diese Ziffer sollte mit der Bedeutung der einzelnen Mittel für die Umwelt und für die Erhaltung der Artenvielfalt im Agrarökosystem gewichtet werden.

Die Regelungsintensität ist frei wählbar. In „ökologisch" wirtschaftenden Betrieben, die auf mineralische Stickstoffdüngung und chemische Pflanzenbehandlungsmittel verzichten, ist sie sehr gering, wenn man von Maßnahmen zur mechanischen oder thermischen Unkrautbekämpfung absieht.

In einem ersten Ansatz wurde versucht, einige Bodennutzungssysteme nach den genannten Kriterien in ein gemeinsames Beziehungsgefüge einzuordnen (Abb. 124). Die Darstellung beruht auf der vorläufigen, subjektiven Einschätzung des Verfassers. Die Lage jedes Bodennutzungssystems innerhalb der 3 Koordinaten repräsentiert das geschätzte Ausmaß der Selbst- oder Fremdregulation eines durch die Art der Bodennutzung geprägten Agrarökosystems. Dabei ist zu beachten, daß der Grad der Regelungsintensität eine Größe ist, die sehr variabel vom Landwirt gestaltet werden kann. Für das hier entworfene Beziehungsgefüge wurde für jedes Bodennutzungssystem eine „übliche" Regelungsintensität angenommen. Sie könnte aber im Einzelfall stark abweichen, so beispielsweise z. B. im System Nr. 12, wenn es von einem „ökologisch" wirtschaftenden Landwirt betrieben würde.

Mit Hilfe geeigneter statistischer Prüfmethoden könnten in einem solchen Beziehungsgefüge Gruppen von Bodennutzungssystemen unterschieden werden, die sich in ihrem „ökologischen Wert" ähneln. Die Quantifizierung solcher Größen setzt eine eingehende und umfassende Kenntnis von den Wirkungen der Eingriffe in ein Bodennutzungssystem, den dadurch angestoßenen Ablauf der Prozesse und ihren Wechselbeziehungen voraus. Diese noch lange nicht ausgefüllte Forschungsthematik muß künftig immer unter dem Gesichtspunkt der Stabilität von Agrarökosystemen gesehen werden.

510 Bodennutzung im Konfliktfeld Ökologie/Ökonomie

Das Objekt der Pflanzenbauforschung wird deshalb immer weniger die kurze, lineare Kausalkette zwischen Eingriff und Feldfruchtertrag sein und immer mehr die Quantifizierung komplexer Zusammenhänge im Agrarökosystem. Dazu soll auch das hier vorgestellte Bewertungsmodell anregen.

Ausblick

Die beiden bisherigen Auflagen dieses Buches endeten mit einer Erörterung der Frage, wie denn der Nahrungsmittelbedarf der rasch wachsenden Weltbevölkerung zu decken sei. Trotz der ständig steigenden Produktivität der Landwirtschaft ist dieses Problem ungelöst geblieben. Es wird wohl auch ungelöst bleiben, wenn nicht die strukturelle Armut der Bauern, ihre Benachteiligung bei der Teilhabe an Land, Kapital und anderen produktionssteigernden Ressourcen behoben, eine gleichmäßigere Verteilung der Lebensmittel in der jeweiligen Gesellschaft erreicht und das Bevölkerungswachstum gebremst wird. Zur Lösung dieser Probleme müssen zwar die Entwicklungsländer selbst am meisten beitragen. Doch auch die reichen Industrieländer sind gefordert: Sie dürfen mit den natürlichen Ressourcen nicht so verschwenderisch umgehen, müssen beim Austausch von Wirtschaftsgütern partnerschaftliche Handelsbeziehungen schaffen und eine Entwicklungshilfe leisten, die sowohl den ökologischen wie den gesellschaftlichen Bedingungen gerecht wird.

Zu diesem alten Entwicklungsproblem hat sich ein neues gesellt. Dies ist weniger die Folge neuer Fakten, sondern beruht mehr auf dem wachsenden Bewußtsein, daß die Welt endlich ist und dem daraus resultierenden Zweifel, ob denn ein immer intensiver betriebener Landbau nicht doch noch die Grundlagen künftigen Lebens zerstören könnte, eine Frage übrigens, die vor allem auch für andere Erscheinungsformen des Lebens in den Industriegesellschaften gestellt werden muß.

Neben die Frage, was denn an Landbau zur Existenzsicherung notwendig ist, drängt sich die zweite, wie denn Landbau betrieben werden soll. Muß es „sustainable agriculture" (siehe Seite 487) sein oder darf es auch weiterhin ein Landbau sein, der mit allen verfügbaren Mitteln, die eine technisch-wissenschaftlich orientierte Gesellschaft anbietet, ein Agrarökosystem zu höchster Leistung treibt? In einer pluralistisch formierten Gesellschaft wird es dazu keine allgemein verbindliche Antwort geben. Jeder einzelne muß sich um seine Antwort bemühen und wird sie auch entsprechend den oben genannten Rahmenbedingungen und seiner persönlichen Präferenzen finden.

Die Pflanzenbauwissenschaft kann für diesen Entscheidungsprozeß nur die Grundlagen liefern und die Voraussetzungen schaffen, daß die Entscheidungen nach rationalen, allen einsichtigen Gründen gefunden werden. Das ist nur mit Hilfe einer Entscheidungslehre des Pflanzenbaues möglich. In ihr müssen die formalen Schritte des Entscheidungsprozesses mit der Fachkompetenz des „Experten" verknüpft werden. Diese Fachkompetenz entsteht durch die Kenntnis von Daten (Faktenwissen), von Strukturen (Verknüpfungswissen) und den aus der Erfahrung gewonnenen Vorstellungen über mögliche Auswirkungen eines Eingriffes (Umsetzungswissen).

Entscheidungen werden geprägt durch Zielvorstellungen. Hier liegt das eigentliche Problem einer Entscheidungslehre. Sie kann und sollte mindestens bei den großen, alles beherrschenden Entscheidungen, die für lange Fristen getroffen werden, keine Zielvorstellungen entwickeln. Ihre Aufgabe ist es, lediglich den Weg zur Entscheidung zu weisen.

Ziele können mit drei Dimensionen umrissen werden, nämlich in bezug auf den Zielinhalt, das Maß des Zielerreichungsgrades und den Zeitraum, in dem ein Ziel erreicht werden soll. Es gibt quantifizierbare und nicht quantifizierbare Ziele, über- und untergeordnete, Haupt- und Nebenziele, miteinander konkurrierende, sich ergänzende und voneinander abhängige Ziele. Allein diese Aufzählung macht deutlicht, wie komplex eine Zielentscheidung ist. Sie kann rational nur vollzogen werden, wenn die Konsequenzen der wählbaren Alternativen in variablen Situationen vorausgesagt werden können. Für diese Prognose sind die Erwartungswerte der Ergebnisgrößen zu bilden. Diese Erwartungswerte werden in einer Matrix zusammengefaßt. Mit Hilfe von ebenfalls frei wählbaren Entscheidungsregeln, in denen sich die Risikobereitschaft des Entscheidungsträgers ausdrückt, können dann die Erwartungswerte in eine Rangfolge gebracht werden.

Diesen formalen Rahmen mit dem Wissen über praktische Fälle auszufüllen, ist eine Forschungsaufgabe der Pflanzenbauwissenschaft. Wegen ihrer „synthetischen" Betrachtungsweise ist sie dazu besonders berufen.

Neben Sachwissen fließen in die Entscheidungen über die anzustrebenden Ziele persönliche Vorstellungen des Entscheidenden ein. Sie sind eingebettet in den Rahmen, der in Abb. 123 versucht wurde darzustellen. In diesem Zusammenhang ist zu fragen, was denn die Fach- und Hochschulen hier bewirken können. Ziel einer universitären Bildung sollte sein, die Studierenden zu einem eigenen Urteil über fachspezifische Sachverhalte und Handlungsalternativen zu befähigen. Dieses Urteil, besonders im Hinblick auf die anzustrebenden Ziele, muß nicht unabhängig von der vorherrschenden Meinung der jeweiligen Gesellschaft sein. Doch sollte der Urteilende durch seinen Bildungsstand in der Lage sein, sich dieses Einflusses bewußt, d.h. kritikfähig zu werden. Um diesen Zustand der Einsicht in die Zusammenhänge zwischen Fakten und Meinungen zu erreichen,

Ausblick 513

bedarf es sicherlich einer lebenslangen Erfahrung. Doch kann die Urteilsfähigkeit in den Ansätzen schon gefördert werden, wenn sich das Studium der Agrarwissenschaften nicht auf die Vermittlung „technisch-wissenschaftlicher" Sachverhalte beschränkt, sondern grundsätzliche Vorgehens- und Verhaltensweisen zum Erwerb von Kenntnissen fördert. Dazu gehört, daß das Studium auch zur fächerübergreifenden Beschäftigung mit den Grundproblemen von Natur- und Geisteswissenschaften anregt. Dabei wird es wohl hauptsächlich auf den Dozenten ankommen, wie weit er bereit ist, solche übergeordneten Bezüge in seine Lehre aufzunehmen.

Unter dem Anspruch einer solchen Forderung muß auch der Verfasser Stellung dazu nehmen, wie er die angesprochenen Probleme des Landbaues sieht. Die Fortschritte der naturwissenschaftlich-technischen Forschung, – z.B. bei der Manipulation von Erbmerkmalen der Tiere und Pflanzen („transgene" Organismen), in der Biotechnik (Tierklone, Samenproduktion in vitro, neue Wachstumsregulatoren und Biozide, die in geringsten Mengen wirksam sind) und in der Agrartechnik (Entwicklung computergesteuerter Meß- und Regeltechnik) –, werden den schon bestehenden Regeleinfluß des Landwirts auf das Produktions- und Agrarökosystem noch weiter verstärken. Wer sich aus prinzipiellen Gründen dagegen wendet, muß sich vorhalten lassen, daß selbst die „sanfteste" Landbaumethode das Ergebnis einer zwar in kleinen Schritten, aber doch stetig vollzogenen Entwicklung der Produktionstechnik ist.

Mit der Einführung einer biologisch-technischen Innovation in die breite Praxis hat es deren Erfinder nicht mehr in der Hand, wie sie verwendet wird, ob zum Heil oder Unheil der Anwender und Betroffenen. Nicht in der Erfindung selbst, sondern in der Art und im Umfang ihrer Anwendung liegt ihr Wert oder Unwert für Mensch und Natur. Deshalb ist es notwendig, mittels einer Technikfolgenabschätzung diesen Wert zu erkunden. Gegen eine Verbesserung der Produktionstechnik und der Wirksamkeit der Produktionsmittel haben auch die Befürworter alternativer Landbaumethoden nichts einzuwenden. Auch sie fordern eine Fortentwicklung ihrer Systeme durch vermehrte Forschung.

Vielfach wird behauptet, daß der Sog des technisch-naturwissenschaftlichen Fortschrittes unwiderstehlich sei. Zu groß und verlockend seien die dadurch bewirkten Wohlfahrtsgewinne, zu mächtig sei der Anpassungsdruck, der von der Gesellschaft ausgeht, die sich an den Gebrauch dieser „Errungenschaften" gewöhnt hat. Daß auch hier eine Wahl nach freier, selbstbestimmter Entscheidung möglich ist, zeigt das Beispiel der Amish-Leute in den USA, genannt nach JACOB AMMANN, einem ihrer religiösen Führer.

Mit der protestantischen Reformation zu Beginn des 16. Jahrhunderts entwickelte sich in der Schweiz und Südwestdeutschland eine religiöse Bewegung, die nur die Erwachsenentaufe zuließ und deshalb politisch verfolgt wurde. Deshalb verließen ihre Anhänger die Städte und siedelten sich auf marginalen Flächen des Juras und der Vogesen an. Unter dem Zwang, unter ungünstigen Bedingungen von der Landwirtschaft leben zu müssen, entwickelten sie sich zu den fähigsten und fortschrittlichsten Landwirten Europas. Schon im 17. Jahrhundert führten sie vielfältige Fruchtfolgen mit Futterleguminosen, Stallfütterung und eine geordnete Stallmistproduktion sowie eine Wiesenwirtschaft mit Bewässerung ein. Da ihre Glaubensfreiheit immer wieder bedroht war, wanderten sie zu Beginn des 18. Jahrhunderts nach Pennsylvanien und Ohio aus. Dort hat sich ihre Gemeinde aus mehreren zehntausend Personen bis auf den heutigen Tag erhalten, dank der strikten Einhaltung einer sich selbst gegebenen „Ordnung", zu der als Lebensform das einfache Leben auf dem Lande nach Art der Vorväter gehört. Landarbeit wird als Teil des Gottesdienstes aufgefaßt. Die frugale Lebensweise in einer reinen Selbstversorgungswirtschaft steht in diametralem Gegensatz zu den Zielen und dem Leben der übergroßen Mehrheit der anderen Farmer. Deren Betriebsorganisation ist, wie bei uns, auf Arbeitsteilung und Produktion für den Markt aufgebaut. Die Amish-Leute benutzen keine Traktoren, weil diese sich nicht selbst reproduzieren können und auch keinen Dünger erzeugen wie die Pferde. Sie verzichten auf den Einsatz von Elektrizität, kaufen kaum Mineraldünger und chemische Pflanzenbehandlungsmittel. Dennoch sind sie im Rahmen dieser Restriktionen für alle brauchbaren Neuerungen offen, z. B. für die Mulchwirtschaft mit eigens für den Pferdezug konstruierten Direktdrillmaschinen (STINNER et al. 1989). Der Preis, den sie für ihr selbstgenügsames, aber doch wohl relativ unabhängiges Leben zahlen müssen, besteht in der strikten Befolgung ihrer „Ordnung". Ohne diese Bindung wäre eine solche traditionell geprägte Lebensform wohl schon längst untergegangen.

Der einzelne oder eine Gemeinschaft können also sehr wohl aufgrund freier Entscheidung einen solchen Sonderweg gehen. Das hat sich hierzulande auch in dem mehr als fünfzigjährigen Bestehen des biologisch-dynamischen Landbaues gezeigt.

Für die große Mehrheit der Landwirte wird eine solche Motivation wohl nicht gegeben sein. Dennoch gilt auch für sie: Die Einsicht in die Endlichkeit der Welt und die Verletzlichkeit der Natur zwingt zur **Vorsicht im Handeln.** Hierzu hilft allein schon größte Sparsamkeit im Verbrauch von Energie und bei der Verwendung von Produktionsmitteln. Doch Maßhalten allein genügt wohl nicht mehr unter den Bedingungen eines sich selbst rechtfertigenden technischen Fortschritts. Wenn es gilt, die Erde auch noch für unsere Nachkommen wohnlich zu erhalten, muß einer Ethik nachgestrebt werden, die über das Jetzt und Hier hinausreicht. JONAS (1979) hat in seiner Schrift über „Das Prinzip Verantwortung: Versuch einer Ethik für die technologische Zivilisation" diese Forderung zwingend begründet. Sie kommt auch in dem alten englischen Sprichwort zum Ausdruck:

> *Live as if you would die tomorrow,*
> *farm as if you would live forever.*

Literaturverzeichnis

Ausgewählte, grundlegende Literatur

Lehr- und Fachbücher

Amberger, A.: Pflanzenernährung (UTB 846). Verlag Eugen Ulmer, Stuttgart 1988, 3. Aufl.

Autorenkollektiv: Einführung in die Methodik des Feldversuchs. VEB Deutscher Landwirtschaftsverlag, Berlin 1989, 4. Aufl.

Breunig, W. (Hrsg.): Futterproduktion. VEB Deutscher Landwirtschaftsverlag, Berlin 1988, 2. Aufl.

Carroll, C. R., J. H. Vandermeer, and P. Rosset (Eds.): Agroecology. MacGraw-Hill Publishing Company, New York 1990.

Chapman, St. R., and L. P. Carter: Crop Production. W. H. Freeman and Company, San Francisco 1976.

Cooke, G. W.: The Control of Soil Fertility. Crosby Lockwood and Son Ltd., London 1967.

Diercks, R., und R. Heitefuss (Hrsg.): Integrierter Landbau. Verlagsunion Agrar, München, Frankfurt (Main), Münster-Hiltrup, Wien, Wabern-Bern 1990.

Diercks, R.: Alternativen im Landbau. Verlag Eugen Ulmer, Stuttgart 1986, 2. Aufl.

Duckham, A. N., and G. B. Masefield: Farming Systems of the World. Chatto and Windus, London 1970.

Duckham, A. N., I. W. G. Jones, and E. H. Roberts (Eds.): Food Production and Consumption. North-Holland Publishing Company, Amsterdam, Oxford 1976.

Eichhorn, H.: Landtechnik. Verlag Eugen Ulmer, Stuttgart 1985, 6. Aufl.

Eimern, I. van, und H. Häckel: Wetter- und Klimakunde. Verlag Eugen Ulmer, Stuttgart 1984, 4. Aufl.

Ellenberg, H.: Landwirtschaftliche Pflanzensoziologie. Band I: Unkrautgemeinschaften als Zeiger für Klima und Boden. Verlag Eugen Ulmer, Stuttgart 1950.

Evans, Cl. G.: The Quantitative Analysis of Plant Growth. University of California Press, Berkeley, Los Angeles 1972.

Fischbeck, G., K.-U. Heyland, und N. Knauer: Spezieller Pflanzenbau (UTB 111). Verlag Eugen Ulmer, Stuttgart 1982, 2. Aufl.

Gardner, F. P., R. B. Pearce, and R. L. Mitchel: Physiology of Crop Plants. Iowa State University Press, Ames 1985.

Geisler, G.: Pflanzenbau. Verlag Paul Parey, Berlin und Hamburg, 2. Aufl. 1988.

Gisi, U. (Hrsg.): Bodenökologie, Georg Thieme Verlag, Stuttgart, New York 1990.

Haug, G., G. Schumann, und G. Fischbeck (Hrsg.): Pflanzenproduktion im Wandel. VCH-Verlagsgesellschaft Weinheim 1990.

Heitefuss, R.: Pflanzenschutz. Grundlagen der praktischen Phytomedizin. 2. Aufl., Thieme Verlag, Stuttgart 1987.

Hoffmann, G. M., F. Nienhaus, F. Schönbeck, H. C. Weltzien, und H. Wilbert: Lehrbuch der Phytomedizin. 2. Aufl., Parey Verlag, Berlin, Hamburg 1985.

Kahnt, G.: Ackerbau ohne Pflug. Verlag Eugen Ulmer, Stuttgart 1976.

Koch, W., und K. Hurle: Grundlagen der Unkrautbekämpfung (UTB 513). Verlag Eugen Ulmer, Stuttgart 1978.

Koepf, H. H., D. Petterson, und W. Schaumann: Biologisch-dynamische Landwirtschaft. Verlag Eugen Ulmer, Stuttgart 1980, 3. Aufl.

Kuckuck, H., G. Kobabe, und G. Wenzel: Grundzüge der Pflanzenzüchtung. Walter de Gruyter, Berlin, New York 1985, 5. Aufl.

Kundler, P., und Autorenkollektiv: Erhöhung der Bodenfruchtbarkeit. VEB Deutscher Landwirtschaftsverlag, Berlin 1989.

Lampeter, W.: Saat- und Pflanzgutproduktion. VEB Deutscher Landwirtschaftsverlag, Berlin 1988, 3. Aufl.

Mengel, K.: Ernährung und Stoffwechsel der Pflanze. Gustav Fischer Verlag, Stuttgart 1984, 6. Aufl.

Milthorpe, F. L., and I. Moorby: An Introduction to Crop Physiology. Cambridge University Press. Cambridge 1974.

Monteith, I.: Principles of Environmental Physics. Edward Arnold (Publ.) Ltd., London 1973.

Müller, P. (Hrsg.): Ackerbau. VEB Deutscher Landwirtschaftsverlag, Berlin 1988, 4. Aufl.

Phillips, R.E., und Sh. H. Phillips (Eds.): No-Tillage Agriculture. Van Nostrand Reinhold Company, New York, Cincinnati, Toronto, London, Melbourne 1984.

Rauh, W.: Morphologie der Nutzpflanzen. Quelle und Meyer, Heidelberg 1950.

Rusch, H. P.: Bodenfruchtbarkeit, 5. Aufl., Haug Verlag, Heidelberg, 1985.

Russel, R. S.: Plant Root Systems: Their Function and Interaction with the Soil. McGraw-Hill Book Company (UK) Limited, London 1977.

Sauerlandt, W., und C. Tietjen: Humuswirtschaft des Ackerbaues. DLG-Verlag Frankfurt (Main) 1970.

Schachtschabel, P., H.-P. Blume, K.-H. Hartge, und U. Schwertmann: Scheffer/Schachtschabel, Lehrbuch der Bodenkunde. Ferdinand Enke Verlag, Stuttgart 1982, 11. Aufl.

Schilling, G.: Pflanzenernährung und Düngung. Teil I – Pflanzenernährung. VEB Deutscher Landwirtschaftsverlag Berlin 1990, 3. Aufl.

SCHILLING, G. (Hrsg.): Pflanzenernährung und Düngung. Teil II – Düngung. VEB Deutscher Landwirtschaftsverlag, Berlin 1989.
SEIDEL, D.: Pflanzenschutz in der Pflanzenproduktion. VEB Deutscher Landwirtschaftsverlag, Berlin 1990, 3. Aufl.
SEIFFERT, M. (Hrsg.): Drusch- und Hackfruchtproduktion. VEB Deutscher Landwirtschaftsverlag, Berlin 1988, 3. Aufl.
SPEDDING, W.: The Biology of Agricultural Systems. Academic Press, London, New York, San Francisco 1975.
STRASBURGER, E.: Lehrbuch der Botanik, neubearbeitet von: von Denffer, Ziegler, Ehrendörfer und Bresinsky. Gustav Fischer Verlag, Stuttgart 1983, 32. Aufl.
VAN WIJK, W. R.: Physics of Plant Environment. North-Holland Publishing Company, Amsterdam 1966, 2. Aufl.
VOIGTLÄNDER, G., und J. JACOB: Grünlandwirtschaft und Futterbau. Verlag Eugen Ulmer, Stuttgart 1987.
WHYTE, R. O.: Crop Production and Environment. Faber and Faber, London 1960.
WILD, A. (Ed.): Russel's Soil Conditions and Plant Growth. Bath Press, Avon, U. K. 1988, 11th. edition.

Wissenschaftliche Fachzeitschriften

Advances in Agronomy – Advances in Agronomy and Crop Science – Agribiological Research – Zeitschrift für Agrarbiologie, Agrikulturchemie, Ökologie (vormals Landwirtschaftliche Forschung) – Agricultural Ecosystems and Environment – Agricultural and Forest Meteorology – Agricultural Systems – Agronomie – Agronomy Journal – American Potato Journal – Angewandte Botanik – Annales of Applied Biology – Annals of Botany – Anzeiger für Schädlingskunde, Pflanzenschutz, Umweltschutz. – Archiv für Acker- und Pflanzenbau und Bodenkunde – Archiv für Phytopathologie und Pflanzenschutz – Australian Journal of Agricultural Research – Australian Journal of Experimental Agriculture – Australian Journal of Soil Research – Bayerisches Landwirtschaftliches Jahrbuch – Berichte über Landwirtschaft – Biological Agriculture and Horticulture – Biologisches Zentralblatt – Biology and Fertility of Soils – Biometrics – Bodenkultur – Canadian Journal of Plant Science – Canadian Journal of Soil Science – Crop Protection – Crop Research – Crop Science – Economic Botany – Environmental and Experimental Botany – Euphytica – European Journal of Agronomy – Experimental Agriculture – Fertilizer Research – Field Crops Research – Gartenbauwissenschaft – Geoderma – Grass and Forage Science – International Journal of Biometeorology – International Journal of Food Science and Technology – International Journal of Tropical Agriculture – Irish Journal of Agricultural Research – Irrigation Science – Japanese Journal of Crop Science – Journal of Agricultural and Food Chemistry – Journal of Agricultural Engineering Research – Journal of Agricultural Science in Finland – Journal of Agricultural Science U. K. – Journal of Cereal Sience – Journal of Horticultural Science – Journal of Irrigation and Drainage – Journal of Pesticide Science – Journal of Plant Nutrition – Journal of Production Agriculture – Journal of Range Management – Journal of Seed Technology – Journal of Soil and Water Conservation – Journal of Soil Science U. K. – Journal of the Science of Food and Agriculture – Landbauforschung Völkenrode – Landbouwtijdschrift – Mitteilungen der Gesellschaft für Pflanzenbauwissenschaften – Nachrichtenblatt des Deutschen Pflanzenschutzdienstes – Netherlands Journal of Agricultural Science – New Phytologist – New Zealand Journal of Agricultural Research – New Zealand Journal of Crop and Horticultural Science – Outlook on Agriculture – Pedobiologia – Pesticide Science – Phytopathologische Zeitschrift – Phytochemistry – Phytopathology – Plant and Soil – Plant Varieties and Seeds – Potato Research – Revue d'Ecologic et de Biologie du Sol – Schweizerische Landwirtschaftliche Forschung – Seed Science and Technology – Soil and Tillage Research – Soil Science – Soil Science Society of America Journal – Soil Use and Management – Swedish Journal of Agricultural Research. – Tropical Agriculture – Tropical Grasslands – Verslag Landbouwkundig Onderzoek – Weed Research – Weed Science – Zeitschrift für Acker- und Pflanzenbau – Zeitschrift für Pflanzenernährung und Bodenkunde – Zeitschrift für Pflanzenkrankheiten und Pflanzenschutz – Zeitschrift für Pflanzenzüchtung – Zuckerindustrie

Wissenschaftliche Fachzeitschriften für die Praxis
Arable Farming – Das wirtschaftseigene Futter – Der Kartoffelbau – Farm Science Journal – Feldwirtschaft – Fourrages – Getreide, Mehl und Brot – Landtechnik – Ökologie und Landbau – Mais – Raps – Tropenlandwirt – Zuckerrübe

Informationsdienste
KRANZ, Reginald: Wie finde ich Literatur zu den Landbauwissenschaften. Berlin Verlag Arno Spitz, Berlin, 1989 – Agroselekt, Reihe 2, Pflanzenproduktion – Agricultural Engineering Abstracts – Crop Physiology Abstracts – Field Crop Abstracts – Herbage Abstracts – Irrigation and Drainage Abstracts – Plant Breeding Abstracts – Review of Agricultural Entomology – Review of Plant Pathology – Seed Abstracts – Soils and Fertilizer – Weed Abstracts – Zentralstelle für Agrardokumentation und -informtion (ZADI), Villichgasse 17, 5300 Bonn 2 – Datenbanken:
Agricola (Agricultural Online Access)
Agris (International Information System for the Agricultural Sciences and Technology)
CAB Abstracts/Plant (Commonwealth Bureaux Abstracts)
Dokumentationsdienste:
DIMDI (Deutsches Institut für Medizinische Dokumentation und Information)

Quellenangaben

AID (Hrsg.), 1986: Besseres Grundfutter für das Rindvieh. Informationsschrift **176**, Bonn.

AIGNER, H., und R. BUCHER, 1985: Pflanzenernährung und mineralische Düngung. In: Ruhrstickstoff-AG (Hrsg): Faustzahlen für die Landwirtschaft, Verlagsunion Agrar, Münster-Hiltrup, Frankfurt/M., Wien, Aarau, 10. Aufl.

ALBERDA, TH., 1968: Dry matter production and light interception of crop surfaces. IV. Maximum herbage production as compared with predicted values. Neth. J. Agric. Sci. **16**, 142–153.

ALBERDA, TH. (Ed.), 1966: De groene aarde. Aula-Boeken, Utrecht, Antwerpen.

ALLEWELDT, G., 1956: Die Wirkung von Temperatur und Photoperiode auf das Wachstum, Entwicklung und Ertrag einiger Sommerweizensorten. Diss. Landw. Fak. Univ. Gießen.

AMBOLET, B., 1983: La monoculture de ble, est-elle possible? Journees d'etude. Institut Technique Cereales et Fourageres.

ANDERSON, J. M., 1988: The role of soil fauna in agricultural systems. In: Wilson, J. R. (Ed.): Advances in Nitrogen Cycling in Agricultural Ecosystems. CAB International, Wallingford. U. K., 89–112.

ANDERSON, R. L., 1975: A family of models involving intersecting straight lines and concomitant experimental designs in evaluation response to fertilizer nutrients. Biometrics **31**, 303–318.

ANONYMUS, 1991: Leitlinien für eine ordnungsgemäße Landbewirtschaftung: Aus den Leitlinien Nutzen ziehen. Hannov. Land- u. Forstwirtsch. Zeitung **144**, H. 8, 4–13.

ASMUS, F., 1985: Ermittlung des Bedarfs des Bodens an organischer Substanz auf der Basis von Stickstoffentzügen. Arch. Acker-, Pflanzenbau, Bodenkd. **20**, 31–38.

ASMUS, F., und H. GÖRLITZ, 1981: Zur Wirkung der organischen Substanz auf den Pflanzenertrag. Arch. Acker- Pflanzenbau, Bodenkd. **25**, 93–98.

ASMUS, F., H. GÖRLITZ, und H. KORIATH, 1979: Ermittlung des Bedarfes der Böden an organischer Substanz. Arch. Acker-, Pflanzenbau, Bodenkd. **23**, 13–20.

BADEN, W., H. KUNTZE, J. NIEMANN, G. SCHWERDTFEGER, und F. J. VOLMER, 1969: Bodenkunde. Verlag Eugen Ulmer, Stuttgart.

BAEUMER, K., 1966: Ertragsanalytische Untersuchungen an Rotklee. III: Untersaaten. Z. Acker-, Pflanzenbau **124**, 249–260.

BAEUMER, K., 1964: Ertragsanalytische Untersuchungen an Rotklee. I. Blanksaaten. Z. Acker-, Pflanzenbau **120**, 119–138.

BAEUMER, K., und U. KÖPKE, 1989: Ways of overcoming constraints to reduced tillage: Effects of nitrogen fertilization. In BAEUMER K., und W. EHLERS (Eds.): Energy saving by reduced soil tillage. Commiss. Europ. Commun. Report EUR 11 258, 145–162.

BAEUMER, K., und C. T. DE WIT, 1968: Competitive interference of plant species in monocultures and mixed stands. Neth. J. Agric. Sci. **16**, 103–122.

BAKERMANS, W. A. P., and C. T. DE WIT, 1970: Crop husbandry on naturally compacted soils. Neth. J. Agric. Sci. **18**, 225–246.

BAUMGÄRTEL, G., TH. ENGELS und H. KUHLMANN, 1989: Wie kann man ordnungsgemäße Düngung überprüfen? DLG-Mitteilg. **104**, 472–479.

BECK, TH., 1989: Einfluß langjährig unterschiedlicher Bewirtschaftungsweisen auf bodenmikrobiologische Eigenschaften. VDLUFA-Schriftenreihe **28**, 879–891.

BECKER, K.-W., 1984: Düngung, N-Umsatz und Pflanzenwachstum in ihrer Wirkung auf die langfristige Protonenbilanz von Böden. Z. Pflanzenernähr. Bodenkd. **147**, 476–484.

BEST, R., 1960: Photoperiodism in plants as studied by means of response curves. Proc. Kon. Ned. Akad. Wetensch., Ser. C., **63**, 676–691.

BETHMANN, FR., 1985: Wirkungsvergleich von mechanischer und chemischer Unkrautbekämpfung bei Ackerbohnen im Jahr 1984. Diplomarbeit, FB Agrarwiss. Univ. Göttingen.

BLEVINS, R. L., G. W. THOMAS, and E. R. PHILLIPS, 1972: Moisture relationships and nitrogen movement in no-tillage and conventional corn production. Proc. No-tillage Syst. Symp. 1972, 140–145.

BOCKMANN, H., 1963: Künstliche Freilandinfektionen mit den Erregern der Fuß- und Ährenkrankheiten des Weizens. II. Infektionswirkungen und ihre Beurteilung nach dem Schadbild. Nachrichtenbl. Dtsch. Pflanzenschutzd. **15**, 33–37.

BÖHM, W., 1979: Methods of Studying Root Systems. Springer-Verlag Berlin, Heidelberg, New York.

BOGUSLAWSKI, E. V., N. ATANASIU, und R. ZAMANI, 1961: Nährstoffaufnahme und Nährstoffverhältnis im Laufe der Vegetation bei Zuckerrüben. Zucker **14**, 318–404, 426–435.

BOLT, G. H., A. R. P. JANSE, ond F. F. R. KOENINGS, 1965: Algemene Bodenkunde. Landbouwhogeschol Wageningen.

BOOYSEN, P., and C. J. NELSON, 1975: Leaf area and carbohydrate reserves in regrowth of tall fescue. Crop Sci. **15**, 262–266.

BOYD, D. A., and P. NEEDHAM, 1976: Factors govering the effective use of nitrogen. Span **19**, 68–70.

BRINKMANN, TH., 1942: Das Fruchtfolgebild des deutschen Ackerbaus. Bonner Kriegsvorträge, H. 7.

BRAUN, W., 1981: Auswirkungen unterschiedlicher Bewirtschaftungsmaßnahmen auf die Zusammensetzung der Wildkrautflora. Bayer. Landw. Jb. **58**, 300–312.

BROUWER, R., 1966: zitiert in ALBERDA, TH. (Ed.): De groene aarde. Aula-Boeken, Utrecht, Antwerpen.

BROUWER, R., P. J. JENNESKENS, and G. J. BORGGREVE, 1961: Growth responses of shoots and roots to interruptions of the nitrogen supply. Jaarboek IBS Wageningen, 29–36.

BROWN, N. J., E. R. FOUNTAINE, and M. R. HOLDEN, 1965: The oxygen requirement of crop roots and soils under near field conditions. J. agric. Sci. **64**, 195−203.

BROYER, T. C., and D. R. HOAGLAND, 1943: Metabolic activities of roots and their bearing on the relation of upward movement of salts and water in plants. Am. J. Bot. **30**, 261−273.

BRÜCKNER, P., 1958: Untersuchungen über die Ursache der Verbreitung des Ackerfuchsschwanzes im Kreise Soest und die Möglichkeiten zu seiner Bekämpfung. Diss. Landw. Fak. Univ. Bonn.

BRUIN, P., and J. A. GROOTENHUIS, 1968: Interrelation of nitrogen, organic matter, soil structure and yield. Stikstof 1968, Nr. 12, 157−163.

BUCHNER, A., und A. STURM, 1985: Gezielter düngen. Verlagsunion Agrar, Frankfurt/M., München, Münster-Hiltrup, Wien, Berlin, 2. Aufl.

BURGHAUSEN, R., 1969: Der Einfluß des Unkrautes auf den Ertrag. Feldwirtschaft **10**, 162−164.

CLAUPEIN, W., 1991: Pers. Mitteilg.

CLAUPEIN, W., 1990: Zur Wirkung von Fruchtfolgegestaltung und Mulchwirtschaft auf den Halmbasiskrankheitsbefall von Winterweizen. Mitt. Ges. Pflanzenbauwiss. **3**, 31−34.

COWAN, I. R., 1968: The interception and absorption of radiation in plant stands. J. Appl. Ecol. **5**, 367−379.

CRÖSSMANN, G., 1967: Standraum und Stoffproduktion bei Mais. Z. Acker-, Pflanzenbau **125**, 232−253.

CROOKSTON, R. K., and D. R. HICKS, 1981: Don't cut corn early. Crops and Soil Magazine, **33**, 6, 11−14.

CROSSET, R. N., D. J. CAMPBELL, and H. E. STEWART, 1975: Compensatory growth in cereal root systems. Plant and Soil **42**, 673−683.

CZERATZKI, W., 1966: Die Charakterisierung von bearbeitungsbeeinflußten Bodeneigenschaften in Beziehung zum Pflanzenwachstum. Landbauforschung Völkenrode, **16**, 37−44.

DARWINKEL, A., K. DILZ, ond J. A. SCHEPERS, 1987: Stikstofbemesting voor hogere opbrengsten en betere korrelqualiteit bij graanen. Meststoffen **1987**, H 2/3, 8−13.

DE BOER, F., 1990: Auswirkungen verschiedener Formen und Stufen der Extensivierung auf einzelbetriebliche Zielgrößen − Eine Auswertung des Ackerbau-Systemversuches Reinshof. Diplomarb., FB Agrarwiss. Univ. Göttingen.

DE WIT, C. T., 1991: On the efficiency of resource use in agriculture. In: BÖHM, W. (Hrsg.) Ziele und Wege der Forschung im Pflanzenbau. Festschrift für Kord Baeumer zum 65. Geburtstag. Triade-Verlag E. Claupein Göttingen 1991, S. 29−54.

DE WIT, C. T., 1969: Een bodemvruchtbaarheitstheorie uit de eerste helft van de 19.e eeuw. Landbouwkundig Tidschrift **82**, 245.

DE WIT, C. T., 1965: Photosynthesis of leaf canopies. Versl. Landbouwk. Onderz. 663.

DE WIT, C. T., 1960: On competition Versl. Landbouwk. Onderz. No. 66.8.

DE WIT, C. T., und R. BROUWER, 1968: Über ein dynamisches Modell des vegetativen Wachstums von Pflanzenbeständen. Angew. Botanik, 42, 1–12.

DENMEAD, O. T., and R. H. SHAW, 1962: Availability of soil water to plants as affected by soil moisture content and meteorological conditions. Agron. J. **54**, 385–390.

DIEZ, TH., 1981: Ökologische Bedeutung der Bodenerosion. Berichte über Landwirtschaft, Sonderheft **197**, 28–34.

DIEZ, TH., und H. WEIGEL, 1989: Bodenstruktur erkennen und beurteilen. Die landwirtschaftl. Zeitung f. Produktion – Technik – Management, Dezember.

DÖRING, M., 1981: Häufigkeit und mögliche Schadwirkungen von Collembolen bei Zuckerrüben in Abhängigkeit von Verfahren der Bodenbearbeitung. Diplomarb., DFB Agrarwiss. Univ. Göttingen.

DONALD, C. M., 1963: Competition among crop and pasture plants. Adv. Agron. **15**, 1–118.

DOUGLAS, J. T., and M. J. GOSS, 1982: Stability and organic matter content of surface soil aggregates under different methods of cultivation and in grassland. Soil and Tillage Res. **2**, 155–175.

DOWDELL, R. I., R. CREES, I. R. BURFORD, and R. O. CANNELL, 1979: Oxygen concentrations in a clay soil after ploughing or direct drilling. J. Soil Sci. **30**, 239–245.

DUCKHAM, A. N., 1963: Agricultural Synthesis: The Farming Year. Chatto and Windus, London.

DUNGER, W., 1964: Tiere im Boden. A. Ziemsen, Wittenberg.

EAVIS, B. W., and D. PAYNE, 1969: Soil physical conditions and root growth. In: Whittington, W. J. (Ed.): Root Growth. Butterworths, London, 315–333.

EAVIS, B. W., H. M. TAYLOR, and M. G. HUCK, 1971: Radicle elongation of pea seedlings as affected by oxygen concentration and gradients between shoot and root. Agron. J. **63**, 770–772.

EBMEYER, E., 1984: Results of the joint Faba bean and pea trials of the years 1980–1982. In: HEBBLETHWAITE, P. D., T. C. K. DAWKINS, M. C. HEATH, and G. LOCKWOOD (Eds.): Vicia Faba – Agronomy, Physiology and Breeding. Martinus Nijhoff/Dr. W. Jong, Publishers, Den Haag, 169–176.

EDLING, P., and L. FERGEDAL, 1972: Modellförsok med jordpackning 1968–69. Landbrukshögskolan Rapp. från jordbearbetningsavd Nr. 31.

EHLERS, W., 1989: Transpiration efficiency of oat. Agron. J. **81**, 810–817.

EHLERS, W., 1982: Penetrometer soil strength and root growth in tilled and untilled loess soil. Proc. 9. Conf. ISTRO, Osijek, Yugoslavia, 458–463.

EHLERS, W., 1980: Keimung in Abhängigkeit von bodenphysikalischen Prozessen. Kali-Briefe **15**, 233–248.

EHLERS, W., 1975a: Einfluß von Wassergehalt, Struktur und Wurzeldichte auf die Wasseraufnahme von Weizen auf Löß-Parabraunerde. Mitteilg. Dtsch. Bodenkundl. Ges. **22**, 141–156.

EHLERS, W., 1975b: Observation on earthworm channels and infiltration on tilled and untilled loess soil. Soil Sci. **119**, 242–249.

EHLERS, W., und K. BAEUMER, 1974: Soil moisture regime on loessial soils in Western Germany as affected by zero-tillage methods. Pakistan J. Sci. Ind. Res. **17**, 32–39.

EHLERS, W., U. MÜLLER, und K. GRIMME, 1986: Untersuchungen zum Wasserhaushalt der Ackerbohne. II. Wasserpotential, stomatäre Leitfähigkeit und Ertragsbildung. Kali-Briefe **18**, 189–210.

EHLERS, W., K. KHOSLA, U. KÖPKE, R. STÜLPNAGEL, W. BÖHM, und K. BAEUMER, 1980/81: Tillage effects on root development, water uptake and growth of oats. Soil and Tillage Res. **1**, 19–34.

Eich, D., M. Körschens, und Mo. FRIELINGHAUS, 1985: Versorgung der Böden mit organischer Substanz. FZB-Report 1984, Müncheberg, 6–14.

EICH, D., und H. H. FREYTAG, 1984: Versorgung der Böden mit organischer Substanz. FZB-Report 1983, Müncheberg, 5–11.

EICH, D., und H. GÖRLITZ, 1983: Einsatzplanung für organische Dünger aus der Tierproduktion. Informationsschrift agra, Markkleeberg.

ELLENBERG, H., 1950: Landwirtschaftliche Pflanzensoziologie. I. Unkrautgemeinschaften als Zeiger für Klima und Boden. Verlag Eugen Ulmer, Stuttgart.

ELLIOT, E. T., 1986: Aggregate structure and carbon, nitrogen and phosphorus in native and cultivated soil. Soil Sci. Soc. Am. J. **50**, 627–633.

FEDDES, R. A., 1972: Effects of water and heat on seedling emergence. J. Hydrology **16**, 341–359.

FEUERLEIN, W., 1966: Die Beurteilung des Pflügens. Landbauforsch. Völkenrode **16**, 31–36.

FLEIGE, H., und K. BAEUMER, 1974: Effect of zero-tillage on organic carbon and total nitrogen content, and their distribution in different N-fractions in loessial soils. Agro-Ecosystems **1**, 19–29.

FÖRSTER, P., 1986: Einfluß der Bodenbearbeitung und Anwendung von Carbofuran auf die Jugendentwicklung von Zuckerrüben und auf Fraßschäden von Collembolen. Diplomarb., FB Agrarwiss., Univ. Göttingen.

FORRESTER, J. W., 1962: Industrial Dynamics. The M. I. T. Press, Cambridge, Massachusetts, 4. Aufl.

FRANKO, U., 1986: Die Mineralisierung der organischen Substanz außerhalb der Vegetationsperiode. Arch. Acker- Pflanzenbau, Bodenkd. **30**, 391–394.

FREYTAG, H. E., R. JÄGER, und M. LÜTTICH, 1987: Berechnung des Temperatur- und Feuchteeinflusses auf die Bodenatmung auf zwei verschiedenen Wegen. Arch. Acker-, Pflanzenb., Bodenkd. **39**, 513–520.

FREYTAG, H. E., und H. RAUSCH, 1982: Prinzipieller Verlauf der C-N-Transformationsprozesse im Boden bei Anwesenheit verschiedener organischer Dünger. Arch. Acker-, Pflanzenbau, Bodenkd. **26**, 407–415.

FRIESLEBEN, G., 1966: Auswertung von langjährigen Fruchtfolgeversuchen. Tagungsber. Dt. Akad. Landwirtschaftswiss. **72**, 213–218.

GARDNER, F. P., R. B. PEARCE, and R. L. MITCHEL, 1985: Physiology of Crop Plants. Iowa State University Press. Ames, USA.

GARZ, J., 1987: Julius Kühn und sein Beitrag zur Entwicklung der Agrochemie. Forschung und Praxis **15**, 33–36.

GATES, M. D., 1965: Energy, plants and ecology. Ecology **46**, 1–13.

GEISLER, G., 1980: Pflanzenbau. Verlag Paul Parey, Berlin und Hamburg.

GERARD, B. M., and R. K. M. HAY, 1979: The effect on earthworms of ploughing, tined cultivation, direct drilling and nitrogen in a barley monoculture system. J. Agric. Sci. **93**, 147–155.

Gilliam, J. W., and G. D. HOYT, 1987: Effect of conservation tillage on fate and transport of nitrogen. In: LOGAN, T. J., J. M. DAVIDSON, J. L. BAKER, and M. R. OVERCASH (Eds.): Effects of Conservation Tillage on Groundwater Quality – Nitrates and Pesticides. Lewis Publishers Inc. Chelsea. Michigan, USA, 217–240.

GLIEMEROTH, G., 1955: Wirkung der Düngerverteilung auf die Wurzelausbildung. In: Anonymus: De plantenwortel in de landbouw. 69–78. Staatsdruckkerij, 's – Gravenhage.

GLIEMEROTH, G., und E. KÜBLER, 1973: Untersuchungen an unterschiedlich getreidestarken Fruchtfolgen auf fünf Standorten: II. Ertragsbildung und Fußkrankheiten von Winterweizen bei steigenden Stickstoffgaben sowie Einsatz systemischer Fungizide. Z. Acker-, Pflanzenb. **137**, 153–173.

GRABLE, A. T., 1966: Soil aeration and plant growth. Adv. Agron. **18**, 58–106.

GREGORY, F. G., 1917: Physiological conditions in cucumber houses. Cheshunt Exp. Res. Sta., 3rd Ann. Rep., 19–28.

GRÖBLINGHOFF, F., K. HAIDER, und TH. BECK, 1989: Einfluß unterschiedlicher Bodenbewirtschaftungssysteme auf biochemische Stoffumsetzungen. VDLUFA – Schriftenreihe **28**, Teil II, 893–908.

GROSSE-HOKAMP, H. C., 1984: Gibt es Alternativen zu unserer Drilltechnik? DLG-Mitteilg. **99**, 88–91.

GUTSER, R., und K. VILSMEIER, 1988: Stickstoffmineralisation von Zwischenfrüchten im Modellversuch. Kali-Briefe **19**, 213–223.

HAINSWORTH, J. M., and L. A. G. AYLMORE, 1986: Water extraction by a single plant root. Soil Sci. Soc. Am. **50**, 841–848.

Håkansson, S., and B. WALLGREEN, 1972: Experiments with Sonchus arvensis, III: The development from reproductive roots cut into different lengths and planted at different depths with and without competition from barley. Swed. J. Agric. Res. **2**, 15–26.

HANUS, H., und O. AIMILLER, 1978: Ertragsvorhersage aus Witterungsdaten. Fortschritte im Acker- u. Pflanzenbau **5**, Verlag Paul Parey, Berlin und Hamburg.

HARPER, J. L., and M. OBEID, 1967: Influence of seed size and depth of sowing on the establishment and growth of varieties of fiber and oil seed flax. Crop Sci. **7**, 527–532.

HARROLD, L. L., and W. M. EDWARDS, 1972: A severe rainstorm test of no-till corn. J. Soil Water Cons. **27**, 111–124.

HAYNES, R. J., 1983: Soil acidification by leguminous crops. Grass and Forage Sci., 38, 1–11.

HEGE, H., 1967: Die Gleichstand-, Drill- und Breitsaat des Getreides unter besonderer Berücksichtigung der flächenmäßigen Kornverteilung. KTL-Ber. Landtechnik 112, 527–532.

HEITEFUSS, R., 1990: Begriffsbestimmungen zum Integrierten Landbau. In: DIERCKS, R., und R. HEITEFUSS (Hrsg.): Integrierter Landbau. Verlagsunion Agrar, München, Frankfurt, Münster-Hiltrup, Wien, Wabern-Bern.

HESKETH, J. D., 1963: Limitations to photosynthesis responsible for differences among species. Crop Sci. 9, 493–496.

HEYLAND, K.-U., 1990: Integrierte Systeme und Modellbildung für die Bestandesführung. In: HAUG, G., G. SCHUHMANN, und G. FISCHBECK: Pflanzenproduktion im Wandel. VCH-Verlagsgesellschaft, Weinheim.

HICKS, D. R., and R. K. CROOKSTON, 1976: Defolation boosts corn yield. Crops and Soil Magazine 29, 3, 12–13.

HILGENDORF, S., 1983: Anbau von Zuckerrüben mit reduzierter Bodenbearbeitung – Beobachtungen an einem Feldversuch: Tierische Schädlinge. Diplomarb. FB Agrarwiss. Univ. Göttingen.

HOFMANN, B., 1987: Erfahrungen beim Einsatz neuartiger Grubberwerkzeuge zur Stoppelbearbeitung und pfluglosen Grundbodenbearbeitung. In: Ermich, D. (Hrsg.): Beiträge zur rationellen und strukturschonenden Bodenbearbeitung. Wiss. Beiträge M. L. Univ. Halle-Wittenberg 11, 128–152.

HOLLIDAY, R., 1963: The effect of row width on the yield of cereals. Field Crop Abstr. 16, 71–78.

HOPKINSON, J. M., 1964: Studies on the expansion of the leaf surface. IV. The carbon and phosphorus economy of a leaf. J. Exp. Botany 15, 125–137.

HUCK, M. G., 1970: Variation in taproot elongation rate as influenced by composition of the soil air. Agron. J. 62, 815–818.

ISERMANN, K., 1990: Die Stickstoff- und Phosphoreinträge in die Oberflächengewässer der Bundesrepublik Deutschland durch verschiedene Wirtschaftsbereiche unter besonderer Berücksichtigung der Stickstoff- und Phosphorbilanz der Landwirtschaft und der Humanernährung. Schriftenreihe Akad. Tiergesundheit 1, 358–413, Bonn.

ISSELSTEIN, J., 1987: Unkrautgerste im Mulchsaatverfahren von Zuckerrüben und nachfolgendem Winterweizen. Diss. FB Agrarwiss. Univ. Göttingen.

IVINS, J. D., and P. M. BREMNER, 1964: Growth, development and yield in the potato. Outlook Agric. 4, 211–217.

JONAS, H., 1979: Das Prinzip Verantwortung: Versuch einer Ethik für die technologische Zivilisation. Insel Verlag, Frankfurt/Main.

JONKER, J. J., 1958: Bewortelingsonderzoek en ondergrond bewerking in de N. O.-polder. Van Zee tot Land (Kampen) 25, 164.

KAMPE, W., C. ZÜRCHNER, und H. JOBST, 1988: Potentielle organische Schadstoffe in Böden und Pflanzen nach intensiver Klärschlammanwendung. VDLUFA-Schriftenreihe *23*, 507–532.

Karch, K., 1966: Vergleich von Ackerfruchtfolgen und Folgen mit unterschiedlichem Kleegrasanteil im Fruchtfolgeversuch Bärenrode. Dt. Akad. Landwirtschaftswiss. Tagungsber. *72*, 119–124.

Keller, E. R., W. Sturny, P. Weisskopf, und F. Schwendimann, 1987: Was schadet der Ertragsfähigkeit des Bodens? Landfreund **7**, Schweiz.

Kemmer (unveröff.) zitiert in Koch, W., und K. Hurle, 1978: Grundlagen der Unkrautbekämpfung. Verlag Eugen Ulmer, Stuttgart (UTB 513).

King, R. W., I. F. Wardlaw, and L. T. Evans, 1967: Effect of assimilate utilization on photosynthetic rate in wheat. Planta **77**, 261–276.

Klapp, E., 1967: Lehrbuch des Acker- und Pflanzenbaues. Verlag Paul Parey, Berlin und Hamburg, 6. Aufl.

Klapp, E., 1959: Mäheklee oder Weidegras? Ein-, zwei- oder dreijähriger Futterbau in der Fruchtfolge? Z. Acker-, Pflanzenb. **109**, 1–32.

Klatt, F., 1969: Ergebnisse 18jähriger Beregnungsversuche. Feldwirtschaft **10**, 230–233.

Klimanek, E. M., M. Körschens, und D. Eich, 1988: Menge und Qualität von Ernte- und Wurzelrückständen ausgewählter Pflanzenarten als Parameter für das Modell der Umsetzung organischer Substanz. Wiss. Jahresber. FZB Müncheberg, 64–72.

Knappe, S., K. Rauhe, M. Spitzl, und W. Drauschke, 1974: Ertragsbildung und Ausnutzung von Dünger- und Bodenstickstoff auf Parzellen des Dauerdüngungsversuches „Ewiger Roggenbau" Halle nach Düngung mit ^{15}N-markiertem Harnstoff. Arch. Acker-, Pflanzenbau, Bodenkd. **18**, 3–14.

Knauer, N., 1990: Agrarökosysteme im konventionellen und im integrierten Landbau. In: Diercks, R., und R. Heitefuss (Hrsg.). Integrierter Landbau. Verlagsunion Agrar, München, Frankfurt/M., Münster-Hiltrup, Wien, Wabern-Bern, 19–50.

Koch, H. J., 1990: Pflanzenbauliche Risiken und erosionsmindernde Wirkungen von Strohmulchdecken im Getreidebau. Diss. FB Agrarwiss. Univ. Göttingen.

Koch, W., 1964: Unkrautbekämpfung durch Eggen, Hacken und Meißeln in Getreide. II. Das Verhalten einzelner Unkrautarten gegenüber Egge, Hacke und Meißel. Z. Acker-, Pflanzenb. **121**, 84–96.

Koch, W., und K. Hurle, 1978: Grundlagen der Unkautbekämpfung. Verlag Eugen Ulmer, Stuttgart (UTB 513).

Köhnlein, J., und H. Vetter, 1953: Ernterückstände und Wurzelbild. Paul Parey, Berlin, Hamburg.

Kolenbrander, G. J., ond L. C. de la Lande Cremer, 1967: Stalmest en gier. H. Veenman en Zonen, N. V. Wageningen, Niederlande.

Köller, K., 1981: Bodenbearbeitung ohne Pflug. Hohenheimer Arbeiten **12**.

Könnecke, W., 1967: Fruchtfolgen. VEB Deutscher Landwirtschaftsverlag, Berlin, 2. Aufl.

KÖNNECKE, H., 1966: Ertragsverhältnisse und Probleme der Bodenfruchtbarkeit in Fruchtfolgeversuchen mit unterschiedlichen Ackerflächenverhältnissen. Tagungsber. Dt. Akad. Landwirtschaftswiss. **72**, 165–175.

KÖPKE, U., 1987: Symbiotische Stickstoff-Fixierung und Vorfruchtwirkung von Ackerbohnen. Habil. Schrift. FB Agrarwiss. Univ. Göttingen.

KÖPPEN, D., und U. BÖLKE, 1988: Einfluß unterschiedlicher Fruchtfolgen und Vorfruchteffekte auf die Ertragsentwicklung eines Löß-Schwarzerdestandortes. Tag. Ber. Akad. Landwirtschaftswiss. **261**, 397–401.

KUNDLER, P., und Autorenkollektiv, 1989: Erhöhung der Bodenfruchtbarkeit. VEB Deutscher Landwirtschaftsverlag, Berlin.

LAMPETER, W., 1970: Einfluß der Luzerneherbstnutzung auf den Futterertrag und die Verunkrautung eines Luzernebestandes. Thaer-Arch. **14**, 577–584.

LANG, A. L., I. W. PENDLETON, and G. H. DUNCAN, 1956: Influence of population and nitrogen levels on yield and protein and oil contents of nine corn hybrids. Agron. J. **48**, 284–289.

LANGE, J., K. RATHSMANN, D. KNÜPPEL, und K. STEINBRENNER, 1985: Einfluß der Anbaustruktur und der Fruchtfolge auf ausgewählte ökonomische und energiewirtschaftliche Kennzahlen, abgeleitet aus den Ergebnissen des Fruchtfolgeversuches Dewitz. Arch. Acker- Pflanzenb. Bodenkd. **29**, 177–185.

LAUENSTEIN, G., 1989: Nematodenbekämpfung und Sortenwahl. Der Kartoffelbau **40**, 98–101.

LAWANE, G., 1984: Mengenänderung der organischen Bodensubstanz bei unterschiedlicher Bearbeitungsintensität. Diss. F. B. Agrarwiss. Univ. Göttingen.

LEBERT, M., N. BURGER, und R. HORN, 1987: Beurteilung und Vorhersage der mechanischen Belastbarkeit von Ackerböden. Mitteil. Dtsch. Bodenkdl. Ges. **53**, 197–202.

LEMON, E. R., and C. L. WIEGAND, 1962: Soil aeration and plant root relations. II. Root respiration. Agron. J. **54**, 171–175.

LEWIS, A., J. PROCTOR, and A. E. M. HOOD, 1960: A comparision of ley and arable farming systems. J. Agric. Sci. **54**, 310–317.

LIEBIG, J. v., 1855: Die Grundsätze der Agrikulturchemie mit Rücksicht auf die in England angestellten Untersuchungen. 2. Aufl. F. Vieweg und Sohn, Braunschweig.

LIEBSCHER, G., 1895: Untersuchungen über die Bestimmung des Düngerbedürfnisses der Ackerböden und Kulturpflanzen. Journal für Landwirtschaft **43**, 49–216.

LÜDECKE, H., 1939: Gedanken zur Zuckerrübenbestellung 1939. Cbl. Zuckerindustrie **8**, 82.

LÜTTICH, H., 1987: Quantifizierung der Mineralisierung der organischen Bodensubstanz durch Einbeziehung unterschiedlich schnell abbauender Fraktionen. Arch. Acker-, Pflanzenb., Bodenkd. **31**, 507–511.

MAIDL, F. X., und G. FISCHBECK, 1986: Untersuchungen über die Nitratgehalte tieferer Bodenschichten bei intensivem Ackerbau. Landw. Forsch. **39**, 287–297.

MARXEN-DREWES, H., 1987: Kulturpflanzenentwicklung, Ertragsstruktur, Segetalflora und Arthropodenbesiedlung intensiv bewirtschafteter Äkker im Einflußbereich von Wallhecken. Schriftenreihe Inst. f. Wasserwirtsch., Landschaftsökologie der C.A.-Universität Kiel, H. 6.

MCCLOUD, D. E., 1965: Light relations and photosynthesis within plant communities. Proc. 9. Int. Grasl. Congr. **1**, 511–517.

MEYER, R., und A. STORK, 1927/28: Über den Pflanzenertrag als Funktion der Stickstoffgabe und der Wachstumszeit bei Hafer. Z. Pflanzenern., Düngung, Bodenk; A. **10**, 329–347.

MITSCHERLICH, E. A., 1948: Die Ertragsgesetze. Akademie-Verlag, Berlin.

MITSCHERLICH, E. A., 1924: Die Bestimmung des Düngerbedürfnisses des Bodens. Verlag Paul Parey, 1. Aufl., Berlin.

MONTEITH, J. L., 1969: Light interception and radiative exchange in crop stands. In: EASTIN, J. D., F. A. HASKINS, C. Y. SULLIVAN, and C. H. M. VANBAVEL (Eds.): Physical Aspects of Crop Yields. 89–111. Am. Soc. Agron., Madison, Wis. USA.

MÜCKENHAUSEN, E., 1958: Die Beurteilung des Bodengefüges bei der forstlichen Standortaufnahme. Landwirtsch. – Angew. Wiss., Landwirtschaftsverlag Hiltrup.

MÜLLER, U., und W. EHLERS, 1986: Untersuchungen zum Wasserhaushalt der Ackerbohne. Kali-Briefe **18**, 167–187.

MUNZEL, L., 1988: Wirkungen von chemischer und mechanischer Unkrautbekämpfung auf die Verunkrautung und den Ertrag von Ackerbohnen – Beobachtungen an einem Feldversuch im Jahre 1986. Diplomarb., F. B. Agrarwiss. Univ. Göttingen.

NELSON, C. J., and D. SMITH, 1968: Growth of trefoil and alfalfa. III. Changes in carbohydrate reserves and growth analysis under field conditions. Crop Sci. **8**, 25–28.

NIETH, K., 1988: Nichtwendende Bodenlockerung mit dem Parapflug im Vergleich zu konventioneller und reduzierter Bearbeitung: Infiltration von simuliertem Starkregen. Diplomarb., FB Agrarwiss., Univ. Göttingen.

NITSCH, A,, 1990: Handhabung des Nitracheck-Tests bei Getreide, Mais und Kartoffeln. Hannov. Land- u. Forstwirtsch. Zeitung **143**, H. 7, 20–22.

OBEID, M., D. MACIN, and I. L. HARPER, 1967: Influence of density on plant to plant variation in fiber flax, Linum usitatissimum L. Crop Sci. **7**, 471–473.

PAWLITZKI K.-H., 1984: Auswirkungen abgestufter Produktionsintensitäten auf die Aktivitätsabundanz von Feldcarabiden (Coleoptera, Carabidae) sowie auf die Selbstregulation von Agrarökosystemen. Bayer. Landw. Jb. **61**, SH. 2, 11–40.

PEERLKAMP, P. K., P. BOEKEL, ond C. VAN OUWERKERK, 1970: Resultaten van onderzoek 1969. Jaaresversl. Inst. Bodenvruchtbaarheid 1969, Haren, 24–33.

Penman, H. L., 1956: Evaporation: An introductory survey. Neth. J. Agric. Sci. 4, 9–29.

Penning de Vries, F. W. T., 1974: Substrate utilization and respiration in relation to growth and maintenance in higher plants. Neth. J. Agric. Sci. 22, 40–44.

Perry, D. A., 1973: Interacting effects of seed vigour and environment on seedling establishment. In: Heydecker, W. (Ed.): Seed Ecology. Butterworths London, 311–323.

Petelkau, H., M.Dannowski, R. Gätke, und K. Seidel, 1984: Bodenbearbeitungssteuerung, FZB-Report 1983, Müncheberg, 21–28.

Petelkau, H., R. Herzog, R. Marschler, P. Wissing, M. Zenker, K. Seidel, und N. Kockel, 1977: Richtwerte und Gütemerkmale für die Bodenbearbeitung in der industriemäßigen Pflanzenproduktion. Informationsschrift Landwirtschaftsausstellung der DDR, Markkleeberg.

Pidgeon, J. D., and B. D. Soane, 1978: Soil structure and strength relations following tillage and wheel traffic in Scotland. In: Emerson, W. W., R. D. Bond, and A. R. Dexter (Eds.): Modification of Soil Structure. 371–379, John Wiley, Chichester.

Pitman, M. G., 1972: Uptake and transport of ions in barley seedlings. III. Correlation between transport to the shoot and relative growth rate. Austr. J. Biol. Sci. 25, 905–919.

Pommer, G., Th. Beck, H. Borchert, und K. Hegel, 1982: Auswirkungen von Zwischenfruchtanbau und Strohdüngung auf die Ertragsleistung, Bodenstruktur und Bodenorganismentätigkeit in einseitigen Getreidefruchtfolgen. Bayer. Landw. Jb. 59, 718–734.

Prevot, P., et M. Ollagnier, 1957: Méthodes d'utilisation du diagnostic foliaire. Analyse des plantes et problème des fumures minérales. I. R. H. O.: 177–190. Zitiert in Smith, P. F. (1962): Mineral analysis of plant tissues. Ann. Rev. Plant Physiol. 13, 81–108.

Prummel, J., 1975: Effect of soil structure on phosphate nutrition of crop plants. Neth. J. Agric. Sci. 23, 62–68.

Puckridge, D. W., and C. M. Donald, 1967: Competition among wheat plants sown at a wide range of densities. Austr. J. Agric. Res. 18, 193–211.

Radford, P. J., 1967: Growth analysis formulae – their use and abuse. Crop Sci. 7, 171–175.

Rauhe, K., 1957: Zur Frage des Stoppelumbruchs auf leichten Böden, insbesondere beim Nachbau von Roggen. Z. Acker-, Pflanzenb. 104, 423–446.

Rawson, H. M., 1971: An upper limit for spicelet number per ear in wheat as controlled by photoperiod. Austr. J. Agric. Res. 22, 537–546.

Renger, M., und O. Strebel, 1980: Wasserverbrauch und Ertrag von Pflanzenbeständen. Kali-Briefe 15, 135–143.

Riess, P., 1988: Anwendung von Abfällen zu Nahrungs- und Futterpflanzen. VDLUFA-Schriftenreihe 23, 81–97.

Roth, R., 1990: Untersaaten auf grundwasserfernem Sandstandort – Ergebnisse 5jähriger Untersuchungen. Feldwirtschaft 31, 361–362.

RÜBENSAM, E., 1966: Die Beeinflussung der Bodenfruchtbarkeit und Fruchtfolgegestaltung durch Konzentration und Spezialisierung der landwirtschaftlichen Produktion. Tagungsber. Dt. Akad. Landwirtschaftswiss. **72**, 7–18.

RUSCH, H. P., 1985: Bodenfruchtbarkeit. Haug Verlag, Heidelberg, 5. Aufl.

RUSSEL, R. S., and M. J. GOSS, 1974: Physical aspects of soil fertility – The response of roots to mechanical impedance. Neth. J. Agric. Sci. **22**, 305–318.

SACHS, J., 1860: Physiologische Untersuchungen über die Abhängigkeit der Keimung von der Temperatur. Jahrbücher f. wissenschaftliche Botanik **2**, 338–377.

SAUERBECK, D., und B. JOHNEN, 1976: Der Umsatz von Pflanzenwurzeln im Laufe der Vegetationsperiode und dessen Beitrag zur „Bodenatmung". Z. Pflanzenernähr. Bodenkd. **139**, 315–328.

SAUERLANDT, W., und C. TIETJEN, 1971: Der organisch gebundene Kohlenstoff und seine Phasen während des Jahresablaufes im Ackerboden. Z. Acker-, Pflanzenb. **134**, 313–322.

SCHACHTSCHABEL, P., H.-P. BLUME, K.-H. HARTGE, und U. SCHWERTMANN, 1982: Scheffer/Schachtschabel, Lehrbuch der Bodenkunde. Ferdinand Enke Verlag, Stuttgart.

SCHIPPERS, B., A. W. BAKKER, and P. A. H. M. BAKKER, 1987: Interactions of deleterious and benficial rhizosphere microorganisms and their effect of cropping practices. Ann. Rev. Phytophatol. **25**, 339–358.

SCHNEIDEWIND, W., 1928: Die Ernährung der landwirtschaftlichen Kulturpflanzen. Verlag Paul Parey, Berlin, 6. Aufl.

SCHOLTE, K., 1987: Relationship between cropping frequency, root rot and yield of silage maize on sandy soils. Neth. J. Agric. Sci. **35**, 473–486.

SCHULZ, E., und E.-M. KLIMANEK, 1988: Beitrag der Ernte- und Wurzelrückstände zur N-Dynamik im Boden. In: Bodenkdl. Ges. DDR. Stickstoff und Phosphor im System Boden – Dünger – Pflanze. Wiss. Jahrestg. Berlin 1987, 105–109.

SCHULZ, E., 1986: Untersuchungen zum N-Mineralisationsverhalten verschiedener Pflanzen im Boden unter Anwendung der ^{15}N-Tracertechnik. Arch. Acker-, Pflanzenbau, Bodenkd. **30**, 565–572.

SCHWERDTFEGER, G., 1981: Ursachen und Bekämpfung der Erosion auf Ackerflächen. Berichte über Landwirtschaft. 197. Sonderheft, 60–71.

SCHWERTMANN, U., und W. VOGL, 1986: Landbewirtschaftung und Bodenerosion. VDLUFA-Schriftenreihe **16**, 7–17.

SEEVERS, A.-E., 1986: Nichtwendende Bodenbearbeitung mit dem Parapflug im Vergleich zu konventioneller und reduzierter Bearbeitung: Wirkung auf Humusgehalt, Enzymaktivität und Aggregatstabilität. Diplomarb. FB Agrarwiss. Göttingen.

SIBMA, L., 1970: Relation between total radiation and yield of some field crops in The Netherlands. Neth. J. Agric. Sci. **18**, 125–131.

SIBMA, L., 1968: Growth of green crop surfaces in The Netherlands. Neth. J. Agric. Sci. **16**, 211–216.

SIMON, W., 1961: Über den Einfluß des Kleegrashaupt- und Kleegraszwischenfruchtanbaues auf die Rotationsleistung verschiedener Fruchtfolgen auf besseren Böden in feuchten Lagen und über die Möglichkeit realer Rotationsvergleiche. Wiss. Z. Univ. Halle, Math. Nat., 10, 347–356.

SIMON, W., und W. WERNER, 1963: Der Einfluß von Futterpflanzen als Haupt- und Zwischenfrüchte auf die Erträge und die Fruchtbarkeit verschiedener Böden. III. Erträge von Fruchtfolgen mit unterschiedlichem Futterpflanzenanteil auf Lehmböden in feuchter Lage. Thaer-Arch. 7, 261–288.

SÖDJE, A., 1989: Wirkung langjähriger unterschiedlicher Bodennutzung (Fruchtfolge, Pflanzenschutz, N-Düngung) auf die Verunkrautung der Feldfrüchte im Ackerbau-Systemversuch Reinshof 1987. Diplomarb., FB Agrarwiss. Univ. Göttingen.

SPIERTZ, J. H., and L. SIBMA, 1986: Dry matter production and nitrogen utilization in cropping systems with grass, lucerne and maize. Neth. J. Agric. Sci. 34, 25–47.

SPRENGEL, C., 1828: Von den Substanzen der Ackerkrume. Journal für technische und ökonomische Chemie 3, S. 93.

STACHOW, U., 1987: Aktivitäten von Laufkäfern (Carabidae, Col.) in einem intensiv wirtschaftenden Ackerbaubetrieb unter Berücksichtigung des Einflusses von Wallhecken. Schriftenreihe Inst. f. Wassserwirtsch. Landschaftsökologie, C. A. Univers. Kiel. H. 5.

STEINBRENNER, K., 1990: Vorfruchtparameter für die Wintergetreidearten. Feldwirtschaft 31, 352–354.

STEINBRENNER, K., M. SMUKALSKI, und U. OBENAUF, 1983: Einfluß von Anbaustruktur und Fruchtfolge auf Ertragsleistung und -entwicklung, dargestellt an Ergebnissen des Internationalen Fruchtfolgeversuches Dewitz. Arch. Acker-, Pflanzenb., Bodenkd. 27, 727–734.

STEINER, R., (1924) 1970: Der landwirtschaftliche Kursus 1924. Nachdruck. Philosophisch-Anthroposophischer Verlag am Goetheaneum, Dornach.

STINNER, D. H., M. G. PAOLETTI, and B. R. STINNER, 1989: In search of traditional farm wisdom for a more sustainable agriculture. A study of Amish farming and society. Agriculture Ecosystems and Environment 27, 77–90.

STÜLPNAGEL, R., 1979: Ertragsbildung von Hafer auf bearbeiteten und unbearbeiteten Löß-Parabraunerden. Diss. Landw. Fak. Univ. Göttingen.

TAMM, E., und G. KRZYSCH, 1961: Zum Verlauf des CO_2-Gehaltes in der Luft im Bereich landwirtschaftlicher Kulturpflanzenbestände. Z. Acker-, Pflanzenb. 112, 377–389.

TANNER, C. B., 1960: Energy balance approach to evapotranspiration from crops. Proc. Soil Sci. Soc. Am. 24, 1–9.

TEBRÜGGE, F., 1987: Reduzierte Bodenbearbeitung zu Zuckerrüben. Die Zuckerrübe 36, 204–210.

THAER, A., 1809: Grundsätze der rationellen Landwirtschaft. Berlin.

TIEDJE, J. M., A. J. SEXTONE, T. B. PARKIN, and N. P. REVSBECH, 1984: Anaerobic processes in soil. Plant and Soil 76, 197–212.

TIMMERMANN, F., und W. SCHOLL, 1988: Nutzen und Risiken der landwirtschaftlichen Verwertung von Klärschlämmen und Siedlungskomposten. VDLUFA-Schriftenreihe 23, 1–24.

TRIPLETT, G. B., jr., and M. B. TESAR, 1960: Effects of compaction, depths of planting, and soil moisture tension on seedling emergence of alfalfa. Agron. J. 52, 681–684.

TURGOT, A. R. I., 1766: Reflexion sur la formation et la distribution de richesse. Paris.

UNGER, P. W., and A. F. WIESE, 1979: Managing irrigated winter wheat residues for water storage and subsequent dryland grain sorgum production. Soil Sci. Soc. Am. J. 43, 582–585.

VAN LAUEN, H. J., M. H. BANNINK, and J. BOUMA, 1987: Use of simulation to asses the effects of different tillage practices on land quality of a sandy loam soil. Soil and Tillage Res. 10, 347–361.

VERVELDE, G. H., 1973: Biologische productie. Vakbl. Biol. 53, 60–64.

VÖLKER, U., F. ASMUS, und H. GÖRLITZ, 1984: Wirkung von Stalldung, Gülle und Stroh auf die Reproduktion der organischen Substanz von Tieflehm-Fahlerde und Sandlehm-Parabraunerde. Arch. Acker- Pflanzenb., Bodenkd. 28, 595–601.

VEERHOFF, O., 1940: Time and temperature relations of germinating flax. Am. J. Bot. 27, 225–31.

WAHMHOFF, W., 1990: Gezielter chemischer Pflanzenschutz unter besonderer Berücksichtigung von Schadensschwellen im Ackerbau. In: DIERCKS, R., und R. HEITEFUSS (Hrsg.): Integrierter Landbau. Verlagsunion Agrar München, Frankfurt, Münster-Hiltrup, Wien, Wabern-Bern, S. 294–315.

WARREN WILSON, J., 1959: zitiert in: LOOMIS, R. S., and W. A. WILLIAMS: The measurement of grassland productivity in Eastin et al. (Eds.): Physiological Aspects of Crop Yield. Am. Soc. Agronomy, Madison, Wis., 1961.

WATSON, D. J., 1952: The physiological basis of variation in yield. Adv. Agronomy 4, 101–145.

WEDEKIND, P., und H. KORIATH, 1969: Substanz und Nährstoffgehalt der Gülle. Feldwirtschaft 10, 319–320.

WEHSARG, O., 1912: Das Unkraut im Ackerboden. Arb. DLG, H. 226.

WERNER, D., U. PITTELKOW, W. XYLANDER, und H. UNGER, 1986: Einfluß raddruckbedingter Verdichtungen auf Bodenstruktur und Ertrag sowie Hinweise zur Erkennung von Verdichtungswirkungen auf bindigen Ackerböden. Feldwirtschaft 27, 220–223.

WHYBREW, I. E., 1958: Seed rates and nitrogen for winter wheat. Experiments at the Norfolk Agricultural Station. Exp. Husb. 3, 35–43.

WIDDOWSON, F. V., and A. PENNY, 1965: Experiments measuring the residual effects of nitrogen fertilizers, J. Agric. Sci. 65, 195–200.

WIENECKE, F., 1972: Verfahrenstechnik der Halmfutterproduktion. Verlag Prof. Dr.-Ing. F. Wienecke, Göttingen.

WIERSUM, L. K., 1961: Utilization of soil by the plant root system. Plant and Soil 13, 189–192.

WIERSUM, L. K., 1957: Density of root branching as affected by substrate and separate ions. Acta Bot. Neerl. 7, 174–178.

WILDENHAYN, M., 1991: Integrierter Pflanzenbau – Stand des Wissens. In: Landw. Fachbereich Univ. Göttingen u. Landw. Kammer Hannover (Hrsg.): Hochschultagung 1991, 28–41.

WILDUNG, R. E., T. R. GARLAND, and R. L. BUSCHBOM, 1975: The interdependent effects of soil temperature and water content on soil respiration rate and plant root decomposition in arid grasland soils. Soil Biol. Biochem. 7, 373–378.

WILLIAMS, R. F., 1966: The quantitative description of growth. In: BARNARD, C, (Ed.): Grasses and Grassland. Macmillan, London.

WILLIAMS, T. E., A. J. HEARD, and M. J. HOPPER, 1960: The residual effects of ley management on subsequent test crops. Exp. in Progress 12, 52–59.

WILLIAMS, W. A., R. S. LOOMIS, and C. R. LEPLEY, 1965: Vegetative growth of corn as affected by population density. Crop Sci. 5, 211–219.

WISCHMEIER, W. A., and D. D. SMITH, 1978: Predicting rainfall erosion losses – A guide to conservation planning. U. S. Dept. Agric. Handbook Nr. 537.

WOLLNY, E., 1897/98: Untersuchungen über den Einfluß der Wachstumsfaktoren auf das Produktionsvermögen der Kulturpflanzen. Forschungen auf dem Gebiete der Agrikultur-Physik 20, 53–109.

WOODFORD, E. K., 1966: The need for a fresh approach to the place and purpose of the ley. J. Brit. Grassland Soc. 21, 109–122.

WRIGHT, I. L., and E. R. LEMON, 1966: Photosynthesis under field conditions. 9. Vertical distribution of photosynthesis within a corn crop. Agron. J. 58, 265–268.

WULFFEN, C., von, 1823: Ideen zur Grundlage einer Statik des Landbaues. Möglinsche Annalen der Landwirtschaft 11, 389–465.

ZELTNER, E., 1976: Betriebstechnische und pflanzenbauliche Aspekte verschiedener Minimalbestellverfahren. KTBL-Schrift 204, Kuratorium f. Technik u. Bauwesen in der Landw., Münster-Hiltrup.

Maßeinheiten, Symbole, Abkürzungen und Umrechnungsfaktoren

nm	Nanometer 10^{-9} m
µm (µ)	Mikrometer 10^{-6} m
acre	1 acre = 0,405 ha
bu	1 bushel = 36,3 l (Mais: 25,4 kg)
Cal	1 Kalorie = 4,186 Joule; 1 cal · sec^{-1} = 4,186 Watt 1 cal · cm^{-2} · min^{-1} = 6,97 · 10^{-2} W · cm^{-2}
λ	Wellenlänge des Lichtes
K	Kelvin = °C + 273,1
µE	1 Mikroeinstein = 10^{-6} · 6,02 · 10^{23} Photonen
bar	1 bar = 10^5 Pascal
Pa	1 Pascal = N · m^{-2}; N: Newton
mm Hg	Millimeter Quecksilbersäule 0,75 mm Hg = 1 mbar = 1,33 · 10^2 Pa
pF	Wasserpotential (ψ) Saugspannung = log cm Wassersäule
% V/V	Volumenprozent je Gesamtvolumen
ppm	parts per million (Teile je 10^6 Teile)
equiv	Äquivalentgewicht (chemisch)

TM	Trockenmasse	ET	Evapotranspiration
GE	Getreideeinheit	ETP	potentielle Evapotranspiration
BFI	Blattflächenindex	Δe	Wasserdampfsättigungs-
BFD	Blattflächendauer		defizit der Atmosphäre
NAR	Nettoassimilationsrate	OBS	Organische Bodensubstanz

Umrechnungsfaktoren:

$$P \underset{\times 0{,}436}{\overset{\times 2{,}29}{\rightleftarrows}} P_2O_5 \quad K \underset{\times 0{,}83}{\overset{\times 1{,}20}{\rightleftarrows}} K_2O \quad Ca \underset{\times 0{,}715}{\overset{\times 1{,}40}{\rightleftarrows}} CaO \quad Mg \underset{\times 0{,}603}{\overset{\times 1{,}66}{\rightleftarrows}} MgO$$

Sachregister

Agrarlandschaft
- Ackerrandstreifen 474
- Elemente 478
- Flurneuordnung 133, 479
- Gestaltung der Feldflur 133, 478 f.
- Größe der Feldschläge 479 f.
- Hecken 445, 474, 480
- Lage der Feldschläge 343, 479
- naturnahe Biotope 335, 474, 480
- Raine 445, 474, 480

Agrarökosystem
- Begrenzungsfaktoren, natürliche 120, 122, 476
- Entstehung 251
- Fremdregelung 251, 252, 432, 458, 459, 467, 476, 483, 508
- Herbizideffekt auf Bodenfruchtbarkeit 460
- Integrierte Verfahren zur Kontrolle von Pflanzenkrankheiten 225, 468, 472
- Integrierte Verfahren zur Kontrolle von Schädlingen 473
- Nützlinge 459, 476
- Regelkreise 460
- Regelmechanismen, natürliche 467 f.
- Selbstregelung 179, 222, 433, 459, 467, 506
- Stabilität 334, 432, 463

Anbauverfahren 13, 131 f.

Artenvielfalt
- Ackerwildpflanzen 152 f., 458
- Bodenleben 388 f.
- Feldfrüchte 334
- Fungzidresistenz 459
- Grasraine 445, 474, 480
- Hecken 445, 474, 480
- Herbizidresistenz 459
- Räuber-Parasit-Beziehung 433
- selektive Herbizide 175, 458

Assimilathaushalt
- Assimilatgewinn 25, 29, 30, 33, 34, 38, 40, 104
- Blattstellung 35
- CO_2-Assimilation 20, 30 f., 39
- C_3-, C_4-Photosynthese 31, 33, 56
- Dunkelatmung 31
- Lichtatmung 33
- Lichtgenuß der Blätter 35 f.
- Lichtkompensationspunkt 31
- Netto-Assimilationsrate 24, 30, 37, 40

Assimilatverteilung
- Assimilatspeicherung 93, 97, 98
- Quellen-Senkenbeziehung 89 f.
- Quellenkapazität 35, 37 f., 41, 89 f., 113
- Reservestoffe 25, 92, 97, 100
- Senkenkapazität 35, 89 f.
- Sproß-Wurzel-Verhältnis 88 f.
- Steuerung durch Entwicklung 84, 88, 104
- Steuerung durch Standortfaktoren 89 f.

Atmung
- Dunkelatmung 31, 38
- Erhaltungsatmung 34
- Lichtatmung 33
- Wachstumsatmung 34

Basensättigung
- Bodenstruktur 430
- Gesteinsmehle 431
- Düngereffekte 197
- Kationenaustausch 78, 429
- Protonen 77, 429, 430
- Puffersysteme 429

Beeinflussung der Pflanzen untereinander
- Allelopathie 109
- Dichteabhängigkeit der Konkurrenz 111 f., 140
- Füllkraft der Einzelpflanze 114, 139
- inter-, intraspezifische Konkurrenz 111
- Kooperation 109
- mortale Reaktion auf Dichte 114 f.
- plastische Reaktion auf Dichte 111, 139
- Reproduktionsrate 119, 153
- Verdrängungsprozeß 114

Bewässerung
- Abwasserverwertung 227
- Bedürftigkeit 229 f., 231
- Beregnung 232, 233
- Bodentemperatur 233
- Effizienz 232, 233
- Erfolg 232
- Frostschutzberegnung 132
- Klimatische Wasserbilanz 231, 233
- Kritische Wachstumsphasen 233
- Mikrobewässerung 232
- Oberflächenbewässerung 232
- Tropfbewässerung 232
- Unterflurbewässerung 233
- Verfahren 232 f.
- Würdigkeit 232
- Zusatzwasserbedarf 231

Sachregister

Blatt
- Blattflächendauer 41, 42
- Blattflächenindex 24, 35, 37, 38, 39
- Blattemperatur 30
- Blattflächenverhältnis 24, 35
- Blattverluste 16, 25
- Blattwinkel, -stellung 35
- räumliche Anordnung 35
- Sonnen-, Schattenblatt 33, 40, 107

Boden
- Aggregatstabilität 436
- Atmung 41, 64, 412
- Eindringwiderstand 66
- Feuchte 15, 61, 229, 273, 282
- Gasaustausch 52, 62, 64, 311, 394
- Gefüge 60, 189, 274, 311, 313, 351, 357, 393, 410, 436
- Lagerungsdichte 60
- Leben 388f.
- Oberfläche 260, 299
- Porenräumgliederung 61, 62, 268
- Porenvolumen 60, 61, 268
- Temperatur 15, 25, 64, 217, 317
- Textur 145
- Verdichtung 188, 271, 272, 302, 352

Bodenacidität
- Kalkung 202, 430
- Protonenquellen 429f.
- Ursachen 197, 428

Bodenbearbeitung
- Bearbeitbarkeit 270f.
- Bearbeitungserfolg 275f., 280, 285f.
- Bearbeitungsintensität 294
- Befahrbarkeit 274, 313
- Bodenpflege 307
- Eingriffe, Art, Zeitpunkt 282, 294
- Fahrgassen 150
- Fahrverkehr 274, 280
- Feldarbeitstage 131, 275
- Folgen der Mechanisierung 12, 258, 281
- Frühjahrsfurche 303
- Grundbodenbearbeitung 131, 215, 301f., 352
- Herbstfurche 302
- Krumenvertiefung 133, 309
- Lockerung 259f.
- Notwendigkeit 258
- Rauhigkeit der Bodenoberfläche 307
- Saatbettbereitung 143f., 303f.
- Saatfurche 302
- Sackung 286, 313
- Sanddeckkultur 133, 308
- Sandmischkultur 133, 308
- Stoppelbearbeitung 131, 277, 299f.
- Verfahrensschritte 131, 296
- Witterungseffekte 278, 299
- Ziele 259, 277, 299

Bodenbearbeitungsgeräte
- Fräse 291
- Gerätekombinationen 293
- Grubber 288
- Hacken 290
- Kreisel-, Rüttelegge 290
- Krumpenpacker 292
- Scharpflug 284f.
- Scheibengeräte 288
- Schleppen 290
- Spatenmaschine 291
- Vorwerkzeuge am Pflug 287
- Wälzeggen 292
- Walzen 291
- Zinkeneggen 289
- Zinkenrotor 291

Bodenbearbeitungssysteme
- Gliederung 293, 296
- Festboden-Mulchwirtschaft 51, 57, 61, 62, 65, 74, 144, 228, 268, 277, 309f., 409, 441, 472
- Konservierende Bearbeitung 295
- Lockerboden-Mulchwirtschaft 62, 296, 323f., 367, 473
- Lockerbodenwirtschaft 51, 57, 62, 65, 74, 144, 268, 295, 309f., 409
- meliorative Bearbeitung 133, 252, 295, 308

Bodenfruchtbarkeit
- Begriff 385f.
- Messung 385
- Transformationsvermögen 385

Bodengefüge
- Absonderungsgefüge 263
- Aggregatstabilität 269, 270, 279, 423
- Aufbaugefüge 264
- Ausrollgrenze 271, 274
- Beurteilung des Gefügezustandes 262, 266, 267
- Einzelkorngefüge 263
- Fließgrenze 271
- Frostsprengung 268, 282, 303
- Konsistenz 271, 269
- Krümelgefüge 265
- Krumenbasisverdichtung 61, 279f.
- Mulchauflage 61, 228, 296, 299, 311, 317
- Strukturschäden 61, 278f., 284, 412
- Zertrümmerungsgefüge 264

Bodenleben
- Algen 392
- Bakterien 391
- Bewirtschaftungseffekte 389, 394, 395
- Biomasse 391, 402
- Borstenwürmer 393
- Edaphon 388
- Fadenwürmer 392
- Gliederfüßler 393
- Kohlenstoff im Boden 310, 389, 397
- mikrobiologische Kennwerte 391, 410
- Milben 392
- Pilze 391
- Regenwürmer 265, 312, 393f.

Sachregister

Bodenleben
- Regenwurmgänge 61, 313, 394
- Regenwurmkot 314
- Regelfunktionen 397
- Springschwänze 392
- Stickstoff im Boden 310, 397
- Strahlenpilze 391

Bodennutzungssystem
- Ackerbau 326
- Anbaukonzentration 168, 257, 333, 335
- Anbauwürdigkeit der Feldfrüchte 127, 330
- Artenwahl 128, 330
- bodenbürtige Schaderreger 336, 339
- Bodenmüdigkeit 343
- Bodennutzungsart 121, 326 f.
- Bodennutzungseinheit 255
- Brache 228, 327, 372, 399, 407, 425, 468
- Deckfrucht 257
- Definition 249, 255
- Felderwirtschaft 329
- Feldfruchtgruppen 331
- Feldgraswirtschaft 256, 326, 329, 372
- flugfähige Schaderreger 342 f.
- Fruchtartenverhältnis 256, 329, 373, 406
- Fruchtfolge 169, 256, 373, 472
- Fruchtwechselwirtschaft 373
- Getreideanteil 168, 333
- Graslandwirtschaft 256, 327, 329
- Grenzen der Anbaukonzentration 333 f., 338, 344
- Halmbasiserkrankungen bei Getreide 337 f.
- Hauptfrucht 256, 331, 373
- Klassen von Bodennutzungseinheiten 256
- Leistungen 376 f., 382
- Mengsaat 226, 257, 332
- Nematoden 225, 339, 340 f.
- Nutzartenverhältnis 329
- Plantagenwirtschaft 327
- produktionstechnische Eingriffe 251 f.
- Produktivität 121
- Rechtzeitigkeit der Eingriffe 130
- Regenfeldbau 227 f., 328
- Reinsaat 257
- Schlagkartei 213, 255
- Selbstfolge 335 f., 383
- selbstregelnde Mechanismen 468 f.
- Sortenwahl 129
- Stabilität 458
- Stoffkreislauf 387
- Stoppelsaat 256, 332
- spezielle Intensität 250, 333
- Teilbrache 255
- Untersaat 256, 332
- Virosen, bodenbürtige 339
- Vorfruchtwirkung 344 f.
- Winterzwischenfrüchte 256, 332
- Zweitfrüchte 256, 332, 373, 455
- Zwischenfrüchte 332

Bodenschutz 433 f.

Diffusion 32, 46, 63, 188
- Widerstand 33, 46, 50

Düngemittel
- Abfallstoffe 420
- Erdkomposte 410, 418 f.
- Ernterückstände 346, 410
- Gründüngung 338, 410, 426
- Gülle 199, 410, 412, 417 f., 426, 454
- Jauche 199, 410
- Kalidünger 200 f.
- Kalkdünger 202
- Klärschlamm 410, 419 f.
- Mehrnährstoffdünger 203
- Mikronährstoffdünger 204
- Müllkompost 410, 419 f.
- Phosphatdünger 200
- Schwermetallgehalt 419
- Stallmist 410, 413 f., 421
- Stickstoffdünger 197 f.
- Wirtschaftsdünger 410 f.

Düngung
- Düngungsbedarf 186, 205, 207, 208
- Ertragsgesetze 181 f.
- Grunddüngung 208, 209
- mineralische Düngung 178 f.
- Nährstoffersatz 179
- Nährstoffkonzentrationswirtschaft 180, 450
- Nährstoffkreislauf 179
- Nährstoffvorrat 179
- organische Düngung 410 f.
- PK-Düngung 208
- Plazierung 217 f.
- Produktionsfunktionen 181, 186
- Stickstoffdüngung 207, 209 f.
- Unterfußdüngung 217
- Verfahren 204 f., 471
- Verteilung 218
- Vorratsdüngung 208

Energiehaushalt
- Absorption 26, 29
- diffuse Strahlung 27
- direkte Sonnenstrahlung 27
- Gesamtstrahlung 27, 28
- langwellige Rückstrahlung 28
- Netto-Einstrahlung 28, 30
- photosynthetisch nutzbare Strahlung 27, 30
- potentielle, aktuelle Strahlung 28
- Reflektion 26, 28
- Solarkonstante 26
- Sonnenhöhe 26
- Transmission 26
- Wellenlänge 26

Sachregister 539

Entscheidungen im Pflanzenbau
- Efahrungs-, Erwartungswert 19
- Erfolgskontrolle 14
- Grundlagen 15 f., 17, 19, 204, 208, 222
- Produktionsfunktion 19, 22, 181, 186
- Produktionsregel 19, 161 f.
- Risiko, Risikobereitschaft 16, 19
- Schlagkartei 213, 255
- Signifikanz von Differenzen 17
- stochastische, funktionale Zusammenhänge 17, 22
- Unsicherheit 16
- Ziele 14 f.

Entwicklung
- Abhärtung 107
- Alterung 34, 35, 85, 94, 137
- apikale Dominanz 83, 172
- Determination 93, 101, 103
- Dormanz 84, 96
- Phasen 83, 85, 101
- Photoperiode 102
- Phytochromsystem 102
- Phytomer 101
- Quieszens 96
- Steuerung durch Standortfaktoren 86, 88 f.
- Thermoperiode 100, 103
- Vernalisation 101
- Wachstumsregulatoren 83, 87, 91, 96, 132, 139
- Wärmesumme 95

Erosion
- Aggregatstabilität 296, 270, 279, 423
- Bodenabtrag 434, 435, 438, 440
- Bodenabtragsgleichung 438
- Bodenbearbeitung 443
- Bodenbedeckung 439, 441
- Bodenrauhigkeit 438
- Entstehungsursachen 433 f.
- Erodierbarkeit des Bodens 438, 440
- erosive Niederschläge 438
- Fahrspuren 440
- Folgen für den Pflanzenbau 434
- Gefährdungsgrad 440
- Konturstreifenbau 440, 443
- Oberflächenabfluß 436, 443
- Schutzmaßnahmen 309 f., 440 f.
- Wassererosion 435 f.
- Windgeschwindigkeit 437
- Winderosion 437, 445
- Windschutzstreifen 445

Ertragsanalyse
- Ertragsbildungsmodell 21, 24 f.
- Ertragsgesetze 183
- Ertragskomponenten 20, 22

Ertragsbildung
- begrenzende Faktoren 20
- Bestandesdichte 111 f., 139
- Effekt von Pflanzenbehandlungsmitteln 91, 132, 139
- Effekt von Produktionsverfahren 126
- Einzelpflanzenstandraum 111
- Ertragsgesetze 183
- Mengen 20, 22
- potentieller Ertragszuwachs 42 f.
- Prozesse 17, 20, 22, 18
- Raten 20, 22, 37, 38
- Simulation 21, 24
- Transpirationskoeffizient 56
- Variabilität 124
- Wasserverbrauch 55 f., 228
- Witterungs-, Bodeneffekte 124, 128, 320

Feldfrüchte
- Artenwahl 127, 330
- Gruppen 331
- Kälteverträglichkeit 109
- Resistenz 225, 226, 471
- Sortenwahl 129, 469, 471
- Winter-, Sommerformen 101, 102

Feldgraswirtschaft
- Ackergras 44, 208, 256, 345, 380, 409, 455, 507
- Bau- und Grasjahre 256, 372
- Bodenstruktur 379
- Formen 371
- Gesamtleistung 380
- Kleegras 212, 345, 346, 351, 359 f., 374, 380, 409, 462, 472
- Nutzungseffekte 379
- Organische Bodensubstanz 372, 379, 407, 457
- Stickstoffakkumulation im Boden 359, 379
- Vorfruchtwirkung 379 f.

Fruchtfolge
- Dreifelderwirtschaft 372
- Doppel-, Überfruchtwechsel 373
- Elemente 249
- Fruchtfolgeglied 373
- Fruchtfolgegrundriß 372
- Fruchtfolgepaare 373
- Fruchtwechsel 373, 407
- Getreideeinheit 377
- Halmfrucht-Blattfrucht-Verhältnis 168, 333, 373
- Kompensation von Fruchtfolgeschäden 384
- Leistungsvergleich 376
- Nachfrucht 257
- Reinigungsfruchtfolgen 169
- Rotation 373, 376
- Rotationsleistung 376, 381
- Spring-, Buntschlag 373
- vergleichbare Hauptfrüchte 379
- Vorfrucht 255, 257

Futterpflanzen
- Nutzungselastizität 129
- Restblattfläche 97

Sachregister

Futterpflanzen
- Reservestoffspeicherung 98
- ruhende Knospen 99
- Wiederaustrieb 97f.

Getreide
- Ausfallgetreide 354, 369
- Auswuchs der Körner 96
- Standfestigkeit 90
- Winter-, Sommergetreide 101, 102, 324, 345
- Zwiewuchs 97

Grasland 121, 243, 327, 329, 390, 409, 447, 507, 508

Grasnarbe
- Bodenzustand 257, 275
- Energieumwandlung 29, 121
- Wettbewerb zwischen Klee und Gras 119

Herbizide
- Düngemittel 175
- Harnstoffderivate 175
- Herbizidresistenz 178
- Kontaktherbizide 174
- nicht-selektive Herbizide 174
- selektive Herbizide 175, 177
- Sulfonylharnstoffe 176
- systemisch wirkende Herbizide 174
- Triazinderivate 175
- Wirkungsgrad 176, 318
- Wirkungsweise 174
- Wuchsstoffherbizide 175

Integrierter Landbau
- Definition 488
- Grundsätze 488
- integrierend wirkende Maßnahmen 489f.

Kalium
- Aufnahme 78, 79
- Bindungsformen 193
- Dünger 200
- Vorrat 194

Keimung
- Boden-Samenkontakt 146
- Dormanz 96, 154, 239
- Hartschaligkeit 96
- hypogäische, epigäische Keimung 146
- Kältetest 136
- Keimfähigkeit 94, 136
- Keimrate 94, 136
- Keimschnelligkeit 95, 136
- Knospenruhe 84
- Phasen 94
- Quieszens 96
- Sauerstoff 94, 146
- Temperatur 94f.
- Wasser 94, 144f.

Klima
- Bio-, Ergoklima 126
- Ertragsbildung 124
- Klimatypen 123
- Makroklima 123
- Mesoklima 122
- Mikroklima 122
- Voraussagbarkeit 122
- Wetterbeobachtung 122
- Wetterelemente 121
- Witterung 122, 278

Kohlendioxyd
- Kompensationspunkt 32, 33
- Konzentration im Boden 63
- Konzentration im Luftraum 33, 40f.
- Transport 32, 41

Landbau
- Betriebsorganisation 493
- Bewertungsmaßstäbe 500f.
- Entwicklungsstufen 482f.
- gesellschaftliche Rahmenbedingungen 484
- Gleichgewichtszustände 503, 504
- Integrierter Landbau 487ff.
- Intensivlandbau 483, 484
- Ökologischer Landbau 493f.
- Produktionskonzepte 485f.
- Produktqualität 495
- Statik des Landbaues 505
- Systembewertung 499f.
- Ziele 14, 512

Licht
- diffuses Licht 27f.
- direktes Sonnenlicht 27f.
- Genuß der Blätter 35, 36
- Kompensationspunkt 31, 33, 34
- Lichtabsorption 38, 41
- Sättigungspunkt 31, 33, 34
- spektrale Zusammensetzung 27, 90, 100
- Tageslänge 41
- Verteilung im Pflanzenbestand 35, 36, 90

Magnesium
- Bindungsform 194
- Dünger 203
- Vorrat 195

Mikronährstoffe
- Bor 197
- Eisen 196
- Kupfer 196
- Mangan 196
- Zink 197

Mulchwirtschaft 51, 57, 61, 65, 74, 144, 228, 268, 277, 441

Nährstoffangebot
- Bindungsform 76, 187

Sachregister 541

- Transport im Boden 77
- Verfügbarkeit 76, 187
- Zufuhr 179, 445

Nährstoffaufnahme
- Entzug 205, 210
- Regelung 77, 80, 189
- Rückkopplung zum Wachstum 79, 82, 205
- Wechselwirkungen 181 f.

Nährstoffbedarf 205, 446

Nährstoffkreislauf 179

Nutzungsverfahren
- Entblätterung 16, 97
- Erntezeitpunkt 99, 235 f.
- Ertragsverluste 239 f.
- Futterqualität 377
- Konditionierung von Erntegut 247
- Konservierungsverfahren 239, 243, 244 f.
- Konservierungsverluste 246
- Lagerung von Erntegut 246
- Meristeme für Wiederaustrieb 99, 242
- Nutzungshäufigkeit 242
- Reservestoffmenge 98, 242
- Restblattfläche 97, 242
- Reifestadien 236 f.
- Schnittzeitpunkt für Halmfutter 99, 241 f.
- Sproßabtötung 16, 238
- technologische Reife 235 f.
- Weideführung 243
- Wiederaustrieb 16, 97, 242

Ökologischer Landbau
- Beharrungspunkt 505
- Biologisch-dynamische Landwirtschaft 496 f.
- Geschlossenheit des Betriebes 493
- Grundsätze 493
- Kreislaufwirtschaft 493, 504
- Kompostierung 494, 497
- Nährstoffersatz 494
- Organisch-biologische Landwirtschaft 497
- Pflanzenpräparate 497
- Pflanzenschutz 494
- Produktqualität 495
- Umstellungsphase 499

Ökosystem
- Agrarökosystem 120
- Entwicklung 432
- Klimaxvegetation 121, 432
- Nährstoffkreislauf 179
- Selbstregulation 179

Organische Bodensubstanz (OBS)
- Aggregatstabilität 398, 423
- Anreicherung im Boden 407 f., 421
- Bestimmungsmethode 397
- Ernterückstände 346, 399, 403, 407
- Fließgleichgewicht 407, 409
- Fraktionen 398, 402
- Mengenänderung 399, 403
- Mineralisation 398, 400, 405, 423
- OBS-Gehalt und Feldfruchtertrag 423
- OBS-Gehalt und N-Düngung 423
- organische Dünger 399, 405
- Reproduktion 403, 405, 406
- Sorptionskapazität 423
- Umsatz 397, 403, 424 f.
- Verteilung im Boden 390, 408, 409

Pflanzenbau
- Handeln 15
- Wissenschaft 13 f.
- Ziele 11, 14

Pflanzenbestand
- Bestandesdichte 111, 140
- Bestandesgründung 135 f.
- mikroklimatische Grenzfläche 122

Pflanzenertrag
- Ernteindex 20
- Ernte 239
- Ertragskomponenten 22

Pflanzennährstoffe
- Angebot während der Vegetationszeit 189
- Aufnahme der Wurzeln 77
- Bindungsformen 76, 187
- Bor 75, 197
- Calcium 194
- Diffusion 77
- Eisen 75, 196
- Kalium 75, 78, 79, 193 f.
- Kobalt 75
- Kupfer 75, 196
- Luxuskonsum 80
- Magnesium 75, 194
- Mangan 75, 196
- Massenfluß 77
- Molybdän 75
- Natrium 75
- Nährstoffverhältnis 205
- Phosphor 75, 81, 195, 188
- Schwefel 75, 196
- Selen 75
- Silicium 75
- Stickstoff 75, 81, 82, 190 f.
- Zink 75, 197

Pflanzenschutz
- Ausbringungsverfahren 224
- Bekämpfungsgrad 224
- Bekämpfungsschwelle 222, 224
- biologische Verfahren 225
- Biozidresistenz 226, 458
- Fungizide 223, 226
- Gesetz 219
- Insektizide 223, 473
- Krankheits-, Schädlingsresistenz 225, 226
- Krankheitsbefall 220, 224, 472

Sachregister

Pflanzenschutz
- Maßnahmen 132, 219, 223
- Mittel 457 f., 460 f.
- Pathotypen 226
- Schadensprognose 224
- Schadensschwellen 224
- Schädlingsbefall 220, 224
- Verfahren 221, 222 f., 476
- Ziele 219, 223

Phosphor
- Bindungsformen 195
- Dünger 200
- Vorrat 195

Photosynthese
- C_4-, C_3-Photosynthese 31, 32, 56
- Lichtkompensations-, Lichtsättigungspunkt 31
- Rate 31

Produktionsverfahren
- Boden- und Bestandesführung 132, 134, 452
- Maßnahmen 131
- Rechtzeitigkeit 130
- Schlagkartei 213, 255
- Ziele 13, 14, 121, 134

Quellen-Senken-Beziehung 35, 37 f., 41, 89 f., 113

Reproduktion der organischen Bodensubstanz
- Bodenfeuchte 402
- Bodenstruktur 410
- C-N-Verhältnis 397, 425, 426
- Fließgleichgewicht 407 f.
- Fraktionen der OBS 398 f., 401
- Gülle 406, 417 f.
- Immobilisation 398, 400, 405
- Kohlenstoff 397
- Kohlenstoffbilanz 403
- Mineralisation 398, 400, 405
- Quellen der Reproduktion 346, 398, 399, 403, 408, 409, 410
- Reproduktionsbedarf 403, 406
- Reproduktionskoeffizient 405
- Sonderwirkung organischer Düngung 421
- Stallmist 405, 413 f.
- Stickstoff 297, 424
- Temperatur 402
- Umsatz der OBS 397, 403

Saatgut
- Beizung 137
- Echtheit 135
- Feldaufgang 134, 137
- Keimfähigkeit 136
- Keimschnelligkeit 136
- Konditionierung 138
- Kornmasse 137, 146
- Lagerung 137
- Qualitätsnormen 135 f.
- Reinheit 135, 136
- Sortierung 138, 150
- Triebkraft 136, 146
- Vitalität 137

Saatverfahren
- Breitsaat 141, 149, 150
- Dammkultur 144
- Drillsaat 150
- Ebenkultur 143
- Einzelkornsaat 150
- Einzelpflanzenstandraum 141
- Fahrgassen 150
- Feldaufgang 15, 134, 137, 305, 306
- Gleichstandssaat 141, 150
- Keimdichte 305, 307
- Normen für Saatbettbereitung 148, 307
- Orientierung der Reihen 141
- Pflanzverfahren 149, 151, 368
- Reihenabstand 141, 143
- Saatbettgestaltung 143 f., 148, 305, 307
- Saatdichte 138, 139, 141, 143
- Saattermin 137, 468
- Saattiefe 107, 143, 146, 148, 305, 306
- Sägeräte 150 f.

Sortenwahl
- Beschreibende Sortenliste 130
- Kriterien 121, 127, 129, 228
- optimale Anpassung 128, 129, 130

Spatendiagnose 262

Standort
- Anpassung 127
- Definition 20
- Eingriffe 132, 251 f.
- Produktivität 385
- Rückwirkung durch Pflanzenwachstum 21

Stickstoff
- Ammoniak 197, 200, 218, 417
- Ammonium 191, 197, 200, 314
- Angebot von bodenbürtigem N 190, 210, 213 f., 423
- Aufnahme durch die Pflanze 190, 197, 210, 426
- Ausnutzungsrate des Dünger-N 210, 213
- Bindungsformen 190
- Denitrifikation 192, 316, 449
- Düngerformen 197 f.
- Düngungsbedarf 190, 207, 213
- Düngungsverfahren 209 f., 421
- Ertragsbildung 210, 421
- Immission 180, 218
- Immobilisierung 192, 315, 424
- Kreislauf 193, 421, 427
- Mineralisierung 191, 315, 424 f.
- N-Bilanz 207, 445, 449, 453
- N_{min}, N_{an} 190, 193, 207, 214
- Nitrat 191, 192, 197, 216, 314, 316, 446 f.

- Priming effect 427
- Steuerung des N-Umsatzes 315, 424 f., 457
- Verbleib von Dünger-N im Boden 213, 427
- Verbleib von Dünger-N in der Pflanze 427
- Vorrat im Boden 190, 193

Stroh
- Einarbeitung 412 f.
- Mengen 410
- N-Immobilisation 413
- Rotte 412

Temperatur
- Blattemperatur 30
- Bodentemperatur 29, 64
- Grenzen 30, 107
- Wärmekapazität 65
- Wärmeleitfähigkeit 65
- Wärmesumme 95
- Wurzeltemperatur 68

Transpiration
- Effizienz der Wassernutzung 56
- Evapotranspiration 54, 55
- Koeffizient 56
- potentielle Rate 54
- Spaltöffnungen, Stomata 48
- Turgeszenz 45

Trockenlandwirtschaft
- Brache 228
- Dry-farming 228
- Regenfeldbau 227 f., 328

Überdauerung lebensfeindlicher Bedingungen
- Abhärtung 108
- Anaerobiose 106
- Auswinterung 107
- Dürre 107
- Frostschutzberegnung 133
- Hitze 107
- Kälte 107
- Kältetod 108
- Sauerstoffmangel 106
- Staunässe 106
- Wassermangel 106

Umwelt
- Belastungen 434, 446, 460
- Gewässereutrophierung 446
- Gülledüngung 454
- Kleegrasumbruch 456
- Minderung der Biozidanwendung 464 f., 473 f.
- Nährstoffein- und -austrag 445 f.
- N-Bilanz 445, 449, 453
- Nitratauswaschung 446 f., 456
- Pestizidein- und -austrag 460
- saurer Regen 447
- Uferschutzzonen 446
- Ursachen des Nitrataustrages 448, 452, 456
- Verbleib von Pestiziden 351, 460 f.
- Verhinderung von Nitrataustrag 450

Unkrautbekämpfung
- Absterberate 155
- Artenkombination der Ackerwildpflanzen 156
- Bekämpfungserfolg 170, 177
- Bodenbearbeitung 166
- Bürsten 171
- Durchwuchs von Kulturpflanzen 166, 173, 343, 354
- Fruchtfolge 167
- Hacken 170
- Häufeln 171
- Herbizide 174 f.
- Keimung der Arten 156
- Kosten der Bekämpfung 160
- Lebensweise der Arten 152, 155
- Lichtschacht-Verfahren 171
- mechanische Bekämpfung 169 f., 172
- ökologische Artengruppen 157 f.
- Populationsdichte 152, 155, 161
- Reaktion auf Bewirtschaftungseingriffe 156, 164 f., 243
- Reinigungsfruchtfolgen 169
- Reproduktionsorgane 153, 154
- Samenunkräuter 154
- Schadensschwelle 160
- selektive Bekämpfung 164
- Striegeln 170
- Terminierung (kritische Phasen) 162
- thermische Bekämpfung 173
- Tiefenverteilung der Reproduktionsorgane 154, 155
- Unkrautpopulation 153, 155, 162, 164, 317
- Unkrautwirkungen 158 f., 160
- Vorauflauf-, Nachauflaufverfahren 161
- vorbeugende Maßnahmen 165 f.
- Wurzelunkräuter 154

Vegetation
- Ersatzvegetation 120
- Klimaxvegetation 120
- Pionierstadium 120

Vegetationszeit
- Dauer 45, 360, 368

Vorfruchtwirkung
- Bodenstruktur 351 f.
- Bodenwasservorrat 351 f.
- direkte Wirkung 344, 355, 357, 359
- Düngerreste im Boden 347
- Durchwuchs von Kulturpflanzen 166, 173, 343, 354
- Erntetermin 352
- Ernterückstände 346 f.
- Fruchtfolgepaare 361
- humusmehrende, -zehrende Feldfrüchte 359

Sachregister

Vorfruchtwirkung
- indirekte, kumulative Wirkung 355, 357, 359
- Koppelprodukte 247, 376
- N-Vorfruchteffekt 348 f.
- Schaderregerdruck 355
- Verunkrautung 353
- Vorfruchtanspruch 353
- Vorfrucht-Nachfrucht-Kombination 360

Wachstum
- Analyse 22, 25
- determiniertes, indeterminiertes Wachstum 93
- Entwicklung 83 f.
- Ertragszuwachs 22, 38, 42
- Phasen 83, 85, 242
- potentieller Ertragszuwachs 45
- potentieller Ertragszuwachs 45
- Steuerung 131 f.
- Wachstumsgrenzen 106 f.

Wärme 29
- Summe 95

Wasser
- Abgabe, Aufnahme 45 f.
- Evaporation, Verdunstung 29, 35, 47, 48, 55, 228, 311
- Feldkapazität 50
- Infiltration 50, 61, 299, 310, 394, 436, 440, 441, 443
- Leitfähigkeit 55, 61, 230, 311
- Mangel 49, 50, 58, 106, 229
- Niederschlag 436, 438
- pH-Wert 46, 50, 60
- pflanzenverfügbare Menge 21, 51, 231
- Potential 46, 48
- Sättigungsdefizit 21, 47, 57
- Transpiration 45 f.
- Transport 46, 47, 50, 146, 394

Wetter 59, 121 f.

Wirtschaftsdünger
- Erdkompost 418
- Ernterreste 346, 399, 403, 407
- Gülle 199, 413 f., 454
- Gründüngung 338
- Stallmist 414
- Stroh 420

Wurzeln
- Adventivwurzeln 66
- Aerenchym 69
- Casparyscher Streifen 50
- Dichte, Länge, Volumen 72
- Durchmesser 67
- Eindringwiderstand 70, 71, 73
- extensive, intensive Durchwurzelung 52, 53, 73
- Funktion 67, 68
- Gefäße 66
- Haare 67
- kritische CO_2-Konzentration 70, 106
- kritische O_2-Konzentration 69
- kompensatorisches Wachstum 72
- Messung der Wurzelverteilung 72
- Rinde 67
- Seitenwurzeln 67
- Tiefenwachstum 70
- Verteilung im Bodenraum 73, 188, 231
- Verzweigung 66
- Wachstum 25, 52, 59 f., 66, 358
- Wasseraufnahme 51, 53, 54, 67, 68
- Wurzeltemperatur 68

Zwischenfruchtbau
- Aussaatmengen, -zeiten 368
- Bodenschutz 441
- Einordnung in die Fruchtfolge 362
- Erfolgsrisiken 368
- Ertragsleistungen 369
- geeignete Arten 365
- Mulchdecke 367
- N-Immobilisierung 362, 450
- ökonomische Leistung 370
- Stoppelsaat 149, 218, 324, 365 f.
- Unkrautunterdrückung 367, 369
- Untersaat 150, 324, 362 f.
- Vorfruchtwirkung 370
- Winterzwischenfrüchte 324, 367
- Zweitfrüchte 367